2019

福建统计年鉴

Fujian Statistical Yearbook

福建省统计局
国家统计局福建调查总队
编

图书在版编目（CIP）数据

福建统计年鉴. 2019 : 汉英对照 / 福建省统计局，国家统计局福建调查总队编. -- 北京 : 中国统计出版社，2019.8
ISBN 978-7-5037-8852-9

Ⅰ. ①福… Ⅱ. ①福… ②国… Ⅲ. ①统计资料－福建－2019－年鉴－汉、英 Ⅳ. ①C832.57-54

中国版本图书馆 CIP 数据核字(2019)第 142635 号

福建统计年鉴-2019

作　　者/ 福建省统计局　国家统计局福建调查总队
责任编辑/ 钟钰
责任校对/ 唐国华
装帧设计/ 叶芳灶
出版发行/ 中国统计出版社
地　　址/ 北京市丰台区西三环南路甲 6 号
邮政编码/ 100073
电　　话/ 邮购（010）63376909　书店（010）68783171
网　　址/ http://www.zgtjcbs.com
印　　刷/ 福州万紫千红印刷有限公司
经　　销/ 新华书店
开　　本/ 890mm×1240mm　1/16
字　　数/ 1330 千字
印　　张/ 35
印　　数/ 1～1700
版　　别/ 2019 年 8 月第 1 版
版　　次/ 2019 年 8 月第 1 次印刷
定　　价/ 270.00 元　Price:270.00(RMB)

本书附同版本 CD-ROM 一张，光盘内容以书面文字为准。
如有印装差错，由本社发行部调换。

编委会及编辑人员

EDITORIAL BOARD AND STAFF

编者说明

一、《福建统计年鉴—2019》，是一部信息高度密集的统计资料书。全书系统收录了2018年福建省全省及各地区、各部门经济和社会发展各方面的统计数据，以及重要年份福建国民经济主要指标的统计数据，是一部全面反映福建经济和社会发展情况的资料性年刊。

二、全书内容分为22个部分：1.综合；2.国民经济核算；3.人口、就业和职工工资；4.对外经济；5.能源；6.人民生活；7.价格指数；8.城市概况；9.财政金融；10.农业；11.工业；12.建筑业和房地产投资；13.交通运输和邮电通信业；14.批发零售、住宿餐饮和旅游业；15.科学和教育；16.文化和体育；17.卫生事业；18.环境保护；19.公共管理和其他社会活动；20.企业调查；21.市县国民经济主要指标；22. 设区市国民经济主要指标。各篇末均附有《主要统计指标解释》。

三、与《福建统计年鉴－2018》相比较，本年鉴在统计内容和编辑上主要做了如下修订：1.主要年份统一调整为2000，2005，2010，2017，2018等五个年份。2.根据年报制度变化的新情况，某些篇章的统计指标进行了规范和调整。

四、金门县统计资料除另有注明外，暂未列入本年鉴。

五、本年鉴重要统计数据的资料来源、计算口径等均在各篇另有注明。

六、本年鉴使用的度量衡单位均采用国家统一的标准计量单位。

七、本年鉴对过去发布的统计资料重新进行了核实，凡与本年鉴数据有出入的，以本年鉴为准。

八、本年鉴中部分合计数或相对数由于单位取舍不同而产生的计算误差，均不做机械调整。

九、本《年鉴》符号使用说明："空格"表示没有、未掌握该指标数据或不足小数位的数据；"＃"表示其中项。

十、本年鉴产值总量指标按当年价格计算，增长速度和产值指数按可比价格计算。

十一、本年鉴计算增长速度、指数均采用"水平法"。

Editor's Notes

Ⅰ.*Fujian Statistical Yearbook-2019* is an annual statistic publication of comprehensive information with highly density. The yearbook covers very comprehensive data in 2018 and some selected data series in important years of provincial and regional levels and in different departments , reflects various aspects of Fujian social and economic development.

Ⅱ.The yearbook contains twenty-two chapters: 1.General Survey; 2.National Economy Accounting; 3. Population,Employment and Wages ; 4.Foreign Trade; 5. Energy; 6. People's Living Conditions; 7.Price Indices; 8.General Survey of Cities; 9.Finance; 10.Agriculture; 11.Industry; 12.Construction and Real Estate ; 13. Transportation, Postal and Telecommunication Services ; 14.Wholesale,Retail Trades, Hotels, Catering Services and Tourism ; 15.Science and Education; 16.Culture and Sports; 17.Health; 18. Environment Protection; 19.Publish Administration and Others; 20. Enterprise Survey; 21.Main Economic Indicators of City Prefecture and County ; 22.Main Economic Indicators of City Prefecture etc. At the end of each chapter, Explanatory Notes on Main Statistical Indicators are included.

Ⅲ. In comparison with the *Fujian Statistical Yearbook 2018*, following revisions have been made in this new version in terms of the statistical contents and in editing:

1.Years mainly uniformed justment 2000,2005,2010,2017,2018 five years. 2. According to the new situation of the annual report system changes, some statistical indexes of the text and the adjustment of the standard.

Ⅳ.The data of Jinmen county are not included in this yearbook except for some additional notes on it.

Ⅴ.Data source, calculation scope for important statistical data in this yearbook are noted in each chapter.

Ⅵ.The units of measurement used in this yearbook are national standard measurement units.

Ⅶ. The statistics data published in the past is re-verified in this book. Any discrepancy between the data of this book, it prevails.

Ⅷ. As a result of the different unit choices,part of the total or relative data produce calculation error in The yearbook,we do not mechanical adjustment.

Ⅸ. Notations used in the yearbook: "Blank Space" indicates absence or ignorance or insufficient decimal place of data indicator; "#" indicates a major breakdown of the total.

Ⅹ.The indicator of production value in this yearbook is calculated according to prices of the year. Growth rate and indices of production value is calculated according to comparable prices.

Ⅺ.Growth rates and indices in this yearbook are calculated by "level approach".

目　　录

Contents

特　　载
ESPECIALLY PRINTED HERE ARE

统 计 表
STATISTICAL TABLE

第一篇　综合
General Survey

第二篇　国民经济核算
National Economy Accounts

第三篇　人口、就业和职工工资
Population,Employment and Wages

第四篇 对外经济
Foreign Trade

第五篇 能源
Energy

第六篇 人民生活
People's Living Conditions

第七篇　价格指数
Price Indices

第八篇 城市概况
General Survey of Cities

第九篇 财政金融保险
Finance,Financial Intermediation and Insurance

第十篇　农业
Agriculture

第十一篇 工业
Industry

第十二篇 建筑业和房地产投资
Construction and Real Estate

第十三篇　交通运输和邮电通信业
Transportation, Postal and Telecommunication Services

第十四篇 批发零售、住宿餐饮和旅游业
Wholesale,Retail Trades, Hotels, Catering Services and Tourism

第十五篇　科学和教育
Science and Education

第十六篇　文化和体育
Culture and Sports

第十七篇　卫生事业
Health

第十八篇　环境保护
Environment Protection

第十九篇　公共管理和其他社会活动
Publish Administration and Others

第二十篇 企业调查
Enterprise Survey

第二十一篇 市县国民经济主要指标
Main Economic Indicators of City Prefecture and County

第二十二篇　设区市国民经济主要指标
Main Economic Indicators of City Prefecture

政府工作报告

——2019年1月14日在福建省第十三届人民代表大会第二次会议上

福建省人民政府省长 唐登杰

各位代表：

现在，我代表福建省人民政府，向大会报告政府工作，请予审议，并请省政协委员提出意见。

一、2018年工作回顾

2018年是全面贯彻党的十九大精神的开局之年，是改革开放40周年。习近平总书记亲自向首届数字中国建设峰会、第二十届中国国际投资贸易洽谈会等致贺信，给全省人民以巨大鼓舞。在以习近平同志为核心的党中央坚强领导下，我省各级政府坚持以习近平新时代中国特色社会主义思想和党的十九大精神为指导，认真贯彻落实习近平总书记对福建工作的一系列重要指示批示精神，把对习近平总书记的深厚感情转化为维护核心的政治自觉和干事创业的行动自觉，认真贯彻落实党中央、国务院和省委决策部署，坚持稳中求进工作总基调，坚持新发展理念，以供给侧结构性改革为主线，落实“六稳”部署，打好三大攻坚战，全力推进高质量发展落实赶超，机制活、产业优、百姓富、生态美的新福建建设迈出新步伐。

初步统计，全省生产总值3.58万亿元，增长8.3%；一般公共预算总收入5045.4亿元、增长7.4%，地方一般公共预算收入3007.4亿元、增长7.1%；固定资产投资增长12.1%；外贸出口7615.6亿元，增长7.1%；实际使用外资305.3亿元，增长3%；社会消费品零售总额14317.4亿元，增长10.8%；居民消费价格总水平上涨1.5%；城镇登记失业率3.71%；城镇居民人均可支配收入42120元，增长8%；农村居民人均可支配收入17790元，增长8.9%；节能减排降碳年度目标可以实现。一年来的主要工作和成效是：

（一）突出创新发展，供给体系质量明显提升。坚持把创新作为引领发展的第一动力，深入实施创新驱动发展战略。出台推进创新驱动发展措施和质量强省意见，加快建设福厦泉国家自主创新示范区，深化科技领域项目评审、人才评价、机构评估改革，落实税收优惠政策、完善分段补助等激励措施，新增高成长企业162家，高新技术企业总数突破3800家，新增授权发明专利10215件、增长17.2%，7项成果获2018年度国家科学技术奖。首届数字中国建设峰会成功举办，数字经济规模超万亿元。中科院海西研究院泉州装备制造研究所等重大创新平台投入运行，电化学储能技术国家工程研究中心获批组建，“6·18”对接转化科技成果6905项。实施经济发展“百千万支撑工程”，新增国家级制造业单项冠军8个、省级工业和信息化龙头企业358家，千亿产业集群达16个，技改投资增长33.8%，民间投资对全省投资增长的贡献率达94.9%。强化“五个一批”项目攻坚，上汽宁德生产基地、福州国家医疗健康大数据中心、厦门士兰微晶圆制造等230个省重点项目开工建设，中铝铜冶炼、海峡文化艺术中心、厦门国际航运中心总部等160个省重点项目建成或投入运行。推进新旧动能接续转换，建立新兴产业培育“三个一”机制，三大主导产业增加值增长8.3%，高技术产业增加值增长13.9%，海洋生产总值增长10%，旅游总收入增长超过30%。实施加快民营企业发展25条措施和支持中小企业发展10条措施，设立总规模150亿元的省级纾困基金和20亿元的纾困专项债，全年减轻实体经济企业负担超过700亿元，各类市场主体新增80.7万户、增长27.6%。纵深推进国企国资改革，省国资委出资企业营收等主要指标实现两位数增长。

（二）突出协调发展，城乡区域发展呈现新面貌。坚持把协调作为发展的内生特点，积极推进区域协调、城乡统筹、山海联动，着力解决发展不平衡不充分问题。大力推进闽东北、闽西南两大协同发展区建设，一批标志性早期收获项目加快推进，福州长乐国际机场第二轮扩能工程、厦漳同城大道等项目建成投用，南龙铁路开通运营，全省快速铁路实现环线贯通，主要城市形成“一体化”生活圈。加强城市规划建设，深入实施交通畅通、智慧城市、水环境治理、供水安全、防洪防涝、城乡洁净、管网建设、景观提升、配套服务等九大工程，新建城市道路1200公里、各类管网5900公里、绿道1150公里、公共停车泊位5.7万个，实现园林城市（县城）全覆盖。常住人口城镇化率提高1个百分点、达65.8%。城市社区治理深入推进，军门社区工作法向全国推广。乡村振兴开局良好，特色现代农业提质增效，十大优势特色产业全产业链总产值超1.5万亿元。补充耕地7.1万亩，建设高标准农田185万亩，粮食生产保持稳定。农村集体产权制度改革全面推开，土地承包经营权确权登记颁证基本完成。农村人居环境持续改善，新建改造村庄三格化粪池55万户，完成农村存量危房改造1.1万户，传统村落保护和活化利用走在全国前列。村级组织换届顺利完成，村委会换届一次性成功率达99.7%。坚决打好精准脱贫攻坚战，现行扶贫标准下的建档立卡贫困人口基本实现脱贫，建档立卡贫困村新退出1158个，5个省级扶贫开发工作重点县实现摘帽。创新科技特派员制度，新选认省级科技特派员3826名。加快建设“四好农村路”，农村公路路长制经验在全国推广。全省行政村高速宽带及4G网络全覆盖。原中央苏区、革命老区、少数民族聚居区、海岛等欠发达地区发展加快。援疆援藏援宁等对口支援工作扎实推进。

（三）突出绿色发展，生态环境质量保持优良。坚持绿水青山就是金山银山，推动生态环境高颜值和经济发展高素质协同共进。坚决打好污染防治攻坚战，实施“1+7+N”作战计划，全力抓好中央环保督察反馈意见整改落实，臭氧污染升高态势得到遏制，劣V类小流域、“牛奶溪”全面消除，87条城市内河黑臭水体整治任务基本完成，福州、漳州获评2018年黑臭水体治理示范城市，农用地土壤污染状况详查全面完成，危险废物年处置能力从94.1万吨提升到128.7万吨，农业废弃物资源化利用率达80%、居全国前列。国家生态文明试验区38项重点改革任务全面实施，重点生态区位商品林赎买、综合性生态保护补偿等一批改革举措走在全国前列，武夷山国家公园体制试点、闽江流域山水林田湖草生态保护修复试点有序推进，完成生态保护红线划定，国有林场改革任务基本完成，河湖长制实现全覆盖，生活垃圾强制分类加快实施。生态环境质量保持全国领先，12条主要河流Ⅰ—Ⅲ类水质比例和九市一区空气质量达标天数比例分别高于全国平均水平24.8个和15.7个百分点，森林覆盖率66.8%、连续40年保持全国第一。

（四）突出开放发展，交流合作空间持续扩大。坚持把开放作为发展的必由之路，营造好环境、用好大平台、扩大朋友圈、吸引投资者，提升开放型经济水平。积极融入“一带一路”建设，与海丝沿线国家和地区贸易额增长11%以上，丝路海运正式开行，台闽欧班列发运175列、通达30多个欧亚大陆城市，世界妈祖文化论坛、海丝博览会等成功举办。自贸试验区改革开放进一步深化，新推出54项创新举措，其中首创15项，9项在全国复制推广。平潭综合实验区“一岛两窗三区”建设取得新进展，对台先行先试取得新突破。福州新区加快全域开发，滨海新城建设提速。积极参加首届中国国际进口博览会，实现进口与出口、采购与招商双丰收。积极应对中美经贸摩擦，实施稳定和促进外经贸发展36条措施和9条补充措施，加快培育外贸新业态，厦门获批跨境电商综合试验区，石狮服装城获批市场采购贸易方式试点，出口额保持全国第6位。创新管理体制和运行机制，促进开发区高质量发展，成功举办第二十届中国国际投资贸易洽谈会、海内外闽商回归项目对接会、国际资本投资福建对接会等重大招商引资活动，新设及增资亿元以上外资项目 67 个。实施进一步促进闽台经济文化交流合作 66 条措施并取得成效，闽台贸易额 786 亿元，台胞入闽人次增长 17.7%，推动申领台湾居民居住证等便民利企新举措，台湾青年来闽实习就业创业人数居大陆前列。福建向金门供水工程正式通水，“两岸一家亲、共饮一江水”的美好愿景变为现实。第十届海峡论坛、2018两岸企业家峰会年会、第五届世界佛教论坛等重大活动成功举办。外事、侨务服务发展力度加大，闽港、闽澳交流合作持续深化。

（五）突出共享发展，人民群众获得感不断增强。坚持把共享作为发展的根本目的，顺应新期待、加快补短板，着力解决事关人民群众切身利益的“头等大事”和“关键小事”。开展基本公共服务均等化行动，全省民生相关支出占一般公共预算支出 77%，27 件省委省政府为民办实事项目全面完成。积极稳定和扩大就业，推行终身职业技能培训制度，城镇新增就业 59.8 万人，完成年度目标 108.7%。城乡居民基本养老保险参保率达 98.4%。退休人员和城乡居民的养老待遇水平进一步提高。农村低保平均标准达到城市标准的 98%。养老事业加快发展，居家社区养老服务照料中心覆盖率由 36.9%提高到 80%，农村养老服务设施覆盖率由46.8%提高到 53%。加强房地产市场精准调控，加大住房保障力度，推行安置型商品房、公租房和共有产权住房，完成棚户区改造4.5 万套。优先发展教育事业，普惠性幼儿园覆盖率提高到 73%，义务教育阶段大班额比例从 4.2%降至 3%以下，高等教育毛入学率达 50.7%、高出全国 5 个百分点。推进“三医联动”改革，开展县域紧密型医共体试点，连续三年获得全国公立医院综合改革效果评价考核第一名，医疗“创双高”全面实施。文艺精品工程和公共文化服务同步提升，文化遗产保护力度进一步加大。全民健身广泛开展，第十六届全省运动会、第十届老年人体育健身大会和第九届少数民族传统体育运动会成功举办,我省运动员在雅加达亚运会、亚残运会上取得优异成绩。信访工作制度改革深入推进。民族团结进步事业创新发展，宗教领域和谐稳定。妇女、儿童、老年人工作继续加强，社会福利、残疾人、慈善、人防等工作取得新成效。扫黑除恶专项斗争和严打暴恐、禁毒等专项行动取得显著战果，社会治安持续向好。坚决打好防范化解重大风险攻坚战，银行业金融机构不良贷款率持续下降，政府债务余额严格控制在核定限额内。落实地方党政领导干部安全生产责任制规定及我省实施细则,未发生重特大生产安全事故，事故起数和死亡人数分别下降3.1%和 8%。积极创建“食品安全放心省”，食品药品安全状况总体良好。有效防抗“玛莉亚”台风等自然灾害。全面完成退役军人安置任务，双拥共建走在全国前列，军民融合深度发展。

一年来，我们坚持用习近平新时代中国特色社会主义思想武装头脑、指导实践、推动工作，树牢“四个意识”，坚定“四个自信”，坚决维护习近平总书记的核心地位，坚决维护党中央权威和集中统一领导。坚持和加强党的全面领导，认真落实省委全面从严治党“八个坚定不移”具体部署。扎实推进巡视整改，取得阶段性成效。大力弘扬“马上就办、真抓实干”的优良作风，深入推进机关效能建设，强化正向激励提振精气神，营造风清气正的政治生态。地方政府机构改革基本落实到位，政府机构和职能配置进一步优化。实施提升营商环境行动计划，深化“放管服”改革，“一趟不用跑”和“最多跑一趟”办理事项达 86%，企业开办时间压缩至 8 个工作日以内，口岸整体通关时间压缩三分之一，证照分离全面推开，企业信用风险分类监管等做法推向全国。深入推进依法行政，提请省人大常委会审议《福建省生态文明建设促进条例》等 14 项地方性法规，出台《福建省农村留守儿童关爱保护办法》等 10 项省政府规章。自觉接受人大监督、政协监督、监察监督和社会监督，办理省人大代表建议812件、省政协提案752件，办结率均达到100%。主动公开政府信息超过30万条，权力运行网上公开全面推进，审计监督进一步加强。

成绩来之不易，这是习近平新时代中国特色社会主义思想科学指引的结果，是党中央、国务院和省委坚强领导的结果，是全省人民砥砺奋进和各方面大力支持的结果。我代表省人民政府，向全省人民，向各民主党派、工商联、各人民团体和各界人士，向中央和国家机关及其驻闽机构，向人民解放军、武警驻闽部队和消防救援队伍，向所有关心支持福建发展的台港澳同胞、海外乡亲和国际友人，表示衷心的感谢！

我们清醒地认识到当前发展中存在不少困难和问题，主要是：经济运行稳中有变，外部环境复杂严峻，经济面临下行压力，部分企业经营困难增多，居民消费增长放缓，投资增长后劲不足，外经贸发展难度加大，现代服务业发展相对滞后，新动能对高质量发展支撑不够有力；一些地方金融、房地产等领域存在风险隐患；生态环境保护和污染防治攻坚战任务仍然很重，安全生产仍存在薄弱环节，突发事件应急处置能力有待加强；山海、城乡发展不平衡不充分的问题还比较突出，教育、医疗、养老、住房等民生领域短板还不少；政府职能转变还不到位，营商环境与市场主体期待还有差距，一些干部的能力和作风与新时代新要求不相适应，少数干部存在不作为、乱作为问题，等等。我们将抓住主要矛盾，采取有效措施，认真加以解决。

二、坚持高质量发展落实赶超，扎实做好2019年工作

今年是新中国成立70周年，是全面建成小康社会和坚持高质量发展落实赶超的关键之年。做好今年工作，要以习近平新时代中国特色社会主义思想为指导，全面贯彻党的十九大和十九届二中、三中全会精神，紧紧围绕统筹推进“五位一体”总体布局和协调推进“四个全面”战略布局，坚持稳中求进工作总基调，坚持新发展理念，坚持高质量发展落实赶超，坚持以供给侧结构性改革为主线，坚持深化市场化改革、扩大高水平开放，继续打好三大攻坚战，加快实体经济创新转型，加快建设现代化经济体系，加快推进闽东北、闽西南两大协同发展区建设，统筹推进稳增长、促改革、调结构、惠民生、防风险、保稳定工作，保持经济运行在合理区间，进一步稳就业、稳金融、稳外贸、稳外资、稳投资、稳预期，提振市场信心，增强人民群众获得感、幸福感、安全感，保持经济持续健康发展和社会大局稳定，加快建设机制活、产业优、百姓富、生态美的新福建，为全面建成小康社会收官打下决定性基础，以优异成绩落实赶超任务、庆祝新中国成立70周年。

综合各方面因素，我省经济发展健康稳定的基本面没有改变，支撑高质量发展的生产要素条件没有改变，长期稳中向好的总体势头没有改变。我们要认真贯彻巩固、增强、提升、畅通的方针，保持战略定力、增强必胜信心，全面用好重要战略机遇期，加快实施高质量发展落实赶超“十项行动”，集中精力办好自己的事情，更好地服务全国大局。今年发展的主要预期目标是：全省生产总值增长8-8.5%；一般公共预算总收入增长4.5%左右，地方一般公共预算收入增长3%左右；固定资产投资增长10%左右；进出口增长3%，实际使用外资增长3%；社会消费品零售总额增长10.5%，居民消费价格总水平涨幅3%左右；城镇登记失业率控制在4.2%以内；城镇居民人均可支配收入增长8%，农村居民人均可支配收入增长8.5%；完成节能减排降碳任务。

（一）着力创新驱动，培育高质量发展新引擎。始终把创新摆在发展全局的核心位置，搭建更多创新平台，吸引更多创新人才，应用更多创新成果，提升经济创新力和竞争力。

强化企业创新主体地位。大力培育“双高”企业和“专精特新”的隐形冠军，新增高新技术企业350家、高成长企业70家。持续加大财政奖补力度，建立创新激励与企业财税贡献、产出、研发投入等绩效挂钩机制，力争全省研发投入增长22%以上。鼓励龙头企业牵头组建产学研创新战略联盟，联动开展核心技术攻关和创新研究。

优化区域创新发展布局。深化福厦泉国家自主创新示范区与自贸试验区、保税区联动发展，发挥国家“双创”示范基地带动作用，支持有条件的地方建设科技城、智慧谷，打造福厦泉科技创新走廊。支持建设中科院海西研究院（三期）、数字中国研究院等“国字号”研发机构，加快建设若干个省实验室，培育国家实验室“预备队”，积极争取大科学装置建设。加快建设厦门大学石墨烯工程与产业研究院、福建中医药大学康复产业研究院等工程研究中心，打造一批高水平制造业创新中心、企业技术中心、协同设计中心、省级新型研发机构。实施高新区创新提升计划，支持建设山海协作创新平台。

建设高水平人才队伍。坚持“高精尖缺”导向的人才培育和引进机制，深入实施八闽英才、海纳百川工程，深化闽台人才交流合作，实行科研、教育、产业、资本一体运作，加快造就一流的创新人才队伍。健全以使用和效用为导向，以创新能力、质量、贡献为重点的人才评价体系。鼓励各地开展柔性引才，精选20个左右产业领军团队，给予每个团队每年最高5000万元支持。深入推行科技特派员制度，促进人才下沉、科技下乡、农民增收。

构建优良创新生态。实施科技创新链和产业链精准对接工程，有效促进科技成果产业化。深入实施知识产权战略，推进国家级知识产权军民融合首批试点省建设。办好第17届“6·18”，提升国家技术转移海峡中心的平台功能，加快建设多层次技术交易市场体系，吸引境内外创新资源聚集。加强科研诚信建设，加大科普力度，倡导工匠精神和创新精神，营造勇于探索、崇尚创新、宽容失败的氛围。

（二）着力转型升级，强化高质量发展新支撑。引导主导产业强链条、壮集群，新兴产业快成长、上规模，现代服务业提比重、促融合，加快推动质量变革、效率变革、动力变革。

推动制造业高质量发展。实施质量强省战略和标准化战略，强化工业基础能力建设。实施百亿龙头成长计划，聚焦规模优势明显、产业链整合能力突出的龙头企业，培育一批名企、名牌、名品，力争主营业务收入超百亿元企业达45家。实施千亿集群培育计划，加快建链强链补链，提升产业链水平，电子信息重点拓展柔性显示以及芯片设计、制造、封装测试等产业链，机械装备重点实施智能制造和高端装备创新工程，石油化工重点拓展中下游产业，争创制造业高质量发展国家级示范区，加快培育18个以上产值超千亿产业集群。实施万亿有效投资计划，深化“五个一批”项目攻坚，重点抓好投资超百亿的制造业项目，推动上汽宁德生产基地、龙马高端环卫装备、三钢节能减排等100个省重点产业项目建成或部分建成，打造新能源汽车全产业链，优化“两基地一专区”石化产业布局。开展新一轮技改专项行动，设立100亿元的省技改投资基金，扩大制造业技改投资覆盖面，实施500项省级重点技改项目，深化“互联网+先进制造”，推动4000家以上中小企业“上云上平台”。

大力培育新产业新经济。推进新兴产业倍增工程，把新一代信息技术、高端装备、新材料、生物医药、新能源及新能源汽车、节能环保、数字创意等战略性新兴产业发展作为重中之重，超前谋划布局一批重量级未来产业，推进一批重点项目、龙头企业和示范工程，力争战略性新兴产业增加值超5000亿元。办好第二届数字中国建设峰会，深化数字福建建设，加快数据资源整合共享，大力发展大数据、物联网、人工智能、5G商用和区块链产业，在制造、金融、医疗、健康、安防、政务等领域，实施100个人工智能应用示范项目，形成100个深度应用场景，推动人工智能与经济社会发展深度融合，推动数字产业化、产业数字化。实施卫星应用、船舶修造等一批军民融合重大产业项目，加快军转民、民参军步伐。推动先进制造业与现代服务业深度融合，加快实施主辅分离、服务外包，大力发展柔性制造、新型云制造、批量定制、协同制造，新增10家以上省级服务型制造示范企业。大力发展供应链物流、电商物流、智慧物流、冷链物流，建立广泛覆盖的快递末端服务网络，支持建设5个国家物流枢纽布局承载城市。加快发展平台经济，培育大型网络批发零售、大宗商品现货交易、行业性定价结算、物流企业服务等平台。出台新的总部经济促进政策，争取央企、民企、外企在闽设立区域总部，建设总部经济区。

努力满足最终需求。主动适应新变化新趋势，提升产品质量，扩大服务供给，改善消费环境，大力促进实物消费提挡升级、服务消费提质扩容，增强消费对经济发展的基础性作用。加快建设便利店、步行街、示范商圈，培育网络消费、定制消费、体验消费、智能消费等消费新模式，发展健康美容、家庭管家等高端生活服务业，促进家政服务业规模化、品牌化、职业化。落实好新能源汽车免征车辆购置税、购置补贴等财税优惠政策，扩大新能源汽车在公共服务领域应用规模。发挥清新福建和快速铁路环线等优势，打造“全福游、有全福”品牌，引进国内外大型旅游集团，开发中高端旅游精品，建设旅游服务共享平台，推进全域生态旅游、深度旅游，发展红色旅游、康养旅游，促进邮轮、游艇、旅居车等消费大众化，实现游客总量、逗留天数、消费总额三个显著增长。推动文旅深度融合，培育旅游演艺市场，扶持体育产业加快发展，办好国际大学生体育联合会足球世界杯，支持社会力量举办高水平体育赛事，更好满足群众文体消费需求。

（三）着力改革开放，激发高质量发展新活力。认真贯彻习近平总书记在庆祝改革开放40周年大会上的重要讲话，落细落实省委十届七次全会部署的8个方面93条深化改革扩大开放新举措，大力弘扬特区精神、晋江经验，推动新时代改革开放再出发，切实把多区叠加优势转化为发展优势。

深化重要领域和关键环节改革。坚持“花钱必问效，无效必问责”，全面实施预算绩效管理，严控“三公”经费预算，深化政府采购制度改革。聚焦脱贫攻坚、铁路、公路、水运、水利、能源、农业农村、生态环保、社会民生等领域短板，加大投资力度，发挥有效投资对优化供给结构的关键性作用。健全吸引民间投资重点项目库，疏通民间资本进入养老、医疗、家政、托幼等领域的堵点，鼓励民间资本采取混合所有制、联合投标体等方式参与政府和社会资本合作项目。创新投融资机制，探索建立基础设施投资基金，推进市场化运作，用好地方政府专项债券，优先支持在建工程及补短板项目建设。深化社会保障制度改革，加快完善养老保险省级统筹。深化“三医联动”改革，完善公立医院人事分配制度改革，因地制宜推进医疗联合体建设，扩大县域医共体试点范围。健全药品联合限价阳光采购机制，推动医用耗材联合采购，推进医保支付方式改革，把更多救命救急的好药纳入医保。完善城乡居民大病保险制度，探索建立全省职工医保基金调剂平衡机制。打好防范化解重大风险攻坚战，完善金融风险监测、评估和处置机制，坚决防控互联网金融等金融风险，严厉打击非法集资、套路贷和恶意逃废债行为，进一步降低银行业金融机构不良贷款率，守住不发生系统性金融风险底线。支持地方法人金融机构做大做强。推动城商行、农商行、农信社业务逐步回归本源，为本地民营企业、小微企业等服务。发展普惠金融、绿色金融，强化金融服务实体经济功能。强化地方政府债务风险防控，规范地方政府举债行为，妥善化解存量债务。全面完成港口整合，建立一体化的港口管理体制，继续支持厦门港建设国际航运中心。组建产业发展研究院，分行业绘制产业地图，精准服务各类投资者。加快国资国企改革，完善国有企业法人治理结构，推进股权多元化和混合所有制改革，推动国有资本做强做优做大。落实国家统计制度改革，扎实开展第四次全国经济普查。

加快发展更高层次的开放型经济。在新起点上全面融入“一带一路”建设，发挥侨的优势，推动海丝核心区建设走深走实，实施丝路海运、丝路飞翔、国际合作示范园区建设、境外经贸合作重点园区建设、远洋渔业基地建设、文化旅游品牌塑造、扩大国际朋友圈等七大标志性工程，推进古泉州（刺桐）等申遗，形成更多可视性成果。推动自贸试验区更好发挥示范引领作用，在营造优良投资环境、提升贸易便利化水平等方面先行先试，推出更多制度创新成果，做大做强整车进口、航空维修等重点业态重点平台，打造新时代改革开放新高地。积极应对国际经贸形势变化，持续开展“助力万企成长”行动，支持企业转型升级，提升出口竞争力，拓展多元化国际市场。发展壮大市场采购贸易、跨境电商等新模式，推动服务贸易创新发展。承接中国国际进口博览会“溢出效应”，扩大先进技术装备、紧缺资源和优质消费品进口，打造跨区域大宗商品分拨中心、消费品集散中心，实现优进优出。建成国际贸易单一窗口 3.0 版，压缩进出口货物通关时间。抓住国家全面实施准入前国民待遇加负面清单管理制度以及扩大开放领域的机遇，实施精准招商，大力引进世界 500 强、台湾百大和行业龙头企业，推动一批先进制造业和现代服务业项目落地，实现利用外资增量和质量双提高。办好“9·8”投洽会，打造国际化、专业化、品牌化精品，办成新一轮高水平对外开放的重要平台。深化闽港、闽澳新一轮交流合作，办好第六届世界闽商大会，鼓励海外侨胞回闽投资兴业。

促进闽台经济社会融合发展。以习近平总书记在《告台湾同胞书》发表 40 周年纪念会上的重要讲话为指引，发挥对台特色优势，在经贸合作畅通、基础设施联通、能源资源互通、行业标准共通以及基本公共服务均等化、普惠化、便捷化上先行先试，推动与金门马祖通水通电通气通桥。充分发挥福建自贸试验区、福州新区等平台作用，持续推进“66 条实施意见”落深落细落实，继续出台深化闽台融合发展具体措施，加大力度为台湾同胞特别是台湾青年来闽学习、创业、就业、生活提供同等待遇。支持平潭开放开发，深化“一岛两标”，加快建设国际旅游岛。用好两岸企业家峰会及海交会等各类经贸活动载体，促进闽台产业深度融合。办好海峡论坛，持续深化文化、教育、卫生、科技等各领域交流。

（四）着力乡村振兴，拓展高质量发展新空间。坚持农业农村优先发展，以实施乡村振兴战略为总抓手，巩固发展“三农”持续向好形势。

打好精准脱贫攻坚战。坚持精准方略，下好绣花功夫，攻克难中之难，今年实现省级扶贫开发工作重点县全部达到退出标准，建档立卡贫困村全部摘帽。加大产业、就业、搬迁、生态、金融、教育、健康扶贫力度，促进稳定脱贫、防止返贫。着手解决收入水平略高于建档立卡的贫困户群体缺乏政策支持等新问题。强化驻村帮扶，实施“千企帮千村”行动，大力发展村级集体经济。深化山海协作，推动原中央苏区、革命老区、少数民族聚居区、海岛等欠发达地区加快发展。加强东西部扶贫协作和对口支援，持续推进闽宁扶贫协作。

加快发展特色现代农业。实施“藏粮于地、藏粮于技”战略，巩固提升粮食产能，加快建设 800 万亩水稻生产功能区，切实保障粮食安全。实施特色现代农业“五千工程”，新建 300 个优质农产品标准化生产示范基地，新增 200 个“三品一标”农产品，建成 200 个农产品产地初加工中心，省级以上重点龙头企业达到 900 家，培育 200 个“一村一品”特色产业示范村，大力发展农村电商、休闲农业，促进一二三产深度融合，力争十大优势特色产业全产业链总产值达到 1.7 万亿元。实施现代种业工程，大力发展设施农业，推进农业机械化。推进生态茶果菜园建设，提高农业废弃物资源化利用水平。加强重大动植物疫病防控，有效防控非洲猪瘟。改善农田水利设施，加快建设高标准农田，守住耕地红线。推进农村土地、集体产权、林权制度改革，加快农垦、供销社等改革发展，大力培育农业新型经营主体和社会化服务组织，把小农户引入现代农业发展轨道。

大力改善农村人居环境。实施“一革命四行动”，开展“千村引领、万村整治”，建设生态宜居美丽乡村。坚决清理整治“大棚房”，切实遏制农地非农化。实施农村“厕所革命”，新建改造乡镇公厕400座、农村公厕1000座以上，完成农村户用厕所无害化改造15万户。实施农房整治行动，引导集中建设村镇住宅小区，大力解决“有新房没新村”问题，70%以上村庄完成房前屋后整治。实施村容村貌提升行动，做好“路边、水边、房边”整治，拆除私搭乱建，清理乱堆乱放，推进村庄“四旁”绿化。实施农村生活垃圾治理行动，健全城乡一体化处理体系。实施农村生活污水治理行动，基本实现乡镇生活污水处理设施全覆盖。

推动城乡融合发展。坚持留白、留绿、留旧、留文、留魂，提升城乡规划建设和精细化管理水平。实施县域改造提升工程，规范推进特色小镇和小城镇建设。推动城乡基础设施一体规划、互联互通，促进农村基础设施和公共服务提档升级，深入推进“四好农村路”建设。鼓励工商资本、各类人才参与乡村振兴，促进资源要素向乡村流动。推进以人为核心的城镇化，推动符合条件的农业转移人口在城市落户安居，加快实现基本公共服务常住人口全覆盖。

（五）着力区域协调，构建高质量发展新格局。加强统筹协调，突出项目带动，创新协作机制，大力推进闽东北、闽西南两大协同发展区建设，在新的起点上加快一体化进程。

推进基础设施互联互通。坚持规划先行，抓好149个重大协作项目，推动重点城际铁路、福厦客专、厦门新机场、福州长乐国际机场二期扩建等重大项目，建成通车地铁福州2号线、厦门2号线，开工双龙铁路（福建段）。推进道路隐患排查治理，建成普通国省干线285公里，改造国省道路面150公里，建设改造农村公路1500公里，实施农村公路安保工程1500公里。加快推动核电、抽水蓄能、LNG接收站、天然气管网等重大能源项目，争取全年新增电力装机200万千瓦以上。

推进关联产业配套协作。支持以混合所有制形式组建闽东北和闽西南城市协作开发集团，推进福州、厦门牵头组建“福建两翼发展投资基金”。推动陆海统筹发展，大力发展海洋经济，加快建设海洋强省。建设大型深远海养殖平台、海洋大数据中心、海洋船舶产业军民融合试验基地。加快环三都澳、闽江口、湄洲湾、泉州湾、厦门湾、东山湾六大湾区建设，突出抓海洋科技、蓝色产业、智慧海洋，建设福州、厦门国家海洋经济发展示范区。促进开发区高质量发展，扩大产业集聚效应。完善利益共享、招商协同机制，创新发展“飞地经济”，提升32个山海协作产业园建设水平。

推进公共资源共建共享。逐步推进教育、医疗卫生和文体资源共享，支持集团化办学办医、远程教学和医疗、教师和医护人员异地交流，支持有条件的三级医院异地设置分支机构。推进社会保障、城市治理、人口管理等公共管理事务一体化，促进中心城市优质资源向周边地区辐射延伸。完善跨区域生态补偿机制，加强闽江、九龙江流域山水林田湖草生态保护修复，推进区域环境污染联防联控联治，牢牢守住区域生态安全屏障。

（六）着力生态建设，厚植高质量发展新优势。贯彻落实习近平生态文明思想，打好污染防治攻坚战，全面加强生态环境保护，全面提升生态环境质量，加快建设美丽福建。

创造更多生态福利。做好“生态＋”文章，鼓励有条件的地方建设生态廊道、城市“绿心”、郊野公园，为群众提供更多绿色休憩空间。推进国土绿化，建设森林城市，加强武夷山国家公园的保护、建设与管理。对标更高空气质量标准，实施挥发性有机物整治“十百千”工程，加强臭氧和 PM2.5 协同控制，优化区域联防联控。深入落实河湖长制，加强水源地保护，提升城乡饮用水水质，持续推进黑臭水体整治，加强海洋污染防治，确保主要流域水质稳中有升、小流域III类以上水质比例达 90%左右。推进土壤污染风险防控试点，提高工业固体废物综合利用和危险废物处置能力。全面禁止洋垃圾入境。扩大生活垃圾强制分类试点。深入开展“三合一”督察，持续抓好中央环保督察反馈意见整改。

推动形成绿色生产生活方式。全面推进节能降耗和清洁生产改造，培育壮大节能环保、循环型生态绿色产业。加强自然资源管理，加大批而未供、闲置土地的处置力度，划定永久基本农田整备区，完成年度补充耕地任务。始终坚持进则全胜，创新发展“长汀经验”，全面提升水土保持工作水平。全面执行绿色建筑标准，鼓励绿色消费，倡导绿色出行，引导绿色生活。

深化国家生态文明试验区建设。总结提升、复制推广三年建设经验，完善改革配套体系和技术标准，推出更多标识度高、影响力大的创新举措。认真做好第三次全国国土调查，建立国土空间规划体系。以设区市为单元，编制生态保护红线、环境质量底线、资源利用上线和环境准入清单等“三线一单”，落实生态保护红线管控。开展海洋资源价值实现等生态产品市场化改革试点，完善碳排放权、排污权、用能权等环境资源有偿使用制度，健全环境信用评价体系。组织实施《绿色产业指导目录》，创建绿色发展示范区，让绿色发展理念更加深入人心。

（七）着力民生改善，共享高质量发展新成果。坚持以人民为中心的发展思想，尽力而为，量力而行，不断增强人民群众获得感、幸福感和安全感。

织牢社会保障网。实施就业优先战略和更加积极的就业政策，重点抓好高校毕业生、农民工等群体就业和退伍转业军人就业安置工作，力争城镇新增就业 50 万人，城镇登记失业率控制在 4.2%以内。深入实施全民参保计划，推进养老保险制度改革，健全低保标准自然增长机制，完善医疗、失业、工伤等保险制度。统筹城乡社会救助体系，落实扶残助残政策，加强农村留守儿童关爱保护和城乡困境儿童保障，发展残疾人事业、社会福利和慈善事业。健全促进房地产市场平稳健康发展长效机制，夯实城市主体责任，编制实施住房发展规划，福州、厦门编制“一城一策”实施方案，切实稳地价、稳房价、稳预期。坚持租购并举，推进棚户区改造，加强共有产权住房和租赁房建设，培育住房租赁市场，完善住房保障体系。

加快补齐民生短板。今年投入 371.37 亿元，办好 27 件省委省政府为民办实事项目，着力解决群众所急所盼。深入贯彻全国教育大会精神，坚持教育优先发展，加大教育投入，落实立德树人根本任务，努力办好人民满意的教育。积极破解学前教育“入公办园难、入民办园贵”、义务教育“择校热”“大班额”等问题，支持普惠性民办幼儿园建设。开展形式多样的中小学课后服务。实施城镇中小学扩容工程、消除义务教育大班额专项规划、初中“壮腰”工程，推进义务教育优质均衡发展。实施高中阶段教育提升计划。加快推进“双一流”建设和应用型本科高校建设。完善职业教育和培训体系，深化产教融合、校企合作。对接“健康中国人行动计划”，实施健康福建战略，推进补短板八大工程建设，扩大医疗卫生服务供给。推进医疗“创双高”，积极创建国家区域医疗中心、专科联盟和“互联网+医疗健康”示范省。抓好省儿童医院、妇产医院、疾控中心等8个重点项目和世行贷款医改促进项目，加快标准化村卫生室建设。加强基层中医馆和名医名药名科名院建设，提升中医药服务能力。提高城乡居民基本医保人均财政补助标准。完善全面两孩政策配套措施，健全妇幼健康、育幼托幼服务体系。发展养老产业，推进医养结合，完善养老服务体系。支持老龄老体协工作，持续推进城乡老年教育发展。

推动文化繁荣发展。强化创新理论武装，学懂弄通做实习近平新时代中国特色社会主义思想。加强思想道德建设和群众性精神文明创建，培育和践行社会主义核心价值观。弘扬优秀传统文化，加强历史文化名城名镇名村、历史文化街区和传统村落保护，把老祖宗留下来的文化遗产精心守护好，延续福建文脉。繁荣文艺创作，推出一批文艺精品，培育一批文化创意、工艺美术和广播影视龙头企业，建设一批特色文创和影视基地，打响福建文化品牌。加强互联网内容建设。积极发展哲学社会科学、新闻出版、广播电视、档案、地方志等事业，建好新型智库，加快乡村文明实践中心和县域融媒体中心建设。

切实维护公共安全。深入实施国家安全战略，防范化解各种安全风险。加强食品药品和产品质量安全监管，深化“餐桌污染”治理，推进“一品一码”追溯体系建设，用“四个最严”确保人民群众“舌尖上的安全”。落实主体责任，严格监管执法，深化重点行业领域专项整治，推进安全风险管控和隐患排查治理双重预防机制建设，提升应急处置能力，坚决防范遏制重特大生产安全事故发生。扎实推进平安福建建设，深入开展扫黑除恶专项斗争。严密防范个人极端暴力犯罪，坚决打击暴力恐怖活动，依法惩治盗抢骗黄赌毒等违法犯罪活动。创新信访工作方式。支持工青妇等群团组织更好发挥作用。坚持和发展新时代“枫桥经验”，健全城乡基层社会治理体系。推进民族团结进步和繁荣发展，全面提高新形势下宗教工作法治化水平。

支持国防和军队建设。全力支持驻闽部队练兵备战，加强人防工作和边海防建设，做好国防动员和双拥优抚安置，建立健全退役军人服务保障体系，维护军人军属合法权益，全面完成悬挂光荣牌工作，巩固军政军民团结良好局面。

三、持续深化服务型政府建设

深入学习贯彻习近平新时代中国特色社会主义思想和党的十九大精神，树牢“四个意识”，坚定“四个自信”，坚决做到“两个维护”，牢记政府前面的“人民”二字，努力建设人民满意的服务型政府。

持续优化营商环境。对标最高水平，聚焦企业关切，深化“放管服”改革，加快打造市场化、法治化、国际化营商环境。深化商事制度改革，对106项涉企行政审批事项实施证照分离改革，企业开办时间压缩至5个工作日以内。推进固定资产投资项目审批制度改革，全面推开工程建设项目审批制度改革，推广投资项目承诺制，房建、市政、交通、水利工程建设项目审批时间压减50%以上。全面实行市场准入负面清单制度，推动“非禁即入”普遍落实。深化市场监管综合执法改革，打造“双随机、一公开”监管升级版。优化“互联网+政务服务”，完善“政企直通车”，建设全省一体化掌上政务平台，实现“马上办、掌上办”。落实更大规模减税、更明显降费，大幅减轻企业负担。坚持“两个毫不动摇”，落实好促进民营企业加快发展的政策，建立亲清政商关系，开展“三个一百”活动，营造“懂民企、爱民企、帮民企”的良好氛围。弘扬企业家精神，造就优秀企业家队伍，增强企业内在活力和创造力。

加快建设法治政府。弘扬宪法精神、维护宪法权威，深入推进依法行政。健全依法决策机制，依法依规向本级人大及其常委会报告重大行政决策。加强重点领域政府立法，全面推行行政规范性文件合法性审核机制和行政执法三项制度。落实各项产权保护措施，依法保护企业家人身和财产安全。深化政务公开和权力运行网上公开，健全“政府承诺+社会监督+失信问责”机制，凡是对社会承诺的服务事项，都要履行约定义务，防止“新官不理旧账”，增强政府公信力，建设诚信政府。

大力践行马上就办。弘扬“马上就办、真抓实干”的优良作风，深化“四下基层”活动，大兴调查研究之风，强化机关效能建设，以钉钉子精神和滚石上山的韧劲，不折不扣落实党中央、国务院和省委的决策部署。解放思想、先行先试，创造性地开展工作。提高政策制定水平，完善政策执行方式，增强政策的精准性和有效性。开展“百项办事堵点”疏解行动，当好企业和群众的勤务员。大力选树和宣传先进典型，健全正向激励和容错纠错机制，统筹规范督查检查考核工作，激励广大干部新时代新担当新作为。

深入推进廉政建设。把党的政治建设摆在首位，认真贯彻省委“八个坚定不移”具体部署，压紧压实全面从严治党主体责任。严格执行中央八项规定及其实施细则精神和我省实施办法，开展形式主义、官僚主义集中整治。巩固拓展巡视整改成果，加强巡视巡察结果运用。自觉接受人大法律监督和工作监督、政协民主监督、监察机关监督，重视群众监督、舆论监督，更好发挥审计的重要作用，保持干部清正、政府清廉、政治清明。

各位代表，新时代要有新气象，更要有新作为。让我们更加紧密团结在以习近平同志为核心的党中央周围，在中共福建省委领导下，以永不懈怠的精神状态和一往无前的奋斗姿态，奋力夺取坚持高质量发展落实赶超的新胜利，为决胜全面建成小康社会、实现中华民族伟大复兴的中国梦作出新的贡献！

关于福建省2018年国民经济和社会发展计划执行情况及2019年国民经济和社会发展计划草案的报告

——2019年1月14日在福建省第十三届人民代表大会第二次会议上

福建省发展和改革委员会

各位代表：

受福建省人民政府委托，现将福建省2018年国民经济和社会发展计划执行情况及2019年国民经济和社会发展计划草案提请省十三届人大二次会议审议，并请省政协各位委员和其他列席人员提出意见。

一、2018年国民经济和社会发展计划执行情况

2018年，在以习近平同志为核心的党中央坚强领导下，全省各级各部门坚持以习近平新时代中国特色社会主义思想和党的十九大精神为指导，树牢“四个意识”，坚定“四个自信”，坚决做到“两个维护”，深入贯彻落实党中央、国务院和省委的各项决策部署，坚持稳中求进工作总基调，贯彻新发展理念，按照坚持高质量发展落实赶超要求，以供给侧结构性改革为主线，统筹稳增长、促改革、调结构、惠民生、防风险，认真执行省十三届人大一次会议审议批准的《政府工作报告》和2018年国民经济和社会发展计划，落实省人大财政经济委员会的审查意见，落实稳就业、稳金融、稳外贸、稳外资、稳投资、稳预期部署，打好三大攻坚战，新产业新动能加快培育，经济结构调整优化，发展质量效益不断改善，全省经济运行保持总体平稳、稳中有进的发展态势。

初步统计，全省生产总值3.58万亿元，增长8.3%，高于上年0.2个百分点，其中一、二、三产业增加值分别增长3.5%、8.5%、8.8%；一般公共预算总收入增长7.4%，其中地方一般公共预算收入增长7.1%；固定资产投资增长12.1%，增速居全国前列；外贸出口增长7.1%，实际使用外资增长3%；社会消费品零售总额增长10.8%；居民消费价格总水平上涨1.5%；城镇登记失业率3.71%；城镇居民人均可支配收入增长8%，农村居民人均可支配收入增长9.1%；节能减排降碳年度目标可以实现。

一年来国民经济和社会发展成效主要体现在六个方面：

（一）狠抓实体经济振兴，产业转型升级持续推进

下大力气扶持实体经济。出台进一步支持中小企业发展十条措施、降本减负促进实体经济企业发展意见、加强实体经济金融服务进一步缓解融资难融资贵指导意见等扶持政策。落实习近平总书记在民营企业座谈会讲话精神，印发加快民营企业发展若干意见，聚焦企业关切，着力降门槛、减负担、助融资。设立总规模150亿元的省级纾困基金和20亿元的纾困专项债，全年减轻实体经济企业负担超过700亿元。市场新主体不断涌现，各类市场主体新增80.7万户，增长27.6%。20家民营企业入选全国工商联发布的2018中国民营企业500强榜单。

工业生产增速提升结构优化。出台工业数字经济创新发展、龙头企业改造升级行动计划、培育千亿产业集群推进计划等政策举

措，开展新一轮技术改造专项行动，设立福建省政府质量奖，加强企业服务保障，推动实体经济提升发展质量。规上工业增加值增长 9.1%，增速创四年来新高。规上工业企业实现利润总额 3636 亿元，增长 15.6%。供给结构优化改善，高技术产业增加值增长 13.9%，高于规上工业 4.8 个百分点；三大主导产业增长 8.3%，其中电子信息产业增长 14.2%。

现代服务业创新发展成效显现。出台提速提质加快现代服务业发展行动计划，加快推进国家和省级服务业综合改革试点、省级现代服务业集聚示范区建设，加快打造现代物流、金融服务、旅游服务业三大新兴主导产业，货物周转量、集装箱吞吐量分别增长 12.8%、5.3%；本外币贷款余额增长 11%；“清新福建”品牌持续提升，“放心游福建”服务承诺深入实施，全省接待国内外游客人数增长 20.2%，旅游总收入增长超过 30%。服务业新业态蓬勃发展，全力打造智慧型、便利型、全覆盖的社区便利服务。

创新支撑作用持续提升。出台 21 世纪海上丝绸之路核心区创新驱动发展试验实施方案、加快共享经济发展实施方案、卫星应用助力数字福建创新发展总体方案、进一步推进创新驱动发展七条措施等政策，新增高成长企业 162 家，高新技术企业总数突破 3800 家。福厦泉国家自主创新示范区加快建设，首批 18 项创新改革举措在全省复制推广，福州、厦门国家创新型试点城市通过国家评估，龙岩、泉州列入新一批国家创新型城市建设。组织实施一批科技重大工程和专项，电化学储能技术国家工程研究中心获批组建，是 2018 年全国唯一一家获批的国家工程研究中心。推动新兴产业重点领域重点突破，厦门联芯、厦门三安、莆田福联等纳入国家“十三五”集成电路产业布局规划的项目进展顺利。数字经济发展势头良好，2018 年首届数字中国建设峰会在福州举办，阿里巴巴、腾讯、华为、浪潮、京东等一批龙头企业项目对接落地，数字经济规模超万亿元。第十六届“6·18”海峡项目成果交易会累计对接合同项目 6905 项，总投资 1663 亿元。

（二）狠抓政策落地生根，需求结构进一步优化

投资保持较快增长。紧盯重点领域，紧抓重大支撑，强化要素保障，深化正向激励，出台招商奖励政策，积极扩大有效投资，投资结构在调整中优化，制造业投资增长 22.3%，技改投资增长 33.8%；民生社会事业领域投资增长较快，文化体育娱乐业投资增长 75.3%，卫生和社会工作投资增长 51.1%，教育投资增长 45.2%。民间投资增长 20.6%，对全省投资增长的贡献率达 94.9%。实施 36 个补短板投资工程包，全年完成投资 1595 亿元，占年计划 143.3%。

“五个一批”项目和重点项目支撑作用增强。以“五个一批”为抓手强力推进项目建设，强化项目攻坚，实施项目工作正向激励，截至去年底，全省入库“五个一批”项目 34949 个，估算总投资 19.98 万亿元。1150 个在建省重点项目完成投资 4737.1 亿元，超额完成年度目标。上汽宁德生产基地、福州国家医疗健康大数据中心、厦门士兰微晶圆制造、福州康乃尔 40 万吨/年 MDI、厦门天马 LTPS/AMOLED（含柔性）生产线、晋江 HDT 高效太阳能、三明三化电子级氟化氢、莆田华峰绿色纤维产业园、金龙汽车龙海异地迁建、武夷山康复养老中心、龙岩环海环保专用汽车生产等项目开工建设。一批重大项目建成或部分建成，南龙铁路开通运营，福平铁路全面铺轨架梁施工，福州地铁 2 号线全线贯通，福州长乐国际机场第二轮扩能航站楼投用，ABB 厦门工业中心、中铝铜冶炼、屏古高速公路、平潭利嘉物流园等项目建成，海峡文化艺术中心投用。一批重大项目前期工作取得突破，双龙铁路龙岩至武平段、泉州白濑水利枢纽获批。

消费基础性作用得到加强。贯彻落实国家关于完善促进消费体制机制进一步激发居民消费潜力的若干意见，研究我省具体实

施方案，消费平稳增长，升级类商品消费较快增长，金银珠宝、文化办公用品类、化妆品类商品分别增长19.2%、15.7%、13.7%。网络销售、农村居民消费等新兴领域消费潜力持续释放，网上商品零售额增长19.5%，乡村消费品市场零售额增长13.7%。

外贸出口稳定增长。加大国际市场开拓力度，积极指导企业用好出口信保等工具应对中美贸易争端，实施稳定和促进外经贸发展36条措施和9条补充措施，推动外贸稳增长、提效益、增动能。全省进出口总额12354.3亿元，增长6.6%，其中出口7615.6亿元，增长7.1%。厦门获批设立跨境电商综合试验区，石狮服装城获批市场采购贸易方式试点。精心组织参加首届中国国际进口博览会，实现成交规模与我省进口位次相匹配的预期目标。

（三）狠抓深化改革扩大开放，发展活力不断增强

营商环境进一步优化。出台提升营商环境行动计划和践行马上就办提升我省营商环境工作推进方案，简化办事手续、降低办事成本，多渠道征集汇总问题建议，梳理分解并抓好整改。委托第三方对全省营商环境进行评估，对标先进查找差距，以评促改。进一步放宽市场准入，实施清单管理，营造公平市场环境。推进投资审批改革，研究起草进一步精简企业投资项目前置审批事项的实施方案，推动试行取消社会稳定风险评估，研究试行企业承诺制，完善投资项目在线审批监管平台建设。公共信用信息平台建设进一步完善，“双公示”工作取得较好进展，失信联合惩戒制度初显威力。

持续推进“放管服”改革。全面推行“互联网＋政务服务”模式，深入推进省级行政审批“三集中”改革和相对集中行政许可权改革试点。有序推进行政审批规范化和标准化建设，推进“一趟不用跑”和“最多跑一趟”办事清单制度落实，两清单涉及办理事项达到总事项的86%。加快推进政务信息整合，推出全省行政审批服务“一人一档”“一企一档”，以及首批“不再重复受理”证照。推进数据资源整合共享开发，推进公共信息资源开放试点工作，建成数字福建无线政务专网，闽政通APP上线运行，省级移动政务服务平台、服务能力排名全国第三。创新实施依企业信用风险分类开展“双随机一公开”监管工作，进一步加强事中事后监管。

重点领域改革加快推进。推进水、电、天然气等要素价格改革，制定非居民用水超定额累进加价制度实施方案，全省一般工商业电价平均降低10%，放开竞争性气源价格，进一步促进市场主体多元化竞争。深化财税体制改革，全面建立省级财政专项资金管理清单制度，加大国有资本经营预算统筹力度，2018年省国资委监管企业利润上缴比例由13.5%提高到19%。完善多层次资本市场体系，推动643家符合条件企业列为省重点上市后备企业，推动企业到银行间市场和证券交易所发债融资，推动海峡股权交易中心服务台资企业挂牌展示和交易。深化国企国资改革，健全以管资本为主的国有资产管理体制，开展国有资本投资、运营公司试点，开展总会计师委派试点。

海丝核心区、福建自贸区加快推进。海丝核心区加快建设，开通丝路海运，开通中欧（中亚）国际货运班列线路3条，与海丝沿线国家和地区贸易额增长11%以上。持续推进海陆空连通，运营集装箱国际航线127条，建立友好港口16个。对海丝沿线国家和地区投资备案项目65个、7.3亿美元。成功举办21世纪海上丝绸之路博览会、海上丝绸之路（福州）国际旅游节、世界妈祖文化论坛等活动，省、市、县三级国际友城达到102对。积极推进自贸试验区高质量发展，新推出两批54项创新举措，进口货物“水路提货”模式、海关创新项目众创及实施管理平台、知识产权保护便捷服务平台等15项为全国首创，9项试点经验在全国复制推广，26项改革创新成果在省内复制推广，区内新增企业8618家，注册资本3016亿元。

利用外资和对外投资平稳增长。贯彻落实国家新修订的全国版和自贸区版外资负面清单，出台我省推动新开放领域重点产业精准招商工作指导意见，加强对世界500强等跨国企业走访互动，成功举办第二十届“9·8”投洽会、海内外闽商回归项目对接会、国际资本投资福建对接会等重大招商引资活动，吸引外资项目和产业招商取得新进展。新设外商投资企业2419家，实际使用外资305.3亿元。全年备案企业发行外债规模共计154亿美元，增长1.66倍。国际产能合作有序推进，规范和引导企业赴境外投资，备案对外投资企业194家，对外投资额55.2亿美元。

闽台、港澳侨交流不断深化。出台进一步促进闽台经济文化交流合作66条实施意见，深入实施“台商台胞服务年”活动，为在闽台湾同胞学习、创业、就业、生活提供与大陆同胞同等待遇。推动闽台电子、机械、石化和农业、金融等产业领域开展深度合作，闽台贸易额786亿元。福建向金门供水工程正式通水。成功举办第十届海峡论坛、第六届海峡青年节、2018两岸企业家峰会年会及独具特色的祖地文化品牌交流活动。闽港、闽澳在经贸、金融、物流、旅游、文化、教育等领域合作进一步深化，闽港合作会议第三次会议取得重要成果。密切与侨团、商会交往，吸引和鼓励海外侨胞来闽投资兴业，培养侨界新生力量。

（四）狠抓区域功能布局，城乡区域发展更趋协调

区域协调发展有效推进。推进闽东北、闽西南两大协同发展区加快建设，梳理、谋划协同发展区重大项目149个，其中重点协作项目53个，实施分级分类管理，扎实推进。重点区域经济发展协调推进，福州新区总体规划编制完成、正按程序报批，平潭综合实验区开放开发持续推进，厦门海沧、泉州泉港产城融合示范区建设深入实施，原中央苏区、老区加快发展。海洋强省建设有序推进，海洋生产总值增长10%。

实施乡村振兴战略开局良好。出台实施乡村振兴战略规划和加快实施乡村振兴战略十条措施。特色现代农业加快发展，十大优势特色产业全产业链总产值超1.5万亿元。划定水稻生产功能区800万亩，粮食播种面积、总产实现双增长。创建特色农产品优势区84个、现代农业产业园526个，全面推行一品一码、标识销售、全程追溯，农产品质量安全水平保持全国前列，累计认证“三品一标”农产品4147个。农村一二三产业融合取得新进展，建成121个农产品产地初加工中心，组建10个果业产销联盟及蔬菜供应链协会，农村网络零售额居全国前列。农村人居环境持续改善，新建改造村庄三格化粪池55万户，完成农村存量危房改造1.1万户，传统村落保护和活化利用走在全国前列。土地承包经营权确权登记颁证、农村集体产权制度改革清产核资和农垦改革“两个三年任务”基本完成。

新型城镇化质量提升。常住人口城镇化率、户籍人口城镇化率分别为65.8%、49.2%，比上年分别提高1个、1.4个百分点。推动国家级、省级新型城镇化试点，继续探索新型城镇化路径，完成15个新型城镇化试点地区监测评估和15个小城市培育试点镇考核，总结推广创新经验，发挥引领示范作用。规范推进省级特色小镇创建。

（五）狠抓重大领域关键环节攻坚，三大攻坚战取得突破

有效防范化解重大风险。切实落实好企业信贷风险属地防控责任，坚持控新化旧压降不良贷款，持续做好重点风险企业资金链、担保链风险化解处置工作，银行业金融机构不良贷款率持续下降，政府债务余额控制在核定限额内。房地产市场平稳健康发展，因城施策、分类指导、精准调控，价格保持相对平稳。有效防范和坚决遏制重特大安全事故发生，2018年亿元生产总值生产安全事故死亡人数同比下降18.7%。

脱贫攻坚持续深化。全力推进脱贫攻

坚，持续深化山海协作对口帮扶和驻村帮扶，建立产业、就业、资产收益等稳定脱贫机制，大力推进造福工程易地扶贫搬迁，全省有搬迁意愿、符合政策要求的贫困人口基本实施搬迁，现行扶贫标准下的建档立卡贫困人口基本实现脱贫，2201个建档立卡贫困村已有2050个村摘帽，永泰、泰宁、光泽、长汀、霞浦5个县退出省级扶贫开发工作重点县。

污染防治攻坚有力。深入推进大气、水、土壤污染防治，建成生态云平台，推动精准治污，构建大气污染区域联防联控联治机制，深化重点行业企业治污减排，协同控制臭氧和颗粒物污染，建立小流域“挂号销号”制度，全面消灭劣V类小流域，开展集中式饮用水水源地环境保护专项行动，农用地土壤污染状况详查全面完成，开展土壤污染风险防控与治理修复试点。国家生态文明试验区建设取得积极进展，38项重点改革任务均得到有效落实，重点生态区位商品林赎买等18项改革经验全国交流推广，形成莆田木兰溪流域治理、漳州“生态+”模式、泉州绿色开发区、长汀水土流失治理、连江生态产品市场化改革、永春全域生态综合体等一批具有地方特色的改革经验，生态环境质量持续保持全国领先，全省12条主要河流I-III类水质比例95.8%，饮用水水源地达标率100%；九市一区城市空气质量达标天数比例为95%；森林覆盖率66.8%。

（六）狠抓民生保障，人民群众获得感继续增强

27件省委省政府为民办实事项目全面完成年度目标任务，完成投资821亿元，占年度计划投资的150.3%。民生相关支出占一般公共预算支出比重为77%。城镇新增就业59.8万人，完成全年目标任务的108.7%；城镇失业人员实现再就业17万人，就业困难人员实现就业4.3万人，均超额完成全年10万人、3万人的目标任务。城镇和农村居民人均可支配收入42121元、17821元，均达到或超过年度预期目标。

教育事业稳步发展。实施统筹推进县域内城乡义务教育一体化改革发展实施意见、“十三五”中小学布局规划指导意见，组织编制城镇中小学扩容工程建设项目规划，开工建设150所普惠性幼儿园，新增4.5万个学前教育学位，学前教育普惠率达73%。“全面改薄”五年规划项目顺利实施，项目开工率115.2%、竣工率101.2%，设备采购完成率131.3%。义务教育大班额占比降至3%以下，比上年下降超过1.2个百分点。完成全省高中阶段教育普及攻坚计划学校建设规划表编制工作，继续组织实施达标高中全面复评，立项省级示范性普通高中建设学校44所、高中课改基地建设学校51所，新增二级达标、三级达标高中12所，全省普通高中达标率80.7%。实施省级示范性现代职业院校建设工程，2018年培育院校68所，全省中职学校达标率100%。双一流建设成效初显，我省高校26个学科进入ESI（基本科学指标数据库）前1%，比上年增加5个。2018年我省研究生招生规模再创新高，规模达到11696人，计划增量首次突破千人。

医疗健康服务更加完善。组织实施省儿童医院、省妇产医院、省疾控中心迁建等医疗卫生重大项目10个、总投资84.6亿元，已动工项目4个，累计完成投资21.5亿元。加快补齐儿科、产科、精神科床位建设短板，全省新增产科床位1021张、县级医院儿科床位1260张。持续推进高水平医院、高水平临床医学中心建设。出台和落实支持社会力量提供多层次多样化医疗服务的实施意见，促进完善多层次多样化社会办医体系，全省社会办医床位3万张，占全省医院床位数20.1%。加强中医“名医名药名科名院”建设，提升中医临床研究和传承创新能力，建设2个国家级区域诊疗中心和1个中医临床研究基地，2人入选国家岐黄学者。推进智慧健康工程，推进国家级健康医疗大数据中心与产业园试点工程建设。以公立医院综合改革、深化基层综合改革、做实家庭医生签约服务、推进支付方式改革为重点，强化“三医联动”，开展县域紧密型医共体试点，持续深化医疗卫生体制改革，公立医院综合

改革效果评价考核连续三年位列全国第一。

养老事业和老龄产业加快发展。推进养老服务工程建设，新建158个居家社区养老服务照料中心，奖补385所乡镇敬老院，新建820个农村幸福院。全面放开养老服务市场，鼓励引导社会资本投资养老服务。加快公办养老服务机构改革，鼓励专业化服务组织规模化承接、连锁化运营政府投资建设的社会福利中心、乡镇敬老院和社区养老服务设施，提升养老服务质量。

文化事业和文化产业健康发展。成功举办第七届福建艺术节、第十一届海峡两岸文化产业博览会,创作和展示了一批反映新时代精神、突出主旋律的文艺精品。34人入选第五批国家级非物质文化遗产代表性项目代表性传承人名单，福建文化海外驿站建设取得明显进展。继续完善现代公共文化服务体系，建成一批市县级档案馆和广播电视高山发射台等城乡广播电影电视公共服务设施。全省出版业发展加快转型升级，文创设计与相关产业进一步融合，优秀传统文化传承创新步伐加快。组织实施文化旅游提升、乡村旅游扶贫等工程建设，建成一批国家文化和自然遗产保护利用设施、旅游基础设施、全民健身场地设施、校园和社会足球场地设施等项目，有效提升群众文化生活服务质量。

总的看，全省经济运行总体保持平稳运行态势。但同时我们也要看到，当前外部环境发生明显变化，国际国内各种挑战和不确定因素明显增多，经济运行稳中有变，外部环境复杂严峻，我省发展一些长期存在的结构性矛盾和问题与外部环境冲击交织叠加，经济稳增长压力仍然较大，经济社会发展还面临不少困难和问题。一是实体经济仍较困难。受市场有效需求不足、竞争激烈等因素影响，部分行业增长缓慢甚至下滑，部分企业生产经营困难。民营企业特别是中小微企业融资难融资贵问题仍然存在，企业生产经营成本上升。二是项目用地、用海等要素保障压力大。海域使用要求更加严格，耕地占补平衡要求更高，有的项目未能如期开工。三是生态环境保护和污染防治攻坚任务仍然较重，安全生产仍存在薄弱环节，突发事件应急处置能力有待加强。四是教育、医疗、养老、城乡民生基础设施等领域短板还不少，居民收入保持较快增长难度加大。此外，创新能力不强、房地产市场等领域一些矛盾和问题依然存在。面对这些困难和问题，我们一定要高度重视，着力加以解决。

二、2019年国民经济和社会发展主要预期目标和任务

政府工作报告提出2019年经济社会发展工作的总体要求是：以习近平新时代中国特色社会主义思想为指导，全面贯彻落实党的十九大和十九届二中、三中全会精神，紧紧围绕统筹推进“五位一体”总体布局和协调推进“四个全面”战略布局，坚持稳中求进工作总基调，坚持新发展理念，坚持高质量发展落实赶超，坚持以供给侧结构性改革为主线，坚持深化市场化改革、扩大高水平开放，继续打好三大攻坚战，加快实体经济创新转型，加快建设现代化经济体系，加快推进闽东北、闽西南两大协同发展区建设，统筹推进稳增长、促改革、调结构、惠民生、防风险、保稳定工作，保持经济运行在合理区间，进一步稳就业、稳金融、稳外贸、稳外资、稳投资、稳预期，提振市场信心，增强人民群众获得感、幸福感、安全感，保持经济持续健康发展和社会大局稳定，加快建设机制活、产业优、百姓富、生态美的新福建，为全面建成小康社会收官打下决定性基础，以优异成绩落实赶超任务、庆祝新中国成立70周年。

2019年经济社会发展主要预期目标包括：

一是经济保持稳定增长。预期全省生产总值增长8%-8.5%，固定资产投资增长10%左右，社会消费品零售总额增长10.5%，进出口增长3%，实际使用外资增长3%。主要考虑：我省发展仍处于并将长期处于重要战

略机遇期，要善于化危为机、转危为安，紧扣重要战略机遇新内涵，抓住加快经济结构优化升级、提升科技创新能力、深化改革开放、加快绿色发展、参与全球经济治理体系变革带来的新机遇，推动高质量发展在各个领域取得积极进展，生产和需求继续保持稳定，经济增长有望继续保持在合理区间。充分考虑“稳就业、稳金融、稳外贸、稳外资、稳投资、稳预期”的要求，国家和我省将在经济发展相关领域出台一些更加积极的政策举措，将有力稳定经济增长。与省委十届六次、七次全会精神和“十三五”规划目标相衔接，以及坚持高质量发展落实赶超的需要。

二是现代化产业体系加快构建。供给侧结构性改革进一步深化，结构升级继续提速，创新驱动、产业转型升级步伐加快，新经济新动能加快培育，日益成为经济发展的重要支撑力，力争全省研发投入增长22%以上；先进制造业和现代服务业加快发展；城乡区域协调性增强，乡村振兴战略和新型城镇化建设加快推进；改革开放深入推进，市场经济体制机制进一步完善，提升全面开放新格局。

三是民生福祉持续增加。城乡居民收入继续增加，预期城镇居民人均可支配收入增长8%，农村居民人均可支配收入增长8.5%；公共服务供给能力进一步提升，预期一般公共预算收入增长 4.5%左右，地方一般公共预算收入增长 3%左右；城镇新增就业 50 万人，城镇登记失业率控制在 4.2%以内；居民消费价格总水平涨幅 3%左右；生态文明进一步提升，完成节能减排降碳任务。

为实现上述目标，我们必须坚持高质量发展落实赶超，按照省委十届六次、七次全会部署，把推进高质量发展与落实赶超任务紧密结合起来，坚持以供给侧结构性改革为主线不动摇，更多采用改革的办法，更多运用市场化、法治化手段，在“巩固、增强、提升、畅通”八个字上下功夫，巩固“三去一降一补”成果、增强微观主体活力、提升产业链水平、畅通国民经济循环。大力推动创新转型，在政策支持、资金供给、人才支撑和服务保障上加大力度。创造性地贯彻落实党中央各项决策部署，创新形成更有活力的机制和办法，拿出必胜的信心、付出百倍的努力，紧紧咬住目标不放，采取更大的力度、更有力的举措，高质量完成经济社会发展各项目标任务。重点要组织实施好八个方面工作：

（一）切实提升科技创新能力，培育壮大经济发展新动能

推动核心技术攻关取得新突破。加快实施创新能力突破行动，促进我省支柱产业自主知识产权核心竞争力进一步形成，实施“卡脖子”关键核心技术“攻尖”行动和重要信息化系统安全产品等“迭代”计划。落实好集成电路产业发展行动计划 1.0 版，推动“智慧海洋”工程建设，鼓励采取海外离岸创新创业、项目合作、聘请顾问、合建智库等形式开展柔性引才。进一步完善支持首台（套）示范应用的招投标、政府采购等政策措施，加速推动高世代面板、集成电路、新材料、新能源汽车等领域技术突破，推进高性能稀土材料、储氢合金、石墨烯等特色优势新材料技术研发和产业化，加快研发具有竞争力的产品。

推动创新平台建设取得新突破。努力建设国家级创新平台，积极对接国家科技创新2030-重大项目，着眼产业发展需求，加快建设一批省实验室，培育国家实验室预备队，加强省级工程研究中心建设，并推动申请国家地方联合创新平台，在实体经济各行业全面建立企业主导的共性技术创新平台。推动福厦泉国家自主创新示范区建设，加快创新发展步伐。激励企业加大研发投入，增强制造业技术创新能力，开展科技创新和产业精准对接，梳理高等院校、科研院所待转化科研成果，推动一批重点科研成果对接落地转化，加大分段补助政策推进力度。高标准办好第十七届海峡项目成果交易会，加快推进 6·18 协同创新院产业技术分院建设，

积极推动项目成果转化落地。

推动数字经济发展取得新突破。落实新时代数字福建发展纲要，加快实施数字经济领跑行动，精心办好第二届数字中国建设峰会，加快推进数字中国研究院（福建）建设，加快一批数字经济重大项目对接落地。加快新一代信息基础设施建设，健全促进信息化发展规章制度，加大公共信息资源汇聚、共享、开放和开发力度，加快推动产业数字化，加快数字技术向产业各领域、各环节渗透，推动互联网、大数据、人工智能与实体经济融合发展，实施100个人工智能重点应用示范项目，形成100个深度应用场景，推动金融云、生态云建设；加快推动数字产业化，挖掘数据资源要素价值，建设一批高水平数字经济园区，引进和壮大一批数字经济领军企业，促进物联网、大数据、共享经济等全产业链发展，加快推进航天遥感、通信、导航等成果转化和应用推广。

（二）切实加快产业转型升级，推进制造业高质量发展

大力扶持实体经济发展。大力弘扬晋江经验，开展实体经济“百千万”行动，促进实体经济持续健康发展。深入开展新一轮技改专项行动，设立100亿元的省技改投资基金，组织实施500项省级重点技改项目，实施传统产业智造工程，扩大制造业企业技改升级覆盖面，引导企业采用新技术、新设备、新材料、新工艺实施技术改造，提升数字化、网络化、智能化水平，深化“互联网+先进制造”，推动4000家以上中小企业“上云上平台”。落实好更大幅度减税降费举措，继续降低企业生产经营成本，全面落实涉企收费目录清单制度，进一步降低企业制度性交易、用能、物流、融资等经营成本，扩大电力直接交易范围和规模，对省定涉企行政事业性收费实行“零收费”。强化企业融资服务，用好纾困基金、纾困专项债和政府应急周转金，有效帮助重点企业纾困。支持具备条件的企业境外发债融资，善于用好国际资本市场低成本资金。

加快培育一批千亿产业集群。推进千亿集群培育计划，紧紧围绕重点培育和发展的27个产业集群，强化龙头企业引领作用，引导集群产业链上下游延链、补链、壮链，集中力量打造一批成长性好、竞争力强、关联度高的主导产业和重点产业，加快培育18个以上产值超千亿元产业集群。推动三大主导产业等重点产业重点突破，电子信息产业突出“增芯强屏”，打造具备国际竞争力的东南沿海集成电路产业高地和电子信息产业基地；推动装备制造业高端化，支持发展数控机床、工业机器人、工程机械、航空维修、海工装备等产品；做大做强石化产业，持续深化央企对接合作，积极争取国家支持我省重大石化项目建设。

推动新兴产业快成长、上规模。稳步推进企业优胜劣汰，加快处置僵尸企业，促进新技术、新组织形式、新产业集群形成发展。深入推进新兴产业倍增工程，建立“一个行业、一个规划、一个政策”工作机制，支持战略性新兴产业重点项目、龙头企业和示范工程建设。推动新一代信息技术、高端装备、新材料、生物医药、新能源及新能源汽车、节能环保、数字创意等战略性新兴产业发展提速、比重提升。注重运用新技术，依托新市场需求，推动车联网、软件信息、新能源和新材料等产业快速增长。推动军民融合产业发展，大力实施卫星应用、船舶修造等一批项目，加快“军转民”“民参军”步伐。

推进现代服务业发展。加快推进现代服务业提速提质工程，强化服务业发展政策支撑。推进先进制造业与现代服务业深度融合，加快实施主辅分离、服务外包，新增10家以上省级服务型制造示范企业。积极发展总部经济，加大总部经济的财税政策支持。抓好平台经济发展，培育大型网络批发零售、大宗商品现货交易、物流企业服务等平台。提高生产性服务业水平，推进物流互联互通、公海铁联运物流设施及国际商品分拨中心建设，大力支持工业设计发展。大力发展普惠金融、绿色金融、科技金融，促进金融业与实体经济良性互动发展。加快发展生

活性服务业，推进全域生态旅游和“红色旅游”发展，打造“全福游、有全福”品牌，实现“一机在手、畅游福建”，实施文化和旅游深度融合行动，培育旅游演艺市场，建设一批文化休闲旅游精品项目。加快发展多样化健康服务机构、完善医养深度融合养老服务。加快“智慧广电”建设，打造4K超高清电视产业链，推进影视基地建设，繁荣发展广播电视产业。

（三）切实扩大有效需求，大力拓展国内市场

强化“五个一批”项目推进机制。将“五个一批”作为抓项目促投资的最重要工作方法，着眼于补短板、调结构、增后劲扩大有效投资，持续深化正向激励，加强项目动态管理，促进项目良性接续。谋划项目要对标对表国家投资政策，加强项目储备生成，建立常态化滚动机制；项目前期工作要立足于尽早开工建设，抓紧完善项目开工前置要件，强化用地用林用海等要素保障；在建项目要加大协调力度，加大施工力量投入，加快建设进度。注重投资结构优化，重点抓好产业投资，加大产业项目特别是战略性新兴产业、现代服务业项目储备招商。

强化重大工程重大项目支撑。完善“一月一协调、一季一督查”项目工作推进机制，及时协调解决项目建设中存在的困难和问题，做好项目要素、征地拆迁等保障。持续推进赶超重大项目加快实施，突出抓好省重点项目建设，推动项目建设提速、服务提升。拟安排省重点项目1564个，其中在建项目1199个、年度计划投资4538亿元，建成或基本建成155个项目，新开工155个项目。建成福州绕城高速公路东南段、厦门地铁2号线、长泰枋洋水利枢纽、中化泉州100万吨/年乙烯及炼油改扩建、顺昌至邵武高速公路、上汽宁德生产基地等项目。新开工建设双龙铁路龙岩至武平段、泉南高速公路永春互通至汤城枢纽段改扩建工程、三明科诺欣LED芯片、平潭瑞谦智能运营中心等项目。推进厦门新机场、福州机场二期扩建、福建古雷炼化一体化工程二期、宁德上白石水利枢纽等一批项目前期工作取得重大突破，力争开工建设。加快推动核电、抽水蓄能、LNG接收站、天然气管网等重大能源项目。

激发民营经济活力。全面贯彻习近平总书记民营企业座谈会重要讲话精神，落实我省加快民营企业发展的若干意见，坚持“两个毫不动摇”和“三个没有变”，切实落实支持民营经济发展壮大各项举措。建立完善与企业产值、研发投入等生产经营情况相挂钩的创新激励机制，鼓励民营企业创新转型。建立民营企业、中小企业贷款业务与银行内部考核、薪酬等挂钩的激励机制，全力保障民营企业融资需求，努力化解民营企业融资难。设立中小企业发展基金，省级财政每年统筹3亿元以上资金（含中央奖补）作为政策性担保机构用于代偿补偿、保费补贴等奖补资金。除国家法律、法规明确禁止准入的行业和领域外，一律对民营企业开放，营造公平竞争环境，打破各种各样的“卷帘门”“玻璃门”“旋转门”，为民营企业发展创造充足市场空间。进一步激活民间投资活力，鼓励民间资本参与规范PPP项目建设，建立吸引民间资本投资重点领域项目库，提振民间投资信心。进一步构建新型政商关系，打造“亲商、重商、安商”环境，为民营经济发展营造法治化制度环境，弘扬企业家精神，依法维护民营企业合法权益，保护民营企业家人身安全和财产安全。

拓展短板领域投资。对标国家保持基础设施领域补短板力度、省委十届六次全会实施“十大行动”等部署要求，加强人工智能、工业互联网、物联网等新型基础设施建设，加快5G商用步伐。围绕进一步完善路网、航空网、电网、管网，切实加大脱贫攻坚、公路、铁路、水运、机场、水利、能源、农业农村、生态环保、社会民生等基础设施领域补短板投资力度。在提升现有工程包基础上，优化生成一批新的工程包，完善“一包一策”“一地一策”，带动形成新的投资增量。

创新供给扩大有效消费。适应促进形成强大国内市场要求，大力促进消费供给升级，深入落实和完善促进消费体制机制进一步激发居民消费潜力的各项政策措施，推进新业态新模式推广工程，围绕文化旅游、体育健康、养老家政、教育培训、住房租赁、汽车、信息、绿色消费等新兴消费热点。加快商业网点规划和商圈建设，推动实物消费和服务消费提质升级。加强消费产品和服务标准制定，持续实施“三品”战略，开展质量提升行动，加强质量基础设施建设与应用。建立健全消费领域信用体系，探索建立消费市场失信“黑名单”和守信“红名单”制度。深化收入分配制度改革，落实好个人所得税附加扣除政策，改善居民消费能力和预期。

（四）切实深化改革扩大开放，积极打造良好营商环境

深化改革激发市场主体活力。精准发力深化“放管服”改革，加大转变政府职能和简政放权力度，完善权责清单制度。推进行政审批制度改革，简化工程建设项目审批，全面推进“证照分离”改革，重点推进照后减证。推进投资项目承诺制改革，实现政府定标准、企业作承诺、过程强监管、失信有惩戒，大幅压缩投资项目落地时间。健全完善国家企业信用信息公示系统（福建），加快建立以“双随机一公开”监管为基本手段，以重点监管为补充，以信用监管为核心的新型监管机制。积极推动省级信用立法，开展省“信用企业”创建培育工作，健全覆盖全社会信用联合奖惩格局，强化政务诚信建设。深化国企国资改革，推动国有资本做强做优做大，深入推进股权多元化和混合所有制改革，继续完善国有企业现代企业制度。

创造更有吸引力的营商环境。落实好我省提升营商环境行动计划和践行“马上就办”提升营商环境工作推进方案，以市场主体期待和需求为导向，围绕破解企业投资生产经营中的“堵点”“痛点”，加快打造法治化国际化便利化营商环境。对照第三方评估发现的问题，分析原因抓好整改，全力提升优化营商环境迎接 2019 年国家开展的营商环境评价。加大知识产权保护力度，完善知识产权保护体系，严打侵权假冒、侵犯商业秘密、商标恶意抢注等行为。积极构建“亲、清”新型政商关系，真诚为企业排忧解难，促进市场各类主体公平有序竞争。

狠抓精准招商。全面实行准入前国民待遇加负面清单管理制度，优化外资导向，支持各地围绕我省重点培育的千亿产业集群开展精准招商，引导外资以产业“强链、建链、补链和联动”为重点，以产业链龙头和关键环节项目为核心，加强汽车、航空、船舶、现代服务业等领域行业的精准招商，大招商、招大商、招好商，集中力量促进一批用地少、投资量大、技术含量高的好项目落地。加强与央企常态化对接，争取更多大项目布局、落地，带动产业延链建群、协同提升。

促进进出口稳定增长。密切关注、积极应对中美经贸摩擦，对受影响较大的重点企业、商品进行“一对一”跟踪服务，增强企业应对信心。深入实施“百展万企”计划，鼓励企业积极开拓“一带一路”沿线国家和地区、金砖国家等新兴市场。支持企业加快实施技术改造、产品研发、设计创新，大力扶持国产可替代高技术产品。推进外贸综合服务企业加快发展，培育市场采购、跨境电商等新业态，提升服务贸易发展水平。发挥中国国际进口博览会“溢出效应”，扩大先进技术装备、紧缺资源和优质消费品进口，实现优进优出。

推进海丝核心区建设走深走实。打造丝路海运品牌，构建与海丝沿线国家和地区共商共建的国际经贸交流新平台、新引擎。集中力量推进核心港区、枢纽机场和干线铁路、高速公路项目建设，大力培育国际海上、空中航线，优化台闽欧班列运行线路，提升班列运营效益。推动福建与东盟国家的信息走廊建设，开通“海丝”卫星数据服务中心。积极推动设立“一带一路”合作国际示范区。

发挥“9·8”投洽会、东盟博览会等平台作用，持续扩大与沿线国家和地区双向投资贸易规模。推动国际产能合作新突破，引导优势产能海外布局，支持建设境外经贸合作园区。打造重点“节、赛、会”品牌，大力开展教育国际合作。推进金融业开放创新，扩大人民币跨境使用。加强与世行、亚行等国际金融组织合作，支持我省重点领域发展。

深化闽台港澳交流合作。深入贯彻落实习近平总书记在《告台湾同胞书》发表40周年纪念会上重要讲话精神，努力推进金门、马祖同福建沿海地区通水、通电、通气、通桥，促进厦金、榕马融合发展，推动新时代两岸关系发展。持续推进“66条实施意见”落深落细落实。充分发挥祖地文化优势，加强对台优势文化建设，巩固海峡论坛、海峡青年节、福建文化宝岛行、海峡影视季等品牌活动实效，以优秀文化沉淀吸引台湾年轻一代来闽交流和就业创业。加快平潭综合实验区开放开发，抓好国际旅游岛建设、重点产业发展、人口集聚等工作，加快建设“一岛两窗三区”。加快推进闽港澳新一轮交流合作，推动优势互补、双向开放。

（五）切实推动区域协调发展，大力推进乡村振兴战略

大力推进闽东北、闽西南两大协同发展区建设。落实两大协同发展区引领行动，推动重点任务逐项落到实处。促进基础设施快捷联通，对连接省外的高铁、高速公路等大通道，要深化细化谋划，积极争取进入国家“大盘子”。对连接两大协同区内部以及协同区之间的大通道大项目，要加快推进，打造1-2小时交通圈。促进产业分工协作，立足各地产业优势，强化协同配合，围绕千亿产业集群建设，各地主动融入，形成产业链衔接配套、优势互补、分工合理、相互支撑的产业发展体系。推进开发区高质量发展，建设好“飞地”园区、山海协作产业园等平台。促进公共服务互动，以教育、医疗、文化等公共服务设施为重点，推动公共服务共建共享。健全协同发展机制，在工作推动、项目推进、产业配套、山海协作、生态补偿、利益分配等方面，不断强化相应机制保障。

扎实推进乡村振兴战略。坚持农业农村现代化总目标，坚持农业农村优先发展总方针，坚持产业兴旺、生态宜居、乡风文明、治理有效、生活富裕总要求，围绕我省实施乡村振兴战略规划明确的目标任务，大力推进实施一批重大工程、重大计划、重大行动。改善农业农村生产生活条件，聚焦农村基础设施薄弱环节，加大高标准农田建设力度，大力发展设施农业，进一步推进“四好农村路”建设，加强中心（一级）渔港、气象现代化等建设。推动农村人居环境改善，全面推进农村人居环境整治三年行动，加快补齐农村人居环境短板，突出抓好农村厕所革命、垃圾治理行动、污水治理行动、农房整治行动、村容村貌提升行动，推动“裸房”等突出问题整治，实施畜禽粪污资源化利用、乡村绿化和乡村水环境治理等工程，扎实推进生态宜居美丽乡村建设。立足各地特色文化资源禀赋，发展乡村旅游，打造宜业宜居宜游的示范村。全面深化农村各项改革。推进农村集体产权、林权制度改革，大力培育家庭农场、农民合作社等新型经营主体，着力解决小农户生产经营面临的困难，加快融入现代农业发展。

加快建设特色现代农业。高度重视粮食生产，切实“把中国人的饭碗牢牢端在自己手中”，深入实施“藏粮于地、藏粮于技”战略，强化粮食生产政策扶持，加快建设水稻生产功能区和高标准农田，巩固提升粮食产能。推进生态茶果菜园建设，增加优质绿色农产品供给。实施特色现代农业“五千工程”，新建300个优质农产品标准化生产示范基地，新增200个“三品一标”农产品，建成200个农产品产地初加工中心，省级以上重点龙头企业达到900家，培育200个“一村一品”特色产业示范村，积极发展农村电商、休闲农业等新产业新业态，推进农村一二三产融合发展，做大做优做强十大优势特色产业，力争十大产业全产业链总产值达到1.7万亿元。持续实施现代种业工程，推进

农业“五新”进村入户。深入实施茶产业绿色发展、化肥和农药减量化、农业废弃物资源化利用等专项行动。

积极推进新型城镇化。加快农业转移人口市民化，加大“人地钱”挂钩配套政策力度，提升居住证制度含金量。优化城镇化空间布局，提升中心城市对周边城市辐射带动作用，稳妥有序推进行政区划优化设置与管理模式改革，加快培育发展中小城市，分类发展小城镇，高质量推进特色小镇创建。加快提升城市功能和宜居水平，在科学化、精细化、智能化上下功夫。加快推动城乡融合发展，推动公共资源向农村延伸，推动城乡产业发展融合化、公共服务均等化、基础设施联通化、居民收入均衡化。

推动陆海统筹发展。加快实施海洋强省行动，以科学开发利用海峡、海湾、海岛、海岸资源为重点，打造湾区经济，加快建设高端临海产业带。壮大蓝色产业，加快发展海洋工程装备、海洋药物与生物制品、海洋可再生能源和海水综合利用等产业。建设“智慧海洋”，抓好海洋科技创新平台建设，加快建设福州、厦门海洋经济发展示范区。

（六）切实加强生态环境建设，不断提升生态文明水平

推动绿色发展新提升。组织实施《绿色产业指导目录》，激励企业扩大绿色投资，大力推动碳排放权、排污权、用能权交易，加快传统产业智能化、清洁化改造，培育壮大节能环保、清洁生产、清洁能源等产业，发展绿色农业、绿色制造业、生态服务业。探索以生态产品为要素的产业发展路径，推动龙岩市、南平市创建绿色发展示范区，建立省市县三级联动机制激发绿色发展潜力，培育壮大循环型生态绿色产业。推进国土绿化，建设森林城市，加强武夷山国家公园保护、建设与管理。

打好污染防治攻坚战。加快实施生态建设提升行动，编制“三线一单”，构建生态环境分区管控体系。改革完善生态环境治理体系，提升治理能力。强化环保督察和环境执法监管，突出民生环境问题治理。深入推进大气、水、土壤以及海洋污染防治，着力打好蓝天保卫、柴油货车污染治理、水源地保护、城市黑臭水体治理、闽江流域山水林田湖草生态保护修复、九龙江口和厦门湾综合治理、农业农村污染治理七大标志性战役。统筹兼顾，避免处置措施简单粗暴，增强服务意识，帮助企业制定环境治理解决方案。

促进生态文明试验区建设成果新突破。加强改革系统集成研究，持续推出一批可复制推广的经验举措，对一批已形成经验成果的改革任务，加强改革配套体系和规范技术标准研究，固化成为常态化、稳定的长效制度，对有效可行的改革成果进一步向全省推广，争取更多改革经验向全国推广。探索绿水青山转化为金山银山的实现路径，总结推广武平林改经验，继续抓好连江县、永春县、长汀县等生态产品市场化试点改革，促进自然资源的价值实现。

（七）切实补齐民生领域短板，持续提升民生福祉水平

打好精准脱贫攻坚战。以巩固脱贫成果、提高脱贫质量、促进稳定脱贫为重点，组织实施打赢脱贫攻坚战三年行动，着力打好五大战役，开展十大专项行动，精准落实产业扶贫、搬迁扶贫、就业扶贫、金融扶贫、教育扶贫、健康扶贫等各项扶贫政策，切实做到“两不愁三保障”，今年实现省级扶贫开发工作重点县全部达到退出标准，建档立卡贫困村全部摘帽。

全力以赴稳定就业。实施就业优先战略和更加积极的就业政策，把稳就业摆在突出位置，健全完善新常态下的就业创业政策。大力促进以创业带动就业，支持发展各类有效创业孵化模式，以点带面，进一步营造鼓励创业良好氛围。加强公共就业服务专业化，解决好就业服务“最后一公里”问题。

促进高校毕业生多渠道就业，引导鼓励毕业生面向基层就业，大力扶持毕业生自主创业。扩大农民工就业，开展农民工就业技能、岗位技能提升培训和创业培训。全面落实失业保险基金稳岗补贴政策，用好用足中央财政工业企业结构调整专项资金。

加快推进基本公共服务均等化。全面推进基本公共服务均等化行动计划，落实好8个领域81项基本公共服务项目，加大贫困地区公共资源支持力度。建立健全基本公共服务标准体系，制定各行业领域基本公共服务标准体系实施方案，细化落实国家基本公共服务质量要求。推动乡村公共服务发展，围绕优先发展农村教育、推进健康乡村建设、提升农村养老服务、推动社保制度统筹四项重点任务，细化落实加大乡村学前教育资源供给，加强基层医疗卫生机构建设，构建多层次农村养老保障体系，推进城乡居民基本养老保险参保扩面等14项举措，促进城乡基本公共服务一体化。

全力补齐民生社会事业短板。继续推进社会领域公共服务补短板、强弱项、提质量，强化兜底保障功能，着力解决供给不足、质量不高、发展不均衡等突出问题。对于基本公共服务领域的事项，政府承担服务供给的基本职责，形成广覆盖、保基本、兜底线的基本格局。对于养老、家政、文体、健康等方面非基本公共服务领域的事项，进一步发挥市场作用，积极培育社会事业领域建设运营市场主体，满足人民群众多层次、多样化的社会服务需求。

教育方面，全面推进第三期学前教育行动方案，继续实施幼儿园建设工程包，新建和改扩建200所公办幼儿园，新增公办园学位4万个，支持普惠性民办幼儿园建设，开展全省小区配套幼儿园规划、建设、移交、办园等情况专项检查。开展形式多样的中小学课后服务。统筹实施中小学校舍安全长效机制、城镇中小学扩容建设工程、初中“壮腰”工程，推进义务教育优质均衡发展。实施高中阶段教育质量提升计划，持续推进高中达标复评，深入培育高中课程改革项目，提升学校课程实施基础能力与水平。鼓励有条件的普通高中与高校联合创新人才培养模式，满足学生多样化需求。稳妥实施高考综合改革，健全科学育人、科学评价、科学选才的体制机制。继续抓好示范性现代职业院校、中等职业学校分级建设，继续推进实施“双一流”和应用型本科高校建设，实施第二轮高校“一校一策”目标管理。

医疗卫生方面，持续全面深化医改，进一步总结推广三明等先进地区经验，持续深化“三医联动”改革。推进现代医院管理制度建设，完善公立医院人事分配制度。跟进国家药品集中采购和使用，健全药品联合限价阳光采购机制。探索建立城镇职工医疗保险基金全省统筹调剂制度，深化基本医疗保险支付方式改革，把更多救命救急的好药纳入医保。以基层医疗卫生服务体系建设为重点，强化公共卫生保障，持续提升基层服务能力，稳步推进分级诊疗。加快医疗机构总床位和紧缺学科床位发展以及省儿童医院、妇产医院、疾控中心等重大项目建设。鼓励和支持社会资本办医，加快打造一批具有竞争力的品牌服务机构。积极争取国家先行先试政策，落实惠台医疗服务措施，协助推动台资医疗产业入闽。继续抓好医疗“创双高”、积极创建国家区域医疗中心，持续提升疑难危重症、罕见病诊治水平。推进中医“名医名药名科名院”建设，打造一批省级学术流派，争创国家级学术流派，推进国家中医药传承创新工程重点项目建设。

养老方面，继续推进养老服务工程建设，保障养老公共服务投入。大力引导社会力量参与养老服务发展，加大“公建民营”改革力度，完善“民办公助”发展机制。健全政府购买养老服务制度，优先保障经济困难的孤寡、失能、高龄等人群服务需求，加大对基层和农村养老服务的支持，推进乡镇敬老院转型升级成区域性养老服务中心，支持社会资本发展普惠性养老服务。探索建立长期护理保险制度。落实民办养老用地支持政策，探索拓宽多元融资渠道，切实保障投资者权益。继续实施健康与养老服务工程建设行动计划，实现养老服务与医疗、家政、保险、旅游等相关领域融合发展。

文旅、家政、体育等公共服务方面。加大公共文化服务，推进基层综合性公共文化服务中心实现功能整合，提升服务效能。繁荣文艺创作，推出一批优秀文艺作品，弘扬优秀传统文化，加大文化遗产保护力度，持续推进海上丝绸之路、万里茶道、古泉州（刺桐）申报世界文化遗产。推进应急广播体系建设。加快推进旅游供给侧结构性改革，持续推进旅游厕所革命等公共服务建设，改善乡村旅游基础设施和配套服务，推动乡村旅游区域差异化发展。办好家政业爱心工程，引导家政企业做大做强。提高社会力量举办大型群众性体育赛事积极性。加强社会救助资源统筹，完善城乡低保、特困供养、临时救助、抚恤优待等制度，做好城镇困难职工解困脱困工作，保障好困难群众基本生活。

（八）切实强化重大风险防控，营造和谐稳定发展环境

打好防范化解重大风险攻坚战。贯彻落实国家实施打好防范化解重大风险攻坚战三年行动方案，集中力量优先处理可能影响经济社会稳定和引发系统性风险的问题。坚持结构性去杠杆的基本思路，防范金融市场异常波动和共振。加强企业信贷风险属地防控责任，坚持“控新化旧”两手抓，“一企一策”“一链一策”，确保重点企业资金链、担保链风险有效化解。切实加强国有企业资产负债约束，积极推动市场化法治化债转股，遏制和打击跟风违约、恶意逃废债务等行为。按照中央统一部署，提前启动新增债券发行工作。稳妥处理地方政府债务风险，加强债务规模限额管理，严格控制增量，稳妥化解存量，加强政府隐性债务管理。

确保房地产市场平稳有序发展。坚持房子是用来住的、不是用来炒的定位，因城施策，分类指导，夯实城市政府责任主体，保持房地产调控政策的延续性和稳定性，加快建立稳定房地产市场长效机制。加大热点地区住宅用地供应规模，加快已供土地开发节奏。建立健全租购并举住房制度，加快培育和发展住房租赁市场特别是长期租赁，深化开展住房租赁试点和利用集体建设用地建设租赁住房试点工作。引导市场合理预期，整治市场秩序，严厉打击违法违规行为。

加强和创新社会治理。建立健全公共安全体系，完善安全生产责任制，坚决遏制重特大安全事故，提升防灾减灾救灾能力。全面加强食品药品安全监督管理，坚守食药安全风险底线，保障人民群众舌尖上的安全。做实做细做深社会稳定工作，完善落实社会稳定风险评估机制，坚持以预防为基点有效防范社会风险，构建多元化纠纷解决体系。依托互联网和新媒体，创新社会治理新模式，推动社会治理从单向管理向双向联动、线下向线上线下融合、单纯部门监管向社会协同转变，实现政府治理和社会调节、居民自治良性互动。

各位代表，做好 2019 年经济社会发展工作意义重大，任务艰巨。我们要更加紧密地团结在以习近平同志为核心的党中央周围，以习近平新时代中国特色社会主义思想为指导，树牢“四个意识”，坚定“四个自信”，坚决做到“两个维护”，全面贯彻中央和省委的决策部署，认真落实省十三届人大二次会议决议，自觉接受人大法律监督和工作监督、政协民主监督、监察机关监督，高度重视省人大代表和政协委员的意见建议，凝心聚力、改革创新，真抓实干、攻坚克难，促进经济社会持续健康发展，为决胜全面建成小康社会、坚持高质量发展落实赶超，建设机制活、产业优、百姓富、生态美的新福建而努力奋斗！

第一篇　综合

Chapter 1　General Survey

资料整理：林春银 叶春山 江椿

Database Editor: Linchunyin Yechunshan Jiangchun

简 要 说 明

本篇资料的主要内容及来源

本篇包括全省行政区划及国民经济和社会发展综合资料二部分。

行政区划划分资料由福建省民政厅提供。国民经济和社会发展综合部分来源于本年鉴各篇章中的资料，由省统计局综合统计处、省统计局普查中心加工整理。

Brief Introduction

Main Content and Source of Data

This chapter mainly covers two parts: the data of divisions of administrative areas and general survey of economy and society development.

Data on divisions of administrative areas are provided by the Bureau of Civil Affairs of Fujian Provincial Department. Data on general survey of eco
-nomy and society development are compiled and processed by the Division of Comprehensive Statistics of the Fujian Provincial Bureau of Statistics and the Division of General Survey Centre of the Fujian Provincial Bureau of Statistics.

1-1 全省行政区划（2018年底）

Division of Administrative Areas in Fujian(2018)

设区市名称 Cities	县级行政单位数(个) Number of Administrative Units at County Lever				县级行政单位名称 Name of Administrative Units at County Level
	合计 Total	县 County	县级市 Cities at County Level	市辖区 District	
总计 Total	85	44	12	29	
福州市 Fuzhou	13	6	1	6	鼓楼区 仓山区 台江区 马尾区 晋安区 长乐区 福清市 闽侯县 连江县 罗源县 闽清县 永泰县 平潭县 Gulou Cangshan Taijiang Mawei Jin'an Changle Fuqing Minhou Lianjiang Luoyuan Minqing Yongtai Pintan
厦门市 Xiamen	6			6	思明区 海沧区 湖里区 集美区 同安区 翔安区 Siming Haicang Huli Jimei Tongan Xiang'an
莆田市 Putian	5	1		4	城厢区 涵江区 荔城区 秀屿区 仙游县 Chengxiang Hanjiang Licheng Xiuyu Xianyou
三明市 Sanming	12	9	1	2	三元区 梅列区 永安市 明溪县 清流县 宁化县 大田县 尤溪县 沙县 将乐县 泰宁县 建宁县 Sanyuan Meilie Yong'an Mingxi Qingliu Ninghua Datian Youxi Shaxian Jiangle Taining Jianning
泉州市 Quanzhou	12	5	3	4	鲤城区 丰泽区 洛江区 泉港区 石狮市 晋江市 南安市 惠安县 安溪县 永春县 德化县 金门县 Licheng Fengze Luojiang Quangang Shishi Jinjiang Nan'an Huian Anxi Yongchun Dehua Jinmen
漳州市 Zhangzhou	11	8	1	2	芗城区 龙文区 龙海市 云霄县 诏安县 漳浦县 长泰县 东山县 南靖县 平和县 华安县 Xiangcheng Longwen Longhai Yunxiao Zhao'an Zhangpu Changtai Dongshan Nanjing Pinghe Hua'an
南平市 Nanping	10	5	3	2	延平区 建阳区 邵武市 武夷山市 建瓯市 顺昌县 浦城县 光泽县 松溪县 政和县 Yanping Jianyang Shaowu Wuyishan Jian'ou Shunchang Pucheng Guangze Songxi Zhenghe
龙岩市 Longyan	7	4	1	2	新罗区 永定区 漳平市 长汀县 上杭县 武平县 连城县 Xinluo Yongding Zhangping Changting Shanghang Wuping Liancheng
宁德市 Ningde	9	6	2	1	蕉城区 福安市 福鼎市 霞浦县 古田县 屏南县 寿宁县 周宁县 柘荣县 Jiaocheng Fu'an Fuding Xiapu Gutian Pingnan Shouning Zhouning Zherong

1-2 国民经济和社会发展总量和速度指标

项目 Item	总量指标 Aggregate Data			
	1978	1990	2000	2010
人口与就业				
Population and Employment				
年末总人口（万人）	**2446**	**3037**	**3410**	**3693**
Population at Year-end(10000 persons)				
#城镇人口		642	1432	2108
Urban				
年末从业人员（万人）	**924.41**	**1348.38**	**1660.19**	**2241.59**
Employment at Year-end(10000 persons)				
城镇登记失业人员（万人）	20.82	9.00	9.10	14.49
Registered Unemployed Persons in Urban Areas(10000 persons)				
城镇单位在岗职工平均工资（元）	**567**	**2162**	**10584**	**32647**
Average Wage of Staff and Workers on the Job(yuan)				
国民经济核算				
National Accounts				
地区生产总值（亿元）	**66.37**	**522.28**	**3764.54**	**14737.12**
Gross Domestic Product(100 million yuan)				
第一产业	23.93	147.01	640.57	1363.67
Primary Industry				
第二产业	28.19	174.47	1628.45	7522.83
Secondary Industry				
第三产业	14.25	200.80	1495.52	5850.62
Tertiary Industry				
主要行业				
Major Industry				
工业	23.85	150.55	1422.34	6397.71
Industry				
建筑业	4.34	23.92	206.11	1125.12
Construction				
人均地区生产总值（元）	**273**	**1763**	**11194**	**40025**
Per Capita GDP(yuan)				
固定资产投资				
Investment in Fixed Assets				
固定资产投资（亿元）	9.45	90.51	995.38	8067.33
Investment in Fixed Assets(100 million yuan)				
项目投资		77.04	788.01	6248.48
Projects Investment				
房地产投资		13.47	207.37	1818.86
Real Estate Development				

Principal Aggregate Indicators on National Economic and Social Development and Growth Rates

		平均增长速度(%) Average Annual Growth Rate(%)				2018年比上年增长(%) 2018 as Percentage of the last Years(%)
2017	2018	1979-2018	1991-2018	2001-2018	2011-2018	
3911	3941	1.20	0.93	0.81	0.82	0.77
2534	2594		5.11	3.36	2.63	2.37
2805.74	2791.37	2.80	2.63	2.93	2.78	-0.5
17.15	17.33	-0.46	2.37	3.64	2.26	1.0
69029	78215	13.11	13.67	11.75	11.54	13.3
32292.09	35804.04	12.2	12.5	11.2	9.8	8.3
2215.13	2379.82	5.6	5.2	3.7	4.0	3.5
15354.29	17232.36	14.6	15.4	12.9	10.6	8.5
14722.67	16191.86	12.7	11.9	11.0	9.8	8.8
12674.89	14183.2	15.1	15.6	13.0	10.6	8.9
2707.82	3080.96	8.7	13.1	12.5	10.5	6.6
82960	91197	10.8	11.3	10.2	8.9	7.4
26226.60		22.3	22.9	20.7	17.5	12.1
21432.37			22.9	21.1	18.8	15.3
4794.23	4940.34		23.5	19.3	13.3	3.0

1-2 续表1

项目 Item	总量指标 Aggregate Data 1978	1990	2000	2010
能源生产与消费				
Production and Consumption of Energy				
一次能源生产总量（万吨标准煤） Total Energy Production(10000 tons of SCE)	461.00	966.52	1654.17	3260.42
能源消费总量（万吨标准煤） Total Energy Consumption(10000 tons of SCE)	688.00	1458.30	2942.60	9189.42
财政				
Revenue				
一般公共预算总收入（亿元） Budgtary Revenue of Local Government(100 million yuan)	15.13	57.06	369.67	2056.01
地方一般公共预算收入（亿元） Budgtary Revenue of Local Government(100 million yuan)			234.11	1151.49
一般公共预算支出（亿元） Government Expenditure(100 million yuan)	15.14	68.45	324.18	1695.09
金融				
Finance				
金融机构人民币各项存款余额（亿元） **Deposits RMB of Financial System(100 million yuan)**	**25.95**	**359.45**	**3114.32**	**18309.45**
#财政存款 Fiscal Deposits			39.59	678.08
储蓄存款 Savings Deposits		183.26	1767.59	8101.02
金融机构人民币各项贷款余额（亿元） **Loans RMB of Financial System(100 million yuan)**	**31.43**	**381.93**	**2438.82**	**15231.36**
#短期贷款 Short-term Loans			1728.01	6594.50
中长期贷款 Medium-term &Long-term Loans			510.32	8372.64
保险公司赔款及给付金额（亿元） **Payment of Insurance Companies(100 million yuan)**			**17.76**	**102.90**
价格指数（上年=100）				
Price Indices(preceding year=100)				
居民消费价格指数 Consumer Price Index	100.2	99.3	102.1	103.2
工业生产者出厂价格指数 Producer Price Index			100.5	103.2
工业生产者购进价格指数 Purchasing Price Index forRaw Material,Fuel and Power			112.4	107.7
固定资产投资价格指数 Price Index for Investment in Fixed Assets			100.2	103.3
农业				
Agriculture				
农林牧渔业总产值（亿元） **Gross Output Value of Agriculture,Forestry,Animal Husbandry and Fishery(100 million yuan)**	**36.33**	**227.12**	**1037.27**	**2226.41**

注：2016年一次能源生产总量包括生物质燃料等其他能源，与往年口径不一致。
Note:In 2016, Total Production of Primary Energy including biomass fuel and other energy sources, was not the same as in previous years.

		平均增长速度(%) Average Annual Growth Rate(%)				2018年比上年增长(%) 2018as Percentage of the last Years(%)
2017	2018	1979–2018	1991–2018	2001–2018	2011–2018	
4162.06	4083.89	5.6	5.3	5.1	2.9	-1.9
12554.74	13131.01	7.7	8.2	8.7	4.6	4.6
4603.85	5045.49	15.6	17.4	15.6	11.9	7.4
2808.70	3007.41			15.2	12.8	7.1
4684.15	4832.69	15.5	16.4	16.2	14.0	3.2
42794.79	**44677.70**	20.5	18.8	15.9	11.8	4.4
1361.81	1305.78			21.4	8.5	-4.1
15213.62	16129.33		17.3	13.1	9.0	6.0
40484.93	**45173.87**	19.9	18.6	17.6	14.6	11.6
14040.45	14726.55			12.6	10.6	4.9
25317.11	28439.09			25.0	16.5	12.3
325.66	**346.27**			17.9	16.4	6.3
101.2	101.5	4.7	3.8	2.0	2.3	1.5
104.1	102.8			0.1	0.3	2.8
105.3	102.8			2.4	0.5	2.8
105.6	104.9		3.6	1.9	1.9	4.9
3947.16	**4229.52**	**5.8**	**5.4**	**3.3**	**3.5**	**3.5**

1-2 续表2

项目 Item	总量指标 Aggregate Data 1978	1990	2000	2010
主要农产品产量（万吨） **Output of Major Farm Products(10000 tons)**				
粮食 Grain	744.90	879.64	854.68	584.65
油料 Oil-bearing Crops	13.80	17.66	25.79	22.08
甘蔗 Sugar Cane	288.03	344.28	82.71	55.69
烤烟 Tobacco	1.23	4.26	9.14	11.52
茶叶 Tea	2.03	5.82	12.60	25.83
园林水果 Fruits	10.10	75.78	356.44	510.75
肉类 Meat	24.27	71.83	145.92	192.61
禽蛋 Poultry Eggs		12.94	40.69	30.54
奶类 Milk	0.93	4.87	9.91	13.24
水产品 Aquatic Products	54.44	145.59	527.89	587.42
食用菌 Edible Fungus		18.24	46.25	76.27
造林面积（万亩） **Areas of Afforestation(10000 mu)**	**292.06**	**455.86**	**36.75**	**44.81**
工业 **Industry**				
工业总产值（亿元） Gross Industrial Output Value(100 million yuan)	63.14	531.49	3994.86	23805.32
规模以上工业主要产品产量 **Output of Major Industrial Products**				
原煤(万吨) Coal(10000 tons)	423.05	925.37	375.03	2442.73
原盐(万吨) Salt(10000 tons)	94.67	67.21	28.37	33.39
罐头(万吨) Canned Food(10000 tons)	4.10	14.41	26.78	203.21
布(亿米) Cloth(100 million meters)	1.12	2.26	5.59	31.20
纱(万吨) Yarn(10000 tons)	1.84	5.48	14.36	184.74
机制纸及纸板(万吨) Machine-made Paper and Paperboard(10000 tons)	20.08	52.09	85.07	432.06

		平均增长速度(%) Average Annual Growth Rate(%)				2018年比上年增长(%) 2018 as Percentage of the last Years(%)
2017	2018	1979-2018	1991-2018	2001-2018	2011-2018	
487.15	498.58	-1.0	-2.0	-2.9	-2.0	2.3
19.55	21.24	1.1	0.7	-1.1	-0.5	8.6
26.37	26.13	-5.8	-8.8	-6.2	-9.0	-0.9
11.62	10.68	5.6	3.3	0.9	-0.9	-8.1
39.49	41.83	7.9	7.3	6.9	6.2	5.9
601.14	639.82	10.9	7.9	3.3	2.9	6.4
264.91	256.06	6.1	4.6	3.2	3.6	-3.3
46.50	44.32		4.5	0.5	4.8	-4.7
13.54	14.31	7.1	3.9	2.1	1.0	5.7
744.57	782.12	6.9	6.2	2.2	3.6	5.0
123.16	126.31		7.2	5.7	6.5	2.6
12.14	**9.78**	-8.1	-12.8	-7.1	-17.3	-19.4
50061.66	57732.35	17.9	18.4	15.2	11.7	9.4
1107.00	917.70	2.0	0.0	5.1	-11.5	-17.1
22.61	23.00	-3.5	-3.8	-1.2	-4.6	1.7
294.75	316.18	11.5	11.7	14.7	5.7	7.3
87.64	107.94	12.1	14.8	17.9	16.8	23.2
507.11	569.21	15.4	18.0	22.7	15.1	12.2
734.54	771.41	9.6	10.1	13.0	7.5	5.0

1-2 续表3

项目 Item	总量指标 Aggregate Data			
	1978	1990	2000	2010
农用化肥(万吨) Chemical Fertilizers(10000 tons)	16.40	43.64	61.38	57.87
烧碱(万吨) Caustic Soda(10000 tons)	4.32	8.70	15.64	20.11
水泥(万吨) Cement(10000 tons)	120.45	540.04	1513.64	5921.20
平板玻璃(万重量箱) Plain Glass(10000 cases)	43.59	66.06	479.87	2765.35
生铁(万吨) Pig Iron(10000 tons)	26.57	62.60	149.37	558.81
钢材(万吨) Rolled Steel(10000 tons)	13.82	56.28	283.79	1340.56
彩色电视机(万台) Color TV(10000 units)		123.14	204.19	903.10
微型电子计算机（万台） Micro-computers(10000 units)			88.77	738.27
汽车(万辆) Motor Vehicles(10000 sets)	0.09	0.07	2.96	19.50
发电量(亿千瓦小时) Electricity(100 million kwh)	40.69	136.65	403.73	1356.32
规模以上工业企业主要经济指标（亿元） **Principal Indicators of Industrial Enterprises above Designated Size(100 million yuan)**				
资产总计 Original Value of Fixed Assets			3368.64	16058.70
主营业务收入 Revenue from Principal Business		352.56	2468.69	21479.37
利润总额 Total Profits	6.75	16.09	110.80	1754.18
建筑业 **Construction**				
建筑业企业从业人员（万人） Number of Employed Persons(10000 persons)	4.54	30.98	41.37	229.57
建筑业总产值（亿元） Gross Output Value(100 million yuan)	3.31	32.54	271.15	3062.17
房屋施工面积（万平方米） Under Construction(10000 sq.m)	416.57	969.35	4085.40	28406.86
房屋竣工面积（万平方米） Completed Construction(10000 sq.m)	183.40	499.30	1729.00	9095.78
交通运输邮电 **Transportation,Postal and Telecommunication**				
铁路营业里程（公里） **Length of Railways in Operation(km)**	**1009**	**1021**	**1454**	**2110**
公路通车里程（公里） Length of Highways in Operation(km)	29109	41011	51073	91015

		平均增长速度(%) Average Annual Growth Rate(%)				2018年比上年增长(%) 2018 as Percentage of the last Years(%)
2017	2018	1979-2018	1991-2018	2001-2018	2011-2018	
60.57	68.16	3.6	1.6	0.6	2.1	12.5
37.95	37.06	5.5	5.3	4.9	7.9	-2.3
8444.19	8783.18	11.3	10.5	10.3	5.1	4.0
4739.27	4949.48	12.6	16.7	13.8	7.5	4.4
937.92	982.31	9.4	10.3	11.0	7.3	4.7
2725.74	2915.95	14.3	15.1	13.8	10.2	7.0
953.30	979.49		7.7	9.1	1.0	2.7
998.42	1183.63			15.5	6.1	18.5
28.12	23.95	15.0	23.2	12.3	2.6	-14.8
2062.63	2356.89	10.7	10.7	10.3	7.2	14.3
34591.63	36858.81			14.2	10.9	6.6
45658.46	50640.07		19.4	18.3	11.3	10.9
3221.82	4180.27	17.4	22.0	22.3	11.5	29.7
464.50	488.76	12.4	10.4	14.7	9.9	5.2
10478.31	11941.56	22.7	23.5	23.4	18.5	14.0
65711.82	72704.00	13.8	16.7	17.3	12.5	10.6
16895.04	17644.24	12.1	13.6	13.8	8.6	4.4
3187	**3509**	3.2	4.5	5.0	6.6	10.1
108012	108901	3.4	3.5	4.3	2.3	0.8

1-2 续表4

项目 Item	总量指标 Aggregate Data 1978	1990	2000	2010
#高速公路 Expressway			351	2351
内河通航里程（公里） Length of Navigable Inland Waterways in Operation(km)	3629	3888	3701	3245
客运量（万人） Passenger Traffic(10000 persons)	**7928**	**39495**	**44203**	**77153**
铁路 Railways	718	1234	1428	3640
公路 Highways	6285	36639	41696	70714
水运 Waterways	924	1567	726	1444
民航 Civil Aviation	1	55	353	1356
货运量（万吨） Freight Traffic(10000 tons)	**4871**	**20321**	**29483**	**66159**
铁路 Railways	1261	1902	2475	3765
公路 Highways	2671	16710	22924	45575
水运 Waterways	939	1708	4078	16803
民航 Civil Aviation	0.02	0.83	5.84	15.81
沿海主要港口货物吞吐量（万吨） Volume of Freight Handled at Major Coastal Ports (10000 tons)	**408.13**	**1496.50**	**6944.17**	**32687.01**
邮电业务 Business Volume of Postal and Telecommunication Services				
函件（万件） Number of Letters Delivered(10000 piece)	8790	16228	24163	25199
互联网用户（万户） Internet Users(10000 household)			70.70	2388.00
移动电话年末用户（万户） Number of Mobile Telephone Subscribers at Year-end (10000 household)			441.00	3022.00
固定电话年末用户（万户） Number of Fixed Telephone Subscribers at Year-end (10000 household)	5.88	22.82	562.70	1046.00
国内贸易 Domestic Trade				
社会消费品零售总额（亿元） Total Retail Sales of Consumer Goods(100 million yuan)	30.56	207.74	1320.80	5310.03
进出口 Exports and Imports				
海关进出口总额（亿美元） Total Exports and Imports(customs)	2.03	43.39	212.23	1087.80

		平均增长速度(%) Average Annual Growth Rate(%)				2018年比上年增长(%) 2018 as Percentage of the last Years(%)
2017	2018	1979-2018	1991-2018	2001-2018	2011-2018	
5039	5155			16.1	10.3	2.3
3245	**3245**	-0.3	-0.6	-0.7	0.0	0.0
54118	**51435**	4.8	0.9	0.8	-4.9	-5.0
11624	12096	7.3	8.5	12.6	16.2	4.1
37585	34081	4.3	-0.3	-1.1	-8.7	-9.3
1925	1929	1.9	0.7	5.6	3.7	0.2
2984	3330	22.1	15.7	13.3	11.9	11.6
132252	**136974**	8.7	7.1	8.9	9.5	3.6
3175	3518	2.6	2.2	2.0	-0.8	10.8
95599	96576	9.4	6.5	8.3	9.8	1.0
33453	36854	9.6	11.6	13.0	10.3	10.2
25.00	26.98	19.7	13.2	8.9	6.9	7.9
51995.49	**55806.88**	13.1	13.8	12.3	6.9	7.3
11565	9301	0.1	-2.0	-5.2	-11.7	-19.6
4882.36	5474.00			27.3	10.9	12.1
4295.03	4553.52			13.8	5.3	6.0
781.75	732.73	12.8	13.2	1.5	-4.4	-6.3
13013.00	14317.43	16.6	16.3	14.2	13.3	10.8
1710.35	1875.76	18.6	14.4	12.9	7.0	9.7

1-2 续表5

项目 Item	总量指标 Aggregate Data			
	1978	1990	2000	2010
出口总额 Total Exports	1.90	24.49	129.08	714.93
进口总额 Total Imports	0.13	18.90	83.15	372.87
旅游 **Tourism**				
接待入境游客人数（万人次） **Number of Tourists (Overnight Visitors)**		**70.79**	**161.33**	**368.14**
外国人 Foreigner		10.54	49.75	115.27
台湾同胞 Compatriots from Taiwan		36.28	47.79	156.92
港澳同胞 Compatriots from Hong Kong,Macao		23.97	63.80	95.94
国际旅游外汇收入（亿美元） **Foreign Exchange Earnings from Internationa Tourism**			**8.94**	**29.78**
教育 **Education**				
在校学生数（万人） **Students Enrollment(10000 persons)**				
普通高等学校 Regular Institutions of Higher Education	2.05	5.56	13.14	64.78
普通中等学校 Regular Secondary Schools	119.98	120.69	269.46	260.22
普通小学 Primary Schools	370.23	337.08	369.10	238.89
科技 **Science and Technology**				
研究与试验发展经费内部支出（亿元） Expenditures on Research and Development (100 million yuan)			21.19	170.89
技术市场成交额（亿元） **Volume of Transaction in Technical Markets (100 million yuan)**		**0.44**	**17.26**	**38.12**
专利情况（项） **Patent**				
申请量 Number of Applicated		540	4211	21994
授权量 Number of Granted		276	3003	18063
文化 **Culture**				
图书出版总印数（万份） Number of Books Published(10000 copies)	6818	16312	20298	7749

		平均增长速度(%) Average Annual Growth Rate(%)				2018年比上年增长(%) 2018 as Percentage of the last Years(%)
2017	2018	1979-2018	1991-2018	2001-2018	2011-2018	
1049.32	1156.85	17.4	14.8	13.0	6.2	10.2
661.03	718.90	24.0	13.9	12.7	8.6	8.8
775.41	**901.24**		9.5	10.0	11.8	16.2
292.87	344.19		13.3	11.3	14.7	17.5
313.27	363.50		8.6	11.9	11.1	16.0
169.26	193.55		7.7	6.4	9.2	14.4
75.88	**90.92**			13.8	15.0	19.8
75.10	77.24	9.5	9.9	10.3	2.2	2.8
226.83	233.76	1.7	2.4	-0.8	-1.3	3.1
307.09	321.39	-0.4	-0.2	-0.8	3.8	4.7
543.09	642.79			20.9	18.0	18.4
103.28	**110.95**		21.8	10.9	14.3	7.4
128079	166610		22.7	22.7	28.8	30.1
68304	102622		23.5	21.7	24.3	50.2
10809	11461	1.3	-1.3	-3.1	5.0	6.0

1-2 续表6

项目 Item	总量指标 Aggregate Data			
	1978	1990	2000	2010
期刊出版总印数（万份） Number of Magazines Issued(10000 copies)	388	3157	4463	2940
报纸出版总印数（万份） Number of Newspaper Issued(10000 copies)	14784	41455	68897	99982
电视节目制作时间（小时） **Time for TV Programs Production**			**16519**	**55424**
公共图书馆（座） Libraries(set)	23	74	81	86
博物馆（个） Museums(unit)	13	58	81	94
居民生活 **People's Living Conditions**				
城镇居民人均可支配收入（元） **Per Capita Annual Disposable Income of Urban Households (yuan)**	**371**	**1749**	**7432**	**21781**
城镇居民人均消费支出（元） Per Capita Consumption in Urban Areas	285	1431	5639	14750
城镇居民人均住房建筑面积（平方米） Per Capita Floor Space of Residential Buildings(sq.m)		18.1	28.0	38.5
农村居民人均可支配（纯）收入（元） **Per Capita Net Income of Rural Residents(yuan)**	**138**	**764**	**3230**	**7427**
农村居民人均生活消费支出(元) Peasants'per Capita Living Consumption Expenditure(yuan)	113	708	2410	5498
卫生 **Health Care**				
卫生机构数（个） **Number of Health Institutions(unit)**	**3809**	**4885**	**9807**	**6999**
#医院、卫生院 Hospitals	1111	1198	1323	1325
卫生技人员数（人） **Medical Technical Personnel(person)**	**54855**	**86772**	**97569**	**140133**
医生 Doctor	22097	35696	41461	55402
卫生机构床位数（张） **Number of Hospital Beds(set)**	**51505**	**68073**	**90091**	**112334**
#医院、卫生院 Hospitals	45331	60664	82389	103933

		平均增长速度(%) Average Annual Growth Rate(%)				2018年比上年增长(%) 2018 as Percentage of the last Years(%)
2017	2018	1979-2018	1991-2018	2001-2018	2011-2018	
3032	2481	4.7	-0.9	-3.2	-2.1	-18.2
83957	78555	4.3	2.3	0.7	-3.0	-6.4
78353	**62379**			7.7	1.5	-20.4
90	91	3.5	0.7	0.6	0.7	1.1
123	128	5.9	2.9	2.6	3.9	4.1
39001	**42121**	12.6	12.0	10.1	8.6	8.0
25980	28145	12.2	11.2	9.3	8.4	8.3
43.4	43.1		3.1	2.4	1.4	-0.7
16335	**17821**	12.9	11.9	10.0	11.6	9.1
14003	14943	13.0	11.5	10.7	13.3	6.7
8608	**9308**	2.3	2.3	-0.3	3.6	8.1
1489	1522	0.8	0.9	0.8	1.7	2.2
231546	**247346**	3.8	3.8	5.3	7.4	6.8
84045	91100	3.6	3.4	4.5	6.4	8.4
183418	**192513**	3.4	3.8	4.3	7.0	5.0
170440	178757	3.5	3.9	4.4	7.0	4.9

1-3 国民经济和社会发展结构指标

Composition Indicators on National Economic and Social Development

单位：%　　(%)

项目　Item	1978	1990	2000	2010	2017	2018
一、人口						
Population						
（一）性别结构						
Sexual Composition						
男	51.7	51.4	51.5	51.4	51.1	51.2
Male						
女	48.3	48.6	48.5	48.6	48.9	48.8
Female						
（二）城乡结构						
Urban and Rural Composition						
城镇			42.0	57.1	64.8	65.8
Urban						
乡村			58.0	42.9	35.2	34.2
Rural						
二、就业产业结构						
Employment Industrial Composition						
第一产业	75.1	58.4	46.8	28.4	21.7	21.0
Primary Industry						
第二产业	13.4	20.6	24.5	36.6	35.5	35.2
Secondary Industry						
第三产业	11.5	21.1	28.7	35.0	42.8	43.8
Tertiary Industry						
三、国民经济核算						
National Accounting						
地区生产总值产业结构						
Industrial Composition						
第一产业	36.0	28.2	17.0	9.3	6.9	6.7
Primary Industry						
第二产业	42.5	33.4	43.3	51.0	47.5	48.1
Secondary Industry						
第三产业	21.5	38.4	39.7	39.7	45.6	45.2
Tertiary Industry						
四、固定资产投资						
Investment in Fixed Assets						
（一）产业结构						
Industrial Composition						
第一产业				1.6	3.7	2.0
Primary Industry						
第二产业				35.8	33.7	28.3
Secondary Industry						
第三产业				62.6	62.5	69.7
Tertiary Industry						

1-3 续表1
Continued

单位：%　　　　(%)

项目 Item	1978	1990	2000	2010	2017	2018
（二）登记注册类型结构						
Registration type Composition						
#国有企业				32.9	18.8	15.7
Stated-owned						
集体企业				2.8	3.5	1.7
Collective-owned						
私营企业				24.5	30.5	33.5
Private economy						
外商及港澳台投资企业				13.3	4.7	5.6
Enterprises with Funds from HongKong, Macao,TaiWan and Foreign						
五、能源						
Energy						
能源消费结构						
Composition of Total Energy Consumption						
#煤炭	63.7	67.0	54.4	55.4	45.9	48.4
Coal						
石油	12.9	12.1	23.3	24.8	24.1	22.5
Petroleum						
天然气				4.2	5.2	5.1
Natural Gas						
水电	23.4	20.9	22.3	15.2	10.5	7.4
Hydro power						
核电					13.0	14.6
Nuclear power						
六、农业						
Agriculture						
（一）农林牧渔业产值结构						
Composition of Gross Output Value of Agriculture						
农业	77.7	52.1	40.6	40.4	38.7	39.1
Farming						
林业	6.4	9.5	7.9	8.5	8.3	9.2
Forestry						
牧业	10.5	22.9	20.1	18.6	19.0	17.0
Animal Husbandry						
渔业	5.5	15.6	31.4	28.8	30.5	31.2
Fishery						
农林牧渔服务业				3.7	3.5	3.5
Services of Agriculture , Forestry , Animal Husbandry and Fishery						
（二）农作物播种面积						
Total Sown Areas of Farm Crops						
粮食作物	81.9	75.8	65.5	55.3	51.9	51.3
Grain Crops						
非粮作物	19.1	24.2	34.5	44.7	48.1	48.7
Non-Grain Crops						
七、工业						
Industry						
规模以上工业企业资产结构						
Composition of Capital of Industrial Enterprises						
大型企业			22.0	23.7	37.4	40.1
Large Enterprises						

1-3 续表2

Continued

单位：%　　　　　　　　　　　　　　　　　　　　　　　　　　　　　　　(%)

项目　Item	1978	1990	2000	2010	2017	2018
中型企业 Medium-sized Enterprises			13.5	40.9	30.4	28. 2
小微企业 Small Enterprises			64.5	35.4	32.3	31.7
八、建筑业 Construction						
建筑业总产值经济类型结构 Composition of Gross Output Value ofConstruction Industry						
国有企业 State-owned Enterprise	56.8	41.1	48.6	14.6	5.1	5.3
集体企业 Collective-owned Enterprises	39.9	34.7	33.0	2.0	0.9	1.1
港澳台商投资企业 Enterprises with Funds from Hong Kong, Macao & Taiwan				1.1	0.9	0.3
外商投资企业 Foreign Funded Enterprises				0.1	0.1	0.0
其他 Other Enterprises				82.2	92.9	93.3
九、交通运输业 Transportation						
（一）货运量结构 Composition of Freight Traffic						
铁路 Railways	25.9	9.4	8.4	5.7	2.4	2.6
公路 Highways	54.8	82.2	77.8	68.9	72.3	70.5
水运 Waterways	19.1	8.4	13.8	25.4	25.3	26.9
民航 Civil Aviation			0.020	0.024	0.019	0.020
（二）客运量结构 Composition of Passenger Traffic						
铁路 Railways	9.1	3.1	3.2	4.7	21.5	23.5
公路 Highways	79.3	92.8	94.3	91.7	69.5	66.3
水运 Waterways	11.7	4.0	1.6	1.9	3.6	3.7
民航 Civil Aviation	0.0	0.1	0.8	1.8	5.5	6.5

1-3 续表3

Continued

单位: % (%)

项目 Item	1978	1990	2000	2010	2017	2018
十、国内贸易						
Domestic Trade						
社会消费品零售总额结构						
Composition of Retail Sales of Consumer Goods						
按销售单位所在地分组						
By Place of Sales Unit						
城镇 Urban				89.0	89.8	90.1
乡村 Rural				11.0	10.2	9.9
按商品形态分						
By Commodity Form						
餐饮收入额 Catering Income					10.2	10.1
商品零售额 Retail Sale					89.8	89.9
十一、海关货物进出口						
Imports and Exports of Goods						
（一）进口货物总额						
Composition of Imports						
初级产品 Primary Goods			12.3	27.5	46.4	46.5
工业制成品 Manufactured Goods			87.7	72.5	53.6	53.5
（二）出口货物总额						
Composition of Exports						
初级产品 Primary Goods			10.6	7.4	9.1	9.4
工业制成品 Manufactured Goods			89.4	92.6	90.9	90.6
十二、国际旅游						
International Tourism						
来华旅游人数结构						
Composition of Tourists Visiting China						
外国人 Foreigners		14.9	30.8	31.3	37.8	38.2
台湾同胞 Taiwan Compatriots		51.3	29.6	42.6	40.4	40.3
港澳同胞 Hong Kong and Macao Compatriots		33.9	39.5	26.1	21.8	21.5
十三、科技						
Science and Technology						
（一）研究与试验发展经费来源						
Composition of Funds for Scientific andTechnological Activities						
#政府资金 Government Funds			14.6	10.3	11.3	10.7
企业资金 Enterprises Funds			74.5	86.9	86.2	86.6

1-3 续表4

Continued

单位：% (%)

项目 Item	1978	1990	2000	2010	2017	2018
国外资金 Abroad Funds			1.7	0.8	0.2	0.2
（二）研究与试验发展经费支出 Composition of Expenditure onR&D						
基础研究 Basic Research			3.1	2.5	3.5	3.9
应用研究 Applied Research			6.7	5.6	7.2	7.4
试验发展 Experimental Development			86.4	92.0	89.3	88.8
十四、居民消费 People's Consumption Conditions						
（一）城镇居民消费结构 Consumption Composition of Urban Residents						
食品烟酒 Food			44.7	39.3	32.9	32.0
衣着 Clothing			8.7	8.7	5.5	5.5
居住 Residence			9.4	10.9	26.3	27.4
生活用品及服务 Household Appliances and Service			8.6	6.6	5.7	5.4
交通通信 Transport and Communications			8.6	14.9	12.9	12.9
教育文化娱乐服务 Education, Cultural and Recreation Services			10.4	12.1	9.6	9.7
医疗保健 Health Care and Medical Services			4.7	4.2	4.8	4.9
其他用品及服务 Other Goods and Services			4.9	3.4	2.4	2.2
（二）农村居民消费结构 Consumption Composition of Rural Residents						
食品烟酒 Food			48.7	46.1	36.9	35.7
衣着 Clothing			4.9	5.6	4.5	4.5
居住 Residence			14.6	15.7	25.3	24.4
生活用品及服务 Household Appliances and Services			4.6	5.3	5.1	5.1
交通通信 Transport and Telecommunications			8.6	11.6	11.1	12.2
教育文化娱乐服务 Education, Cultural and Recreation and Services			10.6	8.4	8.4	9.1
医疗保健 Health Care and Medical Services			3.6	4.6	6.5	6.8
其他用品及服务 Other Goods and Services			4.6	2.6	2.2	2.1

1-4 国民经济和社会发展比例和效益指标

Indicators on National Economic and Social Development

项目 Item	1978	1990	2000	2010	2017	2018
一、人口与就业						
Population and Employment						
出生率（‰）	25.35	24.44	11.60	11.27	15.00	13.20
Birth Rate(‰)						
死亡率（‰）	6.31	6.71	5.85	5.16	6.20	6.20
Death Rate(‰)						
自然增长率（‰）	19.04	17.73	5.75	6.11	8.80	7.00
Natural Growth Rate(‰)						
城镇登记失业率（%）	9.10	2.60	2.60	3.77	3.87	3.71
Registered Unemployment Rate in Urban Areas(%)						
二、国民经济核算						
National Accounting						
工业增加值占地区生产总值比重(%)	35.9	28.8	37.8	43.4	39.4	39.6
Proportion of Value added of Industry to GDP(%)						
人均地区生产总值（元）	273	1763	11194	40025	82677	91197
Per Capita GDP(yuan)						
三、财政金融						
Finance						
一般公共预算总收入相当于地区生产总值比例（%）	22.8	10.9	9.8	14.0	14.3	14.1
Proportion of Government Revenue to GDP（%）						
一般公共预算支出相当于地区生产总值比例（%）	22.8	13.1	8.6	11.5	14.5	13.5
Proportion of Government Expenditures to GDP（%）						
金融机构年末人民币存款余额相当于地区生产总值比例（%）	39.1	68.8	82.7	124.2	132.5	124.8
Bank Deposits as Percentage of GDP（%）						
金融机构年末人民币贷款余额相当于地区生产总值比例（%）	47.4	73.1	64.8	103.4	125.4	126.2
Bank Loans as Percentage of GDP（%）						
四、能源						
Energy						
能源消费弹性系数		0.52	0.66	0.72	0.53	0.55
Elasticity Ratio of Energy Consumption						
电力消费弹性系数		0.73	1.45	1.14	0.91	1.15
Elasticity Ratio of Electricity Consumption						

1-4 续表1

Continued

项目 Item	1978	1990	2000	2010	2017	2018
单位地区生产总值能耗上升或下降(±%) Energy Consumption per Unit of GDP（ton of SCE/ 10 000 yuan)				-3.42	-3.50	-3.41
五、农业 Agriculture						
每亩农产品产量（千克） Output of Farm Crops per Hectare of Sown Area(kg)						
粮食 Grain	219	282	312	363	390	399
油料 Oil-bearing Crops	85	105	138	160	180	188
六、工业 Industry						
规模以上工业 Industrial Enterprises above Designated Size						
总资产贡献率（%） Ratio of Total Assets to Industrial Output Value(%)			9.26	18.80	14.61	16.68
资产负债率（%） Assets-LiabilityRatio(%)			57.52	52.74	51.95	51.58
流动资产周转次数（次） Number of Times of Annual of TurnoverCirculating Funds (time)			1.89	2.87	2.64	2.70
成本费用利润率（%） Ratio of Profits to Industrial Cost(%)			4.76	8.83	7.55	8.93
产品销售率（%） Proportion of Products Sold(%)			96.95	97.76	97.13	97.27
七、建筑业 Construction						
建筑业劳动生产率(按增加值计算)（元/人） Overall Labor Productivity(in terms of value-added per employee)(yuan/person)			20402	42605	67954	81533
产值利税率（%） Ratio of Pre-tax Profit to Gross Output Value(%)		1.5	5.2	6.4	6.8	7.1
八、交通运输业 Transportation						
铁路网密度（公里/万平方公里） Railway Density(km/sq.km)	81.37	82.34	117.26	170.24	257.02	282.98
公路网密度（公里/万平方公里） Highway Density(km/sq.km)	2347.5	3307.34	4315.00	7339.92	8710.65	8782.34

1-4 续表2

Continued

项目 Item	1978	1990	2000	2010	2017	2018
九、对外贸易						
Trade						
进出口总额相当于地区生产总值比例		43.4	46.7	50.0	35.9	34.5
Proportion of Total Value of Imports & Exports to GDP						
#出口总额相当于地区生产总值比例（%）		24.5	28.4	32.8	22.0	21.3
Proportion of Total Value of Exports to GDP(%)						
机电产品出口占出口总额的比重（%）				41.1	36.4	36.6
Proportion of Total Value of Mechanical and Electrical Products to Total Exports(%)						
高新技术产品出口占出口总额的比重（%）				18.4	14.1	13.5
Proportion of Total Value of High and New-tech Products to Total Exports(%)						
十、自然资源						
Natural Resources						
森林覆盖率（%）	39.50	43.20	60.50	63.10	65.95	66.80
Forest Coverage(%)						
十一、居民生活						
People's Living Conditions						
城镇恩格尔系数（%）		63.5	44.7	39.3	32.9	32.0
Engle Coefficient of Urban(%)						
农村恩格尔系数（%）		60.0	48.7	46.1	36.9	35.7
Engle Coefficient of Rural(%)						
城镇居民人均可支配收入与农村居民人均可支配（纯）收入之比（以农民人均纯收入为1）	2.70	2.29	2.30	2.93	2.39	2.36
Proportion of Income in Urban Areas to in Rural Areas (Rural=1)						
十二、科技教育卫生						
Science and Technology ,Education,Health Care						
研究与试验发展经费（R&D）支出相当于地区生产总值比例（%）			0.56	1.16	1.69	1.80
R&D Expenditures as Percentage of GDP						
学龄前儿童毛入学率（%）		99.10	99.86	100.00	99.97	98.37
Rough Enrollment Rate of Pre-primary Schools(%)						
小学毕业生升学率（%）		64.96	97.27	96.70	98.73	98.85
Graduation Rate of Primary Schools(%)						
初中毕业生升学率（%）		49.71	49.97	92.90	85.51	86.16
Graduation Rate of Junior high schools(%)						
每千人口拥有卫生技术人员数（人）	2.23	2.92	2.82	3.79	5.92	6.28
Number of Licensed(Assistant) Doctors per 1000 Population (person)						
#医生	0.9	1.2	1.2	1.5	2.1	2.0
Doctor						
每千人口拥有卫生机构床位数（张）	2.1	2.2	2.6	3.0	4.7	4.9
Number of Hospital Beds per 1000 Population(set)						

1-5 平均每天主要社会经济活动

Selected Indicators on Average Daily Social and Economic Activities

项目　Item	1978	1990	2000	2010	2017	2018
一、全省每天创造的财富 **Daily Provice Production**						
地区生产总值（亿元） Gross Domestic Product(100 million yuan)	0.18	1.43	10.29	40.38	88.47	98.09
农林牧渔总产值（亿元） Gross Output Value of Farming,Forestry, AnimalHusbandry and Fishery(100 million yuan)	0.10	0.62	2.83	6.10	10.81	11.59
工业总产值（亿元） Gross Output Value of Industry(100 million yuan)	0.17	1.46	10.91	65.22	137.16	158.17
一般公共预算总收入（亿元） Government Revenue(100 million yuan)	0.04	0.16	1.01	5.63	12.62	13.82
#地方一般公共预算收入 Local Government Revenue			0.64	3.15	7.70	8.24
一般公共预算支出（亿元） Government Expenditure(100 million yuan)	0.04	0.19	0.89	4.64	12.83	13.24
原煤(吨) Coal(ton)	11590	25353	10247	66924	30329	25142
原盐(吨) Salt(ton)	2594	1841	775	915	619	630
发电量(万千瓦时) Electricity(10000 kwh)	1114.79	3743.84	11030.87	37159.45	56510.49	63392.33
粗钢(吨) Crude Steel(ton)	443	1415	3414	29778	51585	5755
钢材(吨) Rolled Steel(ton)	379	1542	7754	36728	74678	79889
生铁(吨) Pig Iron(ton)	728	1715	4081	15310	25696	26913
水泥(吨) Cement(ton)	3300	14796	41356	158718	231348	240635
平板玻璃(重量箱) Plain Glass(weigh case)	1194	1810	13111	74385	129843	135602
布(万米) Cloth(10000 m)	30.68	61.92	152.64	854.80	2489.94	2951.78
纱(吨) Yarn(ton)	50	150	392	5061	14319	15595
服装(万件) Clothes(10000 pcs)		30.46	108.95	800.75	1190.45	1293.17
机制纸及纸板(吨) Machine-made Paper and Paperboard(ton)	550	1427	2324	11837	21367	21135
农用化肥(吨) Chemical Fertilizers(ton)	449	1196	1677	1586	658	1867
烧碱(吨) Caustic Soda(ton)	118	238	427	551	1040	1015

1-5 续表1

Continued

项目 Item	1978	1990	2000	2010	2017	2018
彩色电视机(台) Color TV(set)		3374	5579	24742	26118	26835
卷烟(箱) Tobacco(unit)	558	2093	2695	4623	4559	4686
罐头(吨) Canned Food(ton)	112	395	732	5567	9012	8662
粮食(吨) Grain(ton)	20408	24100	23352	16018	13347	13660
油料(吨) Oil-bearing Crops(ton)	378	484	705	605	536	582
甘蔗(吨) Sugar Cane(ton)	7891	9432	2260	1526	722	716
茶叶(吨) Tea(ton)	56	159	344	747	1082	1146
水果(吨) Fruits(ton)	277	2076	9765	13993	16470	17529
肉类（吨） Meat(ton)		1968	3987	5277	7258	7015
水产品（吨） Aquatic Products(ton)	1492	3989	14423	16094	20399	21428
食用菌（吨） Edible Fungus(ton)		500	1264	2090	3374	3461
二、全省每天消费量 **Daily Provice Consumption**						
能源消费量（万吨标准煤） Energy Consumption(10000 tons of SCE)	1.88	4.00	8.04	25.18	35.31	35.98
社会消费品零售总额（亿元） Total Retail Sales of Consumer Goods(100 million yuan)	0.08	0.57	3.61	14.55	35.65	39.23
三、每天其他经济活动 **Other Daily Economic Activities**						

1-5 续表2

Continued

项目 Item	1978	1990	2000	2010	2017	2018
国际旅游外汇收入（万美元） Foreign Exchange Earnings from International Tourism(USD 10000)			244.21	815.96	2078.90	2490.85
能源生产总量（万吨标准煤） Total Energy Production(10000 tons of SCE)	1.26	2.65	4.52	8.93	11.58	11.19
货运周转量（亿吨公里） Freight Traffic(100 million ton-km)	0.20	0.75	1.88	8.17	18.59	20.97
客运周转量（万人公里） Passenger Traffic(10000 person-km)	978.90	4805.48	9124.86	17774.25	29759.45	31596.71
货物进出口总额（万美元） Total Value of Imports and Exports(USD 10000)	55.62	1188.79	5798.72	29802.81	46858.85	51390.58
出口总额（万美元） Total Exports	52.05	670.98	3526.85	19587.16	28748.43	31694.62
进口总额（万美元） Total Imports	3.56	517.81	2271.87	10215.66	18110.42	19695.96
主要港口货物吞吐量（万吨） Freight Handled at Principal Seaports(10000 tons)	1.12	4.10	18.97	89.55	142.45	152.90
邮电业务总量（万元） Business Volume of Postal and Telecommunication Services(10000 yuan)	27.67	200.55	6730.60	32717.53	35338.63	69124.11
邮寄函件（万件） Number of Letters(10000 piece)	24.08	44.46	66.02	69.04	31.68	25.48
图书出版总印数（万份） Books(10000 copies)	18.68	44.69	55.46	21.23	29.61	31.40
杂志出版总印数（万份） Magazines(10000 copies)	1.06	8.65	12.19	8.06	8.31	6.80
报纸出版总印数（万份） Newspapers(10000 copies)	40.50	113.58	188.24	273.92	230.02	215.22
四、全省每天婚姻变动 **Daily Marriages Changes**						
结婚对数（对） Marriages(couples)			714	1038	798	750
离婚对数（对） Divorces(couples)			33	120	246	251

1-6 全省法人单位数和从业人员数(2017年)

Number of Legal Entities and Employed(2017)

项目	Item	法人单位数（个） Number of Legal Entities (unit)	单产业法人 Single Industry	多产业法人 Multi-Industry	从业人员数（万人） Number of Employed Persons (10000 persons)
按登记注册类型分	**Grouped by Status of Registration**	**870050**	**840028**	**30022**	**1867.33**
内资	Domestically funded enterprises	853575	824321	29254	1649.51
国有	State-owned Enterprises	43311	38533	4778	135.16
集体	Collective-owned Enterprises	8740	7822	918	18.11
股份合作	Cooperative Enterprises	2468	2356	112	8.31
联营	Joint Ownership Enterprises	1034	995	39	2.40
国有联营	State-owned	188	181	7	0.42
集体联营	Collective-owned	418	396	22	1.01
国有与集体联营	State-owned and Collective-owned	84	82	2	0.25
其他联营	Others	344	336	8	0.72
有限责任公司	Limited-Liability Corporations	157369	153291	4078	458.49
国有独资公司	Limited-Liability Corporations	1853	1622	231	27.67
其他责任有限公司	State-owned	155516	151669	3847	430.82
股份有限公司	Share Holding Corporations Ltd.	7987	7265	722	61.10
私营	Private Enterprises	523045	514710	8335	837.18
私营独资	Private-owned	76177	75483	694	76.66
私营合伙	Private-cooperative	19355	19187	168	21.56
私营有限责任公司	Private-limited liability	417967	410758	7209	715.36
私营股份有限公司	Private-share holding	9546	9282	264	23.60
其他	Other Enterprises	109621	99349	10272	128.77
港澳台商投资	Funds from HongKong, Macao,TaiWan	10994	10516	478	141.41
合资经营（港或澳、台资）	Joint Venture	2255	2123	132	34.41
合作经营（港或澳、台资）	Cooperative Operation	195	188	7	0.87
港、澳、台商独资经营	Venture Exclusively	8043	7736	307	99.22
港、澳、台商投资股份有限公司	Share Holding	308	287	21	4.24
其他港澳台商投资	Others	193	182	11	2.67
外商投资	Foreign Funded Enterprises	5481	5191	290	76.41
中外合资	Joint Venture	1373	1296	77	21.25
中外合作	Cooperative Operation	91	83	8	0.73
外商独资	Venture Exclusively with Foreign Investment	3533	3356	177	49.44
外商投资股份有限公司	Share Holding with Foreign Investment	257	240	17	2.55
其他外商投资	Others	227	216	11	2.44
按机构类型分	**Grouped by Type of Institution**	**870050**	**840028**	**30022**	**1867.33**
企业	Enterprise	748141	732373	15768	1654.04
事业单位	Institution	28939	26881	2058	81.99

1-6 续表1

Continued

项目	Item	法人单位数（个） Number of Legal Entities (unit)	单产业法人 Single Industry	多产业法人 Multi-Industry	从业人员数（万人） Number of Employed Persons (10000 persons)
机关	Agencies Organizations	9183	6817	2366	31.23
社会团体	Community Organization	18185	17860	325	23.20
其他	Others	65602	56097	9505	76.87
按行业分	**Grouped by Sector**	**870050**	**840028**	**30022**	**1867.33**
农、林、牧、渔业	Farming, Forestry, Animal Husbandy and Fishery	55999	55762	237	59.94
农业	Agriculture	29876	29777	99	33.60
林业	Forestry	6860	6797	63	7.55
畜牧业	Animal Husbandry	7541	7511	30	6.93
渔业	Fishery	6429	6411	18	6.60
农、林、牧、渔服务业	Service of Farming,Forestry,Animal Husbandy and Fishery	5293	5266	27	5.26
采矿业	Mining	3024	2976	48	11.62
煤炭开采和洗选业	Coal Mining and Dressing	301	289	12	3.94
石油和天然气开采业	Petroleum and Natural Gas Mining				
黑色金属矿采选业	Ferrous Metals Mining and Dressing	322	310	12	1.44
有色金属矿采选业	Nonferrous Metals Mining and Dressing	348	343	5	1.18
非金属矿采选业	Nonmetal Minerals Mining and Dressing	1908	1889	19	4.91
开采辅助活动	Subsidiary Action	31	31		0.02
其他采矿业	Others Mining and Quarrying	114	114		0.13
制造业	Manufacturing	152699	150680	2019	676.92
农副食品加工业	Agricultural and Sideline Products Processing	6717	6602	115	30.03
食品制造业	Food Manufacturing	4901	4781	120	21.81
酒、饮料和精制茶制造业	Wine，Drink and Tea Manufacturing	5295	5173	122	17.52
烟草制品业	Tobacco Processing	15	14	1	0.60
纺织业	Textile Industry	5855	5791	64	34.14
纺织服装、服饰业	Textile Garments Products	14634	14438	196	76.12
皮革、毛皮、羽毛及其制品和制鞋业	Leather , Furs , Down and Relate Products	10512	10420	92	94.87
木材加工和木、竹、藤、棕、草制品业	Timber Processing,Bamboo,Cane,Palm Fiber and Straw Products	6241	6174	67	19.73
家具制造业	Furniture Manufacturing	4385	4327	58	12.86
造纸和纸制品业	Papermaking and Paper Products	4198	4171	27	16.00
印刷和记录媒介复制业	Printing and Record Medium Reproduction	3504	3457	47	9.64

1-6 续表2

Continued

项目	Item	法人单位数（个）Number of Legal Entities (unit)	单产业法人 Single Industry	多产业法人 Multi-Industry	从业人员数（万人）Number of Employed Persons (10000 persons)
文教、工美、体育和娱乐用品制造业	Cultural , Educational and Sports Goods	9896	9762	134	39.47
石油加工、炼焦和核燃料加工业	Petroleum Processing , Coking and Nuclear Fuel Processing	197	189	8	1.20
化学原料和化学制品制造业	Raw Chemical Materials and Chemical Products	4403	4305	98	15.42
医药制造业	Medical and Pharmaceutical Products	664	636	28	4.07
化学纤维制造业	Chemical Fiber	269	268	1	4.27
橡胶和塑料制品业	Rubber and Plastic Products	7747	7685	62	28.88
非金属矿物制品业	Nonmetal Minerals Products	16107	15933	174	59.90
黑色金属冶炼和压延加工业	Smelting and Pressing of Ferrous Metals	1261	1248	13	10.35
有色金属冶炼和压延加工业	Smelting and Pressing of Nonferrous Metals	729	710	19	6.16
金属制品业	Metal Products	10343	10238	105	26.93
通用设备制造业	General Equipment	6779	6694	85	21.31
专用设备制造业	Special Purpose Equipment	6767	6703	64	16.72
汽车制造业	Car Manufacturing	1962	1925	37	13.74
铁路、船舶、航空航天和其他运输设备制造业	Railway,Watercraft,Aviation and others transportation Manufacturing	1175	1159	16	5.54
电气机械和器材制造业	Electric Equipment and Machinery	7142	7043	99	32.14
计算机、通信和其他电子设备制造业	Computer,Communication and other Electronic Equipment	3904	3813	91	37.09
仪器仪表制造业	Instruments and Meters Machinery	1260	1236	24	6.07
其他制造业	Others Manufacturing	4279	4248	31	11.40
废弃资源综合利用业	Waste Resources and Materials Recovering	715	704	11	1.11
金属制品、机械和设备修理业	Metals,Machinery and Equipment maintenance	843	833	10	1.84
电力、热力、燃气及水生产和供应业	Production and Supply of Electric Power and	7465	7236	229	16.11
电力、热力生产和供应业	Production and Supply of Electric Power and	6219	6039	180	12.80
燃气生产和供应业	Production and Supply of Gas	232	208	24	0.74
水的生产和供应业	Production and Supply of Water	1014	989	25	2.56
建筑业	Construction	36498	34405	2093	408.65
房屋建筑业	Building Engineering	8689	7689	1000	248.39
土木工程建筑业	Civil Engineering	6103	5560	543	68.64
建筑安装业	Installation	3528	3322	206	11.85
建筑装饰和其他建筑业	Building Decontion and Others	18178	17834	344	79.77
批发和零售业	Wholesale and Retail Trade	274120	268935	5185	207.00

1-6 续表3
Continued

项目	Item	法人单位数（个）Number of Legal Entities (unit)	单产业法人 Single Industry	多产业法人 Multi-Industry	从业人员数（万人）Number of Employed Persons (10000 persons)
批发业	Wholesale	178536	176030	2506	124.26
零售业	Retail Trade	95584	92905	2679	82.73
交通运输、仓储和邮政业	Transport,Storage and Post	19128	18202	926	43.33
铁路运输业	Railways	112	109	3	0.87
道路运输业	Highways	9087	8755	332	21.85
水上运输业	Waterways	1405	1308	97	3.79
航空运输业	Civil Aviation	91	78	13	2.32
管道运输业	Pipeline				
装卸搬运和运输代理业	Loading,Unloadingand Others	6237	5980	257	7.83
仓储业	Storages	1107	1072	35	1.44
邮政业	Posts	1089	900	189	5.23
住宿和餐饮业	Hotels and Catering Services	13252	12773	479	31.53
住宿业	Hotels	4771	4651	120	13.98
餐饮业	Catering Services	8481	8122	359	17.55
信息传输、软件和信息技术服务业	Information Transmission,Software and Information Technology Services	31233	30877	356	32.95
电信、广播电视和卫星传输服务	Telecommuni-cations and Others	797	707	90	6.40
互联网和相关服务	Internet Services	6218	6175	43	4.55
软件和信息技术服务业	Software and Information Technology Services	24218	23995	223	22.00
金融业	Financial Intermediation	5360	4867	493	17.19
货币金融服务	Monetary and Financial Services	1289	1063	226	9.74
资本市场服务	Monetary Market Services	2127	2093	34	2.10
保险业	Insurances	610	391	219	4.54
其他金融业	Others	1334	1320	14	0.80
房地产业	Real Estate	19921	18782	1139	37.64
房地产业	Real Estate	19921	18782	1139	37.64
租赁和商务服务业	Leasing and Business Services	90980	89587	1393	75.56
租赁业	Leasing	5815	5745	70	3.70
商务服务业	Business Services	85165	83842	1323	71.86
科学研究和技术服务业	Scientific Research, Technical Service	34023	33171	852	30.47
研究和试验发展	Research and Development	8981	8922	59	5.44

1-6 续表4

Continued

项目	Item	法人单位数（个） Number of Legal Entities (unit)	单产业法人 Single Industry	多产业法人 Multi-Industry	从业人员数（万人） Number of Employed Persons (10000 persons)
专业技术服务业	Professional and Technical Services	14279	13612	667	17.51
科技推广和应用服务业	Science and Technology Exchange and Promotion Services	10763	10637	126	7.52
水利、环境和公共设施管理业	Management of Water Conservancy, Environment and Public Facilities	5574	5405	169	10.95
水利管理业	Water resources management	918	883	35	1.00
生态保护和环境治理业	Environmental management	882	855	27	0.83
公共设施管理业	Public Facilities Management	3774	3667	107	9.12
居民服务、修理和其他服务业	Services to Households and Other Services	15312	14978	334	18.83
居民服务业	Residents service	6072	5905	167	8.73
机动车、电子产品和日用产品修理业	Repair Services of Vehicle,Electronic Products and Daily Necessities	5670	5552	118	5.06
其他服务业	Others	3570	3521	49	5.03
教育	Education	18066	16928	1138	59.92
教育	Education	18066	16928	1138	59.92
卫生和社会工作	Health, Social Security	8546	8191	355	18.98
卫生	Health	6937	6607	330	17.66
社会工作	Social Security	1609	1584	25	1.32
文化、体育和娱乐业	Culture, Sports and Entertainment	16348	16142	206	17.20
新闻和出版业	News Publish	366	356	10	0.84
广播、电视、电影和影视录音制作业	Radio,Television,Film,Phonotape and Videotape	1508	1469	39	2.34
文化艺术业	Culture art Industry	7133	7077	56	5.76
体育	Sports	2050	1994	56	2.11
娱乐业	Entertainment	5291	5246	45	6.16
公共管理、社会保障和社会组织	Public Management and Social Organizations	62502	50131	12371	92.55
中国共产党机关	The Communist Party of China	1304	1173	131	1.87
国家机构	National Organization	17149	14548	2601	40.42
人民政协、民主党派	People's Political Consultative and Democratic Party	294	280	14	0.44
社会保障	Social Security	613	611	2	0.65
群众团体、社会团体和其他成员组织	Mass Organizations,Social Organizations and Religious Organizations	25275	24935	340	28.91
基层群众自治组织	Grassroots Autonomous Organization of The People	17867	8584	9283	20.27

1-7 各设区市按机构类型分的法人单位数(2017年)

Number of Legal Entities by Type of Institutions and Region(2017)

单位：个 (unit)

地区	Region	法人单位数 Number of Legal Entities	企业法人 Business Entity	事业法人 Institution Entity	机关法人 Government Entity	社团法人 Social Organization	其他法人 Others
福建省	Fujian	870050	748141	28939	9183	18185	65602
福州市	Fuzhou	171664	153076	4724	1534	2944	9386
厦门市	Xiamen	167110	160593	1318	481	1870	2848
莆田市	Putian	38177	31626	1684	575	925	3367
三明市	Sanming	48965	34616	3192	1198	1860	8099
泉州市	Quanzhou	194707	177189	4312	1224	3089	8893
漳州市	Zhangzhou	84720	70247	4008	1224	1684	7557
南平市	Nanping	60992	44640	4270	1103	2147	8832
龙岩市	Longyan	41894	31252	2465	790	2102	5285
宁德市	Ningde	61821	44902	2966	1054	1564	11335

1-8 各设区市按营业状态分的企业法人单位数(2017年)

Number of Business Entities by Region and Operation Status(2017)

单位：个 (unit)

地区	Region	企业法人单位数 Number of Business Entities	营业 In Business or Operating	停业(歇业) Closed	筹建 In Preparation	当年关闭 Closed in the Year	当年破产 Bankrupted in the Year	当年注销 Cancelled in the year	注册未经营 Registered	其他 Others
福建省	Fujian	748141	559999	25829	138147	11344	640	255	5188	6739
福州市	Fuzhou	153076	117331	3812	27739	2100	70	26	886	1112
厦门市	Xiamen	160593	118578	4353	34955	697	59	63	960	928
莆田市	Putian	31626	20420	1157	9252	637	29	10	16	105
三明市	Sanming	34616	28368	1200	3126	1445	73	2	33	369
泉州市	Quanzhou	177189	143976	7105	19688	2036	139	118	1193	2934
漳州市	Zhangzhou	70247	38813	3248	25600	1473	66	10	542	495
南平市	Nanping	44640	33385	2449	7224	821	111	4	357	289
龙岩市	Longyan	31252	25491	784	2547	1004	35	18	1177	196
宁德市	Ningde	44902	33637	1721	8016	1131	58	4	24	311

1-9 各设区市按行业门类分的法人单位数(2017年)

Number of Legal Entities by Region and Sector(2017)

单位：个 (unit)

项目 Item	福建省 Fujian	福州市 Fuzhou	厦门市 Xiamen	莆田市 Putian	三明市 Sanming	泉州市 Quanzhou	漳州市 Zhangzhou	南平市 Nanping	龙岩市 Longyan	宁德市 Ningde
农、林、牧、渔业 Farming, Forestry, Animal Husbandy and Fishery	55999	6798	2370	2004	7131	6880	8182	8210	4368	10056
采矿业 Mining	3024	234	22	49	731	448	315	323	702	200
制造业 Manufacturing	152699	17627	23587	6934	5909	56875	17136	8350	5086	11195
电力、热力、燃气及水生产和供应业 Production and Supply of Electric Power and Hot Power	7465	727	145	202	1400	997	896	1063	1205	830
建筑业 Construction	36498	9087	7241	1509	1618	7136	3770	2525	1672	1940
批发和零售业 Wholesale and Retail Trade	274120	56126	64739	13928	11858	64677	22627	14890	11008	14267
交通运输、仓储和邮政业 Transport,Storage and Post	19128	3914	4760	616	1039	3502	2225	1294	742	1036
住宿和餐饮业 Lodgings and Catering Services	13252	3054	3332	442	534	2658	1137	688	681	726
信息传输、软件和信息技术服务业 Information Transmission,Software,Information Technology Services	31233	8606	9945	1023	1166	5074	1993	1553	841	1032
金融业 Financial Intermediation	5360	990	1531	172	256	906	323	418	236	528
房地产业 Real Estate	19921	4243	4406	797	1057	3513	2241	1386	1070	1208
租赁和商务服务业 Leasing and Business Services	90980	26965	23308	2766	3669	14467	7073	5636	3172	3924
科学研究和技术服务业 Scientific Research, Technical Service	34023	9769	7537	812	1549	6003	3186	2144	1499	1524
水利、环境和公共设施管理业 Management of Water Conservancy,Environment and Public Facilities	5574	863	704	249	609	745	805	632	440	527
居民服务、修理和其他服务业 Services to Households and Other Services	15312	3733	3672	463	623	2956	1525	980	590	770
教育 Education	18066	3704	2446	940	977	3838	2403	1449	1197	1112
卫生和社会工作 Health, Social Security	8546	2020	664	283	806	1018	530	676	403	2146
文化、体育和娱乐业 Culture, Sports and Entertainment	16348	3408	3066	606	980	3448	1702	1274	896	968
公共管理、社会保障和社会组织 Public Management and Social Organizations	62502	9796	3635	4382	7053	9566	6651	7501	6086	7832
国际组织 International Organizations										

1-10 各设区市按登记注册类型分的企业法人单位数(2017年)

Number of Business Entities by Region and Status of Registration(2017)

单位：个　　(unit)

地区	Region	企业法人单位数 Number of Business Entities	内资企业 Domestic Funded Enterprises	#国有企业 State-owned Enterprises	#集体企业 Collective-owned Enterprises	#股份合作企业 Cooperative Enterprises	#联营企业 Joint Ownership
福建省	Fujian	748141	731742	5852	6061	2353	760
福州市	Fuzhou	153076	149693	1360	1873	490	217
厦门市	Xiamen	160593	155493	708	372	383	87
莆田市	Putian	31626	31078	242	288	117	46
三明市	Sanming	34616	34348	481	531	108	47
泉州市	Quanzhou	177189	172834	734	772	476	142
漳州市	Zhangzhou	70247	68309	821	826	277	58
南平市	Nanping	44640	44357	669	710	249	64
龙岩市	Longyan	31252	30872	436	350	173	56
宁德市	Ningde	44902	44758	401	339	80	43

1-10 续表

Continued

单位：个　　(unit)

地区	Region	#有限责任公司 Limited-Liability Corporations	#股份有限公司 Share Holding Corporations Ltd.	#私营企业 Private Enterprises	港澳台商投资企业 Funds from HongKong, Macao,TaiWan	外商投资企业 Foreign Funded Enterprises
福建省	Fujian	157146	7947	519053	10948	5451
福州市	Fuzhou	28556	1909	110070	2098	1285
厦门市	Xiamen	40248	1434	109282	3152	1948
莆田市	Putian	19297	367	9222	369	179
三明市	Sanming	2221	321	29166	191	77
泉州市	Quanzhou	29016	1612	132231	3183	1172
漳州市	Zhangzhou	12485	664	49506	1409	529
南平市	Nanping	9164	669	29608	184	99
龙岩市	Longyan	5845	666	21072	281	99
宁德市	Ningde	10314	305	28896	81	63

主要统计指标解释

行政区划 指国家对行政区域的划分.根据宪法规定,我国的行政区域划分如下:(1)全国分为省、自治区、直辖市;(2)省、自治区分为自治州、县、自治县、市;(3)自治州分为县、自治县、市;(4)县、自治县分为乡、民族乡、镇;(5)直辖市和较大的市分为区、县;(6)国家在必要时设立的特别行政区。

平均增长速度 我国计算平均增长速度有两种方法:一种是习惯上经常使用的"水平法",又称几何平均法,是以间隔期最后一年的水平同基期水平对比来计算平均每年增长(或下降)速度;另一种是"累计法",又称代数平均法或方程法,是以间隔期内各年水平的总和同基期水平对比来计算平均每年增长(或下降)速度。在一般正常情况下,两种方法计算的平均每年增长速度比较接近;但在经济发展不平衡、出现大起大落时,两种方法计算的结果差别较大。

本《年鉴》所列的平均增长速度,均用"水平法"计算。从某年到某年平均增长速度的年份,均不包括基期年在内。如建国四十三年的平均增长速度是以1949年为基期计算的,则写为1950-1992年平均增长速度,其余类推。

国民经济行业分类 自2003年定期报表开始使用新的《国民经济行业分类》(GB/T4754-2002),该分类是由国家统计局组织修订,经国家质量监督检验检疫总局批准,于2002年5月10日发布实施。这次修订是在1994年分类标准的基础上,参照联合国《全部经济活动的国际标准产业分类》(ISIC/Rev.3)进行的。修订后的《国民经济行业分类》(GB/T4754-2002)共有门类20个,大类95个,中类396个,小类913个。新增门类4个,大类增加3个,中类增加28个,小类增加67个。2011年,国家统计局发布了新修订的国家标准《国民经济行业分类》(GB/T4754-2011)。

企业(单位)登记注册类型 是以在工商行政管理机关登记注册的各类企业为划分对象,以工商行政管理部门对企业登记注册的类型为依据,将企业登记注册类型分为内资企业、港澳台商投资企业和外商投资企业三大类。内资企业包括国有企业、集体企业、股份合作企业、联营企业、有限责任公司、股份有限公司、私营公司和其他企业;港澳台商投资企业和外商投资企业分别包括合资经营企业、合作经营企业、独资经营企业和股份有限公司。对不在工商行政管理部门进行登记注册的行政机关、事业单位和社会团体,主要按其经费来源和管理方式进行划分。

国有企业 指企业全部资产归国家所有,并按《中华人民共和国企业法人登记管理条例》规定登记注册的非公司制的经济组织。不包括有限责任公司中的国有独资公司。

集体企业 指企业资产归集体所有,并按《中华人民共和国企业法人登记管理条例》规定登记注册的经济组织。

股份合作企业 指以合作制为基础,由企业职工共同出资入股,吸收一定比例的社会资产投资组建,实行自主经营,自负盈亏,共同劳动,民主管理,按劳分配与按股分红相结合的一种集体经济组织。

联营企业 指两个及两个以上相同或不同所有制性质的企业法人或事业单位法人,按自愿、平等、互利的原则,共同投资组成的经济组织。联营企业包括国有联营企业、集体联营企业、国有与集体联营企业和其他联营企业。

有限责任公司 指根据《中华人民共和国公司登记管理条例》规定登记注册,由两个以上、五十个以下的股东共同出资,每个股东以其所认缴的出资额对公司承担有限责任,公司以其全部资产对其债务承担责任的经济组织。有限责任公司包括国有独资公司以及其他有限责任公司。

股份有限公司 指根据《中华人民共和国公司登记管理条例》规定登记注册,其全部注册资本由等额股份构成并通过发行股票筹集资本,股东以其认购的股份对公司承担有限责任,公司以其全部资产对其债务承担责任的经济组织。

私营企业 指由自然人投资设立或由自然人控股,以雇佣劳动为基础的营利性经济组织。包括按照《公司法》、《合伙企业法》、《私营企业暂行条例》规定登记注册的私营有限责任公司、私营股份有限公司、私营合伙企业和私营独资企业。

其他内资企业 指上述企业之外的其他内资经济组织。

与港澳台商合资经营企业 指港澳台地区投资者与内地企业依照《中华人民共和国中外合资经营企业法》及有关法律的规定，按合同规定的比例投资设立、分享利润和分担风险的企业。

与港澳台商合作经营企业 指港澳台地区投资者与内地企业依照《中华人民共和国中外合作经营企业法》及有关法律的规定，依照合作合同的约定进行投资或提供条件设立、分配利润和分担风险的企业。

港澳台商独资经营企业 指依照《中华人民共和国外资企业法》及有关法律的规定，在内地由港澳台地区投资者全额投资设立的企业。

港澳台商投资股份有限公司 指根据国家有关规定，经外经贸部依法批准设立，其中港、澳、台商的股本占公司注册资本的比例达 25% 以上的股份有限公司。凡其中港、澳、台商的股本占公司注册资本的比例小于 25%的，属于内资企业中的股份有限公司。

中外合资经营企业 指外国企业或外国人与中国内地企业依照《中华人民共和国中外合资经营企业法》及有关法律的规定，按合同规定的比例投资设立、分享利润和分担风险的企业。

中外合作经营企业 指外国企业或外国人与中国内地企业依照《中华人民共和国中外合作经营企业法》及有关法律的规定，依照合作合同的约定进行投资或提供条件设立、分配利润和分担风险的企业。

外资企业 指依照《中华人民共和国外资企业法》及有关法律的规定，在中国内地由外国投资者全额投资设立的企业。

外商投资股份有限公司 指根据国家有关规定，经外经贸部依法批准设立，其中外资的股本占公司注册资本的比例达 25% 以上的股份有限公司。凡其中外资股本占公司注册资本的比例小于25%的，属于内资企业中的股份有限公司。

行政机关、事业单位和社会团体 参照企业登记注册类型，主要按其经费来源和管理方式划分。具体规定如下：

⑴行政机关：包括国家机关和政党机关，原则上均列为“国有”。但有特殊规定的，如供销社等，则列为“集体”。

⑵事业单位：包括经国家机构编制部门和有关业务主管部门批准成立的各类事业单位，不包括实行企业化管理的事业单位。事业单位的划分办法如下：

①由国家财政预算拨款或列入财政预算外资金管理以及经费主要来源于国有主管部门或国有上级单位的事业单位，列为“国有”。

②经费主要来源于集体单位的事业单位，列为“集体”。

③公民个人(或个人合伙)开办的事业单位，列为“私营”。

④上述以外的其他事业单位，如果其经费来源不明确，按管理方式进行归类。

⑶社会团体：包括经民政部门批准成立以及未纳入社会团体管理条例范围的工会、妇联等各类社会团体。社会团体的划分办法如下：

①未纳入民政部社会团体管理条例范围的工会、妇联、共青团、青联、工商联、科协、侨联等社会团体，国家拨款设立的基金会或基金管理组织以及经费主要来源于国有业务主管部门或国有上级单位的社会团体，列为“国有”。

②经费主要来源于集体单位的社会团体，列为“集体”。

③公民个人(或个人合伙)开办的社会团体，划为“私营”。

④上述以外的其他社会团体，如果其经费来源不明确，改按管理方式进行归类。

Explanatory Notes on Main Statistical Indicators

Administrative Division refers to the division of administrative areas by the state. The Constitution of the People's Republic of China stipulates that the administrative areas in China are divided as:1) The whole Country is divided into provinces, autonomous regions and municipalities directly under the central government; 2) Provinces and autonomous regions are divided into autonomous prefectures, counties, autonomous counties and cities; 3) Autonomous prefectures are divided into counties, autonomous counties and cities; 4) Counties and autonomous counties are divided into townships, nationality townships and towns; 5) Municipalities and large cities are divided into districts and counties, 6) The state shall, when necessary, establish special administrative regions.

Average Annual Growth Rate Two methods for calculating average annual growth rate are applied in China,one is often called level approachor the method of calculating geometric average,which is derived by comparing the level of the last year of the interval with that of the beginning year;the other is calledaccumulative approach or algebraic average or equation method,which is derived by the summation of the actual figure of each year in the interval divided by the figure in the base year.Usually the results calculated by the two methods are fairly close, but they differed sharply when uneven economic development occurred with striking fluctuations in growth.

The average annual growth rates listed in this statistical yearbook are calculated by level approach except for the growth rate of investment in fixed assets. The base years are not listed when the years are listed for average annual growth rates. For instance,the average annual growth rate of 43 years since 1949 is listed as average annual growth rate of 1950-1992 without listing the base year 1949.And the analogy of this is also the same for the rest of the years.

Industrial Classification of the National Economy The new *Industrial Classification of the National Economy* (GB/T 4754-2002) is introduced starting from the compilation of 2003 annual statistics. The new revision was based on the 1994 classification and organized by the National Bureau of Statistics taking into consideration of the *International Standards of the Industrial Classification of All Economic Activities* (ISIC/Rev.3) of the United Nations, and the new Classification was promulgated by the National Administration of Quality Supervision, Inspection and Quarantine on May 10, 2002. The revised version of the *Industrial Classification of the National Economy* (GB/T 4754-2002) is composed of 20 major divisions, 95 divisions, 396 major groups and 913 groups, including 4 new major divisions, 3 new divisions, 28 major groups and 67 groups.In 2011, the National Bureau of Statistics inspected *Industrial Classification of the National Economy* (GB/T 4754-2011).

Registration Status of Enterprises Enterprises are classified into 3 categories, namely domestic-funded enterprises, enterprises with investment from Hong Kong, Macau and Taiwan, and enterprises with foreign investment, in the light of the registration status of an enterprise in industrial and commercial administration agencies. Domestic-funded enterprises include state-owned enterprises, collective-owned enterprises, cooperative enterprises, joint ownership enterprises, limited liability corporations, share-holding corporations Ltd., private enterprises and other enterprises. Included in the enterprises with investment from Hong Kong, Macau and Taiwan and enterprises with foreign investment are joint-venture enterprises, cooperative enterprises, sole investment enterprises and share-holding corporations Ltd. For government agencies, institutions and social organizations which are not requested to be registered in industrial and commercial administration agencies, they are classified mainly by their sources of funds and way of management.

State-owned Enterprises refer to

registered in accordance with the *Regulation of the Peoples Republic of China on the Management of Registration of Corporate Enterprises*. Excluded from this category are sole state-funded corporations in the limited liability corporations.

Collective-owned Enterprises refer to economic units where the assets are owned collectively and which have registered in accordance with the *Regulation of the Peoples Republic of China on the Management of Registration of Corporate Enterprises*.

Cooperative Enterprises refer to a form of collective economic units (enterprises) where capitals come mainly from employees as their shares, with certain proportion of capital from the outside, where production is organized on the basis of independent operation, independent accounting for profits and losses, joint work, democratic management, and a distribution system that integrates remuneration according to work with dividend according to capital share.

Joint Ownership Enterprises refer to economic units established by two or more corporate enterprises or corporate institutions of the same or different ownership, through joint investment on the basis of equality, voluntary participation and mutual benefits. They include state joint ownership enterprises, collective joint ownership enterprises, joint state-collective enterprises, other joint ownership enterprises.

Limited Liability Corporations refer to economic units established with investment from 2-50 investors and registered in accordance with the *Regulation of the Peoples Republic of China on the Management of Registration of Corporations*, each investor bearing limited liability to the corporation depending on its share of investment, and the corporation bearing liability to its debt to the maximum of its total assets. Limited liability corporations include exclusive state-funded limited liability corporations and other limited liability corporations.

Share-holding Corporations Ltd. refer to economic units registered in accordance with the *Regulation of the Peoples Republic of China on the Management of Registration of Corporations*, with total registered capitals divided into equal shares and raised through issuing stocks. Each investor bears limited liability to the corporation depending on the holding of shares, and the corporation bears liability to its debt to the maximum of its total assets.

Private Enterprises refer to profit-making economic units invested and established by natural persons, or controlled by natural persons using employed labour. Included in this category are private limited liability corporations, private share-holding corporations Ltd., private partnership enterprises and private-funded enterprises registered in accordance with the *Corporation Law, Partnership Enterprises Law and Interim Regulations on Private Enterprises*.

Other Domestic-funded Enterprises refer to domestic-funded economic units other than those mentioned above.

Joint-venture Enterprises with Funds from Hong Kong, Macau and Taiwan refer to enterprises jointly established by investors from Hong Kong, Macau and Taiwan with enterprises in the mainland of China in accordance with the *Law of the Peoples Republic of China on Sino-foreign Joint Venture Enterprises* and other relevant laws, where the share of investment, profits and risks is stipulated in the contract.

Cooperative Enterprises with Funds from Hong Kong Macau and Taiwan established by investors from Hong Kong, Macau and Taiwan with enterprises in the mainland of China in accordance with the *Law of the Peoples Republic of China on Sino-foreign Cooperative Enterprises* and other relevant laws, where the investment or provision of facilities, and the share of profits and risks is stipulated in the cooperative contract.

Enterprises with Sole (exclusive) Investment from Hong Kong, Macau and Taiwan refer to enterprises established in the mainland of China with exclusive investment from investors from Hong Kong, Macau and Taiwan in accordance with the *Law of the Peoples Republic of China on Foreign-Funded Enterprises* and other relevant laws.

Share-holding Corporations Ltd. with Investment from Hong Kong, Macau and Taiwan refer to share-holding corporations Ltd. established with the approval from the Ministry of Foreign Trades and Economic Relations in line with relevant state regulations, where the share of investment from Hong Kong, Macau or Taiwan businessmen exceeds 25% of the total registered capital of the corporation. In case the share of investment from Hong Kong, Macau or Taiwan is less than 25% of the total registered capital, the enterprise is to be classified as domestic-funded share-holding corporation Ltd.

Joint-venture Enterprises with Foreign Investment refer to enterprises jointly established by foreign enterprises or foreigners with enterprises in the mainland of China in accordance with the *Law of the Peoples Republic of China on Sino-foreign Joint Venture Enterprises* and other relevant laws, where the share of investment, profits and risks is stipulated in the contract.

Cooperation Enterprises with Foreign Investment refer to enterprises jointly established by foreign enterprises or foreigners with enterprises in the mainland of China in accordance with the *Law of the Peoples Republic of China on Sino-foreign Cooperative Enterprises* and other relevant laws,where the investment or provision of facilities, and the share of profits and risks is stipulated in the cooperative contract.

Enterprises with Sole (exclusive) Foreign Investment refer to enterprises established in the mainland of China with exclusive investment from foreign investors in accordance with the *Law of the Peoples Republic of China on Foreign-Funded Enterprises* and other relevant laws.

Share-holding Corporations Ltd. with Foreign Investment refer to share-holding corporations Ltd. established with the approval from the Ministry of Foreign Trades and Economic Relations in line with relevant state regulations, where the share of investment from foreign investors exceeds 25% of the total registered capital of the corporation. In case the share of foreign investment is less than 25% of the total registered capital, the enterprise is to be classified as domestic-funded share-holding corporation Ltd.

Government Agencies, Institutions and Social Organizations are classified into following categories by source of funds and way of management taking reference of the registration status of enterprises:

(1) Government Agencies: include state and party agencies, classified in principle as "state-owned". There are exceptions, such as supply and marketing cooperatives which are classified as "collective".

(2) Institutions: include institutions of various types established with the approval by organization and staffing departments of the government, but exclude institutions where enterprise management system is introduced. Institutions are further classified as follows:

(a) Institutions whose main budget is listed in the government budget appropriations or extra-budget funds, or allocated from the budget of their competent government agencies. Such institutions are classified as "state-owned".

(b) Institutions whose budget mainly comes from collective units. Such institutions are classified as "collective".

(c) Institutions other than those mentioned above whose source of budget is not clear. Such institutions are classified by way of management.

(3) Social Organizations: include social organizations established with the approval from the Ministry of Civil Affairs, and organizations that are not covered by social organization management regulations such as Trades unions, women's federations etc.. Social organizations are further classified as follows:

(a) Social organizations that are not covered by social organization management regulations of the Ministry of Civil Affairs such as Trades unions, women's federations, communist youth leagues, youth associations, industrial and commerce associations, scientists associations, overseas

Chinese associations, etc., foundations and fund management organizations established with funds from the state, and social organizations whose funds mainly come from the budget of their competent government agencies. Such institutions are classified as "state-owned".

(b) Social organizations whose budget mainly comes from collective units. Such institutions are classified as "collective".

(c) Social organizations established by individual or a group of citizens, which are classified as "private".

(d) Social organizations other than those mentioned above whose source of budget is not clear. Such organizations are classified by manner of management.

第二篇　国民经济核算

Chapter 2　National Economy Accounting

资料整理：张凌远 孙晶洁
Database Editor: Zhanglingyuan Sunjingjie

简要说明

本篇资料的主要内容及来源

国民经济核算篇主要包括福建省地区生产总值及其增长、结构、三次产业对经济增长的贡献等方面的资料。

1993 年以后福建省地区生产总值的数据已按照国家统计局制定的统一方案，根据 2004 年经济普查资料采用国际上通用的“总趋势离差法”进行了调整。从 2017 年始福建省地区生产总值数据包含研发支出新增部分。

Brief Introduction

Main Content and Source of Data

Data in the chapter reflect the overall situation and development of economy on the macro level, including growth rate and components of GDP, share of the three industries to the increase of GDP.

Historical data of GDP were recompiled in accordance with the uniform plan of NBS and revised by trend approach. Since 2017,the GDP of Fujian province included R&D expenditure.

2-1 主要社会经济效益指标

Main Indicators on Economic Efficiency

项目 Item	2000	2005	2010	2016	2017
社会劳动生产率（元/人） **Overall Labor Productivity(yuan/person)**	**22878**	**35599**	**66828**	**102487**	**114879**
总产出中间投入率（%） **Ratio of Input to Total Output(%)**	**61.9**	**61.4**	**62.1**	**66.2**	**65.9**
第一产业 Primary Industry	38.2	39.7	40.9	41.1	41.8
第二产业 Secondary Industry	73.5	72.1	71.7	75.9	75.6
第三产业 Tertiary Industy	44.2	34.2	41.4	46.2	47.0
按主要行业分 By Sector					
工业 Industry	73.9	72.2	72.4	76.6	76.2
建筑业 Construction	70.9	71.4	67.5	72.6	72.5
交通运输、仓储和邮政业 Transport,Storage and Post Services	47.2	46.6	55.7	58.8	59.3
批发和零售业 Wholesale,Retail Trade	44.0	22.9	28.6	33.5	36.9
增加值率（%） **Value-added Rate(%)**	**38.1**	**38.6**	**37.9**	**33.8**	**34.1**
第一产业 Primary Industry	61.8	60.3	59.1	58.9	58.2
第二产业 Secondary Industry	26.5	27.9	28.3	24.1	24.4
第三产业 Tertiary Industy	55.8	65.8	58.6	53.8	53.0
按主要行业分 By Sector	26.5	27.9	28.3	24.1	27.5
工业 Industry	26.1	27.8	27.6	23.4	23.8
建筑业 Construction	29.1	28.6	32.5	27.4	27.5
交通运输、仓储和邮政业 Transport,Storage and Post Services	52.8	53.4	44.3	41.2	40.7
批发和零售业 Wholesale and Retail Trade	56.0	77.1	71.4	66.5	63.1

注：1.本表均按当年价格计算。

Note:a)Data in this table are caculated at current prices.

2-2 主要年份总产出

Total Output in Selected Years

(100 million yuan)

年份 Year	总产出（亿元） Output (100 million yuan)	第一产业 Primary Industy	第二产业 Secondary Industy	第三产业 Tertiary Industy	总产出指数 Indices 以1952为100 (year of 1952=100)	以上年为100 (preceding year=100)
1952	18.43	11.07	4.70	2.66	100.0	124.5
1957	35.64	17.05	10.59	8.00	192.6	105.5
1962	42.16	14.81	13.84	13.51	206.5	98.4
1965	54.35	18.80	21.45	14.10	287.7	113.4
1970	67.81	21.12	29.79	16.90	365.1	118.0
1975	96.03	27.06	51.33	17.64	506.0	104.8
1978	138.83	36.33	73.71	28.79	710.6	121.7
1979	155.69	43.11	83.80	28.78	764.6	107.6
1980	169.83	45.49	95.85	28.49	831.7	108.8
1981	204.17	56.11	103.73	44.33	960.5	115.5
1982	229.65	63.73	116.27	49.65	1057.9	110.1
1983	253.07	68.08	126.43	58.56	1140.8	107.8
1984	306.08	80.66	159.41	66.01	1344.9	117.9
1985	399.54	99.05	210.91	89.58	1645.3	122.3
1986	466.22	107.07	249.31	109.84	1802.0	109.5
1987	603.52	132.97	316.59	153.96	2156.0	119.6
1988	838.36	182.00	451.80	204.56	2565.6	119.0
1989	1040.95	209.92	554.54	276.49	2898.2	113.0
1990	1175.79	227.12	600.94	347.73	3244.1	111.9
1991	1428.36	253.51	747.33	427.52	3811.4	117.5
1992	1910.42	295.54	1053.44	561.44	4895.9	128.5
1993	2993.36	386.34	1743.08	863.94	6564.2	134.1
1994	4229.26	574.05	2422.96	1232.25	8562.5	130.4
1995	5483.28	738.63	3244.08	1500.57	10041.8	117.3
1996	6419.24	850.67	3776.66	1791.91	11642.0	115.9
1997	7436.80	925.56	4462.70	2048.54	13690.5	117.6
1998	8220.00	973.37	4978.46	2268.17	15280.3	111.6
1999	8877.25	1010.82	5410.96	2455.47	16989.2	111.2
2000	9870.58	1037.27	6154.43	2678.88	18759.6	110.4
2001	10506.33	1061.61	6591.76	2852.96	20560.0	109.6
2002	11324.01	1088.70	7252.42	2982.89	23028.4	112.0
2003	12866.74	1135.20	8462.96	3268.58	26154.9	113.6
2004	14912.98	1301.21	10008.78	3602.99	29629.1	113.3
2005	16995.93	1373.03	11385.95	4236.95	33523.8	113.2
2006	19833.74	1445.08	13329.91	5058.74	37533.4	112.0
2007	24160.16	1692.16	16197.54	6270.47	43725.7	116.5
2008	28960.02	1965.02	19557.35	7437.65	50656.1	115.8
2009	32436.81	2001.24	22110.23	8325.34	58001.2	114.5
2010	38915.25	2307.05	26616.53	9991.67	66974.0	115.5
2011	47739.92	2730.93	33045.93	11963.06	77555.9	115.8
2012	55107.00	3007.40	38491.18	13608.42	90895.5	117.2
2013	61780.20	3170.16	42949.47	15660.57	105620.6	116.2
2014	70742.78	3400.90	49719.02	17622.86	116710.7	110.5
2015	76180.53	3586.46	52230.65	20363.42	126164.3	108.1
2016	84434.25	4014.31	57525.97	22893.97	139159.2	110.3
2017	94295.55	3807.28	62912.35	27575.92	149874.5	107.7

2-3 总产出

Total Output

单位：亿元 (100 million yuan)

项目 Item	2000	2005	2010	2016	2017
总产出(亿元) Total Output(100 million yuan)	**9870.58**	**16995.93**	**38915.25**	**84434.25**	**94295.55**
第一产业 Primary Industry	1037.27	1373.03	2307.05	4014.31	3807.28
第二产业 Secondary Industry	6154.43	11385.95	26616.53	57525.97	62912.35
第三产业 Tertiary industy	2678.88	4236.95	9991.67	22893.97	27575.92
按主要行业分 By Sector					
工业 Industry	5447.13	10065.44	23152.34	48841.95	53232.05
建筑业 Construction	707.30	1320.52	3464.19	8837.02	9846.61
交通运输、仓储和邮政业 Transport,Storage,Post and Telecommunication Services	777.53	844.23	1965.92	4085.89	4644.33
批发和零售业 Wholesale,Retail Trade	713.07	741.74	1835.11	3315.43	3791.12
总产出指数(上年=100) Indices of Total Output(preceding year=100)	**110.40**	**113.20**	**115.47**	**110.3**	**107.7**
第一产业 Primary Industry	103.10	102.90	103.52	103.7	103.7
第二产业 Secondary Industry	112.20	113.50	117.54	111.0	104.0
第三产业 Tertiary industy	107.50	116.00	112.16	109.8	117.9
按主要行业分 By Sector					
工业 Industry	113.10	114.40	119.50	110.3	104.1
建筑业 Construction	101.20	105.70	103.30	114.7	103.6
交通运输、仓储和邮政业 Transport,Storage,Post and Telecommunication Services	108.90	107.50	112.06	105.6	106.4
批发和零售业 Wholesale,Retail Trade	105.60	110.00	114.06	109.6	111.0
总产出构成(%) Composition of Total Output(%)	**100.00**	**100.00**	**100.00**	**100.0**	**100.0**
第一产业 Primary Industry	10.50	8.10	5.90	4.8	4.0
第二产业 Secondary Industry	62.40	67.00	68.40	68.1	66.7
第三产业 Tertiary industy	27.10	24.90	25.70	27.1	29.2
按主要行业分 By Sector					
工业 Industry	55.20	59.20	59.50	57.8	56.5
建筑业 Construction	7.20	7.80	8.90	10.5	10.4
交通运输、仓储和邮政业 Transport,Storage,Post and Telecommunication Services	7.90	5.00	5.10	4.8	4.9
批发和零售业 Wholesale,Retail Trade	7.20	4.40	4.70	3.9	4.0

2-4 主要年份地区生产总值

Gross Domestic Product in Selected Years

单位：亿元 (100 million yuan)

年份 Year	地区生产总值 Gross Domestic Product	第一产业 Primary Industry	第二产业 Secondary Industry	第三产业 Tertiary Industy	工业 Industry	建筑业 Construction	人均GDP（元） Per Capita GDP (yuan)
1952	12.73	8.39	2.42	1.92	2.17	0.25	102
1957	22.03	12.31	5.20	4.52	4.23	0.97	154
1962	22.12	10.26	5.12	6.74	4.00	1.12	137
1965	28.81	13.48	8.31	7.02	6.55	1.76	166
1970	34.70	15.34	10.64	8.72	8.56	2.08	173
1975	46.48	19.43	17.81	9.24	14.29	3.52	203
1978	66.37	23.93	28.19	14.25	23.85	4.34	273
1979	74.11	27.97	31.37	14.77	26.20	5.17	300
1980	87.06	31.95	35.68	19.43	29.55	6.13	348
1981	105.62	39.30	39.75	26.57	33.16	6.59	416
1982	117.81	44.24	42.92	30.65	35.25	7.67	457
1983	127.76	47.27	46.05	34.44	37.76	8.29	487
1984	157.06	55.72	56.39	44.95	44.47	11.92	591
1985	200.48	68.13	72.56	59.79	62.09	10.47	737
1986	222.54	72.24	82.19	68.11	67.06	15.13	809
1987	279.24	89.24	101.28	88.72	82.69	18.59	999
1988	383.21	118.16	141.82	123.23	120.45	21.37	1349
1989	458.40	135.77	163.82	158.81	142.45	21.37	1589
1990	522.28	147.01	174.47	200.80	150.55	23.92	1763
1991	619.87	168.64	217.74	233.49	188.29	29.45	2041
1992	784.68	194.87	291.60	298.21	241.78	49.82	2557
1993	1114.20	254.36	455.79	404.05	381.95	73.84	3556
1994	1644.39	362.90	720.97	560.52	618.06	102.91	5193
1995	2094.90	464.82	882.34	747.74	748.92	133.42	6526
1996	2484.25	537.38	1026.64	920.23	875.50	151.14	7646
1997	2870.90	576.63	1214.81	1079.46	1039.62	175.19	8775
1998	3159.91	610.04	1335.05	1214.82	1132.79	202.26	9603
1999	3414.19	628.86	1434.30	1351.03	1230.22	204.08	10323
2000	3764.54	640.57	1628.45	1495.52	1422.34	206.11	11194
2001	4072.85	651.11	1803.50	1618.24	1586.48	217.02	11691
2002	4467.55	664.78	2036.97	1765.80	1808.95	228.02	12739
2003	4983.67	692.94	2340.82	1949.91	2061.31	279.51	14125
2004	5763.35	786.84	2770.49	2206.02	2438.62	331.87	16235
2005	6554.69	827.36	3175.92	2551.41	2801.88	374.05	18353
2006	7583.85	865.98	3695.04	3022.83	3230.49	464.56	21105
2007	9248.53	1002.11	4476.42	3770.00	3896.76	579.66	25582
2008	10823.01	1158.17	5318.44	4346.40	4593.24	725.20	29755
2009	12236.53	1182.74	6005.30	5048.49	5106.38	898.92	33437
2010	14737.12	1363.67	7522.83	5850.62	6397.71	1125.12	40025
2011	17560.18	1612.24	9069.20	6878.74	7675.09	1394.11	47377
2012	19701.78	1776.71	10187.94	7737.13	8541.94	1646.00	52763
2013	21868.49	1874.23	11329.60	8664.66	9455.32	1895.48	58145
2014	24055.76	2014.80	12515.36	9525.60	10426.71	2112.03	63472
2015	25979.82	2118.10	13064.82	10796.90	10820.22	2268.86	67966
2016	28519.15	2363.22	13844.96	12310.97	11449.29	2421.34	73951
2017	32182.09	2215.13	15354.29	14612.67	12674.89	2707.82	82677
2018	35804.04	2379.82	17232.36	16191.86	14183.20	3080.96	91197

注：2017年第一产业增加值数据为全省第三次农普后修订数，下同。

Note:In 2017,The data of Primary Industry is revised after the third agricultural census,the same below.

2-5 主要年份地区生产总值构成

Composition of Gross Domestic Product in Selected Years

单位：% (%)

年份 Year	地区生产总值 Gross Domestic Product	第一产业 Primary Industry	第二产业 Secondary Industry	第三产业 Tertiary Industy	工业 Industry	建筑业 Construction
1952	100.0	65.9	19.0	15.1	17.0	2.0
1957	100.0	55.9	23.6	20.5	19.2	4.4
1962	100.0	46.4	23.1	30.5	18.1	5.1
1965	100.0	46.8	28.8	24.4	22.8	6.1
1970	100.0	44.2	30.7	25.1	24.7	6.0
1975	100.0	41.8	38.3	19.9	30.7	7.6
1978	100.0	36.0	42.5	21.5	35.9	6.5
1979	100.0	37.8	42.3	19.9	35.4	7.0
1980	100.0	36.7	41.0	22.3	33.9	7.0
1981	100.0	37.2	37.6	25.2	31.4	6.2
1982	100.0	37.6	36.4	26.0	29.9	6.5
1983	100.0	37.0	36.0	27.0	29.6	6.5
1984	100.0	35.5	35.9	28.6	28.3	7.6
1985	100.0	34.0	36.2	29.8	31.0	5.2
1986	100.0	32.5	36.9	30.6	30.1	6.8
1987	100.0	31.9	36.3	31.8	29.6	6.7
1988	100.0	30.8	37.0	32.2	31.4	5.6
1989	100.0	29.6	35.7	34.7	31.1	4.7
1990	100.0	28.1	33.4	38.4	28.8	4.6
1991	100.0	27.2	35.1	37.7	30.4	4.8
1992	100.0	24.8	37.2	38.0	30.8	6.3
1993	100.0	22.8	40.9	36.3	34.3	6.6
1994	100.0	22.1	43.8	34.1	37.6	6.3
1995	100.0	22.2	42.1	35.7	35.7	6.4
1996	100.0	21.6	41.3	37.1	35.2	6.1
1997	100.0	20.1	42.3	37.6	36.2	6.1
1998	100.0	19.3	42.3	38.4	35.8	6.5
1999	100.0	18.4	42.0	39.6	36.0	6.0
2000	100.0	17.0	43.3	39.7	37.8	5.5
2001	100.0	16.0	44.3	39.7	39.0	5.3
2002	100.0	14.9	45.6	39.5	40.5	5.1
2003	100.0	13.9	47.0	39.1	41.4	5.6
2004	100.0	13.7	48.1	38.3	42.3	5.8
2005	100.0	12.6	48.5	38.9	43.3	5.4
2006	100.0	11.4	48.7	39.9	43.7	5.7
2007	100.0	10.8	48.4	40.8	43.4	5.7
2008	100.0	10.7	49.1	40.2	42.4	6.7
2009	100.0	9.7	49.1	41.2	41.7	7.4
2010	100.0	9.3	51.0	39.7	43.4	7.6
2011	100.0	9.2	51.6	39.2	43.7	7.9
2012	100.0	9.0	51.7	39.3	43.4	8.3
2013	100.0	8.6	51.8	39.6	43.2	8.7
2014	100.0	8.4	52.0	39.6	43.3	8.8
2015	100.0	8.2	50.3	41.5	41.6	8.7
2016	100.0	8.3	48.5	43.2	40.1	8.5
2017	100.0	6.9	47.7	45.4	39.4	8.4
2018	100.0	6.7	48.1	45.2	39.6	8.6

注：2004年以前年份和2014年及以后第一产业增加值不含农林牧渔服务业。

Note:The value-added of primary industry before 2004 and beyond 2014 exclude services of Farming,Forestry,Animal,Husbandry and Fishery.

2-6 分行业地区生产总值

Gross Domestic Product by Sector

单位：亿元　(100 million yuan)

项目 Item	2000	2005	2010	2016	2017
地区生产总值 Gross Domestic Product	**3764.54**	**6554.69**	**14737.12**	**28519.15**	**32182.09**
第一产业 Primary Industry	640.57	827.36	1363.67	2363.22	2215.13
第二产业 Secondary Industry	1628.45	3175.92	7522.83	13844.96	15354.29
第三产业 Tertiary Industy	1495.52	2551.41	5850.62	12310.97	14612.67
按主要行业分 By Sector					
农、林、牧、渔业 Agriculture，Forestry，Animal Husbandry and Fishery		827.36	1363.67	2444.81	2294.43
农业 Agriculture		356.10	616.32	1119.57	953.36
林业 Forestry		65.23	122.08	201.92	207.69
畜牧业 Animal Husbandry		143.36	198.53	355.17	386.77
渔业 Fishery		227.84	376.37	686.56	667.31
农、林、牧、渔服务业 Services of Agriculture，Forestry，Animal Husbandry and Fishery		34.83	50.37	81.59	79.3
工业 Industry	1422.34	2801.88	6397.71	11449.29	12674.89
采矿业 Mining and Quarrying		83.25	313.39	249.12	272.44
制造业 Manufacturing		2496.73	5731.47	10559.03	11802.49
电力、热力、燃气及水生产和供应业 Supply of Electric Power, Gas,Water		221.90	352.85	641.14	599.96
建筑业 Construction	206.11	374.05	1125.12	2421.34	2707.82
交通运输、仓储和邮政业 Transport, Storage and Post Services	410.66	447.20	871.16	1685.18	1889.69
信息传输、软件和信息技术服务业 Information Transmission, Software and Information Technology Services		184.93	344.19	688.81	785.24
批发和零售业 Wholesale and Retail Trade	399.11	571.30	1310.94	2204.6	2392.78
住宿和餐饮业 Lodgings and Catering Services		120.84	266.47	421.51	465.07
金融业 Finance	118.85	186.12	767.58	1866.17	2055.53
房地产业 Real Estate	147.60	331.80	679.03	1269.67	1768.48
租赁和商务服务业 Rent and Business Services		82.03	237.04	1078.53	1380.11
科学研究和技术服务业 Scientific Reseach, Ploytechnic Services		36.83	103.13	261.58	341.91
水利、环境和公共设施管理业 Water Conservancy, Environment and Public Facilities Management		18.28	51.18	90.62	96.58
居民服务、修理和其他服务业 Resident Services,Repairing and Others		113.65	265.81	615.48	871.28
教育 Education		169.62	269.91	616.68	683.8
卫生和社会工作 Health Care, Social Ensure		75.49	206.54	444.63	534.17
公共管理、社会保障和社会组织 Public Management and Social Organizations		167.40	352.77	592.65	706.63
文化、体育和娱乐业 Culture, Sports and Entertainment		45.94	124.87	367.6	533.68
国际组织 National Organizations					

2-7 主要年份地区生产总值指数(上年=100)

Indices of Gross Domestic Product in Selected Years(preceding year=100)

单位：以上年为100 (preceding year=100)

年份 Year	地区生产总值 Gross Domestic Product	第一产业 Primary Industry	第二产业 Secondary Industry	第三产业 Tertiary Industy	工业 Industry	建筑业 Construction	人均GDP Per Capita GDP
1952	123.3	112.1	131.5	119.3	145.7	138.9	121.1
1957	106.7	109.5	95.3	117.3	124.2	50.4	103.0
1962	98.6	107.6	94.2	94.6	79.4	155.7	96.4
1965	110.9	111.5	120.3	100.4	126.2	101.2	107.5
1970	109.9	105.0	123.2	101.0	112.9	101.9	105.7
1975	102.9	100.5	106.6	101.1	108.7	98.2	100.5
1978	117.8	101.5	132.4	121.5	138.7	90.4	115.6
1979	105.5	104.9	109.7	99.0	107.0	137.4	103.9
1980	118.4	113.9	118.1	125.7	113.5	155.1	117.2
1981	115.5	108.5	110.3	136.3	113.8	91.0	114.0
1982	109.3	106.8	108.2	114.2	104.5	134.9	107.5
1983	106.2	104.7	107.3	106.5	107.4	106.7	104.4
1984	117.9	110.1	120.3	124.3	124.9	93.7	116.3
1985	117.6	105.3	123.3	123.5	124.2	115.8	114.9
1986	105.7	102.1	113.0	99.4	105.2	177.0	104.5
1987	113.6	110.5	110.0	121.9	117.1	75.4	111.8
1988	114.3	102.6	125.1	109.7	132.7	67.6	112.6
1989	107.8	109.7	104.9	110.7	108.5	51.2	106.1
1990	107.5	101.7	108.1	111.4	109.3	63.6	104.7
1991	114.2	109.1	122.0	111.5	123.7	111.2	111.4
1992	120.3	110.5	128.5	120.0	126.8	140.6	119.0
1993	122.6	109.4	135.9	118.3	139.5	112.8	120.1
1994	120.3	109.3	132.6	113.0	133.9	122.0	119.0
1995	114.6	109.5	117.3	114.2	116.4	125.2	113.0
1996	113.3	108.8	114.3	114.6	115.2	107.6	112.0
1997	114.0	108.0	116.1	114.5	116.5	113.4	113.2
1998	110.8	106.7	112.4	110.8	112.5	111.6	110.2
1999	109.9	105.7	111.5	109.9	112.5	101.9	109.3
2000	109.3	102.6	111.2	110.0	112.2	100.4	107.5
2001	108.7	103.5	110.2	109.2	110.8	105.6	104.9
2002	110.2	102.7	113.8	109.2	115.1	104.2	109.1
2003	111.5	103.3	115.6	109.7	115.4	117.7	110.8
2004	111.8	104.4	114.9	110.8	115.3	111.3	111.2
2005	111.6	102.7	112.3	113.7	112.3	111.7	110.9
2006	114.8	100.8	116.6	117.1	116.0	121.5	114.1
2007	115.2	103.9	118.2	114.6	118.5	116.4	114.5
2008	113.0	105.0	115.1	112.3	115.0	115.6	112.3
2009	112.3	104.7	113.7	112.3	113.0	118.8	111.6
2010	113.9	103.3	118.1	110.6	118.0	119.3	113.2
2011	112.3	104.4	116.2	109.1	116.7	113.3	111.6
2012	111.4	104.2	114.3	109.1	113.8	117.4	110.5
2013	111.0	104.3	113.2	109.4	112.8	115.2	110.2
2014	109.9	104.4	111.9	108.1	112.1	111.0	109.1
2015	109.0	103.7	107.4	112.3	107.0	110.1	108.0
2016	108.4	103.6	106.8	111.3	106.8	106.9	107.5
2017	108.1	103.7	106.8	110.2	107.5	103.9	107.1
2018	108.3	103.5	108.5	108.8	108.9	106.6	107.4

2-8 主要年份地区生产总值指数(1952年=100)

Indices of Gross Domestic Product in Selected Years(year of 1952=100)

单位：以1952年为100　　(year of 1952=100)

年份 Year	地区生产总值 Gross Domestic Product	第一产业 Primary Industry	第二产业 Secondary Industry	第三产业 Tertiary Industy	工业 Industry	建筑业 Construction	人均GDP Per Capita GDP
1952	100.0	100.0	100.0	100.0	100.0	100.0	100.0
1957	172.0	137.1	226.0	233.3	200.7	452.0	150.0
1962	159.8	86.4	259.5	317.5	193.1	885.4	122.3
1965	215.1	132.1	363.8	348.9	319.7	759.5	153.2
1970	255.9	146.5	480.3	400.0	425.5	969.2	157.4
1975	331.5	171.0	810.3	423.9	723.4	1495.8	179.7
1978	451.2	188.5	1207.1	698.2	1197.8	1095.1	229.5
1979	476.1	197.7	1324.7	690.9	1282.1	1505.1	238.3
1980	563.9	225.3	1564.4	868.4	1455.1	2334.6	279.3
1981	651.1	244.4	1725.4	1183.8	1655.8	2124.0	318.2
1982	711.6	261.1	1866.4	1351.6	1731.0	2865.6	342.1
1983	755.3	273.2	2002.4	1439.1	1858.8	3057.8	357.2
1984	890.7	300.8	2408.9	1788.3	2321.9	2865.6	415.3
1985	1047.5	316.7	2968.2	2207.8	2884.7	3318.8	477.4
1986	1107.3	323.4	3354.0	2194.6	3033.9	5873.0	498.8
1987	1257.9	357.5	3689.9	2674.7	3554.0	4426.5	557.7
1988	1437.6	366.7	4616.0	2933.4	4716.4	2993.7	627.7
1989	1549.3	402.3	4842.1	3246.6	5118.2	1533.5	665.9
1990	1665.8	409.0	5233.3	3615.6	5595.3	975.0	696.9
1991	1902.8	446.1	6384.1	4030.9	6919.7	1084.3	776.4
1992	2288.8	492.8	8205.4	4835.4	8776.3	1524.9	924.1
1993	2806.2	539.0	11153.4	5720.9	12245.5	1719.7	1109.8
1994	3375.7	589.0	14790.3	6461.8	16402.4	2097.4	1320.9
1995	3869.0	644.9	17347.3	7376.8	19090.2	2625.3	1493.2
1996	4384.0	701.5	19836.0	8455.2	21987.4	2824.9	1671.7
1997	4998.3	757.7	23037.7	9679.2	25605.2	3204.0	1893.1
1998	5538.0	808.3	25890.5	10720.4	28798.0	3576.2	2085.4
1999	6086.9	854.3	28860.0	11777.1	32407.2	3644.2	2279.9
2000	6653.7	876.2	32080.0	12954.3	36372.6	3660.4	2451.1
2001	7229.8	906.9	35339.6	14150.5	40308.3	3865.7	2570.9
2002	7964.4	931.4	40210.4	15453.7	46395.4	4029.4	2805.6
2003	8877.3	962.2	46501.5	16958.1	53537.1	4741.1	3108.2
2004	9927.7	1004.9	53417.5	18784.7	61744.0	5276.4	3455.0
2005	11079.3	1031.5	59968.7	21357.2	69361.6	5892.1	3831.0
2006	12719.0	1039.4	69938.6	25010.5	80438.8	7160.7	4371.8
2007	14652.3	1079.5	82670.5	28655.6	95284.9	8335.3	5004.6
2008	16557.1	1133.2	95139.3	32174.5	109593.1	9632.7	5619.0
2009	18595.9	1186.5	108138.7	36143.2	123788.4	11444.8	6272.6
2010	21180.7	1225.7	127711.8	39974.4	146008.6	13655.5	7101.4
2011	23785.9	1279.6	148401.1	43612.1	170392.0	15471.7	7925.2
2012	26497.5	1333.3	169622.5	47580.8	193906.1	18163.8	8757.3
2013	29412.2	1390.6	192012.7	52053.4	218726.1	20924.7	9650.5
2014	32324.0	1451.8	214862.2	56269.7	245191.9	23226.4	10529.0
2015	35233.2	1505.5	230762.0	63190.9	262355.3	25572.3	11371.3
2016	38192.8	1559.7	246453.8	70331.5	280195.5	27336.8	12224.1
2017	41286.4	1615.9	263459.1	77575.6	301210.2	28402.9	13092.0
2018	44713.2	1672.5	285853.1	84402.3	328017.9	30277.5	14060.8

2-9 三次产业对经济增长的贡献及拉动(1980-2018年)

Contribution Share and Contribution of the Three Components of GDP to the Growth of GDP(1980-2018)

单位：% (%)

年份 Year	贡献率 Contribution Share				地区生产总值增长率 Gross Domestic Product Growth Rate	拉动（百分点） Contribution(percentage point)			
	第一产业 Primary Industry	第二产业 Secondary Industry	第三产业 Tertiary Industry	工业 Industry		第一产业 Primary Industry	第二产业 Secondary Industry	第三产业 Tertiary Industry	工业 Industry
1980	25.1	43.2	31.7	28.6	18.4	4.6	8.0	5.8	5.3
1981	20.6	26.6	52.8	29.9	15.5	3.2	4.1	8.2	4.6
1982	26.0	33.5	40.5	16.3	9.3	2.4	3.1	3.8	1.5
1983	26.1	44.7	29.2	38.6	6.2	1.6	2.8	1.8	2.4
1984	19.2	43.1	37.7	45.1	17.9	3.4	7.7	6.8	8.1
1985	9.5	51.4	39.1	47.3	17.6	1.7	9.0	6.9	8.3
1986	10.4	92.8	-3.2	32.9	5.7	0.6	5.3	-0.2	1.9
1987	21.3	32.1	46.6	45.6	13.6	2.9	4.4	6.3	6.2
1988	4.9	74.1	21.0	85.3	14.3	0.7	10.6	3.0	12.2
1989	29.9	29.1	41.0	47.4	7.8	2.3	2.3	3.2	3.7
1990	5.4	48.3	46.3	55.0	7.7	0.4	3.6	3.5	4.1
1991	19.0	50.9	30.1	47.4	14.4	2.7	7.2	4.3	6.7
1992	14.7	49.5	35.8	40.8	20.3	3.0	10.0	7.3	8.3
1993	10.8	59.8	29.4	56.9	22.6	2.4	13.5	6.7	12.9
1994	10.6	67.0	22.4	62.0	20.3	2.2	13.6	4.5	12.6
1995	13.7	54.4	31.9	46.2	14.6	2.0	7.9	4.7	6.8
1996	13.3	50.7	36.0	47.7	13.3	1.8	6.7	4.8	6.4
1997	11.0	54.7	34.3	50.0	14.0	1.5	7.7	4.8	7.0
1998	11.4	55.4	33.2	50.2	10.8	1.2	6.0	3.6	5.4
1999	10.1	56.8	33.1	55.8	9.9	1.0	5.6	3.3	5.5
2000	4.7	59.6	35.7	59.4	9.3	0.4	5.6	3.3	5.5
2001	6.9	50.7	42.4	47.2	8.7	0.6	4.4	3.7	4.1
2002	4.3	59.5	36.2	57.3	10.2	0.4	6.1	3.7	5.8
2003	4.3	62.0	33.7	54.2	11.5	0.5	7.1	3.9	6.2
2004	5.2	59.2	35.6	54.2	11.8	0.6	7.0	4.2	6.4
2005	3.0	51.3	45.7	46.0	11.6	0.3	6.0	5.3	5.3
2006	0.7	54.4	45.0	46.1	14.8	0.1	8.0	6.7	6.8
2007	2.8	59.1	38.1	52.5	15.2	0.4	9.0	5.8	8.0
2008	3.8	58.8	37.4	51.4	13.0	0.5	7.6	4.9	6.7
2009	3.6	57.1	39.3	47.6	12.3	0.5	7.0	4.8	5.9
2010	2.1	67.9	30.0	58.7	13.9	0.3	9.4	4.2	8.2
2011	3.3	67.2	29.5	59.0	12.3	0.4	8.3	3.6	7.3
2012	3.2	66.1	30.7	54.4	11.4	0.4	7.5	3.5	6.2
2013	3.0	64.6	32.4	53.6	11.0	0.3	7.1	3.6	5.9
2014	3.2	66.0	30.8	56.8	9.9	0.3	6.5	3.1	5.6
2015	2.9	46.6	50.5	37.2	9.0	0.3	4.2	4.5	3.3
2016	3.5	40.5	56.0	33.4	8.4	0.3	3.4	4.7	2.8
2017	3.2	42.8	54.0	38.6	8.1	0.2	3.5	4.4	3.1
2018	2.8	50.9	46.3	44.4	8.3	0.2	4.2	3.9	3.7

2-10 主要年份按收入法计算的地区生产总值

Gross Domestic Product by Income Approach in Selected Years

单位：亿元 (100 million yuan)

年份 Year	地区生产总值 Gross Domestic Product	劳动者报酬 Compensation of Employees	生产税净额 Net Taxes on Production	固定资产折旧 Depreciation of Fixed Assets	营业盈余 Operating Surplus	占地区生产总值比重（%） Ratio(%) 劳动者报酬 Compensation of Employees	生产税净额 Net Taxes on Production	固定资产折旧 Depreciation of Fixed Assets	营业盈余 Operating Surplus
1978	66.37	42.16	7.07	5.85	11.29	63.5	10.7	8.8	17.0
1979	74.11	47.78	7.75	6.48	12.10	64.5	10.5	8.7	16.3
1980	87.06	55.96	8.97	7.55	14.58	64.3	10.3	8.7	16.7
1981	105.62	68.13	10.45	9.22	17.82	64.5	9.9	8.7	16.9
1982	117.81	76.46	11.34	10.21	19.80	64.9	9.6	8.7	16.8
1983	127.76	82.74	12.24	11.12	21.66	64.8	9.6	8.7	17.0
1984	157.06	101.47	14.80	13.84	26.95	64.6	9.4	8.8	17.2
1985	200.48	126.06	19.89	18.38	36.15	62.9	9.9	9.2	18.0
1986	222.54	139.73	21.78	20.54	40.49	62.8	9.8	9.2	18.2
1987	279.24	175.22	27.25	25.84	50.93	62.7	9.8	9.3	18.2
1988	383.21	241.25	39.27	35.49	67.20	63.0	10.2	9.3	17.5
1989	458.40	281.50	46.73	43.13	87.04	61.4	10.2	9.4	19.0
1990	522.28	322.04	50.90	51.24	98.10	61.7	9.7	9.8	18.8
1991	619.87	376.87	62.25	63.31	117.44	60.8	10.0	10.2	18.9
1992	784.68	472.85	80.58	79.79	151.46	60.3	10.3	10.2	19.3
1993	1114.20	623.02	125.34	114.12	251.72	55.9	11.2	10.2	22.6
1994	1644.39	832.09	184.89	155.70	471.71	50.6	11.2	9.5	28.7
1995	2094.90	1101.69	210.71	231.67	550.82	52.6	10.1	11.1	26.3
1996	2484.25	1291.05	247.08	284.74	661.38	52.0	9.9	11.5	26.6
1997	2870.90	1498.69	275.15	345.43	751.62	52.2	9.6	12.0	26.2
1998	3159.91	1650.26	316.66	388.04	804.95	52.2	10.0	12.3	25.5
1999	3414.19	1769.60	345.36	431.13	868.11	51.8	10.1	12.6	25.4
2000	3764.54	1824.79	371.62	491.48	1076.64	48.5	9.9	13.1	28.6
2001	4072.85	1960.79	392.29	555.29	1164.49	48.1	9.6	13.6	28.6
2002	4467.55	2172.30	434.87	630.30	1230.08	48.6	9.7	14.1	27.5
2003	4983.67	2412.18	522.41	735.98	1313.10	48.4	10.5	14.8	26.3
2004	5763.35	2539.45	780.60	704.03	1739.27	44.1	13.5	12.2	30.2
2005	6554.69	2890.79	868.51	914.15	1881.24	44.1	13.3	13.9	28.7
2006	7583.85	3334.30	1019.66	989.48	2240.42	44.0	13.4	13.0	29.5
2007	9248.53	3997.16	1314.35	1070.74	2866.27	43.2	14.2	11.6	31.0
2008	10823.01	5728.03	1334.19	1317.13	2443.65	52.9	12.3	12.2	22.6
2009	12236.53	6510.05	1553.20	1412.19	2761.08	53.2	12.7	11.5	22.6
2010	14737.12	7400.03	1867.67	1562.99	3906.43	50.2	12.7	10.6	26.5
2011	17560.18	8741.77	2287.51	1834.11	4696.79	49.8	13.0	10.4	26.7
2012	19701.78	9979.11	2809.74	2114.83	4798.10	50.7	14.3	10.7	24.4
2013	21868.49	11277.57	3093.63	2239.74	5257.54	51.6	14.1	10.2	24.0
2014	24055.76	12504.55	3653.71	2491.08	5406.42	52.0	15.2	10.4	22.5
2015	25979.82	13845.37	3884.42	2895.55	5354.48	53.3	15.0	11.1	20.6
2016	28519.15	15349.29	3867.56	2974.29	6328.01	53.8	13.6	10.4	22.2
2017	32182.09	16829.53	3996.58	3552.94	7803.04	52.3	12.4	11.0	24.2

2-11 主要年份第三产业增加值

Value-added of the Tertiary Industry in Selected Years

单位：亿元 (100 million yuan)

年份 Year	第三产业 Tertiary Industy	#批发和零售业 Wholesale and Retail Trade	#交通运输、仓储和邮政业 Transport, Storage and Post Services	#金融业 Finance	#房地产业 Real Estate
1952	1.92	1.00	0.27		
1957	4.52	2.21	0.64		
1962	6.74	2.29	0.88		
1965	7.02	1.57	1.10		
1970	8.72	2.23	1.47		
1975	9.24	1.15	1.85		
1978	14.25	3.47	3.35	3.01	0.69
1979	14.77	3.29	3.32	3.08	0.81
1980	19.43	5.08	4.40	4.03	0.92
1981	26.57	7.01	6.01	5.49	1.26
1982	30.65	8.12	6.85	6.34	1.46
1983	34.44	9.38	7.29	7.19	1.65
1984	44.95	11.82	9.69	9.48	2.18
1985	59.79	15.17	12.35	13.00	2.98
1986	68.11	16.53	14.54	14.98	3.43
1987	88.72	23.14	19.37	18.71	4.29
1988	123.23	40.58	32.50	17.40	4.40
1989	158.81	41.31	42.60	29.06	5.23
1990	200.80	49.53	48.56	34.40	8.31
1991	233.49	60.46	55.05	40.52	12.50
1992	298.21	79.64	70.51	48.34	18.89
1993	404.05	115.99	99.48	53.76	33.66
1994	560.52	146.90	134.95	90.76	52.70
1995	747.74	203.09	189.55	93.76	71.37
1996	920.23	257.03	235.07	105.58	83.47
1997	1079.46	306.22	283.44	109.07	93.27
1998	1214.82	341.19	326.63	114.01	105.50
1999	1351.03	364.97	366.27	113.40	126.22
2000	1495.52	399.11	410.66	118.85	147.60
2001	1618.24	429.56	428.87	124.84	165.31
2002	1765.80	465.91	445.06	138.28	188.09
2003	1949.91	520.56	478.84	150.09	215.84
2004	2206.02	595.35	537.41	171.00	248.44
2005	2551.41	571.30	447.20	186.12	331.80
2006	3022.83	641.13	521.16	243.90	435.22
2007	3770.00	769.15	626.32	385.84	511.50
2008	4346.40	897.32	703.72	497.65	506.98
2009	5048.49	1043.42	751.42	612.20	656.61
2010	5850.62	1310.94	871.16	767.58	679.03
2011	6878.74	1511.29	963.85	862.41	911.16
2012	7737.13	1670.26	1090.07	1015.37	1039.71
2013	8664.66	1789.88	1176.19	1264.72	1095.08
2014	9525.60	1961.18	1320.35	1449.82	1090.22
2015	10796.90	2046.29	1547.30	1681.33	1077.88
2016	12310.97	2204.60	1685.18	1866.17	1269.67
2017	14612.67	2392.78	1889.69	2055.53	1768.48
2018	16191.86	2586.94	1984.35	2188.01	1922.75

2-12 第三产业增加值构成（1978-2018年）

Composition of Value-added of the Tertiary Industry(1978-2018)

单位：% (%)

年份 Year	第三产业 Tertiary Industy	#交通运输、仓储和邮政业 Transport,Storage and Post	#批发和零售业 Wholesale and Retail Trade	#金融业 Finance	#房地产业 Real Estate
1978	100.0	23.5	24.4		
1979	100.0	22.5	22.3		
1980	100.0	22.6	26.1		
1981	100.0	22.6	26.4		
1982	100.0	22.3	26.5		
1983	100.0	21.2	27.2		
1984	100.0	21.6	26.3		
1985	100.0	20.7	25.4		
1986	100.0	21.3	24.3		
1987	100.0	21.8	26.1		
1988	100.0	26.4	32.9		
1989	100.0	26.8	26.0		
1990	100.0	24.2	24.7		
1991	100.0	23.6	25.9		
1992	100.0	23.6	26.7		
1993	100.0	24.6	28.7		
1994	100.0	24.1	26.2		
1995	100.0	25.3	27.2		
1996	100.0	25.5	27.9		
1997	100.0	26.3	28.4		
1998	100.0	26.9	28.1		
1999	100.0	27.1	27.0		
2000	100.0	27.5	26.7	7.9	9.9
2001	100.0	26.5	26.5		
2002	100.0	25.2	26.4	7.8	10.7
2003	100.0	24.6	26.7	7.7	11.1
2004	100.0	24.4	27.0	7.8	11.3
2005	100.0	17.5	22.4	7.3	13.0
2006	100.0	17.2	21.2	8.1	14.4
2007	100.0	16.6	20.4	10.2	13.6
2008	100.0	16.2	20.6	11.4	11.7
2009	100.0	14.9	20.7	12.1	13.0
2010	100.0	14.9	22.4	13.1	11.6
2011	100.0	14.0	22.0	12.5	13.2
2012	100.0	14.1	21.6	13.1	13.4
2013	100.0	13.6	20.7	14.6	12.6
2014	100.0	13.9	20.6	15.2	11.4
2015	100.0	14.3	19.0	15.6	10.0
2016	100.0	13.7	17.9	15.2	10.3
2017	100.0	12.9	16.4	14.1	12.1
2018	100.0	12.3	16.0	13.5	11.9

2-13 第三产业增加值指数(上年=100)

Indices of Value-added of the Tertiary Industry(preceding year=100)

单位：以上年为100 (preceding year=100)

年份 Year	第三产业 Tertiary Industy	#交通运输、仓储和邮政业 Transport,Storage and Post	#批发和零售业 Wholesale and Retail Trade	#金融业 Finance	#房地产业 Real Estate
1979	99.0	93.8	86.8	100.0	114.3
1980	125.7	132.5	143.7	124.5	108.0
1981	136.3	136.4	136.4	136.2	136.8
1982	114.2	114.2	114.1	114.1	114.6
1983	106.5	106.4	106.4	106.5	106.0
1984	124.3	124.3	124.2	124.3	124.7
1985	123.5	123.5	123.5	123.4	123.4
1986	99.4	100.5	96.7	100.1	100.0
1987	121.9	120.4	125.2	121.0	121.0
1988	109.7	135.7	129.5	76.1	84.0
1989	110.7	110.2	90.8	140.2	99.6
1990	111.4	98.2	110.4	103.1	138.2
1991	111.5	107.2	116.7	113.8	145.4
1992	120.0	120.1	127.1	113.5	139.2
1993	118.3	116.8	121.7	99.1	164.5
1994	113.0	118.9	108.4	122.8	115.3
1995	114.2	117.3	120.8	99.9	117.2
1996	114.6	116.1	118.6	104.5	108.7
1997	114.5	116.0	117.9	104.6	109.1
1998	110.8	109.6	114.8	102.4	103.7
1999	109.9	110.5	111.1	97.8	116.4
2000	110.0	109.1	110.5	106.0	116.8
2001	109.2	107.2	109.8	106.5	113.1
2002	109.2	104.7	109.3	110.8	112.4
2003	109.7	108.3	111.5	107.8	112.5
2004	110.8	111.3	111.4	109.8	108.7
2005	113.7	106.8	108.6	107.4	130.3
2006	117.1	112.6	111.9	129.5	126.2
2007	114.6	110.0	112.6	121.7	110.2
2008	112.3	108.3	110.7	117.8	93.4
2009	112.3	101.9	115.8	125.4	115.7
2010	110.6	112.1	115.2	114.9	101.2
2011	109.1	108.5	109.5	106.6	108.6
2012	109.1	107.5	107.9	115.1	110.1
2013	109.4	107.6	107.8	116.4	105.7
2014	108.1	111.4	108.3	116.0	96.5
2015	112.3	116.1	105.9	113.7	105.0
2016	111.3	107.3	107.0	110.1	108.5
2017	110.2	108.3	107.4	106.5	107.6
2018	108.8	107.2	106.7	103.1	104.8

2-14 第三产业增加值指数(1978年=100)

Indices of Value-added of the Tertiary Industry(year of 1978=100)

单位：以1978年为100　　(year of 1978=100)

年份 Year	第三产业 Tertiary Industy	#交通运输、仓储和邮政业 Transport,Storage and Post	#批发和零售业 Wholesale and Retail Trade	#金融业 Finance	#房地产业 Real Estate
1979	99.0	93.8	86.8	100.0	114.3
1980	124.4	124.3	124.7	124.5	123.4
1981	169.6	169.5	170.1	169.6	168.9
1982	193.7	193.6	194.1	193.5	193.5
1983	206.3	206.0	206.5	206.1	205.1
1984	256.4	256.0	256.5	256.1	255.8
1985	316.7	316.2	316.8	316.1	315.7
1986	314.8	317.8	306.4	316.4	315.7
1987	383.7	382.6	383.6	382.8	382.0
1988	420.9	519.2	496.7	291.3	320.8
1989	466.0	572.2	451.0	408.4	319.6
1990	519.1	562.0	498.1	421.1	441.6
1991	578.8	602.4	581.4	479.4	642.0
1992	694.6	723.4	738.9	543.9	893.9
1993	821.8	845.1	899.4	538.9	1470.7
1994	928.2	1005.0	975.2	661.6	1696.0
1995	1059.6	1179.2	1178.4	661.1	1986.9
1996	1214.5	1368.8	1397.2	691.0	2159.1
1997	1390.3	1588.1	1647.0	722.9	2356.6
1998	1539.9	1740.9	1890.5	740.2	2444.3
1999	1691.7	1924.6	2100.4	723.8	2845.8
2000	1860.8	2099.4	2320.4	767.0	3323.9
2001	2032.6	2251.2	2548.4	817.1	3760.5
2002	2219.8	2357.6	2786.0	905.8	4227.4
2003	2435.9	2553.6	3107.4	976.4	4755.9
2004	2698.2	2842.6	3461.4	1072.5	5170.8
2005	3067.7	3034.5	3760.7	1151.6	6738.3
2006	3592.5	3417.7	4207.8	1491.8	8501.2
2007	4116.1	3758.2	4739.5	1815.1	9364.8
2008	4621.5	4068.9	5244.9	2138.7	8750.4
2009	5191.6	4144.2	6073.8	2681.5	10128.4
2010	5741.9	4644.2	6997.0	3081.0	10249.9
2011	6246.4	5039.0	7661.7	3284.3	11131.4
2012	6814.8	5416.9	8267.0	3780.2	12255.7
2013	7455.4	5828.6	8911.8	4400.2	12954.3
2014	8059.3	6493.0	9651.5	5104.2	12500.9
2015	9076.8	7538.4	10220.9	5803.5	13125.9
2016	10102.5	8088.7	10936.4	6389.7	14241.6
2017	11133.0	8760.1	11745.7	6805.0	15324.0
2018	12112.7	9390.8	12532.7	7016.0	16059.6

2-15 主要年份地区生产总值收入法构成项目

Income Approach Components of GDP in Selcted Years

单位：亿元 (100 million yuan)

项目 Item	2000	2005	2010	2016	2017
劳动者报酬 Compensation of Employees	**1824.79**	**2890.79**	**7400.03**	**15349.29**	**16829.53**
第一产业 Primary Industry	550.52	785.71	1352.56	2350.44	2203.77
第二产业 Secondary Industry	635.86	1209.53	3372.40	6554.72	7394.12
第三产业 Tertiary industy	638.41	895.55	2675.07	6444.13	7231.64
按主要行业分 By Sector					
工业 Industry	511.27	996.77	2554.42	4664.02	5280.96
交通运输、仓储和邮政业 Transport,Storage,Post and Telecommunication Services	154.70	130.44	429.09	817.28	936.88
批发和零售业 Wholesale and Retail Trade	173.17	102.01	558.19	997.21	1106.57
生产税净额 Net Taxes on Production	**371.62**	**868.51**	**1867.67**	**3867.56**	**3996.58**
第一产业 Primary Industry	20.10	13.56	3.29	5.15	4.39
第二产业 Secondary Industry	213.86	539.43	1091.51	2295.15	2480.17
第三产业 Tertiary industy	137.67	315.52	772.87	1567.26	1512.02
按主要行业分 By Sector					
工业 Industry	185.40	524.46	960.61	2055.70	2211.30
交通运输、仓储和邮政业 Transport,Storage,Post and Telecommunication Services	35.24	58.46	58.73	115.30	131.42
批发和零售业 Wholesale and Retail Trade	63.09	127.88	393.63	533.97	591.80
固定资产折旧 Depreciation of Fixed Assets	**491.48**	**914.15**	**1562.99**	**2974.29**	**3552.94**
第一产业 Primary Industry	18.07	28.09	7.82	7.63	6.97
第二产业 Secondary Industry	204.18	435.75	701.16	1370.28	1495.85
第三产业 Tertiary Industy	269.23	450.31	854.01	1596.38	2050.12
按主要行业分 By Sector					
工业 Industry	185.07	388.25	665.46	1334.51	1455.90
交通运输、仓储和邮政业 Transport,Storage,Post and Telecommunication Services	85.46	65.80	156.66	352.70	406.04
批发和零售业 Wholesale and Retail Trade	30.80	22.95	65.32	110.84	110.88
营业盈余 Operating Surplus	**1076.64**	**1881.24**	**3906.43**	**6328.01**	**7803.04**
第一产业 Primary Industry	51.88				
第二产业 Secondary Industry	574.56	991.21	2357.76	3624.81	3984.15
第三产业 Tertiary Industy	450.21	890.03	1548.67	2703.20	3818.89
按主要行业分 By Sector					
工业 Industry	540.60	892.39	2217.22	3395.06	3726.73
交通运输、仓储和邮政业 Transport,Storage,Post and Telecommunication Services	135.27	192.50	226.68	399.90	415.35
批发和零售业 Wholesale and Retail Trade	132.04	318.45	293.80	562.58	583.53

注：2014年行业分类为按新国民经济行业分类(GB/T 4754-2011)划分。

Note:The classified standards of national ecomonic sector in 2014 are adopted GB/T 4754-2011.

2-16 主要年份支出法地区生产总值

Gross Domestic Product by Expenditure Approach in Selected Years

单位：亿元 (100 million yuan)

年份 Year	支出法地区生产总值 Gross Domestic Product by Expenditure Approach	最终消费 Final Consumption Expenditure	资本形成总额 Gross Capital Formation	货物和服务净流出 Net Exports of Goods and Services	资本形成率(%) Capital Formation Rate(%)	最终消费率(%) Consumption Rate(%)
1952	12.73	11.86	1.42	-0.55	11.2	93.2
1957	22.03	18.19	5.67	-1.83	25.7	82.6
1962	22.12	21.87	0.13	0.12	0.6	98.9
1965	28.81	24.38	6.31	-1.88	21.9	84.6
1970	34.70	32.47	9.68	-7.45	27.9	93.6
1975	46.48	39.66	10.54	-3.72	22.7	85.3
1978	66.37	53.02	22.59	-9.24	34.0	79.9
1979	74.11	60.51	23.07	-9.47	31.1	81.6
1980	87.06	68.06	27.08	-8.08	31.1	78.2
1981	105.62	79.02	28.48	-1.88	27.0	74.8
1982	117.81	91.16	33.21	-6.56	28.2	77.4
1983	127.76	98.26	35.61	-6.11	27.9	76.9
1984	157.06	116.36	43.76	-3.06	27.9	74.1
1985	200.48	145.82	64.54	-9.88	32.2	72.7
1986	222.54	165.37	81.72	-24.55	36.7	74.3
1987	279.24	192.92	97.92	-11.60	35.1	69.1
1988	383.21	262.23	124.64	-3.66	32.5	68.4
1989	458.40	325.85	139.14	-6.59	30.4	71.1
1990	522.28	381.13	151.46	-10.31	29.0	73.0
1991	619.87	443.55	190.40	-14.08	30.7	71.6
1992	784.68	542.90	261.23	-19.45	33.3	69.2
1993	1114.20	682.09	440.95	-8.84	39.6	61.2
1994	1644.39	946.94	735.23	-37.78	44.7	57.6
1995	2094.90	1174.13	953.71	-32.94	45.5	56.0
1996	2484.25	1406.39	1135.23	-57.37	45.7	56.6
1997	2870.90	1630.58	1278.88	-38.56	44.5	56.8
1998	3159.91	1723.93	1451.90	-15.92	45.9	54.6
1999	3414.19	1831.55	1513.82	68.82	44.3	53.6
2000	3764.54	2049.66	1601.29	113.59	42.5	54.4
2001	4072.85	2214.11	1693.63	165.11	41.6	54.4
2002	4467.55	2412.57	1826.23	228.75	40.9	54.0
2003	4983.67	2651.77	2077.08	254.82	41.7	53.2
2004	5763.35	2975.97	2469.87	317.51	42.9	51.6
2005	6568.93	3295.55	2943.65	329.73	44.8	50.2
2006	7820.76	3837.08	3637.46	346.22	46.5	49.1
2007	9426.46	4356.31	4704.56	365.59	49.9	46.2
2008	11569.19	5191.28	5975.76	402.15	51.7	44.9
2009	12777.09	5576.66	6819.66	380.77	53.4	43.6
2010	14931.73	6440.40	8022.95	468.38	53.7	43.1
2011	17932.85	7300.48	10074.75	557.62	56.2	40.7
2012	19701.78	7882.88	11304.77	514.13	57.4	40.0
2013	21759.64	8389.94	12804.67	565.03	58.8	38.6
2014	24055.76	9299.33	14177.73	578.70	58.9	38.7
2015	25979.82	10328.90	15142.82	508.10	58.3	39.8
2016	28519.15	11623.93	16332.83	562.39	57.3	40.8
2017	32182.09	13150.91	18509.31	521.87	57.5	40.9

2-17 主要年份支出法地区生产总值结构

年份 Year	最终消费支出 Final Consumption Expenditure 绝对数(亿元) Level (100 million yuan) 合计 Total				
		居民消费支出 Household Consumption Expenditure	农村居民 Rural Household	城镇居民 Urban Household	政府消费支出 Government Consumption Expenditure
1952	11.86	10.96	8.68	2.28	0.90
1957	18.19	16.42	11.89	4.53	1.77
1962	21.87	19.44	12.30	7.14	2.43
1965	24.38	21.73	14.77	6.96	2.65
1970	32.47	29.07	20.48	8.59	3.40
1975	39.66	33.89	22.69	11.20	5.77
1978	53.02	44.52	29.36	15.16	8.50
1979	60.51	51.08	33.75	17.32	9.43
1980	68.06	58.04	37.12	20.92	10.02
1981	79.02	68.42	43.71	24.70	10.60
1982	91.16	79.14	49.99	29.15	12.02
1983	98.26	84.99	53.60	31.39	13.27
1984	116.36	101.28	63.38	37.89	15.08
1985	145.82	127.72	75.96	51.76	18.10
1986	165.37	140.94	81.88	59.05	24.43
1987	192.92	163.04	93.28	69.76	29.88
1988	262.23	214.16	122.70	91.46	48.07
1989	325.85	261.21	147.41	113.80	64.64
1990	381.13	289.33	165.17	124.15	91.80
1991	443.55	338.57	177.61	160.95	104.98
1992	542.90	419.67	211.55	208.12	123.23
1993	682.09	534.45	242.40	292.06	147.63
1994	946.94	741.05	327.95	413.10	205.89
1995	1174.13	951.68	397.38	554.29	222.45
1996	1406.39	1100.78	443.46	657.32	305.61
1997	1630.58	1270.82	501.53	769.29	359.76
1998	1723.93	1318.23	526.40	791.83	405.71
1999	1831.55	1374.02	548.91	825.11	457.53
2000	2049.66	1539.58	559.80	979.78	510.09
2001	2214.11	1634.83	592.39	1042.44	579.28
2002	2412.57	1753.57	595.01	1158.56	659.00
2003	2651.77	1920.99	595.26	1325.73	730.79
2004	2975.97	2150.13	635.50	1514.63	825.84
2005	3295.55	2393.17	700.94	1692.23	902.38
2006	3837.08	2846.57	773.60	2072.97	990.51
2007	4356.31	3218.08	856.23	2361.85	1138.23
2008	5191.28	3859.43	1007.07	2852.36	1331.85
2009	5576.66	4140.44	1048.71	3091.73	1436.22
2010	6440.40	4852.20	1158.48	3693.72	1588.20
2011	7300.48	5544.31	1326.20	4218.11	1756.17
2012	7882.88	6028.12	1474.40	4553.72	1854.76
2013	8389.94	6436.96	1519.58	4917.38	1952.98
2014	9299.33	7238.38	1747.52	5490.86	2060.95
2015	10328.90	7961.52	1969.68	5991.84	2367.38
2016	11623.93	9006.78	2227.41	6779.37	2617.15
2017	13150.91	10108.39	2491.39	7617.00	3042.52

Components of Gross Domestic Product by Expenditure Approach in Selected Years

构成(%) Composition (%)				资本形成总额 Gross Capital Formation				
				绝对数（亿元） Level(100 million yuan)			构成(%) Composition (%)	
最终消费支出=100 Final Consumption Expenditure=100		居民消费支出=100 Household Consumption Expenditure=100		合计 Total	固定资本形成总额 Fixed Capital Formation	存货增加 Changes in Invertories	固定资本形成总额 Fixed Capital Formation	存货增加 Changes in Invertories
居民消费支出 Houserhold Consumption Expenditure	政府消费支出 Government Consumption Expenditure	农村居民 Rural Household	城镇居民 Urban Household					
92.4	7.6	79.2	20.8	1.42	0.85	0.57	59.9	40.1
90.3	9.7	72.4	27.6	5.67	3.11	2.56	54.9	45.1
88.9	11.1	63.3	36.7	0.13	2.11	-1.98	1623.1	-1523.1
89.1	10.9	68.0	32.0	6.31	4.79	1.52	75.9	24.1
89.5	10.5	70.5	29.5	9.68	7.24	2.44	74.8	25.2
85.5	14.5	67.0	33.0	10.54	7.35	3.19	69.7	30.3
84.0	16.0	65.9	34.1	22.59	13.25	9.34	58.7	41.3
84.4	15.6	66.1	33.9	23.07	16.35	6.72	70.9	29.1
85.3	14.7	64.0	36.0	27.08	19.70	7.38	72.7	27.3
86.6	13.4	63.9	36.1	28.48	19.64	8.84	69.0	31.0
86.8	13.2	63.2	36.8	33.21	23.36	9.85	70.3	29.7
86.5	13.5	63.1	36.9	35.61	28.71	6.90	80.6	19.4
87.0	13.0	62.6	37.4	43.76	33.51	10.25	76.6	23.4
87.6	12.4	59.5	40.5	64.54	45.16	19.38	70.0	30.0
85.2	14.8	58.1	41.9	81.72	61.19	20.53	74.9	25.1
84.5	15.5	57.2	42.8	97.92	73.76	24.16	75.3	24.7
81.7	18.3	57.3	42.7	124.64	84.36	40.28	67.7	32.3
80.2	19.8	56.4	43.6	139.14	90.45	48.69	65.0	35.0
75.9	24.1	57.1	42.9	151.46	108.02	43.44	71.3	28.7
76.3	23.7	52.5	47.5	190.40	143.21	47.19	75.2	24.8
77.3	22.7	50.4	49.6	261.23	198.45	62.78	76.0	24.0
78.4	21.6	45.4	54.6	440.95	348.16	92.79	79.0	21.0
78.3	21.7	44.3	55.7	735.23	549.29	185.94	74.7	25.3
81.1	18.9	41.8	58.2	953.71	707.12	246.59	74.1	25.9
78.3	21.7	40.3	59.7	1135.23	849.23	286.01	74.8	25.2
77.9	22.1	39.5	60.5	1278.88	960.86	318.01	75.1	24.9
76.5	23.5	39.9	60.1	1451.90	1116.58	335.32	76.9	23.1
75.0	25.0	39.9	60.1	1513.82	1150.19	363.62	76.0	24.0
75.1	24.9	36.4	63.6	1601.29	1216.91	384.38	76.0	24.0
73.8	26.2	36.2	63.8	1693.63	1269.93	423.71	75.0	25.0
72.7	27.3	33.9	66.1	1826.23	1383.54	442.69	75.8	24.2
72.4	27.6	31.0	69.0	2077.08	1672.63	404.45	80.5	19.5
72.2	27.8	29.6	70.4	2469.87	2100.48	369.39	85.0	15.0
72.6	27.4	29.3	70.7	2943.65	2654.95	288.70	90.2	9.8
74.2	25.8	27.2	72.8	3637.46	3310.15	327.31	91.0	9.0
73.9	26.1	26.6	73.4	4704.56	4344.88	359.68	92.4	7.6
74.3	25.7	26.1	73.9	5975.76	5601.36	374.40	93.7	6.3
74.2	25.8	25.3	74.7	6819.66	6438.28	381.38	94.4	5.6
74.8	25.2	24.4	75.6	8022.95	7341.57	681.38	91.5	8.5
75.9	24.1	23.9	76.1	10074.75	9060.53	1014.22	89.9	10.1
76.5	23.5	24.5	75.5	11304.77	10270.16	1034.61	90.8	9.2
76.7	23.3	23.6	76.4	12804.67	11678.58	1126.09	91.2	8.8
77.8	22.2	24.1	75.9	14177.73	13038.04	1139.69	92.0	8.0
77.1	22.9	24.7	75.3	15142.82	14140.30	1002.52	93.4	6.6
77.5	22.5	24.7	75.3	16332.83	15275.10	1057.73	93.5	6.5
76.9	23.1	24.6	75.4	18509.31	17637.87	871.44	95.3	4.7

2-18 居民消费支出

Household Consumption Expenditure

单位：亿元 (100 million yuan)

项目 Item	2005	2010	2012	2013	2014	2015	2016	2017
总计 Total	**2393.17**	**4852.20**	**6028.12**	**6436.96**	**7238.38**	**7961.52**	**9006.78**	**10108.39**
农村居民 Rural Household	**700.94**	**1158.48**	**1474.40**	**1519.58**	**1747.52**	**1969.68**	**2227.41**	**2491.39**
食品烟酒 Food,Tobacco and Liquor	285.22	428.49	522.94	539.21	531.41	566.98	685.64	719.09
衣着 Clothing	35.09	52.38	72.44	72.42	72.03	88.58	80.75	87.87
居住 Residence	52.27	86.92	101.02	94.18	237.52	479.22	413.71	426.08
生活用品及服务 Household Facilities, Articles and Services	29.02	52.96	67.78	74.62	80.88	92.50	100.16	104.82
交通和通信 Transport and Communications	68.71	115.45	126.69	125.28	138.14	174.89	255.99	255.67
教育文化娱乐 Education,Culture and Recreation	67.01	78.06	86.94	88.77	118.39	126.65	152.45	163.62
医疗保健 Health Care and Medical Services	28.95	74.60	132.21	147.48	92.61	126.51	220.20	242.50
银行中介服务 Financial Service	42.67	114.23	126.65	125.64	209.56	250.77	245.36	399.12
保险服务 Insurance Service		11.93	7.12	8.26	12.77	21.26	18.59	19.80
其它商品和服务 Others	92.00	148.63	230.61	243.72	254.21	42.32	54.56	72.82
城镇居民 Urban Household	**1692.23**	**3693.72**	**4553.72**	**4917.38**	**5490.86**	**5991.84**	**6779.37**	**7617.00**
食品烟酒 Food,Tobacco and Liquor	590.89	1211.32	1471.62	1514.50	1715.70	1724.03	2019.71	2137.47
衣着 Clothing	116.49	268.02	328.66	343.73	340.17	331.02	351.29	359.43
居住 Residence	176.17	336.00	385.41	410.72	507.80	880.62	1094.14	1223.97
生活用品及服务 Household Facilities, Articles and Services	74.84	207.45	283.43	295.97	310.86	326.00	368.14	429.29
交通和通信 Transport and Communications	172.36	459.55	595.65	656.71	637.46	782.34	975.85	1001.76
教育文化娱乐 Education,Culture and Recreation	181.93	373.60	423.31	499.43	505.26	514.15	598.99	627.95
医疗保健 Health Care and Medical Services	78.63	151.56	199.37	224.89	382.14	420.02	401.50	734.96
银行中介服务 Financial Service	42.94	131.49	156.33	325.51	370.20	585.12	572.50	598.68
保险服务 Insurance Service		20.90	58.62	67.01	134.30	204.70	167.34	178.18
其它商品和服务 Others	257.98	533.83	651.32	578.91	586.97	223.84	229.91	325.31

注：2015年起居住类支出含自有住房。

Note:Since 2015,the Expenditure of Residence include Self-Owned Housing.

2-19 主要年份居民消费水平

Household Consumption Expenditure in Selected Years

年份 Year	居民消费水平(元/人) Households Consumption(yuan/person) 总计 All Households	农村 Rural	城镇 Urban	城乡居民消费水平对比(农村居民=1) Urban/Rural Consumption Ratio(Rural Households=1)	居民消费水平指数 Households Consumption (以上年为100) Preceding Year=100 总计 All Households	农村 Rural	城镇 Urban	(以1952为100) Year of 1952=100 总计 All Households	农村 Rural	城镇 Urban
1952	88	79	159	2.0				100.0	100.0	100.0
1957	115	98	214	2.2	101.6	97.8	122.1	122.0	116.8	122.5
1962	120	92	252	2.7	104.1	107.7	106.3	93.7	83.6	100.2
1965	125	102	246	2.4	107.3	107.1	107.9	116.5	103.0	132.3
1970	145	119	304	2.6	102.2	105.5	100.4	133.1	118.2	165.3
1975	148	115	357	3.1	98.9	97.5	102.2	134.4	112.7	192.1
1978	183	140	455	3.3	111.2	110.9	111.2	162.1	134.7	235.9
1979	206	162	473	2.9	106.8	105.9	102.1	173.2	142.7	240.8
1980	231	180	533	3.0	106.9	105.6	104.8	185.1	150.7	252.2
1981	269	211	546	2.6	114.3	114.4	99.8	211.6	172.4	251.8
1982	305	238	607	2.6	107.2	107.3	102.4	226.8	185.0	257.9
1983	322	252	609	2.4	106.7	106.8	102.6	242.0	197.5	264.5
1984	378	297	672	2.3	109.6	108.5	106.1	265.3	214.3	280.6
1985	465	358	818	2.3	116.0	116.4	107.3	307.7	249.4	301.0
1986	507	384	880	2.3	102.9	101.3	100.6	316.6	252.8	302.9
1987	577	432	987	2.3	104.3	103.0	102.5	330.2	260.3	310.5
1988	744	560	1218	2.2	102.4	102.9	97.1	338.2	267.8	301.5
1989	893	659	1462	2.2	100.9	100.3	101.7	341.4	268.7	306.7
1990	979	718	1473	2.1	104.7	104.4	99.4	357.4	280.4	304.8
1991	1118	775	1867	2.4	110.2	104.2	122.3	393.9	292.1	372.8
1992	1371	923	2342	2.5	118.3	117.1	115.4	465.9	342.1	430.4
1993	1725	1146	2931	2.6	109.4	108.7	107.1	509.7	371.8	460.8
1994	2375	1564	3812	2.4	108.7	107.6	103.7	554.2	399.9	477.8
1995	3019	1997	4590	2.3	110.7	111.6	103.4	613.7	446.4	494.1
1996	3446	2265	5080	2.2	107.9	107.6	103.6	662.3	480.4	511.7
1997	3935	2540	5765	2.3	112.2	110.7	110.7	743.3	531.9	566.5
1998	4052	2548	6025	2.4	103.2	100.8	104.5	767.4	536.2	591.8
1999	4194	2597	6159	2.4	103.8	101.7	103.6	796.6	545.6	613.1
2000	4574	2788	6648	2.4	107.1	106.0	104.6	852.9	578.4	641.2
2001	4770	2811	7125	2.5	105.1	101.7	107.7	896.1	588.1	690.9
2002	5076	2915	7642	2.6	107.2	103.7	109.4	960.5	610.1	756.0
2003	5524	3052	8571	2.8	108.7	104.8	111.5	1044.0	639.6	843.1
2004	6144	3335	9502	2.8	107.3	105.6	106.4	1120.2	675.3	896.9
2005	6793	3730	10296	2.8	108.5	109.1	106.6	1215.5	736.9	956.1
2006	7971	4325	11630	2.7	111.5	108.6	107.9	1355.3	806.9	1054.6
2007	8943	4846	12896	2.7	106.7	105.2	105.9	1446.1	862.6	1114.7
2008	10645	5811	15072	2.6	108.0	109.8	105.7	1561.8	924.4	1154.8
2009	11336	6248	15662	2.5	111.1	112.3	108.4	1735.2	1038.1	1251.8
2010	13187	7169	17900	2.5	108.1	104.9	106.7	1894.6	1125.6	1366.8
2011	14958	8436	19762	2.3	106.8	106.2	105.3	2003.4	1156.5	1406.5
2012	16144	9596	20722	2.2	107.0	110.4	104.6	2143.6	1276.8	1471.2
2013	17115	10147	21725	2.1	107.1	108.1	105.4	2295.8	1380.2	1550.6
2014	19099	11908	23642	2.0	107.9	111.1	105.9	2477.2	1533.4	1642.1
2015	20828	13631	25202	1.8	108.8	114.0	106.5	2695.2	1748.1	1748.9
2016	23355	15653	27859	1.8	110.9	113.8	109.3	2988.9	1989.3	1911.5
2017	25969	17885	30474	1.7	109.4	113.5	107.3	3269.9	2257.9	2051.0

2-20 三大需求对经济增长的贡献及拉动(1980-2017年)

Contribution Share and Contribution of the Three Components of GDP to the Growth of GDP(1980-2017)

单位：% (%)

年份 Year	贡献率(%) Contribution Share(%) 最终消费 Final Consumption Expenditure	资本形成总额 Gross Capital Formation	货物和服务净流出 Net Exports of Goods and Services	地区生产总值增长率(%) Growth rate of Gross Domestic Product(%)	拉动（百分点） Contribution（percentage point） 最终消费 Final Consumption Expenditure	资本形成总额 Gross Capital Formation	货物和服务净流出 Net Exports of Goods and Services
1980	35.8	27.1	37.2	18.4	6.6	5.0	6.8
1981	68.1	5.0	26.9	15.5	10.5	0.8	4.2
1982	71.0	41.7	-12.7	9.3	6.6	3.9	-1.2
1983	108.7	20.7	-29.3	6.2	6.7	1.3	-1.8
1984	51.2	30.6	18.2	17.9	9.2	5.5	3.2
1985	74.5	46.0	-20.5	17.6	13.1	8.1	-3.6
1986	93.3	77.0	-70.4	5.7	5.3	4.4	-4.0
1987	44.0	23.7	32.4	13.6	6.0	3.2	4.4
1988	46.1	32.7	21.3	14.3	6.6	4.7	3.0
1989	43.7	59.7	-3.4	7.8	3.4	4.7	-0.3
1990	140.4	-37.2	-3.3	7.7	10.8	-2.9	-0.2
1991	64.9	37.6	-2.4	14.4	9.3	5.4	-0.3
1992	63.6	35.8	0.5	20.3	12.9	7.3	0.1
1993	30.7	66.8	2.5	22.6	6.9	15.1	0.6
1994	26.4	76.1	-2.5	20.3	5.4	15.4	-0.5
1995	38.6	61.0	0.5	14.6	5.6	8.9	0.1
1996	45.2	58.5	-3.6	13.3	6.0	7.8	-0.5
1997	52.8	52.7	-5.4	14.0	7.4	7.4	-0.8
1998	30.4	61.4	8.2	10.8	3.3	6.6	0.9
1999	38.2	37.7	24.2	9.9	3.8	3.7	2.4
2000	54.4	31.7	13.9	9.3	5.1	2.9	1.3
2001	52.6	31.3	16.1	8.7	4.6	2.7	1.4
2002	50.8	34.2	15.0	10.2	5.2	3.5	1.5
2003	47.0	47.6	5.4	11.5	5.4	5.5	0.6
2004	36.6	54.1	9.3	11.8	4.3	6.4	1.1
2005	36.0	62.5	1.5	11.6	4.2	7.2	0.2
2006	37.2	61.3	1.5	14.8	5.5	9.1	0.2
2007	24.6	74.9	0.5	15.2	3.7	11.4	0.1
2008	32.5	65.0	2.5	13.0	4.2	8.5	0.3
2009	39.2	63.5	-2.7	12.3	4.8	7.8	-0.3
2010	22.9	73.1	4.0	13.9	3.2	10.1	0.5
2011	22.5	74.2	3.3	12.3	2.8	9.1	0.4
2012	26.3	75.2	-1.5	11.4	3.0	8.6	-0.2
2013	24.8	73.9	1.3	11.0	2.7	8.2	0.1
2014	27.6	72.1	0.3	9.9	2.7	7.1	0.1
2015	34.9	66.3	-1.2	9.0	3.1	6.0	-0.1
2016	48.2	53.1	-1.3	8.4	4.0	4.5	-0.1
2017	47.5	49.5	2.9	8.1	3.8	4.0	0.2

主要统计指标解释

国内生产总值(GDP)　指按市场价格计算的一个国家(或地区)所有常住单位在一定时期内生产活动的最终成果。国内生产总值有三种表现形态，即价值形态、收入形态和产品形态。从价值形态看，它是所有常住单位在一定时期内生产的全部货物和服务价值超过同期投入的全部非固定资产货物和服务价值的差额，即所有常住单位的增加值之和；从收入形态看，它是所有常住单位在一定时期内创造并分配给常住单位和非常住单位的初次收入之和；从产品形态看，它是所有常住单位在一定时期内最终使用的货物和服务价值减去货物和服务进口价值。在实际核算中，国内生产总值有三种计算方法，即生产法、收入法和支出法。三种方法分别从不同的方面反映国内生产总值及其构成。

对于一个地区来说，称为地区生产总值或地区GDP。

三次产业　三次产业的划分是世界上较为常用的产业结构分类，但各国的划分不尽一致。我国的三次产业划分是：

第一产业是指农、林、牧、渔业。

第二产业是指采矿业，制造业，电力、煤气及水的生产和供应业，建筑业。

第三产业是指除第一、二产业以外的其他行业。

劳动者报酬　指劳动者因从事生产活动所获得的全部报酬。包括劳动者获得的各种形式的工资、奖金和津贴，既包括货币形式的，也包括实物形式的，还包括劳动者所享受的公费医疗和医药卫生费、上下班交通补贴、单位支付的社会保险费、住房公积金等。对于个体经济来说，其所有者所获得的劳动报酬和经营利润不易区分，这两部分统一作为劳动者报酬处理。

生产税净额　指生产税减生产补贴后的余额。生产税指政府对生产单位从事生产、销售和经营活动以及因从事生产活动使用某些生产要素(如固定资产、土地、劳动力)所征收的各种税、附加费和规费。生产补贴与生产税相反，指政府对生产单位的单方面转移支出，因此视为负生产税，包括政策亏损补贴、价格补贴等。

固定资产折旧　指一定时期内为弥补固定资产损耗按照规定的固定资产折旧率提取的固定资产折旧，或按国民经济核算统一规定的折旧率虚拟计算的固定资产折旧。它反映了固定资产在当期生产中的转移价值。各类企业和企业化管理的事业单位的固定资产折旧是指实际计提的折旧费；不计提折旧的政府机关、非企业化管理的事业单位和居民住房的固定资产折旧是按照统一规定的折旧率和固定资产原值计算的虚拟折旧。原则上，固定资产折旧应按固定资产当期的重置价值计算，但是目前我国尚不具备对全社会固定资产进行重估价的基础，所以暂时只能采用上述办法。

营业盈余　指常住单位创造的增加值扣除劳动者报酬、生产税净额和固定资产折旧后的余额。它相当于企业的营业利润加上生产补贴，但要扣除从利润中开支的工资和福利等。

支出法国内生产总值　是从最终使用的角度反映一个国家(或地区)一定时期内生产活动最终成果的一种方法，包括最终消费、资本形成总额及货物和服务净出口三部分。计算公式为：

支出法国内生产总值=最终消费+资本形成总额+货物和服务净出口

最终消费　指常住单位为满足物质、文化和精神生活的需要，从本国经济领土和国外购买的货物和服务的支出。它不包括非常住单位在本国经济领土内的消费支出。最终消费分为居民消费和政府消费。

居民消费　指常住住户在一定时期内对于货物和服务的全部最终消费支出。居民消费除了直接以货币形式购买的货物和服务的消费支出外，还包括以其他方式获得的货物和服务的消费支出，即所谓的虚拟消费支出。居民虚拟消费支出包括如下几种类型：单位以实物报酬及实物转移的形式提供给劳动者的货物和服务；住户生产并由本住户消费了的货物和服务，其中的服务仅指住户的自有住房服务和付酬的家庭雇员提供的家庭和个人服务；金融机构提供的金融媒介服务；保险公司提供的保险服务。

政府消费　指政府部门为全社会提供的公共服务的消费支出和免费或以较低的价格向居民住户提供的货物和服务的净支出，前者等于政府服务的产出价值减去政府单位所获得的经营收入的价值，后者等于政府部门免费或以较低价格向居民住户提供的货物和服务的市场价值减去向住户收取的价值。

资本形成总额 指常住单位在一定时期内获得减去处置的固定资产和存货的净额，包括固定资本形成总额和存货增加两部分。

固定资本形成总额 指生产者在一定时期内获得的固定资产减处置的固定资产的价值总额。固定资产是通过生产活动生产出来的，且其使用年限在一年以上、单位价值在规定标准以上的资产，不包括自然资产。可分为有形固定资本形成总额和无形固定资本形成总额。有形固定资本形成总额包括一定时期内完成的建筑工程、安装工程和设备工器具购置(减处置)价值，以及土地改良、新增役、种、奶、毛、娱乐用牲畜和新增经济林木价值。无形固定资本形成总额包括矿藏的勘探、计算机软件等获得减处置。

存货增加 指常住单位在一定时期内存货实物量变动的市场价值，即期末价值减期初价值的差额，再扣除当期由于价格变动而产生的持有收益。存货增加可以是正值，也可以是负值，正值表示存货上升，负值表示存货下降。存货包括生产单位购进的原材料、燃料和储备物资等存货，以及生产单位生产的产成品、在制品和半成品等存货。

货物和服务净出口 指货物和服务出口减货物和服务进口的差额。出口包括常住单位向非常住单位出售或无偿转让的各种货物和服务的价值；进口包括常住单位从非常住单位购买或无偿得到的各种货物和服务的价值。由于服务活动的提供与使用同时发生，一般把常住单位从非常住单位得到的服务作为进口，非常住单位从常住单位得到的服务作为出口。货物的出口和进口都按离岸价格计算。

Explanatory Notes on Main Statistical Indicators

Gross Domestic Product (GDP) refers to the final products at market prices produced by all resident units in a country (or a region) during a certain period of time. Gross domestic product is expressed in three different forms, i.e. value, income, and products respectively. GDP in its value form refers to the total value of all goods and services produced by all resident units during a certain period of time, minus the total value of input of goods and services of the nature of non-fixed assets; in other term, it is the sum of the value-added of all resident units. GDP in the form of income includes the income created by all resident units and distributed to resident and non-resident units. GDP in the form of products refers to the value of all goods and services for final consumption by all resident units minus the imports of goods and services during a given period of time. In the practice of national accounting, gross domestic product is calculated with three approaches, i.e. production approach, income approach and expenditure approach, which reflect gross domestic product and its composition from different aspects.

For a Region, Gross Domestic Product. is called Region GDP.

Three Industries Classification of economic activities into three branches of industries is a common practice in the world, although the grouping varies to some extent form country to country. In China economic activities are categorized into following industries:

Primary industry: refers to agriculture, forestry, animal husbandry and fishery.

Secondary industry: refers to mining and quarrying, manufacturing, production and supply of electricity, water and gas, and construction.

Tertiary industry: refers to all other economic activities not included in primary or secondary industry.

Labourers Remuneration refers to the whole payment of various forms earned by the labourers from the productive activities they are engaged in. It includes wages, bonuses and allowances the labourers earned in monetary form and in kind. It also includes the free medical services provided to the labourers and the medicine expenses, traffic subsidies and social insurance, housing fund paid by the employers. As the individual economy is concerned, since the labourers remuneration is not easily distinguished from the operating profit, both are treated as labourers remuneration.

Net Taxes on Production refers to the difference of the taxes on production minus the subsidies on production. The taxes on production refers to the various taxes, extra charges and fees levied on the production units on their production, sale and business activities as well as on the use of some factors of production, such as fixed assets, land and labour in the production activities they are engaged in. In contrast to the taxes on production, the subsidies on production refer to the unilateral government transfer to the production units and are therefore regarded as negative taxes on production. They include subsidies on the loss due to implementation of government policies, price subsidies, etc.

Depreciation of Fixed Assets refers to the depreciation of fixed assets of a given period, drawn in accordance with the stipulated depreciation rate for the purpose of compensating the wear loss of the fixed assets or the depreciation of fixed assets calculated in a fictitious way in accordance with the stipulated unified depreciation rate in the national economic accounting system. It reflects the value of transfer of the fixed assets in the production of the current period. The depreciation of fixed assets in various enterprises and institutions managed as enterprises refers to the depreciation expenses actually drawn. In government agencies and institutions not managed as enterprises which do not draw the depreciation expenses, as well as for the houses of residents, the depreciation of fixed assets is the imputed depreciation, which is calculated in accordance with the stipulated unified depreciation rate. In principle, the depreciation of fixed assets should be calculated on the basis of the re-purchased value of the fixed assets. However, there is no actual condition to re-evaluate all the fixed assets in China. Therefore, the above-mentioned methods are temporarily adopted at present.

Operating Surplus refers to the balance of the value added created by the resident units after deducting the labourers remuneration, net taxes on production and the depreciation of fixed assets. It is equivalent to the business profit of the enterprises plus subsidies on production, but the wages and welfare expenses paid from the profits should be deducted.

GDP by Expenditure Approach refers to the method of measuring the final results of production activities of a country (region) during a given period from the perspective of final use. It includes final consumption, gross capital formation and net export of goods and services, i.e.:

GDP by expenditure approach = final consumption + gross capital formation + net export of goods and services

Final Consumption refers to the total expenditure of resident units for purchases of goods and services from domestic economic territory and abroad to meet the requirements of material, cultural and spiritual life. It excludes the expenditure of non-resident units on consumption in the economic territory of the country. The final consumption is broken down into household consumption and government consumption.

Households Consumption refers to the total expenditure of resident households on the final consumption of goods and services. In addition to the consumption of goods and services bought by the households directly with money, the households consumption also includes expenditure on goods and services obtained by the households in other ways, i.e. the so-called imputed consumption expenditure, which includes the following: (a) the goods and services provided to the households by the employer in the form of payment in kind and transfer in kind; (b) goods and services produced and consumed by the households themselves, in which the services refer only to the owner-occupied housing and domestic and individual services provided by the paid household workers; (c) financial intermediate services provided by financial institutions; (d) insurance services provided by insurance companies.

Government Consumption refers to the expenditure on the consumption of the public services provided by the government to the whole society and the net expenditure on the goods and services provided by the government to the households free of charge or at low prices. The former equals to the output value of the government services minus the value of operating income obtained by the government departments. The latter equals to the market value of the goods and services provided by the government free of charge or at low prices to the households minus the value received by the government from the households.

Gross Capital Formation refers to the fixed assets acquired minus those disposed of and the net value of inventory, including the gross fixed capital formation and the increase in inventory.

Gross Fixed Capital Formation refers to the value of fixed assets acquired minus those disposals of during a given period. Fixed assets are the assets produced through production activities with specified unit value which could be used for over one year, excluding natural assets. Gross fixed capital formation can be categorized into total tangible capital formation and total intangible capital formation. The total tangible capital formation include the value of the construction projects, installation projects completed and the equipment, apparatus and instruments purchased as well as the value of land improved, the value of draught animals, breeding stock, animals for milk, for wool and for recreational purpose, and the newly increased forest with economic value during a given period. The total intangible capital formation includes the prospecting of minerals, the acquisition of computer software minus the disposal of them.

Increase in Inventory refers to the market value of the change in inventory of resident units during a given period, i.e. the difference of value minus the current gains due to the change in prices. The increase in inventory can be positive or negative. A positive value indicates the increase in inventory while a negative value indicates the decrease in inventory. The inventory includes the raw materials, fuels and reserve materials purchased by the production units as well as the inventory of finished products, semi-finished products, work-in-progress, etc.

Net Export of Goods and Services refers to the difference of the exports of goods and services minus the imports of goods and services. The imports include the value of various goods and services sold or gratuitously transferred by the resident units to the non-resident units. The imports include the value of various goods and services purchased or gratuitously acquired by the resident units from the non-resident units. Because the provision of services and the use of them happen simultaneously, the acquisition of services by the resident units from abroad is usually treated as import while the acquisition of services by non-resident units in this country is usually treated as export. The export and import of goods are calculated at FOB.

第三篇　人口、就业和职工工资

Chapter 3　Population,Employment and wages

资料整理：李丽精 林增武

Database Editor:Lilijing linzengwu

简 要 说 明

本篇资料的主要内容及来源

本篇主要包括人口、计划生育、就业、工资等资料。人口资料还包括了建国以来进行的六次人口普查主要数据。

户籍人口数由省公安厅提供；城镇私营和个体劳动者资料由省工商局提供；失业统计资料由省人力资源和社会保障厅提供；常住人口数由省统计局根据人口抽样调查推算，人口普查主要数据、就业和工资资料由省统计局提供。

Brief Introduction

Main Content and Source of Data

Data in this chapter show the basic condition of population, employment ,wage of staff and works ,family planning. Data of population include the six national population censuses.

The data on household registered population are provided by Fujian Provincial Department of Public Security. Data on Private Enterprise and Self-employed Individuals come from Fujian Provincial Commerce Ministry. Total region population are estimated by Fujian Provincial Bureau of Statistics in according with the annual national sample survey on population changes. The data of population census, employment and wages are provided by Fujian Provincial Bureau of Statistics.

3-1 主要年份年末常住人口及人口变动

Total Population and Changes at the Year-end

年份 Year	常住总人口（万人）Total Population (10000 persons)	按性别分类 By Sex 男 Male	女 Female	按城乡分 By Rural 城镇 Urban	农村 Rural	人口出生率（‰）Birth Rate (‰)	人口死亡率（‰）Death Rate (‰)	人口自然增长率（‰）Natural Growth Rate (‰)	人口密度(人/平方公里) Population of Per Sq.km(Person/Sq.km)
1952	1270					37.92	13.32	24.60	102
1957	1461					37.56	9.80	27.76	118
1962	1602					41.14	11.65	29.49	129
1965	1759					41.19	7.92	33.27	142
1970	2020					34.23	6.98	27.25	163
1975	2297					29.19	6.58	22.61	185
1978	2446					25.35	6.31	19.04	197
1979	2487					22.91	6.28	16.63	201
1980	2519					18.68	6.27	12.41	203
1981	2563					23.40	6.25	17.15	207
1982	2620					27.91	6.35	21.56	211
1983	2668					24.53	6.31	18.22	215
1984	2720					25.68	6.25	19.43	219
1985	2769					23.88	6.18	17.70	223
1986	2820					24.02	5.85	18.17	227
1987	2875					24.91	5.79	19.21	232
1988	2929					24.34	5.81	18.53	236
1989	2984					24.67	6.10	18.57	241
1990	3037					24.44	6.71	17.73	245
1991	3079					20.03	6.26	13.77	248
1992	3116					18.18	6.02	12.16	251
1993	3150					16.72	5.62	11.10	254
1994	3183					16.24	5.95	10.29	257
1995	3227					15.20	5.90	9.30	261
1996	3261					13.22	5.94	7.28	263
1997	3282					12.41	6.09	6.32	265
1998	3299					11.53	6.20	5.33	266
1999	3316					11.06	5.85	5.21	267
2000	3410	1757	1653	1432	1978	11.60	5.85	5.75	275
2001	3445	1775	1670	1473	1972	11.56	5.52	6.04	278
2002	3476	1790	1686	1587	1889	11.35	5.57	5.78	280
2003	3502	1805	1697	1624	1878	11.43	5.58	5.85	282
2004	3529	1818	1711	1681	1848	11.58	5.62	5.96	285
2005	3557	1793	1764	1758	1799	11.60	5.62	5.98	287
2006	3585	1810	1775	1807	1778	12.00	5.75	6.25	289
2007	3612	1824	1788	1856	1756	12.00	5.90	6.10	291
2008	3639	1830	1809	1929	1710	12.20	5.90	6.30	293
2009	3666	1848	1818	2019	1647	12.20	6.00	6.20	296
2010	3693	1900	1793	2109	1584	11.27	5.16	6.11	298
2011	3720	1912	1808	2161	1559	11.41	5.20	6.21	300
2012	3748	1927	1821	2234	1514	12.74	5.73	7.01	302
2013	3774	1938	1836	2293	1481	12.20	6.01	6.19	304
2014	3806	1936	1870	2352	1454	13.70	6.20	7.50	307
2015	3839	1949	1890	2403	1436	13.90	6.10	7.80	310
2016	3874	1970	1904	2464	1410	14.50	6.20	8.30	313
2017	3911	1997	1914	2534	1377	15.00	6.20	8.80	316
2018	3941	2016	1925	2593	1348	13.20	6.20	7.00	318

3-2 人口年龄构成

Population by Age

单位：%　　(%)

年龄组 Age Group	1990			2000			2010			2017			2018		
	合计 Total	男 Male	女 Female	合计 Total	男 Male	女 Female	合计 Total	男 Male	女 Female	合计 Total	男 Male	女 Female	合计 Total	男 Male	女 Female
总　计 Total	**100.00**	**51.36**	**48.64**	**100.00**	**51.53**	**48.47**	**100.00**	**51.45**	**48.55**	**100.00**	**51.06**	**48.94**	**100.00**	**51.15**	**48.85**
0—4岁 Aged 0-4	11.28	5.91	5.37	4.76	2.63	2.13	5.77	3.20	2.57	6.51	3.39	3.12	6.64	3.50	3.14
5—9岁 Aged 5-9	10.35	5.35	5.00	7.44	4.07	3.37	5.03	2.73	2.30	5.16	2.79	2.37	5.12	2.72	2.40
10—14岁 Aged 10-14	9.84	5.07	4.77	10.80	5.59	5.21	4.67	2.55	2.12	4.83	2.63	2.21	4.95	2.71	2.24
15—19岁 Aged 15-19	11.00	5.63	5.37	9.77	4.91	4.86	7.63	4.03	3.60	4.41	2.39	2.02	4.39	2.38	2.01
20—24岁 Aged 20-24	10.78	5.43	5.35	8.95	4.51	4.44	10.62	5.32	5.30	5.95	3.19	2.76	5.32	2.89	2.43
25—29岁 Aged 25-29	8.91	4.51	4.40	10.60	5.43	5.17	8.94	4.50	4.44	9.87	4.98	4.89	9.39	4.78	4.61
30—34岁 Aged 30-34	7.57	3.93	3.64	10.11	5.18	4.93	8.26	4.23	4.03	9.09	4.54	4.55	9.33	4.67	4.67
35—39岁 Aged 35-39	6.89	3.56	3.33	8.34	4.28	4.06	9.77	5.01	4.76	7.95	4.02	3.93	7.98	4.03	3.95
40—44岁 Aged 40-44	4.73	2.55	2.18	6.49	3.38	3.11	9.29	4.75	4.54	9.03	4.60	4.42	8.70	4.44	4.26
45—49岁 Aged 45-49	3.61	1.98	1.63	6.04	3.11	2.93	7.54	3.85	3.69	9.53	4.83	4.71	9.52	4.83	4.69
50—54岁 Aged 50-54	3.67	1.99	1.68	4.13	2.21	1.92	5.76	2.98	2.78	8.33	4.21	4.12	8.32	4.21	4.11
55—59岁 Aged 55-59	3.35	1.77	1.58	3.02	1.63	1.39	5.30	2.68	2.62	5.16	2.60	2.55	5.85	2.95	2.90
60—64岁 Aged 60-64	2.95	1.52	1.43	2.87	1.52	1.35	3.52	1.83	1.69	5.38	2.68	2.70	5.50	2.75	2.75
65—69岁 Aged 65-69	2.10	1.01	1.09	2.49	1.26	1.23	2.47	1.29	1.18	3.50	1.74	1.76	3.73	1.84	1.89
70—74岁 Aged 70-74	1.44	0.63	0.81	1.99	0.96	1.03	2.16	1.09	1.07	2.11	1.05	1.06	2.15	1.07	1.08
75—79岁 Aged 75-79	0.90	0.34	0.56	1.23	0.53	0.70	1.64	0.77	0.87	1.52	0.73	0.79	1.47	0.71	0.76
80岁及以上 80 and over	0.63	0.18	0.45	0.97	0.33	0.64	1.63	0.65	0.98	1.67	0.69	0.97	1.65	0.69	0.95

注：1990年、2000年及2010年为人口普查数，2017年和2018年为人口抽样调查样本数。

Note:Data in 1990, 2000 and 2010 are census data.Data in 2017 and 2018 are from Sample Survey Population.

3-3 各年龄组人口占总人口的比重

Percentage of Population Group by Age to Total

单位：% (%)

年龄组 Age Group	1982	1990	1995	2000	2010	2017	2018
总计 Total	**100.0**	**100.0**	**100.0**	**100.0**	**100.0**	**100.0**	**100.0**
#育龄妇女(15-49岁) Childbearing Age Woman(15-49)	23.5	25.9	26.7	29.5	30.4	27.3	26.6
不满周岁婴儿(0岁) Not-Full-One-Year (0)	2.4	2.3	1.3	1.0	1.1	1.5	1.3
学龄前儿童(1-6岁) Preschool Age(1-6)	13.3	13.3	11.2	6.4	6.8	7.1	7.5
小学学龄组(7-12岁) Primary(7-12)	15.6	11.6	13.4	11.6	5.6	6.1	6.0
初中学龄组(13-15岁) Junior Middle School(13-15)	7.5	6.3	5.5	5.9	3.2	2.7	2.8
劳动年龄组 Laborous							
男(16-59岁) Male (16-59)	28.4	30.3	29.8	33.7	36.7	34.9	34.7
女(16-54岁) Female (16-54)	24.3	26.6	27.6	30.5	32.6	31.0	30.3
超过劳动年龄组 Over-Laborous							
男（60岁及以上） Male（60 and Over）	3.0	3.7	4.5	4.6	5.6	6.9	7.1
女（55岁及以上） Female（55 and Over）	5.5	5.9	6.7	6.3	8.4	9.8	10.3

注：1982年、1990年、2000年及2010年为人口普查数，1995年、2017年和2018年为人口抽样调查样本数。
Note:Data in 1982,1990,2000 and 2010 are Census data,Data in 1995,2017 and 2018 are from Sample Survey Population.

3-4 出生孩次构成

Composition of Women Population by Number of Living Children Born

单位：% (%)

项目 Item	1981	1989	1995	2000	2010	2017	2018
一孩 1st Birth	40.9	46.2	64.6	74.5	68.2	34.4	36.0
二孩 2nd Birth	29.8	32.2	28.6	23.3	28.7	58.6	56.1
三孩及以上 3rd Birth and Over	29.3	21.6	6.8	2.2	3.1	7.0	7.9

注：1981年、1989年、2000年及2010年为人口普查数,1995年、2017年和2018年为人口抽样调查样本数。
Note:Data in 1981, 1989，2000 and 2010 are Census data, Data in 1995,2017 and 2018 are from Sample Survey Population.

3-5 各种受教育程度人口占总人口的比重

Percentage of Population by Educational Attainment

单位：% (%)

项目 Item	1982	1990	1995	2000	2010	2017	2018
大专以上 College and Higher Lever	0.6	1.2	1.4	3.0	8.4	10.9	11.2
高中(含中专) Senior Secondary School (Specialized Secondary School)	5.7	7.0	6.7	10.6	13.9	15.5	15.9
初中 Junior Secondary School	12.6	16.9	20.4	33.5	37.9	38.9	38.6
小学 Primary School	36.3	43.2	43.8	37.8	29.8	26.2	25.8

注：1982年、1990年、2000年及2010年为人口普查数,1995年、2017年和2018年为人口抽样调查样本数。
Note:Data in 1982, 1990，2000 and 2010 are Census data, Data in 1995,2017 and 2018 are from Sample Survey Population.

3-6 家庭户类型构成

Composition of Family Household

单位：% (%)

项目 Item	1982	1990	2000	2010
一人户 One Person	7.7	5.8	9.1	12.1
二人户 Two Persons	8.2	8.6	15.5	17.2
三人户 Three Persons	12.2	16.8	25.4	24.3
四人户 Four Persons	17.1	23.6	24.7	21.7
五人户 Five Persons	18.4	21.4	15.8	13.7
六人户 Six Persons	14.7	11.8	5.9	6.4
七人户 Seven Persons	10.1	5.9	2.2	2.6
八人户 Eight Persons	11.6	2.9	0.8	1.1
九人户 Nine Persons		1.4	0.3	0.5
十人及以上户 Ten Persons and Over		1.8	0.3	0.4

3-7 劳动年龄人口负担系数

Number of Persons Raised per Capita at Working Age

单位：% (%)

项目 Item	1982	1990	1995	2000	2010	2017	2018
总负担系数 Total Dependency Ratio	**69.2**	**57.6**	**57.5**	**42.2**	**30.5**	**33.9**	**34.6**
负担少年系数 The Juvenile and Children Dependency Ratio	61.8	49.6	47.3	32.7	20.2	22.1	22.5
负担老年系数 The Aged Dependency Ratio	7.4	8.0	10.2	9.5	10.3	11.8	12.1

注：1982年、1990年、2000年及2010年为人口普查数,1995年、2017年和2018年为人口抽样调查样本数。
Note:Data in 1982，1990，2000 andu 2010 are Census data, Data in 1995,2017 and 2018 are from Sample Survey Population.

3-8 15岁以上人口婚姻状况构成

Composition of Marital Status above Fifteen Age

单位：% (%)

项目	Item	1982	1990	1995	2000	2010
未婚	Single	28.4	25.1	22.5	24.1	22.9
男	Male	33.9	29.7	26.5	27.7	26.1
女	Female	22.6	20.4	18.5	20.4	19.8
有配偶	Married	63.4	67.8	70.3	69.6	70.6
男	Male	61.4	66.1	69.0	68.4	70.0
女	Female	65.5	69.5	71.6	70.7	71.2
离婚	Divorce	0.6	0.6	0.6	0.7	1.1
男	Male	1.0	0.9	1.0	1.0	1.2
女	Female	0.2	0.2	0.3	0.5	0.9
丧偶	Wid owed	7.6	6.5	6.6	5.6	5.4
男	Male	3.7	3.3	3.5	2.9	2.7
女	Female	11.7	9.9	9.6	8.4	8.1

3-9 六次全国人口普查人口基本情况

Basic Statistics on National Population Census in 1953,1964,1982,1990,2000 and 2010

项目　Item	1953	1964	1982	1990	2000	2010
一、总户数和总人口 Total Population and Family Household						
家庭户（万户） Family Household(10000 household)	320	360	514	658	874	1121
总人口（万人） Total Population (10000 persons)	1285	1676	2587	3005	3410	3689
男 Male	662	869	1331	1543	1757	1898
女 Female	623	807	1256	1462	1653	1791
性别比（女性=100） Sex Ratio (female=100)	106.4	107.8	105.9	105.6	106.3	106.0
平均每户人数（人／户） Population by Age Group(person/household)	4.0	4.7	4.9	4.4	3.6	3.0
二、城乡人口（万人） Population by Residence (10000 persons)						
城镇人口 Urban Population		223	548	642	1432	2106
乡村人口 Rural Population		1453	2039	2363	1978	1583
城镇化率（%） Proportion of Urban Population in Total Population(%)		13.3	21.2	21.4	42.0	57.1
三、民族人口（万人） Population by Ethnicity(10000 persons)						
汉族人口 Han			2562	2958	3351	3610
占总人口比重(%) Percentage to Total Population(%)			99.0	98.4	98.3	97.8
少数民族人口 Ethnic Minorities			25	47	59	80
占总人口比重(%) Percentage to Total Population(%)			1.0	1.6	1.7	2.2
四、人口年龄构成 Population by Age Group						
0-14岁人口(万人) Aged 0-14(10000 persons)	460	709	945	946	760	571
占总人口比重(%) Percentage to Total Population(%)	35.8	42.3	36.5	31.5	22.3	15.5
15－64岁人口(万人) Aged 15-64(10000 persons)	782	914	1530	1907	2422	2828

3-9 续表1

Continued

项目 Item	1953	1964	1982	1990	2000	2010
占总人口比重(%) Percentage to Total Population(%)	60.9	54.5	59.1	63.5	71.0	76.7
65岁及65岁以上人口(万人) Aged 65 and Ovre(10000 persons)	43	53	113	152	228	291
占总人口比重(%) Percentage to Total Population(%)	3.3	3.2	4.4	5.0	6.7	7.9
百岁老年人口(人) Population of 100 and over (persons)	16	14	45	143	373	1058
男 Male	3	2	7	16	46	221
女 Female	13	12	38	127	327	837
总抚养比（%） Total Dependency Ratio(%)	**64.2**	**83.3**	**69.2**	**57.6**	**42.2**	**30.5**
少儿抚养比 The Juvenile and Children Dependency Ratio	58.8	77.6	61.8	49.6	32.7	20.2
老年抚养比 The Aged Dependency Ratio	5.4	5.8	7.4	8.0	9.5	10.3
老少比（%） Population in Juvenile and Children to Aged(%)	9.2	7.4	12.0	16.1	30.1	51.0
平均预期寿命(岁) Life Expectancy(year old)			**68.50**	**70.50**	**72.55**	**75.76**
男 Male			66.20	68.40	70.30	73.27
女 Female			70.70	72.60	75.07	78.64
五、受教育人口 Population with Various Education Attainments						
每十万人拥有小学及以上文化程度人口(人) Population with Various Education Attainments Per 100 000 Persons (person)						
小学 Primary School		26716	36334	43213	40200	29801
初中 Junior Secondary School		5070	12601	16891	35700	37886
高中及中专 Senior Secondary School andTechnical Secondary School		1826	5716	6991	11300	13876
大专以上 Junior College and Above		439	608	1228	3200	8361
文盲人口 Illiterate Population			651	477	327	90
文盲率（%） Illiterate Rate(%)		58.8	25.2	15.9	9.6	2.4

3-9 续表2

Continued

项目 Item	1953	1964	1982	1990	2000	2010
六、劳动力和就业状况 Labor and Employment						
劳动适龄人口(万人) Population in suit of Employment	701	816	1364	1710	2188	2556
男(16-59岁) Male (aged 16-59)	367	444	736	911	1148	1353
女(16-54岁) Female(aged 16-54)	335	372	628	799	1040	1203
占总人口比重(%) Percentage to Total Population(%)	54.6	48.7	52.7	56.9	64.2	69.3
七、各种婚姻人口占15岁及以上人口比重(%) Population Aged 15 and Over(%)			**100**	**100**	**100**	**100**
未婚 Never Married			28.4	25.1	24.1	22.9
有配偶 Married			63.4	67.8	69.6	70.6
离婚 Divorced			0.6	0.6	0.7	1.1
丧偶 Widowed			7.6	6.5	5.6	5.4
八、婚姻状况 Basic status of Marital						
育龄妇女人数（万人） Childbearing Women(10000 person)	319	354	608	778	1006	1121
生育旺盛期组(女20－29岁) High Ratio of Childbearing Women	106	109	212	293	328	359
生育率（‰） Fertility Rate (‰)			94.4	90.8	32.9	
总和生育率 Total Fertility Rate			2.7	2.4	1.0	
九、人口自然变动 Natural Growth						
出生率（‰） Birth Rate(‰)	36.67	38.59	27.91	24.44	11.60	11.27
死亡率（‰） Death Rate(‰)	12.55	8.68	6.35	6.71	5.85	5.16
自然增长率（‰） Natural Growth Rate(‰)	24.12	29.91	21.56	17.73	5.75	6.11

3-10 就业基本情况

Basic Statistics of Employment

项目 Item	2000	2005	2010	2017	2018
就业人员合计（万人） Number of Employed Persons(10000 persons)	**1660.19**	**1868.50**	**2241.59**	**2805.74**	**2791.37**
第一产业 Primary Industry	776.43	702.49	636.54	609.21	584.98
第二产业 Secondary Industry	407.05	582.31	820.89	996.97	982.23
第三产业 Tertiary Industry	476.71	583.69	784.16	1199.56	1224.15
就业人员构成（%） Composition in Percentage(%)					
第一产业 Primary Industry	46.8	37.6	28.4	21.7	21.0
第二产业 Secondary Industry	24.5	31.2	36.6	35.5	35.2
第三产业 Tertiary Industry	28.7	31.2	35.0	42.8	43.8
按城乡分就业人数（万人） Employment in Urban and Rural Areas(10000 persons)					
城镇单位就业人员 Urban	**325.88**	**400.07**	**507.14**	**672.48**	**705.36**
#国有单位 State-Owned Units	170.82	150.88	155.51	160.71	155.75
集体单位 Collective-Owned Units	34.18	19.10	16.58	10.33	9.97
股份合作单位 Cooperative Units	3.64	5.80	8.14	4.48	5.41
联营单位 Ownership Units	3.35	2.67	1.95	0.74	0.45
有限责任公司 Limited Liability Corporations	12.07	35.88	87.40	290.97	332.76
股份有限公司 Share-Holding Corporations Ltd.	9.32	16.19	31.28	46.27	51.17
港澳台商投资单位 Units With Funds From Hong Kong, Macao and Taiwan	51.51	99.45	110.25	94.68	87.61
外商投资单位 Foreign Funded Units	40.26	64.05	81.88	58.13	55.50
城镇私营和个体从业人员 Private Enterprise and Self-employed Individuals	**90.19**	**155.42**	**338.64**	**697.53**	**691.24**
乡村就业人员 Rural	**1244.12**	**1313.01**	**1395.81**	**1435.72**	**1394.77**
城镇单位在岗职工人数（万人） Staff and Workers in Urban Units(10000 persons)	318.00	386.99	485.94	566.62	588.80
国有单位 State-Owned Units	166.78	144.51	145.74	133.44	128.45
城镇集体单位 Collective-Owned Units	33.15	18.19	15.38	7.62	7.55
其他经济 Others	118.07	224.29	324.83	425.56	452.79
私营单位从业人员数（万人） Private Enterprise and Self-employed Individuals (10000 persons)			**362.67**	**527.75**	**579.79**
城镇登记失业人数（万人） Number of Urban Registered Unemployment(10000 persons)	**9.10**	**14.86**	**14.49**	**17.15**	**17.33**
城镇登记失业率（%） Rate of Urban Registered Unemployment(%)	**2.60**	**4.00**	**3.77**	**3.87**	**3.71**

3-11 主要年份全社会就业情况(年底数)

Total Employment in Selected Years(End of Year)

年份 Year	从业人员数（万人） Total(10000 persons) 合计 Total	#城镇单位在岗职工 Staff and Workers	国有单位 State-Owned Units	城镇集体单位 Urban Collective Owned Units	其他单位 Others	#城镇个私劳动者 Self-Employed Individuals and Private Enterprise	#劳务派遣人员 Labor Dispatching Personnel	城镇登记失业人数（万人） Number of Urban Registered Unemployment (10000 persons)	城镇登记失业率（%） Rate of Urban Registered Unemployment (%)
1952	473.66	19.43	19.02	0.41		32.83			
1957	531.68	63.05	51.40	11.65		5.54			
1962	582.96	103.49	77.34	26.15		4.75			
1965	633.15	118.08	83.83	34.25		4.48			
1970	759.43	133.12	93.36	39.75		3.91			
1975	854.32	160.88	111.42	49.47		3.24			
1978	924.41	205.66	148.49	57.17		1.88		20.82	9.10
1979	953.72	217.99	156.70	61.29		1.72		23.35	9.60
1980	963.72	231.12	167.45	63.66		2.77		16.76	6.70
1981	1001.75	242.45	176.35	66.09		3.22		14.48	5.60
1982	1027.96	249.80	183.03	66.77		4.25		12.39	4.70
1983	1056.72	254.02	187.30	66.72		7.65		9.10	3.40
1984	1101.82	262.78	182.82	79.24	0.72	9.15			
1985	1152.09	274.11	191.37	80.93	1.81	13.78		16.50	5.40
1986	1188.93	283.86	198.50	81.79	3.57	15.26		17.45	2.50
1987	1237.74	293.34	205.34	82.26	5.75	19.33		5.65	1.80
1988	1281.07	301.71	211.00	81.93	8.78	22.59		7.90	2.40
1989	1301.81	302.50	211.16	78.49	12.85	25.15		9.50	2.90
1990	1348.38	310.86	214.65	78.12	18.09	25.28		9.00	2.60
1991	1436.50	322.28	219.43	77.43	25.41	37.82		7.93	2.20
1992	1489.61	338.80	222.04	78.67	38.09	31.46		7.08	1.90
1993	1531.42	344.79	220.48	71.32	52.99	46.61		7.65	1.90
1994	1553.57	352.60	218.77	66.25	67.59	59.82		7.60	1.90
1995	1567.09	344.11	217.06	60.30	66.75	66.04		7.20	1.90
1996	1594.37	351.30	217.97	57.47	75.86	68.58		8.08	1.90
1997	1613.41	357.71	215.60	54.80	87.31	66.49		7.80	1.90
1998	1621.87	334.53	187.80	41.36	105.37	78.57		7.98	2.10
1999	1630.85	320.38	175.04	35.71	109.63	88.07		7.93	2.30
2000	1660.19	318.00	166.78	33.15	118.07	90.19		9.10	2.60
2001	1677.79	314.27	158.27	28.91	127.09	98.90		13.23	3.80
2002	1711.32	315.32	149.10	26.54	139.67	111.35		14.96	4.20
2003	1756.71	334.08	147.07	23.13	163.89	128.40		14.60	4.10
2004	1814.03	365.56	145.42	20.96	199.18	128.32		14.51	4.00
2005	1868.50	386.99	144.51	18.19	224.29	155.42		14.86	4.00
2006	1949.58	412.21	144.06	17.23	250.92	182.15		15.13	3.93
2007	2015.33	429.30	142.73	17.24	269.33	222.77		14.85	3.90
2008	2079.78	441.58	144.23	16.70	280.65	263.33		14.95	3.86
2009	2168.86	452.76	142.73	14.41	295.63	319.57		15.19	3.90
2010	2241.59	485.94	145.74	15.38	324.83	338.64		14.49	3.77
2011	2459.99	538.32	142.25	13.60	382.47	445.99	33.01	14.64	3.69
2012	2568.93	561.29	143.75	13.17	404.36	507.48	42.88	14.55	3.63
2013	2555.86	555.66	133.88	10.69	411.09	485.78	47.85	14.70	3.55
2014	2648.51	559.95	135.75	10.32	413.88	562.90	49.78	14.35	3.47
2015	2768.41	567.50	132.70	8.94	425.85	666.49	50.25	15.41	3.66
2016	2797.03	569.57	133.88	8.11	427.57	691.73	49.62	16.25	3.86
2017	2805.74	566.62	133.44	7.62	425.56	697.53	51.35	17.15	3.87
2018	2791.37	588.80	128.45	7.55	452.79	691.24	58.14	17.33	3.71

注：1.1998年起职工的统计口径为“在岗职工”。1998年以前国有单位统计口径为国有经济单位，集体单位统计口径为集体经济单位，其他单位统计口径为其他各种经济类型单位。2.2006年起乡村劳动者人数为推算数。

Note:a)The statistic scope of staff and workersfrom 1998 refers to staff and workers on the job. Before 1998, the statistic scope of state-owned units refers to state-owned economic units, collective-owned units refers to collective economic units, others refer to the various other economic types.b)Since 2016,Number of Employed Persons in Rural Areas is Computative.

3-12 主要年份按三次产业分全社会从业人员及构成

Employment and Compoition by Three Strata of Industry in Selected Years

年份	从业人员数(万人) Number of Employed Persons (10000 Persons)				构成（%） Composition in Percentage（%）		
Year	合计 Total	第一产业 Primary Industry	第二产业 Secondary Industry	第三产业 Tertiary Industry	第一产业 Primary Industry	第二产业 Secondary Industry	第三产业 Tertiary Industry
1952	473.66	388.16	24.79	60.71	81.9	5.2	12.8
1978	924.41	694.37	124.23	105.81	75.1	13.4	11.4
1980	963.72	702.81	130.58	130.33	72.9	13.6	13.5
1985	1152.09	709.10	223.80	219.19	61.5	19.4	19.0
1986	1188.93	723.44	236.75	228.74	60.8	19.9	19.2
1987	1237.74	741.67	253.70	242.37	59.9	20.5	19.6
1988	1281.07	756.38	269.08	255.61	59.0	21.0	20.0
1989	1301.81	764.93	275.45	261.43	58.8	21.2	20.1
1990	1348.38	786.95	277.09	284.34	58.4	20.6	21.1
1991	1436.50	829.55	300.81	306.14	57.7	20.9	21.3
1992	1489.61	837.82	326.87	324.92	56.2	21.9	21.8
1993	1531.42	819.53	355.25	356.64	53.5	23.2	23.3
1994	1553.57	795.03	371.87	386.67	51.2	23.9	24.9
1995	1567.09	788.09	371.03	407.98	50.3	23.7	26.0
1996	1594.37	786.86	383.50	424.00	49.4	24.1	26.6
1997	1613.41	781.38	398.69	433.34	48.4	24.7	26.9
1998	1621.87	785.77	390.54	445.56	48.4	24.1	27.5
1999	1630.85	788.14	390.49	452.22	48.3	23.9	27.7
2000	1660.19	776.43	407.05	476.71	46.8	24.5	28.7
2001	1677.79	766.93	420.92	489.94	45.7	25.1	29.2
2002	1711.32	765.79	445.95	499.58	44.7	26.1	29.2
2003	1756.71	744.79	488.32	523.60	42.4	27.8	29.8
2004	1814.03	728.89	533.59	551.55	40.2	29.4	30.4
2005	1868.50	702.49	582.31	583.69	37.6	31.2	31.2
2006	1949.58	686.28	646.87	616.43	35.2	33.2	31.6
2007	2015.33	658.08	707.46	649.79	32.7	35.1	32.2
2008	2079.78	647.84	739.70	692.24	31.1	35.6	33.3
2009	2168.86	638.63	775.68	754.55	29.5	35.8	34.8
2010	2241.59	636.54	820.89	784.16	28.4	36.6	35.0
2011	2459.99	647.53	928.81	883.66	26.3	37.8	35.9
2012	2568.93	642.23	996.75	929.95	25.0	38.8	36.2
2013	2555.86	615.96	999.34	940.56	24.1	39.1	36.8
2014	2648.51	615.77	1011.70	1021.04	23.2	38.2	38.6
2015	2768.41	617.87	1025.70	1124.84	22.3	37.1	40.6
2016	2797.03	615.52	1006.12	1175.39	22.0	36.0	42.0
2017	2805.74	609.21	996.97	1199.56	21.7	35.5	42.8
2018	2791.37	584.98	982.23	1224.15	21.0	35.2	43.8

3-13 按产业和登记注册类型分城镇单位从业人员数(2018年)

Number of Employed in Urban Units by Registration Status ,Region and Industry(2018)

单位：万人　　(10000 persons)

行业 Sector	从业人员 Employment	国有单位 State- Owned Units	城镇集体单位 Urban Collective-Owned Units	其他单位 Others
总计 Total	**705.36**	**155.75**	**9.97**	**539.64**
第一产业 Primary Industry	3.58	2.97	0.02	0.59
第二产业 Secondary Industry	423.49	6.24	3.51	413.75
第三产业 Tertiary Industry	278.28	146.54	6.44	125.31
按主要行业分 By Sector				
农、林、牧、渔业 Farming, Forestry, Animal Husbandy and Fishery	3.58	2.97	0.02	0.59
采矿业 Mining and Quarrying	1.33	0.23	0.23	0.87
制造业 Manufacturing	213.65	0.71	1.29	211.64
电力、热力、燃气及水生产和供应业 Production and Supply of Electricity Gas and Water	11.51	0.87	0.17	10.47
建筑业 Construction	197.02	4.43	1.82	190.76
批发和零售业 Wholesale and Retail Trade	29.55	2.25	0.63	26.66
交通运输、仓储和邮政业 Transport, Storage and Post Services	23.04	7.82	0.17	15.04
住宿和餐饮业 Lodgings and Catering Services	11.06	0.62	0.05	10.39
信息传输、软件和信息技术服务业 Information Transmission, Software and Information Technology Services	12.27	0.70	0.01	11.56
金融业 Finance	20.03	5.70	0.70	13.64
房地产业 Real Estate	17.11	1.08	0.24	15.79
租赁和商务服务业 Rent and Business Services	18.63	4.81	0.41	13.41
科学研究和技术服务业 Scientific Reseach and Ploytechnic Services	7.72	3.78	0.11	3.83
水利、环境和公共设施管理业 Water Conservancy, Environment and Public Facilities Management	5.70	2.84	0.08	2.78
居民服务、修理和其他服务业 Resident Services and Others	3.14	0.29	0.05	2.80
教育 Education	54.67	47.99	0.69	5.99
卫生和社会工作 Health Care and Social Work	23.76	18.68	3.26	1.82
文化、体育和娱乐业 Culture, Sports and Entertainment	4.34	2.76	0.05	1.53
公共管理、社会保障和社会组织 Public Management, Social Ensure and Social Organizations	47.25	47.21	...	0.04

注：本表国民经济行业分类标准采用GB/T 4754-2017。

Note: The classified Standards of national ecomonic sector are adopted GB/T 4754-2017.

3-14 按产业分城镇单位在岗职工人数(年底数)

Number of Staff and Workers in Urban Units by Sector(End of Years)

单位：万人 (10000 persons)

行业 Sector	2003	2005	2010	2017	2018
总计 Total	**334.08**	**386.99**	**485.94**	**566.62**	**588.80**
第一产业 Primary Industry	7.32	7.04	4.47	2.31	2.05
第二产业 Secondary Industry	187.93	237.95	309.03	335.54	348.61
第三产业 Tertiary Industry	138.84	142.00	172.44	228.77	238.14
按主要行业分 By Sector					
农、林、牧、渔业 Farming, Forestry, Animal Husbandy and Fishery	7.32	7.04	4.47	2.31	2.05
采矿业 Mining and Quarrying	3.49	4.14	4.69	1.82	1.20
制造业 Manufacturing	152.14	197.82	238.99	204.95	205.87
电力、热力、燃气及水生产和供应业 Production and Supply of Electricity Heat Gas and Water	7.81	7.79	9.02	8.24	9.83
建筑业 Construction	24.49	28.20	56.33	120.53	131.71
批发和零售业 Wholesale and Retail Trade	11.72	10.54	13.47	26.32	27.08
交通运输、仓储和邮政业 Transport, Storage and Post Services	13.56	13.73	15.55	20.15	19.76
住宿和餐饮业 Lodgings and Catering Services	4.00	4.69	7.45	9.67	10.75
信息传输、软件和信息技术服务业 Information Transmission,Software and Information Technology Services	2.97	2.92	4.18	10.01	11.42
金融业 Finance	8.14	8.33	10.01	12.91	12.28
房地产业 Real Estate	3.31	4.78	8.60	14.59	16.24
租赁和商务服务业 Rent and Business Services	3.41	4.66	12.07	13.57	15.56
科学研究和技术服务业 Scientific Reseach and Ploytechnic Services	3.53	3.70	5.16	7.00	6.95
水利、环境和公共设施管理业 Water Conservancy, Environment and Public Facilities Management	3.11	3.53	4.06	4.56	4.72
居民服务、修理和其他服务业 Resident Services, Repair and Others	1.26	1.16	1.38	3.42	2.82
教育 Education	41.69	41.44	43.24	47.47	48.68
卫生和社会工作 Health Care and Social Work	10.89	11.53	14.56	21.24	21.05
文化、体育和娱乐业 Culture, Sports and Entertainment	3.03	3.04	3.45	3.65	3.65
公共管理、社会保障和社会组织 Public Management, Social Ensure and Social Organizations	28.23	27.95	29.26	34.20	37.19

注：本表国民经济行业分类标准采用GB/T 4754-2017。

Note: The classified Standards of national ecomonic sector are adopted GB/T 4754-2017.

3-15 按登记注册类型和产业分城镇单位在岗职工人数(2018年)

Number of Staff and Workers in Urban Units by Status of Registration and Industry(2018)

单位：万人 (10000 persons)

行业 Sector	在岗职工 Staff and Workers of Urban Units on the Job	国有单位 State- Owned Units	城镇集体单位 Urban Collective-Owned Units	其他单位 Others
总计 **Total**	**588.80**	**128.45**	**7.55**	**452.79**
第一产业 Primary Industry	2.05	1.51	0.01	0.53
第二产业 Secondary Industry	348.61	4.78	2.06	341.77
第三产业 Tertiary Industry	238.14	122.16	5.48	110.49
按主要行业分 By Sector				
农、林、牧、渔业 Farming, Forestry, Animal Husbandy and Fishery	2.05	1.51	0.01	0.53
采矿业 Mining and Quarrying	1.20	0.23	0.23	0.74
制造业 Manufacturing	205.87	0.67	1.27	203.93
电力、热力、燃气及水生产和供应业 Production and Supply of Electricity Heat Gas and Water	9.83	0.79	0.16	8.88
建筑业 Construction	131.71	3.09	0.40	128.22
批发和零售业 Wholesale and Retail Trade	27.08	2.08	0.57	24.43
交通运输、仓储和邮政业 Transport, Storage and Post Services	19.76	6.44	0.14	13.18
住宿和餐饮业 Lodgings and Catering Services	10.75	0.58	0.05	10.12
信息传输、软件和信息技术服务业 Information Transmission,Software and Information Technology Services	11.42	0.58	0.01	10.83
金融业 Finance	12.28	3.96	0.59	7.73
房地产业 Real Estate	16.24	0.95	0.22	15.08
租赁和商务服务业 Rent and Business Services	15.56	3.51	0.38	11.67
科学研究和技术服务业 Scientific Reseach and Ploytechnic Services	6.95	3.28	0.09	3.58
水利、环境和公共设施管理业 Water Conservancy, Environment and Public Facilities Management	4.72	2.09	0.05	2.58
居民服务、修理和其他服务业 Resident Services, Repair and Others	2.82	0.21	0.04	2.56
教育 Education	48.68	42.49	0.61	5.58
卫生和社会工作 Health Care and Social Work	21.05	16.63	2.70	1.72
文化、体育和娱乐业 Culture, Sports and Entertainment	3.65	2.20	0.04	1.42
公共管理、社会保障和社会组织 Public Management, Social Ensure and Social Organizations	37.19	37.16	…	0.03

注：本表国民经济行业分类标准采用GB/T 4754-2017。

Note: The classified Standards of national ecomonic sector are adopted GB/T 4754-2017.

3-16 按产业分城镇单位女性从业人员数(年底数)

Number of Employed Women in the Urban Units by Sector(End of Years)

单位：万人 (10000 persons)

行业 Sector	2003	2005	2010	2017	2018
总计 Total	**151.30**	**180.04**	**216.84**	**252.61**	**262.18**
第一产业 Primary Industry	2.87	2.66	2.33	1.40	1.10
第二产业 Secondary Industry	92.68	119.19	138.74	129.09	133.26
第三产业 Tertiary Industry	55.76	58.20	75.77	122.12	127.82
按主要行业分 By Sector					
农、林、牧、渔业 Farming, Forestry, Animal Husbandy and Fishery	2.87	2.66	2.33	1.40	1.10
采矿业 Mining and Quarrying	0.95	0.88	0.77	0.37	0.29
制造业 Manufacturing	85.42	111.28	125.70	101.49	101.36
电力、热力、燃气及水生产和供应业 Production and Supply of Electricity Heat Gas and Water	2.43	2.46	2.71	2.54	3.08
建筑业 Construction	3.87	4.58	9.56	24.68	28.53
批发和零售业 Wholesale and Retail Trade	4.96	4.46	6.21	14.45	14.97
交通运输、仓储和邮政业 Transport, Storage and Post Services	4.06	4.08	4.32	6.15	5.89
住宿和餐饮业 Lodgings and Catering Services	2.49	2.84	4.30	5.56	6.15
信息传输、软件和信息技术服务业 Information Transmission,Software and Information Technology Services	1.26	1.27	1.71	4.16	4.67
金融业 Finance	4.39	4.61	6.63	11.72	11.46
房地产业 Real Estate	1.08	1.46	2.88	6.01	6.54
租赁和商务服务业 Rent and Business Services	1.19	1.68	4.87	5.25	6.05
科学研究和技术服务业 Scientific Reseach and Ploytechnic Services	1.06	1.09	1.80	2.15	2.18
水利、环境和公共设施管理业 Water Conservancy, Environment and Public Facilities Management	1.30	1.44	1.70	2.23	2.31
居民服务、修理和其他服务业 Resident Services, Repair and Others	0.57	0.46	0.44	2.30	2.07
教育 Education	19.34	19.75	22.42	30.90	32.27
卫生和社会工作 Health Care and Social Work	6.45	7.07	9.60	16.18	15.98
文化、体育和娱乐业 Culture, Sports and Entertainment	1.24	1.28	1.50	2.01	2.00
公共管理、社会保障和社会组织 Public Management, Social Ensure and Social Organizations	6.38	6.72	7.40	13.05	15.29

注：本表国民经济行业分类标准采用GB/T 4754-2017。

Note: The classified Standards of national ecomonic sector are adopted GB/T 4754-2017.

3-17 城镇私营及个体劳动者人数(年底数)

Number of Employed Persons in Private Enterprises and Self-employed Individuals in Urban Areas(End of Years)

单位：万人　　(10000 persons)

行业 Sector	2005	2010	2015	2017	2018
合　计 Total	**155.42**	**338.64**	**666.49**	**697.53**	**691.24**
第一产业 Primary Industry	2.81	6.13	14.08	12.54	11.47
第二产业 Secondary Industry	42.68	81.91	143.44	126.95	102.65
第三产业 Tertiary Industry	109.93	250.60	508.98	558.04	577.12
按主要行业分 By Sector					
农、林、牧、渔业 Farming, Forestry, Animal Husbandy and Fishery	2.81	6.13	14.08	12.54	11.47
采矿业 Mining and Quarrying	0.69	0.86	1.10	0.86	0.71
制造业 Manufacturing	36.12	70.43	111.13	92.65	75.03
电力、燃气及水的生产和供应业 Production and Supply of Electricity Gas and Water	1.73	2.00	2.23	1.84	1.53
建筑业 Construction	4.15	8.62	28.98	31.59	25.38
交通运输、仓储和邮政业 Transport, Storage and Post Services	2.52	5.06	13.11	12.17	16.65
信息传输、计算机服务和软件业 Information Transmission, Computer Software and Services	3.62	6.20	19.78	22.78	65.81
批发和零售业 Wholesale and Retail Trade	66.62	162.39	287.13	298.17	9.87
住宿和餐饮业 Lodgings and Catering Services	8.68	17.06	41.69	60.74	313.75
金融业 Finance		1.11	2.64	2.31	1.82
房地产业 Real Estate	3.23	6.22	11.65	11.58	9.33
租赁和商务服务业 Rent and Business Services	8.72	22.74	64.24	64.34	83.02
科学研究、技术服务和地质勘查业 Scientific Reseach, Ploytechnic Services and Geological Prospecting		4.67	24.04	30.22	21.96
水利、环境和公共设施管理业 Water Conservancy, Environment and Public Facilities Management		0.79	1.81	1.88	1.39
居民服务和其他服务业 Resident Services and Others	15.03	20.58	32.48	39.72	41.66
教育 Education		0.33	0.80	1.20	1.09
卫生、社会保障和社会福利业 Health Care, Social Ensure and Walfare	0.40	0.79	1.33	1.86	1.83
文化、体育和娱乐业 Culture, Sports and Entertainment	1.12	2.61	8.26	11.08	8.92
公共管理和社会组织 Public Management and Social Organizations		0.04	0.02	0.01	0.01

注：本表国民经济行业分类标准采用GB/T 4754-2017。

Note:The classified Standards of national ecomonic sector are adopted GB/T 4754-2017.

3-18 城镇单位企业 事业 机关年末在岗职工人数(1990-2018年)

Number of Staff and Workers in Enterprises, Institutions and Agencies in Ubran Units(1990-2018)

单位：万人 (10000 persons)

年份 Year	总计 Total	企业 Enterprise	事业 Institution	机关 Agencies Organizations
1990	310.86	231.35	56.08	23.43
1991	322.28	238.78	58.89	24.60
1992	338.80	251.24	62.27	25.29
1993	344.79	259.72	58.90	26.18
1994	352.60	263.95	61.56	27.09
1995	344.11	252.76	64.44	26.91
1996	351.30	255.42	68.51	27.38
1997	357.71	260.51	69.76	27.44
1998	334.53	236.48	71.29	26.76
1999	320.38	223.23	70.58	26.57
2000	318.00	221.41	69.62	26.97
2001	314.27	216.69	69.81	27.78
2002	315.32	220.38	67.52	27.42
2003	334.08	238.72	67.09	28.27
2004	365.56	269.41	67.68	28.47
2005	386.99	291.09	67.40	28.51
2006	412.21	315.43	68.14	28.63
2007	429.30	331.12	69.42	28.76
2008	441.58	341.83	70.48	29.27
2009	452.76	361.24	62.52	28.84
2010	485.94	385.88	70.50	29.27
2011	538.32	436.91	72.20	28.12
2012	561.29	457.33	72.60	29.70
2013	555.66	450.40	72.70	31.00
2014	559.95	452.39	74.10	31.50
2015	567.50	459.86	73.78	31.87
2016	569.57	459.61	75.77	32.00
2017	566.62	455.58	76.43	32.19
2018	588.80	477.25	75.75	33.10

注：1.1998年起“职工人数”统计口径为“在岗职工人数”。2.2009年起按机构类型分组有变化，企业、事业、机关合计比总计小。
Note:Statistic scope of staff and workers from 1998 refers to staff and workers on the job.

3-19 按登记注册类型分城镇单位职工平均工资

Average Wage of Staff and Workers in Urban Units by Status of Registration

单位：元 (yuan)

年份	平均货币工资（元） Average Earning (yuan)				指数(上年=100) Indices (preceding year=100)			
Year	总计 Total	国有单位 State-owned Units	集体单位 Collective-owned Units	其他单位 Others	合计 Total	国有单位 State-owned Units	集体单位 Collective-owned Units	其他单位 Others
1978	567	594	520					
1979	610	642	530		107.6	108.1	101.9	
1980	703	737	613		115.2	114.8	115.7	
1981	715	746	637		101.7	101.2	103.9	
1982	765	792	691		107.0	106.2	108.5	
1983	827	861	730		108.1	108.7	105.6	
1984	921	966	813	1742	111.4	112.2	111.4	
1985	1059	1115	912	1855	115.0	115.4	112.2	106.5
1986	1243	1328	1027	1498	117.4	119.1	112.6	80.8
1987	1319	1402	1097	1571	106.1	105.6	106.8	104.9
1988	1644	1742	1342	2100	124.6	124.3	122.3	133.7
1989	1895	2009	1499	2532	115.3	115.3	111.7	120.6
1990	2162	2288	1704	2674	114.1	113.9	113.7	105.6
1991	2420	2502	1936	3217	111.9	109.4	113.6	120.3
1992	2780	2846	2192	3649	114.9	113.7	113.2	113.4
1993	3480	3506	2735	4420	125.2	123.2	124.8	121.1
1994	4890	5001	3644	5763	140.5	142.6	133.2	130.4
1995	5857	5790	4481	7305	119.8	115.8	123.0	126.8
1996	6683	6608	5078	8076	114.1	114.1	113.3	110.6
1997	7559	7621	5582	8636	113.1	115.3	109.9	106.9
1998	8531	8682	6662	8999	112.9	113.9	119.3	104.2
1999	9490	9867	7320	9587	111.2	113.6	109.9	106.5
2000	10584	11170	8140	10422	111.5	113.2	111.2	108.9
2001	12013	13313	9098	11028	113.5	119.2	111.8	105.6
2002	13306	15026	10119	11987	110.8	112.9	111.2	108.7
2003	14310	16460	11386	12719	107.5	109.5	112.5	106.1
2004	15603	18529	12307	13745	109.0	112.6	108.1	108.1
2005	17146	20897	13811	14947	109.9	112.8	112.2	108.7
2006	19318	23926	15695	16880	112.7	114.5	113.6	112.9
2007	22283	28011	18856	19443	115.3	117.1	120.1	115.2
2008	25702	33097	22108	22205	115.3	118.2	117.2	114.2
2009	28666	37345	25588	24556	111.5	112.8	115.7	110.6
2010	32647	41689	27234	28802	113.9	111.6	106.4	117.3
2011	38989	48587	34527	35550	119.4	116.5	126.8	123.4
2012	44979	55957	39774	41231	115.4	115.2	115.2	116.0
2013	49328	60317	43145	45960	109.7	107.8	108.5	111.5
2014	54235	65170	50570	50796	109.9	108.0	117.2	110.5
2015	58719	73714	54201	54138	108.3	113.1	107.2	106.6
2016	63138	80833	59466	57629	107.5	109.7	109.7	106.4
2017	69029	91651	65427	61790	109.3	113.4	110.0	107.2
2018	76266	103649	74621	68238	110.5	113.1	114.1	110.4

注：1.本表1998年起“职工平均工资”统计口径为“在岗职工平均工资”。1998年以前“国有单位”统计口径为“国有经济单位”，“集体单位”统计口径为“集体经济单位”，“其他单位”统计口径为“其他各种经济类型单位”，不含私营企业。2.本表在岗职工含劳务派遣工。

Note:1.The statistic scope from 1998 in this table refers to average wages of staff and workers on the job.Before 1998, the statistic scope of state-owned units refers to state-owned economic units, collective-owned units refers to collective economic units, others refer to the various other economic types.This table is not including Private Enterprises.2.The number of Satff and Workers on the job contains Labor dispatch.

3-20 城镇单位企业 事业 机关在岗职工平均工资

Average Wage of Staff and Workers in Urban Enterprises, Institution and Government Agencies

单位：元 (yuan)

年份 Year	平均货币工资（元） Average Wage(yuan)				指数(上年=100) Indices (preceding year=100)			
	总计 Total	企业 Enterprises	事业 Institutions	机关 Agencies & Organizations	合计 Total	企业 Enterprises	事业 Institutions	机关 Agencies & Organizations
1978	567	565	526	657				
1979	610	609	587	672	107.6	107.8	111.6	102.3
1980	703	691	725	828	115.2	113.5	123.5	123.2
1981	715	710	729	777	101.7	102.8	100.6	93.8
1982	765	752	826	805	107.0	105.9	113.3	103.6
1983	827	807	887	949	108.1	107.3	107.4	117.9
1984	921	866	955	995	111.4	107.3	107.7	104.8
1985	1059	1035	1167	1119	115.0	119.5	122.2	112.5
1986	1243	1217	1343	1334	117.4	117.6	115.1	119.2
1987	1319	1261	1585	1412	106.1	103.6	118.0	105.8
1988	1644	1576	1997	1649	124.6	125.0	126.0	116.8
1989	1895	1834	2408	1960	115.3	116.4	120.6	118.9
1990	2162	2048	2698	2235	114.1	111.7	112.0	114.0
1991	2420	2310	3003	2376	111.9	112.8	111.3	106.3
1992	2780	2656	3439	2723	114.9	115.0	114.5	114.6
1993	3480	3403	4049	3222	125.2	128.1	117.7	118.3
1994	4890	4626	5979	5435	140.5	135.9	147.7	168.7
1995	5857	5983	5470	5605	119.8	129.3	91.5	103.1
1996	6683	6809	6304	6476	114.1	113.8	115.2	115.5
1997	7559	7562	7470	7752	113.1	111.1	118.5	119.7
1998	8531	8555	8302	8922	112.9	113.1	111.1	115.1
1999	9490	9298	9671	10604	111.2	108.7	116.5	118.9
2000	10584	10306	10990	11812	111.5	110.8	113.6	111.4
2001	12013	11468	13000	13794	113.5	111.3	118.3	116.8
2002	13306	12641	14614	15251	110.8	110.2	112.4	110.6
2003	14310	13766	15221	16627	107.5	108.9	104.2	109.0
2004	15603	14900	17151	18416	109.0	108.2	112.7	110.8
2005	17146	16157	19520	21357	109.9	108.4	113.8	116.0
2006	19318	18208	22232	24413	112.7	112.7	113.9	114.3
2007	22283	20822	26501	28809	115.3	114.4	119.2	118.0
2008	25702	23804	31422	34587	115.3	114.3	118.6	120.1
2009	28666	26491	35557	40448	111.5	111.3	113.2	116.9
2010	32647	30488	39905	43063	113.9	115.1	112.2	106.5
2011	38989	37102	47060	48038	119.4	121.7	117.9	111.6
2012	44979	43011	53371	55692	115.4	115.9	113.4	115.9
2013	49328	47338	58392	58983	109.7	110.1	109.4	105.9
2014	54235	52219	63753	62516	109.9	110.3	109.2	106.0
2015	58719	55562	73414	71808	108.3	106.4	115.1	114.9
2016	63138	59167	80308	80540	107.5	106.5	109.4	112.2
2017	69029	63578	90614	93891	109.3	107.5	112.8	116.6
2018	76266	69939	101857	107169	110.5	110.0	112.4	114.1

注：本表1998年起“职工平均工资”统计口径为“在岗职工平均工资”，在岗职工含劳务派遣人员。

Note:The statistic scope from 1998 in this table refers to average wages of staff and workers on the job.The number of Satff and Workers on the job contains Labor dispatch.

3-21 城镇单位在岗职工含劳务派遣人员平均工资

Average Wage of Staff and Workers contains Labor dispatch in Urban Units

单位：元　　(yuan)

行业　Sector	2003	2005	2010	2015	2016	2017	2018
合　计 Total	**14310**	**17146**	**32647**	**58719**	**63138**	**69029**	**76266**
按企事业机关分 Grouped by Enterprises, Institutions and Agencies							
企业 Enterprises	13766	16157	30488	55562	59167	63578	69939
事业 Institutions	15221	19520	39905	73414	80308	90614	101857
机关 Agencies & Organizations	16627	21357	43063	71808	80540	93891	107169
按国民经济行业分 By Sector							
农、林、牧、渔业 Farming, Forestry, Animal Husbandy and Fishery	7975	10017	22923	45764	51121	58068	60510
采矿业 Mining and Quarrying	10860	16664	29399	44558	44354	49690	57485
制造业 Manufacturing	12217	14229	26383	50514	54281	59015	64732
电力、热力、燃气及水生产和供应业 Production and Supply of Electricity Heat Gas and Water	20562	26695	51335	81889	89651	94194	118006
建筑业 Construction	13779	16161	30344	51191	53248	55685	61339
交通运输、仓储和邮政业 Transport, Storage and Post Services	18181	22623	41046	66657	72547	79143	87852
信息传输、软件和信息技术服务业 Information Transmission,Software and Information Technology Services	33158	40326	61552	85318	95112	99928	109062
批发和零售业 Wholesale and Retail Trade	13373	16491	33155	56162	59421	62996	71327
住宿和餐饮业 Lodgings and Catering Services	10333	12570	22175	39738	39494	41577	45543
金融业 Finance	26245	34993	84307	130422	136220	144584	158282
房地产业 Real Estate	16582	18944	36990	63167	66361	70538	74812
租赁和商务服务业 Rent and Business Services	14538	16986	24595	52281	57441	63361	63460
科学研究和技术服务业 Scientific Reseach and Ploytechnic Services	19913	24346	42553	78987	81470	94477	106558
水利、环境和公共设施管理业 Water Conservancy, Environment and Public Facilities Management	12948	16433	28073	48662	53722	63164	63448
居民服务、修理和其他服务业 Resident Services, Repair and Others	15009	15707	34346	46997	48784	49694	60174
教育 Education	15029	19111	41333	71615	78602	88435	98650
卫生和社会工作 Health Care and Social Work	16589	21733	42629	82945	90693	99249	113156
文化、体育和娱乐业 Culture, Sports and Entertainment	16919	21018	36812	64064	70176	77528	86957
公共管理、社会保障和社会组织 Public Management, Social Ensure and Social Organizations	16567	21616	43077	71704	80118	93216	105052
按三次产业分 By Three Strata of Industry							
第一产业 Primary Industry	7839	10017	22923	45764	51121	58068	60510
第二产业 Secondary Industry	12711	14914	27828	51447	54678	58517	64760
第三产业 Tertiary Industry	16710	21131	41457	70779	76717	84573	93480

3-22 城镇单位从业人员平均劳动报酬(2018年)

Per Capita Payment in Urban Units(2018)

单位：元 (yuan)

项目 Item	单位从业人员 Persons Employed in Units	在岗职工 Staff and Workers on the Job	劳务派遣人员 Labor dispatch	其他从业人员 Other Employed Persons
合　计 Total	**74316**	**78215**	**55589**	**51741**
按企事业机关分 Grouped by Enterprises, Institutions and Agencies				
企业 Enterprises	68691	70938	58946	54901
事业 Institutions	97324	106270	45683	34618
机关 Agencies & Organizations	102659	119185	41516	33642
按国民经济行业分 By Sector				
农、林、牧、渔业 Farming, Forestry, Animal Husbandy and Fishery	43564	62479	36759	15865
采矿业 Mining	56078	58088	41751	33858
制造业 Manufacturing	64881	64934	56098	75010
电力、热力、燃气及水生产和供应业 Production and Supply of Electric Power and Hot Power	110659	120719	63487	48407
建筑业 Construction	61394	61973	58686	61685
批发和零售业 Wholesale and Retail Trade	69863	71739	62024	36102
交通运输、仓储和邮政业 Transport, Storage and Post Services	86529	90736	63996	52685
住宿和餐饮业 Lodgings and Catering Services	44828	45527	48401	28192
信息传输、软件和信息技术服务业 Information Transmission, Software and Information Technology Services	107642	111193	67044	61184
金融业 Finance	116574	163220	85169	33924
房地产业 Real Estate	74039	75413	48680	47484
租赁和商务服务业 Rent and Business Services	61426	65204	48954	26503
科学研究和技术服务业 Scientific Reseach and Ploytechnic Services	103976	109171	63322	50570
水利、环境和公共设施管理业 Water Conservancy, Environment and Public Facilities Management	60379	65973	38026	29351
居民服务、修理和其他服务业 Resident Services and Others	59381	60275	52901	50810
教育 Education	94333	101268	42170	33757
卫生和社会工作 Health Care and Social Work	110082	117538	51255	52870
文化、体育和娱乐业 Culture, Sports and Entertainment	82559	90290	50454	33443
公共管理、社会保障和社会组织 Public Management,Social Ensure and Social Organizations	100608	116998	41880	32636
按三次产业分 By Three Strata of Industry				
第一产业 Primary Industry	43564	62479	36759	15865
第二产业 Secondary Industry	64566	65418	58377	62376
第三产业 Tertiary Industry	89316	96968	50618	36466

3-23 城镇单位在岗职工平均工资(2018年)

Average Wage of Staff and Workers on the Job in Urban Units(2018)

单位: 元 (yuan)

行业 Sector	在岗职工平均工资 Average Wage	国有单位 Stated-owned units	集体单位 Collective-owned units	其他单位 Others
合　计 Total	**78215**	**110055**	**76058**	**69139**
按企事业机关分 Grouped by Enterprises, Institutions Agencies				
企业 Enterprises	70938	104911	71357	69064
事业 Institutions	106270	107566	83616	95541
机关 Agencies & Organizations	119185	119260	98912	95208
按国民经济行业分 By Sector				
农、林、牧、渔业 Farming, Forestry, Animal Husbandy and Fishery	62479	68905	70517	44055
采矿业 Mining	58088	41003	57332	63597
制造业 Manufacturing	64934	106477	65855	64796
电力、热力、燃气及水生产和供应业 Production and Supply of Electric Power and Hot Power	120719	81493	65766	125233
建筑业 Construction	61973	81822	59450	61493
批发和零售业 Wholesale and Retail Trade	71739	115029	38316	68815
交通运输、仓储和邮政业 Transport, Storage and Post Services	90736	101332	51585	85918
住宿和餐饮业 Lodgings and Catering Services	45527	55590	32474	44993
信息传输、软件和信息技术服务业 Information Transmission, Software and Information Technology Services	111193	88072	84868	112455
金融业 Finance	163220	152632	147696	169829
房地产业 Real Estate	75413	73839	56216	75808
租赁和商务服务业 Rent and Business Services	65204	83712	48544	60127
科学研究和技术服务业 Scientific Reseach and Ploytechnic Services	109171	122795	116524	96422
水利、环境和公共设施管理业 Water Conservancy, Environment and Public Facilities Management	65973	76461	53794	57165
居民服务、修理和其他服务业 Resident Services and Others	60275	76899	58141	58845
教育 Education	101268	104423	88678	78340
卫生和社会工作 Health Care and Social Work	117538	126192	82076	89305
文化、体育和娱乐业 Culture, Sports and Entertainment	90290	104393	78567	68891
公共管理、社会保障和社会组织 Public Management,Social Ensure and Social Organizations	116998	117026	83643	79600
按三次产业分 By Three Strata of Industry				
第一产业 Primary Industry	62479	68905	70517	44055
第二产业 Secondary Industry	65418	83218	63658	65181
第三产业 Tertiary Industry	96968	111604	80723	81477

3-24 私营单位从业人员平均劳动报酬

Per Capita Payment in Urban Units

单位：元 (yuan)

项目 Item	2010	2017	2018	2018年比上年增长(%)
合　计 Total	**21039**	**48830**	**52930**	**8.4**
按国民经济行业分 By Sector				
农、林、牧、渔业 Farming, Forestry, Animal Husbandy and Fishery	18670	39158	40488	3.4
采矿业 Mining and Quarrying	20428	43443	48945	12.7
制造业 Manufacturing	20082	47228	52325	10.8
电力、燃气及水的生产和供应业 Production and Supply of Electricity Gas and Water	21435	35919	38695	7.7
建筑业 Construction	23914	52565	55760	6.1
交通运输、仓储和邮政业 Transport, Storage and Post Services	21681	48501	50855	4.9
信息传输、计算机服务和软件业 Information Transmission, Computer Software and Services	27749	71818	78363	9.1
批发和零售业 Wholesale and Retail Trade	21512	44275	48181	8.8
住宿和餐饮业 Lodgings and Catering Services	16881	35981	40428	12.4
金融业 Finance	32156	56615	58423	3.2
房地产业 Real Estate	24411	50564	54779	8.3
租赁和商务服务业 Rent and Business Services	20618	47734	50329	5.4
科学研究、技术服务和地质勘查业 Scientific Reseach, Ploytechnic Services and Geological Prospecting	23329	52929	56024	5.8
水利、环境和公共设施管理业 Water Conservancy, Environment and Public Facilities Management	18073	37121	40299	8.6
居民服务和其他服务业 Resident Services and Others	19168	36684	41385	12.8
教育 Education	24306	37534	38301	2.0
卫生、社会保障和社会福利业 Health Care, Social Ensure and Walfare	23527	48847	53030	8.6
文化、体育和娱乐业 Culture, Sports and Entertainment	19582	34232	38296	11.9
公共管理和社会组织 Public Management and Social Organizations	17113	32866		
按三次产业分 By Three Strata of Industry				
第一产业 Primary Industry	18670	39158	40488	3.4
第二产业 Secondary Industry	20940	49629	53948	8.7
第三产业 Tertiary Industry	21502	46164	50088	8.5

主要统计指标解释

人口数　指一定时点、一定地区范围内的有生命的个人的总和。年度统计的年末人口数指每年12月31日24时的人口数。

市、镇、县人口　其定义有两种口径：

第一种口径(按行政建制)

市人口：市管辖区域内的全部人口(含市辖镇，不含市辖区县)；

镇人口：县辖镇的全部人口(不含市辖镇)；

县人口：县辖乡人口。

第二种口径(按常住人口划分)

市人口：设区的市的区人口和不设区的市所辖的街道人口；

镇人口：不设区的市所辖镇的居民委员会人口和县辖镇的居民委员会人口；

县人口：除上述两种人口以外的全部人口。

出生率(又称粗出生率)　指在一定时期内(通常为一年)平均每千人所出生的人数的比率，一般用千分率表示。计算公式为：

出生率＝(年出生人数／年平均人数)×1000‰

式中：出生人数指活产婴儿，即胎儿脱离母体时(不管怀孕月数)，有过呼吸或其他生命现象。年平均人数指年初、年底人口数的平均数，也可用年中人口数代替。

死亡率(又称粗死亡率)　指在一定时期内(通常为一年)一定地区的死亡人数与同期平均人数(或期中人数)之比，一般用千分率表示。计算公式为：

死亡率＝(年死亡人数／年平均人数)×1000‰

人口自然增长率　指在一定时期内(通常为一年)人口自然增加数(出生人数减死亡人数)与该时期内平均人数(或期中人数)之比，一般用千分率表示。计算公式为：

人口自然增长率＝[(本年出生人数－本年死亡人数)／年平均人数]×1000‰＝人口出生率－人口死亡率

在业人口(又称就业人口)　指十五周岁及十五周岁以上人口中从事一定的社会劳动并取得劳动报酬或经营收入的人口。

不在业人口　指十五周岁及十五周岁以上人口中未从事社会劳动的人口，包括在校学生、料理家务、待升学、市镇待业、离退休、退职、丧失劳动能力等非在业人口。

经济活动人口　指在16岁以上，有劳动能力，参加或要求参加社会经济活动的人口；包括就业人员和失业人员。

各单位的就业人员　指在各级国家机关、政党机关、社会团体及企业、事业单位中工作，取得工资或其他形式的劳动报酬的全部人员。包括在岗职工、再就业的离退休人员、民办教师以及在各单位中工作的外方人员和港澳台方人员、兼职人员、借用的外单位人员和第二职业者。不包括离开本单位仍保留劳动关系的职工。各单位的从业人员反映了各单位实际参加生产或工作的全部劳动力。

城镇私营和个体就业人员　指在工商管理部门注册登记，其经营地址设在县城关镇(含城关镇)以上的私营企业从业人员；包括私营企业投资者和雇工。城镇个体就业人员指在工商管理部门注册登记，并持有城镇户口或在城镇长期居住，经批准从事个体工商经营的从业人员；包括个体经营者和在个体工商户劳动的家庭帮工和雇工。

城镇登记失业人员　指有非农业户口，在一定的劳动年龄内，有劳动能力，无业而要求就业，并在当地就业服务机构进行求职登记的人员。

城镇登记失业率　指城镇登记失业人数同城镇从业人数与城镇登记失业人数之和的比。计算公式为：

城镇登记失业率=城镇登记失业人数／(城镇从业人数+城镇登记失业人数)×100%

职工　指在国有经济、城镇集体经济、联营经济、股份制经济、外商和港、澳、台投资经济、其他经济单位及其附属机构工作，并由其支付工资的各类人员，不包括返聘的离退休人员、民办教师、在国有经济单位工作的外方人员和港、澳、台人员(1998年以后的数据均为在岗职工数据，其他相关指标如职工工资总额，职工平均工资等指标也从1998年按此口径进行了相应调整)。

国有单位职工 指在国有经济单位及其附属机构工作，并由其支付工资的各类人员。

城镇集体单位职工 指在城镇集体经济单位及其管理部门工作，并由其支付工资的各类人员。

其他单位职工 指在联营经济、股份制经济、外商投资经济、港、澳、台投资经济单位工作，并由其支付工资的各类人员。

在岗职工 指在本单位工作并由单位支付工资的人员，以及有工作岗位，但由于学习、病伤产假等原因暂未工作，仍由单位支付工资的人员。

工资总额 指各单位在一定时期内直接支付给本单位全部职工的劳动报酬总额。工资总额的计算原则应以直接支付给职工的全部劳动报酬为根据。各单位支付给职工的劳动报酬以及其他根据有关规定支付的工资，不论是计入成本的还是不计入成本的，不论是按国家规定列入计征奖金税项目的，还是未列入计征奖金税项目的，不论是以货币形式支付的还是以实物形式支付的，均包括在工资总额内。

奖金 指支付给职工的超额劳动报酬和增收节支的劳动报酬。

津贴和补贴 指为了补偿职工特殊或额外的劳动消耗和因其他特殊原因支付给职工的津贴，以及

为了保证职工工资水平不受物价影响支付给职工的物价补贴。

平均工资 指企业、事业、机关单位的职工在一定时期内平均每人所得的货币工资额。它表明一定时期职工工资收入的高低程度，是反映职工工资水平的主要指标。计算公式为：

职工平均工资＝报告期实际支付的全部职工工资总额 / 报告期全部职工平均人数

平均工资指数 指报告期职工平均工资与基期职工平均工资的比率，是反映不同时期职工货币工资水平变动情况的相对数。计算公式为：

职工平均工资指数＝报告期职工平均工资 / 基期职工平均工资

平均实际工资指数 指扣除物价变动因素后的职工平均工资。职工平均实际工资指数是反映实际工资变动情况的相对数，表明职工实际工资水平提高或降低的程度。计算公式为：

职工平均实际工资指数＝(报告期职工平均工资指数 / 报告期城镇居民消费价格指数)×100%

Explanatory Notes on Main Statistical Indicators

Total Population refers to the total number of people alive at a certain point of time within a given area.The annual statistics on total population is taken at midnight,the 3lst of December.

To City，Town and County Population,there are two definitions.The first definition (according to the administrative organizational system):

City Population: Total population under the jurisdiction of City (including population of the town under the jurisdiction of City. excluding the population of counties under the jurisdiction of City).

Town Population: Total population of town under the jurisdiction of County (excluding the population of town under the jurisdiction of City).

County Population: Total population of country under the jurisdiction of County).

The second definition (classified by the permanent population):

City Population: Total population of districts under the jurisdiction of City with district establishment and the population of street under the jurisdiction of City without district establishment.

Town Population: Total resident-committees population of towns under the jurisdiction of City without district establishment and the resident-committees population of towns under the jurisdiction of County.

County Population: Total population except City population and town population.

Birth Rate(or Crude Birth Rate) refers to the ratio of the number of births to the average population during a certain period of time(usually a year) which is often expressed in ‰. The following formula is used:

Brith Rate= (Number of Births/Annual Average Number of Population) ×1000‰

Number of births refers to live births i.e. the births when babies had showed any vital phenomena regardless of the length of pregnancy.

Annual average number of population is the average of the number of population at the beginning of the year and that at the end of the year. Sometimes it is substituted for with the mid year population.

Death Rate(or Crude Death Rate) refers to the ratio of the number of deaths to the average population (or mid year population) during a certain period of time (usually a year) which is often expressed in‰. The following formula is used:

Death Rate =(Number of Deaths/ Annual Average Number of Population)×1000‰

Natural Growth Rate of Population refers to the ratio of natural increase in population(number of births minus number of deaths)in a certain period of time(usually a year)to the average population(or mid year population)of the same period which is often expressed in‰. The following formula is applied:

Natural Growth Rate of Population= [(Number of Births-Number of Deaths)/ Average Number of Population]×1000‰

Natural Growth Rate of Population=Birth Rate-Death Rate

Employed Population refers to population aged 15 or over engaging in social labour which generates income.

Unemployed Population refers to population aged 15 or over not engaging in any social labour which generates income, including students enrolled in schools, house wives,students waiting for entering schools with higher level, urban job seekers, retirees, job quitters, disabled, etc.

Economically Active Population refers to the population aged 16 and over who are capable to work, are participating in or willing to participate in economic activities, including employed persons and unemployed persons.

Persons Employed in Various Units refer to all the persons working in government agencies of various levels， political and party organizations，social organizations，enterprises and institutions, and receiving wages or other forms of payment. They include fully-employed staff and workers，re-employed retirees，teachers in schools run by the local people，foreigners and Chinese compatriots from Hong Kong，Macao，and Taiwan working in various units, part-time employees, employees of other units working temporarily at current posts, and employees holding the second job, but exclude staff and workers who have left their working units while keeping their labour contract (employment relation) unchanged. This indicator reflects the total number of laborers actually engaged in production or other operations in various units.

Persons Employed in Private Enterprises and Self-Employed Individuals in Urban Areas Persons employed in private enterprises refer to the persons employed in the private enterprises which have been registered at the departments of industrial and commercial administration and are situated at a County town (i.e. a town where the County government is located) for business operation or at urban areas with the level higher than a County town. The self-employed individuals in urban areas refer to persons who hold the certificates of residence in urban areas or have resided in the urban areas for a long time and have been registered at the departments of industrial and commercial administration and approved to be engaged in individual industrial or commercial business, including self-employed persons as well as helpers and hired labourers who work in the individual households engaged in industrial or commercial business.

Registered Urban Unemployed Persons The registered unemployed persons in urban areas refer to the persons who are registered as permanent residents in the urban areas engaged in non-agricultural activities, aged within the range of working age, capable to labour, unemployed but desirous to be employed and have been registered at the local employment service agencies to apply for a job.

Registered Urban Unemployment Rate Registered unemployment rate in urban areas refers to the ratio of the number of the registered unemployed persons to the sum of the number of employed persons and the registered unemployed persons . The formula is as follows:

Registered urban unemployment rate = [number of registered urban unemployed persons/(number of urban employed persons + number of registered urban unemployed persons)]×100%

Staff and Workers refer to the persons who work in(and receive payment therefrom)enterprises and institutions of state ownership， collective ownership， joint ownership， share holding， foreign ownership， and ownership by entrepreneurs from Hong Kong， Macao， and Taiwan， and other types of ownership and their affiliated units， excluding the retired persons invited to work in the units again, teachers in the schools run by the local people and foreigners and persons coming from Hong Kong, Macao and Taiwan and working in the state-owned economic units. (Number of staff and workers in this yearbook include only fully employed staff and workers, excluding those who have left their working units while keeping their labour contract/employment relation unchanged).

Staff and Workers in State-owned Economic Units refer to the persons who work in the state-owned economic units or their attached units and are listed in their payrolls.

Staff and Workers of Collective Owned Units in Urban Areas refer to the persons who work in collective owned units in urban areas and their administration departments and receive payment therefrom.

Staff and Workers in Units of Other Types of Ownership refer to those who work in(and receive payment therefrom)enterprises and institutions of joint ownership，share holding，foreign ownership，and ownership by entrepreneurs from Hong Kong，Macao，and Taiwan.

Fully Employed Staff and Workers refer to persons who work in, and receive wages from their working units, as well as persons who have their work posts, but are temporarily absent from work for reasons of study or on sick, injury or maternal leave and still receive wages from their working units.

Total Wages refer to the total remuneration payment to staff and workers in various units during a certain period of time. The calculation of total wages is based on the total remuneration payment to the staff and workers. Therefore, all the wages and salaries and other payments to staff and workers are included in the total wages regardless of their sources, category, and forms (in kind or cash). (Total wages of staff and workers in this yearbook include only total wages of fully employed staff and workers, excluding the living allowances distributed to those who have left their working units while keeping their labour contract/employment relation unchanged).

Bonus refers to remuneration payment to workers for extra work and for increasing earnings and practicing economy.

Subsidies and Allowances refer to subsidies paid to staff and workers for compensating special or extra labour and allowances paid to staff and workers to offset the impact of inflation on real wages.

Average Wage refers to the average wage in money terms per person during a certain period of time for staff and workers in enterprises, institutions, and government agencies, which reflects the general level of wage income during a certain period of time and is calculated as follows:

Average Wage of Staff and Workers =Total Wages of Staff and Workers in Reference Period/Average Number of Staff and Workers in Reference Period

Index of Average Wage refers to the ratio of average wage of staff and workers at the report time to that at the reference time. It reflects the relative changing degree of average wage in money terms at the various of time, which is calculated as following:

Index of Average Wage of Staff and Worker = average wage of staff and workers at the report time/average wage of staff and workers at the reference time

Index of Average Real Wage refers to the average wage which has removed the factor of price change. Index of average real wage of staff and worker reflects the relative changing degree of average real wage, and indicates the degree of the rising or declining degree of real wage of staff and worker, which is calculated as following:

Index of Average Real Wage of Staff and Worker = (Index of Average Wage of Staff and Worker at the Report Time/Urban Consumer Prices Index at the Report Time) ×100%.

第四篇　对外经济

Chapter 4　Foreign Trade

资料整理：戴斌 叶玲
Database Editor: Daibin Yeling

简 要 说 明

本篇资料的主要内容及来源

本篇资料反映了全省外经外贸，主要包括进出口、利用外资、对外承包工程和劳务合作、人民币外汇牌价基本情况等方面的内容。

进、出口数据来源于海关统计，利用外资、对外承包工程和劳务合作等资料来源于省商务厅,外商投资企业工商注册数、资本金、投资总额数据来源于省工商局。历年人民币对主要外币的年平均汇价资料来源于国家外汇管理局，是根据当年国家外汇管理局提供的每日汇价进行加权平均计算而得出的当年年平均汇价。

自 2018 年起，我省利用外资以商务部外资统计口径为基准，加上外资投资性公司、再投资等的实际投资。外方服务境外贷款等不再纳入统计，以保持与商务部口径的一致性。

本篇资料由省统计局贸易外经统计处整理提供。

Brief Introduction

Main Content and Source of Data

Data in this chapter show the basic conditions of foreign trade and tourism , mainly including imports and exports, utilization of foreign capitals, contracted projects and labor services cooperation, exchange rate of RMB to other currencies etc.

Data on foreign trade are based on the statements made by the Administration of Customs. Data on utilization of foreign capitals, contracted projects and labor services cooperation are provided by Fujian Department Foreign Trade and Economic Cooperation. Data on Registered Foreign Funded Enterprises are provided by Fujian Industrial and Commercial Bureau. Average exchange rates of RMB yuan to other currencies over the years come from the State Administration of Exchange Control. The annual average exchange rate is calculated as the weighted mean of the daily exchange rates provided by the State Administration of Exchange Control.

Since 2018,the statistical caliber of foreign investment is based on the Ministry of Commerce.within the actual investment of foreign investment companies,reinvestments, etc. Foreign services are no longer included in the statistics.

Data in this chapter are collected and compiled by the Division of Trade and External Economic Relations Statistics of Fujian Provincial Bureau of Statistics.

4-1 对外经济基本情况

Basic Statisics on Foreign Trade

项目 Item	2000	2005	2010	2017	2018
海关货物进出口总额（人民币万元） Total Value of Imports and Exports in Customs (RMB 10000 yuan)	**17568664**	**44572105**	**73638807**	**115909803**	**123572859**
出口总额 Exports	10685474	28541480	48397273	71139158	76240740
进口总额 Imports	6883190	16030625	25241534	44770645	47332119
进出口差额 Balance	3802284	12510855	23155739	26368513	28908622
海关货物进出口总额（万美元） Total Value of Imports and Exports in Customs(USD 10000)	**2122332**	**5441130**	**10878027**	**17103482**	**18757563**
出口总额 Exports	1290828	3484195	7149313	10493177	11568536
初级产品 Primary Goods		215205	529791	959318	1087755
工业制品 Industry Goods		3268990	6619522	9533859	10480780
进口总额 Imports	831504	1956935	3728715	6610305	7189027
初级产品 Primary Goods		333239	1024135	3069591	3343802
工业制品 Industry Goods		1623696	2704521	3540680	3845207
进出口差额 Balance	459324	1527260	3420598	3882872	4379509
外商直接投资 Foreign Investment Utilized					
新签合同数（个） Number of Projects for Contracted Foreign Direct Investment(unit)		1988	1139	2041	2419
合同投资金额（万美元） Total Amount of Contracted Foreign Investment(USD 10000)		595715	737557	1487858	1591814
实际利用外资（万美元） Foreign Investment Actually Utilized(USD 10000)		260775	580279	857672	445477
外商投资企业工商注册情况 Registration Status of Foreign Funded Enterprises					
年末注册数（个） Number of Enterprises(unit)	16013	17854	17886	28264	30144
投资总额（万美元） Total Investment(USD 10000)	4708446	7533131	12483059	26072064	27869529
注册资本（万美元） Registered Capital(USD 10000)	2758492	4307474	6935845	15026839	16384415
对外承包工程（万美元） Contracted Projects(USD 10000)					
合同金额 Contracted Value	12486	24713	8607	131113	64107
完成营业额 Value of Turnover Fulfilled	10373	19537	23531	113202	108458
对外劳务合作（万美元） Labor Services(USD 10000)					
劳务人员合同工资总额 Contracted Pay	29562	32539	20580	63631	78644
劳务人员实际收入总额 Value of Real Income	34479	31014	23209	88989	88658

注：1.劳务人员合同工资总额、劳务人员实际收入总额，2012年以前分别为对外劳务合作合同金额、对外劳务合作完成营业额。2.外商投资企业年末注册数、投资总额、注册资本2013年以前不含其他外商投资企业和外商投资企业分支机构。

Note:a) Before 2012,the Contract Pay is Contracted Value,the Real Income is Value of Turnover Fulfilled. b) Before 2013,Number of Foreign Funded Enterprise Registrations,Total Amount of Investment and Registered Capital Exclude other Foreign Funded Enterprises and Branches.

4-2 进出口总额(1981-2018年)

Gross Value of Imports and Exports(1981-2018)

单位：万美元

年份 Year	进出口总额(万美元) Total Imports and Exports(USD 10000)	出口 Exports	进口 Imports	进出口总额(万元人民币) Total Imports and Exports (RMB 10000 yuan)	出口 Exports	进口 Imports
1981	60827	40127	20700	108272	71426	36846
1982	55067	37023	18044	106279	71454	34825
1983	56366	36995	19371	110477	72510	37967
1984	66472	39167	27305	185457	109276	76181
1985	90084	55718	34366	263946	163254	100692
1986	134771	68647	66124	501348	255367	245981
1987	184500	90400	94100	686340	336288	350052
1988	284300	141600	142700	1057596	526752	530844
1989	342200	182800	159400	1611762	860988	750774
1990	433908	244906	189002	2265000	1278409	986591
1991	574776	314746	260030	3115286	1709071	1406215
1992	805873	438666	367207	4633770	2522330	2111440
1993	1004181	515874	488307	5814208	2986911	2827297
1994	1218953	643020	575933	10397669	5484961	4912708
1995	1444569	790806	653763	12105488	6626954	5478534
1996	1551972	838239	713733	12881368	6957384	5923984
1997	1795280	1025560	769720	14861328	8489586	6371742
1998	1716065	996387	719678	14205586	8248092	5957494
1999	1761956	1035193	726763	14585472	8569328	6016144
2000	2122332	1290828	831504	17568664	10685474	6883190
2001	2262601	1392232	870369	18729811	11524896	7204915
2002	2839882	1737086	1102796	23508543	14379598	9128945
2003	3532551	2113173	1419378	29242457	17492846	11749611
2004	4752704	2939476	1813228	39338131	24330043	15008088
2005	5441130	3484195	1956935	44572105	28541480	16030625
2006	6265921	4126174	2139747	49375457	32514251	16861206
2007	7445081	4994039	2451042	56612396	37974673	18637723
2008	8482094	5699184	2782910	58908991	39581403	19327588
2009	7964937	5331902	2633034	54408483	36422225	17986258
2010	10878027	7149313	3728715	73638807	48397273	25241534
2011	14352244	9283779	5068465	92698273	59962074	32736199
2012	15593796	9783259	5810536	98435836	61756825	36679010
2013	16932174	10647442	6284731	104864338	65941740	38922598
2014	17740784	11345229	6395555	108973325	69689226	39284099
2015	16884593	11268011	5616582	104783887	69917645	34866242
2016	15681939	10367250	5314689	103449561	68336561	35113001
2017	17103482	10493177	6610305	115909803	71139158	44770645
2018	18757563	11568536	7189027	123572859	76240740	47332119

4-3 按主要贸易方式分进出口商品贸易额（2018年）

Value of Imports and Exports by Main Trade Mode(2018)

单位：万元、万美元 (10000 yuan.USD 10000)

项目 Item	总计（万元） Total(10000 yuan)	总计（万美元） Total(USD 10000)
出口总额 **Total Exports**	**76240740**	**11568536**
#一般贸易 General Trade	55169463	8376936
来料加工贸易 Processing and Assembling with Custorner's Materials	1892095	287478
进料加工贸易 Processing and Assembling with Import Materials	14671622	2223467
保税监管场所进出境货物 Import and Export Goods in Bonded Area	1868601	283310
海关特殊监管区域物流货物 Goods in Customs Special Area	2542532	382926
进口总额 **Total Imports**	**47332119**	**7189027**
#一般贸易 General Trade	34150625	5189502
来料加工装配贸易 Processing And Assembling With Custormer's Materials	1787476	271253
进料加工贸易 Processing And Assembling With Imports Materials	6440383	976045
来料加工装配进口的设备 Processing Equipments	308	45
外商投资企业作为投资进口的设备、物品 Foreign Funded Equipments	54514	8174
保税监管场所进出境货物 Import and Export Goods in Bonded Area	2319084	351619
海关特殊监管区域物流货物 Goods in Customs Special Area	2223342	338591
海关特殊监管区域进口设备 Import Equipment in Customs Special Area	2157	338

4-4 按企业性质分进出口商品贸易额（2018年）

Value of of Imports and Exports by Ownership of Enterprises(2018)

单位：万元、万美元 (10000 yuan.USD 10000)

项目	Item	总计（万元） Total(10000 yuan)	总计（万美元） Total(USD 10000)
进出口总额	**Total Imports and Exports**	**123572859**	**18757563**
出口总额	**Exports**	**76240740**	**11568536**
#国有企业	State Owned Enterprises	6436824	973226
集体企业	Collective Owned Enterprises	446705	67801
私营企业	Privited Enterprises	42838886	6506688
外商投资企业	Foreign Funded Enterprises	26516127	4020486
进口总额	**Imports**	**47332119**	**7189027**
#国有企业	State Owned Enterprises	15043528	2285582
集体企业	Collective Owned Enterprises	218457	33065
私营企业	Privited Enterprises	13746429	2087161
外商投资企业	Foreign Funded Enterprises	18312537	2781593

4-5 进出口主要分类情况（2018年）

Value of of Imports and Exports by Major Classification(2018)

单位：万元、万美元　　(10000 yuan.USD 10000)

项目	Item	总计（万元） Total(10000 yuan)	总计（万美元） Total(USD 10000)
进出口总额	**Imports and Exports**	**123572859**	**18757563**
出口商品总额	**Exports**	**76240740**	**11568536**
初级产品	Primary Goods	7179627	1087755
工业制品	Manufactured Goods	69061113	10480780
进口商品总额	**Imports**	**47332119**	**7189027**
初级产品	Primary Goods	21990804	3343802
工业制品	Manufactured Goods	25341194	3845207
机电产品进出口	**Total of mechanical and electronic products**	**41720558**	**6326374**
出口总额	Exports	27905717	4230779
进口总额	Imports	13814841	2095595
高新技术产品进出口	**High-tech products**	**20729956**	**3141325**
出口总额	Exports	10286183	1558470
进口总额	Imports	10443773	1582855
外商投资企业进出口	**Foreign-Funded Enterprises**	**44828664**	**6802079**
出口总额	Exports	26516127	4020486
进口总额	Imports	18312537	2781593
一般贸易进出口	**General Trade**	**89320089**	**13566438**
出口总额	Exports	55169463	8376936
进口总额	Imports	34150625	5189502
加工贸易进出口	**Processing and Assembling**	**24791576**	**3758243**
出口总额	Exports	16563717	2510945
进口总额	Imports	8227860	1247297

4-6 按主要国别(地区)分进出口商品贸易额（2018年）

Value of Exports by Country (Region)(2018)

单位：万元、万美元 (10000 yuan.USD 10000)

国别(地区)	Country (Region)	出口总额（万元）(10000 yuan)	出口总额（万美元）(USD 10000)	进口总额（万元）(10000 yuan)	进口总额（万美元）(USD 10000)
总计	Total	76240740	11568536	47332119	7189027
亚洲	Asia	34322249	5208922	25194734	3828784
#中国香港	Hong Kong China	4955627	751457	64658	9778
中国澳门	Macao China	37316	5785	1	
中国台湾	TaiWan China	3184385	483402	4674733	709338
日本	Japan	4279884	648685	2378157	359792
菲律宾	Philippines	4194531	636983	562063	85404
泰国	Tailand	1706402	259081	1110426	168137
马来西亚	Malaysia	1413508	214720	1525612	232182
新加坡	Singapore	993815	151265	522835	79565
阿拉伯联合酋长国	United Arab Emirates	973083	147827	92683	14120
欧洲	Europe	15194087	2306515	5430530	825597
#德国	Germany	2711060	411479	973706	147531
法国	France	975890	148412	280784	42386
意大利	Italy	1089996	165419	253761	38451
芬兰	Finland	84209	12804	131630	20104
英国	United Kingdom	1839626	278890	398596	60343
丹麦	Denmark	220142	33348	105048	16251
瑞典	Sweden	289820	44010	83796	12696
瑞士	Switzerland	68994	10478	748595	115416
西班牙	Spain	1017847	154452	266330	40410
北美洲	North America	17057327	2586277	5377182	818419
#加拿大	Canada	1036950	157324	1041135	157956
美国	United States	16003788	2426377	4331046	659720
大洋洲	Oceania	1682597	254693	4444759	675603
#澳大利亚	Australia	1340594	202926	3561328	541092
拉丁美洲及非洲	South America and Africa	7984481	1212129	6880954	1040029

4-7 按类分进出口总额（2018年）

Value of of Imports and Exports by Category(2018)

单位：万元、万美元　　(10000 yuan.USD 10000)

项目 Item	出口总额（万元） (10000 yuan)	出口总额（万美元） (USD 10000)	进口总额（万元） (10000 yuan)	进口总额（万美元） (USD 10000)
一、初级产品 Primary Goods	**7179627**	**1087755**	**21990804**	**3343802**
食品及活动物 Food and Live Animals	6342850	960483	2903193	441947
活动物 Live Animals	27	4	567	85
肉及肉制品 Meat and Meat Products	75365	11371	103822	15750
乳品及蛋品 Dairy Products and Eggs	9966	1515	530696	80744
鱼、甲壳及软体类动物及其制品 Fish, Shellfish, Mollusks and Other Aquatic Invertebrates	4151273	628857	416420	62824
谷物及其制品 Cereals and Products	23514	3520	644132	99516
蔬菜及水果 Vegetable and Fruits	1469708	222427	285867	43044
糖、糖制品及蜂蜜 Sugar ,Sugar Products and Honey	156624	23655	39222	5999
咖啡、茶、可可、调味料及其制品 Coffee, Tea, Coca, Spices and Their Products	279102	42247	36487	5508
饲料 Forage	38770	5925	695861	105777
杂项食品 Others	138500	20962	150119	22700
饮料及烟类 Beverages and Tobacco	60675	9206	318961	48367
饮料 Beverages	46810	7098	317516	48146
烟草及其制品 Tobacco and Tobacco Products	13865	2108	1446	221
非食用原料 Non-edible Raw Materials	508335	77228	12269394	1859218
生皮及生毛皮 Raw Hides and Furs	1092	169	160251	24366
油籽及含油果实 Oil Seeds and Kernels	3298	492	1473585	224672
生橡胶 Raw Rubber	5074	768	321506	48904
软木及木材 Cork and Wood	39386	5983	1240331	188241
纸浆及废纸 Paper Pulp and Waster Paper	4090	614	1496302	226471
纺织纤维(羊毛条除外)及其废料 Textile Fiber and Related Scrap (Excluding Fleece)	196715	29959	56073	8476
天然肥料及矿物(煤、石油及宝石除外) Natural Fertilizers and Mineral (Excluding Coal, Petroleum and Germ)	79780	12219	1493831	226822
金属矿砂及金属废料 Metals Ore and Scrap	23424	3449	5931365	896693
其他动、植物原料 Other Animal And Vegetable Raw Materials	155475	23575	96150	14573
矿物燃料、润滑油及有关原料 Mineral Fuels, Lubrication Oil and Related Materials	249175	38009	6370855	974891

4-7 续表1

Continued

单位：万元、万美元 (10000 yuan.USD 10000)

项目 Item	出口总额（万元） (10000 yuan)	出口总额（万美元） (USD 10000)	进口总额（万元） (10000 yuan)	进口总额（万美元） (USD 10000)
煤、焦炭及煤砖 Coal, Coke and Briquette	238047	36284	1723949	264742
石油、石油产品及有关原料 Petroleum, Petroleum Products and Related Materials	11128	1725	3614802	553402
天然气及人造气 Natural Gas and Man-made Gas	.	.	1032104	156747
动植物油、脂及蜡 Animal and Vegetable Oil ,Fats and Wax	18592	2830	128401	19379
动物油、脂 Animal Oil and Fats	9074	1379	18728	2815
植物油、脂 Vegetable Oils and Fats	3385	520	97273	14713
已加工的动植物油、脂及动植物蜡 Processed Animal and Vegetable Oils,Fats and Wax	6133	931	12400	1851
二、工业制品 Industry Goods	**69061113**	**10480780**	**25341194**	**3845207**
化学成品及有关产品 Chemicals and Related Products	3016446	457568	5001393	758047
有机化学品 Organic Chemicals	413005	62698	2228679	337840
无机化学品 Inorganic Chemicals	738658	112249	286985	43469
染料、鞣料及着色料 Dyestuff , Tanning Extracts and Dye Materials	66870	10192	84581	12825
医药品 Medicines	211098	32027	12274	1839
精油、香料及盥洗、光洁制品 Essential Oils, Perfumed Materials and Cosmetics	267677	40450	75028	11313
肥料 Fertilizer	314899	47611	1	
初级形状的塑料 Plastics of Primary Pattern	294854	44690	1708506	259072
非初级形状的塑料 Plastics of non Primary Pattern	390687	59277	213955	32513
其他化学原料及产品 Other Chemical Raw and Products	317745	48228	391089	59131
按原料分类的制成品 Products by Raw material	15535637	2363416	4403091	666925
皮革、皮革制品及已鞣毛皮 Leather, Leather Products and Tanned Hides	110381	16756	205656	31263
橡胶制品 Rubber Products	455640	69233	94149	14311
软木及木制品(家具除外) Cork and Wooden Products	1015898	154113	17494	2650
纸及纸板；纸浆、纸及纸板制品 Paper and Paperboard, Articles of Paper Pulp or Paper and Paperboard Products	715272	108678	253574	38539
纺纱、织物、制成品及有关产品 Spin Textile Products and Related Products	4866390	739485	931384	141603
非金属矿物制品 Non Metal Minerals products	3318454	506089	348698	52844

4-7 续表2

Continued

单位：万元、万美元 (10000 yuan.USD 10000)

项目 Item	出口总额（万元） (10000 yuan)	出口总额（万美元） (USD 10000)	进口总额（万元） (10000 yuan)	进口总额（万美元） (USD 10000)
钢铁 Steel	1290955	197064	1374189	207525
有色金属 Non-ferrous Metal	1315557	199848	955588	144453
金属制品 Metal Products	2447091	372149	222360	33737
机械及运输设备 Machinery and Transport Equipments	19079138	2891839	10873663	1650135
动力机械及设备 Power Machinery and Equipments	1378849	209731	841616	128185
特种工业专用机械 Special Industry Equipment	1129018	171273	1453934	218514
金工机械 Metal working Machinery	106128	16035	138125	21004
通用工业机械设备及零件 Ordinary Industry Machinery and Parts	2653998	402552	626608	94993
办公用机械及自动数据处理设备 Clerical Machinery and Automatic Data Processing Equipments	1652498	250297	1281001	194457
电信及声音的录制及重放装置设备 Telecommunications and Sound Record and Replay Equipment	4962533	750730	624906	94246
电力机械、器具及其电气零件 Power Machinery and Parts	4814964	729593	4170979	633391
陆路车辆(包括气垫式) Land Vehicles	1602003	243253	548248	83745
其他运输设备 Other Transportation Equipment	779148	118375	1188248	181600
杂项制品 Miscellaneous Manufactured Articles	31409326	4764905	3350081	507551
活动房屋、卫生、水道、供热及照明装置 Movable Room, Sanitary Equipment, Supply of Hotand Lighting Apparatus	1480269	225160	13078	1987
家具及其零件、褥垫及类似填充制品 Furniture and Related Parts	2993919	453328	149373	22455
旅行用品、手提包及类似品 Tour Goods, Handbags and Related Products	1685373	256422	5088	763
服装及衣着附件 Garments and Related Parts	8529163	1293959	38117	5785
鞋靴 Footwears	7119487	1079247	56944	8637
专业、科学及控制用仪器和装置 Special, Scientific and Controlled Instruments and Equipment	2543571	385771	2334847	353661
摄影器材、光学物品及钟表 Photographic, Optical Instruments and Clocks	916217	138816	549390	83366
未列名杂项制品 Other Miscellaneous Manufactured Articles	6141327	932202	203244	30896
未分类的商品及交易品 Unclassified Goods	20566	3053	1712966	262548

4-8 人民币汇率(年平均价)

Refercene Exchange Rate of RMB （Period Average）

单位：元 (yuan)

年份 Year	100美元 100 US Dollars	100日元 100 Japanese Yen	100港元 100 Hong Kong Dollars	100欧元 100 Euros
1985	293.66	1.25	37.57	
1986	345.28	2.07	44.22	
1987	372.21	2.58	47.74	
1988	372.21	2.91	47.70	
1989	376.51	2.74	48.28	
1990	478.32	3.32	61.39	
1991	532.33	3.96	68.45	
1992	551.46	4.36	71.24	
1993	576.20	5.20	74.41	
1994	861.87	8.44	111.53	
1995	835.10	8.92	107.96	
1996	831.42	7.64	107.51	
1997	828.98	6.86	107.09	
1998	827.91	6.35	106.88	
1999	827.83	7.29	106.66	
2000	827.84	7.69	106.18	
2001	827.70	6.81	106.08	
2002	827.70	6.62	106.07	800.58
2003	827.70	7.15	106.24	936.13
2004	827.68	7.66	106.23	1029.00
2005	819.17	7.45	105.30	1019.53
2006	797.18	6.86	102.62	1001.90
2007	760.40	6.46	97.46	1041.75
2008	694.51	6.74	89.19	1022.27
2009	683.10	7.30	88.12	952.70
2010	676.95	7.73	89.13	897.25
2011	645.88	8.11	82.97	900.11
2012	631.25	7.90	81.38	810.67
2013	619.32	6.33	79.85	822.19
2014	614.28	5.82	79.22	816.51
2015	622.84	5.15	80.34	691.41
2016	664.23	6.12	85.58	734.26
2017	675.18	6.02	86.64	763.03
2018	661.74	5.99	84.43	780.16

注：欧元自2002年开始进入市场流通。

Note:Since 2002,the Euros circulates in market.

4-9 外商直接投资合同数和合同金额(1979-2018年)

Number and Value of Signed Contracts for Direct Foreign Investment(1979-2018)

年份 Year	合同数(项) Numbers (unit)	合资企业 Joint Ventures	合作企业 Cooperative Operation	独资企业 Sole-Foreign Enterprises	合同外资金额(万美元) Value (USD 10000)	合资企业 Joint Ventures	合作企业 Cooperative Operation	独资企业 Sole-Foreign Enterprises
1979	5	2	3		105	19	86	
1980	15	6	9		464	378	86	
1981	16	1	15		1906	56	1850	
1982	14	4	9	1	1612	1034	128	450
1983	18	8	10		2120	1930	190	
1984	236	113	116	7	20097	12187	6473	1437
1985	395	206	182	7	37681	24276	12906	499
1986	109	70	34	5	6456	5355	941	160
1987	215	140	60	15	11753	7771	1950	2032
1988	813	496	188	129	46260	24545	7524	14191
1989	872	436	123	313	90258	27039	5618	57601
1990	1043	432	94	517	116183	28488	7259	80436
1991	1219	575	80	564	144871	36082	23457	85332
1992	3113	1375	191	1547	635101	157962	91108	386031
1993	4714	1775	264	2675	1136617	239879	146164	750574
1994	3026	1017	179	1830	717946	211903	87943	418100
1995	2728	829	119	1780	890647	175384	101147	614116
1996	1987	505	67	1415	653572	97635	32303	523634
1997	2298	408	41	1849	453751	89035	25428	338988
1998	2006	420	45	1541	500150	105163	36999	357988
1999	1439	281	41	1117	489996	103378	37356	349262
2000	1463	281	27	1155	431373	51242	9971	370160
2001	1670	260	14	1395	500717	100566	9592	388661
2002	1825	233	66	1526				
2003	2274	330	18	1922				
2004	2277	318	16	1942				
2005	1988	301	24	1663				
2006	2164	385	10	1766				
2007	1722	298	3	1418				
2008	1101	185	9	906				
2009	939	153	5	779				
2010	1139	242	4	890				
2011	1039	230	6	803				
2012	916	222	3	684				

注：1997年起外商直接投资含股份制。

Note:The data of foreign direct investment from 1997 include share holding enterprises.

4-9 续表

Continued

年份	Year	合同数(项) Numbers (unit)	合资企业 Joint Ventures	合作企业 Cooperative Operation	独资企业 Sole-Foreign Enterprises	合同外资金额(万美元) Value (USD 10000)	合资企业 Joint Ventures	合作企业 Cooperative Operation	独资企业 Sole-Foreign Enterprises
2013		840	225	3	608				
2014		1044	256	2	784				
2015		1689	440		1242				
2016		2355	587	3	1759				
2017		2041	628	1	1405				
2018		2419	867	2	1536	1591814	391376	1426	1180204
报表口径	**New Scope**								
2002						390089	45016	21686	317205
2003						477321	63373	6168	403697
历史可比口径	**Old Scope**								
2002						694419	71616	28398	588223
2003						725117			
2004						754307			
2005						855655			
2006						1080190			
2007						1233624			
2008						1141475			
2009						907597			
2010						1211979			
2011						1357766			
2012						1525389			
全口径	**Full Scope**								
2004						537299	48124	3247	477771
2005						595715	77223	20319	496142
2006						862069	87666	15165	745280
2007						867422	190832	4093	649397
2008						715201	62787	11403	633626
2009						536095	61881	7592	463511
2010						737557	101453	2472	599438
2011						921880	167519	10836	743631
2012						929083	136383	757	667066
2013						833644	164356	-294	671119
2014						849079	208541	12182	609880
2015						1446277	269111	2000	976580
2016						1566337	512379	1140	1015696
2017						1487858	461952	2660	1006257
2018						1591814	391376	1426	1180204

4-10 按行业分外商直接投资合同数(1979-2018年)

Number of Signed Contracts for Direct Foreign Investment by Sector(1979-2018)

单位：个 (unit)

年份 Year	总计 Total	农业 Agriculture	工业 Industry	建筑业 Construction	交通运输仓储及邮电通信业 Transport, Storage,Post and Telecommunica-tions	批发和零售贸易餐饮业 Wholesale & Retail Trade and Catering Services	其他服务业 Other Services
1979	5	2	1				2
1980	15	1	5	1	3		5
1981	16		5	1	4		6
1982	14		10		1	1	2
1983	18	1	6		2	1	8
1984	236	13	113	15	11	22	62
1985	395	21	266	24	13	63	8
1990	1043	42	930	1	5	10	55
1991	1219	57	1077		6	11	68
1992	3113	134	2520	21	11	22	405
1993	4714	161	3536	67	21	124	805
1994	3026	133	2068	41	22	176	586
1995	2728	166	1973	29	15	130	415
1996	1987	114	1431	14	10	184	234
1997	2298	140	1755	28	6	179	190
1998	2006	168	1482	12	21	98	225
1999	1439	132	1052	11	9	40	195
2000	1463	117	1129	5	4	55	153
2001	1670	102	1304	5	15	34	210
2002	1825	97	1382	14	14	50	268
2003	2274	110	1839	14	25	60	226
2004	2277	93	1837	11	26	100	210
2005	1988	81	1570	4	25	92	216
2006	2164	85	1633	12	34	207	193
2007	1722	69	1204	3	21	234	191
2008	1101	67	627	10	15	229	153
2009	939	73	431	4	39	258	134
2010	1139	79	504	5	23	320	208
2011	1039	69	374	7	22	345	222
2012	916	77	270	7	12	320	230
2013	840	45	200	8	17	353	217
2014	1044	53	190	11	8	475	307
2015	1689	95	199	20	19	790	566
2016	2355	80	229	27	17	934	1068
2017	2041	57	212	33	21	631	1087
2018	2419	107	276	28	26	737	1245

4-11 按行业分外商直接投资合同金额(1979-2018年)
Value of Signed Contracts for Direct Foreign Investment by Sector(1979-2018)

单位：万美元 (USD 10000)

年份	Year	总计 Total	农业 Agriculture	工业 Industry	建筑业 Construction	交通运输仓储及邮电通信业 Transport, Storage, Post and Telecommunications	批发和零售贸易餐饮业 Wholesale & Retail Trade and Catering Services	其他服务业 Other Services
1979		105	78	10				17
1980		464	33	247	5	12		167
1981		1906		99	72	206		1529
1982		1612		1542		50	13	7
1983		2120	10	900		62	25	1123
1984		20097	245	7080	918	779	1110	9965
1985		37681	1228	15977	1254	586	12085	6551
1990		116183	3462	90126	91	331	488	21685
1991		144871	5256	98215		978	737	39685
1992		635101	8128	338783	1088	2817	27068	257217
1993		1136617	17482	574966	6931	2692	23151	511395
1994		717946	11607	394043	4132	7683	11583	288898
1995		890647	20790	660166	3187	17270	27927	161307
1996		653572	12678	469257	15031	8825	21286	126495
1997		453751	15932	323558	21977	17486	28839	45959
1998		500150	31810	336922	21773	8597	7308	93740
1999		489996	28748	359611	4806	2161	8877	85793
2000		431373	18083	318217	1666	2038	7481	83888
2001		500717	17589	371725	1464	7915	2420	99604
报表口径	New Scope							
2002		390089	12453	310522	6224	7404	3866	49620
2003		477321	14166	398730	7144	7288	4076	45917
历史可比口径	Old Scope							
2002		694419	19599	581954	11153	8799	4812	68102
全口径	Full Scope							
2004		537299	12674	426684	321	15651	13838	68131
2005		595715	22415	467697	754	21674	15222	67953
2006		862069	17158	659295	6121	26289	38025	115181
2007		867422	16497	648414	-197	12301	36543	153864
2008		715201	27219	444674	3221	36966	56566	146555
2009		536095	23235	316771	1455	31770	38370	124494
2010		737557	24439	452840	813	16826	93832	148807
2011		921880	41513	542046	2571	16260	86200	233290
2012		929083	67531	364064	17019	35616	154028	290825
2013		833644	22851	415880	12501	28152	125156	229104
2014		849079	34766	367882	10625	19551	133299	282956
2015		1446277	71592	411956	653	24364	322761	614951
2016		1566337	60688	377264	53100	167	283161	791957
2017		1487858	25612	397418	99249	18704	102566	844309
2018		1591814	52312	492241	33099	25668	211578	776916

4-12 分国别(地区)外商直接投资合同数和合同金额

Number and Value of Contracts for Signed Direct Foreign Investment by Country(Region)

国别(地区)	Country(Region)	2000	2005	2010	2015	2016	2017	2018
合同数（个）	**Number(unit)**	**1463**	**1988**	**1139**	**1689**	**2355**	**2041**	**2419**
#中国香港	Hong Kong China	602	921	446	468	531	530	684
中国澳门	Macao China	28	66	16	19	23	25	50
中国台湾	Taiwan China			408	890	1408	1074	1316
日本	Japan	72	64	22	21	8	15	23
菲律宾	Philippines	60	96	11	7	6	6	5
泰国	Tailand	5	2		2	6	5	3
马来西亚	Malaysia	14	25	18	14	13	42	39
新加坡	Singapore	58	41	27	37	38	51	39
印度尼西亚	Indonesia	9	13	5	10	5	4	8
德国	Germany	8	8	6	11	8	9	3
法国	France	3	7	2	2	2	3	4
英国	United Kingdom	20	9	2	13	14	13	16
加拿大	Canada	15	31	11	10	16	19	20
美国	United States	79	98	33	52	51	49	53
澳大利亚	Australia	18	28	18	27	25	22	16
合同金额（万美元）	**Volume（10000 USD)**	**431373**	**595715**	**737557**	**1446277**	**1566337**	**1487858**	**1591814**
#中国香港	Hong Kong China	212533	286810	559446	765753	994003	803295	945726
中国澳门	Macao China	4958	15623	8243	8158	15848	2034	4748
中国台湾	Taiwan China			76162	282112	292840	307108	221977
日本	Japan	16943	10575	4135	4676	10995	4994	4257
菲律宾	Philippines	17611	19213	-6765	-421	125	1002	184
泰国	Thailand	270	292	-85	53	1971	643	683
马来西亚	Malaysia	4643	7559	5728	6675	2018	11943	1541
新加坡	Singapore	10246	12343	21747	27949	27411	39126	116136
印度尼西亚	Indonesia	1026	1892	730	462	-699	2172	-189
德国	Germany	3107	251	261	1428	1360	5464	157
法国	France	102	881	429	31	4	28	52
英国	United Kingdom	15504	-4364	260	3246	641	11320	4116
加拿大	Canada	2495	3510	6948	2292	3427	11805	41301
美国	United States	21012	25534	1288	28221	2971	14148	15778
澳大利亚	Austrialia	985	5138	4493	73995	10737	2552	5873

注：当期外商投资企业减资或外商股权转让金额超过当期新批合同外资或外商投资企业增资金额，差额部分用负数表示。

Note:When the data of reduction of Signed Value or the transfer stock value surpass the data of Signed Value or the supplementary value of direct foreigh investment, the discrepancy is expressed by negative number.

4-13 实际利用外商直接投资金额(1979-2018年)

Direct Foreign Capital Actually Used(1979-2018)

单位：万美元 (USD 10000)

年份 Year	合计 Total	合资企业 Joint Ventures	合作企业 Cooperative Operation	独资企业 Sole-Foreign Enterprises
1979	83	15	68	
1980	363	288	75	
1981	150	40	110	
1982	121	5	16	100
1983	1438	1026	158	254
1984	4828	3526	1179	123
1985	11782	8566	2950	266
1986	6149	4121	1913	115
1987	5139	3097	1479	563
1988	13017	9273	2369	1375
1989	32880	13814	6384	12682
1990	29002	12617	2780	13605
1991	64449	22682	14775	26992
1992	141633	48528	26132	66973
1993	286745	98484	33498	154763
1994	371200	145518	34469	191213
1995	403881	124872	54073	224936
1996	407876	129778	50497	227601
1997	419666	112293	60175	247198
1998	421211	90295	50778	280138
1999	402403	99542	42121	260180
2000	380386	74548	13263	291365
2001	391804	74092	7248	309068
历史可比口径 (Old Scope)				
2002	424995	84669	11587	316240
2003	499329			
2004	531802			
2005	622984			
2006	718489			
2007	813093			
2008	1002556			
2009	1006481			
2010	1031552			
2011	1104447			
2012	1218541			
全口径 (Full Scope)				
2004	222120	41952	4324	163490
2005	260775	31021	670	222422
2006	322047	49684	2327	268789
2007	406058	68686	4670	332015
2008	567171	137758	2284	416441
2009	573747	104761	1372	458815
2010	580279	97974	2126	475199
2011	620111	94469	774	479782
2012	633774	130747	1325	399721
2013	667896	93411	3349	554906
2014	711499	136702	1200	558117
2015	768339	176361	2010	504258
2016	819465	191096	307	515657
2017	857672	265543	1306	471358
2018	445477	154603	202	259092

4-14 分国别(地区)实际利用外商直接投资金额

Direct Foreign Capital Actually Used by Country(Region)

单位: 万美元 (USD 10000)

国别(地区)	Country (Region)	2000	2005	2010	2017	2018
总计	**Total**	**380386**	**260775**	**580279**	**857672**	**445477**
亚洲	Asia					
#中国香港	Hong Kong China	151678	121783	354634	432060	249171
中国澳门	Macao China	2689	6162	5156	2897	62
中国台湾	Taiwan China			23805	65886	9054
印度尼西亚	Indonesia	1760	593	1883	512	33
日本	Japan	7655	7445	6287	30154	7165
新加坡	Singapore	12282	7727	25545	42479	11122
韩国	Korea	410	1069	3254	5202	3218
泰国	Tailand	979	662	153	60	33
欧洲	Europe					
#英国	United Kingdom	16179	1352	1007	779	90
德国	Germany	4553	48	1443	280	339
法国	France	74	708	278	5	
俄罗斯	Russian		109		2	19
拉丁美洲	Latin America					
#巴哈马	Bahamas	431		1769		
开曼群岛	Cayman Islands	20552	9242	12662	52874	60692
墨西哥	Mexico			957	2	
英属维尔京群岛	British Virgin Islands	21766	35134	42153	37266	12886
北美洲	North America					
#加拿大	Canada	1851	424	1099	4148	117
美国	United States	64652	17015	5096	2865	3486
大洋洲	Oceania					
#澳大利亚	Australia	2212	988	1823	1543	32
新西兰	New Zealand		467	336	38	

注：2005年及以后年份为全口径。

Note:Since 2005,Scope by Fund Examination.

4-15 外商投资企业工商注册数

Number of Registered Foreign Funded Enterprises

单位：个 (unit)

项目 Item	2005	2010	2014	2015	2016	2017	2018
总计 Total	**17854**	**17886**	**24322**	**25895**	**28351**	**28264**	**30144**
按企业登记注册类型分 Grouped by Status of Registration							
#中外合资 Joint Venture	3844	3674	3815	4142	4537	4739	5380
中外合作 Cooperative Operation	396	230	198	193	190	140	133
外商独资 Venture Exclusively with Foreign Investment	13598	13924	13978	14933	16456	16474	17388
按行业分 Grouped by Sector							
农、林、牧、渔业 Agriculture, Forestry, Animal Husbandryand Fishery	646	596	628	695	736	745	812
采矿业 Mining	61	46	34	35	35	34	34
制造业 Manufacturing	13762	13103	11953	11854	11696	10689	10247
电力、燃气及水的生产和供应业 Production and Supply of Electric Power, Gas and Water	169	146	173	196	203	213	218
建筑业 Construction	152	137	211	235	268	265	291
交通运输、仓储和邮政业 Transport,Storage and Post	265	205	587	618	638	637	662
信息传输、计算机服务和软件业 Information Transmission, Computer Software and Services	209	330	830	958	1173	1243	1399
批发和零售业 Wholesale and Retail Trade	234	1153	5036	5721	6655	6650	7165
住宿和餐饮业 Lodgings and Catering Services	307	300	1001	1146	1268	1325	1387
金融业 Financial Intermediation	6	24	304	337	385	429	505
房地产业 Real Estate	1283	1057	1098	1105	1117	1075	1070
租赁和商务服务业 Leasing and Business Services	212	415	1506	1780	2376	2547	3150
科学研究、技术服务和地质勘查业 Scientific Research, Technical Service and Geologic Prospecting	117	160	467	681	1121	1566	2123

注：2013年以前不含其他外商投资企业和外商投资企业分支机构。

Note:Before 2013, Exclude other Foreign Funded Enterprises and Branches.

4-15 续表

Continued

单位：个 (unit)

项目 Item	2005	2010	2014	2015	2016	2017	2018
水利、环境和公共设施管理业 Management of Water Conservancy,Environment and Public Facilities	54	56	79	82	96	109	116
居民服务和其他服务业 Services to Households and Other Services	119	125	224	230	246	230	242
教育 Education	11	2	6	12	20	32	53
卫生、社会保障和社会福利业 Health, Social Security and Social Welfare	9	3	8	11	13	25	46
文化、体育和娱乐业 Culture, Sports and Entertainment	204	28	174	196	302	448	614
其他行业 Others	34		3	3	3	2	10
按国别（地区）分 By Country							
#中国香港 Hong Kong China	8586	8443	8463	8769	9095	8976	9228
中国澳门 Macao China	400	387	383	403	424	445	466
中国台湾 TaiWan China	3879	3796	4117	4906	6238	6815	8049
日本 Japan	610	558	506	495	484	433	432
英国 United Kingdom	90	87	71	83	93	103	114
德国 Germany	51	74	73	81	88	82	76
加拿大 Canada	148	185	194	193	202	190	200
美国 United States	706	730	660	680	704	646	651
澳大利亚 Australia	150	198	184	210	227	208	214

4-16 外商投资企业工商注册资本金

Registered Capitals of Foreign Funded Enterprises

单位：万美元 (USD 10000)

项目 Item	2005	2010	2014	2015	2016	2017	2018
总计 Total	**4307474**	**6935845**	**9448456**	**11090110**	**13212653**	**15026839**	**16384415**
按企业登记注册类型分 Grouped by Status of Registration							
#中外合资 Joint Venture	1143952	1776709	2844702	3478528	4516309	5499040	5995632
中外合作 Cooperative Operation	158309	103869	108675	105447	108456	95412	93726
外商独资 Venture Exclusively with Foreign Investment	2920326	4697783	5957338	6803156	7717032	8430865	9262721
按行业分 Grouped by Sector							
农、林、牧、渔业 Agriculture,Forestry,Animal Husbandry and Fishery	103957	120696	188822	238271	261609	290674	336736
采矿业 Mining	7155	11496	11906	22900	26532	26936	25936
制造业 Manufacturing	2917604	4681053	5522739	5907219	6289411	6516630	6616701
电力、燃气及水的生产和供应业 Production and Supply of Electric Power,Gas and Water	140493	201131	213214	244888	253731	256481	256137
建筑业 Construction	57264	66442	89855	103441	149856	224018	262598
交通运输、仓储和邮政业 Transport,Storage and Post	115210	205581	345288	374779	381020	406839	422068
信息传输、计算机服务和软件业 Information Transmission, Computer Software and Services	27189	132824	99601	221456	233797	264928	331362
批发和零售业 Wholesale and Retail Trade	23880	196146	602470	861339	1042545	1249412	1411428
住宿和餐饮业 Lodgings and Catering Services	87187	116264	146806	149615	156378	152260	199198
金融业 Financial Intermediation	16391	94131	292729	352692	443446	499104	547584
房地产业 Real Estate	662639	793120	1163710	1204345	1212906	1209355	1255992
租赁和商务服务业 Leasing and Business Services	28410	153048	425101	806390	1721568	2516375	2992761

注：2013年以前不含其他外商投资企业和外商投资企业分支机构。

4-16 续表

Continued

单位：万美元 (USD 10000)

项目 Item	2005	2010	2014	2015	2016	2017	2018
科学研究、技术服务和地质勘查业 Scientific Research, Technical Service and Geologic Prospecting	18376	42605	140651	214465	600401	785832	1034122
水利、环境和公共设施管理业 Management of Water Conservancy,Environment and Public Facilities	13758	52069	71245	72330	92572	144210	149199
居民服务和其他服务业 Services to Households and Other Services	11442	40136	52862	64785	68365	164527	169922
教育 Education	1240	125	544	617	2871	21833	23664
卫生、社会保障和社会福利业 Health, Social Security and Social Welfare	6603	5189	7709	11527	15762	23737	63985
文化、体育和娱乐业 Culture, Sports and Entertainment	55245	23788	66086	231930	252761	273567	282960
其他行业 Others	13431		7119	7119	7119	119	2062
按国别（地区）分 By County							
#中国香港 Hong Kong China	2185021	3720362	5521531	6428139	7916418	8906249	9823928
中国澳门 Macao China	72789	100150	113002	127430	148265	147890	154852
中国台湾 TaiWan China	574517	527170	642939	949004	1304298	1623114	1906749
日本 Japan	104534	146104	139987	141422	148279	150116	158175
英国 United Kingdom	59149	52014	32866	137182	134462	161644	168490
德国 Germany	24018	31011	31520	32791	34898	53301	53279
加拿大 Canada	28771	44392	41186	41104	42805	54497	95566
美国 United States	220843	195581	167837	224771	247131	227542	235849
澳大利亚 Australia	25066	37420	105641	109590	117812	117799	124470

4-17 外商投资企业工商注册投资总额

Total Registered Investment Value of Foreign-Funded Enterprises

单位：万美元 (USD 10000)

项目 Item	2005	2010	2014	2015	2016	2017	2018
总计 Total	**7533131**	**12483059**	**17324503**	**19671281**	**22631550**	**26072064**	**27869529**
按企业登记注册类型分 Grouped by Status of Registration							
#中外合资 Joint Venture	1987294	3455996	5634095	6547303	8164446	10537604	10985537
中外合作 Cooperative Operation	303047	190773	197406	189572	195591	177411	178465
外商独资 Venture Exclusively with Foreign Investment	5151428	8456761	11032077	12320789	13506981	14478945	15768727
按行业分 Grouped by Sector							
农、林、牧、渔业 Agriculture,Forestry,Animal Husbandry and Fishery	170682	208623	338674	402367	440930	477715	518733
采矿业 Mining	10786	22242	18277	48768	54287	54668	52168
制造业 Manufacturing	4727634	8350872	10550653	11277703	12181801	12684424	12896877
电力、燃气及水的生产和供应业 Production and Supply of Electric Power, Gas and Water	444184	617253	654108	751810	768670	774777	775424
建筑业 Construction	89864	133944	184110	203600	277580	405910	482713
交通运输、仓储和邮政业 Transport,Storage and Post	198500	356884	720512	758250	748525	787524	800466
信息传输、计算机服务和软件业 Information Transmission, Computer Software and Services	58572	167493	173964	426674	471271	500139	579414
批发和零售业 Wholesale and Retail Trade	35960	330624	920742	1197492	1409078	1926947	2149863
住宿和餐饮业 Lodgings and Catering Services	157919	212732	258508	258433	266247	257139	393582
金融业 Financial Intermediation	16393	98633	212406	242006	322523	373712	471624
房地产业 Real Estate	1366522	1430093	2008410	2063174	2144679	2140853	2200389
租赁和商务服务业 Leasing and Business Services	42397	247703	604471	1042150	2005251	3469202	3799726

注：2013年以前不含其他外商投资企业和外商投资企业分支机构。

4-17 续表

Continued

单位：万美元 (USD 10000)

项目 Item	2005	2010	2014	2015	2016	2017	2018
科学研究、技术服务和地质勘查业 Scientific Research, Technical Service and Geologic Prospecting	33317	72538	252492	366765	810823	1105920	1597948
水利、环境和公共设施管理业 Management of Water Conservancy,Environment and Public Facilities	24334	85376	153109	143795	193401	331193	325429
居民服务和其他服务业 Services to Households and Other Services	16226	92034	123958	152374	159996	320382	319322
教育 Education	2061	161	888	961	3220	59080	60912
卫生、社会保障和社会福利业 Health, Social Security and Social Welfare	17165	14907	20527	30486	43258	53643	96026
文化、体育和娱乐业 Culture, Sports and Entertainment	95283	40948	119523	295306	320842	348669	346069
其他行业 Others	25332		9169	9169	9169	169	2844
按国别（地区）分 By County							
#中国香港 Hong Kong, China	3517597	6484905	9976273	11285092	13459444	15244547	16424954
中国澳门 Macao ,China	110177	158195	172165	197072	237611	232051	241278
中国台湾 TaiWan China	996935	860503	1043173	1462385	1885124	2333658	2623998
日本 Japan	184722	253939	278067	283398	308508	320140	331363
英国 United Kingdom	131979	110470	65092	169509	158731	230974	237896
德国 Germany	52451	65886	63923	64286	68607	123668	123702
加拿大 Canada	47181	73944	65584	64188	67248	81051	194552
美国 United States	547389	321559	300768	387364	431077	388355	395698
澳大利亚 Austrial	40684	62774	132573	137682	143400	141330	147077

4-18 涉外税收主要指标(1980-2018年)

Basic Statistics of Taxes on Enterprises with Foreign Capital(1980-2018)

单位：万元 (10000 yuan)

年份 Year	合计 Total	工商统一税 Industrial and Commercial Tax	外商投资企业和外国企业所得税 Income Tax of Foreign Capital Enterprises	个人所得税 Individual Income Tax	城市房地产税 Tax on Urban Real Estate	车船使用牌照税 Tax on License of Vehicle Use	其他各税 Others
1980	3	2		1			
1981	15	7	2	4	1		1
1982	100	71	21	5	2	1	
1983	466	406	51	6	2	1	
1984	1595	1322	256	11	3	3	
1985	3294	2833	388	48	9	16	
1986	5019	3511	1288	119	76	25	
1987	7539	6432	570	305	200	32	
1988	15201	12928	1552	396	290	35	
1989	31979	28087	3557	86	216	33	
1990	64361	43075	4310	403	759	74	15740
1991	69004	57651	6008	686	1296	88	3275
1992	96684	80544	10440	796	1928	108	2868
1993	165151	141073	18734	1171	3142	135	896
1994	241239	196943	33886	2945		195	7270
1995	314491	253985	40346	6433	8221	223	5283
1996	321385	259037	36909	10512	10290	222	4415
1997	399596	270700	49891	16566	10712	143	51584
1998	427978	323294	61466	23612	15188	153	4265
1999	615278	480920	80203	31404	17197	160	5394
2000	805058	606864	128522	41010	20717	137	7808
2001	1185431	943648	149662	58104	24468	324	9225
2002	1752684	1388974	259337	59850	31262	295	12966
2003	2083532	1647965	310246	73144	35981	233	15963
2004	2750440	2205541	396195	93732	37712	129	17131
2005	3297179	2647888	451434	117050	47531	149	33127
2006	3762352	2970472	550005	126135	54669	158	60913
2007	4432889	3431652	662730	164291	63786	146	110284
2008	5583964	4148765	915063	199179	70376	677	249904
2009	6352558	4831800	1032001	186644	76143	931	225039
2010	7621798	5551535	1450124	236470	89401	845	293423
2011	8837795	5962118	1890808	279397	115425	920	589127
2012	10367041	7679230	1973281	222036	81930	1113	409451
2013	10888732	7930345	2051444	242027	197124	3058	464734
2014	11387280	8181647	2194065	279574	156912	4100	570982
2015	10951399	7798575	2219127	302050	158093	4532	469022
2016	10233969	6896807	2146357	391378	152080	4634	642713
2017	11452717	7585350	2390552	427001	190182	4928	854704
2018	11866512	7808392	2559616	496225	204706	5178	792395

注：1.1988年后含海关代征税；2.工商统一税含增值税、营业税、消费税。

Note:a)Tax from 1998 Includes Commissioned Customs Tax .b)The Industrial and Commercial Tax has contained Value-added Tax, Operation Tax and Consumption Tax.

4-19 对外承包工程和劳务合作主要指标(1980-2018年)

Contracted Projects and Labor Service Cooperation with Foreign Countries(1980-2018)

年份 Year	对外承包工程合同金额（万美元） Contracted Projects(USD 10000)	劳务人员合同工资总额（万美元） Labor Services Cooperation(USD 10000)	年末在外人数（人） Number of Persons Abroad at the Year-end (person)	承包工程 Contracted Projects	劳务合作 Labor Services Cooperation
1980		113	34		34
1981	4	93	213	4	209
1982	7	145	341	6	335
1983	139	632	447	8	439
1984	716	2894	2157	20	2137
1985	3175	1093	2432	72	2360
1986	8232	2331	4134	85	4049
1987	6620	2398	6206	103	6103
1988	9816	6612	8109	189	7920
1989	12884	5753	9144	143	9001
1990	11098	6499	9686	125	9561
1991	16378	15281	16262	66	16196
1992	33190	16627	21439	93	21346
1993	43596	24426	29791	82	29709
1994	48461	22464	34289	85	34204
1995	35641	27544	43859	148	43711
1996	24890	23419	48337	38	48299
1997	14068	28680	55358	137	55221
1998	19436	24356	54618	119	54497
1999	6227	29805	56757	117	56638
2000	12486	29562	53847	162	53685
2001	16262	36934	59688	126	59561
2002	23765	17141	50513	329	50184
2003	27047	39024	52586	239	52347
2004	25013	31770	50478	216	50262
2005	24713	32539	50528	236	50292
2006	26108	31844	50964	335	50629
2007	26395	32003	51371	350	51021
2008	41862	26348	27842	560	27282
2009	14476	27884	28063	223	27840
2010	8607	20580	24240	367	23873
2011	49016	63444	27601	571	27030
2012	49828	52926	35162	1787	33375
2013	31044	58675	41787	2795	38992
2014	35842	113856	56199	4074	52125
2015	57701	67482	59213	3714	55499
2016	58143	85110	60359	3967	56392
2017	131113	63631	75944	4518	71426
2018	64107	78644	64045	3400	60645

注：劳务人员合同工资总额，2012年以前为对外劳务合作合同金额。
Note:Before 2012,Value of Labor Services Cooperation is Labour Services

4-20 各设区市进出口商品总额（2018年）

Total Exports by City(2018)

单位：万元、万美元 (10000 yuan.USD 10000)

年份	Year	进出口总额（万元） (10000 yuan)	进出口总额（万美元） (USD 10000)	出口总额（万元） (10000 yuan)	出口总额（万美元） (USD 10000)	进口总额（万元） (10000 yuan)	进口总额（万美元） (USD 10000)
福州市	Fuzhou	24532874	3733506	16586347	2525030	7946527	1208475
厦门市	Xiamen	60046908	9108180	33415050	5062660	26631858	4045519
莆田市	Putian	3713253	564239	2249838	341461	1463415	222778
三明市	Sanming	1727259	265751	1649206	253886	78053	11865
泉州市	Quanzhou	18543248	2812580	11932679	1807992	6610568	1004587
漳州市	Zhangzhou	6938815	1051602	5338181	809260	1600634	242342
南平市	Nanping	1124169	169654	1069781	161444	54388	8209
龙岩市	Longyan	2811731	427948	1678297	255535	1133433	172414
宁德市	Ningde	3545015	534748	2166827	328241	1378188	206506
平潭综合实验区	Pingtan	589588	89356	154533	23026	435055	66330

4-21 各设区市外商直接投资合同数(2000-2018年)

Number of Signed Contracts for Direct Foreign Investment by City(2000-2018)

单位：项 (Unit)

年份 Year	福州市 Fuzhou	厦门市 Xiamen	莆田市 Putian	三明市 Sanming	泉州市 Quanzhou	漳州市 Zhangzhou	南平市 Nanping	龙岩市 Longyan	宁德市 Ningde
2000	295	259	56	36	416	257	84	29	31
2001	319	343	64	35	513	261	81	30	24
2002	385	380	65	52	578	217	92	24	32
2003	360	374	52	66	904	268	178	40	32
2004	414	435	66	87	776	269	134	58	38
2005	326	364	71	107	561	344	136	47	32
2006	327	569	81	83	524	342	110	88	40
2007	234	472	43	71	394	346	80	64	18
2008	155	355	36	53	140	191	68	84	19
2009	144	325	25	46	103	154	61	64	17
2010	186	398	25	65	156	186	46	58	19
2011	170	368	35	32	170	149	44	28	20
2012	148	331	25	42	106	129	43	16	18
2013	135	331	14	37	111	84	30	17	20
2014	126	416	11	40	126	94	26	18	20
2015	339	726	24	27	102	125	19	25	18
2016	483	1278	26	26	124	115	14	32	10
2017	362	1145	23	27	196	121	10	33	20
2018	514	1215	37	45	280	120	21	54	25

4-22 各设区市外商直接投资合同金额

Value of Signed Contracts for Direct Foreign Investment by City

单位：万美元 (USD 10000)

年份 Year	福州市 Fuzhou	厦门市 Xiamen	莆田市 Putian	三明市 Sanming	泉州市 Quanzhou	漳州市 Zhangzhou	南平市 Nanping	龙岩市 Longyan	宁德市 Ningde
2000	95479	100400	20744	6596	87014	94420	18586	2601	5533
2005	116672	129492	22852	14594	170025	69657	44437	15978	12008
2008	148883	190847	14216	21470	186888	77214	39325	22556	13802
2009	122969	139531	15034	20401	95910	78500	39067	17567	7116
2010	167297	166157	36294	24499	161089	102339	43001	28321	8560
2011	176966	225037	39283	24513	198154	126049	51542	43336	26963
2012	205643	225010	35891	31682	120592	141580	56251	25335	28747
2013	205700	190805	26725	35644	132803	130555	35294	18653	31653
2014	146368	285337	3666	26113	154609	98080	42784	34039	37301
2015	317473	416303	26662	24286	99498	131223	53806	56501	45068
2016	163075	756798	64730	15610	135553	162953	14532	67468	8624
2017	586287	481683	2002	16026	68777	101942	22974	30317	7944
2018	397233	714111	14901	49253	181596	116530	17471	17304	9200

4-23 各设区市实际利用外商直接投资金额

Direct Foreign Capital Actually Used by City

单位：万美元 (USD 10000)

年份 Year	福州市 Fuzhou	厦门市 Xiamen	莆田市 Putian	三明市 Sanming	泉州市 Quanzhou	漳州市 Zhangzhou	南平市 Nanping	龙岩市 Longyan	宁德市 Ningde
2003	68751	42200	13235	4855	74406	40585	12948	2841	1497
2005	64017	70740	7152	4632	70974	31017	5356	5161	1726
2008	100150	204244	13038	6600	169991	50051	5857	13426	3814
2009	103227	168674	18302	7460	172002	55018	6167	15225	5672
2010	118524	169651	22952	8635	149342	70076	6787	16506	7098
2011	127745	172583	25264	9201	161511	88739	7794	17762	9512
2012	133877	177453	25559	10300	131960	89025	8733	19908	12007
2013	143063	187204	30164	12500	139112	94552	10501	21598	14433
2014	154651	197101	34092	14033	148950	101207	12000	24082	17463
2015	167852	209373	37750	15636	158036	108500	14532	26853	21007
2016	181372	222401	40020	17090	162780	116366	16249	29540	23120
2017	198525	237830	45413	18441	159194	121662	23446	32788	6708
2018	77987	172500	12629	3978	59584	82305	5807	4482	1814

主要统计指标解释

进出口总额 指实际进出我国国境的货物总金额。包括对外贸易实际进出口货物，来料加工装配进出口货物，国家间、联合国及国际组织无偿援助物资和赠送品，华侨、港澳台同胞和外籍华人捐赠品，租赁期满归承租人所有的租赁货物，进料加工进出口货物，边境地方贸易及边境地区小额贸易进出口货物(边民互市贸易除外)，中外合资企业、中外合作经营企业、外商独资经营企业进出口货物和公用物品，到、离岸价格在规定限额以上的进出口货样和广告品(无商业价值、无使用价值和免费提供出口的除外)，从保税仓库提取在中国境内销售的进口货物，以及其他进出口货物。进出口总额用以观察一个国家在对外贸易方面的总规模。我国规定出口货物按离岸价格统计，进口货物按到岸价格统计。

外商直接投资 指外国企业和经济组织或个人(包括华侨、港澳台胞以及我国在境外注册的企业)按我国有关政策、法规，用现汇、实物、技术等在我国境内开办外商独资企业、与我国境内的企业或经济组织共同举办中外合资经营企业、合作经营企业或合作开发资源的投资(包括外商投资收益的再投资)，以及经政府有关部门批准的项目投资总额内企业从境外借入的资金。

对外承包工程 指各对外承包公司以招标议标承包方式承揽的下列业务：(1)承包国外工程建设项目，(2)承包我国对外经援项目，(3)承包我国驻外机构的工程建设项目，(4)承包我国境内利用外资进行建设的工程项目，(5)与外国承包公司合营或联合承包工程项目时我国公司分包部分，(6)对外承包兼营的房屋开发业务。对外承包工程的营业额是以货币表现的本期内完成的对外承包工程的工作量，包括以前年度签订的合同和本年度新签订的合同在报告期内完成的工作量。

对外劳务合作 指以收取工资的形式向业主或承包商提供技术和劳动服务的活动。我国对外承包公司在境外开办的合营企业，中国公司同时又提供劳务的，其劳务部分也纳入劳务合作统计。劳务合作营业额按报告期内向雇主提交的结算数(包括工资、加班费和奖金等)统计。

Explanatory Notes on Main Statistical Indicators

Total Imports and Exports at Customs refer to the value of commodities imported into and exported from the boundary of China. They include the actual imports and exports through foreign Trades, imported and exported goods under the processing and assembling Trades and materials, supplies and gifts as aid given gratis between governments and by the United Nations and other international organizations, and contributions donated by overseas Chinese, compatriots in Hong Kong and Macao and Chinese with foreign citizenship, leasing commodities owned by tenant at the expiration of leasing period, the imported and exported commodities processed with imported materials, commodities trading in border areas(excluding mutual exchange goods), the imported and exported commodities and articles for public use of the Sino-foreign joint ventures, cooperative enterprises and ventures exclusively with foreign own investment .Also included are import or export of samples and advertising goods for whose CIF or FOB value are beyond the permitted ceiling (excluding goods of no trading or use value and free commodities for export),imported goods sold in China from bonded warehouses and other imported or exported goods.The indicator of the total imports and exports at customs can be used to observe the total size of external Trades in a country.In accordance with the stipulation of the Chinese government,imports are calculated at CIF, while exports are calculated at FOB

Foreign Direct Investment refers to the investments inside China by foreign enterprises and economic organizations or individuals(including overseas Chinese,compatriots from Hong Kong and Macao,and Chinese enterprises registered abroad), following the relevant policies and laws of China, for the establishment of ventures exclusively with foreign own investment, Sino-foreign joint ventures and cooperative enterprises or for co-operative exploration of resources with enterprises or economic organizations in China. It includes the re investment of the foreign entrepreneurs with the profits gained from the investment and the funds that enterprises borrow from abroad in the total investment of projects which are approved by the relevant department of the government.

Contracted Projects with Foreign Countries refer to projects undertaken by Chinese contractors (project contracting companies)through bidding process.They include: (1)overseas civil engineering construction projects financed by foreign investors; (2)overseas projects financed by the Chinese government through its foreign aid programs; (3)construction projects of Chinese diplomatic missions,Trades offices and other institutions stationed abroad; (4)construction projects in China financed by foreign investment; (5)sub-contracted projects to be taken by Chinese contractors through a joint umbrella project with foreign contractor(s); (6)housing development projects.The business income from international contracted projects is the work volume of contracted projects completed during the reference period, expressed in monetary terms, including completed work on projects signed in previous years.

Foreign Exchange Earnings from International Tourism refer to the total expenditures of foreigners, overseas Chinese, Chinese compatriots from Hong Kong, Macao and Taiwan during their stay in the mainland of China, which are earnings of foreign exchange from international tourism from the point of view from China.

第五篇　能源

Chapter 5　Energy

资料整理：林红　何祥伟

Database Editor:Linhong Hexiangwei

简要说明

本篇资料的主要内容及来源

本篇资料主要包括能源生产、消费及品种构成，能源和电力消费弹性系数，生活用能源消费量及综合能源平衡表，全省及各设区市主要发展约束性指标，以及规模以上工业分行业能耗情况。

行业分类采用现行统一的国民经济行业分类国家标准。综合能源平衡表中的库存量、进口量、出口量和消费量，根据有关部门和企业提供的数据综合评估得出。本篇出现的“煤炭”，包括原煤、洗精煤、其它洗煤和煤制品（即型煤），不包括焦炭。

本篇资料2005-2013年数据，根据全国第三次经济普查资料进行相应调整，相关数据以本年鉴公布数据为准。

本篇资料由省统计局能源统计处依据能源年报整理提供。

Brief Introduction

Main Content and Source of Data

Data in this chapter show the mainly energy production and consumption and their composition of Fujian Province, the elasticity ratio of energy consumption, the consumption of energy for residential use, main binding indicators on development of administrative areas of Fujian, and the energy consumption of industrial enterprises grouped by sector over designated size.

Data by industries in this chapter are based on the new National Industrial Classification of All Economic Activities；In the energy balance, data on stock, imports, exports and consumption are based on data provide by relevant departments and enterprises；Coal includes crude coal, washing coal, other washing coal and coal products and excludes coke.

According to the National Econimic Sensus Ⅲ,the data had been adjusted from 2005 to 2013.

Data on this chapter are provided and processed in accordance with the statistical reporting scheme on energy by the Division of Energy of the Fujian Provincial Bureau of Statistics.

5-1 一次能源生产总量及构成(1978-2018年)

Total Production of Primary Energy and Its Composition(1978-2018)

单位：万吨标准煤 (10000 tons of SCE)

年份 Year	能源生产总量 Total Energy Production	占能源生产总量的比重(%) Percentage of Total Energy Production(%)				
		原煤 Coal	一次电力及其他能源 Primary Power and Others	#水电 Hydro-power	风电 Wind Power	核电 Nuclear Power
1978	461.00	65.5	34.5	34.5		
1979	491.00	69.9	30.1	30.1		
1980	492.00	67.3	32.7	32.7		
1981	493.00	60.2	39.8	39.8		
1982	522.00	60.5	39.5	39.5		
1983	609.00	61.4	38.6	38.6		
1984	641.00	64.3	35.7	35.7		
1985	690.00	62.7	37.3	37.3		
1986	724.00	67.0	33.0	33.0		
1987	806.00	69.7	30.3	30.3		
1988	918.00	67.2	32.8	32.8		
1989	950.00	71.0	29.0	29.0		
1990	966.52	68.4	31.6	31.6		
1991	854.43	71.7	28.3	28.3		
1992	1013.39	64.1	35.9	35.9		
1993	1051.43	66.7	33.3	33.3		
1994	1169.96	59.7	40.3	40.3		
1995	1396.24	58.0	42.0	42.0		
1996	1406.04	59.3	40.7	40.7		
1997	1256.30	44.1	55.9	55.9		
1998	1177.00	44.1	55.9	55.9		
1999	1634.16	59.9	40.1	40.1		
2000	1654.17	60.3	39.7	39.7		
2001	1850.44	49.9	50.1	50.1		
2002	1923.40	61.3	38.7	38.7		
2003	1816.80	68.4	31.6	31.6		
2004	1805.75	72.6	27.4	27.4		
2005	2488.47	61.5	38.5	38.5		
2006	2668.15	57.8	42.2	42.2		
2007	2625.28	61.5	38.5	38.1	0.4	
2008	2989.93	60.1	39.9	39.3	0.6	
2009	2939.48	61.2	38.8	37.9	0.9	
2010	3260.42	56.1	43.9	42.8	1.1	
2011	2802.72	66.8	33.2	30.8	2.4	
2012	2989.65	49.0	51.0	48.2	2.8	
2013	2765.64	44.3	55.7	43.6	3.9	8.1
2014	2948.49	39.3	60.7	42.3	3.9	14.5
2015	3613.52	32.2	67.8	36.7	3.7	24.2
2016	4456.75	23.4	76.6	42.6	3.4	27.5
2017	4162.06	20.5	79.5	29.9	4.6	40.3
2018	4082.99	17.4	82.6	23.7	5.3	47.1

注：2016年一次能源生产量包括生物质燃料等其他能源，与往年口径不一致，若不含其他能源，2016年一次能源生产量为4357.85万吨标准煤。

Note:In 2016, Total Production of Primary Energy including biomass fuel and other energy sources, was not the same as in previous years. If there were no other energy sources, otal Production of Primary Energy in 2016 was 4357.85 10thousand tons of SCE.

5-2 能源消费总量及构成(1978-2018年)

Total Consumption of Energy and Its Composition(1978-2018)

单位：万吨标准煤 (10000 tons of SCE)

年份 Year	能源消费总量 Total Energy Consumption	占能源消费总量的比重(%) As Percentage of Total Energy Production(%)					
		原煤 Coal	石油 Crude Oil	天然气 Natural Gas	一次电力及其他能源 Primary Power and Others	#水电 Hydro-power	核电 Nuclear Power
1978	688.00	63.7	12.9		23.4	23.4	
1979	731.00	66.9	13.1		20.0	20.0	
1980	710.00	64.0	13.9		22.1	22.1	
1981	729.00	59.1	13.6		27.3	27.3	
1982	780.00	60.6	12.8		26.6	26.6	
1983	861.00	61.5	11.8		26.7	26.7	
1984	930.00	63.0	12.7		24.3	24.3	
1985	1043.00	64.0	11.2		24.8	24.8	
1986	1114.00	66.3	12.2		21.5	21.5	
1987	1215.00	67.0	12.9		20.1	20.1	
1988	1363.30	65.9	12.0		22.1	22.1	
1989	1404.00	68.3	12.1		19.6	19.6	
1990	1458.30	67.0	12.1		20.9	20.9	
1991	1530.56	70.9	13.3		15.8	15.8	
1992	1624.05	64.1	13.5		22.4	22.4	
1993	1848.00	61.9	19.2		18.9	18.9	
1994	1953.54	59.9	18.7		21.4	21.4	
1995	2279.91	54.8	19.5		25.7	25.7	
1996	2452.18	55.4	21.3		23.3	23.3	
1997	2499.11	50.8	21.1		28.1	28.1	
1998	2578.62	51.9	22.2		25.9	25.9	
1999	2771.64	53.9	22.7		23.4	23.4	
2000	2942.60	54.4	23.3		22.3	22.3	
2001	3163.09	51.4	22.0		26.6	26.6	
2002	3615.33	55.6	23.8		20.6	20.6	
2003	4062.55	61.4	24.5		14.1	14.1	
2004	4527.80	63.8	25.1	0.2	10.9	10.9	
2005	5753.99	59.4	23.8	0.1	16.7	16.7	
2006	6396.85	59.8	22.5	0.1	17.6	17.6	
2007	7109.26	62.9	22.8	0.1	14.2	14.1	
2008	7734.20	62.6	20.1	0.3	17.0	16.8	
2009	8353.67	65.5	19.5	1.4	13.6	13.3	
2010	9189.42	55.4	24.8	4.2	15.6	15.2	
2011	9980.23	62.0	24.0	4.6	9.4	8.7	
2012	10479.44	57.1	23.5	4.8	14.6	13.7	
2013	10898.51	56.8	23.3	5.8	14.1	11.1	2.1
2014	11794.37	53.0	25.8	5.7	15.5	10.6	3.6
2015	11862.79	49.9	24.8	5.1	20.2	11.2	7.4
2016	12035.99	42.9	23.8	5.4	27.9	15.8	10.2
2017	12554.74	45.1	24.1	5.3	25.5	9.9	13.4
2018	13131.01	48.4	22.5	5.1	24.0	7.4	14.6

注：2013-2017年数据根据第四次全国经济普查资料进行相应调整（下同）。

Note:The data of 2013-2017 are adjusted according to the fourth national economic census,the same as below.

5-3 综合能源平衡表

Overall Energy Balance Sheet

单位：万吨标准煤 (10000 tons of SCE)

项目 Item	2000	2005	2010	2017	2018
可供消费的能源总量 Total Energy Available for Comsumption	**2962.28**	**5752.29**	**9189.40**	**12554.73**	**13131.01**
一次能源生产量 Primary Energy Output	1654.17	2488.47	3260.42	4162.06	4082.99
省外调入量 Take-in Quantity from Outside of the Province	1531.68	3638.98	6726.75	10042.15	10659.01
本省调出量(-) Take-out Quantity from Native Province(-)	246.59	323.32	786.26	1352.85	1593.10
年末年初库存差额 Stock Changes in The Year	23.04	-51.84	-11.51	-296.64	-17.89
能源消费总量 Total Energy Consumption	**2942.60**	**5753.99**	**9189.42**	**12554.74**	**13131.01**
在总量中: Consumption by Sector					
1.农、林、牧、渔、水利业 Farming,Forestry,Animal Husbandry,Fishery And water Conservancy	99.36	107.14	179.41	235.58	243.59
2.工业 Industry	1923.19	4030.36	6487.70	8415.06	8753.93
3.建筑业 Construction	30.07	72.48	190.23	269.06	282.96
4.交通运输、仓储和邮政业 Transport,Storage,Post And Telecommunication Services	223.94	469.40	753.38	1211.91	1286.86
5.批发、零售业和住宿、餐饮业 Wholesale and Retail Trades,Hotels and Catering Services	63.80	148.85	228.58	348.15	378.82
6.其他行业 Others Sectors	214.72	286.71	334.50	516.61	565.90
7.生活消费 Residential Consumption	387.52	639.05	1015.62	1558.37	1618.95
在总量中: Consumption by Sector					
(一) 终端消费 Final Consumption	2833.43	5545.55	9064.35	12406.46	13056.54
#工业 Industy	1814.00	3821.92	6417.98	8266.79	8679.46
(二) 加工转换损失量 Losses in Processing And Transformation	7.97	-20.17	126.87	116.60	149.86
#炼焦 Coking	0.08	-2.45	-14.61	-8.05	-8.94
炼油 Petroleum Refining	7.55	-16.88	-64.12	-78.27	-102.25
回收能 Recovery of Energy		202.62	236.55	303.05	408.60
(三) 损失量 Other Losses	101.20	188.27	251.94	264.89	224.34
平衡差额 Balance	**19.67**	**-1.70**	**-0.02**	**-0.01**	

注：1.电力、热力按等价热值折算。2.省外调入量包括进口量，本省调出量包括出口量。
Note:a)Electric Power and Heat are calculated by Caloric Value of Equal Price. b)Take-in quantity from outside of the province includes imports; Take-out quantity from native province includes exports.

5-4 电力平衡表

Electricity Balance Sheet

单位：亿千瓦小时　　(100 million kmh)

项目 Item	2000	2005	2010	2017	2018
可供量 Total Available Energy	**403.02**	**756.59**	**1315.08**	**2112.73**	**2313.82**
生产量 Output	405.21	778.25	1356.32	2185.58	2461.88
火电 Thermal Power	208.45	486.88	890.61	1139.16	1405.13
水电、风电、核电、其它发电 Hydro-power, Wind-Power, Nuclear-Power and Others	196.76	291.37	465.71	1046.42	1056.75
本省调出量(−) Take-out Quantity from Native Province(-)	2.20	26.64	42.95	75.34	149.36
省外调入量 Take-in Quantity from Outside of the Province		4.98	1.71	2.49	1.30
消费量 Consumption	**403.02**	**756.59**	**1315.08**	**2112.73**	**2313.82**
在总量中: Consumption by Sector					
1.农、林、牧、渔业、水利业 1.Agriculture,Forestry,Animal Husbandry, and Fishery	15.91	8.78	13.35	29.84	34.89
2.工业 2.Industry	273.77	537.90	892.81	1340.11	1476.45
3.建筑业 3.Construction	6.06	6.59	20.73	28.59	35.11
4.交通运输.仓储和邮政业 4.Transport, Storage and Post	8.78	11.44	17.43	34.55	39.66
5.批发、零售业和住宿、餐饮业 5.Wholesale and Retail Trades, Hotels and Catering Services	11.83	23.20	48.29	105.07	115.79
6.其他行业 6.Others	21.46	46.71	83.59	154.87	172.26
7.生活消费 7.Household Consumption	65.21	121.97	238.88	419.70	439.67
在总量中: Consumption by Use					
1.终端消费 1.End-use Consumption	372.67	699.43	1233.09	2024.24	2238.50
#工业 Industry	243.42	480.74	810.82	1251.62	1401.13
2.输配电损失量 2.Losses in Transmission	30.35	57.16	81.99	88.49	75.32
平衡差额 Balance	**-0.01**	**-0.35**			

5-5 能源消费弹性系数(1990-2018年)

Elasticity Ratio of Energy(1990-2018)

年份 Year	能源消费比上年增长(%) Growth Rate of Energy Consumption over Preceding Year (%)	电力消费比上年增长(%) Growth Rate of Electricity Consumption over Preceding Year (%)	能源消费弹性系数 Elasticity Ratio of Energy Consumption	电力消费弹性系数 Elasticity Ratio of Electricity Consumption
1990	3.87	5.48	0.52	0.73
1991	4.96	11.03	0.35	0.78
1992	6.11	16.32	0.30	0.80
1993	13.79	10.63	0.61	0.47
1994	5.71	17.24	0.28	0.85
1995	16.71	14.13	1.14	0.97
1996	7.56	9.03	0.67	0.80
1997	1.91	8.88	0.14	0.63
1998	3.18	3.78	0.29	0.35
1999	7.49	10.36	0.76	1.05
2000	6.17	13.44	0.66	1.45
2001	7.49	9.17	0.86	1.05
2002	14.30	21.74	1.40	2.13
2003	12.37	17.73	1.08	1.54
2004	11.45	5.35	0.97	0.45
2005	13.00	13.88	1.12	1.20
2006	11.17	14.57	0.75	0.98
2007	11.14	15.40	0.73	1.01
2008	8.79	7.32	0.68	0.56
2009	8.01	5.72	0.65	0.47
2010	10.00	15.87	0.72	1.14
2011	8.61	15.27	0.70	1.24
2012	5.00	4.20	0.44	0.37
2013	6.78	7.68	0.62	0.70
2014	8.22	9.12	0.83	0.92
2015	0.58	-0.21	0.06	
2016	1.46	6.30	0.17	0.75
2017	4.31	7.32	0.53	0.91
2018	4.59	9.52	0.55	1.15

注：2015年电力消费负增长，无法计算电力消费弹性系数。

Note:Due to the negative Growth Rate of Electricity Consumption,Elasticity Ratio of Electricity Consumption in 2015 can't be calculated.

5-6 能源加工转换效率(1985-2018年)

Efficiency of Energy Conversion(1985-2018)

单位: % (%)

年份 Year	总效率 Total Efficiency	发电及电站供热 Power Generation and Heating by Power Station	炼焦 Coking	炼油 Petroleum Refining
1985	36.87	25.50	86.40	
1986	34.20	25.98	87.01	
1987	33.32	26.60	88.94	
1988	33.91	27.43	88.19	
1989	35.93	30.50	88.43	
1990	36.74	31.43	87.00	
1991	37.37	31.84	88.25	
1992	38.78	32.01	87.08	
1993	58.38	32.26	87.35	98.00
1994	57.74	32.26	87.70	97.97
1995	61.94	32.43	90.61	94.96
1996	60.54	32.51	91.10	95.41
1997	66.72	33.95	89.31	96.92
1998	59.35	33.95	97.36	96.95
1999	62.08	34.62	95.28	97.69
2000	63.63	36.04	98.01	95.38
2001	62.55	35.94	97.13	93.47
2002	57.24	36.25	97.95	94.74
2003	54.42	37.02	97.90	92.91
2004	54.81	39.65	95.39	96.44
2005	55.00	39.77	97.88	96.61
2006	55.23	39.84	98.32	99.46
2007	53.14	40.52	94.74	99.45
2008	52.21	41.16	96.84	99.15
2009	58.63	42.48	93.88	97.97
2010	63.50	42.72	92.08	96.06
2011	57.39	42.48	94.62	94.12
2012	61.30	43.24	95.83	96.21
2013	57.07	42.91	89.09	92.14
2014	64.40	44.05	93.28	95.19
2015	68.21	44.24	95.98	94.64
2016	71.43	44.69	96.88	96.43
2017	68.79	44.34	95.99	96.29
2018	66.24	44.78	95.96	96.48

5-7 平均每天能源消费量

Average Daily Energy Consumption by Type of Energy

单位：万吨标准煤

年份 Year	合计（万吨标准煤） Total (10000 tons of SCE)	煤炭（万吨） Coal (10000 tons)	焦炭（万吨） Coke (10000 tons)	原油（万吨） Crude Oil (10000 tons)	燃料油（万吨） Fuel Oil (10000 tons)	汽油（万吨） Gasoline (10000 tons)	柴油（万吨） Diesel Oil (10000 tons)	液化石油气（万吨） Liquefied Gas (10000 tons)	天然气（万立方米） Natural Gas (10000 m3)	电力（亿千瓦小时） Electricity (100 million kwh)
1990	4.00	3.57	0.15		0.04	0.11	0.17			0.37
1995	6.25	4.59	0.22	0.62	0.09	0.19	0.43	0.05		0.72
2000	8.06	5.92	0.27	0.98	0.15	0.29	0.58	0.11		1.10
2003	11.13	8.96	0.36	0.99	0.26	0.38	0.73	0.22		1.60
2004	12.40	10.43	0.56	1.07	0.22	0.53	0.89	0.24		1.77
2005	15.76	11.63	0.77	0.95	0.44	0.55	1.01	0.27		2.07
2006	17.53	13.06	0.82	1.03	0.48	0.57	1.07	0.26		2.37
2007	19.48	15.31	0.98	0.97	0.34	0.72	1.30	0.29		2.74
2008	21.19	16.42	1.01	0.85	0.39	0.69	1.19	0.28	41.92	2.94
2009	22.89	17.57	1.79	1.93	0.45	0.72	1.13	0.25	232.60	3.11
2010	25.18	17.76	1.88	3.13	0.50	0.91	1.40	0.23	797.26	3.60
2011	27.34	21.89	2.00	2.64	0.52	1.02	1.46	0.23	1038.08	4.15
2012	28.71	21.01	1.78	3.03	0.51	1.09	1.41	0.22	1027.12	4.33
2013	29.86	22.13	1.80	2.76	0.50	1.12	1.43	0.22	1301.37	4.66
2014	32.31	22.46	1.85	5.60	0.48	1.21	1.32	0.22	1376.99	5.08
2015	32.50	20.99	1.71	5.93	0.48	1.27	1.22	0.17	1243.29	5.07
2016	32.98	18.70	1.67	5.72	0.49	1.36	1.18	0.19	1330.14	5.39
2017	34.40	20.67	1.81	5.71	0.40	1.46	1.19	0.19	1374.25	5.89
2018	35.98	23.45	2.14	5.87	0.48	1.50	1.20	0.16	1422.47	6.34

5-8 生活能源消费量

Average Annual Energy Consumption for Households

单位：万吨标准煤

年份 Year	合计（万吨标准煤） Total (10000 tons of SCE)	煤炭（万吨） Coal (10000 tons)	汽油（万吨） Gasoline (10000 tons)	柴油（万吨） Kerosene (10000 tons)	天然气（亿立方米） Natural Gas (100 million tons)	液化石油气（万吨） Liquefied Gas (10000 tons)	电力（亿千瓦小时） Electricity (100 million kwh)
1990	219.38	196.00				1.57	18.48
1995	290.95	181.17				14.22	34.68
2000	387.52	155.00				30.96	65.21
2003	504.29	138.70	6.72			53.80	98.11
2004	558.71	135.98	12.63			58.17	110.12
2005	639.05	145.26	13.65	3.58		53.68	121.97
2006	701.06	139.00	16.95	4.91		57.57	141.12
2007	766.85	124.50	18.07	6.58		61.37	163.08
2008	845.62	112.78	22.33	6.12	0.05	64.14	188.78
2009	912.85	107.79	47.13	6.41	0.25	57.94	209.65
2010	1015.62	106.90	67.52	9.93	0.77	45.24	238.88
2011	1088.21	89.00	68.60	10.50	0.94	50.78	266.09
2012	1157.69	83.00	70.00	10.77	0.96	50.38	289.86
2013	1224.10	54.95	84.50	10.89	1.18	50.37	311.19
2014	1306.86	31.30	89.77	11.20	1.25	45.30	345.03
2015	1324.57	30.10	93.80	13.30	1.43	47.90	344.96
2016	1440.42	26.86	99.80	14.29	1.55	47.60	381.12
2017	1558.37	24.00	104.30	15.40	1.90	47.15	419.7
2018	1618.95	23.00	108.20	16.10	2.06	46.98	439.67

5-9 年人均生活能源消费量(1990-2018年)

Annual per Capita Energy Consumption of Households(1990-2018)

年份 Year	合计（千克标准煤） Total (kg of SCE)	煤炭(千克) Coal(kg)	汽油(千克) Gasoline(kg)	液化石油气(千克) Liquefied Petroleum Gas(kg)	天然气(立方米) Natural Gas(cu.m)	电力(千瓦小时) Electricity(Kwh)
1990	72.87	65.11		0.52		61.39
1991	74.70	62.86		0.59		71.09
1992	84.79	63.92		0.66		95.69
1993	59.66	57.95		2.86		102.23
1994	63.32	57.79		4.19		106.77
1995	90.78	56.53		4.44		108.21
1996	101.97	50.40		8.35		130.02
1997	106.12	50.44		7.46		150.42
1998	114.26	48.97		8.86		171.74
1999	120.30	48.37		8.88		191.56
2000	115.23	46.09		9.21		193.90
2001	127.20	44.93		9.62		209.69
2002	136.03	42.32	1.19	13.49		244.41
2003	144.82	39.83	1.93	15.45		281.75
2004	159.19	38.74	3.60	16.57		313.75
2005	180.37	41.00	3.85	15.15		344.26
2006	196.32	38.92	4.75	16.12		395.18
2007	213.10	34.60	5.02	17.05		453.19
2008	233.24	31.11	6.16	17.69	0.14	520.70
2009	249.92	29.51	12.90	15.86	0.68	573.99
2010	276.02	29.05	18.35	12.30	2.09	649.22
2011	293.60	24.01	18.51	13.70	2.54	717.90
2012	310.04	22.23	18.75	13.49	2.57	776.27
2013	325.47	14.61	22.47	13.39	3.14	827.41
2014	344.82	8.26	23.69	11.95	3.30	910.37
2015	346.47	7.87	24.54	12.53	3.74	902.33
2016	373.46	6.96	25.88	12.34	4.02	988.13
2017	400.30	6.16	26.79	12.11	4.88	1078.09
2018	412.37	5.86	27.56	11.97	5.25	1119.89

5-10 规模以上工业企业能源购进、消费及库存(2018年)

Purchases, Consumption and Inventory of Energy in Industrial Enterprises above Designated Size(2018)

项目 Item	购进量 Purchases	消费量 Consumption	工业生产消费 Industry Consumption	非工业生产消费 Non-Industry Consumption	年末库存 Inventory at the Year-end
原煤(吨) Coal(tons)	82030170	80653782	80492152	161630	4193666
洗精煤(吨) Concentratc Coal Washing(tons)	2280241	2243204	2243204		128284
其他洗煤(吨) Other Coal Washing(tons)	39449	38769	38769		2837
煤制品（吨） Coal Products	287605	281558	281543	16	17658
焦炭(吨) Coke(tons)	6964574	7818602	7818596	6	169107
其他焦化产品(吨) Other Coke Ratio Products(tons)	20600	21831	21831		2076
焦炉煤气(万立方米) Coking Gas(10000 cu.m)	13143	53908	53908		
高炉煤气(万立方米) Furnace Gas(10000 cu.m)	118195	1932729	1932729		
其他煤气(万立方米) Other Gas(10000 cu.m)					
天然气(万立方米) Natural Gas(10000 cu.m)	448299	448183	445622	2561	147
液化天然气(吨) Liquefied Natural Gas(tons)	2929304	128348	127534	813	161567
原油(吨) Crude Oil(tons)	21494524	21441701	21441695	6	988075
汽油(吨) Gasoline(tons)	80128	86477	52833	33644	334
煤油(吨) Kerosene(tons)	6008	6575	6549	26	1031
柴油(吨) Diesel Oil(tons)	316619	402950	373742	29208	10009
燃料油(吨) Fuel Oil(tons)	599731	738535	737863	672	138287
液化石油气(吨) Liquefied Petroleum Gas(tons)	29941	46260	45536	724	111
炼厂干气(吨) Dry Gas from Refinery(tons)	46	1614126	1614126		1
其他石油制品(吨) Other(tons)	1032486	1421179	1421138	41	15706
热力(百万千焦) Heat(million kilo joule)	43872367	73062503	72936259	126244	
电力(万千瓦小时) Electricity(10000 kmh)	10294400	12852016	12741574	110442	
其他燃料(吨标准煤) Other(ton of SCE)	1999880	2059829	2057776	2052	15278

注：本表“规模以上”指“年主营业务收入2000万元及以上工业法人企业”。
Note:Industrial enterprises above designated size are those with annual revenue from principal business over 20 million yuan.

5-11 按行业分规模以上工业企业主要能源产品消费量(2018年)

Consumption of Major Energy in Industrial Enterprises above Designated Size by Industrial sector(2018)

单位：吨 (ton)

行业 Sector	原煤 Coal	焦炭 Coke	汽油 Gasoline	煤油 Kerosene	柴油 Diesel Oil	燃料油 Fuel Oil	电力(万千瓦小时) Electricity (10000 kwh)
合　计 Total	**80653782**	**7818602**	**86477**	**6575**	**402950**	**738535**	**12852016**
煤炭开采和洗选业 Coal Mining and Dressing	606091		67		336		23448
石油和天然气开采业 Petroleum and Natural Gas Mining							
黑色金属矿采选业 Ferrous Metals Mining and Dressing	3782	11979	937		6893		37062
有色金属矿采选业 Nonferrous Metals Mining and Dressing			26		2968	14	24061
非金属矿采选业 Nonmetal Minerals Mining and Dressing	93110		1010		5704	186	24777
开采辅助活动 Subsidiary Action							
其他采矿业 Others Mining and Quarrying							
农副食品加工业 Agricultural and Sideline Products Processing	396043	705	4276	743	11597	1208	292049
食品制造业 Food Manufacturing	196314		1103		3110	4672	178417
酒、饮料和精制茶制造业 Wine，Drink and Tea Manufacturing	97119		1409		1164	327	82694
烟草制品业 Tobacco Processing	4430		161		3514		12742
纺织业 Textile Industry	873055		3760	10	2734	20636	891533
纺织服装、服饰业 Textile Garments Products	37548		4659		2988	191	171657
皮革、毛皮、羽毛及其制品和制鞋业 Leather , Furs , Down and Relate Products	54925		8722		4833	849	347959
木材加工和木、竹、藤、棕、草制品业 Timber Processing , Bamboo , Cane , Palm Fiber and Straw Products	86456		936		2049	26	105137
家具制造业 Furniture Manufacturing	288		1029		652		54679
造纸和纸制品业 Papermaking and Paper Products	2183780		1789		9211	7565	456738
印刷和记录媒介复制业 Printing and Record Medium Reproduction	1674		2252	8	2693		58785
文教、工美、体育和娱乐用品制造业 Cultural , Educational and Sports Goods	9440		3195	11	4458	124	143643
石油加工、炼焦和核燃料加工业 Petroleum Processing , Coking and Nuclear Fuel Processing	378381		288		90345	386137	317818

5-11 续表
Continued

单位：吨 (ton)

行业 Sector	原煤 Coal	焦炭 Coke	汽油 Gasoline	煤油 Kerosene	柴油 Diesel Oil	燃料油 Fuel Oil	电力（万千瓦小时） Electricity (10000 kwh)
化学原料和化学制品制造业 Raw Chemical Materials and Chemical Products	5012925		5434	1855	10724	4801	980392
医药制造业 Medical and Pharmaceutical Products	78136		814		2834	396	56514
化学纤维制造业 Chemical Fiber	768335		649	102	1430	1875	562417
橡胶和塑料制品业 Rubber and Plastic Products	439465		4490	1	5014	2664	441704
非金属矿物制品业 Nonmetal Minerals Products	8762920	2816	5318	148	159929	298737	1400255
黑色金属冶炼和压延加工业 Smelting and Pressing of Ferrous Metals	3397806	6764210	407	1	8966		1340236
有色金属冶炼和压延加工业 Smelting and Pressing of Nonferrous Metals	1604018	1027605	2096	2294	14690	802	985736
金属制品业 Metal Products	17786	10375	2722	17	6592	1743	312617
通用设备制造业 General Equipment	975	802	3922	608	5425	77	165773
专用设备制造业 Special Purpose Equipment	1961		2263	103	5167		99328
汽车制造业 Automobile manufacturing industry	1175		3045	34	6747	7	160942
铁路、船舶、航空航天和其他运输设备制造业 Railway,Watercraft,Aviation and others transportation Manufacturing	12		1164	250	3854	446	41044
电气机械和器材制造业 Electric Equipment and Machinery	7415	108	3516	22	2048		304139
计算机、通信和其他电子设备制造业 Computer,Communication and other Electronic Equipment			2502		956	1013	608406
仪器仪表制造业 Instruments and Meters Machinery		3	1087	10	42	46	17335
其他制造业 Others Manufacturing	2710		1327	6	1841		35690
废弃资源综合利用业 Waste Resources and Materials Recovering	41005		604	85	805		30187
金属制品、机械和设备修理业 Metals,Machinery and Equipment maintenance			38	243	1765	1634	9945
电力、热力生产和供应业 Production and Supply of Electric Power and Hot Power	55472902		8714	1	8429	2358	1988731
燃气生产和供应业 Production and Supply of Gas	21800		312		322		7873
水的生产和供应业 Production and Supply of Water			431	24	122		79555

5-12 按行业分规模以上工业综合能源消费量(2018年)

Consumption of Energy in Industrial Enterprises above Designated Size by Sector(2018)

单位：吨标准煤 (ton of SCE)

项目	Item	综合能耗 Consumption of Energy	比上年增长(%) Ratio(%)
合计	**Total**	**78233831**	**8.0**
采矿业	Mining and Quarrying	239561	-14.8
煤炭开采和洗选业	Coal Mining and Dressing	28845	-20.0
石油和天然气开采业	Petroleum and Natural Gas Mining		
黑色金属矿采选业	Ferrous Metals Mining and Dressing	71417	-27.0
有色金属矿采选业	Nonferrous Metals Mining and Dressing	33834	2.2
非金属矿采选业	Nonmetal Minerals Mining and Dressing	105465	-6.0
开采辅助活动	Subsidiary Action		
其他采矿业	Others Mining and Quarrying		
制造业	Manufacturing	53654278	3.4
农副食品加工业	Agricultural and Sideline Products Processing	838723	1.6
食品制造业	Food Manufacturing	578807	-2.4
酒、饮料和精制茶制造业	Wine，Drink and Tea Manufacturing	233537	-15.5
烟草制品业	Tobacco Processing	36951	6.3
纺织业	Textile Industry	2164414	2.2
纺织服装、服饰业	Textile Garments Products	260088	-2.9
皮革、毛皮、羽毛及其制品和制鞋业	Leather , Furs , Down and Relate Products	521198	3.3
木材加工和木、竹、藤、棕、草制品业	Timber Processing , Bamboo , Cane , Palm Fiber and Straw Products	493544	-5.7
家具制造业	Furniture Manufacturing	78955	1.2
造纸和纸制品业	Papermaking and Paper Products	2055959	-1.1
印刷和记录媒介复制业	Printing and Record Medium Reproduction	105346	10.6
文教、工美、体育和娱乐用品制造业	Cultural , Educational and Sports Goods	265383	0.3
石油加工、炼焦和核燃料加工业	Petroleum Processing , Coking and Nuclear Fuel Processing	9227406	-7.4
化学原料和化学制品制造业	Raw Chemical Materials and Chemical Products	5035509	12.7
医药制造业	Medical and Pharmaceutical Products	192250	-25.7
化学纤维制造业	Chemical Fiber	1313512	3.9
橡胶和塑料制品业	Rubber and Plastic Products	1269790	-1.4
非金属矿物制品业	Nonmetal Minerals Products	11573013	4.6
黑色金属冶炼和压延加工业	Smelting and Pressing of Ferrous Metals	11193920	7.8
有色金属冶炼和压延加工业	Smelting and Pressing of Nonferrous Metals	3672556	16.2
金属制品业	Metal Products	508944	3.5
通用设备制造业	General Equipment	224166	1.0
专用设备制造业	Special Purpose Equipment	142187	2.0
汽车制造业	Automobile manufacturing industry	260952	...
铁路、船舶、航空航天和其他运输设备制造业	Railway,Watercraft,Aviation and others transportation Manufacturing	67710	-14.1
电气机械和器材制造业	Electric Equipment and Machinery	387253	9.0
计算机、通信和其他电子设备制造业	Computer,Communication and other Electronic Equipment	788771	14.9
仪器仪表制造业	Instruments and Meters Machinery	23490	-0.5
其他制造业	Others Manufacturing	50638	-1.0
废弃资源综合利用业	Waste Resources and Materials Recovering	72532	30.1
金属制品、机械和设备修理业	Metals,Machinery and Equipment maintenance	16775	0.5
电力、热力、燃气及水生产和供应业	Production and Supply of Electric Power,Hot Power and Water	24339993	19.8
电力、热力生产和供应业	Production and Supply of Electric Power and Hot Power	24220690	20.0
燃气生产和供应业	Production and Supply of Gas	20698	2.3
水的生产和供应业	Production and Supply of Water	98604	-1.5

注：1.规模以上工业电力折算标准煤的系数用当量系数1.229。2.本表“比上年增长”以当量值计算。

Note:a)The coefficient for conversion of electric power into SCE is 1.229.b)The ratio of energy is calculated on the basis of the data on average consumption in the same year.

5-13 各设区市万元地区生产总值能耗升降情况

Indicators of Energy Consumption per 10000 yuan of GDP by City

单位：% (%)

地区	Area	2010	2011	2012	2013	2014	2015	2016	2017	2018
全　省	**Total**	**-3.42**	**-3.29**	**-5.70**	**-3.76**	**-1.53**	**-7.70**	**-6.42**	**-3.50**	**-3.41**
福州市	Fuzhou	-2.78	-3.56	-4.03	-2.70	-3.76	-7.00	-3.55	-0.11	-1.02
厦门市	Xiamen	-1.76	-3.11	-2.72	-1.90	-1.47	-8.33	-1.82	-1.50	-2.53
莆田市	Putian	-2.14	-3.63	-3.57	-4.08	0.16	-5.94	-0.96	-0.14	-1.07
三明市	Sanming	-3.65	-4.01	-5.90	-4.82	-5.23	-12.17	-7.58	-3.02	-5.56
泉州市	Quanzhou	-2.40	-4.58	-3.68	-4.75	2.54	-4.78	-6.93	-3.62	-6.87
漳州市	Zhangzhou	-2.21	-2.82	-4.51	2.56	21.30	-27.30	-14.06	-4.34	2.00
南平市	Nanping	-3.62	-4.14	-4.43	-5.95	-6.89	-6.85	-6.20	-4.11	-4.35
龙岩市	Longyan	-3.19	-3.31	-6.30	-5.73	-3.88	-6.07	-6.07	-2.15	-4.70
宁德市	Ningde	-0.48		-2.25	1.69	13.74	-1.64	1.37	-6.90	4.08

5-14 各设区市万元地区生产总值电耗升降情况

Indicators of Electricity Consumption per 10000 yuan of GDP by City

单位：% (%)

地区	Area	2009	2010	2011	2012	2013	2014	2015	2016	2017	2018
全　省	**Total**	**-5.87**	**1.73**	**2.73**	**-6.42**	**-2.96**	**-0.27**	**-8.42**	**-1.96**	**-0.69**	**1.14**
福州市	Fuzhou	-4.03	0.09	0.32	-8.82	-1.23	-3.21	-8.23	-0.93	2.51	0.48
厦门市	Xiamen	-5.16	1.32	-2.14	-4.09	-2.37	-2.31	-6.32	0.46	0.73	0.58
莆田市	Putian	-2.64	5.69	-0.52	-5.41	-0.13	-0.11	5.67	5.75	1.69	7.20
三明市	Sanming	-15.58		0.76	-7.79	-5.97	-4.34	-11.02	-7.08		-2.39
泉州市	Quanzhou	-1.10	0.86	-2.60	-7.91	-6.53	-2.11	-8.58	-4.05	-1.03	-2.08
漳州市	Zhangzhou	-5.45	-1.83	2.47	-4.12	0.97	5.77	-12.21	-3.94	-1.51	3.26
南平市	Nanping	12.57	7.56	11.21	-11.51	-8.63	-9.90	-13.43	-3.76	0.98	3.99
龙岩市	Longyan	-18.40	3.43	3.00	-6.18	-3.67	-5.97	-11.20	-6.52	-1.74	-0.02
宁德市	Ningde	-6.85	7.11	17.86	-8.99	8.90	10.19	0.08	8.15	-12.17	3.50

5-15 各设区市规模以上工业万元增加值能耗升降情况

Indicators of Energy Consumption per 10000 yuan of Value-added of Industrial Enterprises above Designated Size by City

单位：%

地区	Area	2009	2010	2011	2012	2013	2014	2015	2016	2017	2018
全　省	**Total**	**-2.70**	**-6.08**	**-1.13**	**-14.11**	**-4.83**	**-1.01**	**-16.43**	**-13.83**	**0.05**	**-1.04**
福州市	Fuzhou	0.89	-11.97	9.50	-18.58	-5.07	-10.75	-18.97	-15.24	9.15	3.18
厦门市	Xiamen	-3.43	-6.42	-6.11	-18.30	-6.92	-10.22	-16.81	-11.89	-1.54	-1.47
莆田市	Putian	4.83	-6.19	-3.16	-15.94	-5.55	-10.41	-16.92	-10.53	14.86	35.24
三明市	Sanming	-18.69	-12.81	-6.84	-8.03	-9.35	-11.87	-18.19	-9.75	-4.80	-7.11
泉州市	Quanzhou	7.15	13.49	-11.06	-8.89	-9.49	2.96	-2.87	-10.39	-3.83	-9.05
漳州市	Zhangzhou	-5.61	-7.65	1.53	-25.16	12.77	22.43	-40.34	-28.91	0.63	8.94
南平市	Nanping	-13.43	-5.83	-8.52	-12.51	-10.91	-12.56	-9.97	-13.03	-9.69	-8.01
龙岩市	Longyan	-16.97	-4.36	-3.72	-15.20	-5.89	-11.13	-16.52	-11.95	-1.23	-0.51
宁德市	Ningde	14.81	-7.19	10.47	-25.15	-6.70	11.01	-10.50	-13.53	9.53	5.96

注：本表以当量值计算。

Note:The data of the table is Equivalent Value calculation.

主要统计指标解释

能源生产总量 指一定时期内一次能源生产量的总和。一次能源生产量指本地区原煤、原油、天然气、水电、风电、核电和其他非燃料能源发电（地热电、太阳能电）的生产量。

能源消费总量 指一定地域（行政或地理区域）内，国民经济各行业和居民家庭在一定时期消费的各种能源的总和。能源消费总量在消费环节上包括终端能源消费量、能源加工转换损失量、能源运输和管理过程的损失量；在能源类别上包括全部化石能源，以及作为能源使用、作为商品流通并使用的可再生能源和新能源。

(1)终端能源消费量：指一定时期内生产和生活消费的各种能源在扣除了用于加工转换二次能源消费量和损失量以后的数量。

(2)能源加工转换损失量：指一定时期内投入加工转换的各种能源数量之和与产出各种能源产品之和的差额，是观察能源在加工转换过程中损失量变化的指标。

(3)能源损失量：指一定时期内能源在输送、分配、储存过程中发生的损失和由客观原因造成的各种损失量，不包括各种气体能源放空、放散量。

能源生产弹性系数 指研究能源生产增长速度与国民经济增长速度之间关系的指标。计算公式为：

能源生产弹性系数＝能源生产总量年增长速度／国民经济年增长速度

国民经济年增长速度，可根据不同的目的或需要，用国民生产总值、国内生产总值等指标来计算，本年鉴是采用国内生产总值指标计算的。

电力生产弹性系数 指研究电力生产增长速度与国民经济增长速度之间关系的指标。计算公式为：

电力生产弹性系数＝电力生产量年增长速度／国民经济年增长速度

能源消费弹性系数 指反映能源消费增长速度与国民经济增长速度之间比例关系的指标。计算公式为：

能源消费弹性系数＝能源消费量年增长速度／国民经济年增长速度

电力消费弹性系数 指反映电力消费增长速度与国民经济增长速度之间比例关系的指标。计算公式为：

电力消费弹性系数＝电力消费量年增长速度／国民经济年增长速度

能源加工转换效率 指一定时期内能源经过加工、转换后，产出的各种能源产品的数量与同期内投入加工转换的各种能源数量的比率。它是观察能源加工转换装置和生产工艺先进与落后、管理水平高低等的重要指标。计算公式为：

能源加工转换效率＝(能源加工、转换产出量／能源加工、转换投入量)×100%

单位地区生产总值能耗 指一定时期内，一个国家或地区每生产一个单位的地区生产总值所消耗的能源。计算公式为：

单位地区生产总值能耗=能源消费总量/地区生产总值

单位工业增加值能耗 指一定时期内，一个国家或地区每生产一个单位的工业增加值所消耗的能源。计算公式为：

单位工业增加值能耗=工业能源消费量/工业增加值

单位地区生产总值电耗 指一定时期内，一个国家或地区每生产一个单位的地区生产总值所消耗的电力。计算公式为：

单位地区生产总值电耗=全社会用电量/地区生产总值

Explanatory Notes on Main Statistical Indicators

Total Energy Production refers to the total production of primary energy by all energy producing enterprises in the region in a given period of time. It is a comprehensive indicator to show the capacity, scale, composition and development of energy production of the region. The production of primary energy includes that of coal, crude oil, natural gas, hydropower and electricity generated by nuclear energy and other means such as wind power and geothermal power. However, it excludes the production of fuels of low calorific value, bio-energy, solar energy and the secondary energy converted from the primary energy.

Total Domestic Energy Consumption refers to the total consumption of energy of various kinds by material production sectors, non material production sectors and households in the region in a given period of time. It is a comprehensive indicator to show the scale, composition and development of energy consumption. The total energy consumption includes that of coal, crude oil and their products, natural gas and electricity. However it excludes the consumption of fuel of low calorific value, bio-energy and solar energy. Total domestic energy consumption can be divided into three parts:

(1) Final Energy Consumption: It refers to the total energy consumption by material production sectors, non material production sectors and households in the region (region) in a given period of time, but excludes the consumption in conversion of the primary energy into the secondary energy and the loss in the process of energy conversion.

(2) Loss During the Process of Energy Conversion: It refers to the total input of various kinds of energy for conversion, minus the total output of various kinds of energy in the region in a given period of time. It is an indicator to show the loss that occurs during the process of energy conversion.

(3) Energy Loss: It refers to the total of the loss of energy during the course of energy transport, distribution and storage and the loss caused by any objective reason in a given period of time. The loss of various kinds of gas due to gas discharges and stocktaking is excluded.

Elasticity Ratio of Energy Production is an indicator to show the relationship between the growth rate of energy production and the growth rate of the national economy. The formula is:

Elasticity Ratio of Energy Production= Annual Growth Rate of Energy Production/ Annual Growth Rate of National Economy

The annual growthrate of the national economy can be shown by the gross national product, gross domestic product and other indicators, depending upon the purposes or needs. The gross domestic product is used in calculation of the ratio in this chapter.

Elasticity Ratio of Electricity Production is an indicator to show the relationship between the growth rate of electricity production and the growth rate of the national economy. Generally speaking, the growth rate of electricity production should be higher than that of the national economy.The formula is:

Elasticity Ratio of Electricity Production= Annual Growth Rate of Electricity Production/ Annual Growth Rate of National Economy

Elasticity Ratio of Energy Consumption is an indicator to show the relationship between the growth rate of energy consumption and the growth rate of the national economy. The formula is:

Elasticity Ratio of Energy Consumption= Annual Growth Rate of Energy Consumption/ Annual Growth Rate of National Economy

Elasticity Ratio of Electricity Consumption is an indicator to show the relationship between the growth rate of electricity consumption and the growth rate of the national economy. The formula is:

Elasticity Ratio of Electricity Consumption= Annual Growth Rate of Electricity/ Annual Growth Rate of National Economy

Efficiency of Energy Processing and Conversion refers to the ratio of the total output of energy products of various kinds after processing and conversion and the total input of energy of various kinds for processing and conversion in the same reference period. It is an important indicator to show the current conditions of energy processing and conversion equipment, production technique and management. The formula is:

Efficiency of Energy Processing & Conversion=(Output of Energy After Processing & Conversion/Input of Energy for Processing & Conversion)×100%

Energy Consumption per Unit of GDP refers to the energy consumption per unit of gross domestic production in a country or the gross region production in the same reference period. The formula is:

Energy Consumption per Unit of GDP=Total Energy Consumption/Gross Domestic Production

Electricity Consumption per Unit of Industrial Value-added refers to the energy consumption per unit of industrial value-added in a country or region in the same reference period. The formula is:

Energy Consumption per Unit of Industrial Value-added=Total Energy Consumption/Industrial Value-added

Electricity Consumption per Unit of GDP refers to the electricity consumption per unit of gross domestic production in a country or the gross region production in the same reference period. The formula is:

Electricity Consumption per Unit of GDP=Total Electricity Consumption/Gross Domestic Production

第六篇　人民生活

Chapter 6　People's Living Conditions

资料整理：杨威 范春霞 陈思

Database Editor: Yangwei Fanchunxia Chensi

简要说明

本篇资料的主要内容及来源

本篇资料反映了全省城乡人民生活状况，分为城镇居民生活和农村居民生活两个部分，主要包括居民家庭基本情况，家庭收入、支出情况，主要商品购买数量及支出金额，居住状况和耐用消费品的拥有量等。

城镇居民家庭相关资料来源于城乡住户一体化调查年报，农村居民家庭相关资料来源于城乡住户一体化调查年报，均由国家统计局福建调查总队居民收支调查处整理提供。

Brief Introduction

Main Content and Source of Data

Data in this chapter show the basic conditions of the people's livelihood in Fujian Province , consisting of two parts on the life of urban and rural households respectively ,including mainly basic condition of people's household , income and expenditure of the household, the quantity and the expenditure on major commodities purchased, the housing condition and the possession of the durable consumer goods, etc.

Data on the livelihood of urban resident and Data on the livelihood of rural residents are prepared and provided by the Division of Residents Payments Survey of Survey Office of the National Bureau of Statistics in Fujian.

6-1 城乡居民家庭人均收入（1978-2018年）

Per Capita Annual Income of Urban and Rural Households(1978-2018)

单位：元 (yuan)

年份 Year	居民人均可支配收入 Annual Per Capita Disposable Income of Households			城镇居民人均可支配收入 Annual Per Capita Disposable Income of Urban Households			农村居民人均可支配（纯）收入 Annual Per CapitaNet Income of Rural Households		
	数值 Vaule	比上年增长（%） Ratio(%)		数值 Vaule	比上年增长（%） Ratio(%)		数值 Vaule	比上年增长（%） Ratio(%)	
		名义 Ration	实际 Actual		名义 Ration	实际 Actual		名义 Ration	实际 Actual
1978				371			138		
1979							142	3.4	0.4
1980				450			172	20.8	15.5
1981				452	0.4	-3.4	232	34.9	32.4
1982				520	15.0	11.6	268	15.8	11.7
1983				573	10.2	8.0	302	12.6	11.6
1984				582	1.6	-1.2	345	14.3	13.0
1985				733	25.9	10.5	396	14.9	6.9
1986				929	26.7	18.6	419	5.6	0.2
1987				1021	9.9	-0.6	485	15.9	7.4
1988				1236	21.1	-4.7	613	26.5	0.4
1989				1555	25.8	5.9	697	13.7	-4.4
1990				1749	12.5	12.4	764	9.6	11.2
1991				1953	11.7	6.8	850	11.2	8.6
1992				2351	20.4	11.5	984	15.8	11.2
1993				2923	24.3	6.4	1211	23.0	7.7
1994				3935	34.6	7.6	1578	30.3	3.9
1995				4853	23.3	6.0	2049	29.8	13.5
1996				5574	14.9	7.4	2492	21.7	15.4
1997				6144	10.2	7.5	2786	11.8	10.3
1998				6486	5.6	5.6	2946	5.8	6.3
1999				6860	5.8	7.2	3091	4.9	5.8
2000				7432	8.3	5.0	3230	4.5	3.2
2001				8313	11.9	13.8	3381	4.7	5.4
2002				9189	10.5	11.4	3539	4.7	4.9
2003				10000	8.8	8.1	3734	5.5	4.5
2004				11175	11.8	7.7	4089	9.5	5.0
2005				12321	10.3	8.2	4450	8.8	5.9
2006				13753	11.6	10.4	4835	8.6	8.3
2007				15505	15.7	10.1	5467	13.1	7.3
2008				17961	15.8	10.8	6196	13.3	8.3
2009				19577	9.0	10.9	6680	7.8	10.1
2010				21781	11.3	8.0	7427	11.2	7.5
2011				24907	14.4	8.7	8779	18.2	12.3
2012				28055	12.6	10.0	9967	13.5	10.8
2013	21218			28174	9.8	7.0	11405	12.2	9.7
2014	23331	10.0	7.8	30722	9.0	6.8	12650	10.9	8.8
2015	25404	8.9	7.1	33275	8.3	6.5	13793	9.0	7.2
2016	27608	8.7	6.9	36014	8.2	6.3	14999	8.7	7.1
2017	30048	8.8	7.5	39001	8.3	6.9	16335	8.9	8.0
2018	32644	8.6	7.0	42121	8.0	6.4	17821	9.1	7.5

注：1978-2012年为老口径数据。

Note:Data from 1978 to 2012 are adopted Old Scope.

6-2 主要年份城镇居民家庭基本情况

Basic Conditions of Urban Households in Selected Years

年份 Year	平均每户家庭人口(人) Number of Average per Household Persons(person)	平均每户就业人数(人) Average Number of Employed Persons Per Household (person)	平均每户就业面(%) Percentage of Employment Per Household(%)	平均每一就业者负担人数(人) Number of Persons Supported By Each Employee(person)	平均每人全年可支配收入(元) Per Capita Annual Disposable Income(yuan)	平均每人消费性支出(元) Per Capita Living Ex- penditures for Consumption (yuan)	平均每人住房建筑面积(平方米) Per Capita Floor Space of Residential Buildings(sq.m)
1952					106	96	
1957					165	131	
1959	4.72	1.40	29.7	3.37	206	190	
1962	5.46	1.72	31.5	3.17	203	186	
1963	5.40	1.50	27.8	3.60	207	189	
1964	5.33	1.53	28.8	3.48	211	194	
1965	5.13	1.65	32.2	3.12	217	201	
1966	5.00	1.40	28.0	3.40	223	186	
1975	4.97	2.05	41.3	2.42	333	297	
1978	3.87	2.40	62.0	1.61	371	285	
1980	4.53	2.32	51.2	1.95	450	392	11.3
1981	4.51	2.40	53.2	1.88	452	405	11.7
1982	4.44	2.48	55.9	1.79	520	466	12.1
1983	4.36	2.41	55.3	1.80	573	504	13.2
1984	4.27	2.37	55.5	1.80	582	494	14.3
1985	4.06	2.25	55.4	1.81	733	675	15.3
1986	4.00	2.23	55.8	1.79	929	790	15.7
1987	3.97	2.25	56.6	1.77	1021	893	16.5
1988	3.77	2.10	55.7	1.79	1236	1077	17.2
1989	3.70	2.09	56.5	1.77	1555	1340	17.6
1990	3.64	2.09	57.4	1.74	1749	1431	18.1
1991	3.43	2.00	58.3	1.72	1953	1659	19.5
1992	3.39	2.03	59.9	1.67	2351	1942	20.9
1993	3.35	2.01	60.0	1.67	2923	2418	21.5
1994	3.29	1.92	58.4	1.71	3935	3351	24.1
1995	3.27	1.93	59.0	1.69	4853	4132	24.3
1996	3.25	1.94	59.7	1.68	5574	4568	24.5
1997	3.28	1.96	59.8	1.67	6144	4936	25.6
1998	3.23	1.90	58.8	1.70	6486	5181	26.8
1999	3.22	1.90	59.0	1.69	6860	5267	27.2
2000	3.23	1.80	55.7	1.79	7432	5639	28.0
2001	3.20	1.80	55.3	1.78	8313	6015	28.2
2002	3.13	1.73	55.3	1.81	9189	6632	28.4
2003	3.08	1.72	55.8	1.79	10000	7356	29.8
2004	3.05	1.58	51.8	1.93	11175	8161	31.1
2005	3.04	1.60	52.6	1.90	12321	8794	31.4
2006	3.04	1.64	53.9	1.86	13753	9808	32.1
2007	3.01	1.60	53.2	1.90	15505	11055	33.5
2008	3.14	1.69	53.8	1.86	17961	12501	37.5
2009	3.12	1.72	55.1	1.81	19577	13451	37.5
2010	3.08	1.71	55.5	1.80	21781	14750	38.5
2011	3.12	1.68	53.8	1.86	24907	16661	37.9
2012	3.10	1.68	54.2	1.85	28055	18593	38.2
2013	2.97	1.58	53.2	1.88	28174	20565	38.7
2014	2.99	1.61	53.8	1.86	30722	22204	40.7
2015	3.08	1.59	51.7	1.93	33275	23520	42.5
2016	3.13	1.62	51.8	1.93	36014	25006	42.7
2017	3.14	1.62	51.6	1.94	39001	25980	43.4
2018	2.93	1.53	52.2	1.92	42121	28145	43.1

注：2012年及以前为老口径数据。

Note:Data before 2012 are adopted Old Scope.

6-3 城镇居民人均可支配收入及构成（2013-2018年）

Per Capita Income of Urban Households(2013－2018)

单位：元 (yuan)

项目	Item	2013	2014	2015	2016	2017	2018
可支配收入	**Disposable Income**	**28173.90**	**30722.39**	**33275.34**	**36014.26**	**39001.36**	**42121.31**
工资性收入	Wages and Salaries	17813.38	19197.23	20714.28	22213.41	23886.01	25890.87
经营净收入	Net Income from Business	3736.11	4246.81	4571.46	4919.35	5158.96	5573.90
财产净收入	Property Income	3388.06	3648.56	3822.24	4199.43	4579.48	4983.24
转移净收入	Transfer Net Income	3236.35	3629.79	4167.37	4682.07	5376.90	5673.30
可支配收入构成(%)	**Composition(%)**	**100.00**	**100.00**	**100.00**	**100.00**	**100.00**	**100.00**
工资性收入	Wages and Salaries	63.23	62.49	62.25	61.68	61.24	61.47
经营净收入	Net Income from Business	13.26	13.82	13.74	13.66	13.23	13.23
财产净收入	Property Income	12.03	11.88	11.49	11.66	11.74	11.83
转移净收入	Transfer Net Income	11.49	11.82	12.52	13.00	13.79	13.47

6-4 城镇居民按收入五等分分组的人均可支配收入

Per Capita Income of Urban Households of Five Groups Divided Equally by Income Lever

单位：元 (yuan)

项目	Item	2013	2014	2015	2016	2017	2018
低收入户	Low Income	11073.38	12883.32	14231.34	15831.44	16508.31	15855.77
中等偏下户	Lower Middle Income	19159.97	21513.33	23307.42	25304.04	27089.69	27959.43
中等收入户	Middle Income	25513.81	28397.54	31234.26	34091.43	36652.81	40407.97
中等偏上户	Upper Middle Income	34358.10	37797.69	41306.30	45198.52	49165.58	55902.07
高收入户	High Income	59699.49	64936.59	69131.21	73392.01	80839.04	99663.73

6-5 城镇居民人均生活消费支出（2013－2018年）
Per Capita Expenditure of Urban Households(2013－2018)

单位：元 (yuan)

项目	Item	2013	2014	2015	2016	2017	2018
生活消费支出	Total Consumption Expenditures	20564.70	22204.06	23520.19	25005.52	25980.45	28145.13
食品烟酒	Food,Cigarettes and Drinks	6718.41	7368.71	7759.14	8299.57	8551.59	9000.74
衣着	Clothing	1390.42	1460.99	1489.82	1443.55	1438.00	1554.12
居住	Residence	5018.43	5434.70	5811.38	6530.52	6829.11	7716.27
生活用品及服务	Supplies and Services	1273.91	1301.97	1336.95	1393.43	1478.07	1516.21
交通通信	Transport and Communication	2572.19	2737.80	3021.53	3205.69	3353.04	3630.66
教育文化娱乐	Education,Culture and Recreation	2019.87	2170.03	2314.00	2461.45	2483.46	2727.62
医疗保健	Health Care and Medical Services	924.84	1058.97	1165.30	1178.47	1235.07	1374.81
其他用品及服务	Other Appliances and Services	646.63	670.90	622.07	492.83	612.13	624.70

6-6 城镇居民人均生活消费支出构成（2013－2018年）
Composition of Per Capita Expenditure of Urban Households(2013－2018)

单位：% (%)

项目	Item	2013	2014	2015	2016	2017	2018
生活消费支出	Composition	100.00	100.00	100.00	100.00	100.00	100.00
食品烟酒	Food,Cigarettes and Drinks	32.67	33.19	32.99	33.19	32.92	31.98
衣着	Clothing	6.76	6.58	6.33	5.77	5.53	5.52
居住	Residence	24.40	24.48	24.71	26.12	26.29	27.42
生活用品及服务	Supplies and Services	6.19	5.86	5.68	5.57	5.69	5.39
交通通信	Transport and Communication	12.51	12.33	12.85	12.82	12.91	12.90
教育文化娱乐	Education,Culture and Recreation	9.82	9.77	9.84	9.84	9.56	9.69
医疗保健	Health Care and Medical Services	4.50	4.77	4.95	4.71	4.75	4.88
其他用品及服务	Other Appliances and Services	3.14	3.02	2.64	1.97	2.36	2.22

6-7 城镇居民消费主要食品数量（2013－2018年）

Per Capita Purchases of Daily Consumer Goods of Urban Residents(2013－2018)

单位：千克 (kg)

项目	Item	2013	2014	2015	2016	2017	2018
粮食类	Grain	113.65	107.00	105.77	104.32	99.69	100.16
油脂类	Oil	9.34	9.33	9.19	9.61	8.86	8.68
蔬菜及菜制品	Vegetables and Vegetable Products	84.23	86.20	89.51	91.51	88.78	86.16
肉类	Meat	30.54	30.79	32.24	32.52	32.35	34.65
禽类	Poultry	8.69	9.13	9.50	11.26	10.70	10.71
水产品类	Aquatic Products	28.67	28.82	29.97	29.63	28.80	26.01
蛋类及蛋制品	Eggs	7.44	7.82	8.77	9.38	9.22	8.80
奶和奶制品(千克)	Milk	14.49	13.68	13.49	13.53	13.21	14.47
干鲜瓜果类	Fresh and Dried Fruits	40.86	41.85	43.18	45.43	46.87	52.11

6-8 城镇居民家庭每百户耐用消费品拥有量（2013－2018年）

Number of Major Durable Consumer Goods Owned Per 100 Urban Households(2013－2018)

项目	Item	2013	2014	2015	2016	2017	2018
家用汽车(辆)	Automobile(unit)	19.91	23.25	28.30	33.18	36.29	30.91
摩托车(辆)	Motorcycle(set)	42.33	46.33	46.00	45.34	44.63	35.14
电冰箱(台)	Refrigerator(set)	93.03	92.47	94.34	97.43	98.58	96.07
洗衣机(台)	Washing Machine(set)	85.75	84.47	84.51	87.57	89.66	85.58
热水器(台)	Shower(unit)	96.40	94.22	97.53	100.17	102.55	108.72
太阳能热水器(台)	Solar Water Heater(unit)	4.54	5.04	5.13	6.39	6.54	5.49
空调机(台)	Air Conditioner(unit)	151.86	146.20	157.21	165.54	171.06	175.92
彩色电视机(台)	Color TV Set(set)	134.27	136.88	138.74	140.82	142.46	120.74
摄像机(台)	Pick up Camera(set)	6.15	7.02	5.96	5.55		
照相机(台)	Camera(set)	30.54	33.35	29.78	23.01	23.11	15.97
计算机(台)	Computer(set)	91.80	91.27	88.67	89.23	89.17	76.44
接入互联网的计算机(台)	Computer Access to the Internet(set)	76.13	82.51	74.96	77.33	77.25	64.08
中高档乐器(件)	Medium and Grade Musical Instrument(unit)	5.29	5.73	5.12	5.45	6.27	8.48
固定电话(部)	Telephone(unit)	51.65	62.52	54.44	44.48	44.79	23.04
移动电话(部)	Mobile Telephone(unit)	225.00	232.78	240.09	249.07	251.99	245.05
接入互联网的移动电话(部)	Mobile Telephone Access to the Internet(unit)	100.62	122.00	129.42	159.54	170.23	209.74

6-9 主要年份农村居民家庭基本情况

Basic Conditions of Rural Household in Selected Years

项目 Item	调查户数（户）(household)	平均每户常住人口（人） Average Number of Permanent Residents Per Household (person)	平均每户整半劳动力（人） Average Number of Able-bodied and Semi-able-bodied Laborers Per Household (person)	平均每个劳动力负担人口（人） Average Number of Persons Supported by a Laborer (person)	农村居民人均住房使用面积（平方米） Per Capita Use Living Space (sq.m)	农村居民人均住房建筑面积（平方米） Per Capita Construction Space (sq.m)	农村居民人均可支配（纯）收入（元） Per Capita Net Income (yuan)	农村居民人均生活消费支出（元） Per Capita Living Expenditures (yuan)
1952				2.20			69.97	67.52
1957				2.39			112.13	101.60
1962				2.38			154.57	131.36
1965				2.87			128.74	114.15
1970				2.71			120.70	107.87
1978		6.50	2.22	2.92			137.54	112.73
1979		6.38	2.16	2.88			142.20	132.57
1980		6.25	2.06	3.03			171.74	157.67
1981		6.23	2.10	2.97	8.30		231.65	199.25
1982		6.27	2.27	2.76	7.67		268.16	231.14
1983		6.29	2.60	2.42	10.44		301.84	261.86
1984	1820	6.19	2.66	2.32	11.73		344.94	287.87
1985	1820	5.74	2.95	1.94	14.47		396.45	350.57
1986	1820	5.69	2.99	1.90	15.10		418.51	394.10
1987	1820	5.51	3.08	1.82	15.86		484.88	442.83
1988	1820	5.56	3.09	1.80	16.18		613.41	570.73
1989	1820	5.54	3.09	1.79	16.65		697.34	652.58
1990	1820	5.50	3.03	1.81	18.47		764.41	707.97
1991	1820	5.37	3.03	1.77	19.14		850.05	746.99
1992	1820	5.31	3.05	1.74	19.64		984.11	820.74
1993	1820	5.24	3.10	1.69	22.38		1210.51	1069.79
1994	1820	5.17	3.13	1.65	24.62		1577.74	1439.53
1995	1820	4.91	3.02	1.62	22.88		2048.59	1793.68
1996	1820	4.87	2.98	1.63	23.37		2492.49	2033.54
1997	1820	4.77	2.96	1.61	23.74		2785.67	2119.56
1998	1820	4.70	3.00	1.57	24.87		2946.37	2192.35
1999	1820	4.62	2.95	1.56	26.40		3091.39	2252.09
2000	1820	4.24	2.70	1.57	32.14		3230.49	2409.69
2001	1820	4.17	2.68	1.56	33.82		3380.72	2503.07
2002	1820	4.07	2.57	1.58	35.68		3538.74	2583.16
2003	1820	4.08	2.83	1.44	35.96		3733.93	2717.92
2004	1820	4.02	2.71	1.48	38.18		4089.38	3015.22
2005	1820	4.05	2.77	1.47	40.15		4450.36	3292.63
2006	1820	4.03	2.77	1.45	42.35		4834.75	3591.40
2007	1820	4.00	2.77	1.44	44.50		5467.08	4053.47
2008	1820	3.98	2.78	1.43	46.13		6196.07	4661.94
2009	1820	3.98	2.78	1.43	46.76		6680.18	5015.72
2010	1820	3.94	2.77	1.43	47.54		7426.86	5498.33
2011	1820	3.84	2.73	1.40	49.82		8778.55	6540.85
2012	1820	3.84	2.71	1.41	50.80		9967.17	7401.92
2013	1859	3.29	2.22	1.48		63.71	11404.85	9986.15
2014	1848	3.25	2.21	1.47		60.83	12650.19	11055.93
2015	1883	3.20	2.20	1.45		63.48	13792.70	11960.79
2016	1917	3.21	2.24	1.43		66.47	14999.19	12910.84
2017	1940	3.17	2.21	1.43		68.00	16334.79	14003.40
2018	1690	3.03	2.09	1.45	-	78.90	17821.19	14942.80

注：2012年及以前为老口径数据。

Note:Data before 2012 are adopted Old Scope.

6-10 农村居民人均可支配收入及构成（2013-2018年）

Per Capita Income of Rural Households(2013－2018)

单位：元 (yuan)

项目	Item	2013	2014	2015	2016	2017	2018
人均可支配收入	**Annual Per Capita Disposable Income**	**11404.85**	**12650.19**	**13792.70**	**14999.19**	**16334.79**	**17821.19**
工资性收入	Wages and Salaries	5054.25	5655.21	6187.00	6785.20	7415.90	8214.72
经营净收入	Net Income from Business	4684.58	5093.61	5455.57	5821.46	6275.84	6705.62
财产净收入	Property Income	160.05	201.28	232.46	255.68	290.02	322.45
转移净收入	Transfer Net Income	1505.97	1700.09	1917.68	2136.85	2353.03	2578.40
可支配收入构成(%)	**Composition(%)**	**100.00**	**100.00**	**100.00**	**100.00**	**100.00**	**100.00**
工资性收入	Wages and Salaries	44.32	44.70	44.86	45.24	45.40	46.10
经营净收入	Net Income from Business	41.08	40.27	39.55	38.81	38.42	37.63
财产净收入	Property Income	1.40	1.59	1.69	1.70	1.78	1.81
转移净收入	Transfer Net Income	13.21	13.44	13.90	14.25	14.40	14.47

6-11 农村居民按收入五等分分组的人均可支配收入

Per Capita Income of Rural Households of Five Groups Divided Equally by Income Lever

单位：元 (yuan)

项目	Item	2013	2014	2015	2016	2017	2018
低收入户	Low Income	4360.76	4691.41	5099.66	5587.86	6069.11	6422.14
中等偏下户	Lower Middle Income	7741.66	8576.55	9700.01	10168.39	11228.13	11574.66
中等收入户	Middle Income	10869.80	11955.23	12867.71	13796.67	15102.75	16538.50
中等偏上户	Upper Middle Income	14312.49	15607.56	17129.45	18491.94	20038.63	22448.44
高收入户	High Income	21905.18	25534.43	27535.95	31015.04	33443.99	37903.18

6-12 农村居民人均生活消费支出（2013－2018年）

Per Capita Expenditure of Rural Households(2013－2018)

单位：元　(yuan)

项目	Item	2013	2014	2015	2016	2017	2018
生活消费支出	Total Consumption Expenditures	9986.15	11055.93	11960.79	12910.84	14003.40	14942.80
食品烟酒	Food,Cigarettes and Drinks	3884.94	4222.53	4493.83	4818.30	5162.17	5339.76
衣着	Clothing	528.00	572.36	610.58	567.48	630.79	677.07
居住	Residence	2331.04	2607.83	2907.57	3203.95	3547.94	3649.08
生活用品及服务	Supplies and Services	596.37	642.69	620.57	687.94	721.00	764.75
交通通信	Transport and Communication	917.50	1097.70	1248.58	1452.10	1554.97	1817.09
教育文化娱乐	Education,Culture and Recreation	937.31	940.72	1003.87	1071.34	1174.58	1359.44
医疗保健	Health Care and Medical Services	562.91	735.94	826.94	866.95	906.50	1015.81
其他用品及服务	Other Appliances and Services	228.08	236.16	248.87	242.78	305.44	319.80

6-13 农村居民人均生活消费支出构成（2013－2018年）

Composition of Per Capita Expenditure of Rural Households(2013－2018)

单位：%　(%)

项目	Item	2013	2014	2015	2016	2017	2018
生活消费支出	Total Consumption Expenditures	100.00	100.00	100.00	100.00	100.00	100.00
食品烟酒	Food,Cigarettes and Drinks	38.90	38.19	37.57	37.32	36.86	35.73
衣着	Clothing	5.29	5.18	5.10	4.40	4.50	4.53
居住	Residence	23.34	23.59	24.31	24.82	25.34	24.42
生活用品及服务	Supplies and Services	5.97	5.81	5.19	5.33	5.15	5.12
交通通信	Transport and Communication	9.19	9.93	10.44	11.25	11.10	12.16
教育文化娱乐	Education,Culture and Recreation	9.39	8.51	8.39	8.30	8.39	9.10
医疗保健	Health Care and Medical Services	5.64	6.66	6.91	6.71	6.47	6.80
其他用品及服务	Other Appliances and Services	2.28	2.14	2.08	1.88	2.18	2.14

6-14 农村居民消费主要食品数量（2013－2018年）

Per Capita Purchases of Daily Consumer Goods of Rural Residents(2013－2018)

单位：千克 (kg)

项目	Item	2013	2014	2015	2016	2017	2018
粮食类	Grain	186.21	172.54	157.52	164.45	156.24	164.10
油脂类	Oil	11.70	9.99	9.44	10.14	9.53	9.87
蔬菜及菜制品	Vegetables and Vegetable Products	94.16	89.24	87.43	92.09	90.62	98.14
肉类	Meat	38.64	28.04	29.86	30.54	30.91	34.82
禽类	Poultry	9.58	10.92	12.23	13.55	13.60	12.79
水产品类	Aquatic Products	19.26	19.47	20.14	21.95	21.29	20.73
蛋类及蛋制品	Eggs	5.76	6.49	7.30	8.05	7.96	8.41
奶和奶制品(千克)	Milk	6.90	7.08	6.88	7.30	7.06	7.49
干鲜瓜果类	Fresh and Dried Fruits	24.55	26.53	28.78	32.17	32.58	39.49

6-15 农村居民家庭每百户耐用消费品拥有量（2013－2018年）

Number of Major Durable Consumer Goods owned per 100 Rural Households(2013－2018)

项目	Item	2013	2014	2015	2016	2017	2018
家用汽车(辆)	Automoile(unit)	8.08	10.08	12.90	16.22	17.83	15.10
摩托车(辆)	Motorcycle(unit)	84.94	90.08	91.50	91.78	90.35	76.22
电冰箱(台)	Refrigerator(unit)	92.29	91.96	93.80	100.12	100.64	101.48
洗衣机(台)	Washing Machine(unit)	69.78	68.46	73.20	79.32	82.10	84.14
热水器(台)	Shower(unit)	78.43	79.76	81.60	88.88	90.40	97.24
太阳能热水器(台)	Solar Water Heater	7.40	7.65	8.80	8.79	9.01	7.78
空调机(台)	Air Conditioner(unit)	47.30	47.55	54.30	62.33	65.31	78.36
彩色电视机(台)	Color TV(unit)	136.78	139.92	139.30	141.09	140.08	133.71
摄像机(台)	Pickup Camera(unit)	1.02	1.04	0.90	0.95		
照相机(台)	Camera(unit)	7.31	8.92	6.30	4.91	4.33	3.00
计算机(台)	Computer(set)	33.24	34.67	34.90	34.55	33.99	31.93
接入互联网的计算机(台)	Computer Access to the Internet(unit)	25.14	26.08	25.60	28.35	26.50	25.45
中高档乐器(件)	Medium and High Grade Musical Instrument(unit)	0.65	0.88	0.60	0.83	1.15	1.21
固定电话(部)	Telephone(unit)	52.11	57.06	48.90	39.36	38.46	24.86
移动电话(部)	Mobile Telephone(unit)	230.37	238.89	246.40	250.09	252.55	249.47
接入互联网的移动电话(部)	Mobile Telephone Access to the Internet(unit)	78.16	85.25	107.90	122.72	130.88	155.89

6-16 设区市城镇居民人均可支配收入（2018年）
Per Capita Income of Urban Households by City(2018)

单位：元 (yuan)

项目	Item	人均可支配收入 Per Capita Annual Disposable Income	工资性收入 Wages and Salaries	经营净收入 Net Income from Business	财产净收入 Property Income	转移净收入 Transfer Net Income
福建省	**Fujian**	**42121**	**25891**	**5574**	**4983**	**5673**
福州市	Fuzhou	44457	28054	3912	5769	6722
厦门市	Xiamen	54401	38654	4740	6363	4644
莆田市	Putian	37169	19971	6245	5569	5383
三明市	Sanming	34862	22367	4952	2682	4860
泉州市	Quanzhou	46111	26684	10592	5248	3588
漳州市	Zhangzhou	35997	21084	6237	3231	5445
南平市	Nanping	32484	19188	4047	3499	5750
龙岩市	Longyan	35759	24636	4465	3809	2850
宁德市	Ningde	32921	15210	9325	3738	4648

6-17 设区市城镇居民人均生活消费支出（2018年）
Per Capita Expenditure of Urban Households by City(2018)

单位：元 (yuan)

项目	Item	生活消费支出 Total Consumption Expenditures	食品烟酒 Food,Cigarettes and Drinks	衣着 Clothing	居住 Residence	生活用品及服务 Supplies and Services	交通通信 Transport and Communication	教育文化娱乐 Education, Culture and Recreation	医疗保健 Health Care and Medical Services	其他用品及服务 Other Appliances and Services
福建省	**Fujian**	**28145**	**9001**	**1554**	**7716**	**1516**	**3631**	**2728**	**1375**	**625**
福州市	Fuzhou	29849	9530	1535	9129	1398	3660	3026	1110	461
厦门市	Xiamen	34929	10049	1844	11095	1707	5119	3002	1262	851
莆田市	Putian	24271	8468	1241	6745	1401	2609	2126	1154	528
三明市	Sanming	23947	8204	1570	5161	1612	2979	2608	1314	500
泉州市	Quanzhou	28193	9048	1690	7372	1686	3867	2549	1219	763
漳州市	Zhangzhou	24202	8513	1267	5641	1315	3003	2479	1411	575
南平市	Nanping	20785	7090	1411	4775	1047	2728	2185	1187	362
龙岩市	Longyan	23546	8062	1444	5261	1205	3111	2750	1303	410
宁德市	Ningde	22490	7921	1457	4750	1461	2312	2276	1834	480

6-18 设区市农村居民人均可支配收入（2018年）

Per Capita Income of Rural Households by City(2018)

单位：元 (yuan)

项目	Item	人均可支配收入 Annual Per Capita Disposable Income	工资性收入 Wages and Salaries	经营净收入 Net Income from Business	财产净收入 Property Income	转移净收入 Transfer Net Income
福建省	**Fujian**	**17821**	**8215**	**6706**	**322**	**2578**
福州市	Fuzhou	19419	10305	4931	985	3199
厦门市	Xiamen	22410	14845	5202	965	1398
莆田市	Putian	17991	8709	4448	423	4412
三明市	Sanming	16601	6273	8403	334	1592
泉州市	Quanzhou	20277	10805	7354	333	1785
漳州市	Zhangzhou	18186	8877	7451	207	1650
南平市	Nanping	15868	5777	8698	160	1233
龙岩市	Longyan	17154	6746	8274	210	1924
宁德市	Ningde	16147	5126	9232	186	1604

6-19 设区市农村居民人均生活消费支出（2018年）

Per Capita Expenditure of Rural Households by City(2018)

单位：元 (yuan)

项目	Item	生活消费支出 Total Consumption Expenditures	食品烟酒 Food,Cigarettes and Drinks	衣着 Clothing	居住 Residence	生活用品及服务 Supplies and Services	交通通信 Transport and Communication	教育文化娱乐 Education, Culture and Recreation	医疗保健 Health Care and Medical Services	其他用品及服务 Other Appliances and Services
福建省	**Fujian**	**14943**	**5340**	**677**	**3649**	**765**	**1817**	**1359**	**1016**	**320**
福州市	Fuzhou	16250	6080	985	3864	1279	1499	1282	832	430
厦门市	Xiamen	18842	6367	734	4864	1115	2810	1422	1195	334
莆田市	Putian	14982	5894	705	3622	899	1313	1486	587	476
三明市	Sanming	12314	4478	555	2809	654	1525	1361	703	229
泉州市	Quanzhou	15511	6333	643	4074	647	1972	914	601	328
漳州市	Zhangzhou	12752	4699	486	3306	598	1403	1071	880	310
南平市	Nanping	11706	3978	688	2614	433	1712	1363	744	175
龙岩市	Longyan	12450	4810	514	2818	599	1531	1136	772	270
宁德市	Ningde	12394	4899	630	3113	456	986	1022	1051	238

主要统计指标解释

常住人口：指家庭住户成员中，经常在家居住、或者调查期内居住时间超过一半的人员，以及本住户供养的学生。

常住人口是住户收支的调查对象。

可支配收入：指调查户在调查期内获得的、可用于最终消费支出和储蓄的总和，即调查户可以用来自由支配的收入。可支配收入既包括现金，也包括实物收入。按照收入的来源，可支配收入包含四项，分别为：工资性收入、经营净收入、财产净收入和转移净收入。

工资性收入：指就业人员通过各种途径得到的全部劳动报酬和各种福利，包括受雇于单位或个人、从事各种自由职业、兼职和零星劳动得到的全部劳动报酬和福利。

经营净收入：指住户或住户成员从事生产经营活动所获得的净收入，是全部经营收入中扣除经营费用、生产性固定资产折旧和生产税之后得到的净收入。

财产净收入：指住户或住户成员将其所拥有的金融资产、住房等非金融资产和自然资源交由其他机构单位、住户或个人支配而获得的回报并扣除相关的费用之后得到的净收入。

转移净收入：计算公式为：转移净收入=转移性收入-转移性支出

转移性收入：指国家、单位、社会团体对住户的各种经常性转移支付和住户之间的经常性收入转移。

转移性支出：指调查户对国家、单位、住户或个人的经常性或义务性转移支付。包括缴纳的税款、各项社会保障支出、赡养支出、经常性捐赠和赔偿支出以及其他经常转移支出等。

消费支出：指住户用于满足家庭日常生活消费需要的全部支出，包括用于消费品的支出和用于服务性消费的支出。根据用途不同，消费支出可划分为食品烟酒、衣着、居住、生活用品及服务、交通通信、教育文化娱乐、医疗保健、其他用品及服务八大类。根据来源不同，消费支出可划分为现金消费支出、实物消费支出（含自产自用、来自单位、来自政府和其他社会组织）。

恩格尔系数：指食物支出占生活消费总支出的比重。计算公式为：恩格尔系数=食物支出/生活消费总支出×100%。恩格尔系数越大，表示生活越贫困；反之，表示生活越富裕。根据国际经验，恩格尔系数 60%以上为贫困，50%-60%为温饱，40%-50%为小康，30%-40%为富裕，30%以下为最富裕。

Explanatory Notes on Main Statistical Indicators

Number of Dependents per Urban Employee refers to the ratio between number of persons in an urban household and the number of employed persons.

Total Income of Urban Households refers to the sum of wage and salary, net business income, income from properties, and income from transfers of members of the households, excluding income from selling of properties and income from borrowings.

Disposable Income of Urban Households refers to the actual income at the disposal of members of the households which can be used for final consumption, other non-compulsory expenditure and savings. This equals to total income minus income tax, personal contribution to social security and sample household subsidy for keeping diaries. Following formula is used:

Disposable income = total household income - income tax - personal contribution to social security - sample household subsidy for keeping diaries

Consumption Expenditure of Urban Households refers to total expenditure of the sample households for consumption in daily life, including expenditure on eight categories such as food, clothing, household appliances and services, health care and medical services, transport and communications, recreation, education and cultural services, housing, miscellaneous goods and services.

Expenditure of Urban Households on Consumption of Services refers to expenditure of households on services of various kinds provided by the society.

Urban Households by Income Group All households in the sample are grouped, by per capita disposable income of the household, into groups of low income, lower middle income, middle income, upper middle income and high income, each group consisting of 20%, 20%, 20%, 20% and 20% of all households respectively.

Income from Rural Household Operations refers to income by the rural households as units of production and operations. Operations by rural households are classified by economic activities as agriculture, forestry, animal husbandry, fishery, manufacturing, construction, transportation, post and telecommunications, wholesale, retail and catering, social service, culture, education, health, and other household operations.

Income from Properties refers to the income received as returns by owners of financial assets or tangible non-productive assets by providing capitals or tangible non-productive assets to other institutional units.

Income from Transfers refers to the receipt by rural households and their members of goods, services, capital or rights of assets without giving or repaying accordingly, excluding capital provided to them for the formation of fixed assets. In general, it refers to all income received by rural households through redistribution.

Cash Income refers to income received by rural households and their members in the form of cash during the reference period. It is classified, by source of income, into income from wages and salaries, cash income from household operations, income from properties and income from transfers.

Net Income from Rural household refers to the total income of rural households from all sources minus all corresponding expenses. The formula for calculation is as follows:

Net income = total income – taxes and fees paid - household operation expenses – taxes and fees – depreciation of fixed assets for production – subsidy for participating in household survey – gifts to non-rural relatives

Net income is mainly used as input for reproduction and as consumption expenditure of the year, and also used for savings and non-compulsory expenses of various forms.Per capita net income of farmers is the level of net income averaged by population which reflects the average income level of rural households in a given area.

Engel Coefficient refers to the percentage of expenditure on food in the total consumption expenditure,using the following formula:

Engel Coefficient=(expenditure on food/total consumption expenditure)×100%

第七篇　价格指数

Chapter 7　Price Indices

资料整理：林龚华 王娟 孔令军 郑明坤

Database Editor: Lingonghua Wangjuan Konglingjun Zhengmingkun

简要说明

本篇资料的主要内容及来源

本篇资料反映了全省生产、投资、流通、消费等环节价格变动状况，主要包括居民消费、商品零售、生产资料、工业生产者出厂与购进、固定资产投资、农产品生产者等价格指数。

居民消费、商品零售和农业生产资料价格指数来源于流通和消费价格统计调查年报，由国家统计局福建调查总队消费价格调查处整理提供。

工业生产者出厂与购进、固定资产投资、等价格指数来源于工业生产者、固定资产投资价格统计调查，由国家统计局福建调查总队生产价格调查处整理提供。

农产品生产者价格统计调查，由国家统计局福建调查总队农业调查处整理提供。

Brief Introduction

Main Content and Source of Data

Data on the price indices in this chapter show the changing trend in production, investment, circulation and consumption, including mainly consumer price indices of residents, retail price indices, price indices of means of production, production price indices of industrial producers, purchasing price indices of raw materials, fuels and power, price indices of investment in fixed assets price indices.

Data on consumer price indices of residents, retail price indices and price indices of agricultural means of production are based on yearly report on consumer price and are provided by the Division of Consumer Price Survey of Survey Office of the National Bureau of Statistics in Fujian。

Data on production price indices of industrial products, purchasing price indices of raw materials, fuels and power, price indices of investment in fixed assets price indices are based on yearly report on production price and are provided by the Division of Production Price Survey of Survey Office of the National Bureau of Statistics in Fujian.

Data on Producer Prices Indices for Farm Products are based on yearly report on production price and are provided by the Division of Agriculture Survey of Survey Office of the National Bureau of Statistics in Fujian.

7-1 主要年份各种价格指数

Price Indices in Seletcted Year

单位：以上年为100 (preceding year=100)

年份 Year	居民消费价格指数 Consumer Price Index	城市 Urban	农村 Rural	商品零售价格指数 Retail Price Index	农业生产资料价格指数 Price Index of Agricultural Means of Production	工业生产者出厂价格指数 Ex-Factory Price Indices of Industrial Producers	工业生产者购进价格指数 Purchasing Price Indices of Industrial Producers	固定资产投资价格总指数 Price Index for Investment in Fixed Assets
1951	106.6	107.8	105.8	107.3	102.9			
1952	98.0	97.6	99.2	97.9	99.8			
1957	100.5	100.8	100.3	100.5	98.8			
1962	101.8	100.5	102.6	101.6	117.8			
1965	95.2	94.4	95.7	95.0	93.4			
1970	98.9	99.0	98.9	99.0	100.3			
1975	100.1	100.1	100.1	100.2	100.2			
1978	100.2	100.4	100.1	100.3	100.1			
1979	102.8	102.7	102.9	103.0	100.4			
1980	105.3	106.3	104.6	105.6	101.0			
1981	102.7	104.0	101.9	103.6	103.3			
1982	103.4	103.1	103.6	103.6	104.4			
1983	101.3	102.0	100.9	101.3	103.0			
1984	102.1	102.8	101.1	101.6	103.8			
1985	111.3	114.0	107.5	111.4	105.6			
1986	106.5	106.9	105.4	106.3	102.5			
1987	109.4	110.6	107.9	109.7	106.8			
1988	126.5	127.0	126.0	127.4	121.5			
1989	118.9	118.8	118.9	118.6	119.5			
1990	99.3	100.1	98.6	98.6	100.3			
1991	103.5	104.6	102.4	103.3	105.1			108.6
1992	105.9	108.0	104.1	105.5	102.2	102.7	109.3	114.9
1993	115.4	116.8	114.2	113.8	111.4	117.1	129.6	134.1
1994	125.3	125.1	125.5	123.0	117.8	116.9	115.2	107.3
1995	115.2	116.4	114.4	114.4	120.2	115.7	119.6	104.8
1996	105.9	106.9	105.4	104.5	106.2	101.8	104.3	104.7
1997	101.7	102.5	101.3	99.8	99.5	100.3	98.6	101.1
1998	99.7	100.0	99.5	98.5	94.6	95.7	92.5	98.0
1999	99.1	98.7	99.2	96.5	96.1	96.6	97.9	98.5
2000	102.1	103.2	101.3	98.9	97.4	100.5	112.4	100.2
2001	98.7	98.3	99.3	98.0	98.7	98.1	96.7	99.5
2002	99.5	99.2	99.8	98.3	99.9	97.6	97.6	99.7
2003	100.8	100.7	101.0	99.1	101.8	100.7	106.3	101.4
2004	104.0	103.8	104.3	102.7	112.5	102.6	113.3	103.4
2005	102.2	101.9	102.8	100.6	108.1	100.2	108.1	100.7
2006	100.8	101.1	100.3	100.5	100.9	99.2	103.9	102.0
2007	105.2	105.1	105.4	104.3	110.3	100.8	104.3	105.9
2008	104.6	104.5	104.6	105.7	123.6	102.7	110.2	105.9
2009	98.2	98.3	97.9	97.9	93.3	95.5	93.2	98.0
2010	103.2	103.1	103.4	103.4	102.4	103.2	107.7	103.3
2011	105.3	105.2	105.3	104.8	111.8	103.9	108.0	106.2
2012	102.4	102.4	102.4	101.8	103.3	98.7	97.7	100.3
2013	102.5	102.6	102.3	101.1	99.5	98.4	98.4	100.1
2014	102.0	102.1	101.9	101.1	99.5	98.6	98.3	100.4
2015	101.7	101.7	101.7	99.9	101.4	97.0	96.1	98.3
2016	101.7	101.8	101.5	100.7	100.2	99.1	98.0	100.0
2017	101.2	101.3	100.8	100.6	100.0	104.1	105.3	105.6
2018	101.5	101.5	101.5	101.5	103.1	102.8	102.8	104.9

注：“工业生产者出厂价格指数”，2010年及以前称“工业品出厂价格指数”。“工业生产者购进价格指数”，2010年及以前称“工业企业原材料、燃料、动力购进价格指数”。

Note:Before 2010,"Ex-Factory Price Indices of Industrial Producers" is called "Ex-Factory Price Indices of Industrial Products"."Purchasing Price Indices of Industrial Producers" is called "Purchasing Price Index for Raw Material,Fuel and Power".

7-2 各种价格总指数(1979-2018年)

Price Indices(1979-2018)

单位：以1978年为100　　(year of 1978=100)

年份 Year	居民消费价格指数 Consumer Price Index	城市 Urban	农村 Rural	商品零售价格指数 Retail Price Index	农业生产资料价格指数 Price Index of Agricultural Means of Production
1979	102.8	102.7	102.9	103.0	100.4
1980	108.2	109.2	107.6	108.8	101.4
1981	111.2	113.5	109.7	112.7	104.8
1982	115.0	117.1	113.6	116.7	109.4
1983	116.4	119.4	114.6	118.3	112.6
1984	118.9	122.7	115.9	120.2	116.9
1985	132.3	139.9	124.6	133.8	123.5
1986	140.9	149.6	131.3	142.3	126.6
1987	154.2	165.4	141.7	156.1	135.2
1988	195.0	210.1	178.6	198.8	164.2
1989	231.9	249.8	212.3	235.8	196.2
1990	230.3	250.1	209.3	232.5	196.8
1991	238.3	261.6	214.3	240.2	206.9
1992	252.4	282.5	223.1	253.4	211.4
1993	291.3	329.9	254.8	288.4	235.5
1994	364.9	412.8	319.8	354.7	277.4
1995	420.4	480.5	365.9	405.8	333.5
1996	445.2	513.6	385.6	424.1	354.2
1997	452.8	526.4	390.6	423.2	352.4
1998	451.4	526.4	388.7	416.9	333.4
1999	447.4	519.6	385.6	402.3	320.4
2000	456.8	536.2	390.6	397.8	312.1
2001	450.9	527.1	387.8	389.9	308.0
2002	448.6	522.9	387.1	383.3	307.7
2003	452.2	526.6	390.9	379.8	313.2
2004	470.3	546.6	407.7	390.1	352.4
2005	480.6	557.0	419.1	392.4	380.9
2006	484.4	563.1	420.4	394.4	384.3
2007	509.6	591.8	443.1	411.4	423.9
2008	533.0	618.4	463.5	434.8	523.9
2009	523.3	607.9	453.9	425.5	488.9
2010	540.2	627.0	469.5	439.8	500.4
2011	568.6	659.9	494.5	461.1	559.6
2012	582.4	675.9	506.6	469.6	578.1
2013	596.8	693.1	518.0	474.9	575.3
2014	608.8	707.5	527.7	480.1	572.6
2015	619.3	719.7	536.8	479.8	580.7
2016	629.8	732.4	544.6	483.2	581.6
2017	637.2	741.8	549.0	486.3	581.3
2018	646.8	752.9	557.2	493.6	599.3

7-3 分行业工业生产者出厂价格指数

Ex-Factory Price Indices of Industrial Producers by Sector

单位：以上年为100 (preceding year=100)

行业	Sector	2017	2018
煤炭开采和洗选业	Coal Mining and Dressing	129.1	102.4
黑色金属矿采选业	Ferrous Metals Mining and Dressing	104.4	99.3
有色金属矿采选业	Nonferrous Metals Mining and Dressing	124.1	111.1
非金属矿采选业	Nonmetal Minerals Mining and Dressing	106.0	105.8
农副食品加工业	Agricultural and Sideline Products Processing	101.5	101.5
食品制造业	Food Manufacturing	101.3	100.8
酒、饮料和精制茶制造业	Wine，Drink and Tea Manufacturing	99.6	100.7
烟草制品业	Tobacco Processing	99.9	100.6
纺织业	Textile Industry	102.2	103.1
纺织服装、服饰业	Textile Garments Products	101.0	100.9
皮革、毛皮、羽毛及其制品和制鞋业	Leather , Furs , Down and Relate Products	102.9	99.5
木材加工和木、竹、藤、棕、草制品业	Timber Processing,Bamboo,Cane,Palm Fiber and Straw Products	100.9	101.5
家具制造业	Furniture Manufacturing	101.6	100.5
造纸和纸制品业	Papermaking and Paper Products	105.3	105.6
印刷和记录媒介复制业	Printing and Record Medium Reproduction	103.8	100.2
文教、工美、体育和娱乐用品制造业	Cultural , Educational and Sports Goods	101.2	99.2
石油加工、炼焦和核燃料加工业	Petroleum Processing , Coking and Nuclear Fuel Processing	114.2	121.7
化学原料和化学制品制造业	Raw Chemical Materials and Chemical Products	109.8	109.5
医药制造业	Medical and Pharmaceutical Products	100.5	100.8
化学纤维制造业	Chemical Fiber	104.3	104.7
橡胶和塑料制品业	Rubber and Plastic Products	102.0	101.8
非金属矿物制品业	Nonmetal Minerals Products	103.4	105.9
黑色金属冶炼和压延加工业	Smelting and Pressing of Ferrous Metals	128.9	107.4
有色金属冶炼和压延加工业	Smelting and Pressing of Nonferrous Metals	110.1	104.6
金属制品业	Metal Products	103.7	103.0
通用设备制造业	General Equipment	100.5	101.8
专用设备制造业	Special Purpose Equipment	101.1	100.5
汽车制造业	Car Manufacturing	99.9	100.4
铁路、船舶、航空航天和其他运输设备制造业	Railway,Watercraft,Aviation and others transportation Manufacturing	99.9	100.5
电气机械和器材制造业	Electric Equipment and Machinery	101.6	99.5
计算机、通信和其他电子设备制造业	Computer,Communication and other Electronic Equipment	101.6	99.0
仪器仪表制造业	Instruments and Meters Machinery	100.8	99.5
其他制造业	Others Manufacturing	104.0	101.8
废弃资源综合利用业	Waste Resources and Materials Recovering	113.4	111.3
金属制品、机械和设备修理业	Metals,Machinery and Equipment maintenance	101.7	100.0
电力、热力生产和供应业	Production and Supply of Electric Power and Hot Power	99.3	99.3
燃气生产和供应业	Production and Supply of Gas	93.9	102.8
水的生产和供应业	Production and Supply of Water	103.4	101.7

注：本表行业分类依据2011年新颁布的《国民经济行业分类》（GB/T 4754-2011）标准。
Note:The classified Standards of national ecomonic sector are adopted GB/T 4754-2011.

7-4 工业生产者出厂价格指数

Ex-Factory Price Indices of Industrial Producers

单位：以上年为100　　(preceding year=100)

项目	Item	2000	2005	2010	2017	2018
工业生产者出厂价格总指数	**Ex-Factory Price Indices of Industrial Producers**	**100.5**	**100.2**	**103.2**	**104.1**	**102.8**
按轻重分	**By Light and Heavy Industry**					
轻工业	Light Industry	99.9	98.4	101.5	102.2	101.2
以农产品为原料	Using Farm Products as Raw Materials	100.9	100.5	102.5	102.0	101.4
以非农产品为原料	Using Non-farm Products as Raw Materials	97.7	97.4	100.6	102.8	100.7
重工业	Heavy Industry	101.2	104.7	106.9	105.8	104.1
采掘工业	Mining and Quarrying	107.5	123.4	121.1	113.4	104.2
原料工业	Raw Materials Industry	103.4	107.8	107.9	107.1	107.7
加工工业	Manufacturing Industry	97.6	100.9	104.1	104.9	102.7
按两大部类分	**By Two Parts**					
生产资料	Means of Production	101.6	100.9	104.1	105.5	104.2
采掘工业	Mining and Quarrying	107.5	123.4	121.1	113.4	104.2
原料工业	Raw Materials Industry	104.3	107.5	108.9	106.7	107.2
加工工业	Manufacturing Industry	97.4	98.4	101.7	104.8	103.1
生活资料	Consumer Goods	98.7	99.1	101.7	101.7	100.2
食品	Food	98.5	98.4	104.7	101.1	100.9
衣着	Clothing	101.8	101.7	100.9	102.1	99.8
一般日用品	Articles for Daily Use	94.9	101.3	100.9	101.4	100.1
耐用消费品	Durable Consumer Goods	94.2	93.0	98.7	102.7	99.3
按工业部门分	**By Departments**					
冶金工业	Metallurgical Industry	100.8	104.3	113.0	119.3	105.7
电力工业	Power Industry	95.3	103.5	100.3	99.3	99.3
煤炭及炼焦工业	Coal and Coking Industry	114.1	137.3	108.4	128.9	102.8
石油工业	Petroleum Industry	138.4	123.5	124.4	110.4	119.3
化学工业	Chemical Industry	100.3	104.6	107.1	104.8	104.6
机械工业	Machine Building Industry	94.9	95.1	98.5	101.3	100.0
建筑材料工业	Building Materials Industry	95.8	98.5	103.0	103.7	106.1
森林工业	Timber Industry	104.2	103.0	102.7	100.9	101.2
食品工业	Food Industry	98.2	98.4	104.4	101.1	101.2
纺织工业	Textile Industry	108.4	100.9	102.9	102.5	103.7
缝纫工业	Tailoring Industry	103.4	101.0	100.9	101.0	100.6
皮革工业	Leather Industry	98.0	102.7	100.9	103.1	99.1
造纸工业	Paper Industry	105.7	101.4	104.1	105.3	105.6
文教艺术用品工业	Cultural,Educational & Handicrafts Articles	96.6	100.1	99.6	102.0	100.3
其它工业	Others	94.8	101.7	102.7	101.9	100.4

7-5 工业生产者购进价格指数

Purchasing Price Indices of Industrial Producers

单位：以上年为100 (preceding year=100)

项目 Item	2000	2005	2010	2017	2018
工业生产者购进价格总指数 Purchasing Price Indices of Industrial Producers	**112.4**	**108.1**	**107.7**	**105.3**	**102.8**
1.燃料、动力类 Fuel and Power	137.2	125.6	108.1	107.2	107.8
2.黑色金属材料类 Ferrous Metals Material	102.4	103.5	113.5	115.8	103.1
#钢材 Steel	103.6	106.4	109.6	115.8	104.9
3.有色金属材料和电线类 Nonferrous Metals Material and Wire	109.9	111.3	116.6	111.9	106.5
4.化工原料类 Raw Chemical Materials	112.2	106.1	110.8	105.6	104.3
5.木材及纸浆类 Timber and Paper Pulp	97.5	100.7	99.4	107.9	102.6
6.建筑材料及非金属矿类 Building Materials and Nonmetal Minerals	97.0	105.9	102.8	103.6	108.4
7.其他工业原材料及半成品类 Other Industrial Raw and Semi-products	105.6	104.8	101.9	102.0	99.5
8.农副产品类 Agricultural Products	96.2	94.0	117.8	99.8	97.7
9.纺织原料类 Textile Materials	107.8	102.9	106.9	102.5	99.4

7-6 居民消费价格指数（2018年）

Consumer Price Indices(2018)

单位：以上年为100 (preceding year=100)

项目 Item	全省 Province	城市 Urban	农村 Rural
居民消费价格指数 Consumer Price Index	**101.5**	**101.5**	**101.5**
一、按商品和非商品分 By Good			
消费品价格指数 Consumption Price Index	101.5	101.5	101.4
服务项目价格指数 Services Price Index	101.6	101.6	101.7
二、按类别分 By Category			
食品烟酒 Food and Tobacco	101.7	101.9	101.1
衣着 Clothing	99.6	99.1	101.1
居住 Residence	101.9	101.9	101.9
生活用品及服务 Articles and Services	100.9	100.9	101.0
交通和通信 Transport and Communication Services	101.2	101.0	101.6
教育文化和娱乐 Education,Cultural Services and Recreation	102.1	102.1	102.2
医疗保健 Medicine and Medical Services	102.1	102.1	101.9
其他用品和服务 Others	100.5	100.4	100.7

7-7 居民消费价格分类指数（2018年）

Consumer Price Indices by Category(2018)

单位：以上年为100 (preceding year=100)

项目	Item	总计 Total	城市 Urban	农村 Rural
居民消费价格总指数	Consumer Price Index	101.5	101.5	101.5
食品烟酒	Food,Tobacco and Liquor	101.7	101.9	101.1
食品	Food	101.7	101.9	101.1
粮食	Grain	100.8	100.8	101.0
薯类	Tubers	104.6	104.6	104.5
豆类	Peas and Beans	101.8	102.4	100.4
食用油	Edible Oil	99.3	99.4	99.2
菜	Vegetables	107.8	108.1	106.5
畜肉类	Livestock Meat	95.0	95.0	95.0
禽肉类	Poultry	108.5	108.4	108.7
水产品	Aquatic Products	102.7	102.9	102.0
蛋类	Eggs	110.1	109.6	111.4
奶类	Dairy	100.8	100.7	101.0
干鲜瓜果类	Dride and Fresh Melons and Fruits	103.4	103.8	102.0
糖果糕点类	Sweets and Cakes	101.9	101.9	101.8
调味品	Flavoring	101.8	101.8	101.7
其他食品类	Other Foods	103.2	103.9	101.2
茶及饮料	Tea and Beverages	101.8	102.0	101.2
烟酒	Tobacco and Liquor	100.6	100.8	100.2
烟草	Tobacco	100.6	100.5	100.7
酒类	Liquor	100.7	101.3	99.4
在外餐饮	Outside Catering	102.4	102.3	102.5
衣着	Clothing	99.6	99.1	101.1
服装	Garments	99.9	99.5	101.2
服装材料	Clothing material	103.2	103.2	103.2
其他衣着及配件	Others	100.8	101.0	99.8
衣着加工服务费	Clothing Manufacturing Services	102.1	101.2	104.9
鞋类	Shoes	98.0	97.1	100.7
居住	Residence	101.9	101.9	101.9
租赁房房租	Rental Housing Rent	100.7	100.6	101.4
住房保养维修及管理	Housing Maintenance	107.0	107.7	105.2
水电燃料	Water,Electricity ,Fuels	101.5	101.8	100.9
自有住房	Private Housing	100.9	100.7	101.4
生活用品及服务	Daily Necessities and Services	100.9	100.9	101.0
家具及室内装饰品	Furniture and Ornament	101.5	101.2	102.2
家用器具	Household Facilities	100.5	100.3	100.9
家用纺织品	Household Textiles	101.4	102.1	99.0
家庭日用杂品	Daily Use Household Articles	100.1	100.0	100.3
个人护理用品	Personal Care Articles	100.5	100.4	101.2
家庭服务	Domestic Services	104.2	104.3	103.8
交通和通信	Transportation and Communication	101.2	101.0	101.6
交通	Transportation	102.3	102.2	102.8
通信	Communication	99.2	99.1	99.5
教育文化和娱乐	Education Culture and Recreation	102.1	102.1	102.2
教育	Education	102.8	102.8	102.7
文化娱乐	Culture and Recreation	101.1	101.1	101.1
医疗保健	Health Care	102.1	102.1	101.9
药品及医疗器具	Medicine and Medical Instrument	104.0	103.5	105.6
医疗服务	Health Services	101.1	101.4	100.7
其他用品和服务	Others Articles and Services	100.5	100.4	100.7
其他用品类	Other Articles	98.7	98.5	99.1
其他服务类	Other Services	101.9	101.8	102.2

注：本表按国家统计局2015年10月制定的《流通和消费价格统计报表制度》进行分类。

7-8 农业生产资料价格指数

Price Indices of Means Agriculture Production

单位：以上年为100 (preceding year=100)

项目	Item	2000	2005	2010	2015	2016	2017	2018
总指数	**General Index**	**97.4**	**108.1**	**102.4**	**101.4**	**100.2**	**100.0**	**103.1**
1.农用手工工具	Small Farm Tools	102.0	107.2	101.5	101.8	100.3	99.7	101.6
2.饲料	Forage	94.3	102.8	105.5	100.2	96.9	99.8	102.7
3.仔畜幼禽及产品畜	Young Livestock & Fowls	112.3	102.5	107.8	109.8	120.7	90.6	96.4
4.半机械化农具	Semi-Mechanized Farm Tools	98.9	100.0	101.0	100.7	99.8	99.2	100.0
5.机械化农具	Mechanized Farm Machinery	98.4	103.0	101.5	100.1	100.3	100.0	99.9
6.化学肥料	Chemical Fertilizer	92.1	114.1	97.4	100.4	98.7	102.9	107.1
7.农药及农药器械	Pesticide & Its Appliances	95.1	108.5	100.3	99.4	99.1	98.6	105.4
8.农机用油	Oil for Farm Machinery	126.2	110.2	109.3	89.7	98.0	107.9	110.6
9.其他农业生产资料	Others	98.0	105.3	106.2	100.7	99.8	100.2	100.7
10.农业生产服务	Agricultural Production Service			105.0	104.1	101.5	99.4	100.6

注：2016年之前，“仔畜幼禽及产品畜”称为“幼禽家畜”，“农药及农药器械”称为“农药及农药械”，“农机用油”称为“农用机油”。

7-9 固定资产投资价格指数

Price Indices for Investment in Fixed Assets

单位：以上年为100 (preceding year=100)

项目	Item	2000	2005	2010	2015	2016	2017	2018
固定资产投资价格总指数	**General Index**	**100.2**	**100.7**	**103.3**	**98.3**	**100.0**	**105.6**	**104.9**
一、建筑安装工程投资	**Construction and Installation**	**102.4**	**101.1**	**104.9**	**97.6**	**99.8**	**107.6**	**106.7**
人工费	Labors	108.5	104.9	107.0	103.8	102.4	103.1	102.6
材料费	Materials	102.0	99.8	104.7	94.4	98.5	111.3	110.0
#钢材	Steel Products	103.1	98.8	105.6	87.7	98.0	127.1	114.2
水泥	Cement	99.5	96.7	104.3	96.5	96.5	104.5	112.1
机械费	Instruments	100.2	100.1	102.2	101.0	100.2	100.7	101.2
二、设备、工器具投资	**Purchase of Equipment, Tools And Instruments**	**94.9**	**97.6**	**99.8**	**99.5**	**100.0**	**100.9**	**100.8**
三、其他费用投资	**Others**	**98.8**	**102.8**	**102.4**	**100.1**	**100.7**	**101.1**	**100.4**

7-10 农产品生产者价格指数

Producer Price Indices for Farm Products

单位：以上年为100 (preceding year=100)

项目	Item	2005	2010	2014	2015	2016	2017	2018
总指数	**Total Price Index**	**103.9**	**111.5**	**100.3**	**101.2**	**108.3**	**98.9**	**102.6**
一、农业产品	**Agricultural Products**	**105.1**	**115.3**	**105.9**	**100.8**	**108.8**	**95.9**	**102.6**
谷物	Rice	97.6	107.6	106.7	106.3	98.8	102.1	97.9
早籼稻	Early Rice	95.3	103.3	105.1	103.4	101.0	102.2	99.8
晚籼稻	Late Rice	96.7	111.2	106.6	102.8	101.1	107.5	95.1
薯类	Potato	106.9	121.9	102.7	103.0	106.8	86.1	98.5
豆类	Bean	97.0	125.1	106.6				
大豆	Soybean	93.4	127.9	106.6				
油料	Oil-bearing Crops	106.3	115.8	103.9	101.5	100.5	101.4	93.9
蔬菜	Vegetables			105.9	105.3	111.7	86.5	105.0
烤烟叶	Flue-cured Tobacco	101.7	98.5	99.4	103.0	103.6	94.6	100.1
食用菌（干鲜混合）	Edible Bacterium	103.0	115.7	103.7	96.9	99.6	105.3	101.0
水果	Fruit	108.8	115.2	109.4	94.8	127.8	95.5	104.3
茶叶	Tea	101.3	111.5	101.9	96.8	97.6	106.9	99.2
二、林业产品	**Forest Products**	**104.0**	**107.6**	**101.7**	**93.3**	**95.7**	**100.1**	**110.8**
原木	Log	104.7	104.3	101.0	98.6	96.6	98.3	101.7
竹材	Bamboo	104.1	108.0	97.9	87.8	96.4	93.2	100.4
三、饲养动物及其产品	**Breeding Animals and Products**	**100.9**	**101.2**	**97.4**	**108.0**	**115.7**	**94.7**	**95.7**
活猪（毛重）	Pigs	97.4	97.9	93.9	111.2	123.5	91.8	89.3
家禽（毛重）	Poultry	104.2	107.0	109.5	103.3	102.0	99.5	105.8
四、渔业产品	**Fishery Products**	**103.7**	**113.7**	**96.9**	**100.5**	**107.3**	**105.5**	**103.9**
#海水养殖产品	Seawater Culturing			95.8	100.0	110.1	107.9	104.0
海水捕捞产品	Seawater Catching			102.2	100.9	107.8	99.9	99.3
淡水养殖产品	Freshwater Culturing			96.7	97.4	97.1	102.1	107.0

主要统计指标解释

居民消费价格指数 是反映一定时期内城乡居民所购买的生活消费品和服务项目价格变动趋势和程度的相对数，是对城市居民消费价格指数和农村居民消费价格指数进行综合汇总计算的结果。通过该指数可以观察和分析消费品的零售价格和服务项目价格变动对城乡居民实际生活费支出的影响程度。

城市居民消费价格指数 是反映一定时期内城市居民家庭所购买的生活消费品价格和服务项目价格变动趋势和程度的相对数。通过该指数可以观察和分析消费品的零售价格和服务项目价格变动对城镇居民收入和消费支出的影响。

农村居民消费价格指数 是反映一定时期内农村居民家庭所购买的生活消费品价格和服务项目价格变动趋势和程度的相对数。该指数可以观察农村消费品的零售价格和服务项目价格变动对农村居民收入和生活消费支出的影响。

商品零售价格指数 是反映一定时期内城乡商品零售价格变动趋势和程度的相对数。商品零售价格的变动与国家的财政收入、市场供需的平衡、消费与积累的比例关系有关。因此，该指数可以从一个侧面对上述经济活动进行观察和分析。

工业生产者出厂价格指数 是反映一定时期内全部工业产品出厂价格总水平的变动趋势和程度的相对数，包括工业企业售给本企业以外所有单位的各种产品和直接售给居民用于生活消费的产品。该指数可以观察出厂价格变动对工业总产值及增加值的影响。

工业生产者购进价格指数 是反映工业企业作为生产投入，而从物资交易市场和能源、原材料生产企业购买原材料、燃料和动力产品时，所支付的价格水平变动趋势和程度的统计指标，是扣除工业企业物质消耗成本中的价格变动影响的重要依据。目前，我国编制的工业生产者购进价格指数所调查的产品包括燃料动力、黑色金属、有色金属、化工、建材等九大类。

农业生产资料价格指数 指反映一定时期内农业生产资料价格变动趋势和程度的相对数。其编制目的是了解农业生产中投入物质资料价格的变动状况，服务于国民经济核算。1994 年以前，农业生产资料价格指数仅仅是商品零售价格指数的一个类别，此后，从商品零售价格指数中分离出来，单独编制。

农产品生产者价格指数 是反映一定时期内，农产品生产者出售农产品价格水平变动趋势及幅度的相对数。该指数可以客观反映全国农产品生产价格水平和结构变动情况，满足农业与国民经济核算需要。其中某代表品生产价格指数是通过对全部有出售该产品行为的调查单位的个体指数进行几何平均求得的，类价格指数是通过对其所属的类（或代表品）的价格指数进行加权平均求得的。季度累计价格指数的计算方法与分季指数的计算方法相同。

固定资产投资价格指数 是反映一定时期内固定资产投资品及取费项目的价格变动趋势和程度的相对数。固定资产投资额是由建筑安装工程投资完成额、设备工器具购置投资完成额和其他费用投资完成额三部分组成的。编制固定资产投资价格指数应首先分别编制上述三部分投资的价格指数，然后采用加权算术平均法求出固定资产投资价格总指数。

Explanatory Notes on Main Statistical Indicators

Consumer Price Indices reflect the trend and degree of changes in prices of consumer goods and services purchased by urban households during a given period,and is a composite index derived from the urban consumer price index and the rural consumer price index. Consumer price index can be used to analyze the impact of consumer price change on actual expenditure for living cost of urban and rural residents.

Urban Consumer Price Indices reflect the trend and degree of changes in prices of consumer goods and services purchased by urban households. It can be used to observe and analyze the impact of price changes in consumer goods and services on money wages of staff and workers, and provide basis for policymaking concerning the living cost and wages of staff and workers.

Rural Consumer Price Indices reflect the trend and degree of changes in prices of consumer goods and services purchased by rural households. It can be used to observe the impact of change in retail prices of consumer goods and service prices in rural areas on living expenditure of rural households, and to show the changes in the living standard of peasants. It provides basis for analysis and research on condition of life in rural areas.

Retail Price Indices reflect the trend and degree of change in retail prices of commodities during a given period. The change in retail prices of commodities directly affect the living expenses of urban and rural residents, government revenue, purchasing power of residents and the equilibrium of market supply and demand, and the ratio of consumption to accumulation. Therefore, the retail price indices are useful from an oblique perspective for observing and analyzing the changes of the above economic activities.

Ex-factory Price Indices of Industrial Products reflect the trend and degree of changes in general ex-factory prices of all industrial products during a given period,including sales of industrial products by an industrial enterprise to all units outside the enterprise,as well as sales of consumer goods to residents.It can be used to analyze the impact of ex-factory prices on gross output value and value-added of the industrial sector.

Price Indices for Means of Agricultural Production reflect the trend and degree of changes in the prices of the means of agricultural production during a given period. Compilation of these indices helps to understand the price changes of material input in agricultural production and facilitate the compilation of national accounts. Before 1994, price indices for means of agricultural production were a sub-category in the retail price indices for commodities, and it has been compiled separately since 1994.

Indices of Producers' Prices for Farm Products reflect the trend and degree of changes in producers' prices received by farmers when they sell farm products during a given period. These indices depict the change in the level and structure of producers' prices of farm products of the country and meet the needs of agriculture statistics and national account statistics. The producers' price index of a given product is calculated through geometrical mean of individual indices of all surveyed units who sell such product, and the indices of a product category is obtained through weighted mean of price indices of all products in the category. Method for calculating accumulative quarterly indices is the same as for calculating the distinctive quarterly indices.

Producer Prices Indices for Farm Products reflect the trend and degree of changes in producers' prices received by farmers when they sell farm products during a given period. These indices depict the change in the level and structure of producer prices for farm products of the country and meet the needs of agricultural statistics and national accounts statistics. The producer price index for a given product is calculated as the geometrical mean of individual indices for all surveyed units which sell such product, and the indices for a product category is obtained as the weighted mean of price indices for all products in the category. Method for calculating accumulative quarterly indices is the same as for calculating the individual quarterly indices.

Price Indices of Investment in Fixed Assets reflects the trend and degree of changes in prices of investment in fixed assets. The investment in fixed assets consists of three components, namely the investment in construction and installation, the investment in purchases of equipment and instrument,and the investment in other items. Price index of investment in fixed assets is calculated as the weighted arithmetic mean of the price indices of the three components of investment in fixed assets.

Removing the factor of price change in the aggregates of investment at current prices, this indicator shows the changes in the prices of commodities and fees involved in the investment of fixed assets, and can be used to observe the actual size, growth, structure,and efficiency of investment in fixed assets and provides reliable and scientific data for government planning, management, decision making, and further improving the current national accounting system.

第八篇　城市概况

Chapter 8　General Survey of Cities

资料整理：林红 何祥伟

Database Editor:Linhong Hexiangwei

简 要 说 明

本篇资料的主要内容及来源

本篇资料反映我省社会、经济发展和城市建设的规模、效益及综合水平等基本情况，

城市资料主要包括城市公用事业基本情况，主要经济指标，市场设施，园林绿化，环境卫生，供水供气，公用交通等。

全省数据是全省 22 个城市市辖区的汇总数，22 个城市分别是福州市、厦门市、莆田市、三明市、泉州市、漳州市、南平市、龙岩市、宁德市、福清市、长乐市、永安市、石狮市、晋江市、南安市、龙海市、邵武市、武夷山市、建瓯市、漳平市、福安市、福鼎市。

本篇资料由省统计局能源统计处根据福建省住房和城乡建设厅、交通运输厅和福建省统计局相关处室提供的年度数据整理。

Brief Introduction

Main Content and Source of Data

Data in this chapter show the social and economic development as well as the scale, economic efficiency, overall level and other basic conditions of cities at the prefecture in Fujian Province.

Data on the general survey cities include the basic condition of urban public facilities ,main economic indicators, civil greenery , environment and sanitation ,supply of gas and water ,public transportation ,etc.

The total provice data is the sum of 22 cities, 22 cities were Fuzhou、Xiamen、Putian、Shanming、Quanzhou、Zhangzhou、Nanpin、Longyan、Linde、Fuqing、Changle、Yongan、Shishi、Jinjiang、Nan'an、Longhai、Shaowu、Wuyishan、Jian'ou、Zhangping、Fuan and Fuding。

Data on chapter are complied by the Division of Energy of the Fujian Bureau of Statistics according to the data of yearly statistics ,which are provided by the Construction Bureau of Fujian, Transportation Bureau of Fujian and related Departments of Fujian Provincial Bureau of Statistics.

8-1 各城市建设情况（2017年）

Statistics on City Construction by City(2017)

地区	Area	城市面积（平方公里）Area of City (sq km)	#建成区面积 Developed Area	本年征用土地面积（公顷）Area of The requisition land This Year (hectare)	城市人口密度（人/平方公里）Population Density of City Districts (person/sq.km)	年末实有道路长度（公里）Length of Paved Roads (km)	年末实有道路面积（万平方米）Area of Paved Roads (10000 sq.m)	城市桥梁数量（座）Number of City Bridges (unit)
合　计	**Total**	**4473.89**	**1516.88**	**7053**	**2854**	**11427**	**22238.06**	**1902**
福州市	Fuzhou	1219.37	290.82	697	2304	2119	3649.71	568
福清市	Fuqing	224.50	51.00	601	1568	395	619.51	30
厦门市	Xiamen	348.23	348.23	2509	9975	2530	5450.00	484
莆田市	Putian	244.00	93.52	280	3037	721	1304.59	117
三明市	Sanming	220.00	38.70	160	1010	286	327.27	45
永安市	Yong'an	300.00	24.85	20	576	187	348.53	28
泉州市	Quanzhou	539.00	220.00		2523	1654	3638.30	158
石狮市	Shishi	48.00	38.20	58	7754	323	622.72	59
晋江市	Jinjiang	60.00	38.00	200	5583	474	1189.88	34
南安市	Nan'an	130.00	34.80	355	2366	259	463.14	22
漳州市	Zhangzhou	95.24	69.84	138	5584	449	1337.02	61
龙海市	Longhai	27.00	23.35	360	7826	213	421.58	29
南平市	Nanping	344.72	48.46	959	1009	351	443.93	40
邵武市	Shaowu	95.00	20.70	95	1213	131	177.30	36
武夷山市	Wuyishan	26.00	10.41	136	3658	126	195.00	17
建瓯市	Jian'ou	35.00	16.10		4029	135	160.65	8
龙岩市	Longyan	200.00	65.40	228	2215	493	815.32	76
漳平市	Zhangping	45.00	15.00	100	2809	115	189.61	8
宁德市	Ningde	107.50	34.03	139	2541	211	486.83	20
福安市	Fu'an	41.33	15.75		3973	134	144.85	17
福鼎市	Fuding	124.00	19.72	18	1414	123	252.32	45

8-2 各城市供水情况（2017年）

Basic Statistics on Tap Water Supply in Cities by City(2017)

地区	Area	年底供水综合生产能力（万立方米/日） Production Capacity of Top Water Supply at the Year-end (10000cu.m/day)	年末供水管道长度（公里） Length of Sewage Pipes (km)	全年供水总量（万立方米） Volume of Top Water Supply (10000 cu.m)	#生活用水 Water Consumption for Residential Use	#生产用水 Water Consumption for Productive Use	用水人口（万人） Number of Residents with Access to Tap Water (10000 persons)	人均日生活用水量（升） Per Capital Water Consumption for Residential Use(L)
合　计	**Total**	**766.16**	**21142.34**	**172957.10**	**94454.94**	**32842.95**	**1271.35**	**203.55**
福州市	Fuzhou	192.50	4114.52	47347.65	26561.45	4121.32	279.12	260.72
福清市	Fuqing	32.66	750.00	5658.70	2511.07	1633.76	35.19	195.50
厦门市	Xiamen	171.40	4174.77	45815.84	23866.00	11060.00	347.37	188.23
莆田市	Putian	32.00	1633.67	7785.16	4166.47	1901.81	74.04	154.17
三明市	Sanming	24.00	550.00	3725.16	2179.18	1114.30	22.18	269.18
永安市	Yong'an	10.00	307.36	2178.48	1147.85	803.10	17.05	184.44
泉州市	Quanzhou	60.00	2992.20	14585.44	9566.59	1672.92	133.28	196.65
石狮市	Shishi	44.00	501.67	5100.00	3394.10	903.92	37.22	249.84
晋江市	Jinjiang	40.00	650.33	6807.00	2696.00	2730.00	33.28	221.94
南安市	Nan'an	10.00	311.53	1910.39	1042.63	508.75	30.76	92.86
漳州市	Zhangzhou	31.00	984.80	8815.00	4218.60	1908.50	53.18	217.33
龙海市	Longhai	12.00	371.18	1095.00	812.00	28.00	21.13	105.28
南平市	Nanping	23.50	556.59	3853.07	2330.87	643.04	34.78	183.61
邵武市	Shaowu	7.50	149.00	1108.00	696.00	204.00	11.52	165.52
武夷山市	Wuyishan	4.00	267.22	1029.05	641.70	6.30	9.50	185.06
建瓯市	Jian'ou	3.00	104.10	768.79	603.46	51.61	14.05	117.67
龙岩市	Longyan	31.90	1909.30	7308.68	2645.00	2750.80	44.26	163.73
漳平市	Zhangping	7.00	133.92	1068.69	542.64	254.22	12.64	117.62
宁德市	Ningde	13.70	321.55	2260.00	1479.33	102.60	27.13	149.39
福安市	Fu'an	8.00	143.75	2243.00	1677.00	108.00	16.30	281.87
福鼎市	Fuding	8.00	214.88	2494.00	1677.00	336.00	17.37	264.51

8-3 各城市排水和污水处理情况（2017年）

Basic Statistics on Drainage and Swage Treatment in Cities by City(2017)

地区	Area	排水管道长度（公里） Length of Sewage Pipes (km)	污水处理厂数（座） Number of Waste Water Treated Factory (unit)	城市污水厂日处理能力（万立方米／日） Per Day Volume of Waste Water Treated (10000 cu.m/day)	污水处理总量（万立方米） Volume of Waste Water Treated (10 000 cu.m)	污水处理率（%） Percentage of Sewage Disposal of City (%)	污水处理厂集中处理率（%） Percentage of Sewage Collection Disposal in Factory of City (%)
合　计	**Total**	**15335**	**66**	**388.90**	**109564**	**92.2**	**89.1**
福州市	Fuzhou	2693	8	103.00	24867	89.7	80.8
福清市	Fuqing	485	2	18.00	3948	92.0	92.0
厦门市	Xiamen	3361	24	105.80	31073	95.8	95.8
莆田市	Putian	1722	3	18.80	6350	92.2	92.2
三明市	Sanming	241	2	5.50	1903	88.0	66.6
永安市	Yong'an	199	1	4.00	1412	90.1	90.1
泉州市	Quanzhou	1395	4	29.00	9818	96.0	91.1
石狮市	Shishi	452	1	10.00	3600	92.1	92.1
晋江市	Jinjiang	1173	2	20.00	4308	91.5	91.5
南安市	Nan'an	372	1	5.00	1390	90.1	90.1
漳州市	Zhangzhou	872	2	17.00	4606	90.9	90.9
龙海市	Longhai	375	1	2.50	843	93.1	93.1
南平市	Nanping	273	4	11.30	2365	87.7	87.7
邵武市	Shaowu	110	1	2.00	710	91.0	91.0
武夷山市	Wuyishan	229	2	2.50	814	92.4	92.4
建瓯市	Jian'ou	93	1	1.50	457	89.6	89.6
龙岩市	Longyan	494	3	17.00	5861	91.8	91.8
漳平市	Zhangping	126	1	2.00	675	90.0	90.0
宁德市	Ningde	272	1	4.00	1425	88.1	88.1
福安市	Fu'an	206	1	5.00	1274	85.1	85.1
福鼎市	Fuding	192	1	5.00	1865	86.2	86.2

8-4 各城市公共交通情况（2017年）

Basic Statistics on Public Transportation in Cities by City(2017)

地区	Area	公交车标准运营车数（标台） Public Vehicles(set)	出租车运营车辆数（辆） Taxis(set)	总客运量（万人次） Total Passengers(10000 person)
合　计	**Total**	**4485**	**6340**	**72906**
福州市	Fuzhou	480	420	3464
福清市	Fuqing	303	344	3034
厦门市	Xiamen	4536	5630	102068
莆田市	Putian	1074	1291	10527
三明市	Sanming	400	404	9801
永安市	Yong'an	210	151	3810
泉州市	Quanzhou	2122	1966	16038
石狮市	Shishi	222	298	1561
晋江市	Jinjiang	400	117	2961
南安市	Nan'an	142	60	1973
漳州市	Zhangzhou	676	965	7340
龙海市	Longhai	206	146	1357
南平市	Nanping	487	608	9517
邵武市	Shaowu	174	213	2154
武夷山市	Wuyishan	163	174	2407
建瓯市	Jian'ou	115	133	1733
龙岩市	Longyan	438	608	9475
漳平市	Zhangping	17	20	142
宁德市	Ningde	273	852	9720
福安市	Fu'an	130	310	3355
福鼎市	Fuding	171	416	2557

注：总客运量包含公交车、出租车、地铁、轮渡客运量。
Note:Total Passengers include Public Vehicles,Taxis,Subway and Ferry.

8-5 各城市绿地和园林（2017年）

Basic Statistics on Parks and Green Areas in Cities by City(2017)

地区	Area	绿化覆盖面积（公顷） Green Areas (hectare)	#建成区 Green Areas of Developed City	绿地面积（公顷） Green Areas (hectare)	#建成区 Green Areas of Developed City	公园个数（个） Number of Parks and Zoos (unit)	公园面积（公顷） Area of Parks and Zoos (hectare)
合　计	**Total**	**77876**	**66270**	**69755**	**61106**	**636**	**13957**
福州市	Fuzhou	13819	12900	12955	11963	150	4064
福清市	Fuqing	2476	2354	2312	2215	37	470
厦门市	Xiamen	22275	15180	21326	14250	130	3560
莆田市	Putian	4193	4193	3765	3765	52	539
三明市	Sanming	1970	1711	1750	1575	7	196
永安市	Yong'an	1131	1112	1034	1017	8	155
泉州市	Quanzhou	9504	9503	8866	8866	39	833
石狮市	Shishi	1685	1685	1478	1478	6	421
晋江市	Jinjiang	1674	1674	1517	1517	12	410
南安市	Nan'an	1563	1563	1391	1391	15	345
漳州市	Zhangzhou	3133	3066	2830	2787	37	731
龙海市	Longhai	1104	1008	975	934	15	274
南平市	Nanping	1936	1911	1735	1661	16	348
邵武市	Shaowu	1170	916	866	850	10	172
武夷山市	Wuyishan	2846	408	428	375	22	125
建瓯市	Jian'ou	666	660	635	635	14	133
龙岩市	Longyan	3026	2862	2591	2591	31	336
漳平市	Zhangping	737	639	614	577	5	139
宁德市	Ningde	1394	1359	1271	1269	10	389
福安市	Fu'an	716	714	642	623	16	168
福鼎市	Fuding	856	851	772	767	4	150

8-6 各城市市容环境卫生情况（2017年）

Basic Statistics on Urban Sanitation in Cities by City(2017)

地区	Area	道路清扫保洁面积（万平方米） Area under Cleaning Program (10000 sq.m)	生活垃圾清运量（万吨） Volume of Garbage Disposal(10000 tons)	市容环卫专用车辆设备总数（台） Number of Special Vehicles for Environmental Sanitation (unit)	公共厕所（座） Number of Public Lavatories (unit)	#三类以上 Third Grade and Above
合 计	**Total**	**17554.00**	**786.35**	**3981**	**3924**	**2789**
福州市	Fuzhou	4487.00	158.69	608	514	514
福清市	Fuqing	416.00	33.26	83	63	63
厦门市	Xiamen	3772.00	189.24	36	1616	575
莆田市	Putian	1100.00	73.98	1532	216	216
三明市	Sanming	240.00	11.65	355	81	81
永安市	Yong'an	146.00	5.68	94	51	
泉州市	Quanzhou	1980.00	48.15	53	511	506
石狮市	Shishi	521.00	30.37	190	42	39
晋江市	Jinjiang	747.00	37.06	47	135	135
南安市	Nan'an	522.00	41.39	165	43	12
漳州市	Zhangzhou	1088.00	47.14	15	130	130
龙海市	Longhai	156.00	12.79	386	43	43
南平市	Nanping	432.00	14.29	51	90	90
邵武市	Shaowu	160.00	4.30	78	35	35
武夷山市	Wuyishan	165.00	6.95	15	27	27
建瓯市	Jian'ou	158.00	6.07	33	42	41
龙岩市	Longyan	610.00	25.46	27	141	141
漳平市	Zhangping	126.00	4.75	99	21	21
宁德市	Ningde	383.00	13.40	11	41	38
福安市	Fu'an	144.00	11.86	39	35	35
福鼎市	Fuding	201.00	9.87	32	47	47

8-7 各城市设施水平（2017年）
Level of Public Facilities in Cities by City(2017)

地区	Area	城市用水普及率（%）Pecentage of Population with Access to Tap Water (%)	城市燃气普及率（%）Percentage of City Population with Access to Gas (%)	人均城市道路面积（平方米）Per Area of Paved Roads (sq.m)	人均公园绿地面积（平方米）Per Capita Public Green Areas (sq.m)	生活垃圾无害化处理率（%）Percentage of Garbage Disposal with Standard (%)	建成区绿化覆盖率(%) Ratio of Green Areas to City Areas(%)
合　计	**Total**	**99.6**	**97.5**	**17.41**	**14.13**	**99.4**	**43.7**
福州市	Fuzhou	99.4	98.1	12.99	14.92	100.0	44.4
福清市	Fuqing	99.9	99.0	17.59	14.64	100.0	46.2
厦门市	Xiamen	100.0	97.3	15.69	14.09	100.0	43.6
莆田市	Putian	99.9	94.0	17.61	14.22	98.6	44.8
三明市	Sanming	99.9	100.0	14.74	14.81	99.0	44.2
永安市	Yong'an	98.7	98.4	20.18	12.52	99.3	44.8
泉州市	Quanzhou	98.0	97.5	26.75	14.40	98.7	43.2
石狮市	Shishi	100.0	98.9	16.73	12.29	100.0	44.1
晋江市	Jinjiang	99.3	97.2	35.52	12.24	98.7	44.0
南安市	Nan'an	100.0	98.9	15.06	12.05	100.0	44.9
漳州市	Zhangzhou	100.0	99.5	25.14	15.74	99.7	43.9
龙海市	Longhai	100.0	98.0	19.95	15.60	99.3	43.2
南平市	Nanping	100.0	88.8	12.76	14.20	94.1	39.4
邵武市	Shaowu	100.0	99.1	15.39	15.89	98.8	44.3
武夷山市	Wuyishan	99.9	94.9	20.50	13.25	99.4	39.2
建瓯市	Jian'ou	99.7	94.3	11.39	10.99	100.0	41.0
龙岩市	Longyan	99.9	99.3	18.40	12.36	99.8	43.8
漳平市	Zhangping	100.0	98.9	15.00	12.66	99.0	42.6
宁德市	Ningde	99.3	99.1	17.82	14.97	97.0	39.9
福安市	Fu'an	99.3	98.5	8.82	14.56	96.1	45.4
福鼎市	Fuding	99.1	97.0	14.39	9.79	96.3	43.2

主要统计指标解释

供水综合生产能力　指按供水设施取水、净化、送水、出厂输水干管等环节设计能力计算的综合生产能力。包括在原设计能力的基础上，经挖、革、改增加的生产能力。计算时，以四个环节中最薄弱的环节为主确定能力。

年末供水管道长度　指从送水泵到用户水表之间所有管道的长度。但不包括新安装未使用的管道长度。

全年供水总量　指报告期供水企业(单位)供出的全部水量。包括有效供水量和漏损水量。

生活用水量　包括公共服务用水和居民家庭用水。公共服务用水指为城市社会公共生活服务的用水。包括行政事业单位、部队营区和公共设施服务、社会服务业、批发零售贸易业、旅馆饮食业以及其他公共服务业等单位的用水。居民家庭用水指城市范围内所有居民家庭的日常生活用水。包括城市居民、农民家庭、公共供水站用水。

城市人口用水普及率　指城市用水的非农业人口数(不包括临时人口和流动人口)与城市非农业人口总数之比。计算公式为：

用水普及率＝(城市用水的非农业人口数／城市非农业人口数)×100%

人工煤气生产能力　指城市煤气厂制气、净化、输送等环节的综合实际生产能力。

供气管道长度　指报告期末从气源厂压缩机的出口或门站出口至各类用户引入管之间的全部已经通气投入使用的管道长度。不包括煤气生产厂、输配站、液化气储存站、灌瓶站、储配站、气化站、混气站、供应站等厂(站)内的管道。

全年供气总量　指全年燃气企业(单位)向用户供应的燃气数量。包括销售量和损失量。

城市用气普及率　指使用煤气(包括人工煤气、液化石油气、天然气)的城市非农业人口数(不包括临时人口和流动人口)与城市非农业人口总数之比。计算公式为：

城市煤气普及率＝(城市用气的非农业人口数／城市非农业人口总数)×100%

年底实有铺装道路长度　指除土路外，路面经过铺装宽度在3.5米以上的道路，包括高级、次高级道路和普通道路。

城市桥梁　指城市范围内，修建在河道上的桥梁和道路与道路立交、道路跨越铁路的立交桥及人行天桥。包括永久性桥和半永久性桥，不包括临时性桥、铁路桥、涵洞。

城市下水道总长度　指所有排水总管、干管、支管及暗渠、检查井、连接井进出水口等长度之和。

城市污水日处理能力　指污水处理厂每昼夜处理污水量的设计能力。

年末实有公共汽(电)车　指年底可参加营运的全部车辆数，包括营运车辆数和库存查封未参加营运的车辆。不包括非营运车辆，如架线车、油罐车、工程车、货车及其他专用车辆和借入的客运车辆。

城市园林绿地面积　指城市公共绿地、专用绿地、生产绿地、防护绿地、郊区风景名胜区的全部面积。

公共绿地　指供游览休息的各种公园、动物园、植物园、陵园以及花园、游园和供游览休息用的林荫道绿地、广场绿地，不包括一般栽植的行道树及林荫道的面积。

Explanatory Notes on Main Statistical Indicators

Production Capacity of Water Supply refers to the designed comprehensive production capacity of water facilities, covering the 4 links of water collection, purification, conveyance, and outflow through trunk pipelines. Increase capacity through transformation and innovation projects are included as well. The capacity is determined mainly on the weakest of the above-mentioned 4 links.

Length of Water Supply Pipelines at the Year-end refers to the total length of all the pipelines between the water pumps and the user water meters, excluding pipelines newly installed but not used yet.

Annual Volume of Water Supply refers to the total volume of water supplied by water-works (units) during the reference period, including both the effective water supply and loss during the water supply.

Consumption of Water for Residential Use refers to the water consumption of households for daily life and the water consumption of public service facilities. The latter refers to water consumption for urban public services, including the consumption of government agencies and public institutions, military barracks, public facilities, wholesale and retail outlets, restaurants, hotels, and other units providing public services. Household water consumption refers to consumption of water for daily life of all households in the boundary of cities, including households of urban residents and farmers, and public water supply stations.

Percentage of Urban Population with Access to Tap Water refers to the ratio of the urban non-agricultural population (excluing temporary and mobile population) with access to tap water to the total urban non-agricultural population.The formula is:

Percentage of Population with Access to Tap Water =（Urban Non-agricultural Population with Access to Tap Water /Urban Non-agricultural Population）×100%

Production Capacity of Gaswork Gas refers to the actual comprehensive production capacity of the urban gasworks in gas generation, purification and delivery.

Length of Gas Pipelines refers to the total length of pipelines between the outlet of the compressor, blower or gas tank and the gas meters of users. excluding pipelines within gasworks, delivery stations, LPG storage stations, refilling stations, gas-mixing stations and supply stations.

Volume of Gas Supply refers to the total volume of gas sold to users in a year, including the volume sold and the volume lost.

Percentage of Urban Population with Access to Gas refers to the ratio of the urban non-agricultural population with access to gas (including gas, liquefied petroleum gas and natural gas) to the urban non-agricultural population(excluding temporary and mobile population). The formula is:

Percentage of Population with Access to Gas =(Urban Non-agricultural Population with Access to Gas/Urban Non-agricultural Population)×100%

Length of Paved Roads at the Year-end refers to the length of roads with a paved surface, and with a width of more than 3-5 meters, including high quality,medium quality and ordinary roads.

Urban Bridges refer to bridges over river courses, great separated junctions and overpasses in urban areas.Permanent bridges and semi-permanent bridges are included.Temporary bridges,railway bridges and culverts are excluded.

Length of Urban Sewage Pipes refers to the total length of general drainage, trunks. branch and blind drainage, inspection wells, connection wells, inlets and outlets, etc.

Daily Disposal Capacity of Urban Sewage refers to the designed 24 hour capacity of sewage disposal at the sewage treatment works.

Number of Public Vehicles (Buses and Trolley buses) at the Year-end refers to the total number of operational buses available at the year-end, including the year-end operational vehicles and vehicles in stock.Non-operational vehicles such as stringing cars,tank cars,machine shop cars,trucks and other special vehicles and the borrowed passenger vehicles are excluded.

Area of Urban Gardens and Green Areas refers to the total area of urban public green land,special green land,production green land,protection green land and suburban scenic spots.

Public Green Area refers to green areas of various parks, zoos, botanical gardens, cemeteries, amusement parks, tree-flanked boulevards greenland squares for tourism and relaxing.Areas with trees planted along-side the streets and boulevards are excluded.

第九篇　财政金融保险

Chapter 9　Finance,Financial Intermediation and Insurance

资料整理：饶晓燕 廖捷

Database Editor:Raoxiaoyan Liaojie

简 要 说 明

本篇资料的主要内容及来源

本篇资料反映了全省财政收支、金融和保险方面的情况，主要包括财政收入、财政支出、金融机构存贷款、现金收支、保险机构、保险业务开展等方面的资料。

财政部分的资料来源于省财政厅；金融方面的资料来源于中国人民银行福州分行;保险方面的资料来源于中国保监会福建监管局、省人力资源和社会保障厅、省医疗保障管理委员会办公室。

本篇资料由省统计局综合统计处、社会和科技统计处根据以上资料整理。

Brief Introduction

Main Content and Source of Data

Data in this chapter show the conditions of local government budgetary finance, banking and insurance, including government revenue and expenditure, credit funds, cash income and expenses, statistics on insurance companies.

Data on local government finance are provided by Fujian Provincial Department of Finance; Data on banking are provided by Fuzhou Branch of the People's Bank of China; Data on insurance are provide by China Insurance Regulatory Commission of Fujian Bureau, Provincial Human Resource and Social Guarantee Bureau Provincial Medical Insurance Management Committee Office.

Data in this chapter are collected and compiled by the Division of Comprehensive Statistics and the Division of Social, Science and Technology Statistics of Fujian Provincial Bureau of Statistics on the basic of data from the relative departments.

9-1 主要年份一般公共预算收支总额及增长速度

Budgetary Revenue and Expenditure in Selected Years

单位：亿元 (100 million yuan)

年份	一般公共预算总收入 Total Revenue		地方一般公共预算收入 Expenditure of Local Government		一般公共预算支出 Total Expenditure	
Year	数值 Value	比上年增长(%) Ratio(%)	数值 Value	比上年增长(%) Ratio(%)	数值 Value	比上年增长(%) Ratio(%)
1952	2.20				1.25	
1957	3.22				2.47	
1962	5.07				3.60	
1965	6.60				4.99	
1970	6.45				8.34	
1975	9.59				9.86	
1978	15.13				15.14	
1979	12.72	-15.9			16.03	5.9
1980	15.33	20.5			15.05	-6.1
1981	14.52	-5.3			14.27	-5.2
1982	13.67	-5.9			16.42	15.1
1983	12.37	-9.5			17.55	6.9
1984	16.78	35.7			20.52	16.9
1985	25.08	49.5			30.64	49.3
1986	29.14	16.2			37.62	22.8
1987	33.16	13.8			39.99	6.3
1988	40.16	21.1			49.29	23.3
1989	53.01	32.0			60.48	22.7
1990	57.06	7.6			68.45	13.2
1991	69.70	22.2			78.13	14.1
1992	75.35	8.1			84.50	8.2
1993	110.58	46.8			113.88	34.8
1994	149.66	35.3			137.73	20.9
1995	184.58	23.3	117.37		171.58	24.6
1996	215.11	16.5	142.12	21.1	200.31	16.7
1997	251.30	16.8	162.91	14.6	224.36	12.0
1998	281.42	12.0	187.92	15.4	254.87	13.6
1999	312.57	11.1	208.92	11.2	279.24	9.6
2000	369.67	18.3	234.11	12.1	324.18	16.1
2001	428.33	15.9	274.28	17.2	373.19	15.1
2002	476.20	11.2	272.89	-0.5	397.56	6.5
2003	551.00	15.7	304.71	10.6	452.30	13.8
2004	622.57	13.0	333.52	10.5	516.68	14.2
2005	788.11	26.6	432.60	29.7	593.07	14.8
2006	1012.77	28.5	541.17	25.1	728.70	22.9
2007	1282.84	26.7	699.46	29.2	910.64	25.0
2008	1516.51	18.2	833.40	19.1	1137.72	24.9
2009	1694.63	11.7	932.43	11.9	1411.82	24.1
2010	2056.01	21.3	1151.49	23.5	1695.09	20.1
2011	2597.01	26.3	1501.51	30.4	2198.18	29.7
2012	3008.88	15.9	1776.17	18.3	2607.50	18.6
2013	3430.35	14.0	2119.45	19.3	3068.80	17.7
2014	3828.40	11.6	2362.21	11.5	3306.70	7.8
2015	4144.03	8.2	2544.24	7.7	4001.58	21.0
2016	4295.36	3.7	2654.83	4.3	4275.40	6.8
2017	4604.69	6.9	2809.03	8.7	4684.15	9.1
2018	5045.49	7.4	3007.41	7.1	4832.69	3.2

注：本部分所采用的财政数字均为当年决算定案数。2002年起口径有调整。

Note:Financial figures in this chapter are all final accounts of current year.Since 2002,The Statistic scope had adjusted.

9-2 地方一般公共预算收入

General Budgetary Revenue of Local Government

单位：万元 (10000 yuan)

项目 Item	2000	2005	2010	2017	2018
收入合计 Total Revenue	**2341061**	**4326003**	**11514923**	**28090332**	**30074087**
1.增值税 Value-added Tax	353461	731267	1411033	7518247	8387410
2.营业税 Operation Tax	582053	1246076	3197000	25616	13349
3.企业所得税 Enterprises' Income Tax	321959	542646	1569118	3818226	4117518
4.个人所得税 Individual Income Tax	247517	274137	563374	1505525	1780418
5.资源税 Resources Tax	7007	21436	64550	98863	122227
6.城市维护建设税 Tax on Town Maintenance and Construction	97646	185544	431149	1122772	1256766
7.房产税 Tax on Real Estates	95496	169576	317362	790149	872014
8.印花税 Stamp Tax	18309	55267	171193	361797	401048
9.城镇土地使用税 Tax on the Use of Urban Land	15746	29400	263343	444121	445286
10.土地增值税 Land Value Added Tax	4326	40785	628057	2742467	2623677
11.车船税 Tax on the Use of Vehicles and Ships	6055	12662	59863	193766	220938
12.烟叶税 Tobacco Leaf Tax			32896	69528	54330
13.耕地占用税 Tax on The Occupancy of Cultivated Land	13474	32003	181050	159598	152964
14.契税 Contract Tax	55799	209093	770908	1675678	1902847
15.国有资本经营收入 State-downed Assets Profit			219530	491163	326047
16.国有资源(资产)有偿使用收入 Income from use of State-downed resources			414662	2437360	2149560
17.行政性收费收入 Income from Adiministr-ative Fees	74946	290876	481761	1017189	942239
18.罚没收入 Penalty and Confiscatory Income	101764	213993	292226	640673	791305
19.专项收入 Expert Project Income	64036	120693	352274	2491669	2893006
20.其他收入 Other Income	127716	48254	93574	485925	597705

9-3 一般公共预算支出

General Budgetary Expenditure of Local Government

单位：万元 (10000 yuan)

项目 Item	2010	2014	2015	2016	2017	2018
支出合计 Total Expenditure	**16950906**	**33066986**	**40015778**	**42754043**	**46841517**	**48326930**
1.一般公共服务 Expenditure for General Public Service	2119124	2934031	3080207	3382106	3808446	4294732
2.外交 Expenditure for Foreign Affairs			10646	3000		
3.国防 Expenditure for National Defense	32680	65557	68544	63361	51409	50731
4.公共安全 Expenditure for Public Safety	1206017	1916303	2252409	2573245	3300205	3388110
5.教育 Expenditure for Operating Expense of Education	3277681	6345984	7575096	7891067	8422065	9250606
6.科学技术 Expenditure for Operating Expense of Department of Science	323057	673956	766007	802823	994414	1152537
7.文化体育与传媒 Expenditure for Operating Expense of Culture , Sport Broadcasting	271014	641780	848159	812542	873406	847306
8.社会保障和就业 Expenditure for Operating Expense of Social Welfare and Employment	1482366	2587105	3417705	3489923	3945581	4681506
9.医疗卫生 Expenditure for Public Health	1175835	2921356	3511905	3775786	4204356	4416958
10.环境保护 Expenditure for Enviromental Protection	397865	617958	955694	1303491	1206481	1240388
11.城乡社区事务 Expenditure for Neithbourhood Service Centre of Urbam and Rural	1076788	2697434	3786992	5722395	7280802	6235168
12.农林水事务 Expenditure for Agriculture , Foresty and Water Conservancy	1603355	3203234	4418607	4105751	4477013	4315149
13.交通运输 Expenditure for Transportation	1252071	3109307	3461952	2876640	2636805	2689926
14.工业商业金融等事务 Expenditure for Industry Trade and Finance	1044916	2459730	4080809	4768708	4895770	5125957
15.其他支出 Other Expenditure	1688137	2893251	1781046	1183205	744764	637856

9-4 金融机构人民币各项存款和贷款余额（1990-2018年）

RMB Deposits and Loans of Financial Institutions(1990-2018)

单位：亿元 (100 million yuan)

年份 Year	各项存款 Total Deposits	#城乡居民储蓄存款 Savings Deposit in Urban and Rural Household	财政存款 Fiscal Deposits	各项贷款 Total Loans	#短期贷款 Short-term Loans	中长期贷款 Medium-term &Long-term Loans
1990	359.45	183.26		381.93		
1991	477.45	245.60		453.10		
1992	667.01	327.00		589.74		
1993	824.37	394.06		774.65	554.06	153.33
1994	1101.81	558.97		954.73	698.86	180.89
1995	1451.68	795.43		1176.63	860.09	221.09
1996	1901.71	1106.33		1467.79	1060.12	294.42
1997	2192.74	1324.37	15.40	1750.38	1279.40	329.60
1998	2557.30	1565.18	28.11	1942.78	1423.39	368.87
1999	2924.61	1739.01	41.24	2255.50	1612.59	476.85
2000	3114.32	1767.59	39.59	2438.82	1728.01	510.32
2001	3614.26	2030.94	45.94	2864.76	1656.70	902.35
2002	4253.07	2430.46	55.21	3110.05	1809.88	1065.11
2003	5178.29	2924.65	51.74	3837.51	2039.25	1422.42
2004	5984.32	3322.26	92.63	4367.05	2213.05	1799.83
2005	7248.40	3903.05	128.33	5068.68	2366.93	2350.80
2006	8836.26	4478.26	219.38	6447.72	2956.98	3203.04
2007	10040.15	4711.23	328.32	8065.67	3555.92	4318.81
2008	11804.40	5861.17	457.26	9585.92	3895.16	5146.37
2009	14702.34	7078.81	549.46	12360.32	5215.58	6625.53
2010	18309.45	8101.02	678.08	15231.36	6594.50	8372.64
2011	21055.49	9068.62	834.38	18165.19	7836.03	9906.51
2012	24283.68	10507.39	741.75	21209.82	9451.96	11133.74
2013	28043.82	11847.25	905.62	24487.53	10752.70	13137.82
2014	30747.61	12578.95	1450.40	28417.70	11785.72	15861.63
2015	35576.06	13243.35	1169.62	32132.96	12209.64	18530.82
2016	39275.82	14366.68	1230.32	36356.06	12620.98	21631.79
2017	42794.79	15213.62	1361.81	40484.93	14040.45	25317.11
2018	44677.70	16129.33	1305.78	45173.87	14726.54	28439.09

注：1.2004年起含外资银行。
Note:Since 2004,the data include foreign banks.

9-5 金融机构年末人民币分项存贷款余额（2018年）

RMB Deposits and Loans Balance of Financial Institutions by Item(2018)

单位：亿元 (100 million yuan)

项目 Item	数值 Value	比上年增长（%） Ratio(%)
金融机构各项存款余额	44677.70	4.4
境内存款	44202.66	4.5
住户存款	18278.38	10.2
储蓄存款	16129.33	6.0
保证金存款	35.61	-7.2
结构性存款	1283.07	34.9
非金融企业存款	13508.76	-4.0
企业活期存款	5102.86	-6.0
企业定期存款	1336.55	-20.3
企业保证金存款	1131.84	2.8
企业结构性存款	2485.73	-3.2
政府存款	8796.47	4.0
财政性存款	1305.78	-4.1
非银行业金融机构存款	3619.04	13.1
境外存款	475.04	-2.1
金融机构各项贷款余额	45173.87	11.6
境内贷款	45005.76	11.6
住户贷款	21437.23	15.4
短期贷款	6649.75	20.2
个人消费贷款	4535.35	25.4
个人经营性贷款	2114.40	10.6
中长期贷款	14787.48	13.3
个人消费贷款	11614.01	9.3
个人经营性贷款	3173.47	31.1
非金融企业及机关团体贷款	23515.60	8.3
短期贷款	8076.80	-5.1
单位经营贷款	7296.93	-5.8
单位固定资产贷款	71.63	2.3
单位并购贷款	3.71	25.8
贸易融资	702.28	4.1
中长期贷款	13651.61	11.3
单位经营贷款	2321.25	18.3
单位固定资产贷款	10904.19	10.5
单位并购贷款	320.25	-3.8
贸易融资	105.92	-0.7
融资租赁	57.35	64.9
票据融资	1697.52	99.9
各项垫款	32.31	-45.9
非银行业金融机构贷款	52.93	33.4
境外贷款	168.12	16.7

9-6 金融机构人民币存贷款基准利率

Benchmark Intetests rate of RMB Deposit and Loan for Financial Institutions

单位：年利率 %

调整时间 Adjust Time	金融机构存款基准利率 Deposit	金融机构贷款基准利率 Loan	中央银行对金融机构贷款基准利率 Loan
1978	3.24	5.04	
1980	3.96-5.76	5.04	
1985	5.40-7.20	3.60-7.92	
1990.01.01	11.34	11.34	
1990.04.15	10.08	10.08	
1990.08.21	8.64	9.36	
1991.04.21	7.56	8.64	
1993.05.15	9.18	9.36	
1993.07.11	10.98	10.98	
1995.07.01	10.98	12.06	
1996.05.01	9.18	10.98	10.98
1996.08.23	7.47	10.08	10.98
1997.10.23	5.67	8.64	9.36
1998.03.25	5.22	7.92	7.92
1998.07.01	4.77	6.93	5.67
1998.12.07	3.78	6.39	5.13
1999.06.10	2.25	5.85	3.78
2002.02.21	1.98	5.31	3.24
2004.03.25	1.98	5.31	3.87
2004.10.29	2.25	5.58	3.87
2006.04.28	2.25	5.85	3.87
2006.08.19	2.52	6.12	3.87
2007.03.18	2.79	6.39	3.87
2007.05.19	3.06	6.57	3.87
2007.07.21	3.33	6.84	3.87
2007.08.22	3.60	7.02	3.87
2007.09.15	3.87	7.29	3.87
2007.12.21	4.14	7.47	3.87
2008.09.16	4.14	7.20	4.68
2008.10.09	3.87	6.93	4.68
2008.10.30	3.60	6.66	4.68
2008.11.27	2.52	5.58	3.60
2008.12.23	2.25	5.31	3.33
2010.10.20	2.50	5.56	3.33
2010.12.26	2.75	5.81	3.85
2011.02.09	3.00	6.06	3.85
2011.04.06	3.25	6.31	3.85
2011.07.07	3.50	6.56	3.85
2012.06.08	3.25	6.31	3.85
2012.07.06	3.00	6.00	3.85
2014.11.22	2.75	5.60	3.85
2015.03.01	2.50	5.35	3.85
2015.05.11	2.25	5.10	3.85
2015.06.28	2.00	4.85	3.85
2015.08.26	1.75	4.60	3.85
2015.10.24	1.50	4.35	3.85
2015.11.05	1.50	4.35	3.50

9-7 主要年份商业保险业务情况

Basic Statistics of Insurance in Selected Years

单位：万元 (10000 yuan)

项目	Item	2005	2010	2015	2016	2017	2018
保险费收入	**Premium Income**	**1490886**	**4236124**	**7775781**	**9175913**	**10320749**	**10814264**
财产保险	Property Insurance	413723	1327403	2745518	2929528	3255619	3440568
#机动车辆险	Motor Vehicle Insurance	273882	981696	2070193	2237359	2356181	2341765
企业财产险	Enterprise Property Insurance	45813	84930	124024	118529	130419	143091
家庭财产险	Family Property Insurance	2109	8965	14044	14918	23616	25563
人身保险	Life Insurance	1077163	2908721	5030263	6246386	7065130	7373696
人寿保险	Life Insurance	927841	2616312	4081091	4871931	5452601	5623298
健康保险	Health Insurance	121248	228322	784114	1190898	1402636	1515772
意外伤害	Accident Insurance	28074	64086	165058	183557	209893	234626
有效保单赔款及给付金额	**Claim and Payment**	**405525**	**1028986**	**2450773**	**3175600**	**3256595**	**3462672**
财产保险	Property Insurance	272304	654417	1472506	1798965	1753421	1941317
#机动车辆险	Motor Vehicle Insurance	173923	460282	1068129	1198341	1188163	1325636
企业财产险	Enterprise Property Insurance	56455	75590	92346	174422	155430	86271
家庭财产险	Family Property Insurance	743	9198	9729	24049	10431	12854
人身保险	Life Insurance	133221	374569	978267	1376635	1503175	1521355
人寿保险	Life Insurance	89362	271750	729538	1087134	1133735	1119674
健康保险	Health Insurance	33285	82822	210014	248242	321632	349853
意外伤害	Accident Insurance	10575	19997	38716	41259	47807	51827

9-8 商业保险系统机构和人员数（2018年）

Number of Institutions and Members in Insurances System(2018)

项目 Item	财产保险公司 Property Insurance Companies			人寿保险公司 Life Insurance Companies		
	机构数（个） Institutions (unit)	职工人数（人） Staff and Workers (person)	代理制销售人员数（人） Agent Salesmen (person)	机构数（个） Institutions (unit)	职工人数（人） Staff and Workers (person)	代理制销售人员数（人） Agent Salesmen (person)
保险公司 Total	**1077**	**21268**	**51991**	**1408**	**15024**	**205506**
#省级分公司 Provincial Branches	46	3854	2488	46	4934	3790
中心支公司 Central Branches	149	7886	7674	129	5584	18990
支公司 Branches	407	7016	26193	277	2710	58786
营业部 Business Departments	6	135	5267	3	77	906
营销服务部 Business Services	467	1924	10300	952	1532	122936

9-9 各设区市商业保险业务情况（2018年）

Statistics of Insurance Business by City(2018)

单位：万元 (10000 yuan)

地区	Area	保险费收入 Premium Income	财产保险 Property Insurance	#机动车辆险 Motor Vehicle Insurance	#企业财产险 Enterprise Property Insurance	#家庭财产险 Family Property Insurance	人身保险 Life Insurance	人寿保险 Life Insurance	健康保险 Health Insurance	意外伤害 Accident Insurance
福建省	**Fujian**	**10814264**	**3440568**	**2341765**	**143091**	**25563**	**7373696**	**5623298**	**1515772**	**234626**
福州市	Fuzhou	3031224	895557	527845	45922	4337	2135666	1537744	523210	74712
厦门市	Xiamen	2105060	849996	575800	38402	2824	1255064	951946	256675	46443
莆田市	Putian	586419	161280	122131	5622	1593	425139	335913	78364	10862
三明市	Sanming	541014	140466	98280	6112	1300	400549	340290	51709	8550
泉州市	Quanzhou	2138700	632505	491877	23584	7246	1506195	1161156	299174	45865
漳州市	Zhangzhou	798931	272193	194713	8085	1857	526738	412468	96902	17368
南平市	Nanping	522767	146705	95032	4910	1374	376062	312275	56105	7681
龙岩市	Longyan	603126	218898	148576	6648	2930	384229	302263	69364	12602
宁德市	Ningde	487023	122968	87511	3806	2103	364055	269244	84268	10544

9-9 续表

Continued

单位：万元 (10000 yuan)

地区	Area	有效保单赔款及给付金额 Claim and Payment	财产保险 Property Insurance	#机动车辆险 Motor Vehicle Insurance	#企业财产险 Enterprise Property Insurance	#家庭财产险 Family Property Insurance	人身保险 Life Insurance	人寿保险 Life Insurance	健康保险 Health Insurance	意外伤害 Accident Insurance
福建省	**Fujian**	**3462672**	**1941317**	**1325636**	**86271**	**12854**	**1521355**	**1119674**	**349853**	**51827**
福州市	Fuzhou	934208	507085	340391	14748	2192	427123	275092	139656	12375
厦门市	Xiamen	730167	456920	315894	32440	748	273247	197273	65216	10758
莆田市	Putian	188142	92821	67651	2370	679	95321	67067	25927	2327
三明市	Sanming	168786	79056	51541	2536	951	89730	79297	7721	2712
泉州市	Quanzhou	641680	349740	265831	21799	3247	291940	231592	49941	10407
漳州市	Zhangzhou	284448	168269	105616	6258	630	116179	94208	16873	5098
南平市	Nanping	166158	89106	52835	2048	869	77052	64090	10865	2097
龙岩市	Longyan	207764	125958	74414	1475	942	81806	65163	12999	3643
宁德市	Ningde	141320	72362	51463	2598	2597	68958	45892	20656	2410

9-10 商业保险公司业务经济技术指标（2018年）

Economic and Technical Indicators of Insurance Companies(2018)

单位：亿元 (100 million)

项目 Item	保险金额 Amount Insured	保费收入 Premium	赔款及给付 Claim and Payment
财产保险公司 Property Insurance Companies	**416443.45**	**344.06**	**194.13**
# 企业财产险 Enterprise Property Insurance	27933.68	14.31	8.63
家庭财产险 Family Property Insurance	8153.10	2.56	1.29
机动车辆险 Motor Vehicle Insurance	80824.24	234.18	132.56
船舶险 Ship Insurance	1926.05	2.85	1.70
货物运输险 Freight Transport Insurance	14603.15	3.72	2.34
特殊风险保险 Special Risk Insurance	879.75	2.10	0.25
建筑、安装工程 Construction and Installation Projects	3399.36	5.37	2.33
责任险 Liability Insurance	39456.59	16.22	7.50
信用险 Credit Insurance	2445.60	7.96	5.49
保证保险 Guarantee Insurance	777.07	19.65	7.11
农业险 Agriculture Insurance	1132.58	5.60	4.44
人寿保险公司 Life Insurance Companies	**168687.78**	**737.37**	**152.14**
人身保险 Personal Insurance	**21506.42**	**562.33**	**111.97**
个人业务 Ondividual	20280.87	561.16	107.71
团体业务 Team	1225.55	1.17	4.25
健康险 Health Insurance	**84565.28**	**151.58**	**34.99**
人身意外伤害险 Unforeseen Human Insurance	**62616.08**	**23.46**	**5.18**

9-11 各设区市主要社会保险参保人数（2018年）

Basic Statistics on Social Insurance by City(2018)

单位：万人 (10000 persons)

地区	Area	参加城镇基本养老保险人数 Basic Pension Insurance in Urban	参加城乡居民社会养老保险人数 Social Endowment Insurance in Urban and Rural	参加基本医疗保险人数 Basic Medical Insurance	参加失业保险人数 Unemployment Insurance	参加工伤保险人数 Work Injury Insurance	参加生育保险人数 Maternity Insurance
全　省	**Total**	**1074.27**	**1525.64**	**3804.74**	**570.27**	**853.94**	**651.87**
省　直	Province	50.57		37.63		23.91	28.93
福州市	Fuzhou	210.72	236.61	669.41	126.71	179.69	122.47
#平潭	Pingtan	5.54	18.73	4.01	2.85	4.18	2.70
厦门市	Xiamen	268.06	27.82	397.62	224.49	225.20	213.70
莆田市	Putian	43.28	158.91	327.42	22.27	52.40	22.88
三明市	Sanming	60.97	123.09	262.31	22.07	40.53	21.49
泉州市	Quanzhou	163.65	366.76	723.03	68.03	116.13	95.34
漳州市	Zhangzhou	98.12	213.85	492.30	41.37	73.14	50.55
南平市	Nanping	67.58	132.25	293.68	19.37	56.09	26.38
龙岩市	Longyan	57.31	136.18	282.24	25.32	45.24	40.20
宁德市	Ningde	54.01	130.18	319.10	20.64	41.61	29.94

注：1.参加城镇基本养老保险人数包含城镇职工参保人数和领取基本养老保险金离退休人数。2.基本医疗保险参保人数含参加医保的城乡居民、企业、事业、机关职工及退休人员。

Note:a)Number of People Participated in Urban Employees Basic Pension Insurance includes Urban Employees and Retirees Beneficiary of Pension Insurance.b)Basic Medical Insurance contains Urban and Rural residents participating in health insurance.

9-12 各设区市城镇基本养老保险人数（2018年）

Basic Statistics on the Coverage of Basic Insurance in Urban area by City(2018)

单位：万人 (10000 persons)

地区	Area	参加城镇基本养老保险职工人数 Population Vovered Pension Insurance in Urban	参加城镇企业基本养老保险人数 Coverd Enterprises Pension Insurance in Urban	参加城镇机关事业养老保险人数 Covered Institutions and state organs Insurance	期末领取基本养老保险金离退休人数 Retirees Beneficiary of Pension Insurance at the Year-end	企业单位领取人数 Enterprises	机关事业单位领取人数 Institutions and State Organs
全　省	**Total**	**883.66**	**789.47**	**94.19**	**190.61**	**144.03**	**46.58**
省　直	Province	34.97	22.92	12.04	15.61	9.47	6.14
福州市	Fuzhou	171.05	157.39	13.66	39.67	31.70	7.97
#平潭	Pingtan	4.15	3.40	0.76	1.38	0.90	0.48
厦门市	Xiamen	236.44	229.56	6.88	31.62	29.12	2.50
莆田市	Putian	35.33	28.66	6.67	7.95	5.07	2.88
三明市	Sanming	43.29	35.28	8.02	17.67	13.54	4.13
泉州市	Quanzhou	147.59	133.13	14.46	16.06	10.64	5.42
漳州市	Zhangzhou	78.48	68.86	9.61	19.65	14.94	4.71
南平市	Nanping	47.33	40.01	7.32	20.25	15.36	4.89
龙岩市	Longyan	45.82	38.29	7.53	11.49	7.45	4.04
宁德市	Ningde	43.37	35.37	8.00	10.64	6.74	3.90

9-13 主要年份社会保险情况

Basic Statistics on Social Insurance in Selected Years

项目	Item	2010	2017	2018
养老保险	**Pension Insurance**			
城镇企业职工养老保险	**Pension Insurance for Staff and Workers of Urban Enterprises**			
期末参加基本养老保险职工人数（万人）	Number of Employment Covered at the Year-end(10000 persons)	466.88	747.44	789.47
期末领取基本养老保险离退休人数（万人）	Retiress as Covered at the Year-end(10000 persons)	93.33	135.91	144.03
基本养老保险基金收入（亿元）	Revenue(100 million yuan)	149.55	456.04	534.02
基本养老保险基金支出（亿元）	Expenses(100 million yuan)	135.85	405.59	444.96
基本养老保险基金累计结余（亿元）	Balance(100 million yuan)	104.63	667.51	762.65
机关事业单位养老保险	**Pension Insurance for Government Agencies and Institutions**			
期末参加基本养老保险职工人数（万人）	Number of Staff Covered at the Year-end(10000 persons)	54.93	92.61	94.19
期末领取基本养老保险离退休人数（万人）	Number of Retirees at the Year-end(10000 persons)	20.13	46.11	46.58
基本养老保险基金收入（亿元）	Revenue(100 million yuan)	55.32	209.26	216.67
基本养老保险基金支出（亿元）	Expenses(100 million yuan)	52.65	260.88	279.67
基本养老保险基金累计结余（亿元）	Balance(100 million yuan)	36.60	152.49	175.95
城乡居民社会养老保险	**Social Endowment Insurance in Urban and Rural**			
期末参加基本养老保险人数（万人）	Number of Staff Covered at the Year-end(10000 persons)		1493.74	1525.64
基本养老保险基金收入（亿元）	Revenue(100 million yuan)		85.78	103.61
基本养老保险基金支出（亿元）	Expenses(100 million yuan)		65.81	81.97
基本养老保险基金累计结余（亿元）	Balance(100 million yuan)		143.90	165.54
医疗保险	**Insurance for Medical Care**			
期末参加基本医疗保险人数（万人）	Number of Staff Covered at the Year-end(10000 persons)	1226.25	3768.61	3804.74
城镇职工	Urban Workers	554.67	819.34	853.06
城镇居民	Urban Non-Retirees employment	671.58	2949.27	2951.68
基本医疗保险基金收入（亿元）	Revenue(100 million yuan)	113.72	480.02	537.94
城镇职工	Urban Workers	106.22	292.07	324.96
城镇居民	Urban Non-Retirees employment	7.50	187.95	212.98

注：2017年城镇居民参加基本医疗保险数据包含新农合数据在内。
Note:Basic Medical Insurance contains New Rural Cooperative medical System.

9-13 续表

Continued

项目	Item	2010	2017	2018
基本医疗保险基金支出（亿元）	Expenses(100 million yuan)	96.01	383.84	455.11
城镇职工	Urban Workers	88.96	221.52	249.42
城镇居民	Urban Non-Retirees employment	7.05	162.32	205.69
基本医疗保险基金累计结余（亿元）	Balance(100 million yuan)	174.86	630.99	713.83
城镇职工	Urban Workers	169.99	534.68	610.23
城镇居民	Urban Non-Retirees employment	4.87	96.31	103.60
基本医疗保险基金收缴率（%）	Insurance Paid Rate(%)	99.29	99.46	99.50
失业保险	**Unemployment Insurance**			
期末参加失业保险人数（万人）	Number of Population Covered at the Year-end(10000 persons)	374.18	612.33	570.27
期末领取失业保险金人数（万人）	Number of Beneficiaries Unemployment Insurance at the Year-end(10000 persons)	3.17	4.93	5.05
失业保险基金收入（亿元）	Revenue(100 million yuan)	11.63	24.27	22.77
失业保险基金支出（亿元）	Expenses(100 million yuan)	5.60	16.57	16.41
失业保险基金累计结余（亿元）	Balance(100 million yuan)	52.25	171.59	177.95
工伤、生育保险	**Insurance for Work Injury and Maternity**			
期末参加工伤保险的城镇企业职工人数（万人）	Contributors of Work Injury Insurance at the Year-end (10000 persons)	417.74	798.72	853.94
工伤保险基金收入（亿元）	Revenue of Work Injury Insurance(100 million yuan)	5.90	20.02	20.23
工伤保险基金支出（亿元）	Expenses of Work Injury Insurance(100 million yuan)	2.86	15.86	18.60
工伤保险基金累计结余（亿元）	Balance of Work Injury Insurance(100 million yuan)	22.37	62.29	63.92
期末参加生育保险的职工人数（万人）	Beneficiaries of Maternity at the Year-end(10000 persons)	374.41	634.49	651.87
生育保险基金收入（亿元）	Revenue of Maternity Insurance(100 million yuan)	4.32	14.16	17.08
生育保险基金支出（亿元）	Expenses of Maternity Insurance(100 million yuan)	2.95	20.14	19.30
生育保险基金累计结余（亿元）	Balance of Maternity Insurance(100 million yuan)	8.18	14.96	14.86

主要统计指标解释

地方一般公共预算收入 属于地方财政的收入包括营业税，地方企业所得税，个人所得税，城镇土地使用税，固定资产投资方向调节税，城镇维护建设税，房产税，车船使用税，印花税，屠宰税，牧业税，耕地占用税，契税，增值税25%部分，证券交易税(印花税)50%部分和除海洋石油资源税以外的其他资源税。

一般公共预算支出 包括地方行政管理和各项事业费，地方统筹的基本建设、技术改造支出，支援农村生产支出，城市维护和建设经费，价格补贴支出等。

信贷资金 指金融机构以信用方式积聚和分配的货币资金。金融机构信贷资金的来源有各项存款、对国际金融机构负债、流通中货币、银行自有资金及当年结益等；信贷资金的运用有各项贷款、黄金占款、外汇占款、财政借款及在国际金融机构中的资产等。

存款 指企业、机关、团体或居民根据资金必须收回的原则，把货币资金存入银行或其他信用机构保管并取得一定利息的一种信用活动形式。根据存款对象的不同可划分为企业存款、财政存款、机关团体存款、基本建设存款、城镇储蓄存款、农村存款等科目。它是银行信贷资金的主要来源。

贷款 指银行或其他信用机构根据资金必须归还的原则，按一定利率，为企业、个人等提供资金的一种信用活动形式。我国银行贷款分为流动资金贷款、固定资产贷款、城乡个体工商户贷款以及农业贷款等科目。

保险金额 指保险人承担赔偿或者给付保险金责任的最高限额。

保费 指投保人为取得保险人在约定范围内所承担赔偿责任而支付给保险人的费用。

赔款 指保险人根据保险合同的规定，向被保险人支付的赔偿保险责任损失的金额。

给付 包括死伤医疗给付和满期给付。死伤医疗给付是指保险人根据人寿保险及长期健康保险合同的规定，因被保险人在保险期内发生保险责任范围内的保险事故支付给被保险人(或受益人)的金额。满期给付是指被保险人生存期满，保险人按人寿保险合同规定支付给被保险人的满期保险金额。

基本养老保险

参加基本养老保险人数：指报告期末按照国家法律、法规和有关政策规定参加基本养老保险的职工人数。包括不能正常缴费、已中断缴费但未终止保险关系的职工人数。

基本医疗保险

参加基本医疗保险人数：指报告期末按国家有关规定参加基本医疗保险的人数。包括参加保险的职工人数和退休人员人数。

失业保险

参加失业保险人数：指报告期末按照国家法律、法规和有关政策规定参加了失业保险的城镇企业事业单位的职工及地方政府规定参加失业保险的其他人员的人数。

Explanatory Notes on Main Statistical Indicators

Revenue of the Local Governments The revenue of the local governments includes business tax, income tax of the enterprises subordinate to the local government, personal income tax, tax on the use of urban land, tax on the adjustment of the investment in fixed assets, tax on town maintenance and construction, tax on real estates, tax on the use of vehicles and ships, stamp tax, slaughter tax, tax on animal husbandry, tax on the occupancy of cultivated land, contract tax, 25% of the value added tax, 50% of the tax on stock dealing (stamp tax) and tax on resources other than the ocean petroleum resources.

Expenditure of the Local Governments The expenditure of the local governments includes mainly the administrative expenses and various operating expenses at the vel of local governments, the expenditure for capital construction and technological innovation with the funds raised by the local government, expenditure for supporting rural production, expenditure for city maintenance and construction and expenditure for price subsidies, etc.

Credit Funds refer to the funds issued as loans by banking institutions. The sources of credit funds of the banking institutions included deposits, liabilities to international financial institutions, currency in circulation, self-owned funds and current retained profits, etc. The credit funds can be used in forms of loans, gold, foreign exchange, government debt and assets in the international financial institutions.

Deposit is a form of credit by which enterprises, institutions, organizations or households can put money into banks and other credit institutions for safekeeping and interest earning under the principle of free withdrawal. According to different depositors, deposits are divided into enterprise deposits,treasury deposits, deposits of government agencies and organizations,capital construction deposits, urban savings deposits, rural deposits and other deposits. Deposits are major sources of the credit funds of banks.

Loan is a form of credit by which banks and other credit institutions provide funds at certain interest rate to enterprises and individuals in the light of the principle of unconditional repayment. Loans from Chinese banks include circulating capital loans, fixed assets loans, loans to urban and rural individuals engaged in industrial and commercial business and agricultural loans.

Amount Insured refers to the maximum that the insurant will get for the claim of the case insured.

Premium is the fee paid by the insurant to the insurer to obtain the obligation of compensation from the insurance within the agreed terms.

Settled Claim is the compensation paid by the insurer to the insurant in accordance with the insurance contract.

Payment includes payment for death, injury or medical treatment and mature payment. Payment for death, injury or medical treatment refers to the money paid to the insurant (or the beneficiary) in accordance with the life or health insurance contract when the insurant encounters accidents within the insured period covered in the contract. Mature payment refers to the mature payment to the insurant in accordance with the life insurance contract at the end of the insured period.

Basic Endowment Insurance

Number of people participating in the insurance program: by the end of reference period, number of staff and workers participating in the insurance program in line with national laws, regulations and related policies, including those who can not make regular payment or interrupt payment but not terminate the insurance program.

Basic Medical Care Insurance:

Number of people participated in the insurance program: refer to number of people participated in the basic medical care insurance program according to related regulation by the end of reference period, including: number of staff and workers and retired persons participated in this insurance program.

Unemployment Insurance

Number of people participated in unemployment insurance program: number of staff and workers in urban enterprises or institutions and other people according to local government regulations participated in unemployment insurance program in line with national law, regulations and related policies by the end of the reference period.

第十篇　农业

Chapter 10　Agriculture

资料整理：吴新榕 林卿 周万春

Database Editor: Wuxinrong Linqing Zhouwanchun

简要说明

本篇资料的主要内容及来源

本篇资料反映了全省农业生产和农村经济的基本情况，主要包括农林牧渔业总产值、增加值，农村劳动力，主要农产品产量，农业机械年末拥有量，农村电气化以及农田水利建设等方面的统计资料。

本篇资料的统计范围包括省内所属的各种经济类型、各个系统的全部农林牧渔业生产单位以及各非农行业附属的农林牧渔业生产活动单位。军委系统的农业生产（除军马外）也包括在内，但不包括农业科学试验机构进行的农业生产。

本篇资料中 2003 年及以后年份的农林牧渔业总产值、增加值按新口径计算。即取消农业中种植业和其他农业的分类，将原属于其他农业的农民家庭兼营商品性工业剔除，作为附记指标统计；林业中竹木采运统计范围由村及村以下改为全社会；增加农林牧渔服务业统计;2010 年起执行 2010《统计用品分类目录》，坚果类划归农业，采集野生植物划归林业。2007-2017 年主要农产品的生产情况以及农林牧渔业产值等数据，以全省第三次农业普查数据为基础，进行了核定和修订。2007-2015 面积，畜禽存、出栏，农产品产量，产值等指标数据，为农普后修订上报国家统计局农村司数据。

本篇资料来源于农村综合统计年报，由省统计局农村统计处整理提供。

Brief Introduction

Main Content and Source of Data

Data in this chapter show the basic conditions of agricultural production and rural economy, mainly including agricultural output, value added, rural labor force, output of main agricultural produces, cultivated land, agricultural machinery and basic construction on irrigation and drainage.

The coverage of the comprehensive statistical reporting includes all productive units of farming, forestry, animal husbandry and fishery and those related non agricultural affiliated units with various ownership and the activities of horse raising for military purpose and those undertaken by agricultural research institutions are excluded.

Since 2003, data on the gross output value and value added have been calculated under the new classification of economic activities. Crop plantation and other agricultural activities have been excluded according to the classification. Value of industrial output by rural households is not included in agriculture and used only as supplementary indicators. Since 2010, we carry out the product of category statistics,nut fruits belongs to farming and collection of wild plants belongs to forestry. Transport of bamboo and timber cover all the units related. Services to farming, forestry, animal husbandry are included in farming In order to be comparable; data on Farming, Forestry, Animal Husbandry and Fishery in from 2007 to 2017 have been adjusted according to the data obtained from the Third National Agricultural Census.The data of 2007-2015 was reported to the rural bureau of the National Bureau of Statistics after the agricultural census.

Data in this chapter are based on the statistical reporting summary tables and are prepared and compiled by the Division of Countryside Statistics of Fujian Provincial Bureau of Statistics.

10-1 农村基层组织和劳动力情况

Basic Rural Units and Resource of Rural Labour

项目 Item	2000	2005	2010	2017	2018
农村基层组织情况 Basic Rural Units					
乡(镇)政府（个） Township and Town Governments(unit)	942	934	929	927	926
乡政府 Township Governments	365	341	334	283	281
镇政府 Town Governments	577	593	595	644	645
村民委员会（个） Villagers' Committees(unit)	14988	14630	14434	14398	14388
自来水受益村数（个） Number of Villages which have Running Water(unit)	8341	9589	12592	13666	13723
通有线电视村数（个） Number of Villages Where TV can used(unit)				13775	13959
通宽带村数（个） Number of Villages Where Network can used(unit)				14177	14280
农村劳动力资源情况 Resource of Rural Labour					
乡村劳动力资源总数（万人） Amount Resource of Rural Labour (10000 persons)	**1367.65**	**1490.55**	**1579.32**	**1661.29**	**1653.56**
乡村从业人员（万人） Actural Employment in Rural (10000 persons)	**1253.46**	**1320.51**	**1395.81**	**1435.72**	**1424.69**
按性别分 By Male					
男 Male	674.32	712.20	752.57	772.20	765.42
女 Female	579.15	608.31	643.23	663.53	659.26
#农林牧渔业从业人员 Employment of Farming, Forestry, Animal Husbandy and Fishery	778.07	699.67	623.73	592.43	582.16

10-2 农业机械化情况

Statistics on Agriculture Machinery

项目　Item	2000	2005	2010	2017	2018
农业机械动力（万千瓦） Total Agricultural Machinery(10000kw)	**873.28**	**999.99**	**1206.16**	**1232.42**	**1228.27**
柴油发动机 Diesel Engines	700.59	810.27	891.66	795.33	778.26
汽油发动机 Petrol Engines	38.46	37.47	64.01	146.91	162.47
电动机 Electric Engines	133.85	152.25	250.47	290.17	287.51
其它机械 Other	0.38		0.03	0.01	0.02
农业机械化拥有量情况 Major Agricultural Machinery and Equipment					
大型拖拉机（台） Large Tractors(set)					251
大型拖拉机动力（万千瓦） Capacity(10000kw)					2.07
中型拖拉机（台） Medium Tractors(set)					5070
中型拖拉机动力（万千瓦） Capacity(10000kw)					19.72
小型拖拉机（台） Mini-tractors(set)	153250	98806	107739	91644	87524
小型拖拉机动力（万千瓦） Capacity(10000kw)	158.70	94.01	107.02	97.04	95.15
联合收割机（台） Combine Harvesters(set)	577	1253	4411	9460	10122
联合收割机动力（万千瓦） Capacity(10000kw)	0.80	3.02	15.48	38.45	41.02
机动脱粒机（台） Motorized Threshing Machines(set)	46512	59932	93484	96905	97526
养殖渔船（艘） Breeding Fishing Boats(set)				22824	22418
捕捞渔船（艘） Fishing Boats(set)				29286	26022
机电井（眼） Electrical Wells(set)	14781	15794	17866	315825	316053

10-3 主要年份农业生产条件

Agricultural Production Basic Conditions in Selected Years

年份 Year	农业机械动力（万千瓦） Total Power of Agricultural Machinery (10000 kw)	耕地灌溉面积（千公顷） Irrigated Area (1000 hectare)	化肥施用量（吨） Consumption of Chemical Fertilizers (ton)	农药使用量（吨） Consumption of Chemical Pesticides (ton)	农村用电量（万千瓦小时） Electricity Consumed in Rural Area(10000 kwh)	农用塑料薄膜使用量（吨） Plastic Film Use for Agriculture (ton)
1952	0.25	643.33	7000			
1957	1.97	774.00	20300			
1962	6.83	950.00	24300			
1965	15.07	1066.67	80800		3900	
1970	34.64	852.00	105800		9800	
1975	87.83	904.21	118600		32239	
1978	167.72	862.55	212800		48946	
1979	204.60	878.63	295075		57597	
1980	240.19	933.07	369918		64315	
1981	271.27	836.05	389908		71252	
1982	310.76	812.62	455196		79882	
1983	323.99	822.90	475615		80056	
1984	344.42	804.22	502265		89244	
1985	374.85	925.00	491010		112380	
1986	455.77	917.62	572200		146500	
1987	508.10	921.66	624300		140600	
1988	546.94	924.00	670606		165286	
1989	574.17	910.61	749095		200384	
1990	587.09	933.63	763900	30400	203900	7200
1991	614.44	939.67	807194	34082	233902	10996
1992	645.62	943.87	930581	34769	269194	10510
1993	693.50	945.20	922399	37305	291718	13371
1994	729.70	937.57	1014537	42236	360372	17229
1995	757.25	936.52	1049699	48000	456814	18423
1996	786.49	935.18	1109907	55161	500352	25467
1997	792.42	933.66	1164151	52281	578096	21455
1998	818.42	931.88	1180778	50298	609966	19246
1999	838.71	932.23	1243322	56387	650923	19589
2000	873.28	940.18	1233311	51777	724290	21152
2001	889.59	942.35	1173704	52841	868090	22697
2002	915.84	938.80	1199068	55313	1065019	25553
2003	951.91	939.95	1202870	55266	1184550	26491
2004	980.99	941.45	1216646	53503	1375738	29538
2005	999.99	949.71	1220157	56044	1605843	36023
2006	1027.83	950.48	1209000	56498	1720000	48452
2007	1063.08	952.91	1196930	56951	1834388	60881
2008	1112.47	955.45	1186741	57500	2096791	61800
2009	1175.01	960.12	1206801	57844	2300894	58350
2010	1206.16	964.77	1210372	58238	2574895	57053
2011	1250.81	967.48	1209317	58276	2705792	57814
2012	1286.80	1120.98	1208660	57846	3128548	58692
2013	1336.76	1122.42	1205733	57804	3466813	59154
2014	1368.41	1118.78	1226138	56391	3676659	60932
2015	1384.13	1061.65	1238017	55770	3810646	62067
2016	1269.09	1055.37	1238417	55387	3844476	62424
2017	1232.42	1064.84	1163227	52167	3883797	62415
2018	1228.27	1085.18	1107377	49143	4038675	60002

10-4 农业基础设施
Agricultural Fundamental Facilities

项目 Item	2000	2005	2010	2017	2018
1.农业机械使用 Use of Motorized Cultivation					
机耕地面积（千公顷） Cultivated Areas by Tractors(1000 hectare)	405.49	421.85	908.68	1072.39	901.55
机械播种面积（千公顷） Sown Area by Machinery(1000 hectare)	1.95	0.75	25.77	159.69	174.67
机械收获面积（千公顷） Cut Area by Machinery(1000 hectare)	18.48	64.25	222.74	500.05	509.90
2.化肥施用量（万吨） Consumption of Chemical Fertilizer(10000 tons)					
按折纯量计算 By Pure	123.33	122.02	121.04	116.32	110.74
氮肥 Nitrogenous Fertilizer	55.66	51.29	47.74	44.35	41.94
磷肥 Phosphate Fertilizer	16.83	16.48	17.06	16.47	15.53
钾肥 Potash Fertilizer	23.78	24.41	24.67	23.05	21.91
复合肥 Compound Fertilizer	27.07	29.84	31.56	32.45	31.36
3.农用塑料薄膜使用量（万吨） Consumption of Agricultural Plastic Film(10000 tons)	**2.12**	**3.60**	**5.71**	**6.24**	**6.00**
#地膜使用量 Consumption of Agricultural Plastic Film	0.98	1.65	2.66	3.19	3.14
4.农用柴油使用量（万吨） Consumption of Agricultural Diesel(10000 tons)	**47.95**	**74.19**	**83.17**	**83.61**	**82.37**

10-5 主要年份农作物播种面积

Total Sown Areas of Farm Crops in Selected Years

单位：千公顷 (1000 hectares)

年份 Year	合计 Total	粮食作物 Grain Crops	#谷物 Cereal	#稻谷 Rice	非粮作物 Non-grain Crops	#油料作物 Oil-Bearing Crops
1952	2109.80	1938.87	1537.27	1431.07	170.93	93.81
1957	2377.67	2148.73	1646.67	1474.49	228.94	106.71
1962	2061.27	1897.60	1448.87	1303.49	163.67	74.26
1965	1976.27	1726.13	1425.40	1316.40	250.14	79.60
1970	2350.53	2000.47	1611.61	1477.67	350.06	
1975	2756.40	2290.87	1892.23	1715.40	465.53	106.08
1978	2701.05	2213.13	1879.52	1689.13	487.92	108.39
1979	2662.27	2149.54	1843.79	1670.13	512.73	126.43
1980	2573.93	2175.55	1800.39	1673.87	398.38	130.30
1981	2526.59	2137.51	1782.74	1650.77	389.08	135.65
1982	2469.47	2083.54	1729.99	1613.19	385.93	135.24
1983	2428.38	2008.99	1738.06	1617.99	419.39	108.36
1984	2386.71	2017.04	1686.64	1587.18	369.67	102.50
1985	2335.71	1888.49	1568.08	1477.22	447.22	105.71
1986	2401.03	1897.72	1602.25	1484.61	503.31	107.76
1987	2543.93	1961.53	1653.20	1493.69	582.40	119.54
1988	2588.62	1961.95	1606.84	1483.25	626.67	113.09
1989	2656.64	2045.34	1647.45	1509.22	611.30	109.20
1990	2745.92	2080.57	1657.72	1512.30	665.35	111.69
1991	2826.85	2087.23	1641.69	1492.51	739.62	115.11
1992	2881.05	2085.05	1628.47	1476.97	796.00	116.76
1993	2786.95	1967.21	1502.76	1383.12	819.74	114.22
1994	2800.97	2002.25	1512.07	1402.60	798.72	114.36
1995	2835.09	2017.35	1510.46	1406.25	817.74	118.19
1996	2900.75	2031.85	1507.09	1405.19	868.90	121.62
1997	2943.63	2041.29	1501.25	1401.53	902.34	119.56
1998	2918.81	2028.64	1484.80	1387.95	890.17	119.81
1999	2915.41	2009.52	1466.49	1373.21	905.89	121.62
2000	2793.25	1828.51	1303.21	1222.31	964.74	125.04
2001	2713.07	1725.72	1227.13	1156.57	987.35	123.65
2002	2661.37	1630.28	1146.67	1082.98	1031.09	121.87
2003	2486.90	1424.40	1016.87	957.88	1062.50	123.48
2004	2457.12	1389.77	1036.27	975.54	1067.36	125.10
2005	2392.92	1308.41	1003.53	937.78	1084.52	122.40
2006	2236.35	1226.94	932.99	890.25	1009.42	105.88
2007	2106.95	1160.24	891.50	851.63	946.71	96.67
2008	2053.15	1129.43	866.78	827.71	923.73	97.31
2009	2007.47	1109.75	851.32	814.63	897.72	95.29
2010	1941.20	1073.17	825.04	789.59	868.04	91.74
2011	1878.36	1032.07	799.42	765.49	846.29	88.03
2012	1801.75	976.15	768.59	734.70	825.60	84.58
2013	1758.29	943.71	744.72	711.49	814.59	81.68
2014	1703.13	908.38	718.57	686.40	794.75	79.05
2015	1658.18	874.20	692.99	659.91	783.98	76.48
2016	1589.33	832.83	661.96	630.90	756.50	73.46
2017	1592.10	833.22	660.19	628.59	758.88	72.46
2018	1621.42	833.51	653.23	619.61	787.91	75.42

10-6 粮食作物播种面积

Sown Areas of Grain Crops

单位：千公顷 (1000 hectares)

项目	Item	2000	2005	2010	2017	2018
总　计	**Total**	**1828.51**	**1308.41**	**1073.17**	**833.22**	**833.51**
按收获季节分	By Harvest Season					
春收粮食	Spring Harvest	163.24	101.51	65.73	47.95	50.48
夏收粮食	Summer Harvest	509.57	322.23	238.83	154.27	142.77
秋收粮食	Autumn Harvest	1155.70	884.67	768.83	631.03	640.26
按品种分	By Crop					
稻谷	Rice					
早稻	Early Rice	414.30	267.94	192.14	118.55	105.48
中稻	Middle Rice	393.59	295.91	286.37	256.70	262.71
晚稻	Late Rice	414.41	373.92	311.08	299.48	251.42
大小麦	Barley and Wheat	51.13	6.78	1.85	0.24	0.23
#小麦	Wheat	38.68	5.34	1.46	0.20	0.19
甘薯	Sweet Potato	280.73	215.68	136.45	91.44	95.48
马铃薯	Potato	88.56	79.01	57.58	45.57	46.89
杂粮	Food Grains other than Wheat and Rice	47.03	40.41	33.60	37.35	33.39
大豆	Soybean	105.38	77.85	42.99	28.98	31.06
杂豆	Sundry Soybean	33.37	24.86	11.11	7.05	6.86

10-7 非粮作物播种面积

Sown Areas of Non-grain Crops

单位：千公顷 (1000 hectares)

项目	Item	2000	2005	2010	2017	2018
总计	**Total**	**964.74**	**1084.52**	**868.04**	**758.88**	**787.91**
油料	Oil-bearing Crops	125.04	122.40	91.74	72.46	75.42
#花生	Peanuts	106.05	107.16	83.06	67.08	69.64
油菜籽	Rape Seeds	17.40	13.76	7.63	4.90	5.29
芝麻	Sesame	1.41	1.25	0.70	0.29	0.24
甘蔗	Sugercane and Fruitcane	14.40	14.93	8.91	4.94	4.90
麻类	Fiber Crops	0.33	0.14		0.01	0.01
烟叶	Tobacco	55.30	66.78	59.86	52.74	48.56
#烤烟	Flue-cured Tobacco	53.72	65.85	59.49	52.62	48.43
莲籽	Lotus Seed	6.70	5.40	5.55	7.18	1.82
蔬菜	Vegetables	538.12	632.05	578.89	533.44	558.33
西瓜	Watermelon	25.41	29.46	23.43	13.54	14.77
绿肥	Green Manure	71.82	43.53	17.06	5.12	4.74
青饲料	Greenfeed	58.24	62.18	17.74	3.17	2.97

10-8 水产品养殖面积

Culture Areas of Aquatic Products

单位：千公顷 (1000 hectares)

项目	Item	2000	2005	2010	2017	2018
总　计	**Total**	**221.46**	**205.62**	**231.47**	**241.92**	**248.01**
海水养殖	Seawter Culturing	130.28	124.01	137.64	155.74	162.11
#滩涂养殖	Beach Culturing	57.64	54.09	55.21	49.71	47.99
淡水养殖	Freshwater Culturing	91.18	81.61	93.83	86.18	85.90
#池塘养殖	Pond Culturing	35.53	32.15	34.36	36.00	34.50
湖泊养殖	Lakes Culturing	0.73	0.97	0.80	0.60	0.62
河沟养殖	Stream Culturing	6.20	5.16	4.91	4.18	3.96
水库养殖	Reservoir Culturing	44.91	40.29	51.63	43.89	43.42

10-9 年末各类园林水果实有面积

Actually Areas of Fruit and Subtropical Plant at the Year-end

单位：公顷 (hectare)

项目	Item	2000	2005	2010	2017	2018
园林水果合计	**Fruits**	**563700**	**550669**	**425824**	**310447**	**331792**
#柑　桔	Citrus	137888	170327	77007	47567	50103
龙　眼	Longan	90809	81605	53284	30757	32351
荔　枝	Lychee	40210	39010	27390	15733	15409
香　蕉	Banana	33017	29792	19583	10359	11321
枇　杷	Loquat	19091	32728	26365	19477	19613
菠　萝	Pineapple	3609	4031	2123	789	1229
橄　榄	Chinese Olive	13027	9966	8436	5862	8154
柿	Persimmon	29326	27091	16009	8254	8625
桃	Peach	25037	25735	18071	9925	10963
李	Plum	35066	33593	27079	22434	24302
梨	Pear	20921	22956	18141	13674	13753
葡　萄	Grape	2615	4993	5659	8845	9672
杨　梅	Red Bayberry	13808	15149	13799	10442	9014

10-10 主要年份农林牧渔业总产值和指数

Gross Output Value and Indices of Farming,Forest,Animal Husbandry and Fishery in Selected Years

年份	农林牧渔业总产值（亿元） Gross Output Value(100 million yuan)					农林牧渔业总产值指数（1952年=100） Indices of Gross Output(Year of 1952=100)				
Year	总产值 Total	#农业 Agriculture	#林业 Forestry	#牧业 Animal Husbandry	#渔业 Fishery	总指数 Total	#农业 Agriculture	#林业 Forestry	#牧业 Animal Husbandry	#渔业 Fishing
1952	11.07	8.44	0.65	1.42	0.56	100.0	100.0	100.0	100.0	100.0
1957	17.05	11.32	2.16	2.35	1.22	143.8	126.6	283.6	165.0	189.6
1962	14.81	11.23	0.63	1.75	1.20	93.6	94.5	91.7	69.8	142.2
1965	18.80	13.50	1.23	2.84	1.23	140.4	130.7	188.5	162.6	175.8
1970	21.12	15.49	1.49	2.66	1.48	153.6	147.4	186.8	152.3	213.3
1975	27.06	20.45	1.86	3.24	1.51	181.6	166.0	249.8	209.6	237.0
1978	36.33	28.22	2.31	3.82	1.98	217.3	204.2	280.3	216.8	282.8
1979	43.11	29.29	3.27	7.00	3.55	232.0	214.5	301.1	257.0	304.1
1980	45.49	31.13	3.41	7.38	3.57	244.0	227.8	313.6	260.3	305.7
1981	56.11	37.93	4.62	8.75	4.81	258.2	239.4	366.3	276.5	312.2
1982	63.73	42.74	4.90	10.38	5.71	277.8	257.5	382.4	300.2	343.6
1983	68.08	44.11	5.57	11.48	6.92	292.0	259.8	447.7	339.8	403.8
1984	80.66	50.81	7.07	14.39	8.39	332.6	286.6	593.6	410.9	447.4
1985	99.05	59.34	9.13	19.62	10.96	360.6	302.9	644.5	478.7	515.5
1986	107.07	60.76	10.29	22.02	14.00	368.7	300.3	642.8	529.3	581.8
1987	132.97	72.08	13.57	27.75	19.57	402.1	324.6	703.0	553.0	722.2
1988	182.00	94.08	17.50	39.65	30.77	433.1	341.2	789.5	609.7	826.0
1989	209.92	108.10	18.41	51.95	31.46	461.4	360.9	834.4	646.9	926.3
1990	227.12	118.31	21.54	51.93	35.34	478.9	368.4	911.6	675.4	991.7
1991	253.51	133.34	25.40	54.36	40.40	517.7	398.6	974.0	722.0	1089.9
1992	295.24	150.64	29.21	61.75	53.63	560.7	424.1	1076.1	784.1	1212.8
1993	386.34	190.28	36.39	74.86	84.82	621.8	453.6	1220.0	838.2	1482.3
1994	574.05	260.69	46.95	113.35	153.06	710.1	493.1	1370.9	950.5	1882.9
1995	738.63	340.48	59.24	144.45	194.47	806.7	547.3	1510.7	1062.7	2288.2
1996	850.67	383.18	66.94	165.50	235.05	893.0	599.8	1654.2	1122.2	2613.1
1997	925.56	391.30	75.80	193.66	264.80	1002.8	645.4	1819.6	1268.1	3138.3
1998	973.37	410.96	78.35	200.18	283.78	1064.0	667.3	1874.2	1373.4	3439.6
1999	1010.82	425.19	80.16	201.99	303.48	1132.1	726.7	1932.3	1421.5	3642.5
2000	1037.27	420.98	82.29	208.18	325.82	1167.6	714.3	2046.2	1499.1	3907.6
2001	1061.61	433.25	82.34	215.50	330.52	1213.7	752.0	2021.9	1556.7	4073.3
2002	1125.29	450.75	78.49	213.08	332.92	1256.2	775.3	2064.4	1623.6	4236.2
2003	1170.54	461.72	79.25	234.54	341.40	1284.4	786.8	2095.5	1691.1	4307.6
2004	1315.10	514.53	86.18	284.86	374.26	1326.3	807.9	2217.0	1773.1	4438.7
2005	1373.01	552.74	96.92	266.81	396.78	1368.8	820.7	2383.3	1874.9	4539.3
2006	1449.78	602.00	105.78	266.75	410.75	1389.6	833.0	2500.1	1891.7	4554.2
2007	1672.67	670.95	120.81	342.47	468.06	1435.6	860.9	2696.7	1878.0	4754.9
2008	1931.36	731.60	150.00	439.87	534.94	1496.3	883.7	2927.6	1990.4	4965.7
2009	1957.62	776.16	162.59	398.00	543.86	1556.9	907.6	3127.5	2098.4	5159.9
2010	2226.41	899.39	190.13	414.49	640.19	1603.7	914.5	3350.6	2210.6	5325.6
2011	2614.57	1025.03	239.00	527.12	733.83	1653.8	938.9	3589.4	2290.9	5443.2
2012	2843.47	1119.42	258.06	533.56	836.57	1713.8	960.0	3703.6	2442.9	5630.8
2013	3057.36	1196.59	296.02	558.67	902.18	1777.1	982.5	3911.8	2573.9	5832.3
2014	3247.11	1307.63	326.31	574.60	926.08	1843.4	1017.5	4136.9	2636.9	6054.3
2015	3399.30	1358.58	317.70	633.83	967.02	1905.9	1051.9	4315.3	2649.0	6324.7
2016	3784.24	1474.49	318.28	768.11	1091.29	1965.6	1068.5	4484.7	2782.5	6540.0
2017	3947.16	1527.00	327.73	750.49	1202.05	2039.3	1110.3	4667.9	2841.9	6827.0
2018	4229.52	1653.45	389.00	718.42	1318.20	2110.9	1162.7	4860.7	2781.0	7173.8

注：1.2003年起采用国民经济行业分类GB/T 4754-2002，其他年份均采用GB/T 4754-94。2.2007-2017年数据根据2016年农普结果进行了调整。

Note: a)The data from 2003 are adopted the national economic classified standard of GB/T 4754-2002, others are adopted GB/T 4754-94. b) The data from 2007 to 2017 are adjusted according to the result of Agriculture census in 2016.

10-11 农林牧渔业分类产值和增速

Gross Output Value of and Ratio Farming,Forestry,Animal Husbandry and Fishery by Item

单位：万元 (10000 yuan)

项目	Item	数值（万元） Value(10000 yuan)		比上年增长(%) Ratio(%)	
		2017	2018	2017	2018
农林牧渔业总产值	**Total**	**39471590**	**42295209**	**3.7**	**3.5**
农业产值	**Agriculture**	**15270010**	**16534486**	**3.9**	**4.7**
谷物及其他作物	Cereal and Others	2363344	2399974	3.5	2.7
谷物	Cereal	1309443	1308512		
薯类	Sweet Potato	329889	358778		
油料	Oil-bearing Crops	199438	218435		
豆类	Bean	72016	77847		
棉花	Cotton	77	66		
麻类	Fiber Crops	10	8		
糖料	Sugar	35816	33687		
烟草	Tobacco	251155	234463		
其他农作物	Other Crops	165499	168177		
蔬菜、食用菌及花卉盆景园艺作物	Vegetable、Edible Fungus and Gardening Crops	7506179	8110338	1.5	4.4
#蔬菜	Vegetable	4441871	4789255		
食用菌	Edible Fungus	1965954	2168448		
花卉	Flower	815551	854330		
水果、坚果、茶、饮料和香料作物	Fruit、Tea、Drink and Perfume Crops	4780731	5327899	7.0	6.0
#水果	Fruit	2455612	2876950		
园林水果	Gardening Fruit	2364616	2790069		
果用瓜	Fruited Melon	90996	86881		
茶叶	Tea	2262535	2360433		
香料原料	Perfume Crops	2388	1076		
中草药材	Traditional Chinese Medicine Materials	619756	696275	-2.3	6.6
林业产值	**Forestry**	**3277342**	**3889991**	**4.1**	**4.1**
林木的培育和种植	Breeding and Planting of Forest	353689	382952	9.1	-3.1
木竹采运	Cutting and Transport of Bamboo and Trees	1420313	1720978	3.2	7.6
#村及村以下	Rural and under Rural	1094246	1257502		
林产品	Forest Products	1503340	1786061	3.8	2.6
牧业产值	**Animal Husbandry**	**7504921**	**7184247**	**2.1**	**-2.1**
牲畜饲养	Livestock Raising	478242	493393	5.0	4.8
牛	Cow	160247	175399		
羊	Sheep	185335	178230		
奶类	Dairy	132660	139765		
#牛奶	Milk	123862	130840		
猪的饲养	Hogs Raising	2947299	2362319	-10.0	-11.5
家禽饲养	Poultry Raising	3877267	4111242	9.9	3.7
肉禽	Meat Poultry	3276845	3502568		
禽蛋	Poultry Eggs	600422	608674		
捕猎野兽、野禽	Hunting Animals	39826	33708	-5.0	-16.9
其他畜牧业	Other Poultry Products	162287	183584	8.5	11.7
渔业产值	**Fishery**	**12020530**	**13182040**	**4.4**	**5.1**
海水产品	Seawater Products	10384879	11322733	4.5	5.0
淡水产品	Freshwate Products	1635651	1859307	3.5	5.4
农林牧渔服务业产值	**Services of Agriculture ,Forestry ,Animal Husbandry and Fishery**	**1398787**	**1504446**	**5.3**	**5.8**

10-12 主要年份主要农业产品产量

Output of Major Farm Products in Selected Years

单位：万吨　　(10000 tons)

年份 Year	粮食 Grain	油料 Oil- bearing Crops	蔬菜 Vegetable	园林水果 Fruits
1952	372.00	9.89		6.01
1957	444.00	9.42		11.77
1962	358.50	6.46		4.64
1965	455.50	8.03		8.26
1970	566.50	11.14		11.04
1975	640.50	13.56		9.01
1978	744.90	13.80		10.10
1980	801.90	13.48		12.66
1986	751.49	17.18		34.72
1987	839.26	17.48		45.68
1988	837.43	14.89		53.54
1989	884.57	16.20		69.90
1990	879.64	17.66		75.78
1991	889.65	15.64		110.53
1992	897.08	19.90		117.18
1993	869.00	20.66		153.75
1994	887.40	21.60		198.13
1995	919.93	23.28		239.33
1996	952.20	22.99		283.81
1997	961.78	24.36		334.34
1998	958.11	24.62		343.04
1999	942.17	25.81		394.10
2000	854.68	25.79	1161.11	356.44
2001	817.28	26.08	1099.96	401.19
2002	763.23	25.86	1233.77	424.93
2003	695.04	26.03	1289.23	441.68
2004	699.50	27.82	1317.83	468.90
2005	662.04	27.42	1346.66	479.36
2006	632.90	23.63	1358.16	495.40
2007	615.66	22.23	1325.10	500.59
2008	612.97	23.12	1306.64	518.21
2009	607.61	22.82	1294.07	511.19
2010	584.65	22.08	1278.82	495.03
2011	576.13	21.72	1276.20	514.22
2012	547.33	21.18	1264.56	540.83
2013	534.68	20.75	1254.22	557.68
2014	520.43	20.49	1254.65	481.35
2015	500.05	20.10	1274.50	554.30
2016	477.28	19.41	1256.78	548.51
2017	487.15	19.55	1292.18	601.14
2018	498.58	21.24	1366.70	639.82

10-13 主要年份粮食总产量及单产

Gross Output and Output Per Mu of Grain in Selected Years

年份 Year	粮食总产量（万吨） Total Output of Grain(10000 tons)		粮食单产（公斤/亩） Output of Grain Rice per Mu(kg/mu)	
	产量 Value	#稻谷 Rice	产量 Value	#稻谷 Rice
1952	372.00	281.00	128	131
1957	444.00	328.50	138	149
1962	358.50	268.50	126	138
1965	455.50	355.00	176	180
1970	566.50	452.50	189	204
1975	640.50	511.00	186	199
1978	744.90	618.69	219	240
1980	801.90	669.25	246	267
1986	751.49	654.95	264	294
1987	839.26	715.80	285	319
1988	837.43	687.74	278	322
1989	884.57	744.36	288	338
1990	879.64	731.24	282	322
1991	889.65	725.66	284	324
1992	897.08	732.96	287	331
1993	869.00	694.47	295	335
1994	887.40	699.17	296	332
1995	919.93	724.92	304	344
1996	952.20	743.34	312	353
1997	961.78	739.24	314	352
1998	958.11	728.81	315	350
1999	942.17	712.28	313	346
2000	854.68	632.75	312	345
2001	817.28	606.80	316	350
2002	763.23	557.52	312	367
2003	695.04	520.89	322	363
2004	699.50	540.32	328	369
2005	662.04	518.91	326	372
2006	632.90	499.00	344	374
2007	615.66	491.15	354	384
2008	612.97	489.01	362	394
2009	607.61	485.55	365	397
2010	584.65	469.18	363	396
2011	576.13	465.58	372	405
2012	547.33	447.22	374	406
2013	534.68	436.91	378	409
2014	520.43	424.10	382	412
2015	500.05	405.69	381	410
2016	477.28	386.61	382	409
2017	487.15	393.19	390	417
2018	498.58	398.31	399	429

注：1988年起粮食总产量及单产中稻谷部分为抽样调查数据。

Note:Total Output of grain and Output of grain Per Mu since 1988 are from the sample survey ,similarly in following tables.

10-14 主要年份非粮作物总产量及单位播种面积产量

Gross Output and Output per Mu of Non-grain Crops in Selected Years

年份	总产量（万吨） Total Output(10000 tons)				单产（公斤/亩） Output of per(kg/mu)			
Year	油料 Oil-bearing Grops	花生 Peanuts	甘蔗 Sugarcane and Fruit Cane	烤烟 Flue-cured Tobacco	油料 Oil-bearing Grops	花生 Peanuts	甘蔗 Sugarcane and Fruit Cane	烤烟 Flue-cured Tobacco
1952	9.89	9.15	71.26	0.10	70	84	2620	40
1957	9.42	8.64	123.57	0.14	59	78	3325	60
1962	6.46	6.05	41.55	0.12	58	72	1721	43
1965	8.03	7.51	130.35	0.27	67	80	3656	97
1970	11.14	10.60	125.48	0.45	91	106	3244	78
1975	13.56	12.56	120.83	0.85	85	111	2868	66
1978	13.80	12.68	288.03	1.23	85	110	4500	74
1980	13.48	11.17	351.21	1.30	69	92	4985	79
1985	17.39	16.34	536.67	3.40	110	126	4882	82
1986	17.18	16.20	472.90	2.38	106	121	4593	79
1987	17.48	16.32	413.46	2.61	97	119	4735	80
1988	14.89	13.53	387.37	3.59	88	101	4586	73
1989	16.20	14.83	338.67	3.59	99	113	4570	76
1990	17.66	16.05	344.28	4.26	105	121	4595	82
1991	15.64	13.64	385.43	5.48	91	101	4813	87
1992	19.90	17.91	364.85	8.59	114	132	4803	93
1993	20.66	19.03	279.34	12.43	121	135	4625	89
1994	21.60	20.08	276.77	6.06	126	139	4602	87
1995	23.28	21.35	248.60	5.72	131	146	4416	94
1996	22.99	20.91	253.94	7.56	126	140	4467	102
1997	24.36	22.25	249.90	12.32	136	150	4568	110
1998	24.62	22.64	219.33	7.18	137	151	4461	106
1999	25.81	23.69	138.76	8.57	142	155	4153	112
2000	25.79	23.82	82.71	9.14	138	150	3830	113
2001	26.08	24.17	95.54	9.87	141	152	4116	115
2002	25.86	24.05	117.91	10.72	141	151	4258	112
2003	26.03	24.25	118.12	10.13	141	149	4316	115
2004	27.82	25.88	101.57	11.31	148	157	4260	122
2005	27.42	25.47	93.33	11.51	149	158	4169	117
2006	23.63	25.01	58.10	12.20	148	157	4127	124
2007	22.23	20.97	54.96	12.17	153	161	4122	132
2008	23.12	21.94	67.45	13.32	158	166	4416	138
2009	22.82	21.57	61.09	13.64	159	167	4282	141
2010	22.08	20.99	55.69	11.52	159	168	4166	129
2011	21.72	20.62	49.39	12.90	163	172	4060	141
2012	21.18	20.14	48.60	13.09	165	174	4044	141
2013	20.75	19.75	49.21	14.08	167	176	4077	143
2014	20.49	19.55	43.49	13.16	170	180	4126	144
2015	20.10	19.24	34.79	12.04	172	182	3873	142
2016	19.41	18.60	28.83	11.80	172	182	3636	141
2017	19.55	18.73	26.37	11.62	180	186	3559	147
2018	21.24	20.32	26.13	10.68	188	195	3552	147

10-15 各类粮食产量

Output of Grain by Sort

单位：万吨 (10000 tons)

项目	Item	2000	2005	2010	2015	2017	2018
合　计	**Total**	**854.68**	**662.04**	**584.65**	**500.05**	**487.15**	**498.58**
按收获季节分	**By Harvest Season**						
春收粮食	Spring Harvest	51.24	35.46	24.02	20.38	19.70	21.61
夏收粮食	Summer Harvest	229.86	158.45	127.51	109.08	85.45	80.56
秋收粮食	Autumn Harvest	573.58	468.12	433.12	370.59	382.00	396.41
按品种分	**By Crop**						
稻谷	Rice	632.75	518.91	469.18	405.69	393.19	398.31
早稻	Early Rice	206.63	146.33	111.11	91.28	72.75	67.06
中稻	Middle Rice	221.96	173.12	178.15	159.26	163.29	171.98
晚稻	Late Rice	204.16	199.46	179.92	155.15	157.15	159.27
大小麦	Barley and Wheat	14.29	2.40	0.53	0.10	0.07	0.07
#小麦	Wheat	11.01	1.95	0.41	0.08	0.06	0.05
甘薯	Sweet Potato	136.81	88.20	69.79	52.37	52.08	55.39
马铃薯	Potato	29.04	25.55	19.75	18.34	18.83	19.69
杂粮	Food Grains other than Wheat and Rice	1.26	0.71	0.96	1.68	1.66	1.72
豆类	Bean						
大豆	Soybean	20.48	12.38	10.16	8.11	7.82	8.62
杂豆	Sundry Soybean	7.09	4.38	2.85	2.20	2.12	2.21

注：2004年之前中稻含一季晚稻，晚稻为双季晚稻。
Note:The data of middle rice before 2004 include one crop late rice,that of late rice include two crops.

10-16 非粮作物产量

Output of Non-grain Crops

单位：吨 (ton)

项目	Item	2000	2005	2010	2017	2018
蔬菜	Vegetables	11611096	13466611	12788200	12921847	13666962
油菜籽	Rape Seeds	18404	18007	9859	7550	8578
芝麻	Sesame	1120	1242	829	391	317
烟叶	Tobacco	93996	116643	115955	116437	107056
莲籽	Lotus Seed	4678	5638	6397	1130	2939
西瓜	Watermelon	533486	658063	490390	389498	351890

10-17 主要年份茶叶园林水果实有面积及产量

Actual Areas and Output of Tea and Fruits in Selected Years

年份 Year	面积（千公顷） Areas(1000 hectare)		产量（万吨） Output(10000 tons)	
	茶叶 Tea	园林水果 Fruit	茶叶 Tea	园林水果 Fruit
1952	23.16	12.10	0.49	6.01
1957	35.37	25.20	0.69	11.77
1962	31.04	31.57	0.43	4.64
1965	36.40	40.98	0.56	8.26
1970	51.93	40.33	1.05	11.04
1975	70.49	57.52	1.67	9.01
1978	94.15	70.84	2.03	10.10
1980	109.87	83.07	2.58	12.66
1986	119.85	183.43	4.42	34.72
1987	122.52	227.89	4.99	45.68
1988	120.33	250.65	5.54	53.54
1989	118.55	278.33	5.52	69.90
1990	116.74	298.40	5.82	75.78
1991	119.44	355.24	6.53	110.53
1992	125.22	415.79	7.05	117.18
1993	130.74	459.18	7.70	153.75
1994	133.53	504.76	8.24	198.13
1995	132.04	532.37	9.45	239.33
1996	130.41	556.55	10.18	283.81
1997	126.62	576.28	10.99	334.34
1998	124.23	568.60	11.89	343.04
1999	128.91	567.08	12.35	394.10
2000	129.21	563.70	12.60	356.44
2001	130.65	558.19	13.39	401.19
2002	133.35	553.81	14.33	424.93
2003	138.58	554.43	15.02	441.68
2004	145.06	547.65	16.44	468.90
2005	155.23	550.67	18.48	479.36
2006	159.82	542.08	20.01	495.40
2007	166.29	506.41	22.09	500.59
2008	181.42	482.52	24.07	518.21
2009	183.14	452.66	25.51	511.19
2010	185.24	425.82	25.83	495.03
2011	190.61	398.26	27.67	514.22
2012	195.65	381.64	29.60	540.83
2013	201.03	362.10	31.57	557.68
2014	205.94	337.41	33.40	481.35
2015	207.70	324.94	35.63	554.30
2016	204.43	304.52	37.29	548.51
2017	207.11	310.45	39.49	601.14
2018	210.89	331.79	41.83	639.82

10-18 各类茶叶 园林水果 食用菌产量

Output of Tea, Fruits and Edible Fungus by Sort

单位：吨 (ton)

项目	Item	2000	2005	2010	2017	2018
茶叶	**Tea**	**126000**	**184800**	**272616**	**394941**	**418337**
#红茶	Black Tea	1615	1652	13473	47398	49012
绿茶	Green Tea	72431	88923	102438	117537	126175
青茶	Wulong Tea	50685	85924	147789	209387	215855
园林水果	**Fruit**	**3564400**	**4793600**	**5644800**	**6549723**	**6398230**
#柑桔	Critrus	1306027	2153154	2722988	850207	3392242
龙眼	Longyan	104068	216452	241138	203645	256108
荔枝	Lychee	79580	160289	147281	128747	142683
香蕉	Banana	746454	855398	882087	387087	420757
枇杷	Loquat	54268	112596	222273	357841	304931
菠萝	Pineapple	30267	37731	39348	14472	23909
橄榄	Chinese Olive	24009	33714	54931	127304	131562
柿	Persimmon	99896	160475	141094	97694	103097
桃	Peach	143377	199653	222371	128023	142457
李	Plum	179121	243224	232943	272958	307952
梨	Pear	96394	147755	185345	240945	174669
苹果	Apple	380	198	309	12	
葡萄	Grape	38702	59066	100171	196137	208422
杨梅	Red Bayberry	42734	63235	99003	180665	161497
食用菌	**Edible Fungus**	**462484**	**559993**	**762663**	**1231629**	**1262792**
#蘑菇	Mushroom	272106	283828	341758	409043	383256
香菇	Xianggu Mushroom	88292	77680	92345	125554	129522
白木耳	Tremella	12401	16508	30589	44601	44314
黑木耳	Black Tremella	29105	28009	35491	61051	63606

10-19 主要年份林业牧业水产品产量

Output of Forestry,Animal Husbandry and Fishery in Selected Years

年份 Year	造林面积（千公顷） Afforested Areas (1000 hectare)	肉类总产量(万吨) Output of Pork Beef and Mutton (10000 tons)	猪出栏数（万头） Number of Slaughtered Fattened Hogs(10000 heads)	奶类产量（万吨） Milk (10000 tons)	水产品产量（万吨） Output of Aquatic Products (10000 tons)
1952	34.31				15.93
1957	127.60				28.34
1962	55.89				23.82
1965	172.65				32.55
1970	173.49		219.18		38.75
1975	192.75		336.66	0.61	39.61
1978	194.71		321.86	0.93	54.44
1980	175.13		401.48	1.47	59.80
1985	282.83	49.70	578.09	4.21	100.26
1986	209.67	54.23	617.29	4.60	105.23
1987	166.12	59.32	665.12	5.05	126.22
1988	192.39	65.07	713.40	5.08	132.66
1989	242.94	69.44	750.40	4.82	137.97
1990	303.91	71.83	766.46	4.87	145.59
1991	306.02	75.07	780.72	5.12	166.23
1992	223.03	78.93	820.61	5.72	200.57
1993	63.77	84.10	863.20	5.94	237.04
1994	45.56	92.23	908.78	6.06	278.78
1995	41.74	102.66	1000.84	6.32	317.56
1996	34.45	107.49	1047.48	6.49	358.23
1997	29.99	125.02	1231.98	6.07	429.31
1998	25.12	135.24	1365.13	6.71	475.92
1999	23.93	138.84	1453.38	7.95	502.32
2000	24.50	145.92	1560.81	9.91	527.89
2001	21.01	153.91	1665.55	11.39	542.49
2002	17.49	162.09	1770.33	14.16	558.71
2003	16.72	161.96	1803.61	19.28	553.13
2004	16.31	163.92	1850.65	20.67	551.36
2005	24.22	164.85	1881.92	19.10	542.37
2006	23.18	161.81	1866.14	16.65	523.59
2007	35.45	150.65	1645.94	15.85	532.00
2008	32.81	169.42	1840.13	14.87	554.20
2009	33.26	175.15	1922.93	15.56	569.67
2010	29.87	180.21	1963.31	15.74	587.42
2011	212.72	182.96	1950.43	15.79	603.78
2012	63.06	200.85	2069.05	15.39	628.61
2013	100.18	211.21	2092.05	15.30	658.76
2014	44.34	213.71	1990.47	15.36	695.98
2015	87.11	216.55	1707.76	15.37	733.89
2016	10.30	279.97	1988.59	13.36	711.33
2017	8.09	264.91	1606.10	13.54	744.57
2018	6.52	256.06	1421.34	14.31	782.12

10-20 造林面积
Areas of Afforestation

项目	Item	2000	2005	2010	2015	2017	2018
当年造林面积（千公顷）	**Afforested Area in Current Year(1000 hectare)**	**24.50**	**24.22**	**29.87**	**87.11**	**8.09**	**6.52**
#用材林	Commercial Forest	8.07	15.20	15.34	45.81	3.87	3.24
经济林	Economic Forest	6.47	3.14	3.35	32.47	2.55	1.28
防护林	Shelter Forest	8.04	5.66	11.15	7.25	0.97	1.63
薪炭林	Fuel Forest	1.90	0.19	0.03		0.20	
迹地更新面积（千公顷）	**Areas of Slash Reforestation (1000 hectare)**	**54.91**	**80.59**	**103.83**	**53.58**	**61.13**	**55.15**
零星植树(万株)	**Fragmentary Forest (10000 plants)**	**3559.00**	**1745.14**	**1806.89**	**2845.61**	**4412.69**	**4495.64**
封山育林面积（千公顷）	**Areas of Afforestation in Hill (1000 hectare)**	**1060.37**	**412.41**	**419.34**	**522.03**	**662.81**	**703.16**
育苗面积(千公顷)	**Areas of Grown Seedings (1000 hectare)**	**0.32**	**0.54**	**1.40**	**8.40**	**9.02**	**8.48**
幼林抚育作业面积(千公顷)	**Areas of Tending Young Forest(1000 hectare)**	**232.00**	**223.00**	**340.22**	**471.45**		
成林抚育作业面积(千公顷)	**Areas of Tending Grown Forest(1000 hectare)**	**188.05**	**150.56**	**101.93**	**418.11**	**519.96**	**586.68**

10-21 主要林产品产量
Output of Major Forest Products

项目	Item	2000	2005	2010	2017	2018
木材产量（万立方米）	Output of cut wood（10000 cu.m)	334.90	1446.40	1455.38	1455.22	1423.78
毛竹采伐量（万根）	Mao Bamboo(10000 unit)	15872	15504	26602	55413	59501
篙竹采伐量（万根）	Lofty Bamoo(10000 unit)	6631	10061	14787	29470	31767
油桐籽（吨）	Tung-oil Seeds(ton)	18121	20928	23244	28013	29009
油茶籽（吨）	Tea-oil Seeds(ton)	62983	72597	94815	184041	199477
乌桕籽（吨）	Chinese Tallow Tree Seeds(ton)	121	1145	532	440	419
棕片（吨）	Piece of Palm(ton)	10891	12162	14847	17112	17424
松脂（吨）	Rosin(ton)	72949	72299	87758	111804	115706
笋干（吨）	Dried Bamboo Shoots(ton)	120970	153497	215123	370246	393662
山苍籽（吨）	Litsea Cueba(ton)	7845	9552	12174	15898	16166
板栗（吨）	Chinese Chestnut(ton)	19439	49134	80793	49034	84404

10-22 主要畜禽产品产量
Output of Main Livestock Products

项目 Item	2000	2005	2010	2017	2018
肉类产量（万吨）Output of Meat(10000 tons)	**145.92**	**164.85**	**180.21**	**264.91**	**256.06**
#猪肉 Pork	114.79	134.69	146.62	128.37	113.12
牛肉 Beaf	2.12	2.17	2.25	1.72	1.94
羊肉 Mutton	1.33	1.45	1.82	1.94	2.04
禽肉 Meat of Poultry	26.21	24.57	26.32	130.82	136.76
兔肉 Rabbit Meat	1.47	1.97	2.56	1.27	1.41
牛奶产量（万吨）Output of Cow Milk(10000 tons)	**9.60**	**18.77**	**15.41**	**13.11**	**13.82**
羊奶产量（万吨）Output of Ewe Milk(10000 tons)	**0.31**	**0.34**	**0.33**	**0.42**	**0.49**
蜂蜜产量（万吨）Output of Honey(10000 tons)	**0.54**	**0.85**	**0.86**	**1.45**	**1.58**
禽蛋产量（万吨）Output of Poultry Eggs(10000 tons)	**40.69**	**37.91**	**26.28**	**46.50**	**44.32**
猪出栏数（万头）Number of Slaughtered Hogs (10000 heads)	**1560.81**	**1881.92**	**1963.31**	**1606.10**	**1421.34**
出栏率(%) Rate of Slaughter(%)	148.7	152.3	149.2	141.3	154.2
羊出栏数（万头）Number of Slaughtered Sheep(10000 heads)	**97.80**	**107.00**	**133.29**	**138.29**	**144.28**
出栏率(%) Rate of Slaughter(%)	104.3	96.2	128.9	145.1	162.1
牛出栏数（万头）Number of Slaughtered Cows(10000 heads)	**21.31**	**21.60**	**22.35**	**15.97**	**17.87**
家禽出栏数（万只）Number of Slaughtered Poultry(10000 heads)	**20633.89**	**19140.51**	**19934.33**	**91460.58**	**95537.65**
家兔出栏数（万只）Number of Slaughtered Domestic Rabbit(10000 heads)	**1178.96**	**1559.27**	**1825.38**	**849.98**	**937.77**

10-23 畜禽存栏数

Number of Livestock and Poultry on Hand

单位：万头

项目	Item	2000	2005	2010	2017	2018
牛存栏数（万头）	**Bull(10000 heads)**	**111.44**	**75.63**	**70.17**	**32.65**	**30.92**
#乳牛	Cow	3.59	4.99	5.04	3.88	4.12
猪存栏数（万头）	**Number of Hogs on Hand(10000 heads)**	**1087.66**	**1249.83**	**1272.57**	**921.80**	**799.90**
#能繁殖母猪	Number of Female Hogs with Fertility	76.27	97.97	125.56	89.45	74.50
羊存栏数（万头）	**Number of sheep on Hand(10000 heads)**	**96.22**	**93.56**	**106.24**	**89.03**	**95.32**
蜜蜂年末箱数（万箱）	**Number of Beehive at the Year-end(10000 cases)**	**23.09**	**35.32**	**36.26**	**50.72**	**51.78**
家兔年末数（万只）	**Number of Domestic Rabbit at the Year-end(10000 heads)**	**714.40**	**822.67**	**909.23**	**410.28**	**455.81**
家禽年末数（万只）	**Number of Poultry at the Year-end(10000 heads)**	**10930.19**	**9937.04**	**7707.70**	**18559.28**	**16908.84**

10-24 淡水产品产量

Output of Freshwater Products

单位：万吨 (10000 tons)

项目	Item	2000	2005	2010	2015	2017	2018
淡水产品产量	**Output of Freshwater Aquatic Products**	**57.39**	**63.47**	**74.16**	**97.58**	**82.12**	**87.08**
#养殖产量	Output of Freshwater Culturing	49.73	55.81	65.97	88.81	75.22	80.09
按类别分	By Kind						
#淡水鱼类	Freshwater-fish	50.11	54.05	62.68	81.18	67.83	71.91
虾蟹类	Shrimps,Prawns and Crabs	1.14	3.34	5.10	8.36	7.96	8.41
贝类	Shell-fish	4.46	4.43	4.84	5.89	4.65	4.76
主要品种产量	**By Product**						
淡水鳗	Freshwater Eel	6.99	8.29	8.75	9.15	8.15	9.60
草鱼	Grass Carp	10.97	12.24	13.84	19.44	15.98	16.77
鲢鱼	Silver Carp	8.27	6.06	6.21	8.26	6.91	7.45
鲤鱼	Carp	4.36	5.48	5.08	6.58	5.40	5.81
罗非鱼	Ribber Carp	10.56	9.50	11.08	13.68	12.07	11.71

10-25 海水产品产量

Output of Seawater Aquatic Products

单位：吨 (ton)

项目	Item	2000	2005	2010	2017	2018
海水产品产量	**Output of Seawater Aquatic Products**	**4705066**	**4788957**	**5132598**	**6624580**	**6950449**
#鱼类	Fish	1668816	1678551	1787085	1994793	2004670
虾蟹类	Shrimps,Prawns and Crabs	357794	319406	388610	512861	507055
贝类	Shell-fish	2318397	2226300	2221429	2876563	3068398
藻类	Algac	317830	420709	599357	1025595	1120449
#海水养殖产量	**Output of Seawater Culturing**	**2627057**	**2782535**	**3038990**	**4453172**	**4788297**
#鱼类	Fish	102040	133450	170308	362950	391007
虾蟹类	Shrimps,Prawns and Crabs	42875	64973	95816	196405	202077
贝类	Shell-fish	2161334	2163472	2171544	2835432	3028196
藻类	Algac	317106	417929	598225	1023955	1118653
主要品种产量	**Output of Main Seawater Culturing**					
大黄鱼	Big Yellow Croaker	48146	59398	75660	157709	169027
带鱼	Hairtail	173578	198905	240362	158682	150909
鲳鱼	Butterfish	52443	66244	62817	62195	64797
鳓鱼	Chinese Herring	11477	18640	15425	12769	11659
马鲛鱼	Spanish Mackerel	59519	40739	54226	44863	41814
鲷鱼	Porgy	10052	36078	76902	93154	99992
鲐鱼	Chub mackerel	52789	57966	62656	314987	306294
鳗鱼	Eel	50705	68734	70186	64985	62671
墨鱼	Inkfish	57263	27379	30085	32176	33397
海蜇皮	Jellyfish	13260	6944	11819	14953	14423
对虾	Prawn	28490	48767	72282	147140	151438
毛虾	Shrimp	65262	49057	56383	55045	58093
梭子蟹	Swimming Crab	58705	70032	89261	117948	113880
蛏	Razor Clam	168095	177891	193708	261819	279485
蛤	Clam	214264	260168	288793	385371	433699
蚶	Blood Clam	24203	40687	37469	52937	61458
牡蛎	Oyster	1558984	1539167	1456106	1799061	1894204
海带	Kelp	276867	337892	452096	712486	768304
紫菜	Laver	26828	34258	51313	62151	74628

主要统计指标解释

农林牧渔业总产值 指以货币形式表现的农、林、牧、渔业全部产品的总量和对农、林、牧、渔业生产活动进行的各种支持性服务活动的价值，它反映一定时期内农业生产总规模和总成果。农林牧渔业总产值的核算采用“产品法”进行计算，即用产品产量乘以价格求得各种产品的产值，然后把它们加总求得各业的产值，最后相加求得农林牧渔业总产值。1957 年以前的农林牧渔业总产值中包括了厩肥和农民自给性手工业(如农民自制衣服、鞋、袜，自己从事粮食初步加工等)。1958 年及以后，林业中增加了村及村以下竹木采伐产值；牧业中取消了厩肥产值；副业中取消了农民自给性手工业产值，增加了村及村以下办的工业产值;渔业中增加了海洋捕捞水产品产值。1980 年及以后，在副业中增加了农民家庭兼营工业商品部分的产值。从 1984 年起村及村以下工业产值划归工业。从 1993 年起取消副业，将野生动物的捕猎划入牧业、野生植物采集和农民家庭兼营商品性工业划归农业。1996 年第一次农业普查以后，由于畜牧业产品年报数据与普查数据之间存在一定的差距，国家统计局对畜牧业年报数据与普查数据进行衔接，相应的畜牧业产值进行调整。2007-2017 年农林牧渔业产值，以全省第三次农业普查数据为基础，对农业、林业、牧业、渔业和服务业进行了调整和衔接。

粮食产量 指稻谷、小麦、玉米、高粱等谷物及薯类和豆类的全社会产量。包括国有经济经营的、集体统一经营的和农民家庭经营的粮食产量，还包括工矿企业办的农场和其他生产单位的产量。其产量计算方法，豆类按去豆荚后的干豆计算；薯类(包括甘薯和马铃薯，不包括芋头和木薯)1963 年以前按每 4 公斤鲜薯折 1 公斤粮食计算，从 1964 年开始改为按 5 公斤鲜薯折 1 公斤粮食计算。城市郊区作为蔬菜的薯类(如马铃薯等)按鲜品计算，并且不作粮食统计。其他粮食一律按脱粒后的原粮计算。1989 年以前全国粮食产量数据的取得主要是靠全面报表取得，1989 年以后开始使用抽样调查数据。

棉花产量 指春播棉和夏播棉的全社会产量。产量按皮棉计算。3 公斤籽棉折 1 公斤皮棉，不包括木棉。

油料产量 指全部油料作物的生产量。包括花生、油菜籽、芝麻、向日葵籽、胡麻籽(亚麻籽)和其他油料。不包括大豆、木本油料和野生油料。花生以带壳干花生计算。

水产品产量 指人工养殖的水产品和天然生长的水产品的捕捞量。包括全部海水和淡水鱼类、虾蟹类、贝类、藻类和其他渔业产品的产品的最终产量。1995 年及以前，贝类中牡蛎按鲜肉计算；蚶、蛤、蛙按 5 斤鲜品折 1 斤计算。1996 年以后则统一按鲜品计算。

猪、牛、羊肉产量 指当年出栏并已屠宰、除去头、蹄、下水后带骨肉(即胴体重) 的重量。其统计范围为全社会。1996 年前为各级逐级上报数据。1996 年第一次农业普查以后，由于畜牧业产品年报数据与普查数据之间存在一定的差距，国家统计局对畜牧业年报数据与普查数据进行了衔接。1999 年以后，国家统计局开展了猪、牛、羊、禽等主要畜禽品种的抽样调查，并用抽样数据作为国家定案数据使用。未开展抽样调查的品种，仍使用各级统计部门逐级上报数据。

期初(末)畜禽存栏头(只)数 指报告期初(末)农村各种合作经济组织和国营农场、农民个人、机关、团体、学校、工矿企业、部队等单位以及城镇居民饲养的大牲畜、猪、羊、家禽等畜禽的存栏数。数据上报方式及数据调整情况同猪、牛、羊肉产量。

农作物播种面积 指实际播种或移植有农作物的面积。凡是实际种植农作物的面积，不论种植在耕地上还是种植在非耕地上，均包括在农作物播种面积中。在播种季节基本结束后，因遭灾而重新改种和补种的农作物面积，也包括在内。该指标可以反映我国耕地面积的利用情况。目前，农作物播种面积主要包括粮食、棉花、油料、糖料、麻类、烟叶、蔬菜和瓜类、药材和其它农作物九大类。

有效灌溉面积 指具有一定的水源，地块比较平整，灌溉工程或设备已经配套，在一般年景下当年能够进行正常灌溉的耕地面积。在一般情况下，有效灌溉面积应等于灌溉工程或设备已经配备，能够进行正常灌溉的水田和水浇地面积之和。该指标可以反映我国耕地的抗旱能力。

农用化肥施用量 指本年内实际用于农业生产的化肥数量，包括氮肥、磷肥、钾肥和复合肥。化肥施用量要求按折纯量计算数量。折纯量是指把氮肥、磷肥、钾肥分别按含氮、含五氧化二磷、含氧化钾的百分之百成份进行折算后的数量。复合肥按其所含主要成分折算。

公式:折纯量= 实物量×某种化肥有效成份含量的百分比

农业机械总动力　指主要用于农、林、牧、渔业的各种动力机械的动力总和。包括耕作机械、排灌机械、收获机械、农用运输机械、植物保护机械、牧业机械、林业机械、渔业机械和其他农业机械〔内燃机按引擎马力折成瓦(特)计算、电动机按功率折成瓦(特)计算〕。不包括专门用于乡、镇、村、组办工业、基本建设、非农业运输、科学试验和教学等非农业生产方面用的动力机械与作业机械。这个指标的统计数据主要来源于农机部门。

乡村从业人员　指乡村人口中劳动年龄在 16 周岁以上实际参加生产经营活动并取得实物或货币收入的人员，包括劳动年龄内经常参加劳动的人员，也包括超过劳动年龄但经常参加劳动的人员，但不包括户口在家的在外学生、现役军人和丧失劳动能力的人，也不包括待业人员和家务劳动者。从业人员按从事主业时间最长(时间相同按收入)分为农业从业人员、工业从业人员、建筑业从业人员、交运仓储及邮电业从业人员、批零贸易及住宿餐饮业从业人员、其它行业从业人员。

Explanatory Notes on Main Statistical Indicators

Gross Output Value of Farming, Forestry, Animal Husbandry and Fishery refers to the total value of products of farming, forestry, animal husbandry and fishery, which reflects the total scale and result of agricultural production during a given period. Gross output value of agriculture is obtained by first multiplying the output of each product or by product by its price, resulting in t he output value of each s ingle item. For a small number of products, annual output of which is not available or difficult to get due to the long production growing process involved, t he output value is estimated through an indirect approach. The sum of out put value of all products of farming, forestry, animal husbandry, and fishery is then equal to the gross output value of agriculture. Prior to 1957, Chinas gross agricultural output value included barnyard manure and handicraft products for self-consumption (clothes, shoes, stockings, and initial grain processing undertaken by peasants). Since 1958, cutting and felling of bamboo and trees by villages and other cooperative organizations under villages have been included in forestry; value of barnyard manure has been excluded from animal husbandry; self consumed handicraft s has been excluded from sideline occupations, while the output value of industries run by villages and cooperative organizations under village had been included inside line occupations and the out put value of fish catches by motor fishing boats has been added to fishery. Since 1980, the value of handicraft products made for sale by individuals in households had been added to sideline occupations. Since 1984, industries run by villages and under villages have been included in the sector of industry. Since 1993, the subdivision of sideline occupations has been canceled, and the hunting of wild animals has been classified into animal husbandry, and the gathering of wild plants and commodity industry run by rural household have been included in farming. The Firs t Agriculture Census of China in 1996 revealed some discrepancy between the production of animal products from the annual reports and that from the census. Efforts were made by NBS to adjust the output value of animal husbandry to make the figures from the annual reports consistent with the census data. data on Farming, Forestry, Animal Husbandry and Fishery in from 2007 to 2017 have been adjusted according to the data obtained from the Third National Agricultural Census.

Grain Output refers to the total output of rice, wheat, corn, sorghum, millet and other miscellaneous grains as well as tubers and bean in the whole region including grains produced by state farms, collective units, industrial enterprises and mines. Output of beans refers to dry beans without pods. The output of tubers (sweet potatoes and potatoes, not including taros and cassava) was converted into that of grain at the ratio 4:1, i.e. 4 kilograms of fresh tubers was equivalent to 1 kilogram of grain up to 1963. Since 1964 the ratio for conversion has been 5:1.Tubers supplied as vegetables (such as potatoes) in cities and suburbs are calculated as fresh vegetables and their output is not included in the output of grain. Output of all other grains refers to husked grain. Data on grain production before 1989 were obtained through Comprehensive Statistical Reporting System, since then, sample survey data are used.

Cotton Output refers to the cotton production in the whole Region including cotton sown in spring and in autumn. Output is measured as the weight of ginned cotton. Three kilograms of seed-cotton are equivalent to 1 kilogram of ginned cotton, excluding ceiba.

Output of Oil-bearing Crops refers to the total production of oil-bearing crops of various kinds, including peanuts, (dry, in shell) rapeseeds, sesame, sunflower seeds, flax seeds, and other oil-bearing crops. Soybeans, oil-bearing woody plants, and wild oil-bearing crops are not included.

Output of Aquatic Products refers to catches of both artificially cultured and naturally grown aquatic products, including fish, shrimps, crabs and shellfish in sea and inland water as well as seaweed. Freshwater plants are not included. Data on output of aquatic products are reported by aquatic product and statistical agencies level by level. Before 1995, among the shellfish, the oyster was counted as fresh meat; 5 kilograms of ark shell, clams and frogs are equivalent to 1 kilogram of fresh aquatic products; they are all counted as fresh aquatic products since1996.

Output of Pork, Beef, and Mutton refers to the meat of slaughtered hogs, cattle, sheep and goats wit h head, feet, and offal taken away. The statistical scope is of the whole society. The first agriculture census of China in 1996 revealed some discrepancy between the production of animal products from the annual reports and that from the census. Efforts were made by NBS to adjust the output value of animal husbandry to make the figures from the annual rep orts consistent with the census data. Since 1999, NBS conducted sample survey for t he major animal husbandry products, such as hogs, cattle, sheep and goats and fowls, and the data from sample surveys are used as national finalized data. Those products, which are not covered by the sample survey, are still reported by statistical agencies level by level.

Number of Livestock or Poultry in Stock at Beginning (or End) of period refers to the total number of large animals, pigs, sheep, fowls, etc. raised by rural cooperative organizations, state farms, rural individuals, government agencies, schools, industrial and mining enterprises, army, and urban residents at the beginning (or end) of the reference period. Data reporting system and data adjustment are the same as that in the output of pork, beef and mutton.

Sown Area of Crops refers to area of land sown or transplanted with crops regardless of being in cultivated area or no cultivated area. Area of land re-sown due to natural disasters is also included. The indicator can reflect the utilization condition of the cultivated land in China. At p resent, t he sown area of crops mainly include the following 9 categories of crops: grain, cotton, oil-bearing crops, sugar crops, fiber crops, Tobacco, Vegetables and melons, medicinal materials and other farm crops.

Irrigated Area refers to areas that are effectively irrigated, i.e. level land, which has water source and complete sets of irrigation facilities to lift and move adequate water for irrigation purpose under normal conditions. Under normal conditions, irrigated area is the sum of watered fields and irrigated fields where irrigation systems or equipment have been installed for regular irrigation purpose. This indicator can reflect drought resistance capacity of the cultivated land in China.

Consumption of Chemical Fertilizers in Agriculture refers to the quantity of chemical fertilizers applied in agriculture in the year, including nitrogenous fertilizer, phosphate fertilizer, potash fertilizer, and compound fertilizer. The consumption of chemical fertilizers is required in calculation to convert the gross weight into weight containing 100% effective component (e.g. 100% nitrogen content in nitrogenous fertilizer, 100%phosphorous pent oxide contents in phosphate fertilizer, 100%potassium oxide contents in potash fertilizer). Compound fertilizer is converted with its major component. The formula is:

Volume of effective component = physical quantity×effective component of certain chemical fertilizer (%)

Total Power of Farm Machinery refers to total mechanical power of machinery used in farming, forestry, animal husbandry, and fishery, including ploughing, irrigation and drainage, harvesting, transport, plant protection, stock breeding, forestry and fishery. The power of internal combust ion engines is required to convert horsepower into watts and the power of electric motors is required to be converted into watts. Machinery employed for non-agricultural purposes, such as the machines used in township run and village-run industry, construction, nonagricultural transport, scientific experiments and teaching, is excluded. Data are mainly from agricultural machinery agencies.

Rural Employed Persons refer to rural labor forces aged over 16 years old who are engaged in real production and management activities and receive payment in kind or wages, including those covered within the age frame and regularly participating in production activities, and those who are out of the range of age frame and also participating in production activities regularly. Excluding students studying in other places with their permanent residence registered in local areas, servicemen and persons incapable of working; also excluding those who are waiting for jobs and those engaged in household work. Persons employed are classified as rural employed persons; industrial employed persons; construction industry employed persons; transport, storage and telecommunications industries employed persons; whole sales and retail sales Trades and catering industry employed persons and others according to the longest period of persons engaged in major activities (or using income indicator when periods are the same).

第十一篇　工业

Chapter 11　Industry

资料整理：林武兴 陈玲 王施
Database Editor: Linwuxing Chenling Wangshi

简 要 说 明

本篇资料的主要内容及来源

本篇资料反映了全省工业生产和基本效益情况，主要包括历年工业总产值及指数、规模以上工业、国有控股工业、国有工业、集体工业、外商投资和港澳台投资工业、大中型工业企业的主要经济指标、相关的财务分析指标和主要工业产品产量等方面的内容。

本篇资料由省统计局工业交通统计处根据工业统计年报中有关资料整理。

Brief Introduction

Main Content and Source of Data

Data in this chapter show the basic condition of industry in Fujian, the output of major industrial products and major economic and relevant financial indicators of industrial enterprises , mainly including the gross industrial output value and indices.Industrial enterprises include enterprises above designated size, state share holding enterprises, state owned enterprises, collective owned enterprises, foreign funded enterprises, enterprises with funds from Hong Kong, Macao and Taiwan, large and medium sized enterprises.

Data in this chapter are based on the annual report of industrial statistics and are prepared and provide by the Division of Industry and Transport Statistics of Fujian Provincial Bureau of Statistics.

11-1 主要年份工业总产值

Gross Industrial Output Value in Selected Years

单位：亿元 (100 million yuan)

年份 Year	总计 Total	#国有企业 State-owned	#集体企业 Collective owned	#轻工业 Light Industry	#重工业 Heavy Industry
1952	4.20	0.51	0.02	3.74	0.46
1957	8.57	5.93	1.64	7.11	1.46
1962	11.23	8.72	2.44	8.17	3.06
1965	17.24	14.27	2.97	11.89	5.35
1970	24.41	20.78	3.63	15.72	8.69
1975	43.37	33.08	10.29	25.17	18.20
1978	63.14	46.85	16.29	36.91	26.23
1979	72.01	52.53	19.30	42.48	29.53
1980	81.45	57.65	23.77	49.48	31.97
1981	87.76	60.50	26.11	55.52	32.24
1982	95.77	65.97	28.29	60.04	35.73
1983	103.97	70.66	30.85	65.50	38.47
1984	131.11	82.74	40.53	82.60	48.51
1985	173.13	101.71	57.84	103.68	69.45
1986	205.10	114.28	72.75	122.61	82.49
1987	265.87	139.55	92.48	157.85	108.02
1988	388.85	192.69	132.41	237.87	150.98
1989	488.96	242.17	156.98	296.52	192.44
1990	531.49	239.82	166.91	329.72	201.77
1991	658.86	268.28	209.81	413.28	245.58
1992	915.51	314.17	323.69	587.20	328.31
1993	1522.37	391.55	566.47	908.20	614.17
1994	2128.61	422.58	785.29	1281.72	846.89
1995	2638.52	448.93	940.41	1600.51	1038.01
1996	2840.51	450.37	1060.49	1789.69	1050.82
1997	3066.76	433.55	946.14	1910.15	1156.61
1998	3218.51	368.30	219.60	1993.88	1224.63
1999	3479.84	376.66	202.71	2161.94	1317.90
2000	3994.86	395.67	211.49	2317.02	1677.84
2001	4398.08	360.54	192.92	2374.96	2023.12
2002	5260.20	329.12	216.11	2690.10	2570.10
2003	6616.61	358.20	236.63	3109.81	3506.80
2004	8544.50	598.92	171.41	3809.41	4735.09
2005	9995.89	403.26	185.99	4484.89	5511.00
2006	11855.68	753.56	228.55	5363.49	6492.19
2007	14425.06	720.16	271.92	6515.95	7909.11
2008	17141.44	750.36	221.12	7931.00	9210.44
2009	18681.48	917.66	228.10	8800.55	9880.93
2010	23805.32	1102.75	262.58	10935.92	12869.40
2011	30330.59	1410.10	310.90	13860.64	16469.95
2012	32379.94	1541.29	217.10	15267.35	17112.59
2013	36724.66	404.01	176.56	17611.81	19112.55
2014	41579.84	276.82	180.19	19914.45	21665.39
2015	43888.84	312.77	173.55	21682.76	22206.08
2016	47275.84	121.90	130.19	23713.86	23561.88
2017	50061.66	135.58	128.00	25111.30	24950.36
2018	57732.35	142.54	132.81	29502.35	28230.01

注：1.国有企业、集体企业1997年及以前年份的是按经济类型划分，1998年及以后年份是按登记注册类型划分。2.2013年，按登记注册分国有企业类型有调整。

Note:1.The Stated-owned Enterprises and Collective-owned Enterprises were grouped by ownership before 1997,grouped by status of registration after 1998. 2.In 2013, The Division of the Stated-owned Enterprises grouped by status of Registration has been adjusted.

11-2 主要年份工业总产值指数

Realated Indices of Industrial Enterprises in Selected Years

年份	工业总产值指数（1952=100） Indices of Gross Industrial Output Value(1952=100)					工业总产值本年比上年增长(%) Growth Rates(%)				
Year	总计 Total	#国有企业 State-owned	#集体企业 Collective owned	#轻工业 Light Industry	#重工业 Heavy Industry	总计 Total	#国有企业 State-owned	#集体企业 Collective owned	#轻工业 Light Industry	#重工业 Heavy Industry
1952	100.0	100.0	100.0	100.0	100.0	31.3	121.7		25.5	109.1
1957	209.8	1190.2	8550.0	195.5	326.1	17.2	25.2	14.0	13.5	38.9
1962	279.5	1780.3	12929.3	228.4	694.6	-18.2	-22.9	2.1	-10.5	-33.5
1965	434.2	2946.4	15953.0	336.2	1230.6	24.2	28.0	11.3	22.7	27.8
1970	626.1	4371.4	19811.0	452.8	2034.7	16.9	21.4	-3.6	10.3	31.1
1975	1132.5	7182.3	53688.6	750.4	4219.4	9.4	8.9	11.2	5.2	15.9
1978	1635.5	10089.1	84353.2	1091.7	6031.6	19.7	19.9	19.2	17.1	23.6
1979	1830.5	11129.4	98310.2	1233.6	6664.9	11.9	10.3	16.5	13.0	10.5
1980	2068.8	12173.9	120672.0	1435.1	7208.0	13.0	9.4	22.7	16.4	8.2
1981	2260.4	12955.7	134425.3	1632.9	7370.9	9.3	6.4	11.4	13.8	2.3
1982	2425.8	13814.7	142670.7	1739.7	8008.3	7.3	6.6	6.1	6.5	8.6
1983	2640.1	14657.1	155963.3	1851.7	9038.7	8.8	6.1	9.3	6.4	12.9
1984	3308.2	16952.0	203636.8	2311.0	11397.2	25.3	15.7	30.6	24.8	26.1
1985	4149.1	19473.0	289888.8	2944.3	13940.1	25.4	44.9	42.4	27.4	22.3
1986	4786.3	21157.8	350355.2	3404.5	16018.8	15.4	8.7	20.9	15.6	14.9
1987	5894.3	23774.3	430360.7	4213.8	19563.2	23.1	12.4	22.8	23.8	22.1
1988	7854.0	27911.6	580627.2	5825.5	24437.9	33.2	17.4	34.9	38.2	24.9
1989	9044.6	29955.4	662981.4	6661.8	28504.2	15.2	7.3	14.2	12.0	15.2
1990	10205.0	30086.1	719949.7	7689.2	30824.9	12.8	0.4	8.6	15.4	8.1
1991	12489.5	32848.3	897745.8	9498.9	37105.3	22.4	9.2	24.7	23.5	20.4
1992	17149.9	37953.2	1360582.9	13312.9	49059.4	37.3	15.5	51.6	40.2	32.2
1993	25624.1	38810.8	2193320.1	19145.7	78531.6	49.4	2.3	61.2	43.8	60.1
1994	34914.6	39505.1	3062020.4	25873.0	108508.9	36.3	1.8	39.6	35.1	38.2
1995	41709.8	38550.9	3254811.9	30200.8	134592.3	23.3	0.9	10.2	20.8	27.4
1996	50427.1	39444.8	4293096.9	38385.2	149397.5	20.9	2.3	31.9	27.1	11.0
1997	60916.0	36994.0	4288803.8	45678.4	185252.9	20.8	-6.2	-0.1	19.0	24.0
1998	70175.2	33664.5	3628328.0	53854.8	204519.2	15.2	-9.0	-15.4	17.9	10.4
1999	80210.3	34708.1	3726292.9	59725.0	246650.2	14.3	3.1	2.7	10.9	20.6
2000	91519.9	35228.7	3934965.3	66653.1	290553.9	14.1	1.5	5.6	11.6	17.8
2001	103234.5	31987.7	3635907.9	71918.7	347212.0	12.8	-9.2	-7.6	7.9	19.5
2002	121403.8	25750.1	3857698.3	82994.2	419432.0	17.6	-19.5	6.1	15.4	20.8
2003	143256.5	29303.6	4328337.5	95443.3	507512.8	18.0	13.8	12.2	15.0	21.0
2004	168183.1	32849.3	4233114.1	112432.2	593789.9	17.4	12.1	-2.2	17.8	17.0
2005	196269.7	35280.2	4643726.2	135480.8	673951.6	16.7	7.4	9.7	20.5	13.5
2006	234738.6	40783.9	5307779.0	160680.2	810089.8	19.6	15.6	14.3	18.6	20.2
2007	287789.5	45351.7	6167639.2	193780.4	997220.5	22.6	11.2	16.2	20.6	23.1
2008	337000.9	45623.8	6846079.5	226529.3	1168742.5	17.1	0.6	11.0	16.9	17.2
2009	386877.0	50003.7	8105758.1	266851.5	1311329.1	14.8	9.6	18.4	17.8	12.2
2010	483983.1	59654.4	9272987.3	327960.5	1665388.0	25.1	19.3	14.4	22.9	27.0
2011	563840.3	67827.1	10775211.2	380434.2	1948504.0	16.5	13.7	16.2	16.0	17.0
2012	650107.9	70947.1	11906608.4	441303.7	2232985.6	15.3	4.6	10.5	16.0	14.6
2013	742423.2	79602.6	11763729.1	503968.7	2550069.4	14.2	12.2	-1.2	14.2	14.2
2014	832998.8	88040.5	12610717.6	559405.3	2886678.6	12.2	10.6	7.2	11.0	13.2
2015	912966.7	89889.4	13581742.9	615905.2	3158026.4	9.6	2.1	7.7	10.1	9.4
2016	991075.9	94811.7	13348615.9	668016.4	3434720.2	8.6	5.5	-1.7	8.5	8.8
2017	1068291.8	136333.2	13792967.3	728773.7	3589425.1	7.8	43.8	3.3	9.1	4.5
2018	1168711.2	145331.2	14289514.1	795820.9	3937599.3	9.4	6.6	3.6	9.2	9.7

注：1.国有企业、集体企业1997年及以前年份的是按经济类型划分，1998年及以后年份是按登记注册类型划分。2.2013年度数据是根据企业上报的当年数和上年数计算的。

Note:1.The Stated-owned Enterprises and Collective-owned Enterprises were grouped by ownership before 1997,grouped by status of registration after 1998. 2.The data of 2013 is calculated according to the data reported by Enterprises in this year and previous year.

11-3 规模以上工业企业主要指标(1998-2018年)

Main Indicators of Industrial Enterprises above Designated Size(1998-2018)

单位：亿元 (100 million yuan)

年份 Year	企业单位数（个） Number of Enterprises (unit)	资产总计 Total Assets	流动资产合计 Circulating Funds	主营业务收入 Revenue from Principal Business	利润总额 Total Profits	税金总额 Total Tax
1998	6106	2626.33	1101.12	1860.76	55.76	103.85
1999	5549	2890.62	1209.61	2060.31	87.38	113.67
2000	6011	3368.64	1401.27	2468.69	110.80	135.80
2001	6583	3632.22	1514.43	2789.09	118.22	146.16
2002	7462	4059.60	1781.70	3522.47	204.30	164.91
2003	9208	4902.48	2306.49	4822.24	314.40	204.22
2004	11918	6034.04	2994.25	6581.07	382.00	253.11
2005	12396	6841.37	3393.30	7848.24	407.55	285.73
2006	13755	8168.75	4111.21	9661.48	586.52	377.21
2007	15178	10157.20	5056.06	12227.31	894.51	481.21
2008	17212	11694.91	5700.78	14816.17	896.11	560.87
2009	18154	13344.47	6564.47	16338.61	1104.05	649.12
2010	19227	16058.70	8420.83	21479.37	1754.18	824.27
2011	14116	18582.15	9797.20	26850.95	2114.54	992.88
2012	15333	21385.98	11419.24	29206.84	2023.27	1253.05
2013	16115	24959.37	12904.53	33111.10	2225.00	1396.21
2014	16744	27978.35	14189.64	37097.44	2344.27	1516.42
2015	17240	29647.54	14767.63	39591.28	2359.82	1614.97
2016	17262	32081.30	16286.10	42537.24	2889.26	1453.86
2017	17348	34591.63	17494.17	45658.46	3221.82	1493.86
2018	17347	36858.81	18968.09	50640.07	4180.27	1613.05

注：从2011年起，规模以上工业划分标准由年主营业务收入（销售收入）500万元及以上调整为2000万元及以上。（下同）

Note:Since 2011,Revenue from Principal Business of Industrial Enterprises above Designated Size become 20 million yuan frome 5 million yuan. The same applies to the tables following.

11-4 规模以上工业企业主要经济效益指标(1998-2018年)

Main Indicators on Economic Benefit of Industrial Enterprises above Designated Size(1998-2018)

单位：% (%)

年份 Year	总资产贡献率 Ratio of Assets to Industrial Output Value	资产负债率 Assets- Liability Ratio	流动资产周转次数（次/年） Number of Times of Turnover of Circulating Funds(times/year)	工业成本费用利润率 Ratio of Profits to Industrial Cost	全员劳动生产率(元/人) Overall Labor Productivity(yuan/person)	产品销售率 Proportion of Products Sold
1998	7.95	56.10	1.76	3.13	38250	95.52
1999	8.95	57.35	1.78	4.50	44967	96.39
2000	9.26	57.52	1.89	4.76	51244	96.95
2001	8.84	56.76	1.91	4.47	53016	96.99
2002	10.91	55.82	2.10	6.22	65802	97.50
2003	12.74	54.34	2.30	7.07	65168	97.59
2004	12.74	52.96	2.39	6.21	70420	97.13
2005	11.89	52.71	2.41	5.52	78898	97.33
2006	14.08	53.81	2.51	6.58	87655	96.96
2007	16.27	55.53	2.58	8.05	100197	97.71
2008	14.86	53.72	2.67	6.44	116619	97.54
2009	15.27	53.44	2.66	7.28	123205	97.34
2010	18.80	52.74	2.87	8.83	148426	97.76
2011	18.04	52.20	2.77	8.42	182719	97.50
2012	16.70	53.39	2.58	7.40	188811	97.83
2013	15.79	54.43	2.59	7.16	210899	97.45
2014	15.02	54.37	2.64	6.74	239802	97.31
2015	14.65	53.56	2.71	6.38	244913	96.71
2016	14.63	52.30	2.64	7.29	261519	96.36
2017	14.61	51.95	2.64	7.55	273389	97.13
2018	16.68	51.58	2.70	8.93	288928	97.27

11-5 主要年份规模以上工业企业主要经济指标

单位：亿元

年份 Year	固定资产原价 Original Value of Fixed Assets				固定资产合计 Total Value of Fixed Assets			
	合计 Total	国有 State-owned	集体 Collective-owned	其他 Others	合计 Total	国有 State-owned	集体 Collective-owned	其他 Others
1978	44.84	40.62	4.22			29.52		
1980	56.78	49.65	7.13		41.11	35.83	5.28	
1985	103.41	83.83	17.26	2.32	74.01	59.40	12.57	2.04
1990	244.56	173.52	38.76	32.28	180.75	127.49	26.37	26.89
1995	991.98	482.24	93.97	415.77	783.88	368.76	69.46	345.66
1996	1197.03	551.93	107.01	538.09	923.98	411.57	77.81	434.60
1997	1444.47	585.53	128.06	730.88	1106.79	434.63	95.68	576.48
1998	1539.99	613.18	84.78	842.03	1150.38	450.25	62.28	637.85
1999	1768.61	681.74	82.28	1004.59	1307.18	493.17	59.01	755.00
2000	2032.18	679.99	85.13	1267.06	1479.53	477.71	60.21	941.61
2001	2351.09	711.63	76.29	1563.17	1690.78	492.17	53.55	1145.06
2002	2596.43	591.72	59.92	1944.79	1812.38	410.75	41.84	1359.79
2003	2979.24	624.78	58.20	2296.26	2020.47	416.94	40.99	1562.54
2004	3435.92	640.44	35.79	2759.69	2343.14	427.74	22.86	1892.53
2005	3838.40	330.01	36.72	3471.67	2565.23	204.17	24.82	2336.23
2006	4499.35	710.81	40.54	3747.99	2970.84	450.69	25.57	2494.57
2007	5227.60	712.79	45.22	4469.59	3504.89	472.30	28.72	3003.87
2008	5994.98	785.89	45.36	5163.73	4043.82	507.56	28.52	3507.74
2009	7039.82	1110.16	44.94	5884.71	4740.79	741.70	28.74	3970.35
2010	7967.50	1146.31	54.30	6766.88	5324.49	742.54	33.50	4548.45
2011	8855.37	1383.56	44.60	7427.21	5826.21	890.04	27.30	4908.86
2012	10220.10	1598.14	33.20	8588.76	6502.59	1011.83	19.47	5471.30
2013	11806.75	240.16	26.32	11540.27	7325.46	141.44	13.77	7170.25
2014	13572.81	128.40	22.56	13421.85	9246.62	79.22	13.04	9154.36
2015	14677.62	386.54	23.88	14267.20	9657.01	253.93	12.91	9390.17
2016	16342.12	129.55	15.17	16197.40	9931.69	87.03	9.86	9834.80
2017	17685.00	234.81	14.25	17435.94	10530.68	123.90	6.93	10399.85
2018	20143.13	191.81	42.22	19909.10	10902.29	99.13	24.97	10778.19

注：1.表内1998年起统计口径为规模以上工业企业,以前为乡及乡以上独立核算工业企业；2.2013年，按登记注册类型分国有企业类型有调整。

Note:a)Statistics scope from 1998 covers industrial enterprises above designated size. b)In 2013, The Division of the Stated-owned Enterprises grouped by status of Registration has been adjusted.

Main Financial Indicators of Industrial Enterprises above Designated Size in Selected Years

(100 million yuan)

主营业务收入 Sale Revenue				利税总额 Total Profit and Tax				利润总额 Total Profit			
合计 Total	国有 State-owned	集体 Collective-owned	其他 Others	合计 Total	国有 State-owned	集体 Collective-owned	其他 Others	合计 Total	国有 State-owned	集体 Collective-owned	其他 Others
				12.21	10.25	1.96		6.75	5.53	1.22	
67.25	52.86	14.38	0.01	14.44	12.13	2.31		8.26	6.82	1.44	
136.58	99.06	30.79	6.73	25.74	21.10	3.98	0.66	13.55	11.07	2.15	0.33
352.56	213.01	68.65	70.90	44.97	33.14	5.98	5.85	16.09	11.91	1.79	2.39
1469.28	442.04	225.29	801.95	130.54	58.91	18.30	53.33	48.16	15.17	5.35	27.64
1617.13	438.70	242.70	935.73	145.20	72.80	18.73	53.67	55.12	25.28	5.31	24.53
1858.56	417.02	269.98	1171.56	170.38	75.02	21.96	73.40	68.62	30.24	6.40	31.98
1860.76	387.59	183.71	1289.46	159.61	69.24	12.57	77.80	55.76	18.47	3.40	33.89
2060.31	424.73	170.05	1465.53	201.05	74.54	12.80	113.71	87.38	22.22	4.38	60.78
2468.69	445.30	176.52	1846.87	246.60	81.60	14.16	150.84	110.80	24.21	5.29	81.30
2789.09	431.74	169.13	2188.22	264.38	86.09	14.98	163.31	118.22	26.37	6.21	85.64
3522.47	344.91	146.80	3030.76	369.21	73.79	12.49	282.93	204.30	20.11	5.73	178.46
4822.24	390.11	163.67	4268.46	518.62	85.46	16.65	416.51	314.40	24.82	7.97	281.60
6581.07	590.08	101.07	5889.92	635.11	91.22	8.95	534.94	382.00	21.92	3.73	356.35
7848.24	398.85	106.91	7342.48	693.28	85.47	9.41	598.40	407.55	19.84	3.47	384.25
9661.48	738.51	137.89	8785.08	963.72	113.02	16.01	834.69	586.52	26.61	8.04	551.87
12227.31	709.38	168.53	11349.40	1375.71	122.57	22.34	1230.81	894.51	44.99	12.39	837.13
14816.17	727.08	176.15	13912.93	1456.97	101.75	20.00	1335.22	896.11	25.45	9.68	860.98
16338.61	898.97	192.06	15247.58	1753.17	97.57	22.26	1633.34	1104.05	18.37	10.18	1075.50
21479.37	1080.59	222.89	20175.89	2578.45	157.13	27.55	2393.77	1754.18	53.91	15.54	1684.73
26850.95	1373.72	249.65	25227.58	3107.42	240.36	31.85	2835.21	2114.54	61.54	18.12	2034.88
29206.84	1508.80	171.44	27526.60	3276.32	299.84	19.86	2956.62	2023.27	74.82	9.57	1938.88
33111.10	377.08	129.97	32604.05	3621.20	129.88	15.21	3476.11	2225.00	28.90	7.25	2188.84
37097.44	239.58	129.37	36728.49	3860.69	117.12	12.78	3730.79	2344.27	17.10	5.44	2321.73
39591.28	302.30	128.98	39160.00	3974.80	28.22	12.45	3934.12	2359.82	7.61	5.81	2346.41
42537.24	102.16	114.65	42320.42	4343.12	6.26	8.50	4328.36	2889.26	1.55	4.48	2883.23
45658.46	117.19	105.07	45436.20	4715.68	4.38	7.16	4704.14	3221.82	0.18	3.82	3217.82
50640.07	73.65	162.73	50403.69	5793.33	8.31	11.57	5773.45	4180.27	5.34	7.29	4167.64

11-6 规模以上工业企业单位数

Number of Industrial Enterprises above Designated Size

单位：个 (unit)

项目 Item	2000	2005	2010	2017	2018
合 计 Total	**6011**	**12396**	**19227**	**17348**	**17347**
按轻重分 Grouped by Light &Heavy Industry					
轻工业 Light Industry	3656	7131	10654	10137	10171
重工业 Heavy Industry	2355	5265	8573	7211	7176
按注册类型分 Grouped by Status of Registration					
内资企业 Pomestic Funded Enterprises	3320	7453	13524	13807	14020
港澳台商投资企业 Enterprises With Funds from HongKong,Macao and TaiWan	2076	3165	3705	2377	2181
外商投资企业 Foreign Funded Enterprises	615	1778	1998	1164	1146
按经济类型分 Grouped by Ownership					
国有 Stated-owned	1046	481	273	183	127
集体 Collective-owned	1077	800	584	113	95
其他 Others	3888	11115	18370	17052	17125
#外商及港澳台商投资 Funds from HongKong,Macao,Taiwan and Foreign Area	2691	4943	5703	3541	3327
按经济组织分 Grouped by Organization					
独资 Sole Funded	3572	4871	5631	2890	2772
合作、合伙 Cooperated and Partnership	494	715	681	236	168
股份有限公司 Share Holding Enterprises	189	381	444	722	708
有限责任公司 Limited Liability Corporations	1756	6429	12471	13500	13699
按规模分 Grouped by Size					
大型 Large Scale	92	60	124	437	451
中型 Medium Scale	209	1142	2116	2810	2699
小型 Small Scale	5710	11194	16987	13316	13144
微型 Micro-Scale				785	1053

11-7 主要年份规模以上工业企业主要工业产品产量

Industry Enterprises above Designated Size Output of Major Industrial Products in Selected Years

年份 Year	化学纤维(万吨) Chemical Fiber (10000 tons)	原煤(万吨) Coal (10000 tons)	发电量(亿千瓦小时) Electricity (100 million kwh)	粗钢(万吨) Crude Steel (10000 tons)	水泥(万吨) Cement (10000 tons)	化学肥料(万吨) Chemical Fertilizer (10000 tons)	汽车(辆) Motor Vehicles (unit)	移动通信手持机(万部) Mobile Telephone (10000 unit)	微型计算机设备(万部) Micro-computer (10000 sets)
1952		0.30	0.12						
1957		8.25	0.57		5.26				
1962		55.77	4.99	0.12	6.05	0.31			
1965	0.03	60.19	7.41	0.66	20.37	4.46			
1970	0.10	110.03	13.12	3.62	32.85	5.22	317		
1975	0.28	280.67	26.83	9.84	89.13	9.54	765		
1978	1.19	423.05	40.69	16.16	120.45	16.40	907		
1979	1.13	479.04	44.40	20.93	139.84	19.51	1110		
1980	1.35	462.99	49.47	24.16	155.30	24.32	1029		
1981	1.50	416.55	52.46	21.90	161.62	24.88	60		
1982	1.35	440.23	57.18	24.90	163.71	27.21	40		
1983	1.04	524.26	61.55	23.79	206.66	28.14	257		
1984	1.03	575.94	67.53	28.71	234.03	32.37	641		
1985	1.65	606.53	77.20	31.75	290.69	32.88	652		
1986	2.06	678.52	86.21	34.42	321.76	32.89	870		
1987	2.50	787.19	98.54	39.23	379.50	39.93	1201		
1988	2.62	864.36	114.14	40.39	452.97	40.62	3225		
1989	2.55	944.83	129.56	43.23	499.63	42.28	1607		
1990	3.13	925.37	136.65	51.66	540.04	43.64	676		
1991	3.40	857.19	151.76	56.47	646.87	44.09	1796		
1992	3.56	909.68	176.55	61.87	747.62	47.31	3407		
1993	3.60	982.52	195.27	61.72	902.39	44.39	3949		
1994	4.95	977.38	228.93	56.24	1104.20	47.34	3299		
1995	12.96	1134.18	261.55	55.49	1511.17	51.04	3636		
1996	24.12	1167.97	284.10	80.49	1504.52	56.66	3223		
1997	26.91	776.04	310.18	89.34	1522.42	54.74	6083		
1998	31.59	727.18	322.70	113.32	1594.46	63.51	6276		
1999	37.17	577.14	356.00	128.98	1825.81	61.15	9279		
2000	41.22	375.03	403.73	124.94	1513.64	61.38	29606		88.77
2001	47.95	512.33	446.32	155.27	1525.53	55.84	32498		88.79
2002	65.97	644.51	533.08	211.98	1698.69	60.69	48356		174.25
2003	59.39	778.22	610.70	256.04	2116.27	56.69	86679		241.74
2004	71.47	1076.05	659.64	319.20	2245.34	60.27	65811		295.02
2005	79.12	1331.74	778.25	382.33	2713.62	60.27	70260	1165.96	371.44
2006	106.32	1759.18	904.25	465.48	3343.93	64.76	73215	1358.78	445.73
2007	137.69	1991.74	1038.28	588.43	4449.69	62.95	86514	1097.48	513.23
2008	169.78	2306.07	1085.38	727.28	4593.36	69.60	95098	716.56	647.32
2009	183.66	2466.13	1170.71	765.04	5446.50	59.67	135044	671.50	607.20
2010	206.15	2442.73	1356.32	1086.88	5921.20	57.87	194963	1064.25	738.27
2011	223.98	2480.86	1578.90	1166.89	6570.86	52.14	190835	1658.82	898.56
2012	272.09	1947.55	1622.62	1318.55	7197.60	48.15	186465	2968.01	929.04
2013	376.65	1614.81	1643.16	1997.16	7890.37	46.69	205764	3841.85	1284.76
2014	454.94	1504.45	1746.15	1820.79	7732.33	48.71	180947	1277.99	985.40
2015	576.20	1531.77	1764.90	1586.48	7746.18	52.06	193875	2133.56	818.78
2016	685.21	1346.68	1812.95	1516.80	8091.20	51.83	220171	2568.63	847.36
2017	674.38	1107.00	2062.63	1882.85	8444.19	24.01	281198	578.25	998.42
2018	694.88	918.87	2342.54	2100.70	8783.18	68.16	239457	1362.14	1183.63

11-8 规模以上工业企业主要工业产品产量

Output of Major Industrial Products of Industrial Enterprise above Designated size

项目　Item	2000	2005	2010	2017	2018
原煤(吨) Coal(ton)	3750300	13317400	24427250	11070044	9188727
铁矿石原矿量(吨) Primary Iron ore(ton)	1690400	4838600	23272585	19898351	20678899
硫铁矿(折硫35%)(吨) Sulphur Iron(ton)	35000	16600	99177	396791	418365
原盐(吨) Salt(ton)	283700	344900	333929	226053	229984
配混合饲料(吨) Mixed Feed(ton)	974900	2185200	4830171	10959282	9008548
食用植物油(吨) Eatened Vegetable(ton)	62400	434800	1684343	2297033	2112446
罐头(吨) Tin(ton)	267800	785700	2032091	3289296	3161780
啤酒(千升) Beer(1000 L)	1104000	1573300	1887767	1624186	1502750
软饮料(吨) Soft Drink(ton)	398200	1112800	3869623	5931404	6558563
精制茶(吨) Highly Finished Tea(ton)	17000	39500	103310	264711	290807
卷烟(万箱) Cigarette(10000 cases)	98.62	121.00	168.75	166.40	171.03
纱(吨) Yarn(ton)	143641	680042	1847365	5226354	5692147
布(万米) Cloth(10000 m)	55867	201266	312003	908827	1079394
棉布(万米) Cottoned Cloth(10000 m)	2938	13020	39708	87089	79511
棉混纺交织布(米) Blending Cloth(m)	11022	35790	110002	444522	581000
纯化纤布(米) Pure Chemical Fibre Cloth(m)	41907	152456	162292	377216	418883
印染布(万米) Printing and Dyeing Cloth(10000 m)	38744	162653	391229	493620	562377
毛线(吨) Kitting Wool(ton)	7523	9997	5020	1903	1653
服装(万件) Clothes(10000 piece)	39877	81539	292273	434515	472008
轻革(平方米) Light Leather(10000 sq.m)	3591200	33335800	43511617	29349253	27293033
皮革鞋靴(万双) Leather Shoes(10000 pairs)	20931	50426	114358	189157	189601
人造板(立方米) Man-made Wood(cu.m)	677000	2664900	9979320	14516439	15463601
胶合板 Plywood	224800	1082700	4248677	8866656	9479959
纤维板 Fiberboond	294900	1145500	1936396	2260214	2258064

11-8 续表1

Continued

项目 Item	2000	2005	2010	2017	2018
刨花板 Honghed Wood	145000	193600	2075427	1002000	1145679
机制纸及纸板(吨) Machine-made Paper and Paperboard(ton)	850700	1871100	4320636	7799045	7714140
焦炭(吨) Coke(ton)	448900	909400	1430462	1576820	1741830
硫酸(折100%)(吨) Sulfuric Acid(ton)	338700	410600	597822	1878257	2266877
盐酸(含量31%以上)(吨) Hydrochloric(ton)	124500	140200	70749	181815	199891
烧碱(折100%)(吨) Caustic Soda(ton)	156400	255100	201120	379476	370605
纯碱(吨) Soda Ash(ton)	94500	192300	177867	255686	249400
合成氨(吨) Synthetic Ammonia(ton)	800900	941500	1021305	852316	630538
农用化肥(吨) Chemical Fertilizer(ton)	613800	602700	578746	240096	681608
#氮肥(吨) Nitrogerous Fertilizer(ton)	509600	557000	553717	126681	512260
#尿素(吨) Carbamine(ton)	278600	313400	329370	31732	352
磷肥(吨) Phosphate Fertilizer(ton)	79600	45600	25028	113415	169348
油漆(吨) Paint(ton)	19096	44851	319064	889749	990527
塑料(吨) Plastics(ton)	143470	337876	1524961	2356009	3249061
合成洗涤剂(吨) Synthetic Detergents(ton)	68	7004	39705	173108	220789
化学原料药(吨) Chemical Medicine(ton)	1205	2779	7266	20974	20714
中成药(吨) Mid-product chineses Medicine(ton)	3781	3904	6534	20339	21861
化学纤维(吨) Chemical Fiber(ton)	412198	791167	2061509	6743826	6948837
轮胎外胎(条) Tires(pcs)	9839600	17809700	27876136	40513456	42066676
塑料制品(吨) Plastics(ton)	557000	863000	1663088	4307298	4495432
水泥(吨) Cement(ton)	15136400	27136200	59212000	84441930	87831847
砖(万块) Bricks(10000 pcs)	23400	20700	303443	2085761	2158018
花岗石板材(平方米) Granite board(sq.m)	11266800	68322600	145464187	102460366	88479131
平板玻璃(重量箱) Plate glass(case)	4798700	6415100	27653500	47392680	49494791
生铁(吨) Pig Iron(ton)	1493700	3939600	5588053	9379205	9823080

11-8 续表2

Continued

项目 Item	2000	2005	2010	2017	2018
粗钢(吨) Crude Steel(ton)	1249400	3823300	10868830	18828508	21006964
钢材(吨) Steel Products(ton)	2837900	7359000	13405616	27257399	29159450
铁合金(吨) Iron Alloy(ton)	39700	59000	240768	207905	203702
十种有色金属(吨) Ten Nonferrous Metals Total(ton)	34474	60362	138774	462125	477617
金属切削机床(台) Metal-cutting Machine Tools(set)	584	1815	3146	7961	8989
起重机械(吨) Crane Machine(ton)	1988	4105	4655	10610	13186
叉车(台) Fork Truck(set)	3301	6720	11081	20832	20970
泵(台) Pump(set)	1676900	4907200	8358576	4444911	3968621
气体压缩机(台) Gas Compressor(set)	28506	42836	50472	65965	71048
轴承(万套) Bearing(10000 units)	1767	4690	11108	14317	14346
汽车(辆) Vehicles(unit)	29606	70260	194963	281198	239457
#载货汽车 Cargo Vehicles	10244	4158	8005	29526	33001
改装汽车(辆) Refitted Vehicles(unit)	7107	26555	16222	11361	9368
民用钢质船舶(载重吨) Civil Steelen Boats(tons)	44457	146816	727031	1029943	948388
交流电动机(千瓦) Alternating Current Electromotor(kw)	1799600	2484300	5827571	5750733	4145500
变压器(千伏安) Power Transformer(kva)	2549000	3489300	5728012	6400144	8249785
电力电缆(千米) Electric Cable(km)	14629	18381	105487	265592	152464
电话单机(台) Telephone Set(set)	6646300	9728900	8452845	1981941	2147385
微型电子计算机(台) Personal Computers(set)	887678	3714387	7382707	9984245	11836288
集成电路(万块) Semiconductor Integrated Circuit(10000 units)	6888.00	13996.22	1158.40	22441.00	20283.20
彩色电视机(台) Color TV Sets(set)	2041900	3739000	9031009	9532977	9794931
照相机(台) Cameras(set)	3221684	1101899	4510909	1535793	1276639
钟(台) Clocks(set)	27474800	92983300	85595769	100913900	112079904
发电量(万千瓦小时) Electricity(10000 kwh)	4037300	7782500	13563200	20626329	23425429
#水电 Hydropower	1952200	2910000	4536900	3246676	2314724

11-9 规模以上工业企业主要指标（2018年）

单位：万元

项目 Item	企业单位数(个) Number of Enterprises (unit)	资产总计 Total Assets	负债合计 Liabilities	固定资产原价 Original Value of Fixed Assets
合　计 **Total**	**17347**	**368588084**	**190116057**	**201431303**
#**国有控股企业** State-holding Enterprises	485	93771030	57172409	70510774
#**亏损企业** Deficitted Enterprises	877	26825645	17758525	16137463
按轻重分 **Group by Light & Heary Industry**				
轻工业 Light Industry	10171	147902474	68502930	65033198
重工业 Heavy Industry	7176	220685610	121613127	136398105
按经济类型分 **Grouped by Ownership**				
国有 Stated-owned	127	22717826	13240999	26413924
集体 Collective-owned	95	674014	340402	518884
股份 Share Holding	2720	121497807	66474713	63576900
私营 Private	11067	107150172	50142421	51786239
外商及港澳台商投资 Funds from HongKong,Macao,TaiWan and Foreign Area	3327	116496894	59906306	59126653
其他 Others	10	17281	6115	7791
按登记注册分 **Grouped by Status of Registration**				
内资企业 Sole Funded	14020	252091189	130209751	142304650
港、澳、台商投资 Enterprises with Funds from HongKong, Macao and TaiWan	2181	66655553	32194411	31893512
外商投资企业 Foreign Funded Enterprises	1146	49841341	27711895	27233141
按经济组织分 **Grouped by Organization**				
独资企业 Sole Funded	2772	72399446	34400009	36948703
合作、合伙 Cooperated and Partnership	168	2522065	908850	1046467
股份有限公司 Share Holding Enterprises	708	59407962	28647440	17897527
有限责任公司 Limited Liability Corporations	13699	234258611	126159758	145538607

Main Indicators of Industrial Enterprises above Designated Size(2018)

(10000 yuan)

固定资产净值 Net Value of Fixed Assets	所有者权益合计 Owner's equity	营业收入 Revenue	主营业务收入 Sale Revenue	利润总额 Total Profit	利税总额 Total Profits and Tax	所得税费用 Income Tax	应交增值税 Value Added Tax Payable
109022904	**178485541**	**512643652**	**506400714**	**41802747**	**57933281**	**3840955**	**10852596**
42505964	36598619	59222730	58150752	3844327	8329318	792076	2519541
9004481	9067115	16696394	16207932	-1313356	-1019166	36275	205034
33265528	79399283	257726275	254767625	21279085	29116653	1508239	4993378
75757376	99086258	254917377	251633089	20523663	28816628	2332716	5859217
13340036	9476828	15976403	15681744	427219	2633644	65765	679161
293300	333612	2238045	2130872	102592	162967	5662	42686
40235516	55023089	114978537	112946478	10569123	14488746	1246181	3181675
26481482	57007485	219411447	217844144	17714166	22894416	1170258	3975221
28666856	56604373	159898886	157657142	12974920	17737807	1352590	2973050
5446	11165	50901	50901	5971	6399	353	309
80356048	121881168	352744766	348743572	28827828	40195474	2488365	7879546
15025979	34461133	94887221	93652604	8181784	10491199	785323	1770112
13640877	22143240	65011665	64004538	4793136	7246608	567266	1202937
17418508	37999427	110172360	109062719	8766236	11163154	811000	1837790
485992	1613215	3983727	3953898	647894	778878	66032	106561
10268580	30774316	38423196	36919730	4207719	5357876	430019	907499
80849824	108098583	360064369	356464368	28180897	40633374	2533904	8000746

11-9 续表1

单位：万元

项目 Item	企业单位数(个) Number of Enterprises (unit)	资产总计 Total Assets	负债合计 Liabilities	固定资产原价 Original Value of Fixed Assets
按规模分 **Grouped by Size of Enterprises**				
大型企业 Large Scale	451	147645156	80852752	85256327
中型企业 Medium Scale	2699	104107695	51007349	55247458
小型企业 Small Scale	13144	107445023	52338640	58338344
微型企业 Micro-Scale	1053	9390209	5917316	2589174
按行业分 Grouped by Sector				
煤炭开采和洗选业 Coal Mining and Dressing	66	1204605	447019	597416
石油和天然气开采业 Petroleum and Natural Gas Mining				
黑色金属矿采选业 Ferrous Metals Mining and Dressing	76	1112116	561916	897484
有色金属矿采选业 Nonferrous Metals Mining and Dressing	43	470610	214843	496336
非金属矿采选业 Nonmetal Minerals Mining and Quarrying	159	1290582	398332	1080224
其他采矿业 Others Mining and Quarrying				
农副食品加工业 Agricultural and Sideline Products Processing	1135	15060537	7541141	6198442
食品制造业 Food Manufacturing	608	10133656	3832896	3245345
酒、饮料和精制茶制造业 Wine，Drink and Tea Manufacturing	577	6003611	2253694	3576921
烟草制品业 Tobacco Processing	7	2557706	790229	1503082
纺织业 Textile Industry	927	16810704	8197756	8955240
纺织服装、服饰业 Textile Garments Products	1300	12910363	4975433	4568867
皮革、毛皮、羽毛及其制品和制鞋业 Leather , Furs , Down and Relate Products	1293	16772229	7938031	5945986
木材加工和木、竹、藤、棕、草制品业 Timber Processing,Bamboo,Cane,Palm Fiber and Straw Products	789	3831721	1571606	3233577
家具制造业 Furniture Manufacturing	344	2726782	1300509	1045859
造纸和纸制品业 Papermaking and Paper Products	444	8905690	5132350	5274821
印刷和记录媒介复制业 Printing and Record Medium Reproduction	252	2093312	929651	952380
文教、工美、体育和娱乐用品制造业 Cultural , Educational and Sports Goods	1020	7979435	3346192	3399721

Continued

(10000 yuan)

固定资产净值 Net Value of Fixed Assets	所有者权益合计 Owner's equity	营业收入 Revenue	主营业务收入 Sale Revenue	利润总额 Total Profit	利税总额 Total Profits and Tax	所得税费用 Income Tax	应交增值税 Value Added Tax Payable
49295341	66806197	159327341	156818943	14619577	22207467	1692998	4296281
28710595	53100340	147256312	144938915	11900105	15570732	1053936	2834954
29535778	55106112	199056177	197726627	14895024	19630346	1072482	3623600
1481191	3472891	7003822	6916230	388041	524736	21539	97761
359488	757586	1020278	988439	152230	235983	12436	63568
551716	550200	1944565	1940779	81239	137907	6996	40340
257828	255767	649177	644634	80126	134737	10542	30571
495616	892251	2562795	2559101	206045	292001	20601	49458
3495667	7519391	30861813	30576663	2290537	2901090	94177	508187
1755027	6300759	16502048	16448003	1889105	2328086	126823	367899
1893935	3749917	10382384	10304977	1043744	1390169	56651	222660
534448	1767477	2722864	2547069	91603	1852320	28313	303661
4271278	8612945	31186422	30903299	1930971	2465271	100043	405630
2356746	7934927	23194949	23075694	1908826	2562970	157410	520632
3089417	8834198	38890056	38793964	3330596	4366450	215965	776919
1145479	2260113	12454765	12433514	654141	900227	39973	182832
584592	1426272	5704019	5687653	431140	574565	29930	112317
2560407	3773339	11789015	11635483	1049791	1351945	77693	236859
469281	1163660	4093250	4070365	294106	394200	24211	77902
1774415	4633243	19331662	19227988	1614808	2090341	109347	351867

11-9 续表2

单位：万元

项目 Item	企业单位数(个) Number of Enterprises (unit)	资产总计 Total Assets	负债合计 Liabilities	固定资产原价 Original Value of Fixed Assets
石油、煤炭及其他燃料加工业 Petroleum Processing , Coking and Nuclear Fuel Processing	43	9833507	5271763	8549509
化学原料和化学制品制造业 Raw Chemical Materials and Chemical Products	733	18569489	11119907	10209863
医药制造业 Medical and Pharmaceutical Products	150	3682849	1200582	1664989
化学纤维制造业 Chemical Fiber	104	8499478	5256849	6146546
橡胶和塑料制品业 Rubber and Plastic Products	780	10843114	5086866	6062720
非金属矿物制品业 Nonmetal Minerals Products	1730	25289151	11356144	11408628
黑色金属冶炼和压延加工业 Smelting and Pressing of Ferrous Metals	131	11170948	6172233	6548514
有色金属冶炼和压延加工业 Smelting and Pressing of Nonferrous Metals	139	18236058	11117303	5134876
金属制品业 Metal Products	811	9153287	4280001	4489076
通用设备制造业 General Equipment	592	9150012	3988219	3444826
专用设备制造业 Special Purpose Equipment	563	8807417	4728131	3159113
汽车制造业 Car Manufacturing	371	9521056	5330256	4282976
铁路、船舶、航空航天和其他运输设备制造业 Railway,Watercraft,Aviation and others transportation Manufacturing	166	3449775	2124207	1259991
电气机械和器材制造业 Electric Equipment and Machinery	668	22771433	11570058	6543137
计算机、通信和其他电子设备制造业 Computer,Communication and other Electronic Equipment	607	37310604	20407612	17527005
仪器仪表制造业 Instruments and Meters Machinery	158	1743056	609738	456425
其他制造业 Others Manufacturing	152	1584696	537337	449707
废弃资源综合利用业 Waste Resources and Materials Recovering	58	459484	254341	204139
金属制品、机械和设备修理业 Metals,Machinery and Equipment maintenance	29	1118496	391959	712408
电力、热力生产和供应业 Production and Supply of Electric Power and Hot Power	218	41107473	26356586	48377603
燃气生产和供应业 Production and Supply of Gas	39	2526252	1517596	1489755
水的生产和供应业 Production and Supply of Water	65	3896794	2006772	2337796

Continued

(10000 yuan)

固定资产净值 Net Value of Fixed Assets	所有者权益合计 Owner's equity	营业收入 Revenue	主营业务收入 Sale Revenue	利润总额 Total Profit	利税总额 Total Profits and Tax	所得税费用 Income Tax	应交增值税 Value Added Tax Payable
4406463	4561744	14468462	14347812	1231874	3411799	199410	1093527
5289457	7449581	21648695	21464587	2073389	2573411	195330	407609
716122	2482266	3380856	3355745	515711	661833	62136	117096
2760593	3242629	12828358	12271170	722129	864240	37707	96671
3120202	5756247	17702607	17322193	1206517	1634029	97587	329918
5883703	13933005	37613870	37241063	3839047	5021928	334764	891092
3784357	4998715	19332589	19016528	1989667	2441756	303118	372783
3331473	7118754	21356870	20914204	1988461	2429527	207830	370908
2272414	4873040	16106750	15812882	1087065	1439741	85431	276658
1715316	5175586	12810902	12715256	1125122	1438618	85369	238093
1451153	4079286	10494806	10415393	1026622	1288886	143657	198092
2014191	4190798	13157648	12928741	1015976	1460028	118205	309754
722313	1325567	2924495	2907198	55171	168456	13599	85759
3917966	11201371	22673349	21937534	2375807	2955428	283312	456614
10996351	16902990	41456191	40878227	2308476	2972931	267968	523260
256314	1133318	2338694	2316541	195243	251387	20915	46355
274024	1047357	2589411	2574486	178495	240425	11563	49309
128784	205143	1637341	1634520	93386	236561	2197	126557
419674	726537	2304260	2302376	211982	241576	19713	20049
27712093	14750885	18531718	18344658	1233298	1869471	187901	536149
925462	1008656	3280568	3197226	193991	239315	40339	34516
1329141	1890022	715151	664750	86312	113673	11798	20526

11-10 规模以上工业企业主要经济效益指标（2018年）

Main Indicators of Economic Benefit of Industrial Enterprises above Designated Size(2018)

单位：%　　　　(%)

项目 Item	总资产贡献率 Ratio of Total Assets to Industrial Output Value	资产负债率 Ratio of Assets to Liability	流动资产周转次数(次/年) Number of Times of Turnover Circulating Funds(times/year)	工业成本费用利润率 Ratio of Profits to Industrial Cost	产品销售率 Proportion of Products Sold
合计 **Total**	**16.68**	**51.58**	**2.70**	**8.93**	**97.27**
#国有控股企业 State-holding Enterprises	10.12	60.97	2.04	7.14	97.08
按轻重分 **Group by Light & Heary Industry**					
轻工业 Light Industry	20.61	46.32	2.92	9.08	97.32
重工业 Heavy Industry	14.05	55.11	2.51	8.79	97.21
按经济类型分 **Grouped by Ownership**					
国有 Stated-owned	12.70	58.28	3.47	3.02	98.90
集体 Collective-owned	25.63	50.50	8.17	4.84	99.02
股份 Share Holding	13.07	54.71	2.09	10.11	96.12
联营 Cooperation	27.95	14.96	4.07	10.86	99.57
私营 Private	22.33	46.80	3.55	8.83	98.37
外商及港澳台商投资 Funds from HongKong, Macao,TaiWan and Foreign Area	15.97	51.42	2.35	8.86	96.41
其他 Others	37.60	35.39	4.91	13.30	99.15
按登记注册分 **Grouped by Status of Registration**					
内资企业 Sole Funded	17.01	51.65	2.90	8.97	97.66
港、澳、台商投资企业 Enterprises with Funds from HongKong, Macao and TaiWan	16.53	48.30	2.37	9.40	95.98
外商投资企业 Foreign Funded Enterprises	15.22	55.60	2.31	8.07	97.07
按经济组织分 **Grouped by Organization**					
独资企业 Sole Funded	16.02	47.51	2.51	8.64	96.78
合作、合伙 Cooperated and Partnership	31.19	36.04	3.08	18.24	99.25
股份有限公司 Share Holding Enterprises	9.78	48.22	1.19	12.05	95.96
有限责任公司 Limited Liability Corporations	18.48	53.85	3.20	8.59	97.53
按规模分 **Grouped by Size of Enterprises**					

11-10 续表1

Continued

单位：%　　(%)

项目 Item	总资产贡献率 Ratio of Total Assets to Industrial Output Value	资产负债率 Ratio of Assets to Liability	流动资产周转次数(次/年) Number of Times of Turnover Circulating Funds(times/year)	工业成本费用利润率 Ratio of Profits to Industrial Cost	产品销售率 Proportion of Products Sold
大型企业 Large Scale	16.02	54.76	2.25	10.19	96.46
中型企业 Medium Scale	15.94	48.99	2.62	8.83	97.32
小型企业 Small Scale	19.22	48.71	3.38	8.13	97.81
微型企业 Micro-Scale	6.22	63.02	1.86	5.88	98.62
按行业分 Grouped by Sector					
煤炭开采和洗选业 Coal Mining and Dressing	19.56	37.11	2.07	17.67	99.90
石油和天然气开采业 Petroleum and Natural Gas Mining					
黑色金属矿采选业 Ferrous Metals Mining and Dressing	13.26	50.53	6.89	4.39	98.28
有色金属矿采选业 Nonferrous Metals Mining and Dressing	29.73	45.65	5.60	14.70	99.36
非金属矿采选业 Nonmetal Minerals Mining and Quarrying	23.24	30.86	6.27	8.88	98.83
其他采矿业 Others Mining and Quarrying					
农副食品加工业 Agricultural and Sideline Products Processing	20.52	50.07	3.32	8.04	97.59
食品制造业 Food Manufacturing	24.13	37.82	3.07	12.71	98.19
酒、饮料和精制茶制造业 Wine，Drink and Tea Manufacturing	23.92	37.54	3.41	11.30	98.80
烟草制品业 Tobacco Processing	72.36	30.90	1.53	7.84	96.35
纺织业 Textile Industry	16.09	48.77	3.24	6.64	97.73
纺织服装、服饰业 Textile Garments Products	20.39	38.54	2.85	9.01	95.60
皮革、毛皮、羽毛及其制品和制鞋业 Leather , Furs , Down and Relate Products	27.10	47.33	3.61	9.37	97.62
木材加工和木、竹、藤、棕、草制品业 Timber Processing,Bamboo,Cane,Palm Fiber and Straw Products	24.96	41.02	6.16	5.63	98.06
家具制造业 Furniture Manufacturing	21.76	47.69	3.41	8.22	98.78
造纸和纸制品业 Papermaking and Paper Products	16.22	57.63	2.45	9.79	94.92
印刷和记录媒介复制业 Printing and Record Medium Reproduction	19.98	44.41	3.81	7.74	98.25
文教、工美、体育和娱乐用品制造业 Cultural , Educational and Sports Goods	27.18	41.94	4.27	9.18	98.45

11-10 续表2

Continued

单位：%　　　　(%)

项目 Item	总资产贡献率 Ratio of Total Assets to Industrial Output Value	资产负债率 Ratio of Assets to Liability	流动资产周转次数(次/年) Number of Times of Turnover Circulating Funds(times/year)	工业成本费用利润率 Ratio of Profits to Industrial Cost	产品销售率 Proportion of Products Sold
石油、煤炭及其他燃料加工业 Petroleum Processing , Coking and Nuclear Fuel Processing	35.73	53.61	3.72	10.19	91.95
化学原料和化学制品制造业 Raw Chemical Materials and Chemical Products	14.96	59.88	2.79	10.60	97.82
医药制造业 Medical and Pharmaceutical Products	18.27	32.60	1.59	18.04	94.88
化学纤维制造业 Chemical Fiber	12.00	61.85	3.09	5.97	94.46
橡胶和塑料制品业 Rubber and Plastic Products	15.98	46.91	2.98	7.34	98.17
非金属矿物制品业 Nonmetal Minerals Products	20.71	44.91	2.81	11.30	98.15
黑色金属冶炼和压延加工业 Smelting and Pressing of Ferrous Metals	22.81	55.25	3.54	11.60	99.04
有色金属冶炼和压延加工业 Smelting and Pressing of Nonferrous Metals	14.11	60.96	2.31	10.12	97.41
金属制品业 Metal Products	16.32	46.76	2.93	7.27	97.86
通用设备制造业 General Equipment	16.44	43.59	2.21	9.64	97.62
专用设备制造业 Special Purpose Equipment	15.19	53.68	1.75	10.82	95.95
汽车制造业 Car Manufacturing	16.05	55.98	2.13	8.42	97.84
铁路、船舶、航空航天和其他运输设备制造业 Railway,Watercraft,Aviation and others transportation Manufacturing	6.70	61.58	1.26	1.93	98.82
电气机械和器材制造业 Electric Equipment and Machinery	13.24	50.81	1.43	11.75	97.28
计算机、通信和其他电子设备制造业 Computer,Communication and other Electronic Equipment	8.58	54.70	1.87	5.85	95.09
仪器仪表制造业 Instruments and Meters Machinery	14.97	34.98	2.22	9.10	97.50
其他制造业 Others Manufacturing	15.81	33.91	2.71	7.44	97.72
废弃资源综合利用业 Waste Resources and Materials Recovering	53.41	55.35	5.57	6.12	98.53
金属制品、机械和设备修理业 Metals,Machinery and Equipment maintenance	22.48	35.04	4.43	10.10	97.54
电力、热力生产和供应业 Production and Supply of Electric Power and Hot Power	6.27	64.12	3.11	7.12	99.63
燃气生产和供应业 Production and Supply of Gas	10.23	60.07	4.41	6.14	99.89
水的生产和供应业 Production and Supply of Water	3.38	51.50	0.73	12.94	99.18

11-11 大中型工业企业主要经济指标（2018年）

单位：万元

项目 Item	企业单位数(个) Number of Enterprises (unit)	资产总计 Total Assets	负债合计 Liabilities	固定资产原价 Original Value of Fixed Assets
合　计 **Total**	**3150**	**251752851**	**131860101**	**140503785**
煤炭开采和洗选业 Coal Mining and Dressing	15	792361	263881	313613
石油和天然气开采业 Petroleum and Natural Gas Mining				
黑色金属矿采选业 Ferrous Metals Mining and Dressing	5	613680	356133	480112
非金属矿采选业 Nonmetal Minerals Mining and Quarrying	9	488004	61779	179578
其他采矿业 Others Mining and Quarrying				
农副食品加工业 Agricultural and Sideline Products Processing	154	8031306	4019599	3049395
食品制造业 Food Manufacturing	126	5648745	1679889	1751308
酒、饮料和精制茶制造业 Wine，Drink and Tea Manufacturing	85	3334547	1290042	1895811
烟草制品业 Tobacco Processing	6	2545167	779440	1327414
纺织业 Textile Industry	210	10200544	4858206	5668034
纺织服装、服饰业 Textile Garments Products	295	8934100	3138112	2962251
皮革、毛皮、羽毛及其制品和制鞋业 Leather , Furs , Down and Relate Products	485	12948944	6100200	4301549
木材加工和木、竹、藤、棕、草制品业 Timber Processing,Bamboo,Cane,Palm Fiber and Straw Products	58	1203554	559541	671851
家具制造业 Furniture Manufacturing	56	1371172	720005	424530
造纸和纸制品业 Papermaking and Paper Products	73	5775935	3164753	3560069
印刷和记录媒介复制业 Printing and Record Medium Reproduction	29	903556	366992	326431
文教、工美、体育和娱乐用品制造业 Cultural , Educational and Sports Goods	187	3744169	1617452	1607884
石油、煤炭及其他燃料加工业 Petroleum Processing , Coking and Nuclear Fuel Processing	5	9309142	4968569	8393955
化学原料和化学制品制造业 Raw Chemical Materials and Chemical Products	66	8270185	4831627	5957940

Main Financial Indicators of Large and Medium Industrial Enterprises(2018)

(10000 yuan)

固定资产净值 Net Value of Fixed Assets	所有者权益合计 Owner's equity	营业收入 Revenue	主营业务收入 Sale Revenue	利润总额 Total Profit	利税总额 Total Profits and Tax	所得税费用 Income Tax	应交增值税 Value Added Tax Payable
78005936	**119906538**	**306583653**	**301757858**	**26519682**	**37778199**	**2746934**	**7131235**
163128	528480	446982	415257	66863	114557	7332	34298
360398	257547	337959	334361	11932	25204	1166	9280
161657	426226	295062	294578	49479	67499	2365	11499
1869138	4011707	13217961	13014332	1003962	1262211	45342	218316
903303	3968856	8932106	8896757	1176791	1444611	80222	231605
1039348	2044506	5328707	5274374	583967	809438	27793	140863
528233	1765726	2689690	2513894	90914	1851259	28313	303661
2649642	5342337	19412876	19288344	1272414	1632381	72348	275354
1601116	5795987	14149674	14046017	1298660	1729408	125470	344425
2185255	6848744	28841255	28758605	2625744	3405347	181517	580760
348641	644013	2869852	2858825	75932	151637	10338	58405
258396	651167	2581624	2570889	203990	265252	15828	46670
1824706	2611182	6922449	6796460	704330	882393	53843	137768
161587	536564	1566223	1555792	87871	135796	4088	39037
886327	2126716	8819912	8746126	736779	955954	59207	169202
4302740	4340572	13507259	13418571	1179954	3332585	197378	1070599
3146102	3438558	8111918	7987149	809953	1023386	79035	179892

11-11 续表

单位：万元

项目 Item	企业单位数(个) Number of Enterprises (unit)	资产总计 Total Assets	负债合计 Liabilities	固定资产原价 Original Value of Fixed Assets
医药制造业 Medical and Pharmaceutical Products	30	2169295	513524	855356
化学纤维制造业 Chemical Fiber	35	7049935	4470060	5579166
橡胶和塑料制品业 Rubber and Plastic Products	128	5723868	2436001	3808669
非金属矿物制品业 Nonmetal Minerals Products	285	14126651	6243255	5974056
黑色金属冶炼和压延加工业 Smelting and Pressing of Ferrous Metals	30	9904603	5491379	5694997
有色金属冶炼和压延加工业 Smelting and Pressing of Nonferrous Metals	30	17277569	10608893	4708681
金属制品业 Metal Products	89	4519670	1932550	1812612
通用设备制造业 General Equipment	80	5503929	2272626	1781661
专用设备制造业 Special Purpose Equipment	63	4541693	2781291	1024171
汽车制造业 Car Manufacturing	71	6929566	4219547	2894725
铁路、船舶、航空航天和其他运输设备制造业 Railway,Watercraft,Aviation and others transportation Manufacturing	28	2409243	1575056	673077
电气机械和器材制造业 Electric Equipment and Machinery	129	17372615	8849892	5047928
计算机、通信和其他电子设备制造业 Computer,Communication and other Electronic Equipment	187	32563261	17767782	15896950
仪器仪表制造业 Instruments and Meters Machinery	22	624236	160845	201003
其他制造业 Others Manufacturing	36	900905	278096	179909
废弃资源综合利用业 Waste Resources and Materials Recovering				
金属制品、机械和设备修理业 Metals,Machinery and Equipment maintenance	7	813139	250327	561331
电力、热力生产和供应业 Production and Supply of Electric Power and Hot Power	17	30804744	20675882	38163796
燃气生产和供应业 Production and Supply of Gas	6	1928277	1194856	1175334
水的生产和供应业 Production and Supply of Water	11	2394879	1333593	1461017

Continued

(10000 yuan)

固定资产净值 Net Value of Fixed Assets	所有者权益合计 Owner's equity	营业收入 Revenue	主营业务收入 Sale Revenue	利润总额 Total Profit	利税总额 Total Profits and Tax	所得税费用 Income Tax	应交增值税 Value Added Tax Payable
397600	1655771	1619967	1607462	355219	445087	48962	72826
2424501	2579875	10523197	9996383	602341	714302	35142	78198
1985667	3287867	8411370	8233890	590023	808691	63276	166921
3067667	7883395	16125009	15805568	2055318	2594573	198769	417450
3159624	4413224	16801193	16552178	1780468	2190421	284665	341288
3078513	6668676	15929065	15500858	1867494	2276641	196283	347100
1000521	2587120	6282404	6167602	456776	613143	48453	128265
939810	3245097	6019402	5950012	660847	822700	58574	129709
525755	1760403	3582159	3520764	393219	499947	89515	85156
1415044	2710018	9261806	9081166	752517	1093398	89693	229044
443662	834188	1439112	1432260	-46907	7898	2793	39547
3067331	8522722	16013004	15372454	1890890	2298777	236295	321591
10221685	14795478	35165334	34635327	2005142	2554310	240263	433739
118982	463390	864473	856097	79095	99247	7705	16829
93973	622809	1525284	1514494	101638	137770	8474	30675
329393	562812	1580471	1578930	139526	161981	16161	14753
21750548	10128862	15158273	15022861	731018	1187347	107377	386375
701007	733422	1782196	1719393	66093	94414	12335	21817
842269	1061286	357739	332031	41570	58072	4999	11917

11-12 国有控股工业企业主要经济指标（2018年）

单位：万元

项目 Item	企业单位数(个) Number of Enterprises (unit)	资产总计 Total Assets	负债合计 Liabilities	固定资产原价 Original Value of Fixed Assets
合计 Total	**485**	**93771030**	**57172409**	**70510774**
按隶属关系分 Grouped by Subordination				
中央企业 Central Enterprises	78	38388034	26105123	43126403
地方企业 Local Enterprises	407	55382996	31067286	27384371
按轻重分 Grouped by Light &Heavy Industry				
轻工业 Light Industry	91	6136211	2092248	3112118
重工业 Heavy Industry	394	87634819	55080161	67398656
按规模分 Grouped by Size of Enterprises				
大型企业 Large Scale	38	56215682	34112935	45273535
中型企业 Medium Scale	97	20680205	12175338	13692450
小型企业 Small Scale	316	12577372	7293136	10173940
微型企业 Micro-Scale	34	4297771	3591001	1370850
按行业分 Grouped by Sector				
#**煤炭开采和洗选业** Coal Mining and Dressing	11	752339	234881	306747
黑色金属矿采选业 Ferrous Metals Mining and Dressing	5	640568	367832	491811
有色金属矿采选业 Nonferrous Metals Mining and Dressing	10	199636	75341	209363
非金属矿采选业 Nonmetal Minerals Mining and Quarrying	12	554861	132494	208750
农副食品加工业 Agricultural and Sideline Products Processing	14	179330	142604	65323
食品制造业 Food Manufacturing	11	621438	162330	115229
酒、饮料和精制茶制造业 Wine，Drink and Tea Manufacturing	11	132714	40377	120672
烟草制品业 Tobacco Processing	6	2545167	779440	1327414
纺织服装、服饰业 Textile Garments Products	4	41569	7239	17192
木材加工和木、竹、藤、棕、草制品业 Timber Processing,Bamboo,Cane,Palm Fiber and Straw Products	4	437899	271548	312713
造纸和纸制品业 Papermaking and Paper Products	3	542131	300732	722749

Main Financial Indicators of State-holding Industrial Enterprise(2018)

(10000 yuan)

固定资产净值 Net Value of Fixed Assets	所有者权益合计 Owner's equity	营业收入 Revenue	主营业务收入 Sale Revenue	利润总额 Total Profit	利税总额 Total Profits and Tax	所得税费用 Income Tax	应交增值税 Value Added Tax Payable
42505964	**36598619**	**59222730**	**58150752**	**3844327**	**8329318**	**792076**	**2519541**
26248539	12282910	24464363	24171370	946740	3398920	167061	1393769
16257425	24315708	34758368	33979382	2897587	4930398	625015	1125772
1318950	4043962	5295584	5015553	368999	2242955	76265	386630
41187014	32554657	53927146	53135199	3475329	6086363	715811	2132910
28578934	22102746	37759171	37152318	2563336	6390143	526825	2009880
7178914	8504866	10927904	10606749	631135	988292	151859	279108
5998200	5284235	10268592	10131223	617512	906628	109678	226678
749916	706771	267063	260462	32343	44255	3714	3874
160666	517458	255333	223520	55498	91436	7875	27930
364511	272736	233095	229497	6321	20518	1182	10351
104292	124295	293286	290090	53003	94179	9305	26287
175136	422368	108659	105750	27800	38497	5893	7637
41146	36726	581951	577547	8492	12154	1769	2829
78810	459108	141128	136243	5981	13255	1283	5450
64869	92337	126221	125419	9261	23199	2397	7280
528233	1765726	2689690	2513894	90914	1851259	28313	303661
6703	34330	26789	26692	6730	11332		4102
156217	166351	314129	313381	-98732	-89786	619	6903
171627	241399	197343	186391	1819	10947	133	6578

11-12 续表

单位：万元

项目 Item	企业单位数(个) Number of Enterprises (unit)	资产总计 Total Assets	负债合计 Liabilities	固定资产原价 Original Value of Fixed Assets
印刷和记录媒介复制业 Printing and Record Medium Reproduction	12	212169	61137	99672
石油、煤炭及其他燃料加工业 Petroleum Processing , Coking and Nuclear Fuel Processing	3	3818436	2162689	2701220
化学原料和化学制品制造业 Raw Chemical Materials and Chemical Products	24	5360888	4384503	1762671
医药制造业 Medical and Pharmaceutical Products	10	829327	140042	135856
化学纤维制造业 Chemical Fiber	4	166734	199818	165475
非金属矿物制品业 Nonmetal Minerals Products	49	1176207	706040	762789
黑色金属冶炼和压延加工业 Smelting and Pressing of Ferrous Metals	7	4908640	1930954	3358120
有色金属冶炼和压延加工业 Smelting and Pressing of Nonferrous Metals	16	10536919	5977574	2359374
金属制品业 Metal Products	8	115884	66115	30168
通用设备制造业 General Equipment	11	587056	266520	182896
专用设备制造业 Special Purpose Equipment	10	885196	782984	238170
汽车制造业 Car Manufacturing	14	2701900	1820722	1059883
铁路、船舶、航空航天和其他运输设备制造业 Railway,Watercraft,Aviation and others transportation Manufacturing	8	2205457	1562497	624615
电气机械和器材制造业 Electric Equipment and Machinery	13	721962	535711	286348
计算机、通信和其他电子设备制造业 Computer,Communication and other Electronic Equipment	27	10883940	6457791	5225332
废弃资源综合利用业 Waste Resources and Materials Recovering	3	18467	5127	17229
金属制品、机械和设备修理业 Metals,Machinery and Equipment maintenance	5	130577	80019	42902
电力、热力生产和供应业 Production and Supply of Electric Power and Hot Power	111	36430347	24498947	44488369
燃气生产和供应业 Production and Supply of Gas	10	1747474	1063842	1028260
水的生产和供应业 Production and Supply of Water	41	3442741	1831252	1936471

Continued

(10000 yuan)

固定资产净值 Net Value of Fixed Assets	所有者权益合计 Owner's equity	营业收入 Revenue	主营业务收入 Sale Revenue	利润总额 Total Profit	利税总额 Total Profits and Tax	所得税费用 Income Tax	应交增值税 Value Added Tax Payable
32521	151032	102683	99742	16434	22678	3605	5040
1971637	1655747	5083516	5080071	217644	1148473	55605	800821
1234353	976384	1589971	1566597	204897	278327	48191	60901
69603	689285	418987	415748	192679	234956	31432	36355
89508	-33083	451982	382250	11575	28036	563	7901
430071	470166	1073253	1066519	135685	189747	23505	44007
1800596	2977686	6334666	6284474	911762	1183800	256032	233244
1515254	4559346	8470176	8262597	499956	734679	45826	195867
20364	49768	267728	267313	5240	7271	292	1484
102934	320535	275390	254592	22648	30174	2712	5445
122753	102211	450262	440325	-6159	6445	51727	9841
377688	881177	3326757	3275726	177348	358875	40590	92755
433905	642961	521893	512266	-113369	-99700	-8007	9209
210548	186251	409119	405221	-8545	-3722	-35	2753
4202997	4426149	5881759	5791444	292970	411569	17891	99031
8357	13340	43564	43530	8386	9246	108	725
28501	50558	144680	144567	10399	12006	1882	963
26234639	11931399	17054047	16873423	972762	1539931	139334	480044
588708	683632	1471018	1421918	31988	40322	8166	4221
1129141	1611488	497054	449164	71839	92311	8336	15400

11-13 规模以上外商及港澳台投资工业企业主要经济指标（2018年）

单位：万元

项目 Item	企业单位数(个) Number of Enterprises (unit)	资产总计 Total Assets	负债合计 Liabilities	固定资产原价 Original Value of Fixed Assets
合计 Total	**3327**	**116496894**	**59906306**	**59126653**
按登记注册类型分 Grouped by Status of Registration				
港、澳、台商投资企业 Enterprises with Funds from HongKong, Macao and TaiWan	**2181**	**66655553**	**32194411**	**31893512**
合资经营企业 Joint Ventures Enterprises	442	15428684	8159411	7069270
合作经营企业 Cooperative Operation Enterprises	13	177396	86869	61835
独资企业 Sole Investment	1665	45027335	20990576	22415360
股份有限公司 Share-holding Corporations Ltd with Investment	61	6022138	2957556	2347047
外商投资企业 Foreign Funded Enterprises	**1146**	**49841341**	**27711895**	**27233141**
中外合资经营企业 Joint Ventures Enterprises	313	23466125	14576868	15055769
中外合作经营企业 Cooperative Operation Enterprises	13	425374	187799	285081
外资企业 Sole Foreign Investment Enterprises	773	24264062	12175841	11415348
外商投资股份有限公司 Foreign Investment share Enterprises	47	1685781	771387	476944
按轻重分 Grouped by Light &Heavy Industry				
轻工业 Light Industry	2240	56328317	27233935	24065955
重工业 Heavy Industry	1087	60168578	32672371	35060698
按规模分 Grouped by Size of Enterprises				
大型企业 Large Scale	213	50759307	26252501	27545389
中型企业 Medium Scale	912	37200463	17996364	19471443
小型企业 Small Scale	2058	24308043	12116894	11210363

Main Finanical Indicators of Industrial Enterprises with Foreign Capital above Designated Size(2018)

(10000 yuan)

固定资产净值 Net Value of Fixed Assets	所有者权益合计 Owner's equity	营业收入 Revenue	主营业务收入 Sale Revenue	利润总额 Total Profit	利税总额 Total Profits and Tax	所得税费用 Income Tax	应交增值税 Value Added Tax Payable
28666856	**56604373**	**159898886**	**157657142**	**12974920**	**17737807**	**1352590**	**2973050**
15025979	**34461133**	**94887221**	**93652604**	**8181784**	**10491199**	**785323**	**1770112**
3669062	7269273	22014379	21577741	1797230	2470313	209672	492595
34227	90527	414120	414058	30174	38474	1204	6201
10285352	24036751	66637853	66098030	5650136	7099471	493733	1118629
1037338	3064581	5820870	5562775	704245	882942	80714	152688
13640877	**22143240**	**65011665**	**64004538**	**4793136**	**7246608**	**567266**	**1202937**
7687988	8889256	24920827	24413107	1858930	3449090	234562	532267
124387	237574	591990	585484	64009	85276	13074	18436
5559212	12088221	37778193	37328636	2701629	3495640	299757	613328
269290	928190	1720656	1677312	168568	216602	19874	38907
11702036	29094377	84951207	83664367	7712740	9815211	613673	1624255
16964821	27509996	74947679	73992775	5262180	7922596	738916	1348795
12849874	24520598	72639935	71671419	6541702	9262495	761815	1405542
9909357	19204097	51070566	50386392	3913396	5086856	379802	885649
5535778	12191144	35174167	34654744	2503119	3347078	207714	663880

11-13 续表1

单位：万元

项目 Item	企业单位数(个) Number of Enterprises (unit)	资产总计 Total Assets	负债合计 Liabilities	固定资产原价 Original Value of Fixed Assets
微型企业 Micro-Scale	144	4229081	3540548	899459
按行业分 Grouped by Sector				
有色金属矿采选业 Nonferrous Metals Mining and Dressing	3	4232	263	469
非金属矿采选业 Nonmetal Minerals Mining and Quarrying	5	34621	5765	21984
其他采矿业 Others Mining and Quarrying				
农副食品加工业 Agricultural and Sideline Products Processing	140	3675014	1988354	1318840
食品制造业 Food Manufacturing	106	4065467	1593521	931155
酒、饮料和精制茶制造业 Wine，Drink and Tea Manufacturing	50	2438828	1238161	1346659
烟草制品业 Tobacco Processing				
纺织业 Textile Industry	227	5190858	2530945	2505767
纺织服装、服饰业 Textile Garments Products	436	6497371	2579718	2439986
皮革、毛皮、羽毛及其制品和制鞋业 Leather , Furs , Down and Relate Products	357	8977253	4242973	3039892
木材加工和木、竹、藤、棕、草制品业 Timber Processing,Bamboo,Cane,Palm Fiber and Straw Products	35	349653	130509	223051
家具制造业 Furniture Manufacturing	60	806130	417476	272328
造纸和纸制品业 Papermaking and Paper Products	89	4237864	2459184	2153377
印刷和记录媒介复制业 Printing and Record Medium Reproduction	28	369753	153249	219401
文教、工美、体育和娱乐用品制造业 Cultural , Educational and Sports Goods	235	2655822	1080998	1350686
石油、煤炭及其他燃料加工业 Petroleum Processing , Coking and Nuclear Fuel Processing	7	5352244	2762717	5600634
化学原料和化学制品制造业 Raw Chemical Materials and Chemical Products	111	7232731	5591620	2679436

Continued

(10000 yuan)

固定资产净值 Net Value of Fixed Assets	所有者权益合计 Owner's equity	营业收入 Revenue	主营业务收入 Sale Revenue	利润总额 Total Profit	利税总额 Total Profits and Tax	所得税费用 Income Tax	应交增值税 Value Added Tax Payable
371846	688534	1014218	944586	16702	41379	3259	17979
272	3969	24611	24611	3102	3321		100
14509	28856	116529	116529	8189	20501	188	7340
595168	1686659	6357531	6293794	482552	603127	19793	105567
491278	2471946	5304281	5291562	764142	909209	39640	121362
717069	1200667	2819297	2762579	291580	439360	12951	91243
1074817	2659912	7523285	7373212	526223	673611	35680	108673
1221659	3917652	10444608	10346766	899808	1197623	88810	237836
1436765	4734279	18820325	18786189	1993319	2472873	124285	367019
67080	219144	658535	655718	37784	50542	4032	10180
133868	388655	1410051	1402684	93534	128517	5014	29381
976288	1778680	3885099	3755746	309088	404471	29471	78540
92940	216503	463897	461672	31602	47190	3229	12202
704451	1574823	5813810	5770039	471863	615260	29040	111612
2282591	2589527	8027731	7949452	909327	2115666	139324	257055
1762782	1641111	4751575	4631479	342013	436372	36500	76740

11-13 续表2

单位：万元

项目 Item	企业单位数(个) Number of Enterprises (unit)	资产总计 Total Assets	负债合计 Liabilities	固定资产原价 Original Value of Fixed Assets
医药制造业 Medical and Pharmaceutical Products	28	971834	334573	393039
化学纤维制造业 Chemical Fiber	32	3602317	2324122	2704854
橡胶和塑料制品业 Rubber and Plastic Products	184	5816573	2746156	3820483
非金属矿物制品业 Nonmetal Minerals Products	151	4711011	1984120	2312735
黑色金属冶炼和压延加工业 Smelting and Pressing of Ferrous Metals	17	2543121	1572638	1844260
有色金属冶炼和压延加工业 Smelting and Pressing of Nonferrous Metals	25	1720561	938817	1251568
金属制品业 Metal Products	124	3520315	1585762	1490044
通用设备制造业 General Equipment	106	2556770	1076013	1302366
专用设备制造业 Special Purpose Equipment	120	2145910	890993	770543
汽车制造业 Car Manufacturing	140	6557614	3921399	2922797
铁路、船舶、航空航天和其他运输设备制造业 Railway,Watercraft,Aviation and others transportation Manufacturing	24	374958	162018	176871
电气机械和器材制造业 Electric Equipment and Machinery	140	7429869	3917740	2704401
计算机、通信和其他电子设备制造业 Computer,Communication and other Electronic Equipment	179	15524817	9135410	8065655
仪器仪表制造业 Instruments and Meters Machinery	36	505646	134550	173985
其他制造业 Others Manufacturing	77	1229696	396487	287716
金属制品、机械和设备修理业 Metals,Machinery and Equipment maintenance	10	926715	323318	617983
电力、热力生产和供应业 Production and Supply of Electric Power and Hot Power	21	3521274	1214416	3432513
燃气生产和供应业 Production and Supply of Gas	9	598759	308977	354490
水的生产和供应业 Production and Supply of Water	11	289442	130483	364514

Continued

(10000 yuan)

固定资产净值 Net Value of Fixed Assets	所有者权益合计 Owner's equity	营业收入 Revenue	主营业务收入 Sale Revenue	利润总额 Total Profit	利税总额 Total Profits and Tax	所得税费用 Income Tax	应交增值税 Value Added Tax Payable
190498	637261	746210	737602	130098	163040	15974	26823
1169710	1278195	5019411	4770130	220147	288953	28838	49799
1916186	3070417	6375423	6131105	381771	544380	38984	122309
1270555	2726890	4656761	4630051	541173	676673	42648	101279
1066161	970483	3769013	3742155	236485	293754	17705	39955
726967	781744	2155145	2093935	159132	185654	18255	19538
754965	1934552	4053693	3935266	263459	361485	33429	80750
542250	1494552	3874911	3839410	383821	510269	53122	103288
353069	1254917	2552605	2529340	286950	355447	30491	54017
1408367	2636214	8739876	8596549	733809	1062424	95421	216973
75037	212940	454666	449349	24960	41040	4169	12749
1447954	3512128	9772907	9583287	1158802	1400762	176278	184738
4005337	6389406	24991194	24844647	767771	1077998	140230	238434
79445	371096	806966	801087	49645	64120	6112	12345
154147	833209	1727886	1717224	114900	154445	8572	32382
344765	603397	1670260	1668487	105167	122267	13304	10824
1185197	2306857	1375985	1301180	190970	238322	47372	39752
211222	289782	565445	502464	64678	74463	12259	6522
175606	158959	132011	125535	-4731	109	1064	3592

主要统计指标解释

工业　指从事自然资源的开采，对采掘品和农产品进行加工和再加工的物质生产部门。具体包括：(1)对自然资源的开采，如采矿、晒盐等(但不包括禽兽捕猎和水产捕捞)；(2)对农副产品的加工、再加工，如粮油加工、食品加工、缫丝、纺织、制革等；(3)对采掘品的加工、再加工，如炼铁、炼钢、化工生产、石油加工、机器制造、木材加工等，以及电力、自来水、煤气的生产和供应等；(4)对工业品的修理、翻新，如机器设备的修理、交通运输工具(包括小卧车)的修理等。

1984 年以前农村的村及村以下办工业归属农业，1984 年以后划归工业。

工业统计调查单位为独立核算法人工业企业。

独立核算法人工业企业指从事工业生产经营活动的单位。独立核算法人工业企业应同时具备以下条件：①依法成立，有自己的名称、组织机构和场所，能够承担民事责任；②独立拥有和使用资产，承担负债，有权与其他单位签订合同；③独立核算盈亏，并能够编制资产负债表。

轻工业

指主要提供生活消费品和制作手工工具的工业。按其所使用的原料不同，可分为两大类：(1)以农产品为原料的轻工业，是指直接或间接以农产品为基本原料的轻工业。主要包括食品制造、饮料制造、烟草加工、纺织、缝纫、皮革和毛皮制作、造纸以及印刷等工业；(2)以非农产品为原料的轻工业，是指以工业品为原料的轻工业。主要包括文教体育用品、化学药品制造、合成纤维制造、日用化学制品、日用玻璃制品、日用金属制品、手工工具制造、医疗器械制造、文化和办公用机械制造等工业。

重工业

指为国民经济各部门提供物质技术基础的主要生产资料的工业。按其生产性质和产品用途，可以分为下列三类：(1)采掘(伐)工业，是指对自然资源的开采，包括石油开采、煤炭开采、金属矿开采、非金属矿开采等工业；(2)原材料工业，指向国民经济各部门提供基本材料、动力和燃料的工业。包括金属冶炼及加工、炼焦及焦炭、化学、化工原料、水泥、人造板以及电力、石油和煤炭加工等工业；(3)加工工业，是指对工业原材料进行再加工制造的工业。包括装备国民经济各部门的机械设备制造工业、金属结构、水泥制品等工业，以及为农业提供的生产资料如化肥、农药等工业。

根据上述划分原则，修理业中以重工业产品为修理作业对象的划为重工业，反之划为轻工业。

工业总产值

(1)定义：工业总产值是以货币形式表现的，工业企业在一定时期内生产的工业最终产品或提供工业性劳务活动的总价值量。它反映一定时间内工业生产的总规模和总水平。

(2)计算原则：

工业生产的原则，即凡是企业在报告期生产的经检验合格的产品，不管是否在报告期销售，均包括在内。

最终产品的原则，即凡是计入工业总产值的产品，必须是本企业生产的经检验合格的，不需要再进行任何加工的最终产品。如果企业有中间产品(半成品)对外销售，则对外销售的中间产品应视为企业的最终产品。

工厂法原则，即工业总产值是以工业企业作为基本计算(核算)单位，即按企业的最终产品计算工业总产值。按这种方法计算的工业总产值，不允许同一产品价值在企业内部重复计算，不能把企业内部各个车间(分厂)生产的成果相加，但允许企业间的重复计算。

(3)内容及计算方法：1995 年全国工业普查对工业总产值(原规定)的内容及计算原则和方法做了某些修订，修订后的工业总产值(新规定)包括三项内容：即本期生产成品价值、对外加工费收入、在制品半成品期末期初差额价值三部分。

本期生产成品价值：指企业本期生产，并在报告期内不再进行加工，经检验、包装入库的全部工业成品(半产品)价值合计，包括企业生产的自制设备及提供给本企业在建工程、其他非工业部门和福利部门等单位使用的成品价值。本期生产成品价值为按自备原材料生产的产品的数量乘以本期不含增值税(销项税额)的产品实际销售平均单价计算；会计核算中按成本价格转帐的自制设备和自产自用的成品，按成本价格计算生产成品价值。生产成品价值中不包括用定货者来料加工的成品(半产品)价值。

对外加工费收入：指企业在报告期内完成的对外承接的工业品加工(包括用定货者来料加工产品)的加工费收入和对外工业修理作业所取得的加工费收入。对外加工费收入按不含增值税(销项税额)的价格计算，可根据会计“主营业务收入”科目的有关资料取得。

对于本企业对内非工业部门提供的加工修理、设备安装的劳务收入，如果企业会计核算基础较好，能取得这部分资料，而且这部分价值所占比重较大，应包括在对外加工费收入中。

自制半成品在制品期末期初差额价值：指企业报告期在制品期末减期初的差额价值，本指标一般可以从会计核算资料中取得。如果会计产品成本核算中不计算半成品、在制品的成本，则总产值中也不包括这部分价值，反之则包括。

(4)工业总产值统计范围变化和计算方法修订情况：

1984 年以前工业总产值不包括村办工业，村办工业总产值划归农业。1984 年以后工业总产值包括村办工业。

1995 年工业普查对工业总产值计算方法做了修订，即从 1995 年始按新修订(新规定)方法计算工业总产值。新规定与原规定的区别如下：

全价与加工费的计算原则不同：新规定为凡自备原材料，不论其生产繁简程度如何，一律按全价计算工业总产值；凡来料加工，允许按加工费计算工业总产值。原规定则视生产加工的繁简程度不同，规定哪些行业按全价，哪些行业按加工费计算工业总产值。

自制半成品、在产品期末期初差额价值的计算原则不同：新规定要求，凡会计产品成本核算时计算了成本的差额价值，总产值中就应包括，否则可不包括；原规定则按生产周期六个月的界限区分，凡生产周期六个月以上的企业，总产值计算中应包括这部分差额价值，否则可不包括。

计算价格不同：新规定按不含增值税(销项税额)的价格计算；原规定则按含增值税(销项税额)的价格计算。

工业增加值

指工业企业在报告期内以货币表现的工业生产活动的最终成果。

工业增加值有两种计算方法：一是生产法，即工业总产出减去工业中间投入加上应交增值税；二是收入法，即从收入的角度出发，根据生产要素在生产过程中应得到的收入份额计算，具体构成项目有固定资产折旧、劳动者报酬、生产税净额、营业盈余，这种方法也称要素分配法。本年鉴中的工业增加值是以生产法计算的。

生产法工业增加值的计算方法为：

工业增加值=工业总产出-工业中间投入+应交增值税

(1)工业总产出：指工业企业在一定时期内工业生产活动的总成果。工业总产出包括：成品生产价值，对外加工费收入，自制半成品、在产品期末期初差额价值。1995 年后用新规定计算的工业总产值代替。

(2)工业中间投入：指工业企业在工业生产活动中消耗的外购物质产品和对外支付的服务费用。服务费用包括支付给物质生产部门(工业、农业、批发零售贸易业、建筑业、运输邮电业)的服务费用和支付给非物质生产部门(如保险、金融、文化教育、科学研究、医疗卫生、行政管理等)的服务费用。工业中间投入的确定须遵循以下原则：必须从外部购入的，并已计入工业总产出的产品和服务价值；必须是本期投入生产，并一次性消耗掉(包括本期摊销的低值易耗品等)的产品和服务价值。

工业中间投入包括直接材料费用、制造费用中的工业中间投入、管理费用中的工业中间投入、销售费用中的工业中间投入和利息支出五部分。

资产总计

指企业拥有或控制的能以货币计量的经济资源，包括各种财产、债权和其他权利。资产按流动性分为流动资产、长期投资、固定资产、无形资产、递延资产和其他资产。该指标根据企业会计“资产负债表”中“资产总计”项目的期末数增列。

流动资产平均余额

指企业在报告期内全部流动资产的平均余额。

固定资产净值年平均余额

指固定资产净值在报告期内余额的平均数。计算公式为：

固定资产净值年平均余额=1至12月各月月初、月末固定资产净值之和/24

该指标根据“资产负债表”中“固定资产原价”、“累计折旧”指标的期初、期末数计算填列。

固定资产净值指固定资产原价减去历年已提折旧额后的净额。计算公式为：

固定资产净值=固定资产原价-累计折旧

负债合计

指企业所承担的能以货币计量，将以资产或劳务偿付的债务，偿还形式包括货币、资产或提供劳务。负债一般按偿还期长短分为流动负债和长期负债。根据会计“资产负债表”中“负债合计”的年末数填列。

所有者权益

指企业投资人对企业净资产的所有权。企业净资产等于企业全部资产减去全部负债后的余额，包括企业投资人对企业的最初投入的实际到位的资产及资本公积金、盈余公积金和未分配利润。所有者权益合计数小于零，表示企业资不抵债。

主营业务收入

指企业销售产品和提供劳务等主要经营业务取得的业务总额。

主营业务成本

指企业销售产品和提供劳务等主要经营业务的实际成本。

主营业务税金及附加

指企业销售产品和提供工业性劳务等主要经营业务应负担的城市维护建设税、消费税、资源税和教育费附加。

利润总额

指企业生产经营活动的最终成果，是企业在一定时期内实现的盈亏相抵后的利润总额(亏损以“-”号表示)，它等于营业利润加上补贴收入加上投资收益加上营业外净收入再加上以前年度损益调整。

本年应交增值税

指企业在报告期内应交纳的增值税额。它等于本年销项税额加上出口退税加上进项税额转出数减去本年进项税额。小规模纳税企业直接按全年计税销售额乘以征收率计算取得。

从业人员平均人数　是指报告期内每天拥有的从业人员人数。其计算公式为：

月平均人数=报告月内每天实有人数之和/报告月日历日数

季平均人数=季内各月平均人数之和/3

年平均人数=年内各月平均人数之和/12

工业经济效益综合指数

是指现行综合评价工业经济效益总体水平及工业经济运行质量的指数。它是以若干项代表性经济效益指标，分别除以各项指标的标准值，再乘以各自的权数，加总后除以总权数求得。其计算公式为：

工业经济效益综合指数=(某项经济效益指标报告期数值/该项指标标准值×权数)/总权数

上式总权数为100。

总资产贡献率

反映企业全部资产的获利能力，是企业经营业绩和管理水平的集中体现，是评价和考核企业盈利能力的核心指标。计算公式为：

总资产贡献率（%）=(利润总额+税金总额+利息支出/平均资产总额)×100%

公式中：税金总额为产品销售税金及附加与应交增值税之和；平均资产总额为期初期末资产之和的算术平均值。

资产负债率

该指标既反映企业经营风险的大小，也反映企业利用债权人提供的资金从事经营活动的能力。计算公式为：

资产负债率（%）=(负债总额/资产总额)×100%

资产与负债均为报告期期末数。

流动资产周转次数

指一定时期内流动资产完成的周转次数，反映投入工业企业流动资金的周转速度。计算公式为：

流动资产周转次数=产品销售收入/全部流动资产平均余额

公式中：全部流动资产平均余额为期初和期末的流动资产之和的算术平均值。

成本费用利润率

反映企业投入的生产成本及费用的经济效益，同时也反映企业降低成本所取得的经济效益。计算公式为：

成本费用利润率（%）=(利润总额/成本费用总额)×100%

公式中：成本费用总额为产品销售成本、销售费用、管理费用、财务费用之和。

Explanatory Notes on Main Statistical Indicators

Industry refers to the material production sector which is engaged in extraction of natural resources and processing and reprocessing of minerals and agricultural products, including (1) extraction of natural resources, such as mining, salt production (but not including hunting and fishing); (2) processing and reprocessing of farm and sideline produces, such as rice husking, flour milling, wine making, oil pressing, silk reeling, spinning and weaving, and leather making; (3) manufacture of industrial products, such as steel making, iron smelting, chemicals manufacturing, petroleum processing, machine building, timber processing; water and gas production and electricity generation and supply; (4)repairing of industrial products such as the repairing of machinery and means of transport (including cars).

Prior to 1984, the rural industry run by villages and cooperative organizations under village was classified into agriculture. Since 1984, it has been grouped into industry.

Units of industrial statistics survey corporate industrial enterprises with independent accounting system.

Corporate industrial enterprises with independent accounting system refer to enterprises engaging in industrial production activities, which meet the following requirements: ① They are established legally, having their own names, organizations, location, able to take civil liability; ②They possess and use their assets independently, assume liabilities, and are entitled to sign contracts with other units; ③ They are financially independent and compile their own balance sheets.

Light Industry refers to the industry that produces consumer goods and hand tools. It consists of two categories, depending on the materials used:

(1) Industries using farm products as raw materials. These are branches of light industry which directly or indirectly use farm products as basic raw materials, including the manufacture of food and beverages, tobacco processing, textile, clothing, fur and leather manufacturing, paper making, printing, etc.

(2) Industries using non farm products as raw materials. These are branches of light industry which use manufactured goods as raw materials, including the manufacture of cultural, educational articles and sports goods, chemicals, synthetic fiber, chemical products for daily use, glass products for daily use, metal products for daily use, hand tools, medical apparatus and instruments, and the manufacture of cultural and office machinery.

Heavy Industry refers to the industry which produces capital goods, and provides various sectors of the national economy with necessary material and technical basis. It consists of the following three branches according to the purpose of production or the use of products:

(1) Mining, quarrying and logging industry refers to the industry that extracts natural resources, including extraction of petroleum, coal, metal and non-metal ores.

(2) Raw materials industry refers to the industry that provides various sectors of the national economy with raw materials, fuels and power. It includes smelting and processing of metals, coking and coke chemistry, chemical materials and building materials such as cement, plywood, and power, petroleum refining and coal dressing.

(3) Manufacturing industry refers to the industry that processes raw materials. It includes machine-building industry which equips sectors of the national economy, industries of metal structure and cement products, industries producing means of agricultural production, such as chemical fertilizers and pesticides.

According to the above principle of classification, the repairing tradesss, which are engaged primarily in repairing products of heavy industry are classified as heavy industry while these engaged in repairing products of light industry are classified as light industry.

Gross Industrial Output Value

(1) Definition: Gross industrial output value is the total volume of final industrial products produced and industrial services provided during a given period. It reflects the total achievements and overall scale of industrial production during a given period.

(2) Principles for calculation:

Statistics on industrial production follow the principle that all products produced by the enterprises and accepted during the reference period are to be included no matter whether they are sold or not during the reference period.

Determination of final products follow the principle that all products that are included in the calculation of grow industrial output value are the final products of the enterprise which have been accepted through quality check and require no further processing. If an enterprise has intermediate (semi-finished) products to sell, these intermediate products are considered as the final products of the enterprise.

Gross industrial output value is calculated following the principle of factory approach, i.e. industrial enterprise is used as the basic accounting unit in calculating the gross industrial output value. By this approach, value of the same product is not to be double counted, and the output value of different workshops (branch factories) should not be added. However, this approach does not exclude the possibility of double counting between enterprises.

(3) Content and calculation method: The old definition of gross industrial output value was modified during the national industrial census in 1995. The revised (new) definition of gross industrial output value consists of 3 components: value of the finished products during the reference period, income from external processing, and value of change in semi-finished products at the end and at the beginning of the reference period.

Value of the finished products during the reference period: refers to the value of all finished (semi-finished) industrial products that are produced during the reference period without the need for further processing, checked for acceptance, packed and put into the warehouse of the enterprise, including the value of own-produced equipment and the value of products provided to the projects under construction of the enterprise, and to other non-industrial or welfare units. Value of finished products during the reference period is calculated by the quantity of products produced using own materials multiplied by the average unit prices at which products are sold (excluding value-added tax). Own-produced equipment and products produced for own use are value at cost prices as in the case of enterprise accounting. Value of finished products does not include the value of finished products (semi-finished products) that are produced using the materials from the clients who make the orders.

Income from external processing: refers to income from contracted external processing of industrial products (including processing of industrial products using materials from the clients), and the income from industrial repairing work provided to other units. Income from external processing is calculated using information from the item "products sales income" in the enterprise accounting at the prices excluding value-added tax.

For income from services such as processing, repairing and installation of equipment provided to non-industrial units within the enterprise, if the accounting work of the enterprise is good enough to separate it from other records, and the share of such services is significant, it should also be included in the income from external processing.

Value of change in semi-finished products at the end and at the beginning of the reference period: refers to the value of change in semi-finished products at the end and at the beginning of the reference period, which generally can be obtained from accounting records of enterprises. If the enterprise accounting excludes the cost of semi-finished products, then it should not be included in the gross industrial output value, and vice versa.

(4) Changes in the coverage and method of calculation of gross industrial output value

Prior to 1984, the value of rural industry run by villages was classified into agriculture instead of industry. Since 1984, it has been included in the gross industrial output value. Method of calculation for the gross industrial output value was modified in the industrial census in 1995. The difference in the new method as compared with the old one is outlined below:

Principle in using full value vs. processing fee: The new method stipulates that all products produced using own materials are to be calculated with full value in reporting the gross industrial output value irrespective of sophistication of production, and for external processing, it allows calculation using processing fee. In the old method, however, the use of full value or processing fee was determined by the degree of sophistication of production in different branches of industries.

Principle in determining the value of change in semi-finished products: The new method requires that value of the change in semi-finished products should be included in the gross industrial output value if it is included in the accounting record of the enterprise, otherwise it should not be included. By the old method, it is determined by the type of enterprises in terms of production cycle. If the production cycle is over 6 months, the value of change in semi-finished products is included in the gross industrial output value, otherwise it is excluded.

Difference in prices: The new method uses prices excluding value-added tax in the calculation of gross industrial output value, while the old method used prices including value-added tax.

Value-added of Industry refers to the final results of industrial production of industrial enterprises in money terms during the reference period.

Industrial value-added can be calculated by two approaches: the production approach, i.e. gross industrial output value minus intermediate input plus value-added tax, and the income approach, i.e. income for various factors used in the course of production, including depreciation of fixed assets, remuneration of labourers, net of production tax, and operating surplus. Value-added of industry in the Yearbook is calculated by production approach as following:

Value-added of industry = gross industrial output industrial intermediate input + value-added tax

(1) Gross industrial output: refers to the total achievements of industrial production during a given period. Gross industrial output includes value of finished products, income from external processing, and value of change in semi-finished products at the end and at the beginning of the reference period. Since 1995, it was substituted by the gross industrial output value by new method.

(2) Industrial intermediate input: refers to purchased goods and paid services consumed during the industrial production of enterprises. Fees paid for services include fees paid for the services provided by material production sectors (industry, agriculture, wholesale and retail Tradess, construction, transport, post and telecommunications) and by non-material production sectors (insurance, banking, culture, education, scientific research, health and medical care, public administration, etc.). The determination of industrial intermediate input follows the principle that the goods and services must be purchased from outside and included in the gross industrial output, and that the goods and services are inputted into production and consumed (include low-value consumables) during the reference period.

Industrial intermediate input includes 5 components, namely direct consumption of materials, industrial intermediate input in manufacturing cost, industrial intermediate input in management cost, industrial intermediate input in marketing cost and expenditure on interest.

Total Assets refer to all economic resources, in monetary terms, that is owned or controlled by enterprises, including properties, creditors Equities and other economic rights of all forms. Classified by the degree of equitability, total assets include circulating assets, long-term investment, fixed assets, intangible assets and deferred assets, and other assets. Data on this indicator can be obtained by the year-end figures of total assets in the Assets and Liability Table of accounting records of enterprises.

Annual Average Value of Working Capitals refers to the average value of all working capitals of the enterprise during the reference period.

Annual Average of Net Value of Fixed Assets refer to average of the net value of fixed assets during the reference period, calculated with the following formula:

Annual Average of Net Value of Fixed Assets = sum of net value of fixed assets at the beginning and at the end of each month from January to December / 24.

Information on this indicator can be obtained from the beginning and ending figures of the original value of fixed assets and cumulative depreciation from the Assets and Liability Table of enterprises.

Net value of fixed assets refers to the original value of fixed assets minus depreciation over the years, i.e.:

Net value of fixed assets = original value of fixed assets -cumulative depreciation

Total Liabilities refer to payable liabilities of enterprises that have to repay in terms of money, assets or labour services. In terms of payment, it can be divided into Total Working liabilities and long-term liabilities. Data on this item is obtained from the ending figures on total liabilities from the Assets and Liability Table from the enterprises.

Owner's Equities refers to the wonershiip of net assets of enterprises by its investors.The net assets equal the total assets minus total liabilities of the enterprise,including the actual assets invested into the enterprise by investors,accumulation of capitals and operating surplus and non-distributed profits.The enterprise's assets is less than its liabilities if the sum of owner's Equities is smaller than zero.

Revenue from Principal Business refers to the annual accumulation of corresponding item in the "profit table"of the accountant. For enterprises that do not follow the 2001 Enterprises Accounting Standards,the year-end accumulation of revenue from the sales of products is used as a substitute.

Cost of Principal Business refers to the annual accumulation of corresponding item in the "profit table" of the accountantForenterprises that do not follow the 2001 Enterprise Accounting Standards,the year-end accumulation of cost for the sales of products is used as a substitute.

Tax and Extra Charges from Principal Business refers to the annual accumulation of correspongding item in the "profit table"of the accountant.For enterprises that do not follow the 2001 Enerprise Accounting Standards,the year-end accumulation of tax and extra charges from the sales of products is used as a substitute.

Total Profits refer to the final achievements of production and operation of the enterprises, represented by the total profits after deducting losses (loss is expressed by the negative figure). It is the sum of profits from operation, income from subsidies, investment earnings, net income from activities other than operation, and adjustment of profits and losses of previous years.

Value-added Tax Payable refers to the amount of the value-added tax which should be paid by the enterprises during the reference period. It is the sum of tax on sales, export rebate, and transferred tax on purchases of the current year, minus the tax on purchases of the current year. Value-added tax payable of small-size enterprises is determined by the taxable sales of the year multiplied by the tax rate.

Average Annual Number of Employed Persons Employed persons refer to all those who are employed in enterprises and receive remunerations there from, including currently working employees, retirees who are re-employed, teachers of local-run schools, as well as foreigners, staff from Hong Kong, Macao and Taiwan, part-time employees and persons with second job who are employed by the enterprise, and employees of other units temporarily working in the enterprises, but excluding former employees who left the enterprise with their employment records still kept by the enterprises.

Average number of employed persons refers to the number of employees everyday during the reference period, calculated with the following formula:

calendar dates in reference month

Quarterly average number = sum of monthly average number in reference quarter/3

Annual average number = sum of monthly average number in reference year/12

Aggregative Index on Economic Results of Industry refers to the current comprehensive index to evaluate the general level of economic results of industry and the performance quality of industrial economy. It is calculated as follows:

Aggregative Index on Economic Results of Industry=(Value of an Indicator on Economic Results in Reference Period/Standard Value of the Indicator×Weight) ÷Total Weight

Total Weight=100

Ratio of Profits, Taxes and Interests to Average Assets reflects the profit-making capability of all assets of the enterprise and is a key indicator manifesting the performance and management and evaluating the profit-making potential of the enterprise. It is calculated as follows:

Ratio of Profits, Taxes and Interests to Average Assets (%) = [(total profits + total taxes + interest payment) / average assets]×100%

In the above formula, total taxes is the sum of tax and extra charges on the sales of products and value-added tax payable; and average assets is the arithmetic mean of the sum of beginning assets and ending assets.

Monthly average number = sum of actual employees everyday in reference month/number of

Ratio of Debts to Assets reflect both the operation risk and the capability of the enterprise in making use of the capital from the creditors. It is calculated as follows:

Ratio of Debts to Assets (%) = (total debts / total assets)×100%

Both assets and debts are figures at the end of the reference period.

Turnover of Working Capita refers to the number of times of turnover of working capital in a given period of time, which reflects the speed of the turnover of working capital of industrial enterprises, and is calculated as follows:

Turnover of Working Capital=(sales revenue of products) / (average balance of total working capital)

In the above formula, average balance of total working capital refers to the arithmetic mean of the sum of working capital at the beginning and at the end of the reference period.

Ratio of Profits to Total Industrial Costs refers to the ratio of profits realized in a given period to the total costs in the same period, which reflects the economic efficiency of input cost and is calculated as follows:

Ratio of Profits to Total Industrial Cost (%)=(total profits/ total costs)×100%

Total Costs in the above formula is the sum of cost of products sold, marketing cost, management cost and financial cost.

第十二篇　建筑业和房地产投资

Chapter 12　Construction and Real Estate

资料整理：洪永华 范李功

Database Editor: Hongyonghua Fanligong

简要说明

本篇资料的主要内容及来源

本篇资料反映了全省建筑业基本情况，主要包括主要年份建筑业总产值及从业人员、建筑企业生产指标、财务指标等方面的内容。

本篇资料来源于建筑业统计年报，由省统计局固定资产投资统计处整理提供。

Brief Introduction

Main Content and Source of Data

Data in this chapter show the basic conditions of the construction industry in Fujian Province, mainly including the gross output value of construction, number of employed persons, major production indices and financial indicators.

Data in this chapter are based on the annual report of construction industry, and are compiled and provided by the Division of Investment and Construction Statistics of Fujian Provincial Bureau of Statistics.

12-1 建筑企业基本情况(1978-2018年)

Basic Situation of Construction Enterprises(1978-2018)

年份 Year	单位数（个） Number of Construction Enterprises (unit)	#国有 State- owned	#集体 Collective - owned	从业人员（万人） Number of Persons Employed (10000 persons)	#国有 State- owned	#集体 Collective - owned	总产值（亿元） Gross Output Value (100 million yuan)	#国有 State- owned	#集体 Collective - owned
1978	146	65	81	4.54	2.34	2.20	3.31	1.88	1.32
1979	152	33	119	12.79	6.60	6.19	4.33	2.39	1.94
1980	241	34	207	15.15	7.11	8.04	4.93	2.30	2.63
1981	257	41	216	15.88	7.58	8.30	5.44	2.43	3.01
1982	273	41	232	15.99	7.56	8.39	6.33	2.91	3.42
1983	267	43	224	17.06	8.30	8.76	7.11	3.49	3.62
1984	832	51	243	30.45	9.17	9.79	12.97	4.88	4.22
1985	956	51	278	30.62	9.12	11.18	16.66	6.80	5.87
1986	951	47	280	30.48	9.17	11.01	17.40	7.44	5.78
1987	1037	47	296	33.25	10.55	11.50	20.75	9.12	6.74
1988	1028	47	293	28.99	8.85	9.76	23.20	10.58	6.95
1989	1001	48	307	30.67	8.48	11.17	29.87	12.33	9.95
1990	1009	49	308	30.98	8.24	11.51	32.54	13.36	11.30
1991	967	49	315	31.75	9.07	11.98	39.11	16.32	14.09
1992	985	70	314	34.45	10.42	13.03	54.13	22.65	19.43
1993	1236	146	441	41.00	13.37	14.81	101.97	46.89	35.61
1994	1379	163	567	40.60	13.50	14.86	149.69	73.91	53.60
1995	1376	170	552	46.90	15.24	20.36	190.85	97.53	62.56
1996	1576	202	1051	47.15	15.44	27.11	211.88	106.21	84.94
1997	1585	236	1056	47.36	17.44	22.46	227.00	107.49	84.43
1998	1707	263	1133	47.93	13.96	28.65	244.67	115.66	95.61
1999	1849	295	1069	47.28	13.53	23.54	251.17	123.23	90.74
2000	1846	283	976	41.37	13.46	19.99	271.15	131.82	89.53
2001	1708	237	787	44.09	12.49	19.12	369.06	139.51	129.47
2002	1672	224	465	49.34	12.42	16.09	408.81	149.02	102.91
2003	1606	138	326	59.99	10.48	15.15	557.31	158.37	107.40
2004	1782	141	266	58.45	9.37	9.66	679.35	181.08	91.05
2005	1878	132	210	81.72	12.93	9.30	889.41	194.89	88.01
2006	1914	106	113	95.33	11.05	5.99	1189.37	198.12	57.81
2007	2022	104	114	124.97	11.96	8.09	1596.69	243.22	90.29
2008	2398	101	90	153.90	18.15	6.51	1921.26	282.88	85.13
2009	2479	93	75	182.97	26.39	5.41	2302.37	361.57	60.09
2010	2606	93	73	229.57	29.32	4.21	3062.17	448.16	61.44
2011	2734	92	79	219.09	14.82	4.28	3873.87	507.57	75.13
2012	2959	93	81	249.64	12.49	4.50	4713.38	535.97	84.08
2013	3233	68	50	300.60	10.97	5.70	5812.37	397.91	100.02
2014	3734	75	46	321.76	14.48	5.89	7056.89	415.15	102.31
2015	4011	78	43	339.06	12.48	6.02	8003.09	461.08	103.72
2016	4223	82	39	360.63	13.01	4.16	8986.78	549.98	97.01
2017	4668	81	35	464.50	19.95	4.99	10478.31	539.32	97.06
2018	5581	78	33	488.76	22.76	5.35	11941.56	635.62	129.06

注：1996年及以前年份含农村建筑队；1997至2002年为乡及乡以上四级以上建筑企业；2003年起统计范围为具有新资质等级的建筑企业。

Note: In this table,the data in 1996 and before include the individual construction team in rural,the data since 1997 to 2002 include the construction enterprises over town and town level, from 2003 the statistical coverage include the construction enterprises with new grade.

12-1 续表

Continued

年份 Year	资产合计（亿元） Total Assets (100 million yuan)	利润总额（亿元） Total Profits (100 million yuan)	税金总额（亿元） Total Tax (100 million yuan)	房屋建筑面积(万平方米) Floor Space of Building Construction(10000 sq.m) 施工面积 Under Construction	竣工面积 Completed	按总产值计算的劳动生产率（元/人） Overall Labor Productivity by Gross Output Value
1978				416.57	183.40	3038
1979				610.14	275.90	3326
1980				673.38	30.70	3461
1981		0.30		758.34	358.86	3801
1982		0.46		802.22	366.12	4083
1983		0.59		805.37	385.80	4296
1984		0.65		832.13	426.68	7366
1985		0.70		951.87	475.25	8425
1986		0.60		892.56	457.40	9226
1987		0.66		930.84	463.20	9998
1988		0.44		987.97	399.30	12053
1989		0.48		1033.22	502.70	15359
1990		0.50		969.35	499.30	16788
1991		0.70		1061.58	519.10	19246
1992		0.77		1313.86	588.73	23863
1993	127.32	1.69	2.96	1863.70	747.20	28480
1994	189.05	2.16	4.21	2462.50	1029.30	37976
1995	237.86	1.86	5.43	3283.60	1371.10	48560
1996	312.93	2.39	7.42	3523.30	1424.10	47347
1997	357.46	2.84	8.16	3478.50	1546.70	47043
1998	410.03	2.61	10.34	3742.41	1494.34	56860
1999	427.84	2.55	9.54	3991.20	1825.00	63364
2000	445.80	2.55	11.65	4085.40	1729.00	64884
2001	461.10	8.85	14.72	4931.31	2436.95	86280
2002	511.06	9.04	13.28	5237.11	2393.50	93020
2003	631.12	11.58	19.10	6440.08	2952.12	108288
2004	641.72	15.70	23.10	7587.15	3587.05	117831
2005	784.23	19.46	31.42	10268.29	4191.35	120406
2006	906.31	30.98	40.60	13854.50	4825.62	127097
2007	1061.70	37.91	57.51	17743.89	6010.26	123490
2008	1274.48	52.40	71.76	20028.29	7637.76	111960
2009	1494.09	66.05	94.82	21690.97	7435.06	118616
2010	1767.68	87.91	107.69	28406.86	9095.78	134520
2011	2147.00	127.02	139.61	35674.45	10943.78	120330
2012	2628.52	152.82	166.44	41821.78	12343.77	182738
2013	3236.95	187.17	204.90	48254.03	13860.99	183213
2014	3925.84	235.38	245.39	57385.67	15392.71	204770
2015	4395.38	264.56	275.24	59277.33	16631.27	218782
2016	4921.27	282.60	299.75	62920.69	18121.20	225271
2017	5663.92	341.85	366.77	65711.82	16895.04	225584
2018	6703.65	393.80	451.45	72704.00	17644.24	244332

12-2 建筑企业主要经济指标

Major Indicators of Construction Enterprises

项目 Item	2000	2005	2010	2017	2018
企业单位数（个）Number of Enterprises(unit)	**1846**	**1878**	**2606**	**4668**	**5581**
建筑业总产值（亿元）Gross Output Value (100 million yuan)	**271.15**	**889.41**	**3062.17**	**10478.31**	**11941.56**
建筑业竣工产值 Output Value of Completed	196.70	608.01	1742.46	5436.37	7524.64
房屋施工面积（万平方米）Floor Space of Building under (10000 sq.m)	**4085.40**	**10268.29**	**28406.86**	**65711.82**	**72704.00**
#本年新开工 Newly Started Building in Current Year	1937.23	5282.23	14349.31	22064.13	24959.34
房屋竣工面积（万平方米）Floor Space of Building(10000 sq.m)	**1729.00**	**4191.35**	**9095.78**	**16895.04**	**17644.24**
#住宅 Residential Building	995.08	2257.72	5474.72	10851.18	11509.56
年末从业人员（万人）Number of Staff & Workers at the Year-end(10000 persons)	**41.37**	**81.72**	**229.57**	**464.50**	**488.76**
全员劳动生产率（元/人）Overall Labor productivity (yuan/person)					
按总产值计算 In Terms of Gross Output Value	64884	120406	134520	225584	244332
工资总额（亿元）Total Wages(100 million yuan)	**34.21**	**146.97**	**713.35**	**2411.64**	**3088.42**
财务指标（亿元）Financial Indicators(100 million yuan)					
资本金合计 Total Capital	103.39	247.70	511.59	1532.61	1738.66
流动资产年末数 Circulating Funds at Year-end	343.64	608.16	1321.15	4527.86	5415.35
固定资产原值 Original Value of Fixed Assets	96.59	161.89	327.21	669.79	714.45
企业总收入 Total Income	274.06	883.22	2816.29	9136.61	10284.93
工程结算收入 Project Settle Accounts	267.96	872.12	2801.82	9068.35	10176.50
工程结算成本 Actual Cost of Projects Settle	239.53	787.44	2512.58	8236.02	9260.61
利润总额 Total Profits	2.55	19.46	87.91	341.85	393.80
#工程结算利润 Profits of Project Settle Accounts	17.24	51.10	168.45	668.14	757.87
利税总额 Total Pre-Tax Profits	14.20	51.46	195.61	708.62	845.25

12-3 国有经济建筑企业主要经济指标

Major Indicators of State-Owned Construction Enterprises

项目 Item	2000	2005	2010	2017	2018
企业单位数（个） Number of Enterprises(unit)	**283**	**132**	**93**	**81**	**78**
建筑业总产值（亿元） Gross Output Value (100 million yuan)	**131.82**	**194.89**	**448.16**	**539.32**	**635.62**
建筑业竣工产值 Output Value of Completed	90.38	136.78	167.59	267.89	310.16
房屋施工面积（万平方米） Floor Space of Building under (10000 sq.m)	**1574.56**	**1862.81**	**3063.41**	**2473.14**	**2369.81**
# 本年新开工 Newly Started Building in Current Year	606.60	774.05	1417.80	715.98	697.36
房屋竣工面积（万平方米） Floor Space of Building(10000 sq.m)	**546.36**	**655.17**	**498.51**	**744.37**	**737.17**
# 住宅 Residential Building	381.47	401.27	376.06	614.85	541.46
年末从业人员（万人） Number of Staff & Workers at the Year-end(10000 persons)	**13.46**	**12.93**	**29.32**	**19.95**	**22.76**
全员劳动生产率（元/人） Overall Labor productivity (person/yuan)					
按总产值计算 In Terms of Gross Output Value	96111	140828	158901	270350	279251
工资总额（亿元） Total Wages(100 million yuan)	**14.46**	**26.56**	**88.03**	**97.45**	**157.72**
财务指标（亿元） Financial Indicators(100 million yuan)					
资本金合计 Total Capital	29.60	33.00	44.25	90.86	70.82
流动资产年末数 Circulating Funds at Year-end	123.18	163.22	221.40	469.95	480.17
固定资产原值 Original Value of Fixed Assets	41.23	38.45	59.54	63.65	63.79
企业总收入 Total Income	133.52	219.39	424.75	501.46	502.73
工程结算收入 Project Settle Accounts	129.93	215.85	420.07	497.46	494.97
工程结算成本 Actual Cost of Projects Settle	115.89	196.03	386.16	463.00	463.77
利润总额 Total Profits	0.27	2.35	5.42	15.48	13.38
# 工程结算利润 Profits of Project Settle Accounts	8.08	12.19	19.06	22.46	16.09
利税总额 Total Pre-Tax Profits	6.40	9.72	19.20	27.48	28.49

12-4 集体经济建筑企业主要经济指标

Major Indicators of Collective Construction Enterprises

项目 Item	2000	2005	2010	2017	2018
企业单位数（个） Number of Enterprises(unit)	**976**	**210**	**73**	**35**	**33**
建筑业总产值（亿元） Gross Output Value (100 million yuan)	**89.53**	**88.01**	**61.44**	**97.06**	**129.06**
建筑业竣工产值 Output Value of Completed	69.59	63.57	43.29	64.70	66.42
房屋施工面积（万平方米） Floor Space of Building under (10000 sq.m)	**1783.01**	**1657.55**	**884.06**	**1343.01**	**1654.51**
#本年新开工 Newly Started Building in Current Year	944.55	724.47	339.27	488.48	554.62
房屋竣工面积（万平方米） Floor Space of Building(10000 sq.m)	**846.18**	**643.80**	**277.51**	**237.28**	**224.56**
#住宅 Residential Building	496.95	427.31	196.10	188.52	157.67
年末从业人员（万人） Number of Staff & Workers at the Year-end(10000 persons)	**19.99**	**9.30**	**4.21**	**4.99**	**5.35**
全员劳动生产率（元/人） Overall Labor productivity (yuan/person)					
按总产值计算 In Terms of Gross Output Value	44526	91269	137908	194675	241355
工资总额（亿元） Total Wages(100 million yuan)	**15.71**	**15.65**	**13.95**	**26.76**	**32.29**
财务指标（亿元） Financial Indicators(100 million yuan)					
资本金合计 Total Capital	43.55	26.27	9.97	9.47	9.61
流动资产年末数 Circulating Funds at Year-end	144.02	67.18	33.75	33.69	37.56
固定资产原值 Original Value of Fixed Assets	35.50	18.98	6.50	3.80	3.76
企业总收入 Total Income	93.00	89.07	51.92	85.72	90.76
工程结算收入 Project Settle Accounts	91.48	88.05	51.61	85.48	90.41
工程结算成本 Actual Cost of Projects Settle	82.83	80.92	46.52	81.06	85.59
利润总额 Total Profits	1.03	1.39	1.10	1.75	2.46
#工程结算利润 Profits of Project Settle Accounts	5.19	3.75	3.05	2.06	2.97
利税总额 Total Pre-Tax Profits	4.72	4.70	3.02	4.10	4.31

12-5 各种资质等级建筑企业主要经济指标（2018年）

Major Indicators of Construction Enterprises by Grade(2018)

项目 Item	合计 Total	#总承包 General Contract	一级及以上 First and Above	二级 Second	三级 Third	#专业承包 Special Contract	一级 First and Above	二级 Second	三级及不分等级 Third and Others
企业单位数（个） Number of Enterprises(unit)	**5581**	**3770**	**324**	**692**	**2752**	**1284**	**189**	**681**	**414**
建筑业总产值（亿元） Gross Output Value (100 million yuan)	**11941.56**	**10649.16**	**6098.38**	**2423.18**	**2105.00**	**761.86**	**348.85**	**220.94**	**192.07**
建筑业竣工产值 Output Value of Completed	7524.64	7136.34	4871.23	1279.17	984.97	388.30	169.65	111.30	107.35
房屋施工面积（万平方米） Floor Space of Building under (10000 sq.m)	**72704.00**	**71584.83**	**49740.56**	**13594.71**	**8249.57**	**1119.17**	**467.72**	**163.95**	**487.50**
#本年新开工 Newly Started Building in Current Year	24959.34	24480.75	15150.63	5503.99	3826.12	478.59	98.73	84.96	294.90
房屋竣工面积（万平方米） Floor Space of Building (10000 sq.m)	**17644.24**	**17374.22**	**10580.33**	**3990.93**	**2802.96**	**270.01**	**126.91**	**58.01**	**85.10**
#住宅 Residential Building	11509.56	11451.72	7883.19	2348.56	1219.97	57.84	6.36	10.36	41.12
年末从业人员（万人） Number of Staff & Workers at the Year-end(10000 persons)	**488.76**	**392.54**	**224.35**	**87.54**	**80.30**	**27.71**	**11.90**	**8.71**	**7.10**
全员劳动生产率（元/人） Overall Labor productivity(yuan/person)									
按总产值计算 In Terms of Gross Output Value	244332	271295	271827	276837	262127	275014	293113	254012	270404
工资总额（亿元） Total Wages(100 million yuan)	**3088.42**	**2537.28**	**1500.23**	**561.95**	**472.03**	**165.47**	**65.18**	**53.77**	**46.52**
财务指标（亿元） Financial Indicators (100 million yuan)									
资本金合计 Total Capital	1738.66	1484.97	569.40	388.33	525.61	225.91	72.31	88.72	64.88
流动资产年末数 Circulating Funds at Year-end	5415.35	4872.79	2609.85	1084.80	1170.93	542.56	227.42	168.72	146.42
固定资产原值 Original Value of Fixed Assets	714.45	611.05	279.59	165.57	165.75	92.58	30.29	32.16	30.13
企业总收入 Total Income	10284.93	9039.23	5176.10	2106.37	1732.70	703.25	294.45	218.59	190.21
工程结算收入 Project Settle Accounts	10176.50	8947.91	5148.49	2067.34	1708.02	686.51	288.74	209.99	187.79
工程结算成本 Actual Cost of Projects Settle	9260.61	8149.42	4767.79	1854.14	1503.69	590.70	246.25	179.55	164.90
利润总额 Total Profits	393.80	355.84	174.24	95.64	85.74	32.51	15.23	8.95	8.33
#工程结算利润 Profits of Project Settle Accounts	757.87	392.42	176.97	107.49	107.78	68.52	29.70	22.78	16.03
利税总额 Total Pre-Tax Profits	845.25	761.91	377.97	201.35	182.30	59.80	28.01	16.61	15.18

12-6 按行业分建筑企业主要经济指标（2018年）
Major Indicators of Construction Enterprises by Sector(2018)

项目 Item	房屋建筑业 Building	土木工程建筑业 Civil Engineering	建筑安装业 Installation	建筑装饰和其他建筑业 Building Decontion and Others
企业单位数（个） Number of Enterprises(unit)	**2802**	**1437**	**357**	**985**
建筑业总产值（亿元） Gross Output Value(100 million yuan)	**8362.12**	**2697.64**	**234.93**	**646.86**
建筑业竣工产值 Output Value of Completed	4290.73	2919.22	140.09	174.61
房屋施工面积（万平方米） Floor Space of Building under(10000 sq.m)	**66572.21**	**5860.15**	**87.01**	**184.64**
#本年新开工 Newly Started Building in Current Year	22316.39	2518.22	59.68	65.05
房屋竣工面积（万平方米） Floor Space of Building(10000 sq.m)	**15654.33**	**1876.77**	**59.31**	**53.83**
#住宅 Residential Building	10494.31	953.38	19.99	41.88
年末从业人员（万人） Number of Staff & Workers at the Year-end(10000 persons)	**322.03**	**93.52**	**8.71**	**64.50**
全员劳动生产率（元/人） Overall Labor productivity (yuan/person)				
按总产值计算 In Terms of Gross Output Value	259680	288446	269776	100297
工资总额（亿元） Total Wages(100 million yuan)	**2066.76**	**624.83**	**55.96**	**340.87**
财务指标（亿元） Financial Indicators(100 million yuan)				
资本金合计 Total Capital	1055.43	474.08	91.84	117.31
流动资产年末数 Circulating Funds at Year-end	3654.77	1222.68	307.87	230.04
固定资产原值 Original Value of Fixed Assets	389.83	243.86	38.84	41.92
企业总收入 Total Income	7021.74	2350.78	270.25	642.16
工程结算收入 Project Settle Accounts	6960.04	2322.37	258.09	636.00
工程结算成本 Actual Cost of Projects Settle	6345.49	2104.62	224.27	586.23
利润总额 Total Profits	276.41	89.97	13.42	14.00
#工程结算利润 Profits of Project Settle Accounts	286.64	124.01	25.44	28.35
利税总额 Total Pre-Tax Profits	604.32	183.70	21.80	35.43

12-7 按经济类型分建筑企业主要经济指标（2018年）

Major Indicators of Construction Enterprises by Ownership(2018)

项目 Item	国有经济 State-owned	集体经济 Collect-owned	港澳台经济 Hong Kong, Macao and Taiwan Funded	外商经济 Foreign Funded	其他经济 Others
企业单位数（个） **Number of Enterprises(unit)**	**78**	**33**	**21**	**4**	**5445**
建筑业总产值（亿元） **Gross Output Value(100 million yuan)**	**635.62**	**129.06**	**30.66**	**3.24**	**11142.98**
建筑业竣工产值 Output Value of Completed	310.16	66.42	9.36	4.23	7134.48
房屋施工面积（万平方米） **Floor Space of Building under(10000 sq.m)**	**2369.81**	**1654.51**	**848.83**	**23.14**	**67807.71**
#本年新开工 Newly Started Building in Current Year	697.36	554.62	803.96	9.01	22894.39
房屋竣工面积（万平方米） **Floor Space of Building(10000 sq.m)**	**737.17**	**224.56**		**17.06**	**16665.45**
#住宅 Residential Building	541.46	157.67			10810.43
年末从业人员（万人） **Number of Staff & Workers at the Year-end(10000 persons)**	**22.76**	**5.35**	**1.78**	**0.09**	**458.78**
全员劳动生产率（元/人） **Overall Labor productivity(yuan/person)**					
按总产值计算 In Terms of Gross Output Value	279251	241355	172048	354603	242893
工资总额（亿元） **Total Wages(100 million yuan)**	**157.72**	**32.29**	**7.92**	**0.93**	**2889.56**
财务指标（亿元） **Financial Indicators(100 million yuan)**					
资本金合计 Total Capital	70.82	9.61	6.58	2.10	1649.54
流动资产年末数 Circulating Funds at Year-end	480.17	37.56	21.64	9.07	4866.91
固定资产原值 Original Value of Fixed Assets	63.79	3.76	1.06	0.53	645.30
企业总收入 Total Income	502.73	90.76	26.66	5.53	9659.25
工程结算收入 Project Settle Accounts	494.97	90.41	26.51	5.52	9559.11
工程结算成本 Actual Cost of Projects Settle	463.77	85.59	22.30	5.06	8683.89
利润总额 Total Profits	13.38	2.46	0.70	-0.14	377.39
#工程结算利润 Profits of Project Settle Accounts	16.09	2.97	3.63	0.34	441.40
利税总额 Total Pre-Tax Profits	28.49	4.31	1.27	-0.02	811.20

12-8 房屋竣工建筑面积（2018年）

Floor Space of Completed Building(2018)

单位：万平方米 (10000 sq.m)

项目	Item	竣工面积 Floor Space Completed
合计	**Total**	**17644.24**
住宅房屋	Residential Building	11509.56
商业及服务用房屋	Building for Business and Service	1214.47
商厦房屋（批发和零售用房）	Wholesal and Retail Trade	524.07
宾馆用房屋（住宿用房）	Lodgings	56.14
餐饮用房屋（餐饮用房）	Gatering Services	9.15
商务会展用房屋	Business Showing	38.29
其他商业及服务用房屋（居民服务业用房）	Others	586.83
办公用房屋	Building for Office	1029.12
科研、教育、医疗用房屋	Building for Scientific Research,Education,Medical	617.08
科学研究用房屋	Scientific Research	75.45
教育用房屋	Education	427.06
医疗用房屋（卫生医疗用房）	Medical	114.58
文化、体育、娱乐用房屋	Building for Culture, Sports and Enterainment	147.41
厂房及建筑物	Factory Building	2966.35
#厂房	Factory	1343.38
仓库	Storehouse	110.21
其他未列明的房屋建筑物	Others	50.03

12-9 各设区市建筑企业数（2018年）

Number of Construction Enterprises by City(2018)

单位：个 (unit)

地区 Area	合计 Total	#总承包 Gereral Contract	一级及以上 First and Above	二级 Second	三级 Third	#专业承包 Special Contract	一级 First	二级 Second	三级及不分等级 Third and Others
全　省 total	**5581**	**3770**	**324**	**692**	**2752**	**1284**	**189**	**681**	**414**
福州市 Fuzhou	1391	767	88	177	501	390	63	181	146
厦门市 Xiamen	935	450	85	85	279	351	61	201	89
莆田市 Putian	511	443	23	47	373	52	1	38	13
三明市 Sanming	408	366	23	56	287	27	2	8	17
泉州市 Quanzhou	784	468	56	106	306	251	40	132	79
漳州市 Zhangzhou	361	285	16	61	208	58	4	39	15
南平市 Nanping	403	352	3	34	315	35	5	14	16
龙岩市 Longyan	489	399	23	90	286	75	12	38	25
宁德市 Ningde	299	240	7	36	197	45	1	30	14

12-10 各设区市建筑企业从业人员数（2018年）

Number of persons employed by Construction Enterprises by City(2018)

单位：人 (person)

地区 Area	合计 Total	#总承包 Gereral Contract	一级及以上 First and Above	二级 Second	三级 Third	#专业承包 Special Contract	一级 First	二级 Second	三级及不分等级 Third and Others
全　省 total	**4887638**	**3925424**	**2243482**	**875420**	**803045**	**277124**	**119016**	**87077**	**71031**
福州市 Fuzhou	1793619	1450309	891495	301760	256689	116105	56279	31665	28161
厦门市 Xiamen	1157817	659056	468396	83219	104329	63933	26423	18824	18686
莆田市 Putian	231481	223717	121465	44882	57370	3437	17	2692	728
三明市 Sanming	272630	269481	110111	61650	97720	2388	700	268	1420
泉州市 Quanzhou	612015	559654	360536	122101	77017	45112	23029	12947	9136
漳州市 Zhangzhou	246258	232066	106456	71227	54383	10487	320	6209	3958
南平市 Nanping	72489	63005	7015	15662	40328	9298	2395	3447	3456
龙岩市 Longyan	426736	402743	164986	149378	88379	20990	9714	8231	3045
宁德市 Ningde	74593	65393	13022	25541	26830	5374	139	2794	2441

12-11 各设区市建筑企业劳动生产率（2018年）

Labor Productivity Construction Enterprises by City(2018)

单位：元/人 (yuan/person)

地区	Area	按总产值计算 In terms of Total Output value	#国有企业 State- Owned	#集体企业 Collective- Owned
全　省	**total**	**243968**	**318853**	**266949**
福州市	Fuzhou	233384	281712	282568
厦门市	Xiamen	212048	344227	125596
莆田市	Putian	288497	355477	
三明市	Sanming	253373	351211	
泉州市	Quanzhou	297170	369153	281461
漳州市	Zhangzhou	246915	233052	234694
南平市	Nanping	272068	219263	264614
龙岩市	Longyan	258490	145821	
宁德市	Ningde	262005	282755	

12-12 各设区市建筑企业房屋施工情况（2018年）

Basic Statistics on Housing construction of Construction Enterprises by City(2018)

单位：万平方米 (10000 sq.m)

地区	Area	房屋建筑竣工面积 Floor Space of Buildings Completed	房屋建筑施工面积 Floor Space of Buildings under	本年新开工 Newly Started Building in Current Year
全　省	**total**	**17644.24**	**72704.00**	**24959.34**
福州市	Fuzhou	7010.30	34033.29	11417.34
厦门市	Xiamen	1477.97	10147.07	3135.88
莆田市	Putian	1312.82	4780.79	1337.05
三明市	Sanming	1150.17	3689.22	1324.05
泉州市	Quanzhou	3073.45	9294.14	3528.46
漳州市	Zhangzhou	927.68	3196.90	989.34
南平市	Nanping	336.23	959.13	400.74
龙岩市	Longyan	1995.64	5335.83	2463.92
宁德市	Ningde	359.98	1267.64	362.55

12-13 各设区市建筑企业总收入（2018年）

Gross Income of Construction Enterprises by City(2018)

单位：万元 (10000 yuan)

地区 Area	企业总收入 Total Incomes of Enterprises	#工程结算收入 Incomes of Project Settle Accounts	#工程结算成本 Costs ofProject Settle Accounts	#工程结算利润 Profits of Project Settle Accounts	#其他业务收入 Other Incomes	#其他业务利润 Profits of Others
全 省 total	**102849345**	**101765046**	**92606123**	**7548741**	**1084299**	**48680**
福州市 Fuzhou	36307776	35706879	33043405	2270097	600897	16842
厦门市 Xiamen	21503975	21353427	19868557	1242083	150547	15682
莆田市 Putian	5819808	5757129	5031908	601197	62679	877
三明市 Sanming	5619828	5603469	4990072	441283	16360	-759
泉州市 Quanzhou	16202704	16030046	14130146	1582050	172658	8169
漳州市 Zhangzhou	4491632	4459146	4027326	345011	32487	2023
南平市 Nanping	1709990	1683697	1473123	178631	26293	2095
龙岩市 Longyan	9561805	9541947	8567682	756789	19858	3414
宁德市 Ningde	1631827	1629307	1473904	131601	2520	338

12-14 各设区市建筑企业利税总额（2018年）

Total Pre-tax Profits of Construction Enterprises by City(2018)

单位：万元 (10000 yuan)

地区 Area	利税总额 Total Pre-tax Profits	#利润总额 Total Profits	#工程结算税金及附加 Taxes and Extra Charges on Project Settle Accounts	产值利税率（%） Ratio of pre-tax Profits to Gross Output Value (%)	资产利税率（%） Ratio of pre-tax Profit to Assets (%)
全 省 Total	**8452535**	**3937986**	**1610182**	**7.1**	**13.7**
福州市 Fuzhou	2467690	1063353	393377	5.8	10.1
厦门市 Xiamen	1202768	513309	242787	5.0	9.6
莆田市 Putian	622044	314258	124024	8.8	16.6
三明市 Sanming	686674	267723	172114	9.7	24.5
泉州市 Quanzhou	1720874	941830	317849	9.6	21.1
漳州市 Zhangzhou	455582	235958	86808	7.3	11.4
南平市 Nanping	202734	104512	31943	10.7	16.0
龙岩市 Longyan	949744	430312	217476	8.8	27.8
宁德市 Ningde	144427	66731	23803	7.8	9.8

12-15 房地产开发企业（单位）主要指标

Main Indicators of Enterprises for Real Estate Development

项目 Item	2000	2005	2010	2017	2018
企业个数（个） Number of Enterprises(unit)	**1922**	**2596**	**3634**	**3240**	**3351**
内资企业 Domestically funded enterprises	1151	1866	2926	2902	3043
#国有 Stated-owned	356	225	216	349	384
集体 Collective-owned	170	91	52	29	26
港澳台商投资企业 EnterPries with Funds from HongKong,Macao and TaiWan	543	470	529	242	217
外商投资企业 Foreign Funded Enterprises	228	260	179	96	91
土地开发及购置(万平方米) Development and Purchase of Land (10000 sq.m)					
土地购置面积 Purchased Land Space	901.07	1822.55	1540.42	916.44	1286.82
本年完成投资（亿元） Investment of Completed (100 million yuan)	**207.37**	**540.39**	**1818.86**	**4794.23**	**4940.34**
#住宅 Residential Building	125.07	363.72	975.13	3236.51	3456.86
本年实际到位资金(亿元) Actual Funds this Year	276.86	803.93	2631.31	6426.29	6551.03
#国内贷款 Domestic Loans	44.78	156.85	432.46	780.62	856.00
利用外资 Foreign Investment	24.94	14.81	18.17	18.28	3.58
自筹资金 Fundraising	54.21	217.15	1099.64	2321.35	2660.60
房屋建筑面积（万平方米） Floor Space of Buildings Completed (10000 sq.m)					
施工面积 Floor Space Under Construction	3422.88	6107.75	14189.73	31939.55	32825.97
本年房屋竣工面积 Floor Space Completed this Year	1009.36	1576.16	2242.47	4266.69	3739.02
本年新开工面积 Newiy Started This Year	1102.85	2196.57	4679.56	5528.75	7205.35
#住宅 Residential Buildings	891.87	1727.38	3399.53	3826.31	5073.73
商品房销售面积（万平方米） Real Floor Spale Building Sold (10000 sq.m)	**810.65**	**1913.84**	**2575.62**	**5854.05**	**6213.40**
#住宅 Residential Buildings	675.73	1720.56	2139.26	4526.13	4781.58

12-16 房地产开发企业（单位）主要指标(1986-2018年)

Main Indicators of Enterprises for Real Estate Development(1986-2018)

年份 Year	本年完成投资（亿元） Investment of Completed (100 million yuan)	#住宅 Residential Buildings	商品房销售额（亿元） Real Value of House Sold (100 million yuan)	#住宅 Residential Buildings	商品房销售面积（万平方米） Real Floor Space Sold (10000 sq.m)	#住宅 Residential Buildings
1986	3.57				73.14	
1987	3.25				51.33	
1988	7.13				92.88	
1989	11.01				102.55	
1990	13.47				107.79	
1991	21.07		9.16		111.44	
1992	41.03		16.77		134.99	
1993	60.93		26.61		248.91	
1994	101.98	69.96	39.37	26.03	241.31	188.96
1995	151.37	88.51	66.16	46.14	368.65	309.44
1996	151.69	75.29	48.59	37.61	273.51	234.28
1997	148.33	72.49	83.50	62.04	426.88	346.14
1998	165.63	85.44	105.10	78.71	515.20	441.67
1999	178.62	105.08	123.75	92.54	599.68	511.64
2000	207.37	125.07	168.96	119.39	810.65	675.73
2001	225.49	145.22	199.08	150.75	987.81	843.00
2002	248.99	160.78	225.28	153.95	1047.05	882.92
2003	362.07	237.67	287.16	222.46	1250.10	1083.79
2004	477.79	308.45	354.47	281.26	1384.83	1224.61
2005	540.39	363.72	605.09	481.90	1913.84	1720.56
2006	787.36	511.68	807.46	637.34	2021.69	1743.39
2007	1132.49	778.39	1134.53	938.33	2421.97	2096.39
2008	1129.09	735.93	712.61	562.26	1625.67	1250.00
2009	1136.35	743.27	1477.83	1299.09	2723.23	2420.83
2010	1818.86	975.13	1611.32	1300.13	2575.62	2139.26
2011	2402.61	1591.56	2101.58	1649.34	2706.72	2213.30
2012	2824.12	1751.98	2817.70	2293.90	3258.94	2741.96
2013	3702.97	2402.08	4232.08	3410.57	4676.16	3957.46
2014	4567.40	2917.17	3763.52	2939.58	4119.48	3324.10
2015	4469.61	2864.95	3585.81	2839.76	4037.76	3315.69
2016	4588.83	2999.29	4530.79	3793.41	4915.35	4134.46
2017	4794.23	3236.51	5705.19	4202.00	5854.05	4526.13
2018	4940.34	3456.86	6579.49	5074.52	6213.40	4781.58

12-17 房地产开发投资完成情况(1986-2018)

Main Indicators of Enterprises for Real Estate Development(1986-2018)

年份 Year	企业个数（个） Number of Enterprises (unit)	本年完成投资（亿元） Investment of Completed (100 million yuan)	施工面积（万平方米） Floor Space Under Construction (10000 sq.m)	竣工面积（万平方米） Floor Space Completed (10000 sq.m)	商品房销售面积（万平方米） Real Floor Spale Building Sold (10000 sq.m)	商品房销售额（亿元） Real Value of House Sold (100 million yuan)
1986	102	3.57	220.84	133.25	73.14	
1987	118	3.25	216.38	98.74	51.33	
1988	174	7.13	368.04	154.12	92.88	
1989	168	11.01	413.56	183.73	102.55	
1990	190	13.47	427.57	193.92	107.79	
1991	241	21.07	561.56	215.98	111.44	9.16
1992	391	41.03	842.30	258.48	134.99	16.77
1993	856	60.93	1258.69	307.55	248.91	26.61
1994	1279	101.98	1889.94	470.78	241.31	39.37
1995	1256	151.37	2506.77	732.63	368.65	66.16
1996	1407	151.69	2283.80	526.28	273.51	48.59
1997	1465	148.33	2401.24	662.77	426.88	83.50
1998	1783	165.63	2748.79	578.74	515.20	105.10
1999	1909	178.62	3166.96	788.82	599.68	123.75
2000	1922	207.37	3422.88	1009.36	810.65	168.96
2001	1941	225.49	3717.31	1280.79	987.81	199.08
2002	1869	248.99	4114.64	1323.49	1047.05	225.28
2003	1900	362.07	4891.04	1362.95	1250.10	287.16
2004	2433	477.79	5795.69	1523.91	1384.83	354.47
2005	2596	540.39	6107.75	1576.16	1913.84	605.09
2006	2755	787.36	6992.74	1408.32	2021.69	807.46
2007	2693	1132.49	9651.58	1711.33	2421.97	1134.53
2008	3268	1129.09	11459.72	1906.15	1625.67	712.61
2009	3316	1136.35	11668.17	2240.26	2723.23	1477.83
2010	3634	1818.86	14189.73	2242.47	2575.62	1611.32
2011	3576	2402.61	18937.98	2651.71	2706.72	2101.58
2012	3140	2824.12	21121.50	2232.78	3258.94	2817.70
2013	3187	3702.97	26287.28	3369.76	4676.16	4232.08
2014	3280	4567.40	30051.77	3583.57	4119.48	3763.52
2015	3151	4469.61	30891.14	3436.56	4037.76	3585.81
2016	3177	4588.83	31064.14	3665.25	4915.35	4530.79
2017	3240	4794.23	31939.55	4266.69	5854.05	5705.19
2018	3351	4940.34	32825.97	3739.02	6213.40	6579.49

12-18 按各类分组房地产开发投资

Investment of Real Estate Development by Groups

单位：亿元　　(100 million)

项目 Item	2000	2005	2010	2017	2018
完成投资额 Investment of Completed	**207.37**	**540.39**	**1818.86**	**4794.23**	**4940.34**
按登记注册类型分 Grouped by Status of Registration					
国有 Stated-owned	45.28	57.28	128.22	179.32	27.49
集体 Collective-owned	9.53	18.93	27.66	2.48	0.04
股份合作 Share Holding Cooperative	4.17	2.39	2.86		
联营 Cooperative	4.10	8.93	0.55		
有限责任公司 Limited Liability Corporations	21.49	107.28	705.67	2604.00	1900.11
股份有限公司 Share Holding Enterprises	10.38	7.45	58.05	82.57	51.95
私营企业 Private Enterprises	26.42	178.55	586.39	1530.22	2653.02
港澳台商投资企业 Enterprises with Funds from HongKong, Macao and TaiWan	54.48	106.11	227.76	279.56	219.02
外商投资企业 Foreign Funded Enterprises	30.42	51.47	70.15	115.88	88.71
其他企业 Other Enterprises	1.10	2.00	11.55	0.20	
按构成分 By Type of Construction					
建筑工程 Construction	140.20	334.31	877.89	2738.96	2495.12
安装工程 Installation	7.78	22.60	53.72	387.30	264.51
设备工器具购置 Purchase of Equitment and Instruments	3.95	3.97	9.39	39.52	53.75
其他费用 Others	55.44	179.51	877.85	1628.45	2126.96
按工程用途分 By Use of Project					
商业营业用房 House for Busines Use	29.91	47.82	162.33	555.87	457.63
住宅 Residential Building	125.07	363.72	975.13	3236.51	3456.86
办公楼 Office Buildings	15.20	10.76	49.67	282.37	215.55
其他 Others	37.19	118.09	631.72	719.48	810.30
按隶属关系分 By Ownership					
中央 Central	0.72	0.19	9.23	40.69	9.56
地方 Local Project	206.65	540.20	1809.62	4753.54	4930.78
#省 Province	17.86	9.45	24.14	44.13	50.62

12-19 商品房竣工面积(1986-2018)

Main Indicators of Enterprises for Real Estate Development(1986-2018)

单位：万平方米 (10000 sq.m)

年份 Year	房屋竣工面积 Floor Space Completed	住宅 Residential Buildings	#别墅、高档公寓 High-grade Apartment	办公楼 Office Buildings	商业营业用房 House for Business Used	其他 Others
1986	133.25	112.40				
1987	98.74	72.21				
1988	154.12	114.75				
1989	183.73	145.78				
1990	193.92	139.42				
1991	215.98	147.03		2.50	19.63	46.82
1992	258.48	181.24		2.90	26.91	47.43
1993	307.55	238.46		4.13	28.31	36.65
1994	470.78	359.14	31.86	30.97	51.67	29.00
1995	732.63	585.82	54.07	34.93	80.46	31.42
1996	526.28	419.56	47.28	28.33	61.86	16.53
1997	662.77	500.07	69.60	55.37	80.41	26.92
1998	578.74	450.90	43.15	34.50	70.05	23.29
1999	788.82	604.21	45.05	64.75	82.33	37.53
2000	1009.36	771.81	44.24	71.48	114.68	51.39
2001	1280.79	1020.46	70.99	50.39	153.42	56.52
2002	1323.49	1011.33	32.95	46.53	207.54	58.09
2003	1362.95	1074.29	45.06	45.98	142.37	100.32
2004	1523.91	1260.55	54.46	29.93	154.43	78.99
2005	1576.16	1304.85	39.53	22.22	156.54	92.55
2006	1408.32	1128.59	43.93	44.35	145.36	90.03
2007	1711.33	1344.42	89.66	55.49	163.30	148.12
2008	1906.15	1422.84	83.05	97.64	174.98	210.70
2009	2240.26	1690.85	82.18	47.44	209.32	292.65
2010	2242.47	1715.87	58.22	35.20	165.39	326.01
2011	2651.71	2007.34	78.00	54.75	286.07	303.55
2012	2232.78	1564.62	59.57	119.20	238.83	310.13
2013	3369.76	2338.06	85.70	98.33	404.85	528.52
2014	3583.57	2568.02	65.95	145.51	308.55	561.48
2015	3436.56	2398.99	30.24	142.78	341.16	553.64
2016	3665.25	2420.45	127.02	182.15	457.34	605.31
2017	4266.69	2891.33	49.48	144.64	390.35	840.38
2018	3739.02	2347.24	87.79	261.45	374.56	755.78

12-20 按工程用途分房地产开发投资(1986-2018)

Main Indicators of Enterprises for Real Estate Development(1986-2018)

单位：亿元　　(100 million yuan)

年份 Year	本年完成投资 Investment of Completed	住宅 Residential Buildings	#别墅、高档公寓 High-grade Apartment	办公楼 Office Buildings	商业营业用房 House for Business Used	其他 Others
1986	3.57					
1987	3.25					
1988	7.13					
1989	11.01					
1990	13.47					
1991	21.07					
1992	41.03					
1993	60.93					
1994	101.98	46.23				
1995	151.37	88.51	18.89	18.80	19.06	25.01
1996	151.69	75.29	12.63	16.80	23.57	36.03
1997	148.33	72.49	11.83	20.31	23.63	31.90
1998	165.63	85.44	10.79	19.61	22.69	37.90
1999	178.62	105.08	10.47	16.08	22.78	34.68
2000	207.37	125.07	14.00	15.20	29.91	37.19
2001	225.49	145.22	13.47	12.20	30.63	37.45
2002	248.99	160.78	11.27	9.99	29.85	48.37
2003	362.07	237.67	11.86	10.64	38.27	75.49
2004	477.79	308.45	24.82	9.15	43.93	116.27
2005	540.39	363.72	17.79	10.76	47.82	118.09
2006	787.36	511.68	32.34	24.25	56.29	195.15
2007	1132.49	778.39	52.75	20.91	76.35	256.84
2008	1129.09	735.93	46.18	24.74	80.87	287.55
2009	1136.35	743.27	43.64	37.84	87.30	267.93
2010	1818.86	975.13	55.26	49.67	162.33	631.72
2011	2402.61	1591.56	94.07	100.19	264.51	446.34
2012	2824.12	1751.98	102.13	189.22	370.38	512.54
2013	3702.97	2402.08	137.86	270.28	491.43	539.18
2014	4567.40	2917.17	220.01	358.58	654.88	636.77
2015	4469.61	2864.95	121.27	327.76	670.97	605.92
2016	4588.83	2999.29	120.56	339.01	590.95	659.58
2017	4794.23	3236.51	151.31	282.37	555.87	719.48
2018	4940.34	3456.86	138.64	215.55	457.63	810.30

12-21 商品房销售面积(1986-2018)

Main Indicators of Enterprises for Real Estate Development(1986-2018)

单位：万平方米 (10000 sq.m)

年份 Year	商品房销售面积 Real Floor Spale Building Sold	住宅 Residential Buildings	#别墅、高档公寓 High-grade Apartment	办公楼 Office Buildings	商业营业用房 House for Business Used	其他 Others
1986	73.14	73.14				
1987	51.33	42.87				
1988	92.88	72.65				
1989	102.55	92.58				
1990	107.79	88.36				
1991	111.44	93.98				
1992	134.99	113.70				
1993	248.91	209.60				
1994	241.31	188.96				
1995	368.65	309.44		21.36	26.67	11.18
1996	273.51	234.28	29.79	10.96	23.96	4.32
1997	426.88	346.14	26.30	27.89	41.55	11.30
1998	515.20	441.67	36.87	24.70	40.39	8.45
1999	599.68	511.64	40.87	21.41	54.30	12.34
2000	810.65	675.73	45.57	41.74	77.89	15.30
2001	987.81	843.00	42.54	33.31	89.66	21.84
2002	1047.05	882.92	29.91	31.19	114.41	18.54
2003	1250.10	1083.79	66.37	34.64	104.86	26.81
2004	1384.83	1224.61	32.24	21.88	100.39	37.95
2005	1913.84	1720.56	37.18	21.05	120.76	51.47
2006	2021.69	1743.39	113.13	41.03	141.95	95.33
2007	2421.97	2096.39	149.21	80.19	155.38	90.00
2008	1625.67	1250.00	62.18	66.52	94.32	214.83
2009	2723.23	2420.83	116.99	32.94	121.26	148.20
2010	2575.62	2139.26	83.01	82.20	176.35	177.81
2011	2706.72	2213.30	78.46	109.17	183.86	200.40
2012	3258.94	2741.96	84.58	150.83	209.88	156.27
2013	4676.16	3957.46	98.75	211.42	242.53	264.75
2014	4119.48	3324.10	92.55	181.01	286.94	327.44
2015	4037.76	3315.69	91.51	155.42	296.25	270.40
2016	4915.35	4134.46	104.45	181.16	305.47	294.26
2017	5854.05	4526.13	146.14	354.25	412.26	561.41
2018	6213.40	4781.58	182.37	304.59	457.83	669.40

12-22 房地产开发施工、竣工和销售情况(2018年)

Condition of Real Estate Under Construction,Completed and Sale(2018)

项目 Item	合计 Total	住宅 Residential Buildings	#90平方米以下 Floor Space Under 90 sq.m	#90-144平方米 Floor Space between 99 and 144 sq.m	#144平方米以上 Floor Space Over 144 sq.m	#别墅、高档公寓 High-grade Apart -ment	办公楼 Office Buildings	商业营业用房 House for Business Used	其他 Others
房屋施工面积（万平方米） Floor Space Under Construction (10000 sq.m)	**32825.97**	**21031.59**	**5437.62**	**12776.13**	**2817.84**	**871.37**	**2227.70**	**3484.18**	**6082.50**
#新开工面积 New Building	7205.35	5073.73	962.98	3667.89	442.86	175.74	236.26	557.08	1338.28
房屋竣工面积（万平方米） Floor Space of Completed(10000 sq.m)	**3739.02**	**2347.24**	**533.23**	**1543.56**	**270.45**	**87.79**	**261.45**	**374.56**	**755.78**
商品住宅竣工套数（万套） Set of Completed Buildings(10000 sets)		**21.82**	**7.58**	**12.94**	**1.31**	**0.48**			
竣工房屋价值（亿元） Value of Completed Buildings (100 million yuan)	**1137.79**	**712.17**	**162.69**	**466.87**	**82.61**	**37.80**	**92.32**	**130.20**	**203.10**
出租房屋面积（万平方米） Floor Space of Houses Leased (10000 sq.m)	**103.13**	**6.73**	**1.81**	**1.70**	**3.23**	**2.92**	**7.96**	**64.71**	**23.73**
商品房销售面积（万平方米） Floor Space Sold(10000 sq.m)	**6213.40**	**4781.58**	**940.30**	**3264.65**	**576.63**	**182.37**	**304.59**	**457.83**	**669.40**
#现房销售面积 Buildings Now Availabal	874.70	420.45	121.67	218.23	80.55	16.50	51.34	137.22	265.69
期房销售面积 Forward Buildings	5338.70	4361.13	818.63	3046.42	496.08	165.87	253.25	320.61	403.71
商品房销售额（亿元） Value of House Sold(100 million yuan)	**6579.49**	**5074.52**	**1047.78**	**3275.91**	**750.83**	**264.87**	**480.77**	**585.29**	**438.91**
#现房销售额 Buildings Now Availabal	709.42	333.14	92.64	134.67	105.83	27.13	76.19	167.81	132.28
期房销售额 Forward Buildings	5870.07	4741.39	955.14	3141.24	645.00	237.74	404.58	417.47	306.63
商品住宅销售套数（万套） Set of Commercial Residential Buildings Sold(10000 sets)		**44.68**	**13.10**	**28.52**	**3.07**	**1.02**			
年末待售面积（万平方米） Floor Space of Buildings no Sold (10000 sq.m)	**1879.13**	**522.87**	**94.53**	**243.88**	**184.47**	**55.75**	**157.63**	**513.89**	**684.75**
#待售1-3年 One-three Years	741.24	172.04	30.71	88.09	53.24	16.65	89.11	196.90	283.20
待售3年以上 Over Three Years	731.76	212.26	32.65	85.90	93.72	28.69	31.07	205.45	282.98

主要统计指标解释

建筑业统计单位 指从事房屋、构筑物建造和设备安装活动的法人企业。建筑业法人企业应同时具备的条件是：①依法成立，有自己的名称、组织机构和场所，能够承担民事责任；②独立拥有和使用资产，承担负债，有权与其他单位签订合同；③独立核算盈亏，能够编制资产负债表。

建筑业总产值(即自行完成施工产值) 指以货币表现的建筑安装企业在一定时期内生产的建筑业产品和提供的服务的总和。建筑业总产值包括：

(1)建筑工程产值：指列入建筑工程预算内的各种工程价值。

(2)设备安装工程产值：指设备安装工程价值，不包括被安装设备本身价值。

(3)房屋、构筑物修理产值：指房屋、构筑物修理所完成的价值，但不包括被修理房屋、构筑物本身的价值和生产设备的修理价值。

(4)非标准设备制造产值：指加工制造没有定型的、非标准的生产设备的加工费和原材料价值，以及附属加工厂为本企业承建工程制作的非标准设备的价值。

房屋建筑施工面积 指在报告期内施工的全部房屋建筑面积，包括本期新开工的房屋面积、上期施工跨入本期继续施工的房屋面积、上期停缓建在本期恢复施工的房屋面积、本期竣工的房屋面积及本期施工后又停缓建的房屋面积。

房屋建筑竣工面积 指在报告期内房屋建筑按照设计要求全部完工，达到了住人和使用条件，经验收鉴定合格，正式移交使用单位的房屋建筑面积。

工程结算收入 指企业承包工程实现的工程价款结算收入，以及向发包单位收取的除工程价款以外的按规定列作营业收入的各种款项，如临时设施费、劳动保险费、施工机械调迁费等以及向发包单位收取的各种索赔款。

工程结算利润 指已结算工程实现的利润，如亏损以“—”号表示。计算公式为：

工程结算利润＝工程结算收入－工程结算成本－工程结算税金及附加

企业总收入 指与企业生产经营直接有关的各项收入，包括工程结算收入和其他业务收入。计算公式为：

企业总收入＝工程结算收入＋其他业务收入

Explanatory Notes on Main Statistical Indicators

Statistical Unit in the Construction Industry refers to corporate enterprise engaged in the construction of buildings and structures and in the installation of equipment.A corporate construction enterprise should have qualification certifieates with independent accounting system,and should meet the following 3 requirements:①being set up in line with relevant legal basis,having its full name,organization and location,and capable of taking civil liabilities;② independently possessing and using its assets and assuming its liabilities,and entitled to sign contracts with other institutions;and ③ making independent accounts of its profits and losses,and capable of compiling its own balance sheet.

Gross Output Value of Construction (Output Value of Projects Under Construction) refers to total of construction products and services, expressed in money terms, completed by construction and installation enterprises during a given period of time. It includes:

(1) Output value of construction projects, that is the value of projects covered by the project budgets;

(2) Output value of installation projects, that is the value of the installation of equipment, (excluding the value of the equipment to be installed);

(3) Output value of repair of buildings and structures, that is the value created through the repairs of buildings or structures,but does not include the value of buildings or structures being repaired and the value of the repair of production equipment;

(4) Output value of manufactured non-standard equipment, that is the value of non-standard production equipment (including raw materials and manufacturing cost) made for the construction project, and the equipment manufactured by subsidiary workshops.

Floor Space of Buildings Under Construction refers to floor space of buildings under construction during the reference period, including newly started buildings,buildings started earlier and Continued during the reference period,and buildings suspended earlier but restarted during the reference period, buildings completed during the reference period, and buildings under construction and then suspended during the reference period.

Floor Space of Buildings Completed refers to the floor space of buildings that are completed in the reference period in accordance with the requirements of the design, up to the standard for putting them into use, and have been checked and accepted by concerned departments as qualified ones.

Income from Settlement of Projects refers to the income received by the construction enterprise from the contracted project through settlement procedures, and other charges to the contractoree as operational costs in addition to the value of the project, such as temporary facility fee,labour insurance premium,moving cost of construction equipment,as well as various types of claims to the contractee.

Profit from Settlement of Projects refers to profit realized through settled projects. It is calculated with the following formula:

Profit from Settlement of Projects=Income from Settlement of Projects-Settled Cost-Settled Taxes and Other Cost

Total Revenue of Enterprises refers to the sum of income from production and operation of enterprises, including income from settlement of projects and other operational income, namely:

Total Revenue of Enterprises=Income from Settlement of Projects+Other Operational Income

第十三篇　交通运输和邮电通信业

Chapter 13　Transportation, Postal and Telecommunication Services

资料整理：陈姿 陈洁 吴渝
Database Editor:Chenzi Chenjie Wuyu

简 要 说 明

本篇资料的主要内容及来源

本篇资料反映了全省交通运输业与邮电通讯业发展的基本状况，主要包括交通设施基本情况、客货运量及周转量、交通运输企业主要技术经济指标、沿海主要港口货物吞吐量、邮政和电信基本情况、民用汽车拥有量等方面的内容。

铁路资料来源于南昌铁路局，公路、水路和港口资料来源于福建省交通厅，民航运输资料来源于福建省民航局，邮电信资料来源于福建省通信管理局和福建省邮政管理局。

本篇资料由省统计局服务业处收集整理。

Brief Introduction

Main Content and Source of Data

Data in this chapter cover mainly the basic conditions of the development of transport, post and telecommunications in Fujian Province, including the basic conditions of transport, the freight traffic and passenger traffic accomplished by various means, major financial indices of related enterprises, cargo handled at principal sea ports and the basic conditions of post and telecommunication services.

Data on railways transportation come from the Nanchang Bureau of the Railway. Data on highways waterway and port come from the Bureau of the Transportation. Data on the civil aviation transport come from the Bureau of Fujian Aviation Administration. Data on telecommunication services come from the Telecommunication Bureau. Data on post are provided by the Post Company.

Data in this chapter are compiled and provided by the Division of Services Statistics of Fujian Provincial Bureau of Statistics.

13-1 主要年份各类运输总量

Passenger Traffic and Freight Traffic in Selected Years

年份 Year	客运量 (万人) Passenger Traffic (10000 persons)	旅客周转量 (亿人公里) Passenger-Kilometers (100 million passenger-km)	货运量 (万吨) Freight Traffic (10000 tons)	货物周转量 (亿吨公里) Freight ton-kilometers (100 million ton-km)
1952	251	1.72	156	1.44
1957	1966	8.81	1553	10.07
1962	2634	16.97	1845	21.65
1965	3226	16.22	2948	39.47
1970	3324	17.59	2862	40.92
1975	5887	28.36	3747	53.73
1978	7928	35.73	4871	74.03
1979	9996	43.71	5149	80.63
1980	16676	62.37	7979	100.34
1981	20013	73.45	8302	103.34
1982	22570	82.01	9077	120.39
1983	24620	91.50	10175	131.78
1984	29155	109.50	11479	151.61
1985	33984	130.33	13317	161.97
1986	34426	137.09	16931	195.48
1987	35693	159.38	18231	225.02
1988	37216	175.91	20131	242.02
1989	39622	173.66	19859	270.06
1990	39495	175.40	20321	272.71
1991	34038	186.70	12124	267.26
1992	36283	205.17	19836	347.28
1993	40465	232.27	25824	434.02
1994	36416	240.56	28447	577.73
1995	40080	247.65	28922	608.61
1996	42956	267.20	30593	590.58
1997	43658	253.15	30496	605.78
1998	42047	279.76	30010	661.61
1999	41413	301.58	28637	746.71
2000	44203	333.97	29483	687.65
2001	47393	372.72	30547	779.92
2002	49134	392.00	31837	827.44
2003	48097	386.19	33422	1223.82
2004	53950	441.40	37279	1401.26
2005	55615	477.82	40400	1576.12
2006	59369	524.99	44304	1904.36
2007	64244	587.90	50500	2083.72
2008	72742	561.77	57254	2401.41
2009	76121	597.75	58231	2477.46
2010	77153	648.76	66159	2983.52
2011	81082	723.83	75272	3404.11
2012	83725	771.93	84417	3877.73
2013	56965	785.01	96718	3943.77
2014	60765	902.36	111779	4783.48
2015	54031	915.21	111063	5450.96
2016	54237	987.52	120379	6074.83
2017	54118	1086.22	132252	6785.16
2018	51435	1153.28	136974	7652.89

注：2013年客运量数据因交通运输业统计范围变化有调整。

Note:Because the scope of Transportation Statistics changes, The Data of Traffic Passengers in 2013 has been adjusted.

13-2 交通运输业基本情况

Basic Conditions of Transport

项目	Item	2000	2005	2010	2017	2018
铁路营业长度（公里）	**Length of Railways in Operation(km)**	**1454**	**1613**	**2110**	**3187**	**3509**
公路通车里程（公里）	**Length of Highway(km)**	**51073**	**58286**	**91015**	**108012**	**108901**
#高速公路	Expressway	351	1208	2350	5039	5155
内河通航里程（公里）	**Length of Navigable Inland Waterways(km)**	**3701**	**3245**	**3245**	**3245**	**3245**
客运量（万人）	**Passenger Traffic(10000 persons)**	**44203**	**55615**	**77153**	**54118**	**51435**
铁路	Railways	1428	1486	3640	11624	12096
公路	Highways	41696	52452	70714	37585	34081
水运	Waterways	726	985	1444	1925	1929
航空	Civil Aviation	353	692	1356	2984	3330
旅客周转量（亿人公里）	**Passenger-kilometers(100 million persons-km)**	**333.97**	**477.82**	**648.76**	**1086.22**	**1153.28**
铁路	Railways	71.57	87.90	137.70	373.61	385.20
公路	Highways	223.44	309.99	346.68	227.83	212.04
水路	Waterways	1.44	1.39	2.14	2.78	2.75
航空	Civil Aviation	37.52	78.54	162.23	481.99	553.29
货运量（万吨）	**Freight Traffic(10000 tons)**	**29483**	**40400**	**66159**	**132252**	**136974**
铁路	Railways	2475	3601	3765	3175	3518
公路	Highways	22924	27579	45575	95599	96576
水运	Waterways	4078	9210	16803	33453	36854
航空	Civil Aviation	6	10	16	25	27
货物周转量（亿吨公里）	**Freight Ton-Kilometers (100 million ton-km)**	**687.65**	**1576.12**	**2983.52**	**6785.16**	**7652.89**
铁路	Railways	152.51	201.95	184.20	135.90	147.35
公路	Highways	175.83	238.25	578.32	1214.05	1289.52
水路	Waterways	358.63	1134.64	2218.88	5429.82	6209.37
航空	Civil Aviation	0.67	1.27	2.12	5.39	6.64
全社会机动车拥有量（辆）	**Number of Motor Vehicles(unit)**	**1954426**	**4198416**	**7249619**	**9661713**	**10427044**
汽车	Automobiles	321278	742611	1996529	5582343	6239188
沿海主要港口货物吞吐量（万吨）	**Freight Handled at Principal Seaports (10000 tons)**	**6944.17**	**19605.25**	**32687.01**	**51995.49**	**55806.88**
福州港	Fuzhou	2425.48	7443.45	7124.79	14838.16	17876.32
厦门港	Xiamen	1965.26	4770.76	12728.05	21116.25	21719.93
泉州港	Quanzhou	1712.18	4046.16	8455.37	12986.17	12832.37
漳州港	Zhangzhou	418.72	2081.31	1202.47		
湄州湾港	Meizhouwan	201.34	1050.03	1755.99	3054.91	3378.25
宁德港	Ningde	221.19	213.54	1420.33		

注：2011年起，漳州港并到厦门港，宁德港并到福州港。

Note:Since 2011, Zhangzhou seaports divided to Xiamen Seaports,Ningde seaports divided to Fuzhou Seaports.

13-3 运输线路长度（年底数）

Length of Transportation Routes,End of Year

单位：公里 (km)

项目 Item	2000	2005	2010	2017	2018
铁路营业长度 Length of Railways in Operation	**1454**	**1613**	**2110**	**3187**	**3509**
#电气化长度 Electrified Railways	821	821	1498	2575	2872
公路通车里程 Length of Highway	**53506**	**58286**	**91015**	**108012**	**108901**
#绿化里程 Length of Greened Highways	28068	31010	45906	92717	94487
#养护里程 Length of Maintenced Highways	52776	57430	91009	108012	108901
按行政等级分 By Administrative Level					
国道 National Highways	2443	3129	4206	10625	10727
省道 Provincial Highways	5451	5763	6151	5340	5427
县级公路 County Highways	12527	12814	13485	15067	15124
乡镇公路 Village Highways	27101	30579	35676	41810	41905
专用公路 Highway for Special Purpose	5984	6001	486	123	123
按技术等级分 By Technical Grade					
# 等级路里程合计 Total of Expressway and Class Highway	40637	47986	70655	91297	92464
高速公路 Expressway	351	1208	2351	5039	5155
一级 First Class	255	358	603	1161	1351
二级 Second Class	5515	6262	7373	10669	10887
三级 Third Class	3440	4518	6419	8532	8502
四级 Fourth Class	31076	35640	53910	65897	66568
内河通航里程 Length of Navigable Inland Waterways	**3701**	**3245**	**3245**	**3245**	**3245**

13-4 各类运输工具拥有量（年底数）

Number of Means of Transport, End of Year

项目	Item	2000	2005	2010	2017	2018
公路	**Highway**					
全社会机动车拥有量（辆）	**Number of Motor Vehicles(unit)**	**1954426**	**4198416**	**7246919**	**9661713**	**10427044**
#民用汽车	Automobiles	321278	742611	1996529	5582343	6239188
#载客汽车	Possenger Vehicles	156890	449592	1502963	4864625	5456288
大型	Large-Size		15623	24704	33241	35682
中型	Medium-Size		31203	39736	25037	23568
小型	Small-Size		362861	1384498	4767594	5360949
微型	Mini-Size		39905	54025	38753	36089
载货汽车	Trucks	154219	231351	451130	683473	747687
重型	Large-Capacity		16437	64942	115143	130040
中型	Medium-Capacity		40678	47062	21236	21243
轻型	Small-Capacity		147566	329155	544741	594600
微型	Mini-Capacity		26670	9971	2353	1804
水路	**Waterway**					
内河	**Island River**					
客轮	Passenger Vesssel					
艘数（艘）	Number of Passenger Vesssel (unit)	139	465	319	188	171
载客量（客位）	Passenger Capacity(seat)	7671	15319	9395	7850	6877
货轮	Cargo Vessel					
艘数（艘）	Number of Cargo Vessel(unit)	865	830	722	423	406
净载重量（吨位）	Payload(ton)	67493	154777	313962	246792	236963
沿海	**Coastal**					
客轮	Passenger Vesssel					
艘数（艘）	Number of Passenger Vesssel (unit)	167	212	259	239	244
总吨（吨位）	Total Weight(ton)	4527	10706	16617	24209	26819
载客量（客位）	Passenger Capacity(seat)	7221	9764	15259	19706	21561
货轮	Cargo Vessel					
艘数（艘）	Number of Cargo Vessel(unit)	1313	1290	952	827	898
总吨（吨位）	Total Weight(ton)	787442	1681411	2593122	5082603	5912104
净载重量（吨位）	Payload(ton)	1128810	2736521	4061378	7548210	8798884
远洋	**Ocean**					
货轮	Cargo Vessel					
艘数（艘）	Number of Cargo Vessel(unit)	190	81	91	66	59
总吨（吨位）	Total Weight(ton)	384749	543878	818337	1186290	1176529
净载重量（吨位）	Payload(ton)	589392	769838	1297002	1917990	1831354

13-5 主要年份客货平均运距

Average Transport Distance of Passenger and Freight Traffic in Selected Years

单位：公里 (km)

年份 Year	平均运距 Average Transport Distance	铁路 Railway	公路 Highway	水运 Waterway	民用航空 Civil Aviation
旅客运输平均运距 Average Transport Distance of Passenger					
1978	45	184	33	21	
1980	44	212	31	27	
1985	38	261	29	29	71
1990	44	309	35	26	897
1995	61	403	41	35	949
1996	62	400	44	32	963
1997	58	429	39	29	967
1998	67	438	47	22	982
1999	73	449	52	20	995
2000	76	501	54	20	1062
2001	79	539	57	17	1045
2002	80	530	57	16	1040
2003	80	528	57	16	1074
2004	82	544	56	15	1095
2005	86	592	59	14	1135
2006	88	570	60	13	1151
2007	92	528	62	13	1187
2008	77	524	49	13	1182
2009	78	497	50	14	1187
2010	84	378	49	15	1196
2011	89	367	49	15	1234
2012	92	349	49	16	1282
2013	138	322	71	17	1305
2014	148	341	69	16	1367
2015	169	330	66	14	1425
2016	182	323	64	13	1524
2017	201	321	61	14	1615
2018	224	318	62	14	1662
货物运输平均运距 Average Transport Distance of Freight					
1978	151	400	31	166	
1980	125	429	41	188	
1985	122	537	42	280	391
1990	134	547	55	454	964
1995	210	593	62	1051	1062
1996	193	565	58	908	1139
1997	199	603	57	908	1008
1998	220	611	63	993	1145
1999	261	603	84	1021	1086
2000	233	616	77	879	1135
2001	255	586	81	942	1143
2002	260	595	81	935	1132
2003	366	606	81	1320	1167
2004	376	586	83	1275	1214
2005	390	561	86	1232	1254
2006	430	553	89	1324	1279
2007	413	583	91	1281	1296
2008	419	565	126	1124	1326
2009	426	503	126	1251	1327
2010	450	489	127	1321	1339
2011	452	491	125	1354	1399
2012	459	469	130	1385	1450
2013	408	450	118	1276	1479
2014	428	440	118	1418	1505
2015	491	456	128	1513	1581
2016	505	444	128	1530	1814
2017	513	428	127	1623	2182
2018	559	419	134	1685	2462

13-6 主要年份铁路运输情况

Railway Transportation in Selected Years

年份 Year	营业长度（公里） Length of Railways in Operation (km)	旅客发送量（万人） Passenger Traffic (10000 persons)	旅客周转量（亿人公里） Passenger-Kilometers (100 million person/km)	货物发送量（万吨） Freight Traffic (10000 tons)	货物周转量（亿吨公里） Freight Ton-kilometers (100 million ton-km)
1957	644	130	1.77	232	3.64
1962	841	476	8.17	267	12.47
1965	876	376	6.65	602	25.38
1970	876	432	7.56	694	27.97
1975	982	606	10.68	962	35.49
1978	1009	718	13.24	1261	50.40
1979	1009	840	16.20	1318	55.17
1980	1009	986	20.92	1320	56.56
1981	1009	997	23.16	1268	55.54
1982	1006	1102	24.34	1305	64.71
1983	1005	1223	28.44	1334	70.06
1984	1005	1349	32.71	1477	79.98
1985	1006	1349	35.25	1536	82.43
1986	1028	1363	37.18	1486	90.37
1987	1028	1423	40.40	1802	95.69
1988	1028	1551	46.24	1810	97.98
1989	1029	1485	44.49	1892	101.08
1990	1021	1234	38.13	1902	104.01
1991	1015	1235	41.10	1988	113.00
1992	1015	1332	49.01	2064	125.91
1993	1015	1556	62.28	2216	136.04
1994	1024	1685	68.01	2301	140.02
1995	1024	1662	67.05	2456	145.69
1996	1025	1466	58.63	2500	141.18
1997	1068	1401	60.09	2373	143.00
1998	1381	1399	61.25	2325	141.94
1999	1383	1480	66.38	2389	144.09
2000	1454	1428	71.57	2475	152.51
2001	1453	1372	73.90	2813	164.78
2002	1454	1446	76.65	2856	169.96
2003	1467	1417	74.85	3206	194.34
2004	1471	1568	85.30	3739	219.10
2005	1613	1486	87.90	3601	201.95
2006	1613	1730	98.60	3646	201.70
2007	1616	1911	100.98	3595	209.70
2008	1618	2066	108.30	3681	207.80
2009	2110	2083	103.60	3631	182.70
2010	2110	3640	137.70	3765	184.20
2011	2110	4696	172.30	3826	187.93
2012	2255	5295	184.78	3868	181.10
2013	2743	6502	209.21	3661	164.81
2014	2755	8345	284.91	3403	149.80
2015	3197	9256	305.34	2820	128.71
2016	3197	10496	338.61	2918	129.45
2017	3187	11624	373.61	3175	135.90
2018	3509	12096	385.20	3518	147.35

13-7 主要年份公路运输情况

Highway Transportation in Selected Years

年份 Year	公路通车里程（公里） Length of Highways (km)	汽车数(辆) Number of Vehicles(set)	客运量（万人） Passenger Traffic (10000 persons)	旅客周转量（亿人公里） Passenger-Kilometers (100 million person/km)	货运量（万吨） Freight Traffic (10000 tons)	货物周转量（亿吨公里） Freight Ton-kilometers (100 million ton-km)
1952	2839	1470	86	0.77	39	0.27
1957	6034	2118	1254	4.70	725	1.69
1962	13243	4872	1096	5.93	840	2.12
1965	14251	6304	2135	8.06	1455	3.30
1970	18136	7490	2195	8.52	1470	3.98
1975	24204	17189	4385	15.77	1972	6.46
1978	29109	26148	6285	20.53	2671	8.20
1979	32112	30611	8115	25.16	2832	9.14
1980	32577	35999	14593	38.54	5548	22.88
1981	32982	39862	17834	46.45	6041	24.54
1982	33827	44316	20197	53.73	6674	28.66
1983	34445	46662	22154	58.90	7633	31.72
1984	35020	50966	26487	72.51	8793	36.07
1985	35987	63062	31355	91.33	10531	44.54
1986	37175	74490	31643	96.04	13965	60.99
1987	38148	83405	32670	111.79	14970	78.65
1988	39124	92218	33955	121.30	16775	90.37
1989	39124	102413	36439	119.69	16276	89.53
1990	41011	110208	36639	128.27	16710	91.12
1991	41745	121247	31683	135.81	8924	74.43
1992	41882	137272	33668	142.47	15832	93.12
1993	43558	166299	37970	150.92	21276	111.48
1994	44608	210404	33916	149.08	23147	135.17
1995	46574	200765	37508	153.48	23444	145.41
1996	47196	201210	40474	177.30	24732	144.17
1997	47680	221208	41212	160.37	24562	139.18
1998	48021	248062	39618	187.37	23979	151.37
1999	50202	278218	38884	201.13	22162	185.35
2000	51073	321278	41696	223.44	22924	175.83
2001	53547	366707	44926	254.37	23193	187.03
2002	54155	436254	46570	264.89	24023	193.96
2003	54876	520751	45483	257.55	23884	193.50
2004	56208	632739	50862	286.52	25964	216.10
2005	58286	742611	52452	309.99	27579	238.25
2006	86560	935410	55713	335.28	29806	266.34
2007	86926	1143059	60088	375.46	34829	317.44
2008	88607	1339831	68409	338.06	38367	483.57
2009	89504	1622123	71586	360.26	40317	507.23
2010	91015	1996529	70714	346.68	45575	578.32
2011	92322	2422264	73259	360.15	52558	659.52
2012	94661	2861244	75044	368.52	59431	771.09
2013	99535	3349445	46895	330.64	69876	821.44
2014	101190	3884930	48580	334.95	82573	974.80
2015	104585	4368030	40394	267.29	79802	1020.25
2016	106757	4950939	39137	251.95	85770	1094.70
2017	108012	5582343	37585	227.83	95599	1214.05
2018	108901	6239188	34081	212.04	96576	1289.52

注：1.2006年及以后年份公路通车里程含村道,以前年份不含村道。2.2013年及以后年份公路客运量不包含城市公交，出租车在公路上的客运量。

Note:1. Lengh of Highways Since 2006 include village highways, but not the before.2.Since 2013, Highway Passengers exclude the city bus、taxi passengers on the highway.

13-8 民用汽车拥有量

年份 Year	民用汽车总计(辆) Total(units)	载客汽车 Passenger Vehicles	大型 Large	中型 Medium	小型 Small	微型 Minicar	载货汽车 Trucks
1978	26148	5436					19056
1979	30611	6388					22756
1980	35999	7803					26719
1981	39862	9101					29226
1982	44316	10642					32006
1983	46662	11750					33012
1984	50966	14755					34710
1985	63062	20908					40259
1986	74490	25125					47244
1987	83405	27341					53716
1988	92218	29915					59180
1989	102413	33722					63283
1990	110208	37351					67320
1991	121247	42267					73081
1992	137272	50379					81086
1993	166299	63815					95476
1994	210404	76411					126228
1995	200765	82319					111129
1996	201300	87416					107480
1997	221808	102238					111109
1998	248062	115711					125044
1999	278218	129613					140924
2000	321278	156890					154219
2001	366707	174359					172847
2002	436254	226854	13602	31433	150756	31063	198201
2003	520751	294034	14534	32526	209701	37273	214292
2004	632739	354640	15112	32240	268634	38654	221759
2005	742611	449592	15623	31203	362861	39905	231351
2006	935410	601426	17877	35720	504444	43385	272312
2007	1143059	773989	19171	37642	672830	44346	306995
2008	1339836	947323	20815	38216	842699	45593	328518
2009	1622123	1192518	22393	38913	1081539	49673	384572
2010	1996529	1502963	24704	39736	1384498	54025	451130
2011	2422264	1863029	26795	40178	1737509	58547	517735
2012	2861244	2244527	28079	38936	2116229	61283	574870
2013	3349445	2685948	28376	34761	2562331	60480	623600
2014	3884930	3180576	28833	32621	3059603	59519	664812
2015	4368030	3677895	31511	30037	3560075	56272	654994
2016	4950939	4271132	32201	26919	4164053	47959	644292
2017	5582343	4864625	33241	25037	4767594	38753	683473
2018	6239188	5456288	35682	23568	5360949	36089	747687

Possession of Civil Vehicles

重型 Heavy	中型 Medium	轻型 Light	微型 Minicar	其他汽车 Other	机动车驾驶员（万人） Number of Motor Drivers (10000 persons)	#汽车 Automobile Drivers
				1656	12.93	3.41
				1467		
				1477	17.81	4.69
				1535		
				1668		
				1900		
				1501		
				1895	24.39	6.46
				2121	33.77	8.90
				2348	38.17	10.05
				3123	46.10	11.09
				5408	49.10	11.96
				5537	52.84	12.87
				5899	58.13	14.16
				5807	64.36	26.31
				7008	75.64	32.20
				7765	115.40	23.39
				7317	143.32	31.84
				6404	167.81	44.08
				8461	203.33	57.30
				7307	228.02	65.31
				7681	255.93	73.24
				10169	300.43	86.84
				19501	282.18	91.50
9808	50210	99815	38368	11199	315.51	104.59
9261	49862	117418	37751	12425	350.54	119.01
16420	41106	130409	33824	56340	379.30	148.29
16437	40678	147566	26670	61668	442.79	176.70
21261	45415	183797	21839	61672	485.50	201.19
25951	49610	213939	17495	62075	537.80	242.62
27647	48799	238084	13986	63995	571.65	248.55
51124	47155	274372	11921	45033	632.89	335.71
64942	47062	329155	9971	42436	692.10	395.26
75986	47773	385704	8272	41500	753.72	461.83
82234	45452	440384	6800	41847	818.16	533.87
91710	37363	487858	6669	39897	876.77	586.15
102045	34816	522174	5777	39542	943.46	662.96
103154	31005	516264	4571	35141	1014.52	743.58
102384	23700	514666	3542	35515	1102.05	838.86
115143	21236	544741	2353	34245	1184.85	931.76
130040	21243	594600	1804	35213	1260.00	1017.37

13-9 私人汽车拥有量

Possession of Private Vehicles

单位：辆

年份 Year	私人汽车（辆） Total(units)	载客汽车 Passenger Vehicles	大型 Large	中型 Medium	小型 Small	微型 Minicar
1985	3610	308				
1986	5736	697				
1987	10869	1579				
1988	17537	3718				
1989	24894	7969				
1990	26786	8826				
1991	38693	11464				
1992	43801	13996				
1993	54632	17609				
1994	70125	21444				
1995	63513	23572				
1996	55805	19519				
1997	67289	26304				
1998	59282	20945				
1999	71788	24743				
2000	151664	64490				
2001	180452	81197				
2002	228318	116503	881	8759	82554	24309
2003	287760	167499	772	8896	128012	29819
2004	341427	217712	580	8422	177408	31302
2005	420734	292894	413	8327	250720	33434
2006	569852	414642	531	9812	367077	37222
2007	775574	564416	639	10879	513874	39024
2008	945292	717899	535	11349	665055	40960
2009	1206193	943872	630	12041	885907	45294
2010	1541509	1225667	720	12662	1162370	49915
2011	1915787	1550413	789	13364	1481737	54523
2012	2327918	1913841	795	13081	1842456	57509
2013	2792295	2337830	772	10528	2269122	57408
2014	3312330	2823431	858	9204	2756514	56855
2015	3792753	3308677	732	7540	3246439	53966
2016	4366767	3886916	462	5766	3834767	45921
2017	4928775	4438450	410	4664	4396505	36871
2018	5452399	4935482	374	4279	4896731	34098

13-9 续表

Continued

单位：辆

年份 Year	载货汽车 Trucks	大型 Large	中型 Medium	小型 Small	微型 Minicar	其他汽车 Others
1985	3292					10
1986	5038					1
1987	9286					4
1988	13782					37
1989	16864					61
1990	17940					20
1991	26674					555
1992	29539					266
1993	36642					381
1994	48237					444
1995	39500					441
1996	35938					348
1997	38987					1998
1998	37908					429
1999	46542					503
2000	86256					918
2001	97975					1280
2002	111078	3471	28928	51773	26906	737
2003	119459	3113	27535	62485	26326	802
2004	122833	5661	22336	71715	23121	882
2005	126890	5016	19010	83288	19576	950
2006	153818	6135	21503	109414	16766	1392
2007	179081	7389	23363	134076	14253	32077
2008	196626	7749	22467	154577	11833	30767
2009	234951	11450	22723	190293	10485	27370
2010	290366	15584	23792	241991	8999	25476
2011	341324	18746	24986	290048	7544	24050
2012	390001	20770	24691	338251	6289	24076
2013	431485	22614	20546	382194	6131	22980
2014	465590	26378	19895	414362	4955	23309
2015	464115	27890	17864	414047	4314	19961
2016	459121	27296	13933	414521	3371	20730
2017	471448	27181	12253	429756	2258	18877
2018	498746	27844	11684	457487	1731	18171

13-10 主要年份水路运输情况

Waterway Transportation in Selected Years

年份 Year	内河航运里程（公里） Length of Navigable Inland Waterways (km)	#通航里程 Length of Waterways	客运量（万人） Passenger Traffic (10000 persons)	旅客周转量（亿人公里） Passenger-Kilometers (100 million person/km)	货运量（万吨） Freight Traffic (10000 tons)	货物周转量（亿吨公里） Freight Ton-kilometers (100 million ton-km)
1952	4078		165	0.95	117	1.16
1957	4315		582	2.35	596	4.75
1962	5141		1062	2.87	742	7.06
1965	4723		715	1.51	891	10.79
1970	3726		697	1.51	698	8.97
1975	3793		895	1.91	812	11.78
1978	3629		924	1.96	939	15.43
1979	3857		1040	2.35	999	16.32
1980	3857		1095	2.91	1111	20.90
1981	3857		1179	3.54	993	23.26
1982	3857		1266	3.34	1098	27.02
1983	3857		1237	3.36	1208	30.00
1984	3849		1312	3.28	1209	35.56
1985	3888		1273	3.70	1250	35.00
1986	3888		1401	3.74	1480	44.09
1987	3888		1567	4.07	1458	50.63
1988	3888		1664	3.92	1545	53.59
1989	3888		1646	4.44	1689	79.36
1990	3888		1567	4.02	1708	77.50
1991	3888		1047	2.71	1211	79.72
1992	3888		1174	3.08	1938	128.08
1993	3888		784	3.53	2330	286.26
1994	3888		600	2.41	2996	302.28
1995	3888		649	2.30	3017	317.01
1996	3888		714	2.29	3355	304.57
1997	3725		729	2.13	3555	322.92
1998	3725		728	1.60	3700	367.55
1999	3701		721	1.44	4079	416.48
2000	3701		726	1.44	4078	358.63
2001	3701		680	1.13	4535	427.39
2002	3701		643	1.03	4950	462.62
2003	3955	3245	707	1.11	6324	835.07
2004	3955	3245	897	1.32	7567	964.99
2005	3955	3245	985	1.39	9210	1134.64
2006	3955	3245	1148	1.50	10841	1434.92
2007	3955	3245	1320	1.75	12130	1553.84
2008	3955	3245	1305	1.67	15193	1708.39
2009	3955	3245	1340	1.83	14271	1785.85
2010	3955	3245	1444	2.14	16803	2218.88
2011	3955	3245	1596	2.41	18872	2554.34
2012	3955	3245	1701	2.72	21100	2922.99
2013	3955	3245	1711	2.85	23162	2954.71
2014	3955	3245	1794	2.87	25782	3655.72
2015	3955	3245	1996	2.84	28419	4298.52
2016	3955	3245	2016	2.72	31668	4846.44
2017	3955	3245	1925	2.78	33453	5429.82
2018	3955	3245	1929	2.75	36854	6209.37

注：2003年起货物运输量及货物周转量含厦门远洋总公司，与往年不可比。

Note: Freight traffic and turnover ton-kilometers from 2003 include the data of Xiaman Ocean Company , and are not comparable with that in previous years.

13-11 民用航空情况（1978-2018年）
Basic Statistics of Civil Aviation(1978-2018)

年份 Year	空港数（个） Number of Air Ports (unit)	旅客发送量（万人） Passenger Departing (10000 persons)	货物发送量（万吨） Freight Departing (10000 tons)	旅客周转量（万人公里） Passenger-kilometers (10000 person km)	货物周转量（万吨公里） Freight Ton-kilometers (10000 ton-km)
1978	1	1.15	0.02		
1979	1	1.10	0.04		
1980	1	1.94	0.06		
1981	2	3.12	0.08		
1982	2	5.11	0.11		
1983	3	5.50	0.18		
1984	2	6.66	0.29		
1985	2	7.00	0.11	500	43
1986	2	18.94	0.28	1300	300
1987	2	32.61	0.54	31200	500
1988	2	45.55	0.69	44500	800
1989	2	51.55	0.82	50400	900
1990	2	55.49	0.83	49800	800
1991	2	72.90	1.06	70800	1100
1992	2	108.68	1.54	106100	1700
1993	3	155.20	2.27	155400	2400
1994	3	214.60	2.79	210600	2600
1995	3	261.50	4.71	248200	5000
1996	3	301.20	5.82	289799	6627
1997	4	316.10	5.81	305534	6856
1998	4	301.96	6.49	295519	7432
1999	4	327.85	7.20	326223	7816
2000	4	353.25	5.84	375163	6700
2001	4	414.56	6.30	433095	7200
2002	4	475.51	7.62	494742	8623
2003	4	490.61	7.84	526763	9146
2004	5	623.24	8.78	682610	10655
2005	5	692.19	10.09	785426	12655
2006	5	778.50	10.96	896084	14017
2007	5	924.92	12.15	1097429	15742
2008	5	961.89	12.41	1137307	16458
2009	5	1112.39	12.66	1320686	16770
2010	5	1356.10	15.81	1622300	21200
2011	5	1531.65	16.65	1889700	23300
2012	5	1684.39	17.58	2159100	25500
2013	5	1857.21	19.18	2423081	28087
2014	5	2045.90	20.98	2796316	31631
2015	5	2385.01	22.09	3397446	34789
2016	6	2587.34	23.39	3942475	42424
2017	6	2983.98	24.72	4819880	53948
2018	6	3329.82	26.98	5532934	66423

13-12 主要年份沿海港口货物吞吐量

Freight Handled at Principal Seaports in Selected Years

单位：万吨　(10000 tons)

年份 Year	总计 Total	福州港 Fuzhou	厦门港 Xiamen	泉州港 Quanzhou	宁德港 Ningde	湄州湾港 Meizhouwan	漳州港 Zhangzhou	吞吐总量指数(以1950年为100) Index(1950=100)
1952	56.68	32.00	5.76	6.50	5.00	7.42		169.6
1957	165.96	85.87	54.87	9.60	8.38	7.24		496.7
1962	135.14	49.33	48.68	13.49	5.56	18.08		404.5
1965	239.87	57.75	110.53	34.10	10.20	27.29		718.0
1970	211.23	59.26	102.94	25.37	9.91	13.75		632.2
1975	284.26	120.00	104.27	23.26	20.33	16.40		850.8
1978	408.13	172.04	120.44	29.54	18.75	22.11		1174.5
1980	685.40	208.89	164.87	31.30	25.60	19.77		1802.2
1981	761.05	217.98	162.28	25.36	26.49	17.85		1841.8
1982	816.44	259.87	190.44	21.54	28.26	21.77		2110.7
1983	869.55	311.15	200.02	24.29	29.31	22.06		2294.2
1984	943.46	347.00	250.52	23.36	30.36	22.38		2623.7
1985	1114.09	357.15	290.97	26.02	51.53	31.60	61.84	2813.8
1986	1159.90	442.46	203.89	38.04	44.39	33.52	107.90	3241.8
1987	1303.36	439.61	417.01	42.24	46.36	40.79	105.63	3565.0
1988	1396.79	445.36	457.12	60.01	43.67	57.88	124.34	3785.0
1989	1614.99	597.90	499.45	59.78	47.71	59.58	135.90	4833.9
1990	1496.50	560.89	519.11	52.65	49.27	27.55	115.60	4479.2
1991	1706.38	725.07	581.87	125.28	97.64	41.26	130.04	5107.4
1992	1862.12	720.51	661.07	217.27	46.53	92.75	120.24	5573.5
1993	2679.09	939.66	940.39	469.54	111.53	57.23	153.47	8018.8
1994	3002.33	914.39	1166.50	558.06	139.68	82.12	125.47	8986.3
1995	3460.80	1098.89	1313.87	680.47	137.94	99.65	116.61	10358.6
1996	3959.00	1248.00	1553.00	804.00	138.00	86.00	130.00	11849.7
1997	4485.00	1371.00	1754.00	1006.00	124.00	78.00	151.00	13424.1
1998	4518.00	1288.00	1639.00	1111.00	183.00	108.00	189.00	13522.9
1999	5285.00	1481.00	1773.00	1521.00	182.00	136.00	192.00	15818.9
2000	6944.17	2425.48	1965.26	1712.18	221.19	201.34	418.72	20785.1
2001	8278.42	2961.29	2098.91	2102.08	261.00	320.80	534.34	24778.7
2002	10200.62	3906.72	2734.51	2122.85	185.38	480.41	770.75	30532.2
2003	12495.48	4753.07	3403.88	2511.53	141.78	600.16	1085.06	37401.1
2004	15834.76	5938.63	4261.37	3093.82	184.17	836.04	1520.73	47396.1
2005	19605.25	7443.45	4770.76	4046.16	213.54	1050.03	2081.31	58681.8
2006	23687.61	8847.82	7792.07	5134.93	447.00	1301.11	164.68	70901.0
2007	23602.90	6433.32	8117.20	6215.32	691.13	1612.74	533.19	70647.5
2008	27070.06	6702.59	9701.96	7224.30	1007.26	1802.26	631.69	81025.2
2009	30541.81	8094.10	11096.28	7666.34	1240.45	1542.38	902.26	91416.7
2010	32687.01	7124.79	12728.05	8455.37	1420.33	1755.99	1202.47	97806.7
2011	37278.95	10221.08	15653.55	9330.48		2073.84		111546.8
2012	41359.23	11410.22	17227.32	10371.51		2350.19		123755.9
2013	45475.19	12759.03	19087.83	10804.09		2824.25		136071.8
2014	49166.24	14391.14	20503.96	11200.70		3070.44		147117.0
2015	50282.09	13967.23	21022.52	12241.21		3051.13		150455.9
2016	50776.09	14515.66	20910.78	12560.57		2789.09		151934.1
2017	51995.49	14838.16	21116.25	12986.17		3054.91		155582.8
2018	55806.88	17876.32	21719.93	12832.37		3378.25		166987.4

注：2011年起，漳州港并到厦门港，宁德港并到福州港。

Note:Since 2011,Zhangzhou seaports divided to Xiamen Seaports,Ningde seaports divided to Fuzhou Seaports.

13-13 主要年份邮电通信业务情况

Basic Conditions of Postal and Telecommunication Services in Selected Years

年份 Year	邮电业务总量（亿元） Business Volume of Post and Telecommunications Service (100 million yuan)	邮政业务总量（亿元） Business Volume of Post (100 million yuan)	电信业务总量（亿元） Business Volume of Telecommunications Service (100 million yuan)	函件（亿件） Number of Letters Delivered(100 million piece)	本地电话用户（万户） Number of Fixed Telephone Subscribers at Year-end (10000 household)	移动电话用户（万户） Mobile Phones Users (10000 household)
1952	0.13			0.18	0.60	
1965	0.60			0.80	3.24	
1970	0.60			0.67	3.19	
1975	0.86			0.84	4.46	
1978	1.01			0.88	5.88	
1980	1.22			1.15	6.57	
1981	1.35			1.19	6.86	
1982	1.40			1.19	7.28	
1983	1.53			1.21	7.84	
1984	1.72			1.32	8.83	
1985	2.08			1.52	10.14	
1986	2.31			1.61	11.15	
1987	2.80			1.75	11.07	
1988	3.72			1.90	14.45	
1989	5.42			1.77	17.91	
1990	7.32			1.62	22.82	
1991	9.51			1.68	29.04	
1992	14.69			2.04	42.75	
1993	24.22			2.56	75.00	
1994	36.48			2.84	117.73	
1995	52.75	4.26	48.50	3.16	168.65	15.50
1996	73.02	4.85	68.17	3.29	219.26	35.65
1997	99.52	5.62	86.98	3.03	285.51	77.82
1998	131.84	6.59	125.25	2.95	347.46	142.20
1999	179.93	7.98	171.95	2.50	436.25	281.29
2000	246.34	10.22	236.12	2.42	562.70	441.00
2001	194.43	17.71	176.72	2.38	750.28	619.97
2002	257.49	19.49	238.00	2.70	937.10	792.04
2003	318.24	22.36	295.88	2.82	1124.87	965.00
2004	426.76	22.62	404.14	2.62	1266.00	1134.00
2005	519.76	25.61	494.15	2.29	1398.53	1302.00
2006	633.04	27.93	605.11	3.05	1485.53	1538.91
2007	787.79	29.24	758.55	2.54	1482.00	1809.00
2008	883.43	32.65	850.78	2.67	1431.00	2368.00
2009	995.77	35.66	960.11	2.60	1245.00	2639.00
2010	1194.20	35.98	1158.22	2.52	1046.00	3022.00
2011	513.50	59.31	454.19	2.45	1015.00	3553.00
2012	594.90	78.69	516.21	2.46	1017.00	4049.00
2013	667.54	114.10	553.44	2.15	984.00	4303.00
2014	857.49	162.67	694.82	1.80	933.32	4276.73
2015	1065.89	217.23	848.66	1.29	888.54	4240.16
2016	889.21	300.69	588.52	1.09	815.70	4159.04
2017	1289.86	392.86	897.00	1.16	781.75	4295.03
2018	2523.03	499.04	2026.70	0.93	732.73	4553.52

注：2011年邮政业务总量以2010年不变价计算，2016年电信业务总量以2015年不变价计算。

Note:Business Volume of Post Service was calculated at 2010 constant prices.Business Volume of Telecommunications Service was calculated at 2015 constant prices.

13-14 邮电业务总量(1995-2018年)

Business Volume of Postal and Telecommunication Services(1995-2018)

年份 Year	邮电业务总量 （亿元） Business Volume of Post and Telecommunications Service (100 million yuan)	电信业务总量 （亿元） Business Volume of Telecommu- nication Services (100 million yuan)	快递业务量 （万件） Express Mail Services (10000 piece)	集邮业务 （万枚） Stamp Collection Business(10000 pcs)	互联网用户 （万户） Internet Service Users (10000 household)
1995	52.75	48.50			
1996	73.02	68.17			
1997	99.52	86.98			
1998	131.84	125.25		13050.82	3.85
1999	179.93	171.95		13308.40	13.10
2000	246.34	236.12		11007.97	70.70
2001	194.43	176.72		8871.11	183.29
2002	257.49	238.00		7775.50	253.57
2003	318.24	295.88		5409.86	298.08
2004	426.76	404.14		5569.77	285.44
2005	519.76	494.15		4375.56	600.21
2006	633.04	605.11		4364.30	760.83
2007	787.79	758.55		4379.70	876.00
2008	883.43	850.78	5577.00	4509.00	1240.00
2009	995.77	960.11	6961.00	4196.80	1640.00
2010	1194.20	1158.22	10069.00	3526.30	2388.00
2011	513.50	454.19	15765.00	4567.70	2872.00
2012	594.90	516.21	22594.00	5267.00	3461.00
2013	667.54	553.44	44536.00	5606.00	3590.00
2014	857.49	694.82	65417.31	5423.00	3859.04
2015	1065.89	848.66	88786.20	5314.95	3963.83
2016	889.21	588.52	128985.77	6222.02	4412.12
2017	1289.86	897.00	166110.69	5112.36	4882.36
2018	2523.03	2026.70	211613.44	3591.30	5474.00

注：2011年起，邮政业务总量按2010年不变价计算；2016年起，电信业务总量按2015年不变价计算。

Note:Since 2011, usiness Volume of Post Services were calculated at 2010 constant prices.Since 2011,Business Volume of Telecommunications Service was calculated at 2015 constant prices.

13-15 电信主要通信能力

Condition of Postal and Telecommunication Services

年份 Year	长途电话业务电路（路） Capacity of Long-distance Telephone Exchanges (circuit)	局用交换机容量（万门） Capacity of Local Telephone Exchanges (10 000 lines)	移动电话交换机容量（万户） Capacity of Mobile Telephone Exchanges (10000 household)	移动电话基站（个） Base Stations of Mobile Telephones (unit)	光缆线路长度（公里） Length of Optical Cable Lines (km)	长途光缆线路总长度（公里） Length of Long Distance Optical Cable Lines (km)
2002	254805	1200	1109	7758	93212	18322
2003	348171	1409	1174	9844	107085	19008
2004	487320	1651	1371	16992	133894	23600
2005	1066980	1795	1574	17310	152162	24532
2006	1460640	1908	2296	20757	170943	24270
2007	10994310	1969	3721	26963	182844	18121
2008	15786480	1956	4629	33292	237445	20314
2009	25093230	1925	5741	50096	302749	20262
2010	38357820	1809	6282	60136	392803	21061
2011	48453510	1748	7180	78013	484873	21622
2012	60438210	1630	7703	87717	570312	22159
2013	79894800	1548	7726	98495	699226	21692
2014	110531763	1232	7895	138892	738003	22471
2015	129019338	922	8204	186535	831928	23278
2016	7690864	400	7964	218757	1025649	24282
2017		280	5614	231161	1261460	23483
2018		278	7418	231133	1556948	25336

13-16 邮政业网点及邮递路线

Postal Network and Postal Routes

项目	Item	2010	2014	2015	2016	2017	2018
营业网点（处）	Number of Offices (unit)	2254	4341	6467	7418	9308	10255
快递营业网点	Outlets for Express Services	2254	4222	6453	6058	7916	8782
信筒信箱（个）	Number of Post Boxes(unit)	14429	9623	8730	8368	8239	7584
农村投递路线（公里）	Rural Delivery Routes(km)	89432	93057	92262	93164	98721	102319
城市投递路线（公里）	Urban Delivery Routes(km)	40401	36047	33147	37707	41005	41175
邮政总长度（公里）	Length of Postal Routes(km)	218405	192848	203778	227354	456716	712096
航空邮路	Airway	160227	129466	129466	129466	386390	585766
铁路邮路	Railway	13416	987	1302	1302		
汽车邮路	Moter	43770	61700	72387	96088	69992	125997

注：2012年航空、铁路、汽车邮路不含EMS部分。

13-17 设区市交通运输业基本情况（2018年）

Basic Conditions of Transportation by City(2018)

项目	Item	客运量（万人） Passenger Traffic (10000 persons)	旅客周转量（亿人公里） Passenger-Kilometers(100 million passenger-km)	货运量（万吨） Freight Traffic (10000 tons)	货物周转量（亿吨公里） Freight Ton-kilometers (100 million ton-km)	全社会机动车拥有量（万辆） Possession of Motor Vehicles (10000 units)	汽车 Automobiles
福建省	**Total**	**36009.32**	**214.8**	**133429.55**	**7498.9**	**1042.70**	**623.92**
福州市	Fuzhou	9670.45	48.9	30093.49	2502.3	161.37	135.15
厦门市	Xiamen	4692.78	24.3	30803.67	2076.6	157.14	133.31
莆田市	Putian	2634.40	25.5	5982.18	65.7	67.84	34.65
三明市	Sanming	2102.11	14.3	10866.52	119.3	63.58	27.99
泉州市	Quanzhou	4914.65	36.1	30163.87	2188.8	255.45	143.95
漳州市	Zhangzhou	2037.46	14.8	8318.98	128.2	107.45	53.65
南平市	Nanping	1821.78	12.5	3597.57	132.5	71.31	26.61
龙岩市	Longyan	1900.86	11.0	8801.24	135.7	103.22	43.32
宁德市	Ningde	6234.85	27.4	4802.03	149.8	53.27	24.02
平潭综合实验区	Pingtan	812.09	4.2	2675.14	432.3	7.45	5.21

13-18 设区市邮电通信业务基本情况（2018年）

Basic Conditions of Postal and Telecommunication by City(2018)

项目	Item	邮政业务总量（亿元） Business Volume of Postal Services (100 million yuan)	电信业务总量（亿元） Business Volume of Telecommunication Services (100 million yuan)	本地电话用户（万户） Number of Fixed Telephone Subscribers at Year-end (10000 household)	移动电话用户（万户） Number of Mobile Telephone Subscribers at Year-end (10000 household)	互联网用户（万户） Number of Internet Users (10000 household)	快递业务（万件） Pieces of Express Mail Services (10000 piece)	邮路单程长度（公里） Length of Postal Route (km)
福建省	**Total**	**499.04**	**2026.70**	**732.73**	**4553.52**	**5474.00**	**211613.44**	**712096**
福州市	Fuzhou	97.40	491.50	156.14	996.19	1180.55	40904.89	334163
厦门市	Xiamen	70.36	328.70	109.98	631.38	795.62	30310.19	244943
莆田市	Putian	46.45	143.90	53.78	322.98	387.97	14273.24	1175
三明市	Sanming	9.18	92.30	39.95	252.37	303.86	3011.18	4495
泉州市	Quanzhou	210.17	465.50	159.19	1007.70	1205.15	97247.43	108372
漳州市	Zhangzhou	27.15	195.80	76.26	499.06	585.17	11725.67	4667
南平市	Nanping	10.93	97.30	40.88	272.03	319.67	3494.26	6584
龙岩市	Longyan	10.77	100.30	54.99	270.07	334.11	3972.74	4621
宁德市	Ningde	16.62	111.20	41.55	301.74	361.91	6673.83	3076
平潭综合实验区	Pingtan	1.56	16.20	6.13	39.03	49.97	364.69	195

铁路营业里程 又称营业长度(包括正式营业和临时营业里程)，指办理客货运输业务的铁路正线总长度。凡是全线或部分建成双线及以上的线路，以第一线的实际长度计算复线、站线、段管线、岔线和特殊用途线以及不计算运费的联络线都不计算营业里程。该指标可以反映铁路运输业基础设施的发展水平，也是计算客货周转量、运输密度和机车车辆运用效率等指标的基础资料。

铁路电气化里程 指在全部铁路营业里程中已安装了供电线路及设备，可以供电力机车牵引列车运行的区段的总里程。

公路里程 指在一定时期内实际达到《公路工程［WTBZ］技术标准 JTJ01-88》规定的等级公路，并经公路主管部门正式验收交付使用的公路里程数。包括大中城市的郊区公路以及通过小城镇街道部分的公路里程和桥梁、渡口的长度，不包括大中城市的街道、厂矿、林区生产用道和农业生产用道的里程。两条或多条公路共同经由同一路段，只计算一次，不得重复计算里程长度。该指标可以反映公路建设的发展规模，也是计算运输网密度等指标的基础资料。

货(客)运量 指在一定时期内，各种运输工具实际运送的货物(旅客)数量。该指标是反映运输业为国民经济和人民生活服务的数量指标，也是制定和检查运输生产计划、研究运输发展规模和速度的重要指标。货运按吨计算，客运按人计算。货物不论运输距离长短、货物类别，均按实际重量统计。旅客不论行程远近或票价多少，均按一人一次客运量统计；半价票、小孩票也按一人统计。

货物(旅客)周转量 指在一定时期内，由各种运输工具运送的货物(旅客)数量与其相应运输距离的乘积之总和。该指标可以反映运输业生产的总成果，也是编制和检查运输生产计划，计算运输效率、劳动生产率以及核算运输单位成本的主要基础资料。计算货物周转量通常按发出站与到达站之间的最短距离，也就是计费距离计算。计算公式为:

货物(旅客)周转量= 货物(旅客)运输量×运输距离

民用汽车拥有量 指报告期末，在公安交通管理部门按照《机动车注册登记工作规范》，已注册登记领有民用车辆牌照的全部汽车数量。汽车拥有量统计的主要分类：根据汽车结构分为载客汽车、载货汽车及其他汽车；根据汽车所有者不同分为个人(私人)汽车、单位汽车；根据汽车的使用性质分为营运汽车、非营运汽车和特种汽车；根据汽车大小规格不同载客汽车分为大型、中型、小型和微型，载货汽车分为重型、中型、轻型和微型。

邮电业务总量 指以价值量形式表现的邮电通信企业为社会提供各类邮电通信服务的总数量。邮电业务量按专业分类包括函件、包件、汇票、报刊发行、邮政快件、特快专递、邮政储蓄、集邮、公众电报、用户电报、传真、长途电话、出租电路、无线寻呼、移动电话、分组交换数据通信、出租代维等。计算方法为各类产品乘以相应的平均单价(不变价)之和，再加上出租电路和设备、代用户维护电话交换机和线路等的服务收入。该指标综合反映了一定时期邮电业务发展的总成果，是研究邮电业务量构成和发展趋势的重要指标。计算公式为:

邮电业务总量= Σ(各类邮电业务量×不变单价)+ 出租代维及其他业务收入= 邮电业务总量+电信业务总量

移动电话用户 指通过移动电话交换机进入移动电话网、占用移动电话号码的各类电话用户。包括签约用户和智能网预付费用户。一个移动电话号码统计为一户。

本地电话用户 指接入本地电信运营商固定电话网上的电话用户。包括：住宅用户、单位用户、公用电话用户等。按电话用户位置又分为市内电话用户和农村电话用户。1997 年以前，“市内电话用户”是指接入县城及县以上城市的电话网上的电话用户；“农村电话用户”是指接入县邮电局农话台及县以下农村电话交换点，以县城为中心(除市话用户外)联通县、乡(镇)、行政村、村民小组的用户。从 1997 年起，电话用户数分组调整为以用户所在区域划分为“城市电话用户”和“乡村电话用户”，与过去的按市内电话和农村电话划分方法不同。而电话用户总数、电话机总部数统计范围不变。

移动电话交换机容量 指移动电话交换机根据一定话务模型和交换机处理能力计算出来的最大同时服务用户的数量。

Explanatory Notes on Main Statistical Indicators

Length of Railways in Operation refers to the total length of the trunk line under passenger and freight transportation (including both full operation and temporary operation). The calculation is based on the actual length of the first line even if this line has a full or partial double track or more tracks, excluding double tracks, station sidings, tracks under the charge of stations, branch lines, special-purpose lines and the non-payable connecting lines. The length of railways in operation is an important indicator to show the development of the infrastructure for the railway transport, and also the essential data to calculate volume of passenger freight transport, traffic density and utilization efficiency of the locomotives and carriages.

Length of Electrified Railways refers to the length of the section of railways in operation in which the power supply lines and other equipment are installed for the running of electrified locomotives. The proportion of the length of electrified railways to the total length of railways in operation is an important indicator to show the modernization of railways.

Length of Highways refers to the length of highways which are built in conformity with the grades specified by the highway engineering standard formulated by the Ministry of Communications, and have been formally checked and accepted by the departments of highways and put into use. The length of highways includes that of the suburb highways at large and medium sized cities, highways passing through streets at small cities and towns, and also the length of bridges and ferries. It does not include the length of streets in big and medium-sized cities and highways built for the production purpose at factories, mines, forest areas and agricultural areas. If two or more highways go the same section of the way, the length of the section is only calculated for once and no duplication is allowed. The length of highways is an important indicator to show the development of the highway construction and to provide essential information to calculate the transport network density.

Freight (Passenger) Traffic refers to the volume of freight (passenger) transported with various means within a specific period of time. This indicator reflects the service of the transport industry towards the national economy and people's living conditions, as well as an important indicator used in formulating and monitoring transport production plans and research into the scale and pace of transport development. Freight transport is calculated in tons and passenger traffic is calculated in terms of number of persons. Freight transport is calculated in terms of the actual weight of the goods and takes no account of the type of freight and distance of travel. Passenger traffic is calculated by the principle that one person can be counted only once in one trip and takes no account of the travelling distance and ticket price. The passengers who travel with a half price ticket or a child's ticket is also calculated as one person.

Freight Ton-kilometers (Passenger-kilometers) refer to the sum of the products of the volume of transported cargo (passengers) multiplying by the transport distance. It is an important indicator to reflect the achievement of transportation industry. Normally, the shortest distance between the departure station and the destination station (i.e., the payable distance) is the basis to calculate the freight ton-kilometers. This is an import ant indicator to show the total results of the transport industry, to prepare and examine the transport plan and to measure the efficiency, the lab our productivity and t he unit cost of transport.The formula is as follows:

Possession of Civil Motor Vehicles refer to the total numbers of vehicles that are registered and received vehicles' license tags according to the Work Standard for Motor Vehicles Registration formulated by transport management office under department of public security at the end of reference period. They are divided into following categories according to the structure of motor vehicles: passenger vehicles, trucks and others; and private vehicles and vehicles for units use according to ownerships; working vehicles, non-working vehicles and special motor vehicles according to kind of usage; large passenger vehicles, medium passenger vehicles and small passenger vehicles, heavy trucks, light-heavy trucks and light trucks according to sizes of vehicles.

Business Volume of Post and Telecommunications refers to the total amount of post and telecommunication services, expressed in value terms, provided by the post and telecommunications departments for the society. Post and telecommunication services can be classified as letters, parcels, remittance, issue of newspapers and magazines, fast mail service, express mail service, savings deposits, stamps for collection, public and individual telegraph service, facsimiles, long-distance telephone service, leasing of telephone lines, urban paging service, mobile telephone service, data transfer and transmission, etc. The accounting approach is to multiply the service products of all types with their average unit price (constant price) to get sum of business value, plus income from other services such as leasing of telephone lines and equipment, maintenance of telephone switchboards and lines on behalf of customers . This indicator reflects the overall results of post and telecommunications service during a given period, and is important to study the composition of business service and the development of post and telecommunications service.The formula is as follows:

Business Volume of Post and Telecommunications= ∑(Transaction of Post and Telecommunication Service × Constant Price) + Income from Leasing, Maintenance and other Services

Mobile Telephone Subscribers refer to the persons who own mobile telephone numbers and are connected with the mobile telephone communication network through the mobile telephones witch boards, including contracted subscribers and prepaid subscribers for intelligent network. One mobile telephone is taken as a subscriber.

Local Telephone Subscribers refer to subscribers that are connected to the local telecommunication service provider through fix line network, including household subscribers, institutional subscribers and public telephones. They are also classified as city subscribers and rural subscribers according to locations. Before 1997, city subscribers referred to those connected to city telephone networks in county towns and cities, while village subscribers referred to those connected to village telephone stations at and below counties. Since 1997, the classification of telephone subscribers was modified on the basis of physical location of the subscribers as urban telephone subscribers and rural telephone subscribers , which is different from the previous classification of categorizing local telephones and rural telephones , while the definition of total subscribers and total number of telephones remain unchanged.

Capacity of Mobile Telephone Exchanges refers to the capacity of the maximum services provided to subscribers at onetime basing on a certain model and transacting capacity of the mobile telephone exchanges.

第十四篇　批发零售、住宿餐饮和旅游业

Chapter 14　Wholesales, Retail Sales, Hotels,Catering Service and Tourism

---

资料整理：许红琳 戴斌 叶玲

Database Editor: Xuhonglin Daibin Yeling

简要说明

本篇资料的主要内容及来源

本篇资料反映了全省国内市场发展情况、批发和零售业、住宿和餐饮业经营情况和旅游业发展情况，主要包括批发和零售业商品流转情况及财务状况、住宿和餐饮业经营情况及财务状况、社会消费品零售总额、旅游业等内容。

本篇资料中限额以上批发和零售业、住宿和餐饮业资料来源于批发和零售业、住宿和餐饮业统计年报资料，限额以下批发和零售业、住宿和餐饮业经营情况来源于抽样调查，旅游资料来源于省旅游局。

本篇资料由省统计局贸易外经统计处整理提供。

Brief Introduction

Main Content and Source of Data

Data in this chapter show the development of Fujian's domestic market, wholesale and retail trade, hotels and catering services, mainly including the circulation of commodities in the wholesale and retail trade, the total retail sales of consumer goods and the financial indices of related businesses and tourism etc.

Except the data noted, all data in this chapter are based on the annual report of wholesale, retail, hotels and catering services and periodic statistical statements of 2011.Data on tourism are provided by Fujian Tourism Administration.

Data in this chapter are collected and compiled by the Division of Trade and External Economic Relations Statistics of Fujian Provincial Bureau of Statistics.

14-1 主要年份社会消费品零售总额

Total Retail Sales of Consumer Goods in Selected Years

单位：亿元 (100 million yuan)

年份 Year	社会消费品零售总额 Total Retail Sale of Consumer Goods	社会消费品零售总额指数 Ratio(%) 以上年为100 Preceding Year=100	以1950为100 Year of 1950=100	年份 Year	社会消费品零售总额 Total Retail Sale of Consumer Goods	社会消费品零售总额指数 Ratio(%) 以上年为100 Preceding Year=100	以1950为100 Year of 1950=100
1951	4.71	122.3	122.3	1995	645.47	127.9	16765.5
1952	5.54	117.6	143.9	1996	801.67	124.2	20822.6
1957	10.70	100.5	277.9	1997	950.78	118.6	24695.6
1962	13.96	118.1	362.6	1998	1089.59	114.6	28301.0
1965	16.03	102.9	416.4	1999	1198.55	110.0	31131.2
1970	16.91	99.1	439.2	2000	1320.80	110.2	34306.5
1975	23.68	108.3	615.1	2001	1442.32	109.2	37462.9
1978	30.56	111.9	793.8	2002	1593.76	110.5	41396.4
1979	35.92	117.6	933.0	2003	1797.76	112.8	46695.1
1980	45.47	126.6	1181.0	2004	2062.03	114.7	53559.2
1981	51.47	113.2	1336.9	2005	2351.72	114.0	61083.6
1982	56.77	110.3	1474.5	2006	2717.62	115.6	70587.5
1983	62.59	110.3	1625.7	2007	3212.34	118.2	83437.4
1984	74.50	119.0	1935.1	2008	3866.69	120.4	100433.5
1985	96.04	128.9	2494.5	2009	4481.00	115.9	116389.5
1986	109.07	113.6	2833.0	2010	5310.03	118.5	137922.9
1987	126.06	115.6	3274.3	2011	6276.17	118.2	163017.4
1988	173.74	137.8	4512.7	2012	7256.54	115.6	188481.6
1989	202.30	116.4	5254.5	2013	8275.35	114.0	214944.2
1990	207.74	102.7	5395.8	2014	9346.74	112.9	242772.5
1991	230.99	111.2	5999.7	2015	10505.93	112.4	272881.3
1992	289.38	125.3	7516.4	2016	11674.54	111.1	303234.8
1993	374.10	129.3	9716.9	2017	13013.00	111.5	338000.0
1994	504.66	134.9	13108.1	2018	14317.43	110.8	374505.3

14-2 限额以上批发零售与住宿餐饮业企业基本情况

Basic Conditions of Enterprises above Designated Size in Wholesale and Retail Trades,Hotels and Catering Services

项目	Item	2005	2010	2016	2017	2018
法人企业（个）	**Number of Corporation(unit)**	**3107**	**4997**	**13653**	**14390**	**15625**
批发和零售业	Wholesale and Retail Trades	2499	3924	11820	12473	13566
住宿和餐饮业	Hotels and Catering Services	608	1073	1833	1917	2059
批发和零售业（亿元）	**Wholesale and Retail Trades (100 million yuan)**					
商品购进总额	Total Goods Purchase	2796.41	7707.09	20947.86	25582.61	29063.79
商品销售总额	Total Goods Sales	3051.03	8304.12	23004.04	28556.93	33737.85
商品库存总额	Total Goods Inventory	192.07	657.42	1177.17	1509.67	1454.68
住宿和餐饮业营业收入（亿元）	Total Sales in Hotels and Catering Services(100 million yuan)	79.36	197.63	352.64	413.86	482.44

14-3 限额以上批发和零售企业基本情况（2018年）

Basic Conditions of Wholesale and Retail Trades(2018)

项目 Item	法人企业（个） Number of Corporation (unit)	商品购进额（万元） Total Goods Purchase (10000 yuan)	商品销售额（万元） Sales (10000 yuan)	#批发额（万元） Wholesale (10000 yuan)	期末商品库存额（万元） Inventory at the Year-end (10000 yuan)
合计 Total	**13566**	**290637918**	**337378499**	**265563894**	**14546759**
批发业 Wholesale	7156	241854006	273632526	260894470	10944627
按登记注册类型分 By Registration Category					
内资企业 Domestic Funded Enterprises	6947	228645328	258615771	248456887	10144421
#国有企业 State-owned Enterprises	57	4908683	7007353	6988210	253956
集体企业 Collective-owned Enterprises	25	265821	287776	275126	34433
有限责任公司 Limited Liability Corporations	1334	81719273	94874944	92795209	4159217
股份有限公司 Share-holding Corporations Ltd.	66	41695154	43033485	40642425	2140981
私营企业 Private Enterprises	5460	99995603	113345275	107705917	3553891
其他企业 Other Enterprises	4	57739	63807	46870	1944
港澳台商投资企业 Funds from Hong Kong, Macao and Taiwan	126	5619584	6332685	5997480	411192
外商投资企业 Foreign Funded Enterprises	83	7589095	8684070	6440103	389014
按行业分 By Sector					
农、林、牧、渔产品批发 Wholesale of Farming,Forestry,Animal Husbandry Products	236	3168152	3451758	3299459	571115
食品、饮料及烟草制品批发 Wholesale of Food, Beverages and Tobaccos	881	22039061	26285693	24358051	1324043
米、面制品及食用油批发 Sholesale of Rice, Wheat Products and Rdible Oil	110	2775334	3059822	2830763	562025
烟草制品批发 Wholesale of Tobaccos	17	7668126	10017195	10017195	201416
纺织、服装及家庭用品批发 Wholesale of Textiles, Garments and Daily Consumer Articles	1693	32673146	39241694	37820575	1272780
服装批发 Wholesale of Garments	449	7980085	9819066	9305807	375714
日用家电批发 Wholesale of Family Electrical Equipments	91	1100048	1211678	1119482	125819
文化、体育用品及器材批发 Wholesale of Culture, Sports Products and Appliances	214	4202381	4730107	4521078	128735
医药及医疗器材批发 Wholesale of Medicines and Medical Appliances	369	5667240	6543489	6169340	560078
矿产品、建材及化工产品批发 Wholesale of Mineral Products, Building Materials and Chemical Products	2614	151649412	167995043	160927548	5721245

14-3 续表1

Continued

项目 Item	法人企业（个） Number of Corporation (unit)	商品购进额（万元） Total Goods Purchase (10000 yuan)	商品销售额（万元） Sales (10000 yuan)	#批发额（万元） Wholesale (10000 yuan)	期末商品库存额（万元） Inventory at the Year-end (10000 yuan)
煤炭及制品批发 Wholesale of Coal and Its Products	195	13061079	13813042	13697314	366478
石油及制品批发 Wholesale of Petroleum and Its Products	213	21749880	25139185	19744230	624705
金属及金属矿批发 Wholesale of Metal and Metal Mineral	573	69131757	72089917	71598051	2844872
建材批发 Wholesale of Building Materials	917	17298236	24269282	23386142	786764
化肥批发 Wholesale of Chemical Fertilizer	75	1211423	1284779	1261315	103872
机械设备、五金产品及电子产品批发 Wholesale of Machinery, Equipment, Hardware,Transport and Electic Products	857	15895181	17747411	16324368	1193493
汽车及零配件批发 Wholesale of Motor Vehicles	189	3838639	4133248	3404896	377615
计算机、软件及辅助设备批发 Wholesale of Computer Software and Supplementary Equipments	67	764073	977089	928160	68357
贸易经纪与代理 Trade Broker and Agent	46	1708009	2032956	2007306	73958
其他批发业 Other Wholesale not Classified Elsewhere	246	4851425	5604376	5466746	99181
零售业 Retail Trade	6410	48783912	63745973	4669424	3602132
按登记注册类型分 By Registration Category					
内资企业 Domestic Funded Enterprises	6268	43995973	54347956	3681991	3170971
#国有企业 State-owned Enterprises	16	92044	107682	2737	2493
集体企业 Collective-owned Enterprises	66	328247	395213	60395	8669
有限责任公司 Limited Liability Corporations	1202	14551470	17543230	1258550	1115844
股份有限公司 Share-holding Corporations Ltd.	61	1806544	2518992	395724	68378
私营企业 Private Enterprises	4914	27185387	33744906	1957089	1974135
其他企业 Other Enterprises	4	26534	31391	7496	1274
港澳台商投资企业 Funds from Hong Kong, Macao and Taiwan	81	1901863	2583493	204499	209939
外商投资企业 Foreign Funded Enterprises	61	2886076	6814525	782934	221222
按行业分 By Sector					

14-3 续表2

Continued

项目 Item	法人企业（个） Number of Corporation (unit)	商品购进额（万元） Total Goods Purchase (10000 yuan)	商品销售额（万元） Sales (10000 yuan)	#批发额（万元） Wholesale (10000 yuan)	期末商品库存额（万元） Inventory at the Year-end (10000 yuan)
综合零售 General Retail	591	6640754	7994856	145948	390457
百货零售 Retail of Consumer Goods	180	2048967	2772575	68682	101144
超级市场零售 Retail of Supermarkets	295	4094400	4630209	24001	265993
食品、饮料及烟草制品专门零售 Retail of Food, Beverages and Tobaccos	1119	4285967	5297151	421657	247077
纺织、服装及日用品专门零售 Retail of Textiles, Garments, Shoes and Hats	393	2577642	3737372	334421	186054
服装零售 Retail of Garments	117	802815	1239221	91872	92016
文化、体育用品及器材专门零售 Retail of Culture, Sports Products and Equipments	243	1862300	2545595	326351	195308
图书、报刊零售 Retail of Books,Newspapers and Magazines	11	430448	445470	222141	55529
医药及医疗器材专门零售 Retail of Medicines and Medical Appliances	170	1000285	1250431	94820	115302
西药零售 Retail of Medicines	133	872462	1076959	75268	95337
中药零售 Chinese medicine	29	94405	109553	2156	18199
汽车、摩托车、零配件和燃料及其他动力销售 Retail of Motor Vehicles, Motorcycles Fule and Parts	1466	18417423	25626937	1748038	1426681
汽车新车零售 Retail of Motor Vehicles	1035	14597585	17214173	420810	1306246
机动车燃油零售 Retail of Vehicles Fule	249	2953296	7395324	1264899	54520
家用电器及电子产品专门零售 Retail of Family Electric Equipment and Product	595	3151298	3725937	178751	226132
家用视听设备零售 Retail of Family Electric Equipment	43	241232	285966	6482	19097
日用家电零售 Retail of Daily-use Electric Equipment	285	1894393	2184237	70677	137673
计算机、软件及辅助设备零售 Wholesale of Computer Software and Supplementary Equipments	142	400092	459716	43275	19887
通信设备零售 Retail of Telecommunicate Equipment	83	475930	520837	51861	41537
五金、家具及室内装饰材料专门零售 Retail of Hardware, Furniture and Inside Decoration Materials	579	3529435	4083402	181946	273266
货摊、无店铺及其他零售业 Retail of No Stores and Others	1254	7318808	9484293	1237491	541856

14-4 限额以上批发和零售企业年末资产及负债情况（2018年）

Main Financial Indicators of Wholesale and Retail Trades Corporation Enterprises(2018)

单位：万元 (10000 yuan)

项目 Item	资产总计 Total Assess	#流动资产合计 Total Circulating Funds	固定资产原价 Oringinal Prices of Fixed Assets	负债总计 Total Liabilities	所有者权益合计 Total Creditors Equity
合计 **Total**	**128449308**	**90738551**	**9501875**	**79525966**	**48923342**
批发业 Wholesale	107653922	76550362	5717315	67921384	39732538
按登记注册类型分 By Registration Category					
内资企业 Domestic Funded Enterprises	99596594	70752505	4877639	62934761	36661833
#国有企业 State-owned Enterprises	3067424	2544458	542732	713515	2353909
集体企业 Collective-owned Enterprises	92173	79464	10231	75904	16270
有限责任公司 Limited Liability Corporations	35231345	25140650	1260122	23077194	12154151
股份有限公司 Share-holding Corporations Ltd.	16574567	10754371	894944	9351938	7222630
私营企业 Private Enterprises	44621008	32229445	2164513	29712109	14908899
其他企业 Other Enterprises	5195	2431	3627	995	4200
港澳台商投资企业 Funds from Hong Kong, Macao and Taiwan	4224261	2911755	365079	2353366	1870895
外商投资企业 Foreign Funded Enterprises	3833067	2886102	474598	2633257	1199810
按行业分 By Sector					
农、林、牧、渔产品批发 Wholesale of Farming,Forestry,Animal Husbandry Products	1864452	1535017	225289	1337062	527390
食品、饮料及烟草制品批发 Wholesale of Food, Beverages and Tobaccos	10858955	7864706	1189324	5127675	5731280
米、面制品及食用油批发 Sholesale of Rice, Wheat Products and Rdible Oil	1334545	1166264	78064	1094148	240397
烟草制品批发 Wholesale of Tobaccos	4392766	3197045	607697	862436	3530330
纺织、服装及家庭用品批发 Wholesale of Textiles, Garments and Daily Consumer Articles	17497723	9861942	1086259	7991513	9506210
服装批发 Wholesale of Garments	4914496	3655637	277225	2699764	2214731
日用家电批发 Wholesale of Family Electrical Equipments	436213	400445	19010	338800	97413
文化、体育用品及器材批发 Wholesale of Culture, Sports Products and Appliances	2160879	1411340	123532	1321458	839421
医药及医疗器材批发 Wholesale of Medicines and Medical Appliances	3632664	3018831	156670	2630765	1001898

14-4 续表1

Continued

单位：万元 (10000 yuan)

项目 Item	资产总计 Total Assess	#流动资产合计 Total Circulating Funds	固定资产原价 Oringinal Prices of Fixed Assets	负债总计 Total Liabilities	所有者权益合计 Total Creditors Equity
矿产品、建材及化工产品批发 Wholesale of Mineral Products, Building Materials and Chemical Products	61500716	44248303	2403335	42081409	19419306
煤炭及制品批发 Wholesale of Coal and Its Products	3545072	2577272	102970	2676888	868185
石油及制品批发 Wholesale of Petroleum and Its Products	6646555	3571590	1085023	3201514	3445042
金属及金属矿批发 Wholesale of Metal and Metal Mineral	29191782	21580175	465814	20969068	8222714
建材批发 Wholesale of Building Materials	11365059	8040558	430684	7803742	3561317
化肥批发 Wholesale of Chemical Fertilizer	745192	683794	20947	633581	111611
机械设备、五金产品及电子产品批发 Wholesale of Machinery, Equipment, Hardware,Transport and Electic Products	7470279	6340168	426997	5246135	2224144
汽车及零配件批发 Wholesale of Motor Vehicles	1654655	1477634	87728	1329732	324924
计算机、软件及辅助设备批发 Wholesale of Computer Software and Supplementary Equipments	433626	404815	16706	287698	145929
贸易经纪与代理 Trade Broker and Agent	804459	615497	38103	601324	203135
其他批发业 Other Wholesale not Classified Elsewhere	1863797	1654558	67805	1584042	279754
零售业 Retail Trade	20795386	14188189	3784560	11604582	9190804
按登记注册类型分 By Registration Category					
内资企业 Domestic Funded Enterprises	16756304	11701216	3177190	10166178	6590126
#国有企业 State-owned Enterprises	20249	10519	9939	9837	10413
集体企业 Collective-owned Enterprises	42199	21694	27129	21149	21050
有限责任公司 Limited Liability Corporations	5402429	3957027	989289	3426418	1976011
股份有限公司 Share-holding Corporations Ltd.	1799915	1121537	292577	972695	827220
私营企业 Private Enterprises	9483350	6584152	1856685	5731173	3752177
其他企业 Other Enterprises	6573	5102	887	4536	2038
港澳台商投资企业 Funds from Hong Kong, Macao and Taiwan	1237273	810829	289252	796918	440355
外商投资企业 Foreign Funded Enterprises	2801809	1676144	318118	641486	2160323

14-4 续表2

Continued

单位：万元 (10000 yuan)

项目 Item	资产总计 Total Assess	#流动资产合计 Total Circulating Funds	固定资产原价 Oringinal Prices of Fixed Assets	负债总计 Total Liabilities	所有者权益合计 Total Creditors Equity
按行业分 By Sector					
综合零售 General Retail	5048027	3006964	969228	2287151	2760876
百货零售 Retail of Consumer Goods	1844701	1106957	501195	1314171	530530
超级市场零售 Retail of Supermarkets	3052379	1811069	429319	915353	2137026
食品、饮料及烟草制品专门零售 Retail of Food, Beverages and Tobaccos	1463568	797894	377494	494917	968651
纺织、服装及日用品专门零售 Retail of Textiles, Garments, Shoes and Hats	966129	720753	107135	574924	391205
服装零售 Retail of Garments	338179	283601	31702	210769	127410
文化、体育用品及器材专门零售 Retail of Culture, Sports Products and Equipments	1142126	670077	389968	611381	530745
图书、报刊零售 Retail of Books,Newspapers and Magazines	473334	316878	119682	191153	282182
医药及医疗器材专门零售 Retail of Medicines and Medical Appliances	506941	376709	78512	293696	213245
西药零售 Retail of Medicines	410163	305462	67694	224883	185280
中药零售 Chinese medicine	69793	50550	8857	51372	18421
汽车、摩托车、零配件和燃料及其他动力销售 Retail of Motor Vehicles, Motorcycles Fule and Parts	6818700	5018556	1251098	4539997	2278702
汽车新车零售 Retail of Motor Vehicles	5300792	4151728	883148	3923045	1377748
机动车燃油零售 Retail of Vehicles Fule	1251646	663657	259740	479143	772504
家用电器及电子产品专门零售 Retail of Family Electric Equipment and Product	1147987	921818	136903	731698	416288
家用视听设备零售 Retail of Family Electric Equipment	54165	48608	8504	30597	23568
日用家电零售 Retail of Daily-use Electric Equipment	777674	607796	85330	510932	266743
计算机、软件及辅助设备零售 Wholesale of Computer Software and Supplementary Equipments	115997	90836	19871	53840	62157
通信设备零售 Retail of Telecommunicate Equipment	142703	120903	20516	102506	40197
五金、家具及室内装饰材料专门零售 Retail of Hardware, Furniture and Inside Decoration Materials	1023953	801706	177137	579561	444392
货摊、无店铺及其他零售业 Retail of No Stores and Others	2677956	1873712	297087	1491256	1186700

14-5 限额以上批发和零售企业财务状况（2018年）

Main Financial Indicators of Wholesale and Retail Trades Corporation Enterprises(2018)

单位：万元 (10000 yuan)

项目 Item	主营业务收入 Main Operating Income	主营业务成本 Main Operating Expenses	主营业务税金及附加 Main Operating Tax and Extra Charges	营业利润 Profits of Business
合计 **Total**	**293389725**	**272136688**	**1283937**	**8445212**
批发业 Wholesale	241041439	226474548	1033604	6394178
按登记注册类型分 By Registration Category				
内资企业 Domestic Funded Enterprises	227539271	214229906	1006943	5915916
#国有企业 State-owned Enterprises	6016818	4450721	611489	627187
集体企业 Collective-owned Enterprises	265689	248380	738	3162
有限责任公司 Limited Liability Corporations	82603493	79450921	139848	1418663
股份有限公司 Share-holding Corporations Ltd.	37658241	36434483	29474	543227
私营企业 Private Enterprises	100931931	93593767	224869	3316269
其他企业 Other Enterprises	59945	49245	505	6933
港澳台商投资企业 Funds from Hong Kong, Macao and Taiwan	5574285	5057745	12554	228669
外商投资企业 Foreign Funded Enterprises	7927883	7186897	14107	249592
按行业分 By Sector				
农、林、牧、渔产品批发 Wholesale of Farming,Forestry,Animal Husbandry Products	3229127	3031682	7845	98379
食品、饮料及烟草制品批发 Wholesale of Food, Beverages and Tobaccos	22613565	19482923	702622	1295450
米、面制品及食用油批发 Sholesale of Rice, Wheat Products and Rdible Oil	2755543	2602202	3292	31750
烟草制品批发 Wholesale of Tobaccos	8045052	6285075	667111	732296
纺织、服装及家庭用品批发 Wholesale of Textiles, Garments and Daily Consumer Articles	36223794	32519645	55753	1780481
服装批发 Wholesale of Garments	8858164	7782849	16954	439028
日用家电批发 Wholesale of Family Electrical Equipments	1072793	995619	2534	23630
文化、体育用品及器材批发 Wholesale of Culture, Sports Products and Appliances	4202693	3914111	10402	125112
医药及医疗器材批发 Wholesale of Medicines and Medical Appliances	5652751	5169081	13719	151587
矿产品、建材及化工产品批发 Wholesale of Mineral Products, Building Materials and Chemical Products	146572219	141411863	156857	2249085

14-5 续表1

Continued

单位：万元 (10000 yuan)

项目 Item	主营业务收入 Main Operating Income	主营业务成本 Main Operating Expenses	主营业务税金及附加 Main Operating Tax and Extra Charges	营业利润 Profits of Business
煤炭及制品批发 Wholesale of Coal and Its Products	11973377	11484325	11741	118347
石油及制品批发 Wholesale of Petroleum and Its Products	22319417	21366772	24033	631304
金属及金属矿批发 Wholesale of Metal and Metal Mineral	62720494	61074385	53562	600392
建材批发 Wholesale of Building Materials	20970114	19886706	37863	461724
化肥批发 Wholesale of Chemical Fertilizer	1198502	1120382	4530	23277
机械设备、五金产品及电子产品批发 Wholesale of Machinery, Equipment, Hardware,Transport and Electic Products	15652219	14500262	40460	518308
汽车及零配件批发 Wholesale of Motor Vehicles	3597536	3373694	10581	75895
计算机、软件及辅助设备批发 Wholesale of Computer Software and Supplementary Equipments	871820	813646	1369	19506
贸易经纪与代理 Trade Broker and Agent	1835854	1752992	2709	45808
其他批发业 Other Wholesale not Classified Elsewhere	5059217	4691989	43239	129967
零售业 Retail Trade	52348286	45662140	250333	2051034
按登记注册类型分 By Registration Category				
内资企业 Domestic Funded Enterprises	47259118	41443778	233086	1875554
#国有企业 State-owned Enterprises	95660	85783	422	1269
集体企业 Collective-owned Enterprises	376605	311054	2720	28369
有限责任公司 Limited Liability Corporations	14548782	12900795	50109	428569
股份有限公司 Share-holding Corporations Ltd.	2151578	1957104	5652	31880
私营企业 Private Enterprises	30052697	26159125	174123	1384268
其他企业 Other Enterprises	27874	24700	32	1004
港澳台商投资企业 Funds from Hong Kong, Macao and Taiwan	2256879	1750079	9841	140367
外商投资企业 Foreign Funded Enterprises	2832289	2468283	7406	35113
按行业分 By Sector				

14-5 续表2

Continued

单位：万元　　(10000 yuan)

项目 Item	主营业务收入 Main Operating Income	主营业务成本 Main Operating Expenses	主营业务税金及附加 Main Operating Tax and Extra Charges	营业利润 Profits of Business
综合零售 General Retail	7028215	5998315	37898	186270
百货零售 Retail of Consumer Goods	2431063	2049496	17679	111186
超级市场零售 Retail of Supermarkets	4043629	3493780	15938	31922
食品、饮料及烟草制品专门零售 Retail of Food, Beverages and Tobaccos	4741447	3843867	39410	358847
纺织、服装及日用品专门零售 Retail of Textiles, Garments, Shoes and Hats	3290876	2668274	13342	196396
服装零售 Retail of Garments	1076859	884760	4013	51699
文化、体育用品及器材专门零售 Retail of Culture, Sports Products and Equipments	2231385	1871942	15976	134263
图书、报刊零售 Retail of Books,Newspapers and Magazines	379603	310386	109	21668
医药及医疗器材专门零售 Retail of Medicines and Medical Appliances	1120436	942649	4278	42655
西药零售 Retail of Medicines	964445	821213	3427	39749
中药零售 Chinese medicine	99021	73633	659	219
汽车、摩托车、零配件和燃料及其他动力销售 Retail of Motor Vehicles, Motorcycles Fule and Parts	18440960	16989822	60336	414893
汽车新车零售 Retail of Motor Vehicles	15083233	13944840	50078	320458
机动车燃油零售 Retail of Vehicles Fule	2491273	2269873	6224	59297
家用电器及电子产品专门零售 Retail of Family Electric Equipment and Product	3179810	2834336	15087	89201
家用视听设备零售 Retail of Family Electric Equipment	260179	220675	1322	20418
日用家电零售 Retail of Daily-use Electric Equipment	1822807	1636552	6279	28722
计算机、软件及辅助设备零售 Wholesale of Computer Software and Supplementary Equipments	410114	353742	3410	22865
通信设备零售 Retail of Telecommunicate Equipment	452288	412813	1008	7746
五金、家具及室内装饰材料专门零售 Retail of Hardware, Furniture and Inside Decoration Materials	3689082	3241566	34588	165310
货摊、无店铺及其他零售业 Retail of No Stores and Others	8626076	7271370	29418	463200

14-6 限额以上批发和零售企业主要效益指标（2018年）

Main Indicators Economic Benefit of Whole Sale Enterprises and Retail Trade above Designated Size(2018)

单位：%　　　　(%)

项目 Item	资产负债率 Assets Liability Rate	销售利润率 Ratio of Profits to Sales Revenue	经营费用率 Ratio of Operating Costs to Total Costs	成本费用利润率 Ratio of Profits to Costs
合计 Total	**61.9**	**7.2**	**4.3**	**3.0**
批发业 Wholesale	63.1	6.0	3.3	2.8
按登记注册类型分 By Registration Category				
内资企业 Domestic Funded Enterprises	63.2	5.8	3.0	2.7
#国有企业 State-owned Enterprises	23.3	26.0	5.7	12.7
集体企业 Collective-owned Enterprises	82.3	6.5	5.3	1.4
有限责任公司 Limited Liability Corporations	65.5	3.8	2.4	1.8
股份有限公司 Share-holding Corporations Ltd.	56.4	3.2	2.3	1.5
私营企业 Private Enterprises	66.6	7.3	3.7	3.5
其他企业 Other Enterprises	19.2	17.8	5.4	13.2
港澳台商投资企业 Funds from Hong Kong, Macao and Taiwan	55.7	9.3	6.5	4.2
外商投资企业 Foreign Funded Enterprises	68.7	9.3	7.1	3.3
按行业分 By Sector				
农、林、牧、渔产品批发 Wholesale of Farming,Forestry,Animal Husbandry Products	71.7	6.1	4.2	3.3
食品、饮料及烟草制品批发 Wholesale of Food, Beverages and Tobaccos	47.2	13.8	5.8	6.3
米、面制品及食用油批发 Sholesale of Rice, Wheat Products and Rdible Oil	82.0	5.6	4.2	1.3
烟草制品批发 Wholesale of Tobaccos	19.6	21.9	5.2	10.7
纺织、服装及家庭用品批发 Wholesale of Textiles, Garments and Daily Consumer Articles	45.7	10.2	5.1	5.2
服装批发 Wholesale of Garments	54.9	12.1	6.9	5.2
日用家电批发 Wholesale of Family Electrical Equipments	77.7	7.2	4.7	2.3
文化、体育用品及器材批发 Wholesale of Culture, Sports Products and Appliances	61.2	6.9	4.1	3.1
医药及医疗器材批发 Wholesale of Medicines and Medical Appliances	72.4	8.6	5.9	2.7
矿产品、建材及化工产品批发 Wholesale of Mineral Products, Building Materials and Chemical Products	68.4	3.5	2.2	1.6

14-6 续表1

Continued

单位：%　　(%)

项目 Item	资产负债率 Assets Liability Rate	销售利润率 Ratio of Profits to Sales Revenue	经营费用率 Ratio of Operating Costs to Total Costs	成本费用利润率 Ratio of Profits to Costs
煤炭及制品批发 Wholesale of Coal and Its Products	75.5	4.1	2.4	1.0
石油及制品批发 Wholesale of Petroleum and Its Products	48.2	4.3	2.5	3.0
金属及金属矿批发 Wholesale of Metal and Metal Mineral	71.8	2.6	1.8	1.0
建材批发 Wholesale of Building Materials	68.7	5.2	3.0	2.3
化肥批发 Wholesale of Chemical Fertilizer	85.0	6.5	4.0	2.1
机械设备、五金产品及电子产品批发 Wholesale of Machinery, Equipment, Hardware,Transport and Electic Products	70.2	7.4	3.9	3.4
汽车及零配件批发 Wholesale of Motor Vehicles	80.4	6.2	3.7	2.2
计算机、软件及辅助设备批发 Wholesale of Computer Software and Supplementary Equipments	66.3	6.7	4.3	2.4
贸易经纪与代理 Trade Broker and Agent	74.7	4.5	2.2	2.6
其他批发业 Other Wholesale not Classified Elsewhere	85.0	7.3	3.7	3.1
零售业 Retail Trade	55.8	12.8	8.8	4.1
按登记注册类型分 By Registration Category				
内资企业 Domestic Funded Enterprises	60.7	12.3	8.0	4.2
#国有企业 State-owned Enterprises	48.6	10.3	9.1	2.1
集体企业 Collective-owned Enterprises	50.1	17.4	6.7	8.3
有限责任公司 Limited Liability Corporations	63.4	11.3	8.5	3.0
股份有限公司 Share-holding Corporations Ltd.	54.0	9.0	8.3	1.5
私营企业 Private Enterprises	60.4	13.0	7.8	4.9
其他企业 Other Enterprises	69.0	11.4	7.7	3.7
港澳台商投资企业 Funds from Hong Kong, Macao and Taiwan	64.4	22.5	19.7	6.6
外商投资企业 Foreign Funded Enterprises	22.9	12.9	13.5	0.7
按行业分 By Sector				

14-6 续表2

Continued

单位：% (%)

项目 Item	资产负债率 Assets Liability Rate	销售利润率 Ratio of Profits to Sales Revenue	经营费用率 Ratio of Operating Costs to Total Costs	成本费用利润率 Ratio of Profits to Costs
综合零售 General Retail	45.3	14.7	13.8	2.5
百货零售 Retail of Consumer Goods	71.2	15.7	14.0	4.7
超级市场零售 Retail of Supermarkets	30.0	13.6	14.4	0.5
食品、饮料及烟草制品专门零售 Retail of Food, Beverages and Tobaccos	33.8	18.9	10.7	8.3
纺织、服装及日用品专门零售 Retail of Textiles, Garments, Shoes and Hats	59.5	18.9	12.4	6.4
服装零售 Retail of Garments	62.3	17.8	12.2	5.2
文化、体育用品及器材专门零售 Retail of Culture, Sports Products and Equipments	53.5	16.1	9.7	6.4
图书、报刊零售 Retail of Books,Newspapers and Magazines	40.4	18.2	15.3	6.0
医药及医疗器材专门零售 Retail of Medicines and Medical Appliances	57.9	15.9	12.1	4.0
西药零售 Retail of Medicines	54.8	14.9	10.9	4.3
中药零售 Chinese medicine	73.6	25.6	24.1	0.3
汽车、摩托车、零配件和燃料及其他动力销售 Retail of Motor Vehicles, Motorcycles Fule and Parts	66.6	7.9	5.6	2.3
汽车新车零售 Retail of Motor Vehicles	74.0	7.5	5.4	2.2
机动车燃油零售 Retail of Vehicles Fule	38.3	8.9	6.6	2.5
家用电器及电子产品专门零售 Retail of Family Electric Equipment and Product	63.7	10.9	7.9	2.9
家用视听设备零售 Retail of Family Electric Equipment	56.5	15.2	6.1	8.8
日用家电零售 Retail of Daily-use Electric Equipment	65.7	10.2	8.8	1.5
计算机、软件及辅助设备零售 Wholesale of Computer Software and Supplementary Equipments	46.4	13.7	7.4	5.9
通信设备零售 Retail of Telecommunicate Equipment	71.8	8.7	7.7	1.8
五金、家具及室内装饰材料专门零售 Retail of Hardware, Furniture and Inside Decoration Materials	56.6	12.1	6.6	4.7
货摊、无店铺及其他零售业 Retail of No Stores and Others	55.7	15.7	9.9	5.7

14-7 亿元以上商品交易市场主要经济指标（2018年）

Statistics on Commodity Markets with Trade over 100 Million Yuan(2018)

项目	Item	市场数（个） Number of Markets (unit)	摊位数（个） Number of Stalls (unit)	营业面积（平方米） Operation Area(sq.m)	市场成交额（万元） Transaction Value (10000 yuan)
总计	**Total**	**114**	**50628**	**3205490**	**15609693**
按经营环境分	**By Operating Circumstance**				
封闭式	Indoor	94	43798	2948693	13964651
露天式	Outdoor	6	1092	59787	817707
其他	Others	14	5738	197010	827335
按营业状态分	**By Operating Status**				
常年营业	Perennial Operation	113	50600	3203990	15597493
季节性营业	Seasonal Operation	1	28	1500	12200
其他	Others				
按经营方式分	**By Operating Mode**				
批发（或以批发为主）	Whole Sale	48	26324	2288216	12417931
零售（或以零售为主）	Retail	66	24304	917274	3191762
按市场类别分	**By Market Category**				
综合市场	General Markets	48	25041	792903	4378347
生产资料综合市场	Product Materials Markets	1	200	5100	10530
工业消费品综合市场	Industrial Products Consume Markets	3	5705	71638	829157
农副产品综合市场	Agricaltural Products General Markets	36	14760	325939	2150371
其他综合市场	Other Markets	8	4376	390226	1388289
专业市场	and Hats	66	25587	2412587	11231346
生产资料市场	Markets for Food, Beverage, Tobacco	7	1854	369735	1654252
农产品市场	and Liquor	30	9175	736480	5428216
食品饮料及烟酒市场	Medicine and Medical Insurments	4	3061	189228	231819
纺织、服装、鞋帽市场	Markets for Furnitures	6	6230	298729	1245040
日用品及文化用品市场	Markets for Small Commodities				
黄金、珠宝、玉器等首饰市场	Markets for Culture Products, VideoProducts	4	1856	241730	1001604
电器、通讯器材、电子设备市场	Newspapers and Magazines	1	719	38000	91216
医药、医疗用品及器材市场	Markets for Second Hand	1	28	1500	12200
家具、五金及装饰材料市场	Markets for Mechanically-propelled Vehicles	7	2128	437730	767893
汽车、摩托车及零配件市场	Markets for Metal Materials	4	354	67600	646146
花、鸟、鱼、虫市场	Markets for Coal	2	182	31855	152960
旧货市场	Markets for Wood				
其他专业市场	Other Markets				

14-8 亿元以上商品交易市场成交情况（2018年）

Transaction Value of Commodity Markets with Trade over 100 Million Yuan by Region(2018)

项目	Item	出租摊位数（个）Number of Stalls (unit)	市场成交额（万元）Transaction Value (10000 yuan)
总计	**Total**	**44578**	**15609693**
粮油、食品类	Grain,Oil and Foods	21130	7944168
饮料类	Beverages	2672	356337
烟酒类	Tobacco and Liquor	352	298093
服装、鞋帽、针纺织品类	Garments,shoes,Caps and Textiles	9518	1956932
服装类	Clothing	7787	1618659
鞋帽类	Shoes and Hats	1071	155813
针纺织品类	Knitwear and Textiles	660	182460
化妆品类	Cosmetics	95	16040
金银珠宝类	Gold,Silver and Jewelry	1420	916735
日用品类	Articles for Daily Use	1123	214382
五金、电料类	Hardware and Electrical Materials	570	70178
体育、娱乐用品类	Sports and Recreation Articles	96	64804
书报杂志类	Newspapers and Magazines	6	52
电子出版物及音像制品类	E-journal and Video Products	10	343
家用电器和音像器材类	Household Appliances and Video Appliances	387	58718
中西药品类	Traditional Chinese and Western Medicines	88	15905
#西药类	Western Medicines	3	673
中草药及中成药类	Chinese Herbal Medicine and Mid-product Medicine	76	12985
文化办公用品类	Cultural and Official Goods	600	83498
家具类	Furniture	705	313357
通讯器材类	Communication Appliances	89	5406
煤炭及制品类	Coal and Related Products		
木材及制品类	Wood and Wooden Products	438	77506
石油及制品类	Petroleum and Related Products	2	62
化工材料及制品类	Raw Chemical Materials	35	4139
金属材料类	Metal Materrials	97	396614
建筑及装潢材料类	Building and Decoration Materials	2801	1766382
机电产品及设备类	Mechanical and Electrical Products and Equipment	148	7113
汽车类	Vehicles	345	646146
种子饲料类	Seed and Feedstuff	181	37430
棉麻类	Cotton and Ramie		
其他类	Others	1670	359353

14-9 限额以上住宿业企业基本情况（2018年）

Basic Conditions of Enterprises above Designated Size in Hotels(2018)

项目	Item	法人企业（个） Number of Corporation (unit)	床位数（个） Number of Beds at the year- end (unit)	餐位数（位） Number of seats at the year- end
住宿业	Hotels	967	213091	370772
按登记注册类型分	By Registration Category			
内资企业	Domestic Funded Enterprises	888	187040	319010
#国有企业	State-owned Enterprises	38	8939	16569
集体企业	Collective-owned Enterprises	4	601	1096
有限责任公司	Limited Liability Corporations	205	57920	102617
股份有限公司	Share-holding Corporations Ltd.	20	3939	6242
私营企业	Private Enterprises	619	114591	191758
港澳台商投资企业	Funds from Hong Kong, Macao and Taiwan	50	15829	34880
外商投资企业	Foreign Funded Enterprises	29	10222	16882
按行业分	By Sector			
#旅游饭店	Tourism Hotel	581	152302	305606
一般旅馆	General Hotel	365	57718	60161
民宿服务	Home and Lodging Services	4	565	821
其他住宿业	Others	17	2506	4184

14-10 限额以上餐饮业企业基本情况（2018年）

Basic Conditions of Enterprises above Designated Size in Catering Services(2018)

项目	Item	法人企业（个） Number of Corporation (unit)	年末餐饮营业面积（平方米） Operation Area (sq.m)	餐位数（位） Number of seats at the year- end
餐饮业		1092	1859631	625108
按登记注册类型分	By Registration Category			
内资企业	Domestic Funded Enterprises	1048	1575340	549017
#国有企业	State-owned Enterprises	5	7721	2973
集体企业	Collective-owned Enterprises	2	4225	1720
有限责任公司	Limited Liability Corporations	141	309069	64784
股份有限公司	Share-holding Corporations Ltd.	4	4370	505
私营企业	Private Enterprises	894	1207455	464630
港澳台商投资企业	Funds from Hong Kong, Macao and Taiwan	28	141280	36019
外商投资企业	Foreign Funded Enterprises	16	143011	40072
按行业分	By Sector			
正餐服务	Dinner	997	1542660	500188
快餐服务	Snack	50	233686	88536
饮料及冷饮服务	Drink and Cold Drink	14	17652	1669
餐饮配送及外卖送餐服务	Catering distribution	13	16610	7491
其他餐饮业	Others	18	49023	27224

14-11 限额以上住宿业和餐饮业企业经营情况（2018年）

Basic Conditions of Enterprises above Designated Size in Hotels and Catering Services(2018)

单位：万元 (10000 yuan)

项目	Item	营业额 Business Revenue	客房收入 From Hotel Rooms	餐费收入 From Meals	商品销售额 From Commodities Income	其他收入 From Others
合计	**Total**	**4824371**	**1099525**	**3433089**	**134622**	**157136**
住宿业	Hotels	2407258	1011516	1187412	77829	130500
按登记注册类型分	By Registration Category					
内资企业	Domestic Funded Enterprises	2003154	835223	992977	68641	106313
#国有企业	State-owned Enterprises	86842	39639	33142	329	13732
集体企业	Collective-owned Enterprises	6570	2812	3556		202
有限责任公司	Limited Liability Corporations	788998	298480	414042	26833	49643
股份有限公司	Share-holding Corporations Ltd.	40915	21954	16508	440	2014
私营企业	Private Enterprises	1068558	465778	521940	40910	39931
港澳台商投资企业	Funds from Hong Kong, Macao and Taiwan	245677	105097	122770	4718	13093
外商投资企业	Foreign Funded Enterprises	158427	71196	71665	4471	11094
按行业分	By Sector					
#旅游饭店	Tourism Hotel	1956262	747733	1029173	67343	112013
一般旅馆	General Hotel	419225	244167	147389	9950	17720
民宿服务	Home and Lodging Services	3424	1783	1467	11	163
其他住宿业	Other Hotel	28346	17832	9383	525	605
餐饮业		2417114	88009	2245676	56793	26636
按登记注册类型分	By Registration Category					
内资企业	Domestic Funded Enterprises	1874739	78736	1729600	49363	17040
#国有企业	State-owned Enterprises	10337	1187	5578	3554	17
集体企业	Collective-owned Enterprises	2726	110	2351		266
有限责任公司	Limited Liability Corporations	222581	19350	193041	5761	4429
股份有限公司	Share-holding Corporations Ltd.	7042	426	6616		
私营企业	Private Enterprises	1623722	57663	1513683	40047	12328
港澳台商投资企业	Funds from Hong Kong, Macao and Taiwan	233718	7302	215657	5392	5366
外商投资企业	Foreign Funded Enterprises	308657	1971	300419	2038	4230
按行业分	By Sector					
正餐服务	Dinner	1714602	87974	1567896	43352	15380
快餐服务	Snack	605489		593481	2573	9435
饮料及冷饮服务	Drink and Cold Drink	26725		22246	3543	937
餐饮配送及外卖送餐服务	Catering distribution	16698		15545	1144	10
其他餐饮业	Others	53598	35	46509	6181	874

14-12 限额以上住宿和餐饮业企业年末资产及负债情况（2018年）

Main Financial Indicators of Hotels and Catering Sevices Corporation Enterprises(2018)

单位：万元 (10000 yuan)

项目	Item	资产总计 Total Assess	流动资产合计 Total Circhlating Funds	固定资产原价 Oringinal Prices of Fixed Assets	负债总计 Total Liabilities	所有者权益合计 Total Creditors Equity
合计	**Total**	**6713101**	**2774609**	**3727664**	**4225901**	**2487200**
住宿业	Hotels	5529470	2150094	3206073	3561500	1967970
按登记注册类型分	By Registration Category					
内资企业	Domestic Funded Enterprises	4333858	1717242	2404535	2698737	1635121
#国有企业	State-owned Enterprises	235047	66630	198944	133801	101246
集体企业	Collective-owned Enterprises	10392	4236	7021	5813	4579
有限责任公司	Limited Liability Corporations	1593711	605206	1008630	911289	682422
股份有限公司	Share-holding Corporations Ltd.	131745	100014	39931	21766	109979
私营企业	Private Enterprises	2334583	928714	1118000	1615456	719127
港澳台商投资企业	Funds from Hong Kong, Macao and Taiwan	868780	350437	512104	649838	218942
外商投资企业	Foreign Funded Enterprises	326832	82415	289434	212925	113907
按行业分	By Sector					
#旅游饭店	Tourism Hotel	4743099	1774333	2842157	3084854	1658246
一般旅馆	General Hotel	676247	291718	343806	450052	226195
民宿服务	Home and Lodging Services	83358	73426	8848	15581	67777
其他住宿业	Other Hotel	26765	10618	11261	11012	15753
餐饮业		1183632	624515	521591	664401	519231
按登记注册类型分	By Registration Category					
内资企业	Domestic Funded Enterprises	858653	499243	333270	447493	411160
#国有企业	State-owned Enterprises	11765	8688	3395	1881	9884
集体企业	Collective-owned Enterprises	569	144	404	47	522
有限责任公司	Limited Liability Corporations	106007	64646	42506	52546	53460
股份有限公司	Share-holding Corporations Ltd.	3807	1756	3386	2204	1603
私营企业	Private Enterprises	733288	421216	281838	388918	344370
港澳台商投资企业	Funds from Hong Kong, Macao and Taiwan	186824	70606	118771	119034	67790
外商投资企业	Foreign Funded Enterprises	138155	54667	69551	97875	40281
按行业分	By Sector					
正餐服务	Dinner	910743	495260	410491	513082	397661
快餐服务	Snack	214907	87298	102836	121211	93696
饮料及冷饮服务	Drink and Cold Drink	14021	9097	1593	16239	-2218
餐饮配送及外卖送餐服务	Catering distribution	8138	6907	1805	3628	4510
其他餐饮业	Others	35824	25954	4866	10242	25582

14-13 限额以上住宿和餐饮业企业主要财务指标（2018年）

Main Financial Indicators of Hotels and Catering Sevices Corporation Enterprises(2018)

单位：万元 (10000 yuan)

项目	Item	主营业务收入 Main Operating Income	主营业务成本 Main Operating Expenses	主营业务税金及附加 Main Operating Tax and Extra Charges	营业利润 Profits of Business
合计	**Total**	**4537729**	**2410157**	**59711**	**380115**
住宿业	Hotels	2272803	1025014	38605	147872
按登记注册类型分	By Registration Category				
内资企业	Domestic Funded Enterprises	1887844	884914	32802	132423
#国有企业	State-owned Enterprises	81934	30898	753	4690
集体企业	Collective-owned Enterprises	6116	3811	47	505
有限责任公司	Limited Liability Corporations	741544	323420	15194	53506
股份有限公司	Share-holding Corporations Ltd.	37250	13053	437	2265
私营企业	Private Enterprises	1010367	511848	16105	71055
港澳台商投资企业	Funds from Hong Kong, Macao and Taiwan	237781	85237	3755	5430
外商投资企业	Foreign Funded Enterprises	147177	54862	2049	10019
按行业分	By Sector				
#旅游饭店	Tourism Hotel	1840034	812784	32883	112933
一般旅馆	General Hotel	402499	193100	5368	34165
民宿服务	Home and Lodging Services	3355	2885	96	-1146
其他住宿业	Other Hotel	26915	16246	258	1920
餐饮业		2264927	1385143	21106	232243
按登记注册类型分	By Registration Category				
内资企业	Domestic Funded Enterprises	1766436	1166044	19754	165752
#国有企业	State-owned Enterprises	9550	4625	69	969
集体企业	Collective-owned Enterprises	2522	1338	31	614
有限责任公司	Limited Liability Corporations	213357	122075	1931	21935
股份有限公司	Share-holding Corporations Ltd.	6705	3036	52	52
私营企业	Private Enterprises	1526027	1030490	17639	142189
港澳台商投资企业	Funds from Hong Kong, Macao and Taiwan	216447	79500	687	47091
外商投资企业	Foreign Funded Enterprises	282044	139599	665	19401
按行业分	By Sector				
正餐服务	Dinner	1619036	1007660	19375	166001
快餐服务	Snack	554070	319662	1187	64745
饮料及冷饮服务	Drink and Cold Drink	25639	21051	141	-5084
餐饮配送及外卖送餐服务	Catering distribution	15469	10348	56	173
其他餐饮业	Others	50713	26423	348	6408

14-14 限额以上批发和零售业连锁企业基本经营情况（2018年）

Basic Conditions of Enterprises above Designated Size of Wholesale and Retail Trades(2018)

项目	Item	连锁总店数（个） Number of Head Chain Stores (unit)	年末门店数（个） Number of Stores (unit)	直营店（个） Regular Chain (unit)	加盟店（个） Franchi-se (unit)	年末营业面积（平方米） Operation Area (sq.m)	年末从业人员（人） Persons Employ (person)	商品销售总额(万元) Total Sales (10000 yuan)
总计	**Total**	**181**	**11719**	**7090**	**4629**	**11669115**	**119655**	**16735387**
批发业	Wholesale	10	1199	292	907	377027	5740	540483
零售业	Retail Trade	171	10520	6798	3722	11292088	113915	16194904
按登记注册类型分	**Grouped by Status of Registration**							
内资企业	Domestic Funded Enterprises	163	8509	4043	4466	3299768	52122	5632282
#国有企业	State-owned Enterprises	5	216	216		244542	1925	959138
有限责任公司	Limited-Liability Corporations	67	2205	1836	369	1242459	20465	1904278
股份有限公司	Share Holding Corporations Ltd.	14	1149	454	695	616444	4447	1175678
私营企业	Private Enterprises	75	4913	1511	3402	1139395	24776	1531374
港澳台商投资企业	Funds from HongKong,Macao,TaiWan	5	1352	1198	154	7118467	52302	7018703
外商投资企业	Foreign Funded Enterprises	13	1858	1849	9	1250880	15231	4084402

14-15 限额以上住宿和餐饮业连锁企业基本经营情况（2018年）

Basic Conditions of Enterprises above Designated Size in Hotels and Catering Services(2018)

项目	Item	连锁总店数（个） Number of Head Chain Stores (unit)	连锁门店数（个） Number of Stores (unit)	直营店（个） Regular Chain (unit)	加盟店（个） Franchise (unit)	营业面积（平方米） Operation Area (sq.m)	年末从业人员（人） Persons Employed (person)	营业收入（万元） Total Sales (10000 yuan)
总计	**Total**	**23**	**732**	**573**	**159**	**219551**	**26767**	**384033**
住宿业	Hotels							
餐饮业	Catering Services	23	732	573	159	219551	26767	384033
按登记注册类型分	**Grouped by Status of Registration**							
内资企业	Domestic Funded Enterprises	15	281	122	159	44164	4458	86330
#有限责任公司	Limited-Liability Corporations	7	133	44	89	24712	3056	70848
私营企业	Private Enterprises	8	148	78	70	19452	1402	15481
港澳台商投资企业	Funds from HongKong, Macao,TaiWan	4	140	140		77985	7251	99345
外商投资企业	Foreign Funded Enterprises	4	311	311		97402	15058	198358

14-16 入境游客人数(1979-2018年)

Foreign Tourists(1979-2018)

单位：人次 (person-time)

年份 Year	合计 Total	#外国人 Foreigner	台湾同胞 Compatriots from Taiwan	港澳同胞 Compatriots from Hong Kong and Macao	#香港同胞 Compatriots from Hong Kong
1979	115214	37522	59	77633	
1980	135059	43724	119	91216	
1981	173351	50498	874	121979	
1982	177835	52130	1670	124035	
1983	211529	69628	6832	135069	
1984	270443	82996	6654	180793	
1985	355748	102190	8593	244965	
1986	362320	126183	8709	227428	
1987	410821	135488	15693	259640	
1988	522082	110338	145838	265906	
1989	504594	81734	209491	213369	
1990	707903	105374	362815	239714	
1991	686023	141137	282003	262883	
1992	816076	182252	333290	300534	
1993	880344	211919	348037	320388	
1994	844503	228404	272194	343905	
1995	906406	256940	251509	397957	
1996	1045658	311861	271798	461999	
1997	1173932	360091	312767	501074	
1998	1217795	373884	355626	488285	
1999	1356042	409035	414622	532385	
2000	1613349	497466	477894	637989	
2001	1634841	465152	494211	675478	598004
2002	1848214	528015	571668	748531	685742
2003	1497164	459448	475220	562496	517123
2004	1728997	629173	491526	608298	565927
2005	1973894	723621	589373	660900	608059
2006	2298960	791160	740232	767568	706215
2007	2687453	1007969	801587	877897	799571
2008	2931908	986440	984761	960707	894813
2009	3120348	978350	1234255	907743	841895
2010	3681353	1152748	1569186	959419	879506
2011	4274232	1400156	1850715	1023361	928931
2012	4936738	1670078	2111586	1155074	1050746
2013	5121304	1782769	2136279	1202256	1091397
2014	5449833	1950628	2253899	1245306	1140972
2015	5914501	2142819	2381467	1390215	1279323
2016	6807912	2541193	2671983	1594736	1440834
2017	7754066	2928733	3132741	1692592	1523146
2018	9012403	3441938	3634961	1935504	1722028

注：2000年起合计项含接待海外一日游游客人数。

Note:The data of total from 2000 include the foreign tourists of one day.

14-17 接待游客人数及旅游收入(1979-2018年)

Number of Tourists and Exchange Earnings(1979-2018)

年份 Year	入境旅游人数（人次） Number of International Tourists(person-time)	#外国人 Foreigners	国际旅游外汇收入（万美元） Foreigners Exchange Earnings(USD 10000)	国内旅游人数（万人次） Domestic Tourists (10000 person-time)	国内旅游收入（亿元） Domestic Tourism Earnings (100 million yuan)	国内游客人均花费（元） Domestic Per Capita Expenditure (yuan)
1979	115214	37522				
1980	135059	43724				
1981	173351	50498				
1982	177835	52130				
1983	211529	69628				
1984	270443	82996				
1985	355748	102190				
1986	362320	126183				
1987	410821	135488				
1988	522082	110338				
1989	504594	81734				
1990	707903	105374				
1991	686023	141137				
1992	816076	182252				
1993	880344	211919				
1994	844503	228404				
1995	906406	256940				
1996	1045658	311861	55486			
1997	1173932	360091	61373	1900	110	579
1998	1217795	373884	65109	2100	146	695
1999	1356042	409035	72536	2513	190	756
2000	1613349	497466	89382	2942	231	785
2001	1634841	465152	94202	3322	268	806
2002	1848214	528015	110022	3931	333	848
2003	1497164	459448	91487	3711	311	839
2004	1728997	629173	106507	4643	463	996
2005	1973894	723621	130529	5684	578	1017
2006	2298960	791160	147100	6779	694	1023
2007	2687453	1007969	216918	8041	838	1042
2008	2931908	986440	239353	8690	875	1007
2009	3120348	978350	259900	9851	981	996
2010	3681353	1152748	297824	11957	1202	1005
2011	4274232	1400156	363444	14230	1444	1015
2012	4936738	1670078	422567	16660	1702	1022
2013	5121304	1782769	457338	19542	2003	1025
2014	5449833	1950628	491179	22888	2406	1051
2015	5914501	2142819	556140	26129	2798	1071
2016	6807912	2541193	662569	30864	3495	1132
2017	7754066	2928733	758803	37534	4571	1218
2018	9012403	3441938	909162	45139	6033	1337

注：由于2012年泉州市旅游局进行旅游普查，故调整从2008-2011年国内旅游人数和国内旅游收入。

Note:Due to quanzhou tourism census,the domestic tourism and domestic tourism income have been adjusted from 2008 to 2011.

14-18 入境外国游客人数

Number of Foreign Tourists Arrivals by Country

单位：人次 (Person-time)

国别(地区) Country (Region)	2000	2005	2010	2015	2016	2017	2018
合计 Total	**497466**	**723621**	**1152748**	**2142819**	**2541193**	**2928733**	**3441938**
亚洲小计 Total of Asia	**324260**	**478130**	**554661**	**1235503**	**1539786**	**1848225**	**2205587**
#日本 Japan	97816	163198	169913	258934	343113	429246	395819
非律宾 Philippines	31974	30668	36655	79534	97548	130415	128474
新加坡 Singapore	83667	79658	95030	215959	248712	301589	330029
泰国 Thailand	4960	23093	12967	29860	36338	46757	50260
印度尼西亚 Indonesia	15748	16840	38728	65965	70858	87355	110532
马来西亚 Malaysia	69303	78826	94515	318983	374113	442061	534660
美洲小计 Total of Amercia	**66832**	**151136**	**426759**	**391121**	**421095**	**439290**	**510542**
#美国 United Kingdom	59256	136804	373081	285481	303981	315287	363662
加拿大 Canada	5727	11275	43576	58021	68770	73972	81815
欧洲小计 Total of Europe	**29824**	**75692**	**132425**	**365247**	**395016**	**433969**	**466796**
#英国 United Kingdom	5174	11832	24050	67286	70189	69883	72020
法国 France	3494	9233	15152	40255	44309	46779	47572
德国 German,FR	6887	17644	27639	69749	67181	69094	71940
意大利 Italy	3080	8414	15623	33051	36943	41501	40660
俄罗斯 Russia	1626	3063	8027	17428	27541	41359	47138
大洋洲小计 Total of Oceanic	**5845**	**12485**	**26010**	**100762**	**125505**	**125027**	**149596**
#澳大利亚 Australia	4587	10195	20125	69907	77493	81087	100043
新西兰 New Zealand	663	1606	5036	24782	33919	27001	31077
非洲小计 Total of Africa	**2185**	**6178**	**12895**	**50186**	**59791**	**82222**	**109417**

14-19 国内旅游人数及旅游收入

Number of Domestic Tourists and Exchange Earnings

项目　Item	2000	2005	2010	2015	2016	2017	2018
国内旅游者人数（万人次）Total Number of Domestic Tourist (10000 person-time)	**2942.00**	**5683.92**	**11956.61**	**26128.60**	**30864.30**	**37534.00**	**45138.93**
住宿设施接待人数 In Hotel	2010.00	3556.00	5935.03	11088.24	12882.67	15446.41	17798.79
居民家庭接待人数 In Household	262.00	373.36	736.47	2077.49	2586.71	3459.48	4417.20
一日游游客人数 For One Day	670.00	1754.56	5285.11	12962.87	15394.91	18628.18	22922.93
国内旅游收入（亿元）Domestic Tourism Receipts(100 million yuan)	**230.80**	**578.03**	**1202.25**	**2798.16**	**3495.21**	**4570.77**	**6032.95**
外省游客消费 Consumption of Tourists from Other Provinces	143.70	320.91	655.16	1285.42	1797.25	2327.09	3011.85
本省多日游游客消费 Consumption of Tourists Inside the Province	77.20	208.87	342.28	1047.21	1179.27	1535.40	2010.35
一日游游客消费 Consumption of Tourists for One Day	9.90	48.25	204.81	465.53	518.70	708.28	1010.75

注：由于2012年泉州市旅游局进行旅游普查，故调整2010年和2011年国内旅游人数和收入及分项数。

Note:Due to quanzhou tourism census, the domestic tourism and domestic tourism income have been adjusted in 2010 and 2011

14-20 国内游客消费构成

Consumption Composition of Domestic Tourists

单位：%　　　　(%)

项目　Item	2000	2005	2010	2015	2016	2017	2018
交给旅行社 Fees Paid to Tour Agencies	12.3	14.4	11.5	6.1	5.8	5.5	5.1
长途交通 Long Distance Transportation	13.3	14.3	24.0	23.9	22.3	21.7	22.7
住宿 Accommodation	19.2	12.6	17.1	22.4	21.0	22.5	22.7
餐饮 Food	14.1	11.6	12.5	16.6	17.4	17.5	17.1
购物 Shopping	16.5	16.6	17.0	14.0	15.7	16.0	16.1
游览 Visiting	5.6	6.8	5.9	5.8	6.4	6.5	6.1
娱乐 Entertainment	5.5	5.0	5.1	4.9	5.8	5.2	4.5
市区交通 Transport within the City	3.0	2.5	2.3	4.2	4.0	4.0	4.1
邮电通讯 Postal and Telecommunications	2.0	1.8	1.2				
其他 Others	8.5	14.4	3.4	2.2	1.6	1.1	1.6

注：2014年及以后年份报表将“邮电通讯”归入“其他”类。

Note:Since 2014,Postal and Telecommunications Classified to Others.

14-21 国内游客构成

Composition of Domestic Tourists

单位: % (%)

项目 Item	2000	2005	2010	2015	2016	2017	2018
按性别分 By Sex							
男 Male	65.1	59.3	57.0	53.7	53.0	52.5	49.2
女 Female	34.9	40.7	43.0	46.3	47.0	47.5	50.8
按年龄分 By Age							
14岁以下 14 and under	1.3	1.5	0.9	0.9	0.6	1.0	1.4
15-24岁 Aged 15-24	26.9	25.6	18.8	27.2	27.8	30.2	31.6
25-44岁 Aged 25-44	48.8	50.9	54.9	58.0	60.0	57.6	56.3
45-59岁 Aged 45-59	18.1	17.7	20.4	12.6	10.6	10.1	9.7
60岁以上 60 and over	4.9	4.3	5.0	1.4	1.1	1.1	1.0
按旅游目的分 By Aim of Tourist							
休闲观光渡假 Sightseeing and Holiday	44.0	52.0	54.2	76.4	75.3	77.3	79.8
探亲访友 Visiting Relatives and Friends	12.3	13.1	10.7	6.8	7.2	7.0	6.1
公务 Offical	15.4	11.8	13.9	6.8	8.1	6.7	5.6
经商 Bussiness	11.1	8.1	7.5	1.7	1.4	1.1	0.7
会议 Meeting	4.7	4.4	6.1				
医疗 Medical Care	0.9	0.9	0.7	1.1	0.8	0.8	0.7
宗教朝拜 Religious Worship	2.8	1.9	1.6	2.2	2.6	2.6	2.6
文化科技交流 Exchange of Culture, Science and Technology	2.5	1.6	1.2				
其他 Others	6.3	6.2	4.0	4.9	4.7	4.4	4.5
按出游方式分 By Mode							
单位组织 Organized by Unit	20.9	20.8	24.4	7.6	7.4	6.9	6.6
旅行社 Travel Agency	10.3	13.2	13.8	4.6	4.5	3.9	3.4
个人亲友结伴 Relatives and Friends as Accompaniers	60.0	58.6	52.2	85.1	84.4	86.7	88.0
其他 Others	8.8	7.4	9.6	2.6	3.8	3.2	2.0

14-22 各设区市国际旅游外汇收入

Foreign Exchange Earnings from International Tourism by City

单位：万美元　　　　(USD 10000)

地区	Area	2000	2005	2010	2015	2016	2017	2018
福州市	Fuzhou	22173	27266	84299	119980	134677	150076	180638
厦门市	Xiamen	29920	55233	108552	238009	323321	334758	389671
莆田市	Putian	3476	2585	12922	23611	27057	41055	41229
三明市	Sanming	79	541	2034	4839	5713	7169	9726
泉州市	Quanzhou	25428	37728	66737	112834	112640	135166	178411
漳州市	Zhangzhou	2902	1400	15455	32168	31468	50195	57202
南平市	Nanping	4792	5434	6680	17012	16518	25765	31963
龙岩市	Longyan	427	277	983	6002	8640	11180	15421
宁德市	Ningde	186	65	162	1434	2165	2801	3413
平潭综合实验区	Pingtan				251	369	639	1488

注：2012年以前，福州数据含平潭。
Note:Before 2012,The data of Fuzhou include Pingtan.

14-23 各设区市入境游客人数

Number of Foreign Tourists by City

单位：人次　　　　(Person-time)

地区	Area	2000	2005	2010	2015	2016	2017	2018
福州市	Fuzhou	300269	308883	698607	966198	1086765	1314816	1619542
厦门市	Xiamen	494920	803144	1551864	2655924	2927156	3260269	3595810
莆田市	Putian	103103	110665	184737	269872	311406	449281	468560
三明市	Sanming	3037	9776	29018	5274	65102	77705	95589
泉州市	Quanzhou	485788	535381	770457	1110946	1309964	1452592	1780388
漳州市	Zhangzhou	49886	42089	247469	424399	554700	610788	703945
南平市	Nanping	162104	153595	173400	303955	370138	370262	464815
龙岩市	Longyan	8961	7969	22417	98168	138984	164086	194664
宁德市	Ningde	5281	2392	3384	25029	32922	40067	48164
平潭综合实验区	Pingtan				6836	10775	14200	40926

注：2012年以前，福州数据含平潭。
Note:Before 2012,The data of Fuzhou include Pingtan.

主要统计指标解释

社会消费品零售总额 指企业（单位、个体户）通过交易直接售给个人、社会集团非生产、非经营用的实物商品金额，以及提供餐饮服务所取得的收入金额。个人包括城乡居民和入境人员，社会集团包括机关、社会团体、部队、学校、企事业单位、居委会或村委会等。

商品购进额 指从本企业以外的单位和个人购进（包括从国外直接进口）作为转卖或加工后转卖的商品金额（含增值税）。商品购进包括：（1）从工农业生产者、批发和零售业、住宿和餐饮业、出版社或报社的出版发行部门和其他服务业等企事业单位和个体经营户购进的商品；（2）从机关、社会团体购进的商品；（3）从海关、市场管理部门购进的缉私和没收的商品；（4）从居民收购的废旧商品等。

商品销售额 指对本单位以外的单位和个人出售的商品金额（包括售给本单位消费用的商品，含增值税）。商品销售包括：（1）售给个人和社会集团消费用的商品；（2）售给农业、工业、建筑业、服务业等国民经济各行业用于生产、经营用的商品，包括售予批发和零售业作为转卖或加工后转卖的商品；（3）对国（境）外直接出口的商品。

期末商品库存额 对于批发和零售业法人单位和个体经营户，是指报告期末取得所有权的全部商品金额（含增值税）；对于批发和零售业产业活动单位，是指报告期末实际在库且归属法人具有所有权的全部商品金额（含增值税）。库存商品包括：（1）存放在本单位（如门市部、批发站、采购站、经营处）的仓库、货场、货柜和货架中的商品；（2）挑选、整理、包装中的商品；（3）已记入购进而尚未运到本单位的商品，即发货单或银行承兑凭证已到而货未到的商品；（4）寄放他处的商品，如因购货方拒绝付款而暂时存在购货方的商品；（5）委托其他单位代销（未作销售或调出）尚未售出的商品；（6）代其他单位购进尚未交付的商品。

亿元商品交易市场成交额 指年成交额在亿元及以上的商品交易市场。商品交易市场是指经有关部门和组织批准设立，有固定场所、设施，有经营管理部门和监管人员，若干市场经营者入内，常年或实际开业三个月以上，集中、公开、独立地进行生活消费品、生产资料等现货商品交易以及提供相关服务的交易场所，包括各类消费品市场、生产资料市场等。

连锁企业（或称连锁店、连锁公司） 指在核心企业或总店的领导下，由分散的、经营同类商品或服务的企业或活动单位，采取共同方针，实行集中采购和分散销售的有机结合，通过规范化经营，实现规模效益的经济联合组织形式。一般连锁店应由若干个分店组成。其经营特征：(1)经营同类商品；(2)使用统一商号；(3)统一采购配送，采购与销售相分离（部分商品可根据物流合理和保质保鲜原则，由供应商直接送货到门店，其余均由总部统一配送）。

连锁门店包括下列两种形式：

直营连锁：指正规连锁。连锁门店均由总部独资或控股开设，在总部的直接领导下统一经营。

加盟连锁：指特许连锁。各连锁门店（被特许人）通过合同形式，取得使用总部（特许人）商标、商号、经营技术和销售总部开发的商品的特许权，各加盟连锁门店为独立法人，在总部指导下统一经营。

入境国际旅游者人数 指来中国参观、访问、旅行、探亲、访友、休养、考察、参加会议和从事经济、科技、文化、教育、宗教等活动的外国人、华侨、港澳同胞和台湾同胞的人数。不包括外国在我国的常驻机构，如使领馆、通讯社、企业办事处的工作人员；来我国常住的外国专家、留学生以及在岸逗留不过夜人员。

国际旅游(外汇)收入 指入境旅游的外国人、华侨、港澳同胞和台湾同胞在中国大陆旅游过程中发生的一切旅游支出，对于国家来说就是国际旅游(外汇)收入。

Explanatory Notes on Main Statistical Indicators

Total Retail Sales of Consumer Goods refer to the sum of retail sales of commodities sold by wholesale and retail trades, hotel and catering services, and other industries to urban and rural households for household consumption and to social institutions for public consumption. Of which, the ratail sales to households refer to the amount of money of commodities of daily use sold to the urban and rural households. The ratail sales to social institutions refer to the amount of money of commodities sold to the government agencies, social organizations, military units, schools, institutions, neighbourhood (village) committees on public funds for the pupose of non-production and non-operation usage and public consumption. Total retail sale of consumer goods include the amount of money of commodities sold to the urban and rural households for daily consumption and the amount of money of construction materials for building and repairing houses, the amount of money of comsumer goods sold to foreigners, overseas Chinese and Chinese compatriots from Hong Kong, Macao and Taiwan, the amount of money of commodities sold to the social organizations for the purpose of non-production and non-operation usage and public consumption.

Total Purchases of Commodities refer to the total value of purchases of commodities by enterprises (establishments) from other establishments or individuals (including direct import from abroad) for the purpose of re-selling, either with or without further processing of the commodities purchased. The commodities include: (1) commodities purchased from agricultural and industrial producer, wholesaler, retailer, publishing hourse and other service business; (2) commodities purchased from institutions and government departments; (3) confiscated goods purchased from the custums authorities or market management agencies; (4) second-hand goods and wastes purchased from residents.

Total Sales of Commodities refer to value of commodities sold by the establishments to other establishments and individuals (including goods sold for self consumption, including the value-added tax). The commodities include: (1) commodities sold to urban and rural residents and social groups for their consumption; (2) commodities sold to establishments in all industries for their production and operation, including agriculture, industry, construction, transportation, post and telecommunications, catering services, and public utility including commodities sold to wholesale and retail establishments for re-selling, with or without further processing; and (3) commodities for direct export to abroad.

Total Stock of Commodities refers to total commodities possessed by wholesaler and retailer of various types of registration status at the end of the reference period, reflecting the commodity stock level of various wholesaler and retailer and the potential for market supply. It includes: (1) commodities located in storage, garages, counters, and shelves of operating places (such as sale stores, wholesale centres, and operating offices); (2) commodities in the process of being selected, sorted, and packed; (3) commodities not arrived but recorded as purchase in the account, i.e. commodities not arrived but payment receipts for the commodities from the sellers or the banks arrived; (4) commodities deposited in other places rather than places mentioned above, for instance: commodities in the hold of purchasers temporarily due to the refusal of payment and commodities not taken back after going through the formalities; (5) commodities entrusted to other units to sell but not sold yet; (6) commodities purchased for other units but not delivered yet. Commodities not included as stock are those not owned by the enterprises (units), commodities on commission for processing but not yet delivered, imported commodities of agency of foreign trade enterprise but not yet delivered to ordering units and finally those put in stock on behalf of the state material reserves units.

Volume of Transaction at Large Commodity Markets with Transaction Value over 100 Million Yuan refers to the commodity markets with an annual transaction of over 100 million. The commodity market refers to the markets approved and managed by related departments, where there are fixed sites, facilities, managers and administration offices, where there are a certain number of traders to operate for three month and above or all the year, where the commodities including the articles for daily comsuption and capital goods and services are traded in a centralized, independent and open way., Such market includes markets of daily goods and market of capital goods, etc.

Chain Enterprises(also called chain stores or chain corporations) refer to a form of joint economic entities under which scattered enterprises or establishments engaged in providing homogeneous commodities or services, with the central leadership of core enterprise or headquarters and guided by common policies, conduct centralized purchase and distributed selling of commodities, in order to gain better efficiency through standardized operation. Consisting of a number of branch stores, the chain stores have in general following features: 1) homogeneous commodities, 2) unique name of stores, 3) centralized purchase and delivery which is separated from distributed selling operation (most commodities are delivered from the headquarters except some items which, from logistics, quality or freshness considerations, might be delivered by the suppliers directly).

Chain stores have two categories:

a) Chain stores under direct management: These are formal chain stores invested or controlled by the headquarters. They operate under the direct and unified management from the headquarters.

b) Chain stores through license arrangement: Through contracts, chain stores (their owners) obtain licenses from the headquarters to use designated Trades marks, names, operation know-how, and to sell the commodity developed by the headquarters. Under this arrangement, each store in the chain is an independent legal entity and operates under the guidance from the headquarters.

Number of Tourists Visitor arrivals refer to the number of foreigners, Chinese compatriots from Hong Kong, Macao and Taiwan Chinese (mainland) who come to China (mainland) for sight-seeing, vacation, visiting relatives, medical treatment, shopping, attending conference, or to engage in economic, cultural, sports and religious activities. In compiling statistics, each time of entering China is counted as one person-time.

Foreign Exchange Earnings from International Tourism refer to the total expenditures of foreigners, overseas Chinese, Chinese compatriots from Hong Kong, Macao and Taiwan during their stay in the mainland of China, which are earnings of foreign exchange from international tourism from the point of view from China.

第十五篇　科学和教育

Chapter 15　Science and Education

资料整理：廖捷 陈昉

Database Editor:Liaojie Chenfang

简要说明

本篇资料的主要内容及来源

本篇反映全省科学技术活动和教育事业的发展情况。

科学技术部分主要包括了全省科技活动的规模、构成、布局和发展状况的资料，收录了全省有关部门年度的科技统计数据。反映科研机构、大中型工业企业和高等院校三大科技活动主体单位的机构数、人员数和经费收支等情况，根据省科技厅、省教育厅、省人力资源和社会保障厅、省统计局科技统计综合年报汇总。专利申请受理量和授权量由省知识产权局提供。

教育部分包括高等教育、中等教育、初等教育、幼儿教育和各种类型的各级成人教育等，主要指标有各级各类学校的校数、在校学生数、招生数、毕业生数、教职工数、教师数等。教育统计资料主要由省教育厅提供，技工学校的资料来源于省人力资源和社会保障厅。

本篇资料由省统计局社会和科技统计处整理提供。

Brief Introduction

Main Content and Source of Data

Data in this chapter show the basic conditions of the activities of science and technology and development of Fujian’s education.

In addition, data on the technical training schools are provided by the Department of Labor and Social Security.Data on science and technology cover mainly the scale, composition, distribution and development of the scientific and technological activities, including the statistical data of the departments concerned under the provincial government on science and technology in the table on the basic conditions of the scientific and technological activities show in a summary way the number of institutions and personnel in scientific and technological institutions, large and medium-sized industrial enterprises and universities and colleges, the three main bodies engaged in the scientific and technological activities as well as their income and expenditure. Data are collected and tabulated in accordance with the annual reporting scheme on science and technology statistics of the Provincial Commission of Science, Provincial Commission of Education, Provincial Human Resource and Social Guarantee Bureau,Provincial Office of Science, Technology and Industry for National Defence and the provincial Statistical Bureau.Data on the number of patent applications examined and certified are provided by Fujian Patent Office.

Data on education cover the situations on higher education, secondary education, primary education, kindergartens and all kinds of adult education etc. The main indicators cover the number of schools of various levels and categories, students enrolled, new students enrolled, graduates, staff and workers and number of teachers etc. Data on education are mainly provided by the Provincial Commission of Education.

Data in this chapter are provided and compiled by the Division of Social, Science and Technology Statistics of Fujian Provincial Bureau of Statistics.

15-1 主要年份科技活动基本情况

Basic Statistics on Scientific and Technological Activities in Selected Years

项目 Item	2000	2005	2010	2017	2018
研究与试验发展人员（人） **R&D Personal(person)**			**101374**	**207608**	**243391**
#科研机构 Science Research & Technical Development Institutions			3358	5703	5781
高等院校 Higher Education Institutions			12290	31827	35239
规模以上工业企业 Industrial Enterprises above Designated Size			71222	145529	172832
研究与试验发展人员折合全时当量（人年） **Full-time Equivalent of R&D Personnel(person/year)**	**22420**	**35815**	**76737**	**140325**	**160922**
#科学研究与开发机构 Science Research & Technical Development Institutions	2200	1726	2756	4747	5158
高等院校 Higher Education Institutions	3208	3938	5892	11960	13251
大中型工业企业 Large-scale and Medium-scale Industrial Enterprises		16661	44062	77799	84144
研究与试验发展经费内部支出（亿元） **Internal Expenditures on S&T Activities(100 million yuan)**	**21.19**	**53.73**	**170.90**	**543.09**	**642.79**
#科学研究与开发机构 Science Research & Technical Development Institutions		2.15	6.54	23.16	28.82
高等院校 Higher Education Institutions		2.27	6.94	36.69	43.67
大中型工业企业 Large-scale and Medium-scale Industrial Enterprises		34.70	116.12	338.78	382.17
研究与试验发展经费支出相当于国内生产总值比例（%） **Proportion of Expenditure on R&D to GDP Achievements in S&T and National Prizes Won(%)**	**0.56**	**0.82**	**1.16**	**1.69**	**1.80**
技术市场成交额（万元） **Transaction Value in Technical Market(10000 yuan)**	**172601**	**171959**	**381217**	**1032793**	**1109488**
专利申请受理数（项） **Number of Patents Application Acceptance(unit)**	**4211**	**9460**	**21994**	**128079**	**166610**
#发明专利 Inventions	377	1202	5117	26460	37216
专利申请授权数（项） **Number of Patents Application Granted(unit)**	**3003**	**5147**	**18063**	**68304**	**102622**
#发明专利 Inventions	93	242	1224	8718	9858
发明专利拥有量（项） The Ownership of Invention Patents(unit)			3295	31006	38522
每万人口发明专利拥有量（件） The Ownership of Invention Patents per 10000 Persons(piece)			0.89	8.00	9.85

15-2 研究与试验发展（R&D）人员情况(2009-2018年)

Conditions of R&D Personnel(2009-2018)

单位：人 (person)

年份 Year	合计 Total	科研机构 Science Research & Technical Development Institutions	高等院校 Higher Education Institutions	规模以上工业企业 Industrial Enterprises above Designated Size	大中型 Large-scale and Medium-scale Industrial Enterprises	其他 Others
2009	85745	3266	10144	59897	42766	12438
2010	101374	3358	12290	71222	54133	14504
2011	128614	3294	13198	94942	78297	17180
2012	158089	3587	14414	120671	95342	19417
2013	167041	4382	16633	130227	102040	15799
2014	185044	4791	18170	144021	112076	18062
2015	182811	4977	26035	134111	97605	17688
2016	201090	5405	28985	145083	104073	21617
2017	207608	5703	31827	145529	104536	24549
2018	243391	5781	35239	172832	118359	29539

15-3 各单位技术买卖情况（2018年）

Basic Statistics of Technology Trade by Unit(2018)

项目 Item	买卖项数（项） Number(unit)	买卖金额（万元） Value (10000 yuan)
总计 Total	**7753**	**1109488**
机关法人 Government Agencies	959	116756
事业法人 Institutions	938	45609
社团法人 Mass Organizations	56	419
企业法人 Enterprises	5686	916633
自然人 Natural Person	60	1262
其他组织 Other Corporation	54	28809

15-4 主要年份研究与试验发展（R&D）活动指标
Indicators of Research and Development Activities in Selected Years

项目 Item	2000	2005	2010	2017	2018
R&D人员折合全时人员（人）	**22420**	**35815**	**76737**	**140325**	**160922**
R&D Personnel(person)					
基础研究	2033	1452	3435	6378	6557
Fundamental Research					
应用研究	3635	7005	8090	13993	16742
Applied Research					
试验发展	16752	27358	65218	119954	137623
Experimental Development					
R&D经费内部支出（亿元）	**21.19**	**53.73**	**170.90**	**543.09**	**642.79**
Intramural Expenditure for R&D(100 million yuan)					
基础研究	0.66	1.17	4.19	18.91	24.88
Fundamental Research					
应用研究	1.41	5.13	9.49	39.18	47.28
Applied Research					
试验发展	18.30	46.82	157.22	485.01	570.63
Experimental Development					
#科学研究与开发机构	1.38	2.35	6.54	23.16	28.82
Science Research & Technical Development Institutions					
基础研究		0.56	1.99	10.73	11.30
Fundamental Research					
应用研究		0.80	2.80	7.14	8.49
Applied Research					
试验发展		0.78	1.75	5.29	9.03
Experimental Development					
高等院校	1.31	2.31	6.94	36.69	43.67
Higher Education Institutions					
基础研究		0.59	1.82	7.13	12.64
Fundamental Research					
应用研究		1.11	4.31	27.33	26.28
Applied Research					
试验发展		0.57	0.82	2.23	4.76
Experimental Development					
大中型工业企业		34.89	116.12	338.78	382.17
Large-scale and Medium-scale Industrial Enterprises					
基础研究				0.050	0.010
Fundamental Research					
应用研究		1.34	0.43	1.52	5.48
Applied Research					
试验发展		33.36	115.68	337.21	376.68
Experimental Development					
R&D经费内部支出按支出来源分(亿元)					
Intramural Expenditure for R&D by Expenditure Source(100 million yuan)					
政府资金	3.09	5.32	17.61	61.22	68.52
Government Funds					
企业资金	15.79	47.14	148.45	467.95	556.70
Enterprises Funds					
国外资金	0.37	0.13	1.38	1.32	1.41
Abroad Funds					
其他	1.94	1.14	3.46	12.60	16.16
Others					
R&D经费内部支出占GDP比重（%）	**0.56**	**0.82**	**1.16**	**1.69**	**1.80**
Proportion of Intramural R&D Expenditure to GDP(%)					

15-5 规模以上工业企业研究与试验发展（R&D）活动情况（2018年）

Research and Development Activities of Industrial Enterprises above Designated Size(2018)

项目 Item	规模以上工业企业数（个） Number of Enterprises (unit)	有R&D活动（个） With R&D Activities (unit)	有研发机构（个） With R&D Institutions (unit)	R&D人员（人） R&D Personnel (person)	R&D人员折合全时当量（人年） Full-time Equivalent of R&D Personnel	R&D经费内部支出（万元） Intramural Expenditure for R&D (10000 yuan)	R&D经费外部支出（万元） External Expenditure for R&D (10000 yuan)
总计 **Total**	**17337**	**4292**	**1517**	**172832**	**120723**	**5249417**	**184184**
按企业规模分 **Grouped by Size of Enterprises**							
大型 Large	453	276	172	66214	47849	2412616	114538
中型 Medium	2657	1061	436	52145	36295	1409091	35222
小型 Small	6692	1589	544	32165	21698	832495	20445
微型企业 Micro	7535	1366	365	22308	14880	595216	13979
按隶属关系分 **Grouped by Subordination**							
中央 Central	81	33	12	3572	1676	120344	26907
地方 Region	457	132	67	11130	8596	390352	25249
其他 Others	16799	4127	1438	158130	110452	4738721	132028
按登记注册类型分 **Grouped by Status of Registration**							
内资企业 Sole Funded	14011	3314	1132	112822	77591	3449555	116711
国有企业 State-owned Enterprises	25	3	2	59	41	993	
集体企业 Collective-owned Enterprises	62	2	1	22	8	542	7
股份合作企业 Cooperative Enterprises	30	4		54	45	1345	
联营 Joint Ownership Enterprises	4	1		2	1	10	
国有联营企业 State Joint Ownership Enterprises							
集体联营企业 Collective-owned Joint Ownership Enterprises	3	1		2	1	10	
国有与集体联营企业 State and Collective-owned Joint Ownership Enterprises							
其他联营企业 Other Joint Ownership Enterprises	1						
有限责任公司 Limited-Liability Corporations	2506	691	251	34382	23969	1173162	54731
国有独资公司 State Sole Funded Corporations	101	25	6	1933	603	16528	14801
其他责任有限公司 Other Limited-Liability Corporations	2405	666	245	32449	23366	1156634	39930
股份有限公司 Share Holding Corporations Ltd.	357	226	98	17645	12793	494850	37765
私营企业 Private Enterprises	11027	2387	780	60658	40733	1778653	24208
私营独资企业 Private Sole Funded Enterprises	246	30	9	252	174	12784	10

15-5 续表1

Continued

项目 Item	规模以上工业企业数（个） Number of Enterprises (unit)	有R&D活动（个） With R&D Activities (unit)	有研发机构（个） With R&D Institutions (unit)	R&D人员（人） R&D Personnel (person)	R&D人员折合全时当量（人年） Full-time Equivalent of R&D Personnel	R&D经费内部支出（万元） Intramural Expenditure for R&D (10000 yuan)	R&D经费外部支出（万元） External Expenditure for R&D (10000 yuan)
私营合伙企业 Private Joint-venture Enterprises	56	3	2	32	5	1630	
私营有限责任公司 Private Limited-Liability Corporations	10440	2182	693	49743	34005	1319844	20411
私营股份有限公司 Private Share Holding Corporations Ltd.	285	172	76	10631	6549	444395	3787
其他企业 Other Enterprises							
港澳台商投资企业 Funds from HongKong, Macao,TaiWan	2168	635	230	35115	24484	1133624	25595
合资经营企业（港或澳、台资） Joint-venture Enterprises	439	181	60	9423	7052	321641	17761
合作经营企业（港或澳、台资） Cooperative Enterprises	13	2		15	9	1373	
港、澳、台商独资经营企业 Enterprises with Sole Fund	1655	412	156	22785	15197	740155	7063
港、澳、台商投资股份有限公司 Share Holding Corporations Ltd.	44	31	11	2482	1990	62664	771
其他港澳台商投资企业 Others	17	9	3	410	236	7790	
外商投资企业 Foreign Funded Enterprises	1158	343	155	24895	18648	666238	41879
#中外合资 Joint Venture	313	118	44	10544	8063	292766	9431
中外合作 Cooperative Operation	13	6	2	528	177	15141	1537
外商独资 Venture Exclusively with Foreign Investment	785	206	99	12366	9385	321910	30480
外商投资股份有限公司 Share Holding Corporations Ltd.	22	9	7	1368	977	32387	365
其他外商投资企业 Others	25	4	3	89	47	4034	66
按行业分 Grouped by Sector							
采矿业 Mining	344	32	10	635	427	15770	1168
煤炭开采和洗选业 Coal Mining and Dressing	66	5	4	120	79	829	15
黑色金属矿采选业 Ferrous Metals Mining and Dressing	76	8		153	103	4819	482
有色金属矿采选业 Nonferrous Metals Mining and Dressing	43	7	2	204	144	5254	672
非金属矿采选业 Nonmetal Minerals Mining and Dressing	159	12	4	158	101	4869	
制造业 Manufacturing	16671	4224	1500	169798	119408	5168989	157955

15-5 续表2

Continued

项目 Item	规模以上工业企业数（个） Number of Enterprises (unit)	有R&D活动（个） With R&D Activities (unit)	有研发机构（个） With R&D Institutions (unit)	R&D人员（人） R&D Personnel (person)	R&D人员折合全时当量（人年） Full-time Equivalent of R&D Personnel	R&D经费内部支出（万元） Intramural Expenditure for R&D (10000 yuan)	R&D经费外部支出（万元） External Expenditure for R&D (10000 yuan)
农副食品加工业 Agricultural and Sideline Products Processing	1127	269	96	5720	3574	201702	4781
食品制造业 Food Manufacturing	608	193	61	4107	2700	116110	2446
酒、饮料和精制茶制造业 Wine，Drink and Tea Manufacturing	576	90	39	1756	1258	51678	214
烟草制品业 Tobacco Processing	7	5	1	181	83	2533	197
纺织业 Textile Industry	928	188	57	6782	4680	224836	825
纺织服装、服饰业 Textile Garments Products	1301	142	23	4909	3511	117802	653
皮革、毛皮、羽毛及其制品和制鞋业 Leather , Furs , Down and Relate Products	1293	82	44	2935	2059	80541	1962
木材加工和木、竹、藤、棕、草制品业 Timber Processing,Bamboo,Cane,Palm Fiber and Straw Products	789	105	23	1482	985	37369	858
家具制造业 Furniture Manufacturing	348	44	12	991	691	23120	130
造纸和纸制品业 Papermaking and Paper Products	443	84	35	2821	1942	100509	238
印刷和记录媒介复制业 Printing and Record Medium Reproduction	253	44	13	1017	780	23316	89
文教、工美、体育和娱乐用品制造业 Cultural , Educational and Sports Goods	1017	195	44	5934	4007	106635	563
石油加工、炼焦和核燃料加工业 Petroleum Processing , Coking and Nuclear Fuel Processing	43	14	5	342	171	19864	287
化学原料和化学制品制造业 Raw Chemical Materials and Chemical Products	733	264	109	6300	4343	214578	6155
医药制造业 Medical and Pharmaceutical Products	149	103	46	3159	2069	74441	17659
化学纤维制造业 Chemical Fiber	104	43	15	2876	2280	164535	597
橡胶和塑料制品业 Rubber and Plastic Products	779	225	80	8140	5892	191031	408
非金属矿物制品业 Nonmetal Minerals Products	1730	341	90	10235	7460	265770	2142
黑色金属冶炼和压延加工业 Smelting and Pressing of Ferrous Metals	131	20	6	3396	2780	251638	2735
有色金属冶炼和压延加工业 Smelting and Pressing of Nonferrous Metals	139	48	20	3831	2576	186639	5091
金属制品业 Metal Products	811	192	61	6490	4743	151167	582
通用设备制造业 General Equipment	592	223	83	8970	6575	209900	33794
专用设备制造业 Special Purpose Equipment	563	269	100	8986	6078	219371	9569

15-5 续表3

Continued

项目 Item	规模以上工业企业数（个） Number of Enterprises (unit)	有R&D活动（个） With R&D Activities (unit)	有研发机构（个） With R&D Institutions (unit)	R&D人员（人） R&D Personnel (person)	R&D人员折合全时当量（人年） Full-time Equivalent of R&D Personnel	R&D经费内部支出（万元） Intramural Expenditure for R&D (10000 yuan)	R&D经费外部支出（万元） External Expenditure for R&D (10000 yuan)
汽车制造业 Car Manufacturing	371	162	58	7909	5678	239255	14527
铁路、船舶、航空航天和其他运输设备制造业 Railway,Watercraft,Aviation and others transportation Manufacturing	166	40	17	1710	1147	35140	6583
电气机械和器材制造业 Electric Equipment and Machinery	666	302	128	19248	11679	699251	5216
计算机、通信和其他电子设备制造业 Computer,Communication and other Electronic Equipment	608	393	180	35095	26428	1073947	36001
仪器仪表制造业 Instruments and Meters Machinery	159	96	39	3190	2244	55291	3191
其他制造业 Others Manufacturing	150	32	11	963	750	24337	182
废弃资源综合利用业 Waste Resources and Materials Recovering	58	6	2	104	83	2741	86
金属制品、机械和设备修理业 Metals,Machinery and Equipment maintenance	29	10	2	219	163	3944	193
电力、热力、燃气及水生产和供应业 Production and Supply of Electric Power and Hot Power	322	36	7	2399	888	64658	25061
电力、热力生产和供应业 Production and Supply of Electric Power and Hot Power	218	21	3	2056	719	50949	24546
燃气生产和供应业 Production and Supply of Gas	39	9	3	241	112	9827	442
水的生产和供应业 Production and Supply of Water	65	6	1	102	57	3882	74
按地市分类 Grouped by City							
福州市 Fuzhou	2240	685	204	35850	25466	1159715	55103
厦门市 Xiamen	1984	833	430	52074	39494	1175017	72157
莆田市 Putian	1202	168	87	5609	3639	263824	5861
三明市 Sanming	1685	234	79	6454	4720	236429	4455
泉州市 Quanzhou	4768	972	272	29083	19162	883298	8492
漳州市 Zhangzhou	2226	636	183	19415	13918	536809	12269
南平市 Nanping	1044	287	86	6592	4628	188302	3503
龙岩市 Longyan	1129	384	133	9865	6365	391860	13880
宁德市 Ningde	1059	93	43	7890	3332	414162	8465

15-6 各设区市研究与试验发展（R&D）人员情况（2018年）

Personnel Condition of Research and Development by city(2018)

项目	Item	R&D人员（人）R&D Personnel (person)	R&D人员折合全时当量（人年）Full-time Equivalent of R&D Personnel(man-year)	基础研究 Basic Reseach	应用研究 Applied Reseach	试验发展 Experimental Development
福建省	**Fujian**	**243391**	**160922**	**6557**	**16742**	**137623**
福州市	Fuzhou	69762	46280	3565	7128	35587
厦门市	Xiamen	71163	51292	1910	3724	45658
莆田市	Putian	7100	4253	101	437	3714
三明市	Sanming	8336	5616	108	933	4574
泉州市	Quanzhou	35769	21751	306	1498	19945
漳州市	Zhangzhou	22771	15343	305	1377	13661
南平市	Nanping	8010	5417	91	675	4651
龙岩市	Longyan	11211	6892	47	457	6389
宁德市	Ningde	9269	4078	124	512	3444

15-7 各设区市研究与试验发展（R&D）经费情况（2018年）

Expenditure Condition of Research and Development by city(2018)

单位：万元 (10000yuan)

项目	Item	R&D经费内部支出 Intramural Expenditure for R&D	基础研究 Experimental Development	应用研究 Experimental Development	试验发展 Experimental Development	R&D经费外部支出 External Expenditure for R&D
福建省	**Fujian**	**6427935**	**248830**	**472768**	**5706338**	**228766**
福州市	Fuzhou	1806593	157730	186344	1462522	72632
厦门市	Xiamen	1551482	74217	137671	1339593	96975
莆田市	Putian	273615	1900	13454	258262	5863
三明市	Sanming	247444	932	19954	226559	4655
泉州市	Quanzhou	947743	3870	45920	897953	10128
漳州市	Zhangzhou	577402	8356	39288	529756	12269
南平市	Nanping	198066	492	9444	188130	3867
龙岩市	Longyan	405003	493	17339	387171	13906
宁德市	Ningde	420588	842	3354	416392	8472

15-8 各类型专利申请和授权情况(1985-2018年)

Patents Applicated and Granted by Category(1985-2018)

单位：项 (unit)

年份 Year	专利申请数 Number of Patent Applicated Accepted	发明 Creation and Inventions	实用新型 Utility Models	外观设计 Designs	专利授权数 Number Of Patent Applicated Granted	发明 Creation and Inventions	实用新型 Utility Models	外观设计 Designs
1985	137	74	63		1	1		
1986	195	67	125	3	23		23	
1987	305	84	206	15	78	3	73	2
1988	420	90	320	10	132	13	114	5
1989	445	90	318	37	203	20	176	7
1990	540	95	374	71	276	25	239	12
1991	672	102	512	58	277	21	206	50
1992	928	171	661	96	352	17	295	40
1993	1271	199	729	343	850	36	697	117
1994	1510	202	725	583	733	22	455	256
1995	1979	200	816	963	933	17	439	477
1996	2626	224	971	1431	1196	15	468	713
1997	3018	226	1113	1679	1547	24	468	1055
1998	3393	201	1071	2121	2318	20	689	1609
1999	3381	240	1099	2042	2934	32	1089	1813
2000	4211	377	1516	2318	3003	93	1074	1836
2001	4971	361	1757	2853	3296	82	1107	2107
2002	6521	562	2233	3726	4001	63	1306	2632
2003	7236	797	2554	3885	5377	137	1658	3582
2004	7498	850	2524	4124	4758	160	1776	2822
2005	9460	1202	3182	5076	5147	242	1793	3112
2006	10351	1437	3445	5469	6412	310	2578	3524
2007	11341	2170	3878	5293	7761	336	3323	4102
2008	13181	2701	5141	5339	7937	530	3921	3486
2009	17559	3842	7844	5873	11282	824	4939	5519
2010	21994	5117	10846	6031	18063	1224	9664	7175
2011	32325	6896	16688	8741	21857	1945	12697	7215
2012	42773	8492	22081	12200	30497	2977	17708	9812
2013	53701	9884	25769	18048	37511	2941	22152	12418
2014	58075	12529	25410	20136	37857	3426	21013	13418
2015	83146	17663	44339	21144	61621	5730	34086	21805
2016	130376	27041	78176	25159	67142	7170	42110	17862
2017	128079	26460	76724	24895	68304	8718	39608	19978
2018	166610	37216	96225	33169	102622	9858	67822	24942

注：2017年起，国家知识产权局对专利统计数据口径进行调整。

Note:Since 2017,Intellectual Property Office adjusted the calibre of Data.

15-9 各单位专利申请授权情况(1990-2018年)

Partents Applicated and Granted by Unit(1990-2018)

单位：项　(unit)

项目 Item	合计 Total	个人 Individual	大专院校 Universities and College	科研单位 Research Institutions	企业 Enterprises	机关团体 Government Agencies and Organizations
申请专利数 Number of Patent Applicated Accepted						
1990	540	371	22	27	71	49
1991	672	493	30	20	75	54
1992	928	699	29	11	76	113
1993	1271	853	36	29	163	190
1994	1510	964	25	33	157	331
1995	1979	1246	16	27	512	178
1996	2626	1608	47	22	923	26
1997	3018	1748	27	30	1202	11
1998	3393	2069	32	39	1245	8
1999	3381	2257	14	31	1074	5
2000	4211	2839	58	34	1271	9
2001	4971	3511	49	38	1361	12
2002	6521	4849	84	85	1493	10
2003	7236	5312	165	69	1677	13
2004	7498	5713	182	56	1536	11
2005	9460	7276	259	105	1812	8
2006	10351	7500	360	95	2376	20
2007	11341	7437	486	141	3249	28
2008	13181	7553	639	295	4632	62
2009	17559	7960	732	257	8552	58
2010	21994	8267	1035	422	12129	141
2011	32325	10625	1470	590	19340	300
2012	42773	14959	1863	650	25093	208
2013	53701	20771	2474	775	29362	319
2014	58075	17335	3632	807	35881	420
2015	83146	30317	5085	1200	45861	683
2016	130376	53104	6890	1560	68042	780
2017	128079	39718	7980	1688	77694	999
2018	166610	50159	11139	1571	102443	1298
授权专利数 Number Of Patent Applicated Granted						
1990	276	192	25	16	38	5
1991	277	168	19	15	39	36
1992	352	247	18	12	42	33
1993	850	589	29	14	93	125
1994	733	477	20	16	82	138
1995	933	534	19	10	154	216
1996	1196	638	13	9	395	141
1997	1547	776	21	10	722	18
1998	2318	1232	9	2	1071	4
1999	2934	1712	29	22	1158	13
2000	3003	1945	30	13	1006	9
2001	3296	2078	38	28	1144	8
2002	4001	2930	35	19	1006	11
2003	5377	3979	58	34	1298	8
2004	4758	3465	82	33	1170	8
2005	5147	3903	87	25	1125	7
2006	6412	4827	146	43	1391	5
2007	7761	5531	177	39	2001	13
2008	7937	5214	275	57	2382	9
2009	11282	6385	376	82	4402	37
2010	18063	7714	535	135	9587	92
2011	21857	7501	703	173	13334	146
2012	30497	10161	652	197	18703	784
2013	37511	13666	1207	408	22106	124
2014	37857	11176	1671	439	24381	190
2015	61621	21007	3256	689	36321	348
2016	67142	24738	3395	708	38026	275
2017	68304	19279	4055	733	43814	423
2018	102622	27014	5180	986	68917	525

注：2017年起，国家知识产权局对专利统计数据口径进行调整。

Note:Since 2017,Intellectual Property Office adjusted the calibre of Data.

15-10 技术市场基本情况(1990-2018年)

Basic Statistics of Technical Market(1990-2018)

项目 Item	合计 Total	技术开发 Technical Development	技术转让 Technical Transfer	技术咨询 Technical Advisory	技术服务 Technical Service
合同数（项） Number of Contract(unit)					
1990	8397	151	69	1029	7148
1991	3943	262	104	450	3127
1992	6140	354	270	782	4734
1993	4220	355	350	1172	2343
1994	5992	438	158	1010	4386
1995	4266	642	444	1051	2129
1996	6819	605	284	1310	4620
1997	6310	613	326	1812	3559
1998	5698	531	312	1094	3761
1999	6506	1041	404	1653	3408
2000	5597	731	393	1296	3177
2001	4589	688	346	567	2988
2002	4668	868	492	623	2685
2003	5496	1113	242	1149	2992
2004	5656	1191	204	1406	2855
2005	6510	1457	200	1503	3350
2006	5673	1585	122	1059	2907
2007	5047	1752	98	996	2201
2008	5196	1906	135	1173	1982
2009	4799	2265	231	781	1522
2010	5137	2811	290	639	1397
2011	4839	2954	272	575	1038
2012	5390	3654	216	926	594
2013	5361	3463	218	1135	545
2014	3797	2591	235	692	279
2015	4209	3064	314	327	504
2016	5220	3090	345	356	1429
2017	6008	3717	326	260	1705
2018	7753	4372	320	183	2878
合同金额（万元） Amount of Contracts(10000 yuan)					
1991	6485	2942	848	407	2288
1992	13545	2935	2472	1124	7014
1993	18758	4058	4437	3113	7150
1994	25118	7629	1938	2783	12768
1995	30550	8960	6404	3914	11272
1996	46206	12635	7766	4477	21328
1997	57459	12924	9836	9066	25633
1998	69363	17323	9228	6063	36749
1999	80868	28268	6888	12477	33235
2000	172601	25411	75045	6701	65444
2001	136941	26488	62482	7752	40219
2002	128988	53778	41271	7399	26540
2003	166778	65108	47015	13001	41654
2004	141395	46021	59653	8989	26732
2005	171959	51837	79761	12574	27787
2006	144122	64191	46261	11288	22382
2007	168662	68989	72069	9696	17908
2008	191223	95052	35414	12954	47803
2009	262349	132945	64562	9691	55151
2010	381217	194219	84986	8519	93494
2011	534130	247146	194359	9176	83450
2012	735768	305585	328475	9120	92588
2013	539868	290407	145476	12237	91747
2014	508271	240243	239584	8142	20301
2015	538645	332784	169587	2792	33382
2016	1057125	731769	201710	4075	119570
2017	1032793	460102	402225	2676	167790
2018	1109488	598017	322392	4681	184399

15-11 技术市场合同数与合同金额情况（2018年）

Basic Statistics of Technical Market Contract and Contract Amount(2017)

项目 Item	合同数（项） Number of Contracts(unit)	合同金额（万元） Amount of Contracts (10000 yuan)
合　计 Total	**7753**	**1109488.24**
按合同类别分 By Kind of Contract		
技术开发合同 Contract of Technical Development	4372	598016.86
技术转让合同 Contract of Technical Transfer	320	322391.97
技术咨询合同 Contract of Technical Advisory	183	4680.76
技术服务合同 Contract of Technical Service	2878	184398.66
按服务目标分 By Service Aim		
农、林、牧、渔业发展 Development of Farming, Forestry Animal Husbandry and Fishery	814	13769.50
工商业发展 Development of Industry	853	136853.82
能源生产、分配和合理利用 Production, Distribution and Use for Energy	195	9284.55
基础设施以及城市和农村规划 Infrastructure and Planning of Urban and Rural	110	19019.89
环境保护、生态建设及污染防治 Environmental Protection	242	10712.62
卫生事业发展 Health	203	78644.26
教育事业发展 Education	241	7073.41
社会发展和社会经济发展 Development of Social and Social Economy	3510	635452.77
非定向研究 Nondirectional Research	308	9094.30
民用空间探测及开发 Civil Space	62	3153.80
地球和大气层的探索与利用 Probe and Utilize of Earth and atmasphere	60	3206.77
国防 National defense	32	5995.69
其他民用目标 Others	1123	177226.87
按技术流向分 By the Flaw of Technology		
本省 Native Province	7638	845235.04
省外 Outside the Province	8723	3029988.46

15-12 地方国有企事业单位专业技术人员数(1978-2018年)

Number of Professional and Technical Personnel in local State-owned Enterprises and Institutions(1978-2018)

单位：人 (person)

年份 Year	合计 Total	#工程技术人员 Engineering	#农业技术人员 Agriculture	#卫生技术人员 Health Care	#科学研究人员 Scientific Research	#教学人员 Teaching
1978	84117	30363	9290	24326	2789	17349
1979	89501	33507	10019	23181	3281	19513
1980	154241	39546	8292	25713	3186	49666
1981	168096	43823	9501	27664	3000	55607
1982	185383	51431	10602	30376	3232	59759
1983	291400	57852	13158	32492	2553	153274
1984	291913	52345	13670	32085	3663	158318
1985	308855	57986	15642	32697	3719	159859
1986	326646	65826	15351	35670	2711	169990
1987	363237	76424	15746	37189	2969	185971
1988	429162	78854	15800	40134	3005	201603
1989	470772	82248	16316	41377	3369	225623
1990	500783	88457	16211	44560	3571	240899
1991	478923	81500	13244	46346	2737	247627
1992	487634	83165	13290	45895	2695	255783
1993	484192	82631	12852	44972	2733	262393
1994	499806	84673	12854	46851	2519	269232
1995	509638	86132	12868	46421	3073	282294
1996	534016	87619	13500	50092	3179	300406
1997	555600	88338	14425	52211	3397	315846
1998	577184	88184	14517	54153	3652	337086
1999	590289	89012	14462	55498	3758	349978
2000	592765	86683	14495	56703	3798	354760
2001	587761	81635	14498	57343	4218	357930
2002	582288	74776	13844	58521	4128	361832
2003	574834	68822	13859	60623	4132	363626
2004	575058	65732	14218	61973	4232	363405
2005	581281	66294	14212	62967	4165	368136
2006	579696	65723	15425	64213	4411	363814
2007	586516	67607	13540	65439	4568	368380
2008	610062	67969	13023	85944	5836	370156
2009	611313	69135	13247	85901	6458	368590
2010	599406	66621	11781	90431	5070	361339
2011	626371	74246	11848	95128	6034	372207
2012	656091	71218	12617	97324	7144	367184
2013	672667	74872	13001	103566	8485	367894
2014	688199	76157	12962	106517	8771	372909
2015	677624	80289	13247	113119	9058	375467
2016	694074	86827	11973	114527	8798	380590
2017	702224	89515	12950	116238	8565	380596
2018	721428	95893	12841	116666	7519	363947

15-13 主要年份地方国有企事业单位各行业技术人员数

Number of Specialized Technical Personnel in local state-owned Enterprises and Institutions by Sector in Selected Years

单位：人 (person)

行业 Sector	2005	2010	2015	2017	2018
合　计 Total	**581281**	**599406**	**677624**	**702224**	**721428**
按行业分 By Sectors					
农、林、牧、渔业 Farming, Forestry, Animal Husbandy and Fishery	25496	22813	22558	22392	21325
采矿业 Mining and Quarrying	3233	3635	3240	2635	2528
制造业 Manufacturing	16425	13744	12627	13366	15096
电力、燃气及水的生产和供应业 Production and Supply of Electricity Gas and Water	4987	4175	5267	6253	6426
建筑业 Construction	10719	8766	12809	16097	17436
交通运输、仓储和邮政业 Transport, Storage and Post Services	12918	12670	18627	17699	18210
信息传输、计算机服务和软件业 Information Transmission, Computer Software and Services	1772	5261	7926	10042	12177
批发和零售业 Wholesale and Retail Trade	6301	5253	4804	6352	4960
住宿和餐饮业 Lodgings and Catering Services	829	703	765	659	618
金融业 Finance	3690	6641	23748	25632	27412
房地产业 Real Estate	4100	3783	5963	7142	7153
租赁和商务服务业 Rent and Business Services	1936	2052	2955	3199	3570
科学研究、技术服务和地质勘查业 Scientific Reseach, Ploytechnic Services and Geological Prospecting	11919	11925	14618	13919	14613
水利、环境和公共设施管理业 Water Conservancy, Environment and Public Facilities Management	8304	7971	9983	10604	9961
居民服务和其他服务业 Resident Services and Others	3220	3674	3962	6732	14155
教育 Education	374351	370279	389241	395124	389974
卫生、社会保障和社会福利业 Health Care, Social Ensure and Walfare	63307	94348	133027	143152	118584
文化、体育和娱乐业 Culture, Sports and Entertainment	17116	14193	16601	16970	18353
公共管理和社会组织 Public Management and Social Organizations	10658	7520	15229	18774	18877
按三次产业分 By Three Strata of Industry					
第一产业 Primary Industry	25496	22813	22558	22392	21325
第二产业 Secondary Industry	35364	30320	33943	38351	41486
第三产业 Tertiary Industry	520421	546273	647449	676000	658617

15-14 主要年份专任教师数和在校学生数

Number of Full-time Teachers and Students in Selected Years

年份 Year	专任教师数（人） Full-time Teachers(person)				在校学生数（万人） Student Enrollment(10000 persons)				每万常住人口拥有大学在校学生数（人） University & College Student Enrollment per 10000 Population (person)
	普通高等学校 Regular Institutions Of Higher Educations	普通中等学校 Regular Institutions Of Secondary Educations	#普通中学 Regular Secondary Schools	普通小学 Primary Schools	普通高等学校 Regular Institutions Of Higher Educations	普通中等学校 Regular Institutions Of Secondary Educations	#普通中学 Regular Secondary Schools	普通小学 Primary Schools	
1952	611	5242	4159	31937	0.47	11.55	9.64	102.59	3.9
1957	1811	7929	6727	42442	0.75	18.69	16.78	137.61	5.4
1962	3484	14609	12328	61998	1.91	23.81	21.74	157.81	17.1
1965	3033	19170	14294	127368	1.52	35.34	27.54	290.11	17.5
1970	1783	18684	18683	85294	0.07	38.68	38.67	238.19	0.4
1975	3142	35782	34680	140353	1.03	80.49	79.34	398.32	6.9
1980	6106	61128	57124	141812	3.86	114.73	109.41	376.42	22.7
1985	8137	64848	55465	138673	4.41	121.39	109.92	372.40	27.8
1990	8926	84535	69000	148789	5.56	120.69	104.85	337.08	28.6
1995	8354	109879	90400	166191	7.17	185.82	155.25	379.96	38.7
1996	8373	117657	98558	170791	7.34	212.91	181.85	392.01	40.8
1997	8646	124842	105279	176591	7.81	240.46	207.36	404.91	42.9
1998	8279	131910	111986	180587	8.52	253.42	220.05	401.97	45.7
1999	8853	138044	117312	183601	10.26	264.11	228.14	386.85	50.4
2000	9779	140769	120667	183547	13.14	269.46	233.50	369.10	61.0
2001	10716	145152	125866	181816	16.74	275.04	238.30	354.62	74.7
2002	12701	149963	131263	181457	19.73	279.19	240.76	339.18	88.0
2003	16663	155858	135778	177248	25.74	291.62	247.19	311.98	110.8
2004	20980	159838	139549	170962	32.57	299.84	252.10	286.94	123.5
2005	24919	164888	144310	166465	40.70	302.74	250.17	273.27	148.8
2006	28724	169568	148055	163350	46.13	300.26	243.07	269.22	172.9
2007	31444	172288	150636	160911	50.95	291.76	233.71	258.29	186.6
2008	33637	172904	151271	160347	56.26	284.82	226.18	247.15	201.6
2009	35841	173887	151785	156779	60.63	276.25	213.43	239.76	203.9
2010	37733	172901	151469	156601	64.78	260.22	198.21	238.89	214.4
2011	39747	171636	150170	155337	67.48	260.61	186.68	246.09	220.2
2012	41119	170041	148687	153941	70.14	255.09	181.09	252.73	230.0
2013	42905	169245	148564	154490	73.05	235.84	176.47	259.84	241.8
2014	43902	169151	148856	158698	74.85	224.53	175.48	274.63	251.3
2015	44791	168453	148428	162496	75.85	221.09	175.97	288.31	250.8
2016	44751	168992	149213	165910	75.64	222.91	178.95	298.67	243.8
2017	45398	170370	150600	168857	75.10	226.83	185.28	307.09	232.8
2018	46555	173068	152990	172012	77.24	233.77	192.10	321.39	233.8

15-15 各级各类民办教育基本情况（2018年）

Basic Statistics on Private Schools by Level and Type of Schools(2018)

单位：人　　(person)

项目	Item	学校数（所） Number of Schools(unit)	毕业生数 Number of Graduates	招生数 New Enrollment	在校学生数 Total Enrollment	教职工数 Teachers and Staff	#专任教师数 Full-time Teachers
民办高等教育	**Private Higher Education**	**36**	**59082**	**72101**	**229128**	**17478**	**12297**
民办高校	Private Institutions of Higher Education	29	38555	50182	151025	11380	7584
本科	Undergraduate Courses	8	14088	22095	73601	6019	3989
专科	Specialized Courses	21	24467	28087	77424	5361	3595
独立学院	Non-university Tertiary	7	20527	21919	78103	6098	4713
本科	Undergraduate Courses	7	20527	21919	78103	6098	4713
高中阶段教育	**Senior Secondary Education**	**105**	**32618**	**39376**	**103499**	**18839**	**14131**
高中	Private Regular Senior Secondary Schools	76	22806	25248	72684	17694	13273
中等职业学校	Private Vocational Secondary Education	29	9812	14128	30815	1145	858
初中阶段教育	**Junior Secondary Education**	**71**	**47249**	**56763**	**159332**	**7466**	**5573**
初中	Private Regular Junior Secondary Schools	71	47249	56763	159332	7466	5573
民办普通小学	**Private Regular Primary Schools**	**90**	**19065**	**24969**	**132006**	**4918**	**3751**
民办幼儿园	**Private Kindergartens**	**5702**	**319768**	**350413**	**921226**	**109103**	**57739**

15-16 主要年份各类学校数

Number of Schools by Field of Study in Selected Years

单位：所 (unit)

年份 Year	普通高等学校 Regular Institutions Of Higher Educations	成人高等学校 Adult Institions of Higher Educations	中等职业教育 Secondary Vocational Education	普通中学 Regular Secondary Schools	#高中 Senior Secondary Schools	技工学校 Technical Schools	小学 Primary Schools	幼儿园 Kinder gartens
1952	5		51	178	67		9081	320
1957	4		41	213	101		12850	1144
1962	18	19	52	408	150		15550	1373
1965	10	2	67	429	152	4	34583	1916
1970	3		1	1301	199		25743	
1975	7	43	36	1089	767	1	33946	1902
1980	16	25	82	1148	821	28	28170	3608
1985	36	18	94	1180	451	35	26607	5210
1990	36	20	103	1362	415	43	19472	7958
1995	30	20	109	1771	404	54	15765	12748
1996	30	20	110	1834	397	85	15603	13315
1997	30	20	111	1880	409	135	15535	13033
1998	30	20	112	1902	427	138	14824	12612
1999	30	20	118	1893	440	110	14355	12522
2000	28	18	118	1921	477	119	13935	11885
2001	32	17	109	1988	523	101	13664	7398
2002	33	16	106	1998	559	93	12924	7329
2003	49	15	355	2006	592	93	12406	7064
2004	53	13	389	2022	614	98	11614	7200
2005	66	9	391	2030	627	93	10560	7541
2006	67	10	403	2020	636	95	9867	7550
2007	74	8	364	1984	616	96	9388	7567
2008	83	7	350	1963	610	91	8566	7508
2009	86	7	312	1936	606	94	7849	7137
2010	84	4	298	1903	575	95	6974	6179
2011	85	4	262	1830	559	71	5947	6813
2012	86	4	251	1783	543	71	5414	7183
2013	87	3	230	1782	544	69	5228	7419
2014	88	3	226	1781	542	66	5167	7591
2015	88	3	217	1780	540	62	5141	7748
2016	88	3	207	1778	533	62	5188	7791
2017	89	3	184	1774	534	62	5190	8041
2018	89	3	180	1784	538	62	5189	8161

15-17 主要年份各类学校专任教师数

Number of Full-time Teachers by Type of School in Selected Years

单位：人 (person)

年份 Year	普通高等学校 Regular Institutions Of Higher Educations	中等职业教育 Secondary Vocational Education	普通中学 Regular Secondary Schools	#高中 Senior Secondary Schools	技工学校 Technical Schools	小学 Primary Schools	幼儿园 Kinder gartens
1952	611	1083	4159	892		31937	641
1957	1811	1202	6727	1790		42442	2127
1962	3484	2030	12328	3039		61998	3200
1965	3033	1729	14294	3201	111	127368	4300
1970	1783		18683			85294	
1975	3142	1081	34680	9607		140353	3789
1980	6106	3017	57124	12555	800	141812	14026
1985	8137	4721	55465	13025	1300	138673	18586
1990	8926	5969	69000	13641	2100	148789	26907
1995	8354	6703	90400	13306	2300	166191	40640
1996	8373	6739	98558	13727	2100	170791	41409
1997	8646	6927	105279	14632	2100	176591	42446
1998	8279	7149	111986	16394	2100	180587	41771
1999	8853	7162	117312	19295	2800	183601	40033
2000	9779	6920	120667	23170	2463	183547	39409
2001	10716	6798	125866	27411	2506	181816	26647
2002	12701	6100	131263	31514	2521	181457	25790
2003	16663	17357	135778	35853	2716	177248	27238
2004	20980	17266	139549	40132	2982	170962	28846
2005	24919	17457	144310	45328	3144	166465	31228
2006	28724	18216	148055	49593	3268	163350	31845
2007	31444	18197	150636	52169	3404	160911	33381
2008	33637	18229	151271	52531	3812	160347	33774
2009	35841	18290	151785	52339	3879	156779	36750
2010	37733	18000	151469	52100	3439	156601	38900
2011	39747	17781	150170	52375	3685	155337	53216
2012	41119	17710	148687	52049	3644	153941	59163
2013	42905	17187	148403	51578	3655	154474	65226
2014	43902	17102	148856	50923	3193	158698	70405
2015	44791	17103	148428	50463	2922	162496	74840
2016	44751	16732	149213	50424	3047	165910	79381
2017	45398	16479	150600	50720	3291	168857	85310
2018	46555	16485	152990	51144	3593	172012	90917

15-18 主要年份各类学校在校学生数

Number of Students Enrollment by Type of School in Selected Years

单位：万人　(10000 persons)

年份 Year	普通高等学校 Regular Institutions Of Higher Educations	成人高等学校 Adult Institions of Higher Educations	中等职业教育 Secondary Vocational Education	普通中学 Regular Secondary Schools	#高中 Senior Secondary Schools	技工学校 Technical Schools	小学 Primary Schools	幼儿园 Kinder Gartens
1952	0.47		1.91	9.64	1.46		102.59	2.26
1957	0.75		1.91	16.78	3.88		137.61	7.11
1962	1.91	0.82	1.56	21.74	4.79		157.81	9.94
1965	1.52	1.46	2.00	27.54	5.18	0.14	290.11	12.52
1970	0.07		0.01	38.67	2.23		238.19	12.47
1975	1.03	0.52	1.10	79.34	20.76	0.05	398.32	12.38
1980	3.86	1.78	3.84	109.41	20.58	1.27	376.42	41.88
1985	4.41	2.94	4.34	109.92	19.90	1.61	372.40	52.03
1990	5.56	2.58	5.89	104.85	15.47	2.83	337.08	74.32
1995	7.17	4.71	9.68	155.25	16.52	4.55	379.96	103.24
1996	7.34	5.32	10.59	181.85	18.16	4.43	392.01	102.63
1997	7.81	5.70	11.27	207.36	21.38	4.73	404.91	92.11
1998	8.52	5.96	11.83	220.05	25.37	4.69	401.97	83.78
1999	10.26	5.79	12.89	228.14	30.78	5.02	386.85	81.91
2000	13.14	6.37	12.90	233.50	37.24	4.57	369.10	78.64
2001	16.74	7.17	13.40	238.30	44.04	4.88	354.62	73.40
2002	19.73	8.59	13.09	240.76	50.78	5.59	339.18	66.71
2003	25.74	9.86	37.76	247.19	57.52	6.64	311.98	69.58
2004	32.57	6.96	40.08	252.10	65.98	7.66	286.94	74.82
2005	40.70	7.45	44.77	250.17	73.25	7.87	273.27	82.67
2006	46.13	10.12	48.67	243.07	78.04	8.52	269.22	87.11
2007	50.95	10.11	49.43	233.71	77.68	8.62	258.29	91.93
2008	56.26	10.39	49.83	226.18	74.88	8.94	247.15	99.27
2009	60.63	9.95	54.00	213.43	71.91	8.29	239.76	107.72
2010	64.78	9.90	53.60	198.21	70.64	8.40	238.89	116.63
2011	67.48	10.37	57.31	186.68	70.95	8.72	246.09	131.92
2012	70.14	11.86	58.30	181.09	69.05	6.95	252.73	139.98
2013	73.05	14.39	52.51	176.47	65.65	5.68	259.84	143.29
2014	74.85	16.08	43.76	175.48	62.91	5.29	274.63	145.63
2015	75.85	15.47	39.67	175.97	62.63	5.45	288.31	151.26
2016	75.64	13.67	38.05	178.95	63.47	5.90	298.67	156.61
2017	75.10	10.34	34.55	185.28	63.71	7.00	307.09	165.49
2018	77.24	8.91	33.58	192.10	63.39	8.08	321.39	168.41

15-19 主要年份各类学校招生数

New Students Enrollment by Type of School in Selected Years

单位：万人　　　　(10000 persons)

年份 Year	普通高等学校 Regular Institutions Of Higher Educations	成人高等学校 Adult Institions of Higher Educations	中等职业教育 Secondary Vocational Education	普通中学 Regular Secondary Schools	#高中 Senior Secondary Schools	技工学校 Technical Schools	小学 Primary Schools	幼儿园 Kinder gartens
1952	0.19		1.11	5.36	0.85		30.77	
1957	0.19		0.34	5.65	1.26		28.32	
1962	0.27		0.06	8.39	1.63		34.24	
1965	0.34		0.91	10.53	1.83	0.04	85.86	
1970	0.08		0.01	20.05	1.65		63.74	
1975	0.38		0.56	48.49	11.08	0.04	81.97	
1980	0.78		1.55	29.86	0.01	0.79	72.59	
1985	1.79		1.73	40.81	7.18	0.91	63.22	39.68
1990	1.72	0.77	1.91	40.17	5.69	1.16	56.74	50.12
1995	2.36	1.91	3.37	63.42	6.16	1.90	68.49	63.53
1996	2.47	1.97	3.57	69.85	7.05	1.84	71.45	61.89
1997	2.67	1.97	3.73	75.15	8.65	2.19	74.77	55.21
1998	2.91	2.04	3.93	77.16	10.18	1.95	63.50	49.71
1999	3.87	2.34	4.30	79.93	12.54	1.97	52.86	46.37
2000	5.06	2.56	3.48	81.81	15.18	2.12	49.34	43.67
2001	5.95	3.24	3.28	82.52	17.14	2.19	50.62	42.22
2002	6.89	3.54	4.23	82.49	19.35	2.60	47.52	36.86
2003	10.67	3.90	14.51	87.48	21.84	3.19	40.23	37.46
2004	11.99	3.73	15.46	87.10	25.57	3.36	36.49	40.09
2005	14.67	3.57	17.59	81.01	27.21	3.46	35.88	40.45
2006	15.17	3.62	19.45	79.78	27.41	3.60	41.24	42.36
2007	16.74	3.62	19.14	78.69	25.93	3.55	41.93	42.81
2008	18.91	3.55	18.94	73.84	24.25	3.58	39.91	44.78
2009	19.37	3.27	23.40	66.46	23.85	3.22	40.40	47.32
2010	20.25	3.60	20.15	62.62	24.31	3.30	42.60	52.91
2011	20.84	3.87	25.17	60.40	24.06	3.46	44.79	59.47
2012	21.35	4.71	24.08	60.05	21.87	2.79	46.75	60.94
2013	22.61	5.70	15.50	59.54	20.94	2.58	49.57	59.48
2014	21.91	6.07	14.09	58.04	20.86	2.13	52.95	59.86
2015	21.79	5.00	14.08	59.77	21.57	2.41	53.63	64.03
2016	21.16	3.37	13.70	62.60	21.71	3.22	53.08	62.48
2017	21.38	2.48	11.65	64.16	20.89	3.34	53.40	63.82
2018	23.86	3.56	12.29	66.25	21.08	3.78	60.84	65.78

15-20 主要年份各类学校毕业生数

Number of Graduates by Type of School in Selected Years

单位：万人 (10000 persons)

年份 Year	普通高等学校 Regular Institutions of Higher Educations	成人高等学校 Adult Institions of Higher Educations	中等职业教育 Secondary Vocational Education	普通中学 Regular Secondary Schools	#高中 Senior Secondary Schools	技工学校 Technical Schools	小学 Primary Schools
1952	0.09		0.20	1.75	0.33		3.90
1957	0.08		0.37	3.85	0.97		9.05
1962	0.46		0.94	5.29	1.48		11.89
1965	0.43		0.38	5.38	1.24	0.01	15.34
1970	0.47			1.48	0.28		46.66
1975	0.21		0.34	22.20	7.75		44.03
1978	0.35		0.19	46.16	12.54		47.62
1979	0.08		0.61	51.52	17.90	0.05	43.29
1980	0.90		1.49	14.33	13.63	0.30	44.37
1981	1.56		1.64	40.40	16.30	0.47	47.29
1982	1.16		1.60	25.06	3.54	0.78	48.07
1983	0.73		1.35	27.15	7.84	0.72	50.82
1984	0.76		1.06	23.41	4.55	0.48	51.97
1985	0.79		1.01	24.65	4.48	0.60	55.43
1986	0.94		1.34	27.95	5.45	0.68	58.66
1987	1.44		1.77	28.70	6.47	0.81	59.11
1988	1.68		1.74	30.01	6.51	0.75	51.60
1989	1.73		1.69	28.59	6.22	0.80	49.52
1990	1.79	0.54	1.64	27.11	5.45	1.05	53.33
1991	1.80	0.87	1.93	25.16	4.57	1.11	51.52
1992	1.73	0.65	1.83	28.21	4.78	0.98	51.53
1993	1.65	0.65	1.89	32.90	5.37	1.07	51.05
1994	1.69	0.53	1.87	34.43	5.68	1.12	56.06
1995	2.04	0.85	2.25	38.43	5.57	1.49	62.56
1996	2.23	1.07	2.61	40.51	4.94	1.73	64.67
1997	2.14		3.02	47.25	4.95	1.70	67.57
1998	2.15		3.29	58.75	5.60	1.64	68.63
1999	2.07	1.67	3.21	64.24	6.40	1.55	69.59
2000	2.19	1.67	3.31	69.04	7.84	1.59	68.64
2001	2.84	1.58	2.60	69.65	9.37	1.41	67.44
2002	3.68	1.80	3.78	71.72	11.58	1.51	64.77
2003	4.78	2.33	11.12	73.33	13.95	1.68	66.97
2004	5.28	2.76	11.03	75.03	15.92	1.86	62.58
2005	6.48	2.83	11.00	75.94	18.26	2.56	54.71
2006	9.50	1.01	12.49	80.41	20.18	2.75	52.61
2007	11.41	3.24	12.37	79.88	23.40	2.51	53.51
2008	13.04	3.07	13.65	73.75	24.22	2.55	50.50
2009	14.28	3.11	14.97	72.69	24.90	2.62	43.90
2010	15.34	3.47	15.53	71.88	24.03	2.63	39.60
2011	17.37	3.23	16.20	68.98	22.63	2.38	37.20
2012	17.85	2.93	17.59	63.03	22.56	1.91	39.13
2013	18.72	3.45	15.08	60.32	23.18	3.13	39.85
2014	19.01	4.12	15.21	57.03	22.72	1.76	37.89
2015	19.47	4.30	13.84	57.13	20.81	1.69	38.84
2016	19.95	4.38	13.17	57.21	19.70	1.75	41.56
2017	20.44	5.29	11.78	55.74	19.65	1.62	43.83
2018	20.43	4.54	10.78	57.75	20.61	1.92	45.70

15-21 主要年份平均每一专任教师负担学生数

Student-Teacher Ratio in Selected Years

单位：人　　(person)

年份 Year	普通高等学校 Regular Institutions of Higher Education	成人高等学校 Adult Institions of Higher Educations	中等职业教育 Specialized Vocational Education	普通中学 Regular Secondary Schools	#高中 Senior Secondary Schools	技工学校 Technical Schools	小学 Primary Schools	幼儿园 Kinder Gartens
1952	7.76		17.62	23.19	16.42		32.12	35.29
1957	4.17		15.91	24.94	21.70		32.42	33.42
1962	5.49		7.67	17.64	15.77		25.45	31.32
1965	5.01		11.56	19.27	16.20	12.79	22.78	29.23
1970	0.41		89.00	20.70			27.93	
1975	3.29		10.22	22.88	21.61	23.81	28.38	32.67
1978	4.97		12.02	21.99	21.91	17.17	26.86	34.15
1980	6.31		11.70	19.15	16.39	15.27	26.54	29.86
1985	5.42		9.19	19.82	15.28	12.58	26.85	27.99
1990	6.23	29.21	9.86	14.83	11.34	13.67	22.65	27.62
1995	8.58	29.21	14.45	17.04	12.42	19.60	22.86	25.40
1996	8.77	38.76	15.71	18.45	13.23	20.64	23.00	24.80
1997	9.03	42.01	16.26	19.70	14.61	22.83	22.90	21.70
1998	10.28	45.97	16.55	19.65	15.47	17.30	22.26	20.06
1999	11.53	48.03	18.00	19.45	15.95	18.07	21.07	20.48
2000	13.40	44.98	18.70	19.35	16.05	16.32	20.11	19.96
2001	15.62	48.16	19.72	18.93	16.07	19.52	19.50	27.55
2002	15.78	47.80	21.44	18.34	16.12	22.16	18.69	25.86
2003	15.88	50.53	21.70	18.20	16.02	24.46	17.61	25.58
2004	15.36	46.95	22.68	18.07	16.44	25.69	16.78	25.98
2005	16.35	34.80	25.58	17.34	16.17	25.03	16.41	26.50
2006	16.07	35.94	26.74	16.41	15.73	26.07	16.48	27.39
2007	16.23	59.35	27.16	15.52	14.88	24.95	16.05	27.52
2008	16.74	103.90	27.38	14.95	14.26	23.45	15.42	29.37
2009	17.92	90.45	29.53	14.06	13.74	21.38	15.29	29.31
2010	17.18	162.89	29.77	13.08	13.56	24.44	15.25	29.98
2011	17.00	165.00	32.20	12.43	13.54	17.82	15.85	24.80
2012	17.07	197.00	32.84	12.18	13.28	14.37	16.42	23.65
2013	17.03	310.00	30.55	11.08	12.73	15.54	16.82	21.97
2014	17.05	369.58	25.58	11.79	12.35	16.56	17.30	20.68
2015	16.93	345.35	23.19	11.86	12.41	18.66	17.74	20.21
2016	16.90	630.09	22.74	11.99	12.59	19.37	18.00	19.73
2017	16.54	429.00	20.97	12.30	12.56	21.28	18.19	19.40
2018	16.59	383.92	20.37	12.56	12.39	22.50	18.68	18.52

15-22 主要年份研究生数

Number of Postgraduates in Selected Years

单位：人 (person)

年份 Year	在校学生数 Stuent Enrollment	招生数 New Student Enrollment	毕业生数 Graduates	年份 Year	在校学生数 Stuent Enrollment	招生数 New Student Enrollment	毕业生数 Graduates
1978	90	90		2001	6828	2877	1119
1980	261	70		2002	8862	3667	1452
1985	1064	564	324	2003	13266	5860	1871
1986	1246	460	226	2004	18273	7275	2820
1987	1520	557	268	2005	19500	7442	3222
1988	1490	499	504	2006	22798	8150	4560
1989	1350	364	462	2007	25580	8741	5725
1990	1198	366	497	2008	27062	8781	6899
1991	1122	403	425	2009	29012	9934	7790
1992	1268	445	275	2010	30933	10313	8159
1993	1372	512	394	2011	33896	11561	8207
1994	1967	806	374	2012	36035	11927	9511
1995	2248	739	434	2013	38190	12620	10179
1996	2445	933	694	2014	39312	12505	10878
1997	2773	1026	661	2015	41338	13288	10969
1998	3281	1218	701	2016	42731	14088	11968
1999	3907	1562	889	2017	47587	17620	11973
2000	5134	2179	929	2018	53129	18803	12245

15-23 职业技术培训机构基本情况（2018年）

Basic Statistics on Vocational/Technical Training Institutions(2018)

项目 Item	学校数（所） Number of Schools(unit)	注册学生数（人） Registered Students (person)	结业学生数（人） Graduates (person)	教职工数（人） Teachers and Staff (person)	#专任教师数 Full-time Teachers
总计 Total	**1797**	**1030487**	**981456**	**13266**	**7554**
职工技术培训学校(机构) Vocational/Technical Training Schools	**69**	**141252**	**210152**	**1840**	**1667**
#教育部门和集体办 Run by Education Departments and Collectives	66	140566	207069	1809	1653
民办 Run by Private Institutions	3	686	3083	31	14
农村成人文化技术培训学校(机构) Technical Training Schools for Adult Farmers	**1303**	**660876**	**530846**	**3317**	**371**
#教育部门和集体办 Run by Education Departments and Collectives	1301	658737	528707	3311	371
民办 Run by Private Institutions	2	2139	2139	6	
其他培训机构(含社会培训机构) Others	**425**	**228359**	**240458**	**8109**	**5516**
#教育部门和集体办 Run by Education Departments and Collectives	25	46823	59493	478	399
民办 Run by Private Institutions	400	181536	180965	7631	5117

15-24 分科研究生数(2018年)

Number of Postgraduates by Field of Study(2018)

单位：人 (person)

项目	Item	在校学生数 Student Enrollment	招生数 New Student Enrollment	毕业生数 Graduates	博士生 Doctor 在校生数 Student Enrollment	博士生 Doctor 招生数 New Student Enrollment	博士生 Doctor 毕业生数 Graduates	硕士生 Master 在校生数 Student Enrollment	硕士生 Master 招生数 New Student Enrollment	硕士生 Master 毕业生数 Graduates
合计	**Total**	**53129**	**18803**	**12245**	**6961**	**1695**	**917**	**46168**	**17108**	**11328**
学术型学位	**Academic Degree**	**26692**	**8422**	**6880**	**6828**	**1649**	**911**	**19864**	**6773**	**5969**
哲学	Philosophy	293	80	73	102	22	17	191	58	56
经济学	Economics	1560	446	478	447	103	69	1113	343	409
法学	Law	1575	492	462	426	90	57	1149	402	405
教育学	Education	794	238	222	141	38	18	653	200	204
文学	Literature	1516	450	383	362	76	47	1154	374	336
历史学	History	447	133	92	152	27	13	295	106	79
理学	Science	7260	2342	1639	2271	578	294	4989	1764	1345
工学	Engineering	6414	2060	1659	1416	350	170	4998	1710	1489
农学	Agriculture	1527	506	366	386	91	53	1141	415	313
医学	Medicine	2417	843	741	395	127	96	2022	716	645
管理学	Management	2418	694	625	659	130	71	1759	564	554
艺术学	Art	471	138	140	71	17	6	400	121	134
专业学位	**Professional Degree**	**26437**	**10381**	**5365**	**133**	**46**	**6**	**26304**	**10335**	**5359**
哲学	Philosophy									
经济学	Economics	1114	439	278				1114	439	278
法学	Law	1451	613	314				1451	613	314
教育学	Education	2644	1250	709	109	22	6	2535	1228	703
文学	Literature	691	262	194				691	262	194
历史学	History	39	14	15				39	14	15
理学	Science									
工学	Engineering	6786	3027	1222				6786	3027	1222
农学	Agriculture	1243	612	244				1243	612	244
医学	Medicine	3816	1417	803	24	24		3792	1393	803
管理学	Management	7899	2428	1435				7899	2428	1435
艺术学	Art	754	319	151				754	319	151

15-25 普通高等学校本科分科学生情况（2012-2018年）

Basic Statistics of Students in Higher Educational Institutions by Field of Study(2012-2018)

单位：人 (person)

项目	Item	2013	2014	2015	2016	2017	2018
在校学生数	**Number of Student Enrollment**	**457241**	**477753**	**491779**	**499185**	**497440**	**505489**
哲学	Philosophy	321	542	516	530	157	163
经济学	Economics	39830	40412	39163	39882	39518	41029
法学	Law	15585	15993	16423	16626	15963	15420
教育学	Education	13693	14279	15040	15852	16618	18142
文学	Literature	47549	46962	46540	44445	44496	45654
历史学	History	1638	1571	1726	1447	1413	1432
理学	Science	30821	30632	31260	29282	28564	27918
工学	Engineering	149730	158764	165067	170337	171578	173511
农学	Agriculture	9547	9235	9273	9766	9958	9969
医学	Medicine	23200	24823	25768	26403	26677	27396
管理学	Management	93282	98154	100154	102647	101017	101900
艺术学	Art	32045	36386	40849	41968	41481	42955
招生数	**Number of New Student Enrollment**	**130506**	**127557**	**128633**	**124729**	**125798**	**134812**
哲学	Philosophy	205	222	194	215	18	25
经济学	Economics	10734	9727	9918	9969	10525	11283
法学	Law	4259	4268	4078	3618	3364	3589
教育学	Education	4089	3962	4266	4332	4601	5515
文学	Literature	12275	11535	11474	10749	11330	12098
历史学	History	356	340	382	334	312	341
理学	Science	7765	7838	7910	6828	6544	6867
工学	Engineering	43987	43946	44798	44124	43450	46053
农学	Agriculture	2755	2612	2655	2555	2481	2523
医学	Medicine	6068	6311	5682	5570	5956	6867
管理学	Management	27203	26026	26263	25795	26500	28317
艺术学	Art	10810	10770	11013	10640	10717	11334
毕业生数	**Number of Graduates**	**94450**	**102431**	**109789**	**112010**	**121774**	**120998**
哲学	Philosophy	63	46	39	29	46	45
经济学	Economics	8181	9268	10395	9944	10531	9598
法学	Law	4289	3809	3604	3799	4199	4368
教育学	Education	2876	3158	3345	3375	3630	3871
文学	Literature	11218	11770	11937	12087	11900	11076
历史学	History	417	419	497	398	407	367
理学	Science	7187	7268	7765	7231	7006	7327
工学	Engineering	30156	32283	35760	36261	39465	39357
农学	Agriculture	2095	2393	2414	2042	2111	2319
医学	Medicine	4353	4619	4654	4797	5596	6041
管理学	Management	18321	21325	22561	24107	27062	26272
艺术学	Art	5294	6073	6818	7940	9821	10357

注：2013年以前，文学中含艺术学。

Note:Before 2013, Literature contains Art.

15-26 普通高等学校专科分科学生数（2018年）

Basic Statistics of Students in Higher Educational Institutions by Field of Study(2018)

单位：人　　(person)

项目	Item	在校学生数 Total Enrollment	招生数 New Enrollment	毕业生数 Graduates
合计	**Total**	**266872**	**103748**	**83273**
农林牧渔大类	Agriculture, Forestry, Animal Husbandry and Fishery	3892	1515	1074
资源环境与安全大类	Resource Environment and Security	2688	1217	654
材料与能源大类	Material and Energy	2610	1254	740
土建大类	Construction	26667	9518	10775
水利大类	Water Conservancy	1363	556	495
制造大类	Manufacturing	19483	7374	6016
生物与化工大类	Biology and Chemical Industry	1437	494	441
轻工纺织大类	Light and Textile Industry	3149	1349	546
食品药品与粮食大类	Food,Medicine and Food	6936	2974	2038
交通运输大类	Transport	12012	4589	3766
电子信息大类	Electronic Information	35451	14734	8449
医药卫生大类	Medicine and Health	32405	12790	10424
财经商贸大类	Financial and Commercial Business	53054	17938	19449
旅游大类	Touring	8566	3164	2465
文化艺术大类	Culture and Art	18054	7690	5072
新闻传播大类	News Media	3350	1294	785
教育与体育大类	Education and Sports	32734	13868	9434
公安与司法大类	Public Security and Judicature	81	9	32
公共管理与服务大类	Public Management and Service	2940	1421	618

15-27 主要年份成人高等学校分科学生情况

Basic Statistics of Students in Adult Higher Educational Institutions by Field of Study in Selected Years

单位：人 (person)

项目	Item	2000	2005	2010	2017	2018
招生数	**Number of New Student Enrollment**	**25629**	**35695**	**36025**	**12798**	**18598**
经济学	Economics	7577	3284	1904	222	294
法　学	Law	2232	1618	798	237	298
教育学	Education	1876	3626	5063	1839	2506
文　学	Literature	5090	5952	2226	226	331
历史学	History	384	209	36	3	
理　学	Science	1962	3052	352	14	56
工　学	Engineering	4733	6381	9142	3337	4746
农　学	Agriculture	359	429	338	310	298
医　学	Medicine	1416	2811	4545	2194	4252
管理学	Manage		8333	11621	4351	5727
艺术学	Art				65	90
在校学生数	**Number of Student Enrollment**	**63663**	**74472**	**99038**	**47948**	**45813**
经济学	Economics	19437	6464	5821	862	694
法　学	Law	5802	3897	2352	636	610
教育学	Education	3991	7151	11746	6189	6424
文　学	Literature	11496	13501	7489	950	812
历史学	History	774	556	116	22	6
理　学	Science	3636	6404	1012	207	138
工　学	Engineering	13469	14255	24131	13876	12243
农　学	Agriculture	1054	725	1190	919	820
医　学	Medicine	4004	5722	13041	10686	9877
管理学	Manage		15797	32140	13372	13966
艺术学	Art				229	223
毕业生数	**Number of Graduates**	**16742**	**28262**	**34699**	**21525**	**19784**
经济学	Economics	6231	2765	2854	453	422
法　学	Law	2149	2018	1120	450	310
教育学	Education	681	3266	4537	2471	2162
文　学	Literature	3368	5432	4309	684	456
历史学	History	245	307	75	12	16
理　学	Science	520	2970	1178	152	118
工　学	Engineering	2526	4812	6323	6149	5997
农　学	Agriculture	235	357	508	387	440
医　学	Medicine	787	1618	4025	5063	4977
管理学	Manage		4717	9770	5581	4792
艺术学	Art				123	94

注：1.由于学科分类变化，2015年起数据只含本科生。2.2000、2005、2010年文学中含艺术学。

Note:1.Due to the subject classification change, Since 2015,the data of contained only an undergraduate. 2.Literature of 2000、2005 and 2010 contains Art.

15-28 成人高等学校专科分科学生数（2018年）

Basic Statistics of Students in Adult Higher Educational Institutions by Field of Study(2018)

单位：人 (person)

项目	Item	在校学生数 Total Enrollment	招生数 New Enrollment	毕业生数 Graduates
合计	**Total**	**43257**	**17037**	**25614**
农林牧渔大类	Agriculture, Forestry, Animal Husbandry and Fishery	5773	1875	1244
资源环境与安全大类	Resource Environment and Security	45	27	30
材料与能源大类	Material and Energy	124	13	192
土建大类	Construction	3919	1744	2969
水利大类	Water Conservancy	14		57
制造大类	Manufacturing	3632	1005	2627
生物与化工大类	Biology and Chemical Industry	327	144	91
轻工纺织大类	Light and Textile Industry	88	17	53
食品药品与粮食大类	Food,Medicine and Food	60	59	68
交通运输大类	Transport	420	128	227
电子信息大类	Electronic Information	1792	939	780
医药卫生大类	Medicine and Health	6152	2227	7229
财经商贸大类	Financial and Commercial Business	14295	6118	7388
旅游大类	Touring	310	78	176
文化艺术大类	Culture and Art	394	71	305
新闻传播大类	News Media	30		1
教育与体育大类	Education and Sports	4625	2129	1598
公安与司法大类	Public Security and Judicature	24	10	13
公共管理与服务大类	Public Management and Service	1233	453	566

15-29 中等职业教育分科学生数（2018年）

Students in Secondary Vocational Schools by Field of Study (2018)

单位：人 (person)

项目	Item	毕业生数 Graduates	招生数 New Enrollment	#招初中毕业生数 Junior Secondary School Graduates	在校学生数 Total Enrollment
合计	**Total**	**107814**	**122939**	**109170**	**335832**
农林牧渔类	Agriculture, Forestry, Animal Husbandry and Fishery	47394	50029	47283	144125
资源环境类	Resources and Environment	15191	8474	2673	20919
能源与新能源类	Energy and New Energy	21	41	41	71
土木水利类	Civil and Hydraulic Engineering	193	141	141	608
加工制造类	Manufacturing	7928	7053	5941	16939
石油化工类	Petroleum and Chemical	7879	9574	8734	26784
轻纺食品类	Light Industry, Textile, and Food	225	400	291	1003
交通运输类	Transport	1903	1601	1505	4394
信息技术类	Information Technologies	10977	12673	9713	33311
医药卫生类	Medicine and Health	15633	21175	20538	58276
休闲保健类	Leisure and Health	7093	7631	7179	22689
财经商贸类	Finance and Trade	1235	1851	1842	4430
旅游服务类	Tourism Services	16992	18734	18310	53643
文化艺术类	Culture and Arts	5136	8407	7937	23443
体育与健身	Sports and Fitness	6463	8192	7860	22702
教育类	Education	656	1266	1262	3128
公共管理与服务类	Public Management and Services	33			60
其他	Others	433	268	224	1369

15-30 主要年份技工学校数、学生数和专任教师数

Number of Technical Schools,Students,Full-time Teachers in Selected Years

年份 Year	学校数（所） Schools (unit)	招生数（人） New Enrollment (person)	在校学生数（人） Total Enrollment (person)	毕业生数（人） Graduates (person)	专任教师数（人） Number of Full-time Teachers (person)
1985	35	9100	16100	6000	1300
1990	43	11600	28300	10500	2100
1995	54	19000	45500	14900	2300
1996	85	18400	44300	17300	2100
1997	135	21900	47300	17000	2100
1998	138	19500	46900	16400	2100
1999	110	19700	50200	15500	2800
2000	119	21180	45672	15939	2463
2001	101	21938	48832	14074	2506
2002	93	26000	55864	15140	2521
2003	93	31872	66439	16826	2716
2004	98	33568	76606	18621	2982
2005	93	34589	78691	25625	3144
2006	95	36003	85199	27466	3268
2007	96	35452	86221	25123	3404
2008	91	35811	89429	25518	3812
2009	94	32190	82922	26220	3879
2010	95	32965	84040	26263	3439
2011	71	34606	87225	23763	3685
2012	71	27855	69457	19142	3644
2013	69	21102	56811	55546	3655
2014	66	26913	76678	27602	3193
2015	62	24130	54524	16948	2922
2016	62	32244	59016	17500	3047
2017	62	33381	70021	16203	3291
2018	62	37794	80832	19219	3593

注：2013年起毕业生数含非全日制教育。

Note:Since 2013,The graduates exclude full-time education.

15-31 小学学龄儿童入学率升学率和初中升学率(1990-2018年)

Enrollment Ratio of Primary School and Promotion Rate of Junior middle School(1990-2018)

单位：%　　(%)

年份 Years	小学学龄儿童入学率 Enrollment Ratio of Primary School	小学升学率 Promotion Rate of Primary School	初中升学率 Promotion Rate of Junior middle School	年份 Years	小学学龄儿童入学率 Enrollment Ratio of Primary School	小学升学率 Promotion Rate of Primary School	初中升学率 Promotion Rate of Junior middle School
1990	99.10	64.96	49.71	2005	99.79	98.34	77.66
1991	99.32	70.64	58.58	2006	99.84	99.57	77.80
1992	99.47	76.24	58.20	2007	99.93	98.59	87.80
1993	99.63	83.77	59.99	2008	99.97	98.20	94.14
1994	99.68	82.63	57.40	2009	99.97	97.05	98.86
1995	99.70	91.89	57.29	2010	100.00	96.70	92.90
1996	99.75	97.51	55.32	2011	99.98	97.69	84.08
1997	99.80	97.80	53.80	2012	99.99	97.60	89.57
1998	99.84	97.80	47.60	2013	99.90	96.89	84.42
1999	99.83	97.02	49.88	2014	99.99	98.10	92.79
2000	99.86	97.27	49.97	2015	100.00	98.36	88.28
2001	100.08	97.05	40.60	2016	99.99	98.38	87.80
2002	99.40	97.68	58.70	2017	99.97	98.73	85.51
2003	99.65	98.03	65.60	2018	99.99	98.85	86.16
2004	99.72	98.34	69.42				

主要统计指标解释

科技活动 指在自然科学、农业科学、医药科学、工程与技术科学、人文与社会科学领域(简称科学技术领域)中，与科技知识的产生、发展、传播和应用密切相关的有组织的活动。可分为研究与试验发展(R&D)、研究与试验发展成果应用及相关的科技服务三类活动。该定义是联合国教科文组织考虑成员国特别是发展中国家开展科技统计工作的需要，而对科技活动所作的统计界定。

科技活动人员 指直接从事科技活动、以及专门从事科技活动管理和为科技活动提供直接服务，累计的实际工作时间占全年制度工作时间 10%及以上的人员。(1)直接从事科技活动的人员包括: 在独立核算的科学研究与技术开发机构、高等学校、各类企业及其他事业单位内设的研究室、实验室、技术开发中心及中试车间(基地)等机构中从事科技活动的研究人员、工程技术人员、技术工人及其它人员; 虽不在上述机构工作，但编入科技活动项目(课题)组的人员; 科技信息与文献机构中的专业技术人员; 从事论文设计的研究生等。(2)专门从事科技活动管理和为科技活动提供直接服务的人员，包括: 独立核算的科学研究与技术开发机构、科技信息与文献机构、高等学校、各类企业及其他事业单位主管科技工作的负责人，专门从事科技活动的计划、行政、人事、财务、物资供应、设备维护、图书资料管理等工作的各类人员，但不包括保卫、医疗保健人员、司机、食堂人员、茶炉工、水暖工、清洁工等为科技活动提供间接服务的人员。该指标用来反映投入科技活动人力的规模。

研究与试验发展(R&D) 指在科学技术领域，为增加知识总量、以及运用这些知识去创造新的应用进行的系统的创造性的活动，包括基础研究、应用研究、试验发展三类活动。国际上通常采用 R&D 活动的规模和强度指标反映一国的科技实力和核心竞争力。

基础研究 指为了获得关于现象和可观察事实的基本原理的新知识(揭示客观事物的本质、运动规律，获得新发现、新学说)而进行的实验性或理论性研究，它不以任何专门或特定的应用或使用为目的。其成果以科学论文和科学著作为主要形式。用来反映知识的原始创新能力。

应用研究 指为获得新知识而进行的创造性研究，主要针对某一特定的目的或目标。应用研究是为了确定基础研究成果可能的用途，或是为达到预定的目标探索应采取的新方法(原理性)或新途径。其成果形式以科学论文、专著、原理性模型或发明专利为主。用来反映对基础研究成果应用途径的探索。

试验发展 指利用从基础研究、应用研究和实际经验所获得的现有知识，为产生新的产品、材料和装置，建立新的工艺、系统和服务，以及对已产生和建立的上述各项作实质性的改进而进行的系统性工作。其成果形式主要是专利、专有技术、具有新产品基本特征的产品原型或具有新装置基本特征的原始样机等。在社会科学领域，试验发展是指把通过基础研究、应用研究获得的知识转变成可以实施的计划(包括为进行检验和评估实施示范项目)的过程。人文科学领域没有对应的试验发展活动。主要反映将科研成果转化为技术和产品的能力，是科技推动经济社会发展的物化成果。

研究与试验发展人员 指参与研究与试验发展项目研究、管理和辅助工作的人员， 包括项目(课题)组人员， 企业科技行政管理人员和直接为项目(课题)活动提供服务的辅助人员。反映投入从事拥有自主知识产权的研究开发活动的人力规模。

研究与试验发展人员全时当量 指全时人员数加非全时人员按工作量折算为全时人员数的总和。例如: 有两个全时人员和三个非全时人员(工作时间分别为 20%、30% 和 70%)，则全时当量为 2+0.2+0.3+0.7=3.2 人年。为国际上比较科技人力投入而制定的可比指标。

专业技术人员 指从事专业技术工作和专业技术管理工作的人员，即企事业单位中已经聘任专业技术职务从事专业技术工作和专业技术管理工作的人员，以及未聘任专业技术职务，现在专业技术岗位上工作的人员。包括工程技术人员，农业技术人员，科学研究人员，卫生技术人员，教学人×100%员，经济人员，会计人员，统计人员，翻译人员，图书资料、档案、文博人员，新闻出版人员，律师、公证人员，广播电视播音人员，工艺美术人员，体育人员，艺术人员及企业政治思想工作人员，共十七个专业技术职务类别。用来反映科技人力资源情况。

专利 是专利权的简称，是对发明人的发明创造经审查合格后，由专利局依据专利法授予发明人和设计人对该项发明创造享有的专有权。包括发明、实用新型和外观设计。反映拥有自主知识产权的科技和设计成果情况。

发明　指对产品、方法或者其改进所提出的新的技术方案。是国际通行的反映拥有自主知识产权技术的核心指标。

实用新型　指对产品的形状、构造或者其结合所提出的适于实用的新的技术方案。反映具有一定技术含量的技术成果情况。

外观设计　指对产品的形状、图案、色彩或者其结合所作出的富有美感并适于工业上应用的新设计。反映拥有自主知识产权的外观设计成果情况。

普通高等学校　指按照国家规定的设置标准和审批程序批准举办的，通过全国普通高等学校统一招生考试，招收高中毕业生为主要培养对象，实施高等教育的全日制大学、独立设置的学院和高等专科学校、高等职业学校和其他机构。大学、独立设置的学院主要实施本科层次以上教育，高等专科学校、高等职业学校实施专科层次教育，其他机构是承担国家普通招生计划任务不计校数的机构。包括普通高等学校分校和批准筹建的普通高等学校等。

成人高等学校　指按照国家规定的设置标准和审批程序批准举办的，通过全国成人高等学校统一招生考试，招收具有高中毕业或同等学历的在职从业人员为主要培养对象，利用函授、业余、脱产等多种形式对其实施高等学历教育的学校。包括职工高等学校、农民高等学校、管理干部学院、教育学院、独立函授学院、广播电视大学、其他机构等。其他机构是承担国家成人招生计划任务不计校数的机构。

小学学龄儿童入学率　指调查范围内已入小学学习的学龄儿童占校内外学龄儿童总数(包括弱智儿童，不包括盲聋哑儿童)的比重。计算公式为：

小学学龄儿童入学率=已入小学学习的学龄儿童数/校内外学龄儿童总数×100%

Explanatory Notes on Main Statistical Indicators

Scientific and Technological Activities (S&T Activities) refer to organized activities which are closely related with the creation, development, dissemination and application of the scientific and technical knowledge in the fields of natural sciences, agricultural science, medical science, engineering and technological science, humanities and social sciences (referred to as scientific and technological fields). S&T activities can be classified into 3 categories: research and development (R&D) activities, application of R&D results, and related S&T services. This statistical definition is made by UNICHIEF for scientific and technological activities to meet the need of carrying out statistical work in this field for its member countries in particular those developing countries.

Personnel Engaged in S&T Activities refer to personnel directly engaged in S&T activities, in the management of S&T activities, and in providing direct service to S&T activities, who sp end over 10% of the total working hours in a year in S&T activities. (1) Personnel directly engaged in S&T activities include researchers, engineers, technicians and other related personnel engaged in S&T activities in independent-accounting R&D institutions, institutions of higher learning, and in research institutes, laboratories, technology development centers and central experiment workshops under enterprises and institutions. Also included are people working in S&T research project teams, professional and technical personnel working in S&T information archiving institutes, and graduate students working on the design of their thesis. (2) Personnel engaged in the management of S&T activities and in providing direct service to S&T activities include senior management people responsible for S&T activities in independent -accounting R&D institutions, S&T information archiving institutes, institutions of higher learning, and in enterprises and institutions where S&T activities are undertaken. Also included are people responsible for the planning, administration, personnel management, financial management, logistics supply, equipment maintenance, information and library management that are related with S&T activities. People providing indirect services are excluded, such as security, medical service, drivers, plumbers, cleaners and those providing catering and related service. This indicator reflects the size of personnel engaged in S&T activities.

Research and Development (R&D) refers to systematic and creative activities in the field of science and technology aiming at increasing the knowledge and using the knowledge for new application. R&D includes 3 categories of activities: basic research, applied research and experiments and development. The scale and intensity of R&D are widely used internationally to reflect the strength of S&T and the core competitiveness of a country in the world.

Basic Research refers to empirical or theoretical research aiming at obtaining new knowledge on the fundament al principles of phenomena of observable facts to reveal the nature and law of movement of objects and to acquire new discoveries or new theories. Basic research takes no specific or designated application as the aim of the research. Results of basic research are mainly released or disseminated in the form of scientific papers or monographs. This indicator reflects the original innovation capacity for original knowledge.

Applied research refers to creative research aiming at obtaining new knowledge on a specific objective or target. Purpose of the applied research is to identify the possible use of results from basic research, or to explore new (fundamental) methods or new approaches. Results of applied research are expressed in the form of scientific papers , monographs, fundamental models or invention patents. This indicator reflects the exploration of ways to apply the results of basic research.

Experiments and Development refer to systematic activities aiming at using the knowledge from basic and applied researches or from practical experience to develop new products, materials and equipment, to establish new production process, systems and services, or to make substantial improvement on the existing products, process or services. Results of experiment and development activities are embodied in patents, exclusive technology, and monotype of new products or equipment. In social sciences, experiment and development activities refer to the process of converting the knowledge from basic or applied researches in to feasible programs (including conduct of demonstration projects for assessment and evaluation). There are no experiment and development activities in the science of humanities. This indicator reflects the capability of transferring the results of S&T into technique and products, which is the materialized measurement of S&T pushing forward the economic and social development.

R&D Personnel refer to persons engaged in research, management and supporting activities of R&D, including persons in the project teams, persons engaged in the management of S&T activities of enterprises and sup porting staff providing direct service to the research projects. This indicator reflects the size of personnel engaged in R&D activities with independent intellectual property.

Full-time Equivalent of R&D Personnel refers to the sum of the full-time persons and the full-time equivalent of part time persons converted by workload. For instance, if there are 2full-time persons and 3 part time workers (20%, 30% and 70%of working hours respectively on R&D activities), the full-time equivalent is 2+0.2+0.3+0.7=3.2 person-years. This is an internationally comp arable indicator of input of personnel in S&T activities.

Professional and Technical Personnel refer to persons engaged in professional and technical work or in the management of professional and technical activities, i.e., people with professional or technical posit ions who are engaged in professional and technical work or in the management of professional and technical activities, and people without professional or technical positions but are working on professional or technical posts. They include professionals and technicians working in 17 categories of technical occupations including engineering, agriculture, scientific researches, medical service, teaching, economic research and application, accounting, statistics, translation, libraries, archives, cultural and museum service, journalism and publication, lawyers, notarization service, radio and television broadcasting, handicraft and fine arts, sports, performing art, and political workers in enterprises. This indicator reflects the condition of human resources in S&T.

Patent is an abbreviation for the patent right and refers to the exclusive right of ownership by the inventors or designers for the creation or inventions, given from the patent offices after due process of assessment and approval in accordance wit h the Patent Law. Patents are grant ed for inventions, utility model sand designs. This indicator reflects the achievements of S&T and design with in dependent intellectual property.

Inventions refer to the new technical proposals to the products or methods or their modifications. This is universal core Indicator reflecting the technologies with independent intellectual property.

Utility Models refer to t he practical and new technical proposals on the shape and structure of the product or the combination of both. This indicator reflects the condition of technological results with certain technical content.

Designs refer to the aesthetics and industrially applicable new designs for the shape, pattern and color of the product, or their combinations. This indicator reflects the appearance design achievements with independent intellectual property.

Regular Institutions of Higher Learning refer to educational establishments set up according to the government evaluation and approval procedures, enrolling graduates from senior secondary schools and providing higher education courses and training for senior professionals. They include full-time universities, colleges, high professional schools, high professional vocational schools and others.Universities and colleges are mainly providing undergraduate courses; those high professional schools and high professional vocational schools are mainly providing professional trainings; and others refer to educational establishments, which hare responsible for enrolling students but not covered in the total number of schools, including: branch schools of universities and colleges, and universities and colleges that have been proved and prepared to construct.

Institutions of Higher Learning for Adults refer to educational establishments, set up in line with relevant rules approved by the government, enrolling staff and workers wit h senior secondary school or equivalent education, and providing higher education courses in many forms of correspondence, spare time, or full time for adults. Professionals thus trained receive a qualification equivalent to graduates studying regular courses at regular universities, colleges and professional colleges. Institutions of higher learning for adults include schools of high education for staff and workers, schools of high education for peasants, colleges for management cadres, pedagogical colleges, independent correspondence colleges, Radio and TV universities and other educational establishments. Other educational establishments are responsible for enrolling adult students but not covered in the number of schools.

Enrollment Rate of Primary School Age Children refers to the proportion of school age children enrolled at schools to the total number of school age children both in and outside schools (including retarded children, but excluding blind, deaf and mute children). The formula is:

Enrollment Rate of Primary School-age Children = (Total Primary School-age Children at Schools/Total Primary School-age Children Both at and Outside Schools) × 100%

第十六篇　文化和体育

Chapter 16　Culture and Sports

资料整理：廖捷

Database Editor:Liaojie

简 要 说 明

本篇资料的主要内容及来源

本篇主要反映全省文化和体育事业发展情况。文化部分主要包括艺术、图书馆、群众文化、文物、广播、电视、新闻出版等文化事业的机构、人员及业务活动情况。体育部分包括群众体育和竞技体育，主要内容有竞技体育情况、运动员、教练员和裁判员人数等。

上述资料分别由省文化厅、省新闻出版广电局、省体育局等部门提供，是根据有关部门制定的统计报表制度进行统计、汇总整理而成的。

本篇资料由省统计局社会和科技统计处整理提供。

Brief Introduction

Main Content and Source of Data

Data in this chapter show the development of culture, sports and public health. Data on culture cover mainly the situations on institutions, personnel and business activities of arts, libraries, mass culture, cultural relics, broadcasting, films, televisions, news and publication etc. Data on Sports cover mass sports (sports for all) and athletics sports, including mainly the number of staff and workers in sports departments, number of athletes, coaches and referees etc.Data on Public health include mainly the number of institutions, personnel, hospital beds, number of patients treated and inpatients.

The above mentioned data are provide By the Provincial Department of Culture , Provincial Administration of Broadcasting, film and Television，Provincial Press and Publication House，the Provincial Commission of Sports, Department of Public Health. Data are collected and tabulated in accordance with the statistical reporting schemes stipulated by the departments concerned.

Data in this chapter are provided and compiled by the Division of Social, Science and Technology Statistics of Fujian Provincial Bureau of Statistics.

16-1 主要年份文化事业情况

Statistics on Culture in Selected Years

年份 Year	艺术表演团体(个) Art Performance Troupes(unit)	公共图书馆(座) Public Libraries(unit)	博物馆(座) Museums(unit)	图书出版总印数(万份) Number of Books Published (10000 copies)	期刊出版总印数(万份) Number of Magazines Published (10000 copies)	报纸出版总印数(万份) Number of Newspapers Published (10000 copies)	广播综合人口覆盖率(%) Listener Rating (%)	电视综合人口覆盖率(%) Viewer Rating (%)
1952	62	2		127	109	1916		
1957	113	10	1	1041	63	3559		
1962	119	10	9	1846	96	4221		
1965	115	12	13	3956				
1970	66	10	6					
1975	77	14	10					
1978	101	23	13	6818	388	14784	1.00	
1980	107	26	15	8246	960	14913	40.00	60.00
1985	104	65	24	15603	3375	35847	55.00	65.00
1986	101	68	25	12465	3450	39596	63.00	76.00
1987	98	70	34	17101	4177	44858	63.00	80.00
1988	97	71	42	17047	3429	44135	63.00	80.00
1989	92	73	51	15859	2765	36961	63.00	80.00
1990	91	74	58	16312	3157	41455	67.00	82.00
1991	89	74	61	17667	3688	44176	71.00	84.00
1992	89	75	64	19399	4258	45021	73.00	87.00
1993	90	75	63	17044	4350	45845	76.00	88.00
1994	91	75	62	19745	4004	49208	84.00	89.00
1995	91	78	64	18448	4239	51526	86.00	90.00
1996	91	79	70	21348	3891	53608	90.00	91.00
1997	92	78	76	23282	3974	55027	91.00	94.00
1998	94	80	76	21596	3899	59543	93.00	95.00
1999	93	82	77	21875	3990	64195	95.00	97.00
2000	96	81	81	20298	4463	68897	95.81	97.14
2001	93	82	80	17891	4470	73185	95.97	97.47
2002	94	82	80	19953	4089	79061	96.12	97.62
2003	94	82	79	15595	3937	79809	96.44	97.82
2004	94	83	79	13907	3450	89681	96.45	97.83
2005	91	84	82	10643	2841	87962	96.96	98.10
2006	92	85	84	9840	2902	97246	96.99	98.13
2007	92	85	85	8463	2870	99836	97.05	98.25
2008	90	85	89	7793	2935	103791	97.37	98.34
2009	90	85	93	7689	2828	82900	97.64	98.41
2010	93	86	94	7749	2940	99982	97.80	98.45
2011	93	86	96	8294	3677	111850	98.00	98.54
2012	74	87	94	9078	3660	118783	98.04	98.58
2013	77	88	98	8870	4920	120576	98.20	98.63
2014	72	88	98	8619	4426	111945	98.31	98.70
2015	70	90	98	8800	3970	106072	98.68	98.94
2016	70	90	98	9709	4215	90608	98.96	99.12
2017	426	90	123	10809	3032	83957	99.01	99.15
2018	454	91	128	11461	2481	78555	99.04	99.19

注：2017年起艺术表演团体中含民间艺术表演团体。下同。

Note:Number of Art Performance Troupes include Folk Performance Troupes Since 2017.

16-2 主要年份各类文化事业机构数

Number of Cultural Institutions in Selected Years

单位：个 (unit)

年份 Year	艺术事业 Art Institutions		公共图书馆 Public Libraries	博物馆 Museums	群众文化事业 Mass Culture	
	艺术表演团体 Art Performance Troups	表演场馆 Art Centers			艺术（文化）馆 Art(Cultural) Centers	文化站 Cultural Stations
1952	62	32	2		72	152
1957	113	74	10	1	69	149
1962	119	48	10	9	80	47
1965	115	52	12	13	81	40
1970	66	31	10	6	56	34
1975	77	31	14	10	74	37
1978	101		23	13	82	35
1980	107	26	26	15	85	55
1985	104	55	65	24	88	134
1986	101	64	68	25	88	140
1987	98	67	70	34	88	143
1988	97	71	71	42	88	144
1989	92	71	73	51	89	145
1990	91	75	74	58	90	145
1991	89	75	74	61	90	128
1992	89	77	75	64	90	143
1993	90	77	75	63	90	126
1994	91	78	75	62	90	115
1995	91	78	78	64	90	159
1996	91	79	79	70	90	146
1997	92	78	78	76	90	149
1998	94	79	80	76	90	142
1999	93	79	82	77	90	143
2000	96	80	81	81	90	995
2001	93	83	82	80	90	1042
2002	94	78	82	80	90	1042
2003	94	76	82	79	88	1066
2004	94	74	83	79	88	1001
2005	91	76	84	82	90	1026
2006	92	69	85	84	90	1018
2007	92	67	85	85	91	1050
2008	90	68	85	89	92	1090
2009	90	53	85	93	94	1093
2010	93	51	86	94	95	1095
2011	93	49	86	96	95	1104
2012	74	53	87	94	95	1104
2013	77	49	88	98	98	1139
2014	72	57	88	98	97	1118
2015	70	56	90	98	97	1125
2016	70	58	90	98	97	1125
2017	426	59	90	123	97	1126
2018	454	54	91	128	97	1126

16-3 群众文化（艺术）馆站业务活动及经费情况（2018年）

Basic Statistics on Activities and Expenditures of Mass Art Centers and Cultural(2018)

项目	Item	总计 Total	群众文化（艺术）馆 Mass Cultural(Art) Centers	文化站 Cultural Stations
单位数（个）	Number of Units(unit)	1223	97	1126
从业人员（人）	Persons Employed(person)	4122	979	3143
举办展览（个）	Number of Exhibitions(unit)	4337	1035	3302
组织文艺活动（次）	Art Performances and Story-telling Sessions(time)	20947	4219	16728
举办训练班（次）	Training Courses(time)	23032	11827	11205
培训人次（千人次）	Number of Persons Completing Courses(1000 person-times)	1494	988	506
组织公益性讲座次数（次）	Number of Organization Public Lectures(time)	729	729	
本年收入总额（千元）	Total Income(1000 yuan)(1000 yuan)	934527	293832	640695
本年支出合计（千元）	Total Expenditures(1000 yuan)	1007452	303286	704166

16-4 艺术表演团体按剧种分演出情况（2018年）

Basic Statistics on Performance of Art Troupes in Culture(2018)

项目	Item	剧团数（个） Number of Institutions (unit)	从业人员（人） Number of Employed Persons (person)	本年新排上演剧目（个） Plays Showed this Year (unit)	演出场次（千场） Total Number of Performance (1000 shows)	演出观众人数（千人次） Number of Audience (1000 person-times)	艺术表演团体演出收入（千元） Total Income (1000 yuan)
艺术表演团体	**State-owned Art Performance Group**	**454**	**13375**	**80**	**81.47**	**34037**	**475352**
话剧、儿童剧、滑稽剧种	Drama, Children's play and Comedy Troupes	45	691	3	4.70	4621	23905
歌舞、音乐类	Class of Song, Dance and Music	25	1247	20	2.98	1031	30156
杂技、魔术、马戏类	Class of Acrobatics, Magic and Circus	2	126	1	0.20	140	1231
京剧、昆曲类	Class of Beijing Opera and Kunqu Opera	4	165	1	0.19	114	1627
京剧	Beijing Opera	4	165	1	0.19	114	1627
地方戏曲类	Local Opera	327	10026	47	66.73	26343	403274
曲艺类	Folk Art	21	399	5	2.07	1206	6103
综合性艺术表演团体	Comprehensive Performing Arts Groups	30	721	3	4.61	582	9056

16-5 图书、博物馆情况(2014-2018年)

Basic Statistics on Libraries and Museums(2014-2018)

项目　Item	2014	2015	2016	2017	2018
图书馆 **Libraries**					
公共图书馆图书总藏量（千册） Total Collections of Public Library(1000 volumes)	26602	28211	30510	33220	37450
#图书藏量（千册） Total Collections of Books(1000 volumes)	20645	22076	24140	26500	30006
报刊藏量（千册） Total Collections of Newspapers(1000 volumes)	2171	2341	2437	2550	2659
视听文献、缩微制品藏量（千册） Total Collections of Public Library(1000 volumes)	639	696	712	755	787
电子图书（千册） Electronic Books(1000 volumes)	16605	18543	21516	26270	31945
组织各类讲座次数（次） All kinds of Sessions for reader(time)	2364	2891	3384	2327	2451
各类讲座参加人次（千人次） Number of Visitors(1000 person-times)	323	287	416	290	293
举办展览次数（次） Number of Exhibitions(time)	751	712	836	1092	971
参观展览人次（千人次） Number of Exhibitions Persons (1000 person-times)	1357	1420	1738	2420	2653
举办培训班次数（次） Training Courses(time)	740	1083	1368	2396	2395
参加培训班人次（千人次） Number of Persons Completing Courses (1000 person-times)	41	58	119	1100	199
总流通人次（千人次） Total Number of Circulation(1000 person-times)	20519	23963	26035	29701	33549
博物馆 **Museums**					
文物藏品（件） Collection of Cultural Relics(piece)	483880	514057	541462	648149	710838
#一级品 Grade one	1060	1081	1085	1099	1096
二级品 Grade two	2912	3043	2999	3046	3063
三级品 Grade three	94310	97883	100066	103644	103580
参观人次（千人次） Number of Visitors(1000 person-times)	23082	24121	25883	30170	37715
#文物机构青少年参观人次 Number of Visitors	8132	8451	9206	9870	10866

16-6 图书出版情况(1978-2018年)

Basic Statistics of Book Published(1978-2018)

年份 Year	图书种数(种) Number of Publications (kind)	本版图书种数 Book Publications of Original Edition	#新出 New Publications	总印数(万册、万张) Total Printed Copies (10000 copies)	#租型 Copies for Rent	总印张(千印张) Total Pointed Sheets (1000 sheets)	#租型 Copies for Rent	定价总金额(万元) Total Priced Value (10000 yuan)
1978	347	180	150	6818	3709	258719	160714	
1979	335	157	152	7316	4557	293006	174064	
1980	448	224	197	8246	5459	318718	230922	
1981	606	405	358	12113	5716	448673	220433	3377
1982	620	430	376	9988	5324	335147	196042	2747
1983	903	694	520	11757	5084	374473	182416	3293
1984	979	782	588	11870	4523	424764	168286	4107
1985	1219	976	783	15603	5339	609847	183552	8495
1986	1341	1119	874	12465	5132	443306	192474	6572
1987	1454	1207	823	17101	5431	609655	203602	9702
1988	1434	1183	716	17047	5233	614164	202373	13970
1989	1734	1449	1035	15859	5164	579815	195930	16998
1990	1799	1518	1034	16312	5370	588903	198660	18774
1991	1956	1709	1096	17667	5367	687789	212078	26176
1992	2200	1939	1089	19399	6229	747055	255252	28563
1993	2237	1988	1404	17044	5820	692582	269185	33137
1994	2658	2379	1548	19745	6316	786552	306980	52794
1995	2346	2041	1285	18448	6554	799268	350580	60411
1996	2765	2456	1457	21348	7316	923246	392633	87917
1997	2713	2403	1400	23282	7740	1012534	444673	94820
1998	2864	2545	1551	21596	8188	1004826	475610	105493
1999	3250	2956	1688	21875	7942	1021736	458774	107293
2000	2879	2637	1518	20298	7062	969527	444525	99604
2001	2395	2140	1464	17891	7470	933277	475153	83157
2002	3011	2692	2127	19953	7752	1079027	511177	106245
2003	2950	2591	1881	15595	7236	935650	496601	96910
2004	3049	2641	1771	13907	6306	1123920	726166	91232
2005	2943	2623	1693	10643	5066	691813	394674	74571
2006	3002	2692	1793	9840	4458	687082	346972	71235
2007	2966	2678	2009	8463	3902	622153	285318	68507
2008	3471	3259	2265	7793	2501	491166	152947	76128
2009	3422	3246	2052	7689	2197	561484	147631	83165
2010	3574	3415	2320	7749	2169	585841	146601	86650
2011	3774	3568	2401	8294	2621	591332	182355	94065
2012	3629	3417	2329	9078	3078	683578	217612	106475
2013	3547	3320	2283	8870	3208	699137	233615	109569
2014	3653	3456	2442	8619	3099	660192	226916	108127
2015	3579	3395	2318	8800	3197	700447	234302	116504
2016	4154	3954	2620	9709	3309	792968	246575	143426
2017	4493	4289	2545	10809	3709	856126	262909	163964
2018	4568	4359	2372	11461	3677	927633	267531	180039

16-7 图书出版分类情况（2018年）

Composition of Books Published(2018)

项目 Item	图书种数（种） Publications of Original Edition (kind)	#本版图书新出 New Publications	总印数（万册、万张） Printed Copies (10000 copies)	#新出 New Publications	总印张（千印张） Printed sheets (1000 sheets)	#新出 New Publications
总　计 Total	**4568**	**2372**	**11461**	**2359**	**927633**	**217501**
#使用"中国标准书号"合计 Publications with "China International Standard Book Number"	**4568**	**2372**	**11461**	**2359**	**927633**	**217501**
马列主义、毛泽东思想 Marxism-Leninism,Mao Zedong Thought	8	6	4		537	519
哲学 Philosophy	67	43	55	30	7204	4079
社会科学总论 General Social Sciences	34	23	17	7	2694	1122
政治、法律 Politics and Law	134	97	68	18	9462	3383
军事 Military Affairs	3	1	8		1876	108
经济 Economics	183	108	69	38	14315	7977
文化、科学、教育、体育 Culture, Science, Education and Sports	2362	843	10151	1608	775706	129585
语言、文字 Languages	73	36	36	16	4058	1692
文学 Literature	700	462	642	384	58542	34668
艺术 Arts	209	174	57	48	5729	4993
历史、地理 History and Geography	237	192	85	54	11925	8830
自然科学总论 General Natural Sciences	15	12	11	8	1066	829
数理科学、化学 Mathematics and Chemistry	29	8	6	2	1037	223
天文学、地球科学 Astronomy and Geology	13	10	4	3	337	293
生物科学 Biology	18	12	10	7	935	705
医学、卫生 Medicine and Health Care	149	104	76	37	11778	6823
农业科学 Agricultural Science	77	47	38	22	3664	2281
工业技术 Industrial Technology	169	111	87	40	12820	5530
交通运输 Transportation	9	7	3	3	521	498
环境科学 Environmental Science	7	5	17	17	327	295
综合性图书 General Books	72	71	15	14	3102	3067

16-8 主要年份书刊报纸出版情况

Books, Magazines and Newspapers Published in Selected Years

年份 Year	出版社（个） Publishing Houses (unit)	出版种数（种） Number of Publications(kinds)			总印数（万份） Printed Copies(10000 copies)		
		图书 Books	期刊 Magazines	报纸 Newspaper	图书 Books	期刊 Magazines	报纸 Newspaper
1978	1	347	8	4	6818	388	14784
1980	4	448	28	6	8246	960	14913
1985	9	1219	114	32	15603	3375	35847
1986	9	1341	119	31	12465	3450	39596
1987	9	1454	124	38	17101	4177	44858
1988	10	1434	126	31	17047	3429	44135
1989	10	1734	128	31	15859	2765	36961
1990	10	1799	123	31	16312	3157	41455
1991	10	1956	126	32	17667	3688	44176
1992	10	2200	134	35	19399	4258	45021
1993	10	2237	139	41	17044	4350	45845
1994	11	2658	150	43	19745	4004	49208
1995	11	2346	159	47	18448	4239	51526
1996	11	2765	159	47	21348	3891	53608
1997	11	2713	157	48	23282	3974	55027
1998	11	2864	159	48	21596	3899	59543
1999	11	3250	134	49	21875	3990	64195
2000	11	2879	187	61	20298	4463	68897
2001	11	2395	189	64	17891	4470	73185
2002	11	3011	186	66	19953	4089	79061
2003	11	2950	186	66	15595	3937	79809
2004	11	3049	176	58	13907	3450	89681
2005	11	2943	174	58	10643	2841	87962
2006	11	3002	174	59	9840	2902	97246
2007	11	2966	176	59	8463	2870	99836
2008	12	3471	174	59	7793	2935	103791
2009	12	3422	175	59	7689	2828	82900
2010	12	3574	175	59	7749	2940	99982
2011	12	3774	177	60	8294	3677	111850
2012	12	3629	176	46	9078	3660	118783
2013	11	3547	176	42	8870	4920	120576
2014	11	3653	176	42	8619	4426	111945
2015	11	3579	176	45	8800	3970	106072
2016	11	4154	176	42	9709	4215	90608
2017	11	4493	176	42	10809	3032	83957
2018	11	4568	176	43	11461	2481	78555

注：2012年起报纸出版种类及印数不含校报。

Note:Since 2012,Newspaper exclude school-paper.

16-9 音像电子出版物出版情况

Publication of Video Products and E-journals

项目	Item	2015		2016		2017		2018	
		种数（种）Type (kinds)	数量（万张）Volume (10000 sheets)	种数（种）Type (kinds)	数量（万张）Volume (10000 sheets)	种数（种）Type (kinds)	数量（万张）Volume (10000 sheets)	种数（种）Type (kinds)	数量（万张）Volume (10000 sheets)
出版	**Publication**								
录音制品	Audio Products	31	6.79	32	9.60	44	8.41	26	27.18
录像制品	Video Products	28	16.72	42	7.43	50	18.55	48	17.78
电子出版物	E-journals	39	24.58	52	21.33	22	10.08	30	10.15
复制	**Reproduction**								
磁带制品	Tape Products		8.33		7.89		0.31		1.93
光盘制品	CD Products		1082.88		1201.53		899.04		148.16

16-10 广播电视事业发展情况

Statistics on Broadcasting and Television

项目	Item	2015	2016	2017	2018
广播电台数量（座）	Number of Radio and TV(unit)				
广播电台	Radio	6	4	4	4
电视台	TV	7	5	5	5
广播电视台	Radio and TV	65	67	68	68
节目套数（套）	Number of Radio Programs(sets)				
广播	Radio	90	91	91	93
电视	TV	41	103	101	101
全年播出节目时间（万小时）	Length of Public Radio Programs Broadcasted(10000 hours)				
广播	Radio	52.41	52.34	52.07	52.88
电视	TV	36.49	36.92	39.52	39.54
全年节目制作时间（万小时）	Length of Radio Programs Produced (10000 hours)				
广播	Radio	25.37	25.84	26.37	26.63
电视	TV	7.40	6.90	7.84	6.24
人口覆盖率（%）	Coverage Rate of the Population(%)				
广播	Radio	98.68	98.96	99.01	99.04
电视	TV	98.94	99.12	99.15	99.19
有线广播电视用户（万户）	Users of Cable Radio and TV(10000 households)(10000 household)	730.68	738.89	727.02	1071.94
#数字电视用户	Users of Digital TV	689.18	715.37	727.02	716.20
付费数字电视用户	Paying Users	306.81	305.52	307.77	411.30
#双向电视用户	Both-way Users	53.51	94.85	153.90	193.20
广播电视网络互联网用户数（万户）	Indicator(10000 household)	33.60	78.20	111.23	144.70
有线电视入户率（%）	Coverage Rate of the Population(%)	69.07	69.25	67.18	97.61
广播电视总收入（亿元）	Income of Radio and TV(100 million yuan)	99.34	105.80	135.21	140.18
实际创收收入（亿元）	Realized Income(100 million yuan)	71.96	74.33	93.72	116.25
#广告收入	Advertising Income	19.85	17.40	17.18	21.12
#广播广告收入	Radio	4.05	3.74	3.94	3.26
电视广告收入	TV	13.66	10.77	10.74	8.11
网络收入	Network Income	26.11	28.87	30.39	32.50
广播电视节目销售收入	Sales Revenue	3.65	3.73	5.24	3.27

16-11 广播电视制作播出情况

Statisticts on Wireless Broadcasting and Television

项目 Item	2015	2016	2017	2018
广播 **Broadcasting**				
本年广播节目制作（小时） Produced Programs of Broadcasting the Current Year(hours)	253719	258355	263745	266335
#新闻资讯类 News and Messages	52818	55549	52563	54873
专题服务类 Special Servics	66807	66184	75490	72725
综艺益智类 General arts	76749	83184	77036	81901
广告类 Adierticsement	17001	16435	12161	9081
平均每日播音时间（小时） Average Broadcasting Time per-day(hours)	1436	1434	1426	1449
#播出自制节目 Homemade Program	855	853	897	880
购买交换节目 Purchased Exchange Program	86	95	84	106
电视 **Television**				
有线广播电视用户数（万户） Users of Cable TV(10000 household)	730.68	738.89	727.02	1071.94
#数字电视用户数（万户） Users of Digital TV(10000 household)	689.18	715.37	727.02	716.20
本年电视节目制作（小时） Programs of Television the Current Year(hours)	73986	68977	78353	62379
#新闻资讯类 News and Messages	25814	25769	26973	25051
专题服务类 Special Servics	18265	15473	16253	15578
综艺益智类 General arts	5519	5983	4666	4263
影视剧类 Films and Plays	495	627	295	268
广告类 Adierticsement	5914	5365	7183	6782
本年制作电视剧（集） Produced Television Plays the Current Year(volumes)	108	192	119	280
平均每周播出时间（小时） Average Television Time Per-week(hours)	6997	7100	7600	7605
全年电视剧播出数（集） Number of Television Plays the Current Year(volumes)	108101	106744	108329	109600

16-12 主要年份各设区市有线电视用户数

Number of Users of Cable Television by City in Selected Years

单位：万户　　(10000 households)

地区	Area	2000	2005	2010	2013	2014	2015	2016	2017	2018
全　省	**Total**	**280.00**	**422.98**	**613.16**	**691.53**	**724.03**	**730.68**	**738.89**	**727.02**	**1071.94**
福州市	Fuzhou	67.82	111.75	163.91	181.82	184.59	187.66	187.21	153.47	227.94
厦门市	Xiamen	25.19	37.28	64.60	77.35	81.03	80.83	80.01	82.63	118.04
莆田市	Putian	19.85	25.34	36.70	36.67	39.82	45.82	46.87	49.51	86.06
三明市	Sanming	19.98	31.20	39.69	46.86	47.49	49.93	49.79	49.99	69.50
泉州市	Quanzhou	41.64	68.07	97.47	118.19	129.15	126.48	135.25	139.83	235.49
漳州市	Zhangzhou	19.57	37.86	73.04	79.97	86.40	81.80	79.62	83.41	124.00
南平市	Nanping	35.31	44.69	55.58	66.77	67.79	64.85	65.64	69.52	70.78
龙岩市	Longyan	24.35	29.04	33.20	37.00	40.25	41.33	40.88	44.74	70.38
宁德市	Ningde	26.29	37.75	48.97	46.90	47.51	51.98	53.62	53.93	69.74

16-13 主要年份各设区市电视节目综合人口覆盖率

Television Coverage of Population by City in Selected Years

单位：%　　(%)

地区	Area	2000	2005	2010	2014	2015	2016	2017	2018
全　省	**Total**	**97.14**	**98.10**	**98.45**	**98.70**	**98.94**	**99.12**	**99.15**	**99.19**
福州市	Fuzhou	97.65	98.28	98.59	99.08	99.17	100.00	100.00	100.00
厦门市	Xiamen	97.05	99.59	98.68	100.00	100.00	100.00	100.00	100.00
莆田市	Putian	97.35	98.09	98.30	98.38	98.59	98.60	98.70	98.73
三明市	Sanming	98.28	98.59	99.08	99.15	99.17	99.24	99.33	99.35
泉州市	Quanzhou	97.60	98.15	98.18	98.39	98.39	98.43	98.48	98.51
漳州市	Zhangzhou	97.30	98.11	99.02	99.12	99.15	99.18	99.19	99.21
南平市	Nanping	96.07	97.44	98.13	98.58	98.64	98.71	98.73	98.77
龙岩市	Longyan	96.00	98.48	98.92	98.18	98.57	98.62	98.63	98.88
宁德市	Ningde	95.95	96.93	97.34	97.61	99.30	99.42	99.47	99.48

16-14 当年在聘技术等级运动员人数

Full-time Technological Athletes by Grade

单位：人 (person)

项目	Item	2014	2015	2016	2017	2018
等级运动员	**Number of Athletes in Grades**	**1282**	**1469**	**1544**	**1163**	**1578**
#女	Female	541	585	606	451	646
国际级运动健将	International Master of Sports	15	7			
#女	Female	5	5			
国家级运动健将	National Master of Sports	62	66	8	2	
#女	Female	27	32	2	2	
一级运动员	First Grade Sportsman	320	405	398	313	421
#女	Female	171	163	165	104	186
二级运动员	Second Grade Sportsman	885	991	1138	848	1157
#女	Female	338	365	439	345	460

16-15 主要年份竞技体育比赛奖牌情况

Medals of Athletic Games in Selected Years

单位：枚

项目	Item	2000	2005	2010	2014	2015	2016	2017	2018
世界比赛	**International Games**	**8**	**25**	**37**	**22**	**18**	**12**	**10.0**	**19**
金牌	Gold Medals	6	15	15	12	12	8	2.0	9
银牌	Silver Medals	1	8	12	5	4	1	4.0	6
铜牌	Bronze Medals	1	2	10	5	2	2	4.0	4
亚洲比赛	**Asia Games**	**20**	**19**	**40**	**40**	**25**	**24**	**14.0**	**12**
金牌	Gold Medals	10	8	22	18	15	12	5.0	4
银牌	Silver Medals	6	8	7	17	5	9	4.0	2
铜牌	Bronze Medals	4	3	11	5	5	3	4.0	6
全国比赛	**National Games**	**191**	**134**	**111**	**117**	**108**	**97**	**114.5**	**129**
金牌	Gold Medals	67	46	48	32	40	39	38.5	44
银牌	Silver Medals	59	51	32	37	34	32	39.5	39
铜牌	Bronze Medals	65	37	31	48	34	26	36.5	46

注：2017年在全运会上与其他省份合作取得奖牌按0.5枚统计。

Note:In 2017,The Number of Medals in cooperation with other provinces in the National Games is calculated by 0.5.

主要统计指标解释

文化事业机构 指从事专业文化工作和为专业文化工作服务的独立建制的单位。不包括这些单位另外举办独立核算的其他机构和各部门的业余文化组织。该指标主要反映文化事业机构发展规模水平。

艺术表演团体 指从事戏曲、音乐、舞蹈、杂技等专业艺术表演，有独立帐户的单位，不包括半工半艺、半农半艺和民间职业剧团。该指标主要反映专业艺术表演团体发展规模水平。

艺术表演观众人数(人次) 指售票、包场演出或民族地区免费演出的艺术表演观众人次数，不包括彩排审查和内部观摩演出的观看人次数。该指标主要反映观看专业艺术表演团体演出的效益规模。

等级运动员人数 指经考核正式批准授予等级运动员称号的人数。运动员等级分为国际级运动健将、运动健将、一级运动员、二级运动员、三级运动员、少年级运动员。该指标主要反映运动员队伍的技术质量水平。

等级裁判员人数 指经考核正式批准授予等级裁判员称号的人数。裁判员等级分为国际裁判、国家级裁判、一级裁判、二级裁判、三级裁判。该指标主要反映裁判员队伍的技术质量水平。

Explanatory Notes on Main Statistical Indicators

Cultural Institutions refer to units, which have their own organizational system and independent accounting system and specialize in or serve cultural development. They exclude other establishments run by these cultural institutions and amateur cultural groups established by various departments. This indicator reflects the development of cultural units.

Art Troupe refers to t he troupe which is engaged in drama, opera, music, dance, acrobatics or other art performance, opens independent accounts with banks and has self-supporting accounting system; excluding the troupes which are engaged partly in industrial or agricultural activities, partly in art performance and the professional troupes organized by the people. This indicator reflects the development of national professional art troupes.

Number of Spectators at Art Performance refers to the number of attendants at commercial shows, completely booked shows or free shows given in minority national areas, and does not include the number of spectators at rehearsals for examination and internal shows for study. This indicator reflects beneficial results of.

Number of Athletes in Grades refers to the number of athletes who have been given titles through examination. The titles of athletes include international masters of sports, masters of sports, first-grade, second- grade and third-grade sportsmen and young athletes. This indicator reflects skill of the athletes.

Number of Referees in Grades refers to the number of referees who have been given titles after examination. They are classified as international referees, national referees and referees of the first, second and third grades. This indicator reflects the skill of referees.

第十七篇　卫生事业

Chapter 17　Health

资料整理：廖捷

Database Editor:Liaojie

简 要 说 明

本篇资料的主要内容及来源

本篇主要反映全省卫生事业发展情况。主要内容为卫生机构、人员、床位数，医院诊疗人次及入院人数。

上述资料由省卫生和计划生育委员会提供，是根据有关部门制定的统计报表制度进行统计、汇总整理而成的。

本篇资料由省统计局社会和科技统计处整理提供。

Brief Introduction

Main Content and Source of Data

Data in this chapter show the development of culture, sports and public health. Data on culture cover mainly the situations on institutions, personnel and business activities of arts, libraries, mass culture, cultural relics, broadcasting, films, televisions, news and publication etc. Data on Sports cover mass sports (sports for all) and athletics sports, including mainly the number of staff and workers in sports departments, number of athletes, coaches and referees, number of stadiums and gymnasiums etc.Data on Public health include mainly the number of institutions, personnel, hospital beds, number of patients treated and inpatients.

The above mentioned data are provide By the Provincial Department of Public Health. Data are collected and tabulated in accordance with the statistical reporting schemes stipulated by the departments concerned.

Data in this chapter are provided and compiled by the Division of Social, Science and Technology Statistics of Fujian Provincial Bureau of Statistics.

17-1 主要年份卫生机构和人员情况

Statistics of Health Institutions and Personnels in Selected Years

项目 Item	卫生机构数（个） Number of Health Institutions (unit)	#医院、卫生院 Hospitals	卫生机构床位数（张） Number of Beds in Health Institution (set)	#医院、卫生院 Hospitals	卫生机构技术人员数（人） Medical Technical Personnel (person)	#医生 Doctors	每千人口拥有 Per 10 000 Persons 卫生机构床位数（张） Number of Beds (set)	医生数（人） Doctors (persons)
1952	633	113	6933	5902	17281	11416	0.5	0.9
1957	2068	132	10898	9902	26076	15022	0.7	1.0
1962	7434	211	27058	16958	40560	18001	1.7	1.1
1965	6757	420	28246	21818	42692	20437	1.6	1.2
1970	4297	922	31520	25322	34876	15795	1.6	0.8
1975	3403	1070	44905	38746	47059	20404	1.9	0.9
1978	3809	1111	51505	45331	54855	22097	2.1	0.9
1979	4118	1117	52779	46121	56913	21393	2.1	0.9
1980	4191	1130	53001	46772	58764	21033	2.1	0.8
1985	4816	1154	58414	52041	74204	26992	2.1	1.0
1990	4885	1198	68073	60664	86772	35696	2.2	1.2
1995	4537	1257	73644	65919	92811	39130	2.3	1.2
1996	4543	1298	83684	75676	93614	40253	2.6	1.2
1997	10059	1306	88710	80935	94993	40775	2.7	1.2
1998	10159	1315	89280	81759	97361	41924	2.7	1.3
1999	10154	1313	90091	82259	97548	31652	2.7	1.0
2000	9807	1323	90091	82389	97569	41461	2.6	1.2
2001	9765	1331	89769	82125	99440	42414	2.6	1.2
2002	8740	1318	84599	80463	95059	40253	2.5	1.2
2003	8525	1323	86634	79503	96902	41252	2.5	1.2
2004	8672	1315	87836	80523	100502	43586	2.5	1.2
2005	7932	1318	88239	81268	100937	44309	2.5	1.2
2006	9652	1307	91533	84289	106586	46051	2.6	1.3
2007	9230	1307	89366	82603	111192	46628	2.5	1.3
2008	7773	1302	98482	90811	119250	50659	2.7	1.4
2009	6984	1288	104222	95980	127446	51959	2.8	1.4
2010	6999	1325	112334	103933	140133	55402	3.0	1.5
2011	7285	1355	123784	114824	155729	59225	3.3	1.6
2012	7584	1399	139172	129194	172532	63449	3.7	1.7
2013	7672	1421	156149	144132	189187	67087	4.1	1.8
2014	27913	1437	164781	152529	206545	75372	4.3	1.9
2015	27921	1450	173199	160011	213162	78173	4.5	2.0
2016	27658	1470	178902	165177	220889	80131	4.6	2.1
2017	27217	1489	183418	170440	231546	84045	4.7	2.1
2018	27588	1522	192513	178757	247346	91100	4.9	2.3

注：1.2002年及以后卫生机构数为登记注册数，医生系执业(助理)医师数。2.每千人口拥有床位数和每千人口拥有医生数，2005年以前以户籍人口为分母计算，2005年起以常住人口为分母计算。3.2014年起数据含村卫生室。

Note:a)Number of health institutions are the number of registeration since 2002, doctors also refer to the certified (assistant) doctors. b)Before 2005, Number of Beds and Doctors per 1000 Persons was Calculated by the Registered Population.Since 2005,Number of Beds and Doctors per 1000 Persons was Calculated by the Population of Permanent Residents.c)The data includes village Health Institutions Since 2014.

17-2 主要年份各类卫生机构数

Number of Health Institutions in Selected Years

单位：个 (unit)

项目 Item	2000	2005	2010	2014	2015	2016	2017	2018
合　计 Total	**9807**	**7932**	**6999**	**27913**	**27921**	**27658**	**27217**	**27588**
医院 Hospitals	**333**	**365**	**457**	**557**	**570**	**590**	**608**	**641**
基层医疗卫生机构 Grassroots Health Institutions	**9059**	**7220**	**6174**	**25877**	**25875**	**26190**	**26074**	**26421**
社区卫生服务中心(站) Health service centers in Communities		392	499	531	528	555	676	692
卫生院 Rural Township Hospitals	990	953	868	880	880	880	881	881
门诊部 Clinics	87	303	432	492	512	615	781	1021
诊所、卫生所、医务室 Clinigues,Health Clinic,Infirmaries	7982	5572	4375	4849	4945	5195	5127	5547
村卫生室 Village Clinics				19125	19010	18945	18609	18280
护理站 Nursing Station							1	5
专业公共卫生机构 Professional Public Health Institutions	**218**	**276**	**296**	**1405**	**1402**	**808**	**471**	**450**
疾病预防控制中心 Sanitation and Antiepidemic Stations	101	93	94	96	96	96	96	97
专科疾病防治院 Specialized Prevention & Treatment Centers	73	34	25	24	23	24	25	25
健康教育所 Health Education Centers	33	7	1	1				
妇幼保健院、所、站 Maternity and Child Care Centers	11	89	87	87	87	87	89	90
急救中心 First-aid Centers		10	7	7	7	7	7	6
采供血机构 Blood Collected and Supplied Centers		10	9	9	9	9	9	9
卫生监督所 Sanitation Supervision Centers		33	73	86	86	86	87	86
计划生育技术服务机构 Family Planning Technical Service Institution				1095	1094	499	158	137
其他卫生机构 Other Health Institutions	**197**	**71**	**72**	**74**	**74**	**70**	**64**	**76**
疗养院 Sanatorium	12	16	11	11	11	11	8	8
医学科学研究机构 Research Institutions of Medical Science	13	9	8	8	8	8	8	8
医学在职培训机构 Sanitation Supervision and Inspection Centers	36	26	25	23	23	22	20	19
其他 Other Institutions	136	20	28	32	32	29	28	41

注：2014年前各类卫生机构数不含村卫生室。

Note:Before 2014,The Data of Health Institutions exclude Village Clinics.

17-3 主要年份各类卫生机构床位数

Number of Beds in Health Institutions in Selected Years

单位：张 (set)

项目 Item	2000	2005	2010	2014	2015	2016	2017	2018
合 计 Total	**90091**	**88239**	**112334**	**164781**	**173199**	**178902**	**183418**	**192513**
#医院 Hospitals	58505	58694	80938	122843	129609	134790	140213	147897
疗养院 Sanatorium		2497	1769	2374	2527	2600	1761	1559
社区卫生服务中心(站) Health service centers in Communities		516	2426	3045	3201	3377	3455	3639
卫生院 Rural Township Hospitals	23884	22574	22995	29686	30402	30387	30227	30860
门诊部 Clinics	485	116	77	10	39	26	7	
妇幼保健院、所、站 Maternity and Child Care Centers		2107	3383	5338	5709	6036	6015	6524
专科疾病防治院 Specialized Prevention & Treatment Centers		1628	706	1454	1681	1655	1709	2003

17-4 主要年份各类卫生技术人员数

Number of Medical Technical Personnel by Category in Selected Years

单位：人 (person)

项目 Item	2000	2005	2010	2014	2015	2016	2017	2018
合 计 Total	**97569**	**100937**	**140133**	**206545**	**213162**	**220889**	**231546**	**247346**
#执业医师 Chartered Doctors	31966	36668	48789	64444	66162	69307	73377	78738
执业助理医师 Assistant Chartered Doctors	9495	7641	6613	10928	12011	10824	10668	12362
注册护士 Certified Nurses	31430	34195	53820	85673	90503	96250	101285	109327
药师（士） Pharmacists	9212	9128	10027	13798	13865	14410	14597	14805
检验人员 Laboratory Technicians	3764	4620	7582	7446	7720	8145	8653	9334

注：2014年起各类卫生技术人员数含村卫生室卫生技术人员。
Note:The data includes village Health Institutions Since 2014.

17-5 各类卫生机构情况（2018年）

Statistics of Health Institutions by Category(2018)

项目 Item	卫生机构（个） Number of Health Institutions (unit)	医疗床位（张） Hospital Beds (set)	卫生技术人员（人） Medical Technical Personnel (person)	#医生 Doctors	#注册护士 Certified Nurses
合　计 **Total**	**27588**	**192513**	**247346**	**91100**	**109327**
医院 **Hospitals**	**641**	**147897**	**151783**	**48975**	**77551**
综合医院 Integrated Hospitals	369	98402	109372	35115	56666
中医医院 Hospitals of Traditional Chinese Medicine	80	19226	20368	7148	9169
中西医结合医院 Hospitals Integrating Traditional Chinese Medicine with Western Medicine	11	2831	3240	1040	1619
民族医院 National Hospital	1	60	39	15	17
专科医院 Specialized Hospitals	174	27078	18540	5599	9979
护理院 Nursing Home	6	300	224	58	101
基层医疗卫生机构 **Grassroots Health Institutions**	**26421**	**34499**	**77897**	**35596**	**26199**
社区卫生服务中心(站) Health service centers in Communities	692	3639	12492	5081	4567
卫生院 Rural Township Hospitals	881	30860	31928	10871	11135
门诊部 Clinics	1021		14287	7404	5026
诊所、卫生所、医务室 Clinigues,Health Clinic,Infirmaries	5547		14555	8048	5028
村卫生室 Village Clinics	18280		4635	4192	443
护理站 Nursing Station	5		18	1	16
专业公共卫生机构 **Professional Public Health Institutions**	**450**	**8558**	**16796**	**6277**	**5315**
疾病预防控制中心 Sanitation and Antiepidemic Stations	97		3575	1996	261
专科疾病防治院 Specialized Prevention & Treatment Centers	25	2003	895	350	256
妇幼保健院、所、站 Maternity and Child Care Centers	90	6524	9753	3591	4226
急救中心 First-aid Centers	6	31	299	121	146
采供血机构 Blood Collected and Supplied Centers	9		606	69	337
卫生监督所 Sanitation Supervision Centers	86		1311		
计划生育技术服务机构 Family Planning Technical Service Institution	137		357	150	89
其他卫生机构 **Other Institutions**	**76**	**1559**	**870**	**252**	**262**
疗养院 Sanatorium	8	1559	311	85	182
医学科学研究机构 Research Institutions of Medical Science	8		72	44	7
医学在职培训机构 Sanitation Supervision and Inspection Centers	19		50	21	17
其他 Others	41		437	102	56

注：医生为执业（助理）医师数。

Note:The Doctors is Medical Practitoner.

17-6 基层医疗卫生机构情况（2018年）

Statistics of Grassroots Health Institutions by Category(2018)

项目 Item	社区卫生服务中心(站) Health Service Stations in Communities	卫生院 Health Institutes	门诊部 Outpatient Department	诊所、卫生所、医务室 Clinic,Health Clinic,Infirmaries	村卫生室 Village Clinics
机构数（个） **Number of Institutions(unit)**	**692**	**881**	**1021**	**5547**	**18280**
卫生技术人员数（人） **Number of Health Technical Personnel (person)**	**12492**	**31928**	**14287**	**14555**	**4635**
#执业医师 Chartered Doctors	4210	7798	6265	6709	1383
执业助理医师 Assistant Chartered Doctors	871	3073	1139	1339	2809
注册护士 Certified Nurses	4567	11135	5026	5028	443
药师（士） Pharmacists	1177	3012	788	1028	
检验人员 Laboratory Technicians	455	1348	515	31	

17-7 主要年份农村村级卫生组织情况

Health Organizations in Rural Areas at Village Level in Selected Years

项目 Item	2000	2005	2010	2014	2015	2016	2017	2018
村设置医疗点数（个） **Medical Treatment Stations of Villages(unit)**	**17476**	**18222**	**19976**	**19125**	**19010**	**18945**	**18609**	**18280**
执业（助理）医师（人） Chartered(Assistant) Doctors		2478	3390	3563	3513	3809	3731	4192
注册护士（人） Certified Nurses(person)			264	291	329	361	373	443
乡村医生和卫生人员数（人） **Number of Rural Doctors and Medical Personnel (person)**	**30769**	**30384**	**28868**	**27240**	**26902**	**26502**	**25261**	**23295**
乡村医生 Rural Doctors	20974	29139	28405	26532	26113	25697	24540	22527
卫生员 Medical Personnel	9795	1245	463	708	789	805	721	768

17-8 主要年份各类医院医疗服务情况

Medical Services of Hospitals in Selected Years

年份 Year	诊疗人数（万人次） Total Number Of Patients Treated	#门急诊 Out-patients And Emergency Patients	入院人数（万人） Hospital Admissions (10000 persons)	出院人数（万人） Hospital Discharged (10000 persons)	病床周转数（次） Turnover of Beds (time)
1980	1561.87	1543.53	51.58	51.47	22.90
1985	1895.08	1794.93	70.98	58.39	24.60
1986	1931.00	1828.71	72.62	72.43	24.30
1987	2425.69	2293.21	83.22	68.38	24.90
1988	2460.94	2428.99	88.62	88.56	25.70
1989	2299.53	2272.22	89.57	89.65	25.00
1990	2410.01	2380.83	91.62	57.60	24.70
1991	2471.20	2328.25	97.55	79.39	26.00
1992	2496.94	2488.74	93.18	93.14	24.90
1993	2930.23	2629.02	94.29	94.33	22.60
1994	2749.75	2614.02	100.03	98.29	23.50
1995	2709.47	2580.12	91.68	91.19	21.70
1996	2838.69	2565.51	79.10	79.09	19.00
1997	3249.23	2772.14	81.58	81.44	17.60
1998	3351.09	2932.52	85.10	84.54	18.10
1999	3157.56	2984.98	89.91	89.57	18.40
2000	3326.20	3097.08	98.76	99.26	20.77
2001	3201.92	2990.75	105.81	105.81	22.21
2002	3288.68	3027.07	128.70	110.23	22.73
2003	3430.00	3315.44	115.45	116.29	23.72
2004	3767.08	3685.85	129.57	129.53	24.79
2005	4248.77	4039.31	137.95	139.26	26.26
2006	4421.39	4305.12	152.28	152.13	26.81
2007	4674.58	4522.88	167.07	166.15	30.30
2008	5872.06	5786.21	205.17	204.78	30.97
2009	5850.61	5785.27	206.81	207.10	32.53
2010	6558.16	6525.56	271.45	270.89	34.08
2011	7200.56	7161.82	308.97	308.37	35.12
2012	8182.96	8121.59	364.95	364.41	37.32
2013	8772.14	8683.32	390.81	388.85	35.90
2014	9333.62	9238.56	411.46	410.71	35.20
2015	9310.82	9230.45	409.86	408.94	33.73
2016	9642.67	9569.44	425.27	424.45	33.49
2017	9881.51	9775.34	446.10	444.37	33.90
2018	10157.32	10038.41	467.93	467.77	33.70

17-9 医院、卫生院、妇幼保健院医疗服务情况（2018年）

Medical Services of Hospitals,Institutes of Health and Health-Centers(2018)

项目 Item	诊疗人数（万人次） Number of Patients Treated (10000 person-times)	#门急诊 Out-patients And Emergency Patients	入院人数（万人） Hospital Admissions (10000 persons)	出院人数（万人） Hospital Discharged (10000 persons)	死亡率（%） Death Rate (%)	病床周转数（次） Turnover of Beds (time)	病床使用率（%） Usage of Beds (%)
医院 Hospitals	**10157.32**	**10038.41**	**467.93**	**467.77**	**0.15**	**33.70**	**83.76**
#综合医院 Integrated Hospitals	7437.99	7371.23	355.57	355.36	0.17	38.10	83.60
中医医院 Hospitals of Traditional Chinese Medicine	1640.89	1628.25	56.76	56.61	0.11	31.40	79.57
专科医院 Specialized Hospitals	866.30	835.07	45.99	46.22	0.05	18.90	87.36
卫生院 Rural Township Hospitals	**2986.44**	**2914.67**	**79.26**	**79.16**	**0.02**	**26.80**	**44.95**
妇幼保健院 Maternity and Child Care Centers	**1055.78**	**1018.24**	**21.72**	**21.73**	**0.01**	**39.20**	**55.92**

注：本表死亡率是指入院后死亡人数与入院人数之比。
Note:The Death Rate is the proportion deaths after admissions.

17-10 防病工作情况

Basic Condition of Disease Prevention and Cure

项目	Item	2010	2014	2015	2016	2017	2018
甲乙类传染病发病总例数（万个）	Number of Incidence from infectious disease(A、B) (10000 unit)	10.61	25.33	22.82	22.63	23.46	25.08
传染病发病率(1/10万)	Incidence Disease Rate (1/100 000)	559.18	671.08	599.62	589.38	605.45	641.18
传染病死亡总人数（人）	Number of Death from infectious disease(person)	231	171	172	184	205	273
传染病死亡率(1/10万)	Death Rate (1/100 000)	0.64	0.45	0.45	0.48	0.53	0.7
结核病登记病人数(例)	Number of register of Tuberculosis (person)	20850	17469	16602	15922	14798	16575
登记患病率（‰）	Register sicken Rate(‰)	0.57	0.46	0.44	0.42	0.38	0.43
结核病新发病人数(例)	Number of New Incidence from Tuberculosis(person)	19439	16507	16016	15063	13786	14194
结核病登记新发病率(1/10万)	Register New Incidence Disease Rate (1/100 000)	54.00	43.74	42.44	39.58	35.91	36.64
“五苗”接种率（%）	Five Type of bacterins inoculability Rate (%)	99.50	99.92	99.91	99.88	99.78	98.90
乙肝疫苗全程接种率（%）	Hepatitis B Bacterins Quite inoculability Rate(%)	99.75	99.94	99.94	99.91	99.86	99.84

17-11 法定报告传染病发病及死亡情况（2018年）

Incidence and Death from Infectious Diseases(2018)

项目	Item	发病率(1/10万) Incidence Disease Rate (per100 000)	死亡率(1/10万) Death Rate(per 100 000)	病死率(%) Mortality Rate (%)
总计	**Total**	**641.18**	**0.70**	**0.11**
病毒性肝炎	Viral Hepatitis	120.87	0.03	0.02
痢疾	Dysentery	0.81		
伤寒副伤寒	Typhoid and Paratyphoid Fever	1.63		0.16
艾滋病	AIDS	2.68	0.57	21.16
淋病	Gonorrhea	17.40		
梅毒	Syphilis	62.28	0.01	0.02
麻疹	Measles	0.15		
百日咳	Whooping Cough	0.37		
流脑	Epidemic Encephalitis			
猩红热	Scarlet Fever	3.32		
出血热	Hemorrhage Fever	1.10		0.23
狂犬病	Hydrophobia			
布氏杆菌病	Brucellosis	0.24		
乙脑	Encephalitis B	0.01		25.00
疟疾	Malaria	0.28		
新生儿破伤风	Newborn Tetanus	0.01		25.00
肺结核	Pulmonary Tuberculosis	45.24	0.08	0.19

注：传染病死亡率指传染病死亡人数与全省常住人口之比，病死率指传染病死亡人数与患病人数之比。
Note:The Death Rate is the proportion deaths of Total Population.

17-12 前十位疾病死亡原因及构成（2018年）

Death Rate of 10 Major Diseases(2018)

项目 Item	占疾病死亡总人数比重(%) Mortality(%)	项目 Item	占疾病死亡总人数比重(%) Mortality(%)
城市 Urban	**92.45**	**农村 Rural**	**92.62**
恶性肿瘤 Malignant Tumour	29.94	恶性肿瘤 Malignment Tumour	30.68
心脏病 Heart Trouble	17.99	脑血管病 Cerebrovasular Disease	17.33
脑血管病 Cerebrovasular Disease	16.31	心脏病 Heart Trouble	14.46
呼吸系统疾病 Diseases of the Respi- ratory System	9.16	损伤和中毒 Trauma and Toxicosis	10.96
损伤和中毒 Trauma and Toxicosis	8.76	呼吸系统疾病 Diseases of the Respiratory System	10.70
内分泌、营养和代谢疾病 Endocrine,Nutritional & Metabolite Disease	4.27	内分泌、营养和代谢疾病 Endocrine,Nutritional & Metabolite Disease	2.59
消化系统疾病 Disease of the Digestive System	2.26	消化系统疾病 Disease of the Digestive System	2.18
神经系统疾病 Diseases of the Nervous System	1.67	神经系统疾病 Nervous System	1.92
精神障碍 Mental Disorders	1.08	泌尿生殖系统疾病 Diseases of the Genitou- rinary System	0.98
泌尿生殖系统疾病 Diseases of the Genitou-rinary System	1.01	传染病 Infectious Diseases	0.83

主要统计指标解释

卫生机构 包括医疗机构、疾病预防控制中心(防疫站)、采供血机构、卫生监督及监测(检验)机构、医学科研和在职培训机构、健康教育所等。医疗机构包括医院、社区卫生服务中心(站)、疗养院、卫生院、门诊部、诊所(卫生所、医务室)、妇幼保健院(所、站)、专科疾病防治院(所、站)、急救中心(站)和临床检验中心。医疗机构分为非赢利性医疗机构和赢利性医疗机构。

医院 指设有固定床位，能收容病人住院并能为病人提供医疗、护理服务的医疗机构，包括县及县以上医院、农村乡卫生院和其他医院。医院按业务性质不同分为综合医院、中医医院、中西医结合医院、民族医院和专科医院。

卫生技术人员 包括执业（助理）医师、注册护士、药剂人员、检验和影像技师（士、员）等卫生专业人员，不包括从事管理工作的卫生技术人员。

医生 指在医疗、预防保健机构工作且取得《执业医师证书》的执业医师和执业助理医师。

Explanatory Notes on Main Statistical Indicators

Health Care Institutions refer to the units which have been qualified the Certification of Health Care Institution by the administration of public health, or qualified the Certification of Corporate Unit by the civil affairs, administration for industry and commerce, commission office for public sector reform, and engaging in medical care, disease prevention and control, health supervision and inspection, medicine research and health education, etc., including: hospitals, sanatoriums, community health service centers (stations), health centers, clinics (health stations and infirmaries), first-aid centres (stations), blood gathering and supplying institutions, women and children care agencies (centres and stations), special disease prevention and curing agencies (centres and stations), disease prevention and control centres (epidemic prevention stations), health supervision and inspection agencies, sanitary inspection institutions, medicinal scientific research and on-job training institutions, health education centres and so on.

Hospitals include: polyclinics, traditional Chinese medical hospitals, hospitals integrated with traditional Chinese therapeutics and western therapeutics, ethical hospitals, various specialties hospitals and nursing hospitals.

Medical Technical Personnel refers to doctors, assistant nurses, pharmacists, and laboratory technicians working in medical institutions.

Doctors refer to certified physicians and certified assistant physicians with certifications working in medical and health care and prevention agencies.

第十八篇　环境保护

Chapter 18　Environment Protection

资料整理：林红 陈浩明

Database Editor:Linhong Chenhaoming

简 要 说 明

本篇资料的主要内容及来源

本篇主要反映福建环境保护事业情况。主要内容包括城、乡水环境、大气环境、固体废物、生态环境、自然灾害和环境污染治理投资以及分行业工业污染治理情况。

本篇资料来源于省环保厅、水利厅、住建厅、交通厅、国土厅、林业厅、卫生厅、农业厅等。

本篇资料由省统计局能源统计处整理提供。

Brief Introduction

Main Content and Source of Data

This chapter contain information that reflect the condition and natural resources and data on development of environment protection ,Social welfare ,the judicial conditions, basic statistics on traffic accidents and fires etc in Fujian. including natural resources and natural condition, total water resources ,atmospheric environment, solid waste, environment noise , eco- environment protection , natural disasters and investments in the treatment of environmental pollution control ;　the number of institutions and personnel, social welfare relief, and marital status etc.

Thc above mentioned data are provide By the Provincial Environment Protection Bureau , the Provincial Department of Water Resources, the Construction Bureau, the Transportation Bureau, the National Land Bureau, the Forestry Bureau, the Health Bureau ,the Agriculture Bureau.

Data in this chapter are provided and compiled by the Division of Energy of Fujian Provincial Bureau of Statistics.

18-1 环境保护基本情况
Basic Statistics on Environmental Protection

项目	Item	2010	2015	2016	2017
水环境	**Water**				
降水量（毫米）	Precipitation(millimeters)	2084.30	1992.94	2432.60	1495.30
水资源总量（亿立方米）	Water Resources(100 million cu.M)	1652.93	1325.93	2109.04	1055.62
地表水	Surface Water Resources	1651.68	1324.67	2107.14	1054.23
地下水	Grounwater Resources	353.81	332.33	450.69	287.48
人均水资源量（立方米/人）	Per Capita Water Resources(cu.m/person)	4480.19	3454.00	5468.80	2699.00
用水总量（亿立方米）	Water Supply(100 million cu.M)	202.45	201.33	189.06	192.02
#农业	Agriculture	98.85	93.34	84.22	91.25
工业	Industry	81.26	72.47	68.54	64.38
生活	Living Consumption	21.05	32.22	33.13	33.24
废水排放总量（亿吨）	Waste Water Discharge(100 million ton)	23.85	25.69	23.70	23.83
化学需氧量排放量（万吨）	Discharge Amount of COD(10000 tons)	37.26	60.94	39.16	39.49
氨氮排放量（万吨）	Ammounia Nitrogen Discharge(10000 tons)	2.98	8.51	5.33	5.38
大气环境	**Atmosphere Environment**				
二氧化硫排放量（万吨）	Sulphur Dioxide Emission(10000 tons)	40.91	33.79	18.93	13.39
工业	Industry	39.12	31.71	16.79	11.17
城镇生活	Urban Living Consumption	1.78	2.08	2.14	2.22
氮氧化物排放量（万吨）	Nitrogen and Oxide(10000 tons)		37.90	26.18	27.72
工业	Industry		27.98	17.03	15.56
城镇生活	Urban Living Consumption		0.30	0.28	0.34
烟（粉）尘排放量（万吨）	Smoke Dust(10000 tons)		34.17	23.79	17.02
工业	Industry	24.01	32.18	21.89	14.80
城镇生活	Urban Living Consumption		1.15	1.15	1.16
固体废物	**Solid Waste**				
工业固体废物产生量（万吨）	Industrial Solid Wastes Produced(10000 tons)	7486.58	4956.27	4449.23	5461.57

注：1.2011年废水排放总量、化学需氧量排放量、氨氮排放量包括农业源、集中式治理设施等，工业固体废物产生量及综合利用量只包含一般工业固体废物。2.2015年工业污染治理投资数据仅指“三同时”峻工验收项目实际环保投资。

Note:In 2011 the Waste Water Discharge Amount, Chemical Oxygen Demand (COD) Emissions, Ammonia Nitrogen Emissions include only General Industrial Solid Waste.

18-1 续表

Continued

项目	Item	2010	2015	2016	2017
工业固体废物综合利用量（万吨）	Industrial Solid Wastes Utilizeed(10000 tons)	6214.89	3784.27	3090.82	3403.99
危险废物产生量（万吨）	Hazardous Wastes(10000 tons)	8.01	37.31	86.62	95.46
生态环境	**Eco-Environment Protection**				
森林覆盖率（%）	Forest Coverage(%)	63.10	65.95	65.95	65.95
当年造林面积（万公顷）	Area of Reforestation of the Year(10000 hectare)	2.99	8.73	1.03	1.21
自然保护区数（个）	Number of Nature Reserves(unit)	92	92	93	93
#国家级	National Level	12	16	17	17
自然保护区面积（万公顷）	Area of Nature Reserves(10000 hectare)	45.36	45.50	45.50	45.50
自然灾害	**Natural Disaster**				
发生地质灾害起数（起）	Geological Disaster	4189	225	1327	217
发生地震灾害次数（次）	Seismic Disaster(time)				
海洋灾害发生次数（次）	Red Tide(time)	21	35	44	48
森林火灾次数（次）	Forest Fire(time)	131	114	29	52
环境污染治理投资	**Investment in the Treatment of Environmental Pollution**				
城市环境基础设施投资（亿元）	Investment in Urban Environmental Infrastructure(100 million yuan)	78.04	137.61	70.30	103.26
燃气	Gas Supply	6.08	12.34	4.44	6.38
排水	Drainage Works	14.54	40.29	31.40	36.28
园林绿化	Gardening and Greening	36.06	73.85	25.67	47.98
市容环境卫生	Environmental Sanitation	21.35	11.13	8.79	12.62
工业污染治理投资（亿元）	Investment Completed this Year(100 million yuan)	15.33	29.82	22.63	14.74
治理废水	Waste Water	7.09	6.94	7.35	1.21
治理废气	Waste Gas	4.98	7.54	6.28	11.45
治理固体废物	Solid Wastes	0.77	1.98	5.70	0.29
治理噪声	Noise Pollution	0.06	0.18	0.01	

18-2 城市环境情况
Basic Statistics on City Enviroment

项目	Item	2010	2015	2016	2017
城市个数（个）	**Number of Cities(unit)**	**23**	**22**	**22**	**21**
城区人口（万人）	**Population of City(10000 persons)**	**750.41**	**1181.23**	**1224.99**	**938.10**
城市基础设施投资额（亿元）	**Investment on Fundation Facilities (100 million yuan)**	**385.08**	**597.17**	**621.40**	**712.86**
城市面积（平方公里）	**Area of City(sq km)**	**4361.84**	**4368.15**	**4440.87**	**4473.89**
#建成区面积（平方公里）	Developed Area(sq.km)	1059.00	1413.54	1469.16	1516.88
年底供水综合生产能力(万立方米/日)	**Production Capacity of Top Water Supply at the Year-end(10000 cu.m/day)**	**676.42**	**717.03**	**737.04**	**766.16**
全年供水总量（亿立方米）	Volume of Top Water Supply(100 million cu.m)	13.26	16.16	16.46	17.30
#生活用量	Water Consumption for Residential Use (100 million cu.m)	6.75	7.59	7.61	9.45
人均日生活用水量（升）	Per Capital Water Consumption for Residential Use(L)	186.62	176.93	194.23	203.55
用水普及率（%）	Percentage of Population with Access to Tap Water(%)	99.5	99.6	98.1	99.6
公交车标准运营车数（标台）	**Number of Standard Public Vehicles under Operation(set)**	**11917**	**18783**	**20326**	**19374**
出租车运营车数（辆）	Number of Taxis under Operation at the Year-end(unit)	18684	24785	24961	6340
煤气供应总量	**Gaswork Gas Supply**	**0.27**	**0.30**	**0.30**	**0.27**
#家庭用量（亿立方米）	Consumption of Gaswork Gas for Residential Use(100 million cu.m)	0.19	0.23	0.26	0.22
液化石油气家庭用量（万吨）	Consumption of Liguefied Petroleum Gas for Residential Use(10000 tons)	18.89	18.79	18.27	17.21
用气普及率（%）	Percentage of City Population with Access to Gas(%)	98.9	98.6	97.2	97.5
道路长度（公里）	**Length of Paved Roads(km)**	**6756**	**8415**	**8656**	**11427**
道路面积（万平方米）	Area of Paved Roads(10000 sq.m)	12560	16303	17657	22238
排水管道长度（公里）	Length of Sewage Pipes(km)	9686	13340	14329	15335
建成区绿化覆盖面积（公顷）	**Green Areas of Developed City(hectare)**	**43385**	**60736**	**63649**	**77876**
建成区绿化覆盖率（%）	Ratio of Green Areas to City Areas(%)	41.0	43.0	43.3	43.7
公园绿地面积（公顷）	Green Areas of Park(hectare)	10972	15327	16017	18049
人均公园绿地面积（平方米）	Per Capita Public Green Areas(sq.m)	10.99	12.98	13.08	14.13
公园个数（个）	**Number of Parks and Zoos(unit)**	**392**	**555**	**590**	**636**
公园面积（公顷）	Area of Parks and Zoos(hectare)	8819	11913	12426	13957
生活垃圾清运量（万吨）	**Volume of Garbage, Excrement and Urine Disposal(10000 tons)**	**417.30**	**608.06**	**656.97**	**786.35**
城市生活垃圾无害化处理率(%)	Percentage of Garbage Disposal with Standard(%)	92.0	99.2	98.4	99.4
城市污水处理率(%)	**Percentage of Sewage Disposal of City(%)**	**84.4**	**89.5**	**91.3**	**92.2**
城市污水处理厂集中处理率(%)	Percentage of Sewage Collection Disposal in Factory of City(%)	76.9	87.5	90.1	89.1

注：2011年以前城区人口不含城区暂住人口。

Note:Before 2011,Population of City is excluding Temporary Population.

18-3 农村环境情况

Basic Statistics on Rural Environment

项目	Item	2010	2015	2016	2017
农村总户数（万户）	**Number of Rural Households(10000 household)**	**693.53**	**720.32**	**753.79**	**753.79**
累计卫生厕所户数（万户）	**Number of Households with Lavatories (10000 household)**	**552.68**	**676.81**	**707.82**	**716.25**
农村卫生厕所普及率（%）	**Pencentage of Villages with Access to Lavatories(%)**	**79.7**	**94.0**	**93.9**	**95.0**
当年新增无害化卫生厕所户数（万户）	**Number of IIouseholds with Newly Built Lavatories Current Year(10000 household)**	**45.77**	**10.46**	**37.57**	**19.80**
累计使用卫生公厕户数（万户）	**Number of Households with Public Lavatories (10000 household)**	**45.15**	**74.27**	**56.89**	**52.44**
当年用于改厕投资（万元）	**Investment on Rebuilt Lavatories Current Year (10000 yuan)**	**60429.77**	**22444.19**	**28127.12**	**48242.80**
#国家	National	13134.26	3632.32	4629.94	29149.11
集体	Collective	1754.08	1437.89	1862.23	1355.40
个人	Individual	44536.20	17092.99	21101.97	17561.74
其他	Others	1005.23	281.00	533.00	176.55
农村可再生能源利用情况	**Utilization of Repeat Energy in Rural**				
沼气池产气总量（亿立方米）	Marsh Gas Production(100 million cu.m)	2.44	2.18	1.49	1.69
农村户用沼气池（万口）	Number of Methane-generating Pits Used by Rural Household(10000 pits)	46.03	48.47	47.24	46.64
生活污水净化沼气池（处）	Methane-generating Pits Used for Waste Water Treatment(set)	1319	970	970	910

18-4 工业污染排放及处理利用情况

Emission and Treatment of Industrial Pollution

项目	Item	2010	2015	2016	2017
企业基本情况	**Enterprises Status**				
汇总企业数（个）	Number of Enterprises(unit)	6080	5971	5224	4701
工业废水	**Industrial Waste Water**				
废水治理设施数（套）	Number of Facilities for Treatment of Waste Water(sets)	3153	3547	3160	3241
废水治理设施处理能力（万吨/日）	Handling Ability of Facilities for Treatment of Waste Water (10000 tons-day)	1135.44	661.44	732.87	808.80
废水治理设施设备运行费用（亿元）	Operation Expenditure of Facilities(100 million yuan)	12.68	17.36	17.20	20.05
工业废水排放量（万吨）	Volume of Waste Water Discharged(10000 tons)	124168.21	90741.41	68872.15	69860.45
#直接排入环境的	Discharged Directly	59215.46	76350.78	53346.67	52611.60
工业废水中污染物排放量（吨）	Volume of Pollutants in Waste Water Discharged(ton)				
汞	Hydrargyrum	0.06	0.02		0.01
镉	Cadmium	0.45	0.62	0.04	0.09
六价铬	Hexadic Chromium	62.13	0.92	0.67	0.42
铅	Plumum	2.05	3.55	0.36	0.71
砷	Arsenic	1.32	3.08	0.37	0.55
挥发酚	Volatile Hydroxybenzene	10.06	1.97	0.35	0.24
氰化物	Cyanide	58.95	6.68	2.03	1.43
化学需氧量	Volume of Oxygen Required chemically	82946.13	72646.00	32260.59	23756.79
石油类	Petroleum	565.24	335.38	153.02	54.73
氨氮	Ammonia and Nitrogen	6613.60	4066.34	2122.27	1500.47
工业废气	**Industrial Waste Gas**				
工业废气排放总量（亿立方米）	Total Volume of Waste Gas Emission(100 million cu.m)		17204.24	17761.03	17139.00
废气治理设施数（套）	Number of Facilities for Treatment for Waste Gas(sets)	6470	9016	8508	10735
#脱硫设施数（套）	Number of Sulphur Removed Facilities (sets)	159	257	399	1343
废气治理设施设备运行费用（亿元）	Expenditure on Facilities for Treatment of Waste Gas(100 million yuan)	23.73	43.21	41.43	43.06

注：2010年以前工业废水中直接排入环境的只含直接排入海的，2011年工业固体废物只含一般工业固体废物。

Note:Before 2010,Discharged Directly only contained Discharged Directly into sea.2011,Industrial Solid Wastes only contained ordinary Solid Wastes.

18-4 续表

Continued

项目	Item	2010	2015	2016	2017
工业二氧化硫排放量（万吨）	Volume of Sulphur Dioxide Emission(10000 tons)		31.71	18.93	11.17
工业烟（粉）尘排放量（万吨）	Volume of soot Emission and Dust Emission (10000 tons)	24.01	32.18	23.79	17.02
工业固体废物	**Industrial Solid Wastes**				
工业固体废物产生量（万吨）	Volume of Industrial Solid Wastes Produced (10000 tons)	7486.58	4956.27	4449.23	5461.57
工业固体废物综合利用量（万吨）	Volume of Industrial Solid Wastes Utilized in a Comprehesive way(10000 tons)	6214.89	3784.27	3090.82	3403.99
综合利用往年贮存量（万吨）	Volume of Industrial Solid Wastes Accumulated in Previous Years and utilized in a Comprehensive way(10000 tons)	10.88	71.92	52.44	52.04
工业危险废物产生量（万吨）	Volume of Dangerous Wastes Produced (10000 tons)(10000 tons)	8.01	37.31	86.62	95.46
危险废物综合利用量（万吨）	Volume of Dangerous Wastes Utilized in a Comprehesive way(10000 tons)	3.44	12.05	56.67	58.79
工业固体废物贮存量（万吨）	Volume of Industrial Solid Wastes Accumulated(10000 tons)	107.73	86.78	246.80	162.84
危险废物贮存量（吨）	Volume of Dangerous Wastes Accumulated (ton)	393.31	61916.02	141100.00	91300.00
工业固体废物处置量（万吨）	Volume of Industrial Solid Wastes Treated (10000 tons)	1181.14	1157.39	1165.66	1955.67
#处置往年贮存量	Volume of Industrial Solid Wastes Treated, Which have been Accumulated in Previous years	8.55	0.25	1.62	9.29
危险废物处置量（万吨）	Volume of Dangerous Wastes Treated (10000 tons)	4.98	22.84	27.33	51.56
工业固体废物倾倒丢弃量（万吨）	Volume of Industrial Solid Wastes Discharged(10000 tons)	3.52	0.01	0.01	0.41

18-5 各设区市工业污染治理投资额

Investment on Industrial Pollution Treatment by City

单位：万元　　(10000 yuan)

地区	Area	2005	2010	2013	2014	2015	2016	2017
全　省	**Total**	**345431**	**153296**	**384150**	**203441**	**298220**	**226267**	**147394**
福州市	Fuzhou	34416	11641	76812	2240		13811	18992
厦门市	Xiamen	65063	11854	17947	18663	16422	19081	27055
莆田市	Putian	11679		6735			6635	486
三明市	Sanming	28978	14782	11049	2122	2323	3569	9801
泉州市	Quanzhou	113684	96421	178570	18020	4168	131439	41336
漳州市	Zhangzhou	78020	9054	61475	155774	129907	15189	20872
南平市	Nanping	4687	3021	4319	1590		2003	13609
龙岩市	Longyan	3301	6323	4174	5032	145345	8172	14731
宁德市	Ningde	5574	200	23069			26366	512
平潭综合实验区	Pingtan					56		

注：2015年工业污染治理投资数据仅指“三同时”竣工验收项目实际环保投资。2014年为同口径数。

18-6 设区市一般工业固体废物产生和处置情况(2017年)

Discharge and Treatment of Industrial Sold Waste by City(2017)

单位：万吨　　(10000 tons)

项目	Item	工业固体废物产生量 Volume of Industrial Solid Wastes Produced	工业固体废物综合利用量 Industrial Solid Wastes Utilized	综合利用往年工业固体废物贮存量 Industrial Solid Wastes Utilized in Stocks	工业固体废物处置量 Volume of Industrial Solid Wastes Treated	处置往年工业固体废物贮存量 Industrial Solid Wastes Treated in Stocks	工业固体废物贮存量 Volume of Industrial Solid Wastes in Stocks	一般工业固体废物倾倒丢弃量 Volume of Industrial Solid Wastes Discharged
全　省	**Total**	**5461.57**	**3403.99**	**52.04**	**1955.67**	**9.29**	**162.84**	**0.41**
福州市	Fuzhou	623.58	607.10	1.24	9.67	0.04	8.09	
厦门市	Xiamen	75.97	69.15	0.07	5.39	0.05	1.55	
莆田市	Putian	73.04	56.36	0.15	16.89	0.09	0.03	0.01
三明市	Sanming	826.59	771.74	9.36	40.33	0.23	24.09	0.01
泉州市	Quanzhou	635.78	586.45	3.00	33.51	0.67	19.49	
漳州市	Zhangzhou	353.79	346.14	20.67	28.05	0.04	0.08	0.24
南平市	Nanping	187.65	198.82	13.53	2.42	0.05		
龙岩市	Longyan	2194.15	401.67	1.32	1756.65	8.09	45.09	0.14
宁德市	Ningde	490.95	366.56	2.69	62.69	0.05	64.41	0.01
平潭综合实验区	Pintan	0.08	0.01		0.06			

18-7 设区市废气排放情况（2017年）

单位：吨

项目	Item	二氧化硫排放量 Sulfur Dioxide	工业 Industry	城镇生活 Urban Living Consumption	集中式治理设施 Centralized Treatment Facilities	氮氧化物排放量 Nitrogen and Oxide	工业 Industry
全 省	**Total**	**133891**	**111658**	**22214**	**19**	**277165**	**155611**
福州市	Fuzhou	36467	34138	2329	...	28913	28579
厦门市	Xiamen	2712	2525	186	1	2720	2648
莆田市	Putian	5703	3374	2330	...	7234	6676
三明市	Sanming	19011	14932	4079	...	27921	27317
泉州市	Quanzhou	20277	17509	2764	5	42504	41901
漳州市	Zhangzhou	13980	13129	848	3	15307	15142
南平市	Nanping	9741	6607	3130	4	5022	4606
龙岩市	Longyan	14070	9429	4641	...	16816	16261
宁德市	Ningde	11903	9995	1902	6	12758	12468
平潭综合实验区	Pingtan	27	21	6		14	13

18-8 设区市废水排放情况（2017年）

项目	Item	废水排放总量（万吨） Waste Water Discharge (10000 tons)	工业 Industry	城镇生活 Urban Living Consumption	集中式治理设施 Centralized Treatment Facilities	化学需氧量排放量（吨） Discharge Amount of COD (ton)	工业 Industry
全 省	**Total**	**238279.19**	**69860.45**	**168142.94**	**275.81**	**394869**	**23757**
福州市	Fuzhou	43887.87	4390.09	39406.85	90.93	72337	2229
厦门市	Xiamen	48976.70	21465.12	27492.64	18.94	19663	1408
莆田市	Putian	12587.57	2168.54	10404.00	15.03	30929	1356
三明市	Sanming	13955.86	5072.72	8854.68	28.46	30799	3407
泉州市	Quanzhou	44548.82	8869.85	35647.02	31.96	103781	5392
漳州市	Zhangzhou	37537.99	19051.20	18459.77	27.02	55911	4375
南平市	Nanping	12076.50	3149.36	8906.03	21.11	30797	2095
龙岩市	Longyan	11297.26	3218.61	8063.64	15.00	18404	1182
宁德市	Ningde	11824.77	2389.22	9408.20	27.35	28585	2214
平潭综合实验区	Pingtan	1585.84	85.73	1500.11		3665	100

Waste Gas Discharge by City(2017)

(ton)

城镇生活 Urban Living Consumption	机动车 Indicator	集中式治理设施 Centralized Treatment Facilities	烟（粉）尘排放量 Smoke Dust	工业 Industry	城镇生活 Urban Living Consumption	机动车 Indicator	集中式治理设施 Centralized Treatment Facilities
3425	**117955**	**173**	**170167**	**148021**	**11612**	**10508**	**27**
324		10	49650	48554	1096		...
54		17	847	734	109		3
556		2	2663	1239	1423		2
603		1	26859	24594	2265		...
565		38	28237	26692	1541		4
133		32	9289	8788	499		3
389		27	8069	6511	1550		8
554		1	26095	23911	2184		...
245		45	7942	6993	942		7
1			9	6	3		

Waste Water Discharge by City(2017)

农业 Agriculture	城镇生活 Urban Living Consumption	集中式治理设施 Centralized Treatment Facilities	氨氮排放量（吨） Ammounia Nitrogen Discharge (ton)	工业 Industry	农业 Agriculture	城镇生活 Urban Living Consumption	集中式治理设施 Centralized Treatment Facilities
11277	**359219**	**616**	**53814**	**1500**	**486**	**51789**	**38**
8881	61185	42	9456	91	351	9011	3
332	17921	2	5281	94	8	5179	...
26	29524	22	4251	88	5	4157	1
454	26734	204	3600	216	31	3341	12
4	98358	27	13018	317	1	12699	1
159	51249	127	7110	205	8	6895	3
258	28274	171	3834	228	36	3556	15
272	16938	12	3297	109	32	3154	2
891	25470	9	3510	149	15	3344	1
	3565		456	4		452	

主要统计指标解释

水资源总量 一定区域内的水资源总量指当地降水形成的地表和地下产水量，即地表径流量与降水入渗补给量之和，不包括过境水量。

地表水资源量 指河流、湖泊、冰川等地表水体中由当地降水形成的、可以逐年更新的动态水量，即天然河川径流量。

地下水资源量 指当地降水和地表水对饱水岩土层的补给量。

地表水与地下水资源重复量 指地表水和地下水相互转化的部分，即在河川径流量中包括一部分地下水排泄量，地下水补给量中包括一部分来源于地表水的入渗量。

供水总量 指各种水源工程为用户提供的包括输水损失在内的毛供水量。

用水总量 指分配给用户的包括输水损失在内的毛用水量。按用户特性分为农业、工业、生活和生态用水四大类。

农业用水 包括农田灌溉和林牧渔业用水。林牧渔业用水指林果地灌溉、草地灌溉和鱼塘补水。

工业用水 按新水取用量计，不包括企业内部的重复利用水量。

生活用水 包括城镇生活用水和农村生活用水。城镇生活用水由居民用水和公共用水（含服务业、商饮业、货运邮电业及建筑业等用水）组成；农村生活用水除居民生活用水外，还包括畜用水在内。

城镇生活污水排放量 指城镇居民每年排放的生活污水。用人均系数法测算。测算公式为：

城镇生活污水排放量=城镇生活污水排放系数×市镇非农业人口×365

城镇生活污水中化学需氧量（COD）产生量 指城镇居民每年排放的生活污水中的COD的产生量。用人均系数法测算。测算公式为：

城镇生活污水中 COD 产生量=城镇生活污水中 COD 产生系数×市镇非农业人口×365

化学需氧量（COD） 测量有机和无机物质化学所消耗氧的质量浓度的水污染指数。

工业固体废物产生量 指报告期内企业在生产过程中产生的固体状、半固体状和高浓度液体状废弃物的总量，包括危险废物、冶炼废渣、粉煤灰、炉渣、煤矸石、尾矿、放射性废物和其他废物等；不包括矿山开采的剥离废石和掘进废石(煤矸石和呈酸性或碱性的废石除外)。酸性或碱性废石指采掘的废石其流经水、雨淋水的 pH 值小于 4 或 pH 值大于 10.5 者。

危险废物 指列入国家危险废物名录或根据国家规定的危险废物鉴别标准和鉴别方法认定的，具有爆炸性、易燃性、易氧化性、毒性、腐蚀性、易传染疾病等危险特性之一的废物。

工业固体废物综合利用量 指报告期内企业通过回收、加工、循环、交换等方式，从固体废物中提取或者使其转化为可以利用的资源、能源和其他原材料的固体废物量(包括当年利用往年的工业固体废物贮存量)，如用作农业肥料、生产建筑材料、筑路等。综合利用量由原产生固体废物的单位统计。

工业固体废物综合利用率 指工业固体废物综合利用量占工业固体废物产生量(包括综合利用往年贮存量)的百分率。计算公式为：

工业固体废物综合利用率=工业固体废物综合利用量/（工业固体废物产生量+综合利用往年贮存量）×100%

工业固体废物贮存量 指报告期内企业以综合利用或处置为目的，将固体废物暂时贮存或堆存在专设的贮存设施或专设的集中堆存场所内的数量。专设的固体废物贮存场所或贮存设施必须有防扩散、防流失、防渗漏、防止污染大气、水体的措施。

工业固体废物处置量 指报告期内企业将固体废物焚烧或者最终置于符合环境保护规定要求的场所，并不再回取的工业固体废物量(包括当年处置往年的工业固体废物贮存量)。处置方式有填埋(其中危险废物应安全填埋)、焚烧、专业贮存场(库)封场处理、深层灌注、回填矿井及海洋处置(经海洋管理部门同意投海处置)等。

工业固体废物排放量

指报告期内企业将所产生的固体废物排到固

体废物污染防治设施、场所以外的数量，不包括矿山开采的剥离废石和掘进废石(煤矸石和呈酸性或碱性的废石除外)。

生活垃圾清运量 指报告期内收集和运送到垃圾处理厂(场)的生活垃圾数量。生活垃圾指城市日常生活或为城市日常生活提供服务的活动中产生的固体废物以及法律行政规定的视为城市生活垃圾的固体废物。包括：居民生活垃圾、商业垃圾、集市贸易市场垃圾、街道清扫垃圾、公共场所垃圾和机关、学校、厂矿等单位的生活垃圾。

生活垃圾无害化处理率 指报告期生活垃圾无害化处理量与生活垃圾产生量比率。在统计上，由于生活垃圾产生量不易取得，可用清运量代替。计算公式为：

生活垃圾无害化处理率=生活垃圾无害化处理量/生活垃圾产生量×100%

环境污染治理投资 指在工业污染源治理和城市环境基础设施建设的资金投入中，用于形成固定资产的资金。包括工业新老污染源治理工程投资、建设项目“三同时”环保投资，以及城市环境基础设施建设所投入的资金。

Explanatory Notes on Main Statistical Indicators

Total Water Resources refers to total volume of water resources measured as run-off for surface water from rainfall and recharge for groundwater in a given area, excluding transit water.

Surface Water Resources refers to total renewable resources which exist in rivers, lakes, glaciers and other collectors from rainfall and are measured as run-off of rivers.

Groundwater Resources refers to replenishment of aquifers with rainfall and surface water.

Duplicated Measurement Between Surface Water and Groundwater refers to mutual exchange between surface water and groundwater, i.e. run-off of rivers includes some depletion with groundwater while groundwater includes some replenishment with surface water.

Water Supply refers to gross water supply by supply systems from sources to consumers, including losses during distribution.

Water Use refers to gross water use distributed to users, including loss during transportation, broken down with use by agriculture, industry, living consumption and biological protection.

Water Use by Agriculture includes uses of water by irrigation of farming fields and by forestry, animal husbandry and fishing. Water use by forestry, animal husbandry and fishing includes irrigation of forestry and orchards, irrigation of grassland and replenishment of fishing pools.

Water Use by Industry refers to new withdrawals of water, excluding reuse of water within enterprises.

Water Use by Living Consumption includes use of water for living consumption in both urban and rural areas. Urban water use by living consumption is composed of household use and public use (including services, commerce, restaurants, cargo transportation, posts, telecommunication and construction). Rural water use by living consumption includes both households and animals.

Urban Non-industrial Waste Water Discharge refers to annual discharge of non-industrial waste water by urban households. It is estimated by per capita coefficient using the formula:

Urban non-industrial waste water discharge = urban non-industrial waste water discharge coefficient urban non-agricultural population 365

Volume of Chemical Oxygen Demand (COD) Generated by Urban Non-industrial Waster Water refers to chemical oxygen demand generated through the annual discharge of non-industrial waste water by urban households. It is estimated as:

Volume of chemical oxygen demand (cod) generated by urban non-industrial waster water = Coefficient of COD generated through urban non-industrial waste water× urban non-agricultural population ×365

Chemical Oxygen Demand (COD) refers to index of water pollution measuring the mass concentration of oxygen consumed by the chemical breakdown of organic and inorganic matter.

Industrial Solid Wastes Produced refers to total volume of solid, semi-solid and high concentration liquid residues produced by industrial enterprises from production process in a given period of time, including hazardous wastes, slag, coal ash, gangue, tailings, radioactive residues and other wastes, but excluding stones stripped or dug out in mining (gangue and acid or alkaline stones not included). A stone is acid or alkaline depending on the pH value of the water below 4 or above 10.5 when the stone is in, or soaked by, the water.

Hazardous Wastes refers to those included in the national hazardous wastes catalogue or specified as any one of the following properties in the national hazardous wastes identification standards: explosive, ignitable, oxidizable, toxic, corrosive or liable to cause infectious diseases or lead to other dangers.

Industrial Solid Wastes Utilized refers to volume of solid wastes from which useful materials can be extracted or which can be converted into usable resources, energy or other materials by means of reclamation, processing, recycling and exchange (including utilizing in the year the stocks of industrial solid wastes of the previous year). Examples of such utilizations include fertilizers, building materials and road materials. The information shall be collected by the producing units of the wastes.

Ratio of Industrial Solid Wastes Utilized refers to the percentage of industrial solid wastes utilized over industrial solid wastes produced (including stocks of the previous years). It is calculated as:

Ratio of industrial solid wastes utilized = volume of industrial solid wastes utilized / (industrial solid wastes produced + stock of previous years) 100%

Stocks of Industrial Solid Wastes refers to volume of solid wastes placed in special facilities or special sites for purposes of utilization or disposal. The sites or facilities should take measures against dispersion, loss, seepage, and air and water contamination.

Industrial Solid Wastes Disposed refers to quantity of industrial solid wastes which are burnt or placed ultimately in the sites meeting the requirements for environmental protection and not salvaged or recycled (including disposition in the year of those wastes of previous years). The disposition includes landfill (Safe landfills should be conducted for hazardous wastes), incineration, containment spaces, deep underground disposal, backfill in mining pits and disposal at sea.

Industrial Solid Wastes Discharged refers to volume of industrial solid wastes discharged by producing enterprises to disposal facilities or to other sites. The wastes exclude stones stripped or dug from mining (gangue and acid or alkaline waste stones not included).

Consumption Wastes Transported refers to volume of consumption wastes collected and transported to disposal factories or sites. Consumption wastes are solid wastes produced from urban households or from service activities for urban households, and solid wastes regarded by laws and regulations as urban consumption wastes, including those from households, commercial activities, markets, cleaning of streets, public sites, offices, schools, factories, mining units and other sources.

Ratio of Consumption Wastes Treated refers to consumption wastes treated over that produced. In practical statistics, as it is difficult to estimate, the volume of consumption wastes produced is replaced with that transported. It is calculated as:

Ratio of consumption wastes treated = (consumption wastes treated / consumption wastes produced) ×100%

Investment in Environment Pollution Harnessing Projects refers to the proportion of investment in fixed assets in the total investment in harnessing industrial pollution and in the construction of urban environment infrastructure facilities. It includes investment in harnessing sources of industrial pollution, investment in environment protection facilities designed concurrently with construction projects, and investment in urban environment infrastructure facilities.

第十九篇　公共管理及其他社会活动

Chapter 19　Publish Administration and Others

资料整理：廖捷

Database Editor:Liaojie

简 要 说 明

本篇资料的主要内容及来源

本篇主要反映全省社会福利，司法情况、交通事故、火灾事故等情况。主要内容包括社会福利事业的单位机构、社会福利救济、婚姻状况等。

本篇资料来源于省民政厅、省司法厅等。

本篇资料由省统计局社会和科技统计处整理提供。

Brief Introduction

Main Content and Source of Data

This chapter contain information that reflect the condition and natural resources and data on development of environment protection ,Social welfare ,the judicial conditions, basic statistics on traffic accidents and fires etc in Fujian. including natural resources and natural condition, total water resources ,atmospheric environment, solid waste, environment noise , eco- environment protection , natural disasters and investments in the treatment of environmental pollution control ; the number of institutions and personnel, social welfare relief, and marital status etc.

The above mentioned data are provide By the Department of Public Security and the Provincial Meteorological Bureau.

Data in this chapter are provided and compiled by the Division of Social, Science and Technology Statistics of Fujian Provincial Bureau of Statistics.

19-1 婚姻登记情况（2000-2018年）

Statistics of Marriages(2000-2018)

单位：对

年份 Year	结婚登记对数 Total number of Registered Marriages	内地居民登记结婚 Registered Marriages of Mainland	涉外及华侨、港澳台居民登记结婚 Regisered Marriages with Foreigner and the Citizen of Hong Kong,Macao,Taiwan	离婚登记对数 Total Number of Divorces	内地居民登记离婚 Divorces Marriages of Mainland	涉外及华侨、港澳台居民登记离婚 Divorces with Foreigner and the Citizen of Hong Kong,Macao,Taiwan
2000	261314	246171	15143	12035	11982	53
2001	252815	231327	21488	11546	11392	154
2002	256323	236695	19628	15321	15175	146
2003	280770	256112	24658	21541	21058	483
2004	294973	279488	15485	26515	25553	962
2005	272172	258551	13621	25786	23536	2250
2006	328698	314784	13914	35227	33759	1468
2007	350877	342916	7961	32646	30112	2534
2008	364892	356814	8078	33251	31414	1837
2009	360613	351989	8624	41441	40272	1169
2010	378792	371045	7747	43935	42703	1232
2011	382772	372761	10011	48413	47132	1281
2012	381887	371041	10846	56815	55467	1348
2013	395926	386043	9883	65007	63749	1258
2014	375330	368993	6337	70341	69168	1173
2015	349417	344309	5108	72589	71632	957
2016	314648	309569	5079	80169	79323	846
2017	291447	286595	4852	89801	88965	836
2018	273649	268292	5357	91597	90664	933

注：离婚对数不包括法院判决数。
Note:Number of divorce not including court number

19-2 社会救济情况

Statistics of Social Relief

项目	Item	2010	2017	2018
社会救济	**Social Relief**			
城镇居民最低生活保障人数（人）	Number of Family Receiving Minimum Living Allowance in Urban Areas(household)	181530	68249	60851
#女性	Female	59498	29744	27157
#老年人	Old People	35936	16539	14568
#残疾人	Disabled Persons	19764	16624	16757
城市居民最低保障家庭数（户）	Number of Family Receiving Minimum Living Allowance in Urban Areas(household)	84876	42949	38989
城市低保资金全年计划支出（万元）	The Annual Plan Expenditure of Minimum Living Allowance in Urban Areas(10000 yuan)	28851	40578	36884
农村最低生活保障人数（人）	Number of Persons Receiving Minimum Living Allowance in Rural Areas(person)	713217	390801	378088
#女性	Female	194465	160458	15868
#老年人	Old People	174188	115963	108627
#未成年人	Minors	80935	50420	51916
#残疾人	Disabled Persons	85429	69555	68775
农村居民最低生活保障家庭数（户）	Number of Family Receiving Minimum Living Allowance in Rural Areas(household)	305692	210969	206531
农村低保资金全年计划支出（万元）	(10000 yuan)	64367	135771	176064
城市特困人员供养人数（人）	(person)		4340	4482
城市特困人员全年供养支出（万元）	(10000 yuan)		3463	5495
农村特困人员供养人数（人）	(person)		67114	65803
农村特困人员全年供养支出（万元）	(10000 yuan)		58750	82613

19-3 提供住宿的社会服务机构数（2012-2018年）

Number of Social Service agency of Accommodation Provider(2012-2018)

单位：个 (unit)

项目	Item	2012	2013	2014	2015	2016	2017	2018
合计	**Total**	**1362**	**1235**	**494**	**440**	**432**	**440**	**363**
#光荣院	Homes for Disabled Veterans	57	56	50	26	25	24	24
社会福利院	Social Welfare Homes	73	73	69	66	65	65	63
城市养老服务机构	City endowment service agencies	153	171	112	118	117	117	
农村养老服务机构	Rural endowment service agencies	821	767	94	94	88	97	
养老公寓等各类养老机构	Pension Apartment							123
社会福利医院	Social Welfare Hospitals	15	14	14	14	15	14	13
儿童福利机构	Baby Welfare Homes	10	10	12	11	11	11	11
救助类服务机构（救助管理站）	Salvage Service Agencies	62	68	69	42	43	43	42

注：1.2014年起农村养老服务机构中不含未登记的乡镇敬老院。2.2018年起城市养老服务机构和农村养老服务机构不再单独统计，合并至养老公寓等各类养老机构。

Note:1.Since2014,The Rural endowment service agencies excludes village Gerocomium.2.Since 2018,City endowment service agencies and Rural endowment service agencies are merge into Pension Apartment.

19-4 提供住宿的社会服务机构基本情况（2018年）

Basic Statistics on Social Service agency of Accommodation Provider(2018)

项目	Item	床位数（张）Number of Beds (set)	年末在院人数（人）Number of Persons Housed in the year-end (person)	社会（助理）工作师人数（人）Social(Assistant) Staff (person)
总计	**Total**	**54012**	**22737**	**329**
#光荣院	Homes for Disabled Veterans	843	52	843
养老公寓等各类养老机构	Pension Institutions	27995	12145	38
社会福利院	Social Welfare Homes	12792	3953	136
社会福利医院	Social Welfare Hospitals	3514	3176	34
儿童福利机构	Baby Welfare Homes	1301	697	31
救助类服务机构	Salvage Service Agencies	1962	116	71

19-5 主要年份律师 公证 调解工作情况

Basic Statistics on Lawyers, Notarization and Mediation in Select year

项目 Item	2000	2005	2010	2015	2017	2018
律师工作 Lawyers						
律师事务所（个） Number of Law Office(unit)	269	333	454	660	838	918
专职律师（人） Full-time Lawyers(person)	1803	3115	4455	7211	8706	9512
兼职律师（人） Part-time Lawyers(person)	544	230	332	426	445	446
聘请常年法律顾问单位（个） Number of Units with Permanent Legal Advisors(unit)	8384	9889	12876	16310	19487	24020
律师业务情况 Status of Lawyers'Business						
民事诉讼（件） Civil Cases(case)	41213	56352	78765	128245	151651	156693
行政诉讼（件） Administrative Action(case)	2321	2221	2280	4010	7360	7870
非诉讼法律事务（件） Agent of Non-Litigious Legal Affairs(case)	14649	12259	10331	16905	17653	22966
解答法律咨询和代写法律事务文书（件） Agent of Legal Advisory Services (cases)	139391	129436	148256	180682	182046	83353
公证工作 Notarization						
公证处（个） Number of Notary Offices(unit)	95	94	90	90	90	93
公证人员（人） Notarial Personnel(person)	612	644	726	979	1050	1202
#公证员 Notaries	397	373	374	417	434	427
办理公证书（件） Number of Notarized Documents(piece)	400748	418052	422154	491618	591321	554978
国内公证 Domestic Notarization	108344	79364	130143	229152	345757	337075
涉外及港澳台 Notarization of Foreign-related,Hongkong, Macao & Taiwan Affairs	292404	338688	292011	262466	245654	217903
调解工作 Number of Mediation						
人民调解委员会（个） Number of People's Mediation Committees(unit)	17180	18354	18868	19817	20220	20298
调解人员（万人） Number of Mediators(10000 persons)	26.16	19.15	12.40	9.60	9.66	9.71
调解纠纷（万件） Number of Disputes Mediated(10000 cases)	15.87	14.52	15.30	17.26	13.15	12.41
专职司法助理员（人） Number of Full-time Judicial Assistants(person)	1103	1356	1842	2481	2481	2253

注：1.调解纠纷数不含口头达成协议。2.民事诉讼代理已包括经济诉讼代理.

Note:a)Disputes Mediated do mot exclude those mediated by oral agreements. b)The data Number of Lawyers in 2007 is the number of lawyers with license.

19-6 国内公证业务分类情况（2018年）

Domestic Notarial Services by Type(2018)

单位：件 (piece)

项目	Item	办证件数 Number of Certificates Handling
合计	**Total**	**554978**
合同（协议）	Contract(Agreement)	6404
继承	Inheritance	31443
委托	Delegation	107006
声明	Statement	34026
赠与	Bestowal	1108
遗嘱	Testament	7883
现场监督	Supervision	2260
婚姻状况、亲属关系、收养关系	Marriage,Relatives,Adoption	41162
出生、生存、死亡	Birth,Survival,Death	43572
身份、经历、学历、学位、职务、职称	Identity,Experience,Degree,Job	4971
有无违法犯罪记录	Criminal Record	34528
公司章程	Article of association	34
保全证据	Evidence preservation	21848
证书（执照）	Certificate(license)	28807
签名（印章）	Certificate	20787
文本相符	Text consistent	71676
赋予执行效力	Effectiveness	9677
执行证书	Perform certificate	163
抵押登记	Mortgage registration	11
提存	Escrow	72
保管	Safekeeping	22
其他	Others	87518
保管司法辅助事务	Judicial Ancillary Services	64525
#参与调解	Conciliation	1247
参与取证	Evidence	10382
参与送达	Service	41146
参与保全	Preservation	1934
参与执行	Execution	9816

19-7 全省安全生产情况（2018年）

Basic Statistics of Safety Production(2018)

项目 Item	安全生产事故起数（起） Number of Safety Production Accidents				安全生产事故死亡人数（人） Death of Safety Production Accidents(person)			
	合计 Total	一般事故 General accident	较大事故 Larger accident	重大事故 Major accident	合计 Total	一般事故 General accident	较大事故 Larger accident	重大事故 Major accident
总计 Total	**1726**	**1714**	**12**		**939**	**893**	**46**	
按行业类型分 Grouped by Sector								
农林牧渔业 Farming, Forestry, Animal Husbandy and Fishery	12	12			14	14		
#农业机械 Agriculture Machinery								
渔业船舶 Fishery	6	6			7	7		
采矿业 Mining and Quarrying	11	9	2		20	11	9	
#煤矿 Coal Mine	3	2	1		8	2	6	
金属非金属矿山 Metal and Nonmetal Mine	8	7	1		12	9	3	
商贸制造业 Manufacturing	108	108			99	99		
#化工 Chemical Industry	3	3			2	2		
冶金机械 Metallurgical Machinery								
建筑业 Construction	59	59			56	56		
#房建市政 Housing Construction	90	88	2		98	89	9	
交通建设 Traffic Construction	36	36			35	35		
交通运输和仓储业 Transport and Storage Services	17	16	1		21	17	4	
#铁路 Railway	1466	1459	7		667	642	25	
道路 Road	36	36			30	30		
水上 Waterway	1417	1413	4		614	602	12	
其他行业 Others	7	4	3		18	5	13	

主要统计指标解释

社会福利事业单位 指集中收养社会孤老、残、幼的机构，包括由民政部门管理的社会福利院、儿童福利院、精神病人福利院和城镇集体举办的福利院及农村集体举办的敬老院以及优抚医院和具有收养能力的社区服务中心等。该指标主要反映我国在社会福利性单位投入的水平。

社会福利事业单位收养人数 包括民政部门管理和城镇、农村集体举办的社会福利事业单位中收养的老人、少年儿童、缺乏生活自理能力的残疾人员和精神病人。该指标主要反映收养性社会福利单位的收养能力。

社会福利企业单位 指以安置城镇有一定劳动能力的盲、聋、哑和肢体残疾人员就业为目的，享受国家减免税待遇的国有或集体企业。包括福利工厂、福利商业和服务业、假肢厂和安置农场等单位。该指标主要反映我国对残疾人照顾的特殊政策。

农村五保户 指农村中既无劳动能力，又无经济来源的老、弱、孤、残的农民，其生活由集体供养，实行保吃、保穿、保住、保医、保葬(孤儿保教)，简称“五保”，享受五保待遇的家庭叫五保户。该指标主要反映农村弱势群体的人员数量。

律师 指依法取得律师执业证书，担任法律顾问，民事(刑事、行政)案件代理人、刑事案件辩护人、办理非诉讼业务，解答法律询问，代写法律事务文书等，为社会提供法律服务的人员。

公证人员 指在公证处工作的人员总称，包括公证处主任、副主任、公证员、公证员助理(助理公证员)和其他从事辅助性工作的人员。

公证文书 指公证处根据当事人申请，依照事实和法律，按照法定程序制作的，具有法律效力的司法证明文书。根据公证书用途和使用地，公证书分为国内公证书、国内经济公证书、涉外民事公证书、涉外经济公证书四类。

Explanatory Notes on Main Statistical Indicators

Social Welfare Institutions refer to institutions taking care of old pople without children, handicapped people and orphans. They include social welfare institutions run by civil affairs departments, children welfare institutions, social welfare institutions for mental patients, collective-owned old peoples homes in rural areas, convalescent homes and community service centers with the capaCity of receiving those people. This indicator reflects the input in social welfare institutions.

Number of People Taken in by Social Welfare Institutions refers to the number of old people, children, totally dependent handicapped people and mental patients taken in by social welfare institutions run by civil affairs departments and those run by collective units in urban and rural areas. This indicator reflects the cap a City of social welfare institutions.

Social Welfare Enterprises are collective owned enterprises which employ the blind, deaf-mute, and other handicapped people who are able to work in cities and towns and enjoy exemption from state taxes, including welfare plants, welfare commercial services, artificial limb plants and farms, etc. This indicator reflects the preferential policies toward disabled persons.

Rural Households with Livelihood Guaranteed in Five Aspects refer to the households in which there are old people without child, orphans and handicapped people who are unable to work and without financial resources in rural areas. They are taken care of by the collective units and their food, clothing, housing, medical care, funeral expenses (or schooling for orphans) are guaranteed to be provided for. This indicator reflects the total number of disadvantageous groups of rural population.

Lawyers are certified legal workers according to law, and who are employed by legal counseling firms to act as legal advisers, agents in criminal or civil lawsuits, or defenders in criminal lawsuits, or to handle non-litigious legal affairs, to advise on matters of law or t o write legal papers for others, and provide service to the public.

Notary Personnel refers to people working for notary offices including: directors, deputy direct or, notaries, assistant notaries, and other people providing assistance.

Notary Documents refer to the judicatory notary documents drawn up by the request of the party and are in accordance with facts and laws and following certain legal proceedings. According to usage and locality, the notary documents are divided into following 4 types: domestic notary documents, domestic economic notary documents, foreign-related civil notary documents and foreign-related economic notary documents.

第二十篇　企业调查

Chapter 20　Enterprise Survey

资料整理：林武兴 洪永华 许红琳

Database Editor: Linwuxing Hongyonghua Xuhonglin

简 要 说 明

本篇资料的主要内容及来源

本篇资料主要包括工业、建筑业和贸易企业的主要企业名录。

销售额前 300 家工业企业由省统计局工业交通统计处整理提供，建筑业总产值前300家建筑企业由省统计局固定资产投资统计处提供，主营业务收入前 300 家贸易企业由省统计局贸易外经统计处提供。

Brief Introduction

Main Content and Source of Data

The data in this chapter mainly include main enterprises group in Industrial Enterprises, Construction Enterprises and Sale Enterprises.

Data on Industrial Enterprises before the three hunderdth by Main Operating Income are provided by the Division of Industry and Transport Statistics of Fujian Provincial Bureau of Statistics. Data on Construction Enterprises before the three hunderdth by Output Value Completed by self , are provided by the Division of Investment in Fixed Assets Statistics of Fujian Provincial Bureau of Statistics. Data on Sale Enterprises before the three hunderdth by Main Operating Income are provided by the Division of Trade and Extermal Economic Relations Statistics of Fujian Provincial Bureau of Statistics.

20-1 营业收入前300家工业企业(2018年)

Industrial Enterprises before the three hunderdth by Main Operating Income(2018)

位次 No.	企业名称 Name	位次 No.	企业名称 Name
1	福建省电力有限公司	51	福建中锦新材料有限公司
2	福建联合石油化工有限公司	52	中宇建材集团有限公司
3	中化泉州石化有限公司	53	厦门太古飞机工程有限公司
4	戴尔（中国）有限公司	54	福建星网锐捷通讯股份有限公司
5	福建青拓镍业有限公司	55	厦门厦钨新能源材料有限公司
6	紫金矿业集团黄金冶炼有限公司	56	柯林(福建)服饰有限公司
7	联想移动通信科技有限公司	57	福建龙净环保股份有限公司
8	福建鼎信科技有限公司	58	福建百宏聚纤科技实业有限公司
9	宁德时代新能源科技股份有限公司	59	捷星显示科技（福建）有限公司
10	福建省三钢（集团）有限责任公司	60	安踏体育用品集团有限公司
11	宁德新能源科技有限公司	61	厦门金龙联合汽车工业有限公司
12	宸美（厦门）光电有限公司	62	飞毛腿（福建）电子有限公司
13	紫金铜业有限公司	63	福建元成豆业有限公司
14	福建捷联电子有限公司	64	福建申远新材料有限公司
15	宸鸿科技（厦门）有限公司	65	东南（福建）汽车工业有限公司
16	正兴车轮集团有限公司	66	福建亿鑫钢铁有限公司
17	特步（中国）有限公司	67	华阳电业有限公司
18	友达光电（厦门）有限公司	68	石狮市佳龙石化纺纤有限公司
19	福建省金纶高纤股份有限公司	69	厦门金龙旅行车有限公司
20	厦门天马微电子有限公司	70	福建明辉电力系统有限公司
21	戴尔（厦门）有限公司	71	福建省辉源金属制品有限公司
22	连江清禄鞋业有限公司	72	福建青拓实业股份有限公司
23	冠捷显示科技（厦门）有限公司	73	南靖万利达科技有限公司
24	福建三宝特钢有限公司	74	福建省长乐市山力化纤有限公司
25	长乐恒申合纤科技有限公司	75	福建省石狮市通达电子有限公司
26	龙岩烟草工业有限责任公司	76	国网福建晋江市供电有限公司
27	福建罗源闽光钢铁有限责任公司	77	中国重汽集团福建海西汽车有限公司
28	福建鼎信实业有限公司	78	福建圣农发展股份有限公司
29	福建三宝钢铁有限公司	79	福建省长乐市长源纺织有限公司
30	泉州明恒纺织有限公司	80	中铝瑞闽股份有限公司
31	厦门烟草工业有限责任公司	81	福建省闽发铝业股份有限公司
32	翔鹭石化（漳州）有限公司	82	百威英博雪津啤酒有限公司
33	福建泉州闽光钢铁有限责任公司	83	福建省晋江福源食品有限公司
34	福州京东方光电科技有限公司	84	泉州福海粮油工业有限公司
35	福建奔驰汽车有限公司	85	捷太格特转向系统（厦门）有限公司
36	福建宏旺实业有限公司	86	福建省长乐市锦源纺织有限公司
37	祥兴(福建)箱包集团有限公司	87	福建省金燕海洋生物科技股份有限公司
38	宝钢德盛不锈钢有限公司	88	福建省长乐市金源纺织有限公司
39	福建宁德核电有限公司	89	莆田市永丰鞋业有限公司
40	福建福欣特殊钢有限公司	90	福建省长乐市第二棉纺织厂
41	中海福建天然气有限责任公司	91	福耀玻璃工业集团股份有限公司
42	福建省长汀金龙稀土有限公司	92	路达（厦门）工业有限公司
43	福建甬金金属科技有限公司	93	厦门市三安半导体科技有限公司
44	福建福清核电有限公司	94	华映光电股份有限公司
45	联盛纸业(龙海)有限公司	95	福建中景石化有限公司
46	福建锦江科技有限公司	96	金莱克（中国）体育用品有限公司
47	纬恒(福建)轻纺有限公司	97	福建华峰新材料有限公司
48	厦门银鹭食品集团有限公司	98	九牧厨卫股份有限公司
49	福建吴航不锈钢制品有限公司	99	福建泉州宝辉珠宝首饰有限公司
50	长乐力恒锦纶科技有限公司	100	福建美明达鞋业发展有限公司

20-1 续表1

Continued

位次 No.	企业名称 Name	位次 No.	企业名称 Name
101	明达实业(厦门)有限公司	151	厦门钨业股份有限公司
102	福建天辰耀隆新材料有限公司	152	福州龙福食品有限公司
103	福建恒利集团有限公司	153	莆田市力天红木艺雕有限公司
104	福建省中江石化有限公司	154	福建龙峰纺织科技实业有限公司
105	漳州立达信光电子科技有限公司	155	福建上润精密仪器有限公司
106	福州开发区钜联鞋业有限公司	156	漳州华荣纸业有限公司
107	福建正麒高纤科技股份有限公司	157	福建省长乐市新华源纺织有限公司
108	福建省东鑫石油化工有限公司	158	申鹭达股份有限公司
109	福建省联盛纸业有限责任公司	159	福建永春县图图服饰有限公司
110	福建省长乐市泰源纺织实业有限公司	160	福建圣农发展（浦城）有限公司
111	林德（中国）叉车有限公司	161	福建佳通轮胎有限公司
112	福建华电可门发电有限公司	162	福建上杭太阳铜业有限公司
113	厦门太古发动机服务有限公司	163	稻兴电子科技（厦门）有限公司
114	厦门三安光电有限公司	164	福建罗源小蕉轧钢有限公司
115	福建铂阳精工设备有限公司	165	福建省晋江市陈埭安盛鞋服有限公司
116	紫金矿业集团股份有限公司	166	福建经纬新纤科技实业有限公司
117	华能国际电力股份有限公司福州电厂	167	福建省永安万年水泥有限公司
118	珠穆朗玛（中国）有限公司	168	龙工(福建)机械有限公司
119	福建傲农生物科技集团股份有限公司	169	福建省鸿山热电有限责任公司
120	福建南平太阳电缆股份有限公司	170	福建冠盖金属包装有限公司
121	福建公元食品有限公司	171	福建省源威涤锦科技有限公司
122	福建凯邦锦纶科技有限公司	172	福建龙麟集团有限公司
123	三明厦钨新能源材料有限公司	173	福建新大陆电脑股份有限公司
124	莆田市鑫龙鞋业有限公司	174	漳州旗滨玻璃有限公司
125	国投云顶湄洲湾电力有限公司	175	福州吴航钢铁制品有限公司
126	泉州市燃气有限公司	176	厦门正新海燕轮胎有限公司
127	福建圣农食品有限公司	177	福州翔隆纺织有限公司
128	漳州大北农农牧科技有限公司	178	福建翔升纺织有限公司
129	厦门正新橡胶工业有限公司	179	泉州市泉港富兴钢板有限公司
130	福建大唐国际宁德发电有限责任公司	180	福建华锦实业有限公司
131	福建省南平铝业股份有限公司	181	蜡笔小新(福建)食品工业有限公司
132	匹克(中国)有限公司	182	开发晶照明（厦门）有限公司
133	福建欧美龙体育用品有限公司	183	福建凯航再生资源有限责任公司
134	福建德通金属容器股份有限公司	184	厦门ABB低压电器设备有限公司
135	欧浦登（顺昌）光学有限公司	185	福建省东南电化股份有限公司
136	金保利（泉州）科技实业有限公司	186	闽太消防科技股份有限公司
137	福建省石狮市通达电器有限公司	187	厦门翔鹭化纤股份有限公司
138	漳州蒙发利实业有限公司	188	福建省长乐市华亚纺织有限公司
139	福州大通机电有限公司	189	福建泉州群发包装纸品有限公司
140	福建省国联混凝土有限责任公司	190	晋江市慷慨橡塑制品有限公司
141	神华福能发电有限责任公司	191	厦门ABB开关有限公司
142	达利食品集团有限公司	192	厦门厦工机械股份有限公司
143	国电泉州热电有限公司	193	腾龙特种树脂(厦门)有限公司
144	福建省南安市鑫源鞋业有限公司	194	三六一度（中国）有限公司
145	福建省晋江市浩沙制衣有限公司	195	福建省长乐市正隆纺织有限公司
146	达运精密工业（厦门）有限公司	196	福建南平南孚电池有限公司
147	福建景丰科技有限公司	197	厦门盈趣科技股份有限公司
148	厦门金鹭特种合金有限公司	198	福建力道鞋服有限公司
149	赛得利（福建）纤维有限公司	199	福建雯峰珠宝有限公司
150	厦门厦顺铝箔有限公司	200	厦门松下电子信息有限公司

20-1 续表2
Continued

位次 No.	企业名称 Name	位次 No.	企业名称 Name
201	奥佳华智能健康科技集团股份有限公司	251	华昌珠宝有限公司
202	福建亚伦电子电器科技有限公司	252	辉煌水暖集团有限公司
203	中平神马（福建）科技发展有限公司	253	福建固美金属有限公司
204	福建晋江天然气发电有限公司	254	福建森源家具有限公司
205	福建省长乐市华源纺织有限公司	255	福建飞越鞋服有限公司
206	福建福马食品集团有限公司	256	厦门TDK有限公司
207	金强（福建）建材科技股份有限公司	257	中港（福建）水产食品有限公司
208	仙游县元生智汇科技有限公司	258	厦门宝钢精密钢材科技有限公司
209	福建晶安光电有限公司	259	晋江市锦福化纤聚合有限公司
210	中海福建燃气发电有限公司	260	福建唐源合纤科技有限公司
211	福建省万达汽车玻璃工业有限公司	261	厦门长塑实业有限公司
212	际诺思（厦门）轻工制品有限公司	262	厦门强力巨彩光电科技有限公司
213	福建莱克石化有限公司	263	福建三宏环保科技有限公司
214	福建省莆田荔兴轻工实业有限责任公司	264	厦门银祥油脂有限公司
215	万利（中国）有限公司	265	福建紫金铜业有限公司
216	泉州星竹鞋材有限公司	266	泉州华星燃气有限公司
217	福建龙马环卫装备股份有限公司	267	金冠(中国）食品有限公司
218	福建大东海实业集团有限公司	268	宝宸(厦门)光学科技有限公司
219	福建荣盛钢结构实业有限公司	269	福建冠睿电子科技有限公司
220	利郎(中国)有限公司	270	福建思嘉环保材料科技有限公司
221	福建乐隆隆食品科技有限公司	271	漳州天福茶业有限公司
222	福建莆田南华电路板有限公司	272	福建浔兴拉链科技股份有限公司
223	玖龙纸业（泉州）有限公司	273	中纺粮油（福建）有限公司
224	鸿一粮油资源股份有限公司	274	福建新福达汽车有限公司
225	安踏（中国）有限公司	275	国电福州发电有限公司
226	盈丰食品股份有限公司	276	锦兴（福建）化纤纺织实业有限公司
227	厦门中禾实业有限公司	277	福建东海漆业有限公司
228	泉州闽华电器有限公司	278	福建东山县顺发水产有限公司
229	祥达光学（厦门）有限公司	279	三六一度(福建)体育用品有限公司
230	福建新世纪电子材料有限公司	280	福建省闽华电源股份有限公司
231	泉州来亚丝卫生用品有限公司	281	福建省长乐市金林生织造有限公司
232	锐珂(厦门)医疗器材有限公司	282	福建省鑫东华实业有限公司
233	石狮市斯舒郎体育用品有限公司	283	福建日丰布业有限公司
234	福建源盛纺织服装城有限公司	284	晋江太古飞机复合材料有限公司
235	石狮市大帝集团有限公司	285	福州恒展电子有限公司
236	福建省永安林业（集团）股份有限公司	286	福建德胜能源有限公司
237	福建时代包装材料有限公司	287	福州兴广恒玻璃有限公司
238	福建省谋成水泥发展有限公司	288	晋江市七彩狐服装织造有限公司
239	福建宝华鞋业有限公司	289	福建万鸿纺织有限公司
240	福建三钢小蕉实业发展有限公司	290	福建鸿圣箱包有限公司
241	福建省海安橡胶有限公司	291	晋江市特步体育用品有限公司
242	福建省闽中有机食品有限公司	292	百路达（厦门）工业有限公司
243	厦门华特集团有限公司	293	泉州华尔宝树脂有限公司
244	漳平红狮水泥有限公司	294	厦门阳光恩耐照明有限公司
245	福建省长乐市金磊纺织有限公司	295	泉州东风鞋帽有限公司
246	福建战地吉普户外服饰有限公司	296	惠安县宏源化纤织造有限公司
247	福建经纬集团有限公司	297	福建省信达光电科技有限公司
248	福建恒利纸业有限公司	298	福建省德化县佳美工艺品有限责任公司
249	福建万华实业有限公司	299	荣兴（福建）特种钢业有限公司
250	福建联迪商用设备有限公司	300	福建省长乐市金沙港针纺实业有限公司

20-2 建筑业总产值前300家企业(2018年)

Construction Enterprises before the three hunderdth by Output Value Completed by self(2018)

位次 No.	企业名称 Name	位次 No.	企业名称 Name
1	中建海峡建设发展有限公司	51	福建远舟港湾建设工程有限公司
2	福建六建集团有限公司	52	中铁十七局集团第六工程有限公司
3	福建省泷澄建设集团有限公司	53	中建三局（厦门）建设有限公司
4	中交建宏峰集团有限公司	54	福建省八方建筑工程有限公司
5	福建省闽南建筑工程有限公司	55	厦门源昌城建集团有限公司
6	中建鑫宏鼎环境集团有限公司	56	新纪建工集团有限公司
7	福建九鼎建设集团有限公司	57	福建成森建设集团有限公司
8	福建省永富建设集团有限公司	58	福建荣建集团有限公司
9	福建建工集团有限责任公司	59	恒晟集团有限公司
10	中建海峡（厦门）建设发展有限公司	60	福建省恒基建设股份有限公司
11	中交一公局厦门工程有限公司	61	鑫泰建设集团有限公司
12	中建四局第四建筑工程有限公司	62	宏禹建设有限公司
13	中城建设有限责任公司	63	福建省日誉建设集团有限公司
14	福建省永泰建筑工程公司	64	福建省兴创建设集团有限公司
15	福建省华荣建设集团有限公司	65	福建省杭辉建设工程有限公司
16	福建闽清一建建设发展有限公司	66	厦门安能建设有限公司
17	福建省九龙建设集团有限公司	67	福建省百盛建设发展有限公司
18	福建省第五建筑工程公司	68	方圆建设集团有限公司
19	福建省惠东建筑工程有限公司	69	中建富林集团有限公司
20	中铁一局集团厦门建设工程有限公司	70	中标建设集团股份有限公司
21	名筑建工集团有限公司	71	福建森正建设有限公司
22	中核工建设集团第四工程局有限公司	72	中铁二十四局集团福建铁路建设有限公司
23	福建璟榕工程建设发展有限公司	73	中国水利水电第十六工程局有限公司
24	福建省二建建设集团有限公司	74	福建省融旗建设工程有限公司
25	福建宏盛建设集团有限公司	75	福建惠丰建筑工程有限公司
26	福建省东霖建设工程有限公司	76	中铁海峡建设集团有限公司
27	泉发建设股份有限公司	77	福建省涵城建设工程有限公司
28	中建凯源集团有限公司	78	福建才溪建设集团有限公司
29	福建一建集团有限公司	79	福建登凯成龙建设集团有限公司
30	福建磊鑫（集团）有限公司	80	福建省透堡建筑工程有限公司
31	福建发展集团有限公司	81	福建省隆盛建设工程有限公司
32	福建金鼎建筑发展有限公司	82	福州市一建建设股份有限公司
33	福建路港（集团）有限公司	83	福建路桥建设有限公司
34	海峡宏基建工集团有限公司	84	福建博业建设集团有限公司
35	福建省兴岩建设集团有限公司	85	福州建工(集团)总公司
36	福建巨岸建设工程有限公司	86	福州市第三建筑工程公司
37	中建协和建设有限公司	87	中晟海峡建设有限公司
38	厦门中联永亨建设集团有限公司	88	福建恒盛建筑集团有限公司
39	中交三航（厦门）工程有限公司	89	福建省荔隆建设工程有限公司
40	福建来宝建设集团有限公司	90	中建八达建设有限公司
41	福建省惠五建设工程有限公司	91	福建省工业设备安装有限公司
42	中铁二十二局集团第三工程有限公司	92	福建省隧道工程有限公司
43	中建诺成有限公司	93	福建省雄盛建筑工程有限公司
44	厦门特房建设工程集团有限公司	94	福建省五洲建设集团有限公司
45	福建卓越建设工程开发有限公司	95	中建力天集团有限公司
46	福建省安泰建筑工程有限公司	96	福建永东南建设集团有限公司
47	福建省中马建设工程有限公司	97	福建省晓沃建设工程有限公司
48	福建联泰建设工程有限公司	98	福建省海天建设工程有限公司
49	福建新华夏建工有限公司	99	中建（福建）建设有限公司
50	福建省同源建设工程有限公司	100	福建省泉州市东海建筑有限公司

20-2 续表1

Continued

位次 No.	企业名称 Name	位次 No.	企业名称 Name
101	福建七建集团有限公司	151	福建巨铸建筑工程有限公司
102	飞阳建设工程有限公司	152	福建华通路桥建设有限公司
103	大成工程建设集团有限公司	153	福建冶地恒元建设有限公司
104	厦门海投工程建设有限公司	154	福建联谊建筑工程有限公司
105	福建三建工程有限公司	155	福建筑兆建设有限公司
106	福建省长鸿建筑工程有限公司	156	福建联美建设集团有限公司
107	福建省榕源建设工程有限公司	157	中城投集团第八工程局有限公司
108	福建省高华建设工程有限公司	158	中汇建筑集团有限公司
109	海环科技集团股份有限公司	159	恒富建设集团有限公司
110	福建省亿方建设工程有限公司	160	福建兴港建工有限公司
111	福建省中嘉建设工程有限公司	161	福建铭泰集团有限公司
112	福建省利恒建设工程有限公司	162	福建兴万祥建设集团有限公司
113	福建省水利水电工程局有限公司	163	福建易顺建筑工程有限公司
114	福建蓝海市政园林建筑有限公司	164	福建省隆恩建设集团有限公司
115	福建华建工程建设有限公司	165	福建省埕坤建设集团有限公司
116	中铁（厦门）投资有限公司	166	福建华轩建设有限公司
117	福建华航建设集团有限公司	167	福建恒声建设集团有限公司
118	广田建设工程有限公司	168	福建省桃城建设工程有限公司
119	中建大闽台建设发展有限公司	169	泉州市亿民建设发展有限公司
120	福建省民益建设工程有限公司	170	福州弘顺兴盛建筑劳务有限公司
121	中大（福建）工程建设集团有限公司	171	福建京源建设工程有限公司
122	福建省盛威建设发展有限公司	172	福建省交建集团工程有限公司
123	永太建设集团有限公司	173	恒亿集团有限公司
124	中交四航局第五工程有限公司	174	厦门电力工程集团有限公司
125	中建远南集团有限公司	175	福州亿力电力工程有限公司
126	福建省明丰建设集团有限公司	176	厦门市诚红建筑劳务有限公司
127	福建普尔泰集团有限公司	177	莆田中建建设发展有限公司
128	福建祥荣建设投资集团有限公司	178	福建上杭广厦建设有限公司
129	福建大华鑫建设工程有限公司	179	福建泉州市二建工程有限公司
130	中东建设集团有限公司	180	厦门市吉兴集团建设有限公司
131	福建省惠三建设发展有限公司	181	福建省闽鑫建设工程有限公司
132	中交鹭建有限公司	182	福建省世新工程营造有限公司
133	中建华鸿建设发展有限公司	183	厦门市仁得建筑劳务有限公司
134	福建省国泰建设有限公司	184	福建省闽西交通工程有限公司
135	福建第一公路工程集团有限公司	185	福建煜生集团有限公司
136	福建省南安市第一建设有限公司	186	龙岩市西安建筑工程有限公司
137	亿晟建设有限公司	187	仙游县建工投资集团有限公司
138	中铁(福州)投资有限公司	188	中庚汇建设发展有限公司
139	福建弘祥建设工程有限公司	189	福建省中木建设集团有限公司
140	福州市城投建筑有限公司	190	福建晟亿集团有限公司
141	福能联信建设集团有限公司	191	福建省金通建设集团有限公司
142	福建省吴航建筑工程有限公司	192	福建省明通建设集团有限公司
143	福建省国筑建设工程有限公司	193	漳州市建筑工程有限公司
144	厦门树鑫建设集团有限公司	194	福建永旺建设集团有限公司
145	中建旷博（福建）有限公司	195	福建中凯建设工程有限公司
146	向阳建设实业有限公司	196	福建泉润建设工程有限公司
147	福建省禹澄建设工程有限公司	197	厦门市政工程有限公司
148	中建闽泰建设开发有限公司	198	凯辉集团（福建）有限公司
149	泉州东林建工有限公司	199	聚煌集团有限公司
150	神州建设集团有限公司	200	福建省恒鼎建筑工程有限公司

20-2 续表2

Continued

位次 No.	企业名称 Name	位次 No.	企业名称 Name
201	厦门市建安集团有限公司	251	中耀建设（福建）有限公司
202	福建省巨龙建设工程有限公司	252	福建省土木建设实业有限公司
203	福建中浩市政园林有限公司	253	海峡金岸集团有限公司
204	福建省送变电工程有限公司	254	福建地矿建设集团公司
205	中星联丰建设集团有限公司	255	福建省龙祥建设集团有限公司
206	福建省永泰县第三建筑工程有限公司	256	福建博成建筑工程有限公司
207	福建省惠一建设工程有限公司	257	福建漳龙建投集团有限公司
208	福建省闽盛建设工程有限公司	258	福建省上杭县宏庄建筑工程有限公司
209	中磐建设集团有限公司	259	亿创电力建设集团有限公司
210	福建省港口工程有限公司	260	福建汇达建筑工程有限公司
211	福建省中禹水利水电工程有限公司	261	福建省泉州市第一建设有限公司
212	宏晖建设工程有限公司	262	福建省浦口建筑工程有限公司
213	福建旭建市政园林工程有限公司	263	福州永隆盛建筑劳务有限公司
214	福建创邦建筑工程有限公司	264	厦门华宇众城建设工程有限公司
215	锦禾建设集团有限公司	265	福建拓海建设工程有限公司
216	福建福阳建筑工程有限公司	266	福州第七建筑工程有限公司
217	福建省宏旺建设有限公司	267	福建省实盛建设工程有限公司
218	福建省闽楚建设工程有限公司	268	泉州市广厦建筑劳务有限公司
219	闽晟集团城建发展有限公司	269	厦门市大方舟建设有限公司
220	厦门思总建设有限公司	270	福建省福新建设工程有限公司
221	福建省龙津建筑工程有限公司	271	福建省百川建设发展有限公司
222	福建省兴盛建设工程有限公司	272	福建兴磊建设有限公司
223	福建省榕圣市政工程股份有限公司	273	福建省冠辉建设工程有限公司
224	海峡福环建工集团有限公司	274	福建金川建筑工程有限公司
225	福建省莆田市联发建筑工程有限公司	275	龙岩市恒达工程有限公司
226	福建省邮电工程有限公司	276	厦门鲁班源房屋营造有限公司
227	福建省拓安建设工程有限公司	277	福建胜奇工程建设有限公司
228	福建屹立建设工程有限公司	278	福建省日晟建设工程有限公司
229	福建省顺天亿建设有限公司	279	厦门鹭恒达建筑工程有限公司
230	福建新纪建设集团有限公司	280	福建省华昊市政工程有限公司
231	福建省顺安建筑工程有限公司	281	福建省华旭园林工程有限公司
232	福建众诚建设工程有限公司	282	福建省海坛建设工程有限公司
233	福建省金福建筑工程有限公司	283	福建省骏业市政工程有限公司
234	厦门集三建设集团有限公司	284	福建省崇禹水利水电建设工程有限公司
235	福建省昊立建设工程有限公司	285	福建省东昇建设工程有限公司
236	福建章诚隆建设工程有限公司	286	福州闽铄水利水电工程有限公司
237	福建径坊建造工程有限公司	287	福建中联建设工程有限公司
238	福建省麒麟建设工程集团有限公司	288	福建建隆建设工程有限公司
239	福建兴宏宇建设有限公司	289	福建省高德工程建设有限公司
240	福建省新华都工程有限责任公司	290	福建省溪石建筑工程有限公司
241	福建省泰宏建设工程有限公司	291	展文建设有限公司
242	福建省城弘建设集团有限公司	292	福建省燕城建设工程有限公司
243	砖文建设集团有限公司	293	福建永宏建设工程有限公司
244	福建承昌建设工程有限公司	294	厦门茂华建工有限公司
245	中港城建（福建）建设发展有限公司	295	福建勤马建设工程有限公司
246	紫金矿业建设有限公司	296	福建省华舜水利水电工程有限公司
247	福建国辉建设工程有限公司	297	福州闽龙铁路工程有限公司
248	华辉建工集团有限公司	298	厦门市鑫佑昌建筑劳务有限公司
249	福建大舟建设集团有限公司	299	福建省樟榕建设工程有限公司
250	厦门市捷安建设集团有限公司	300	福建中冶永行建设工程有限公司

20-3 主营业务收入前300家贸易企业(2018年)

Sale Enterprises before the three hunderdth by Main Operating Income(2017)

位次 No.	企业名称 Name	位次 No.	企业名称 Name
1	厦门建发股份有限公司	51	厦门市信达安贸易有限公司
2	厦门国贸集团股份有限公司	52	福建三钢国贸有限公司
3	福建省福化工贸股份有限公司	53	厦门信和达供应链有限公司
4	厦门象屿物流集团有限责任公司	54	龙工（中国）机械销售有限公司
5	厦门信达股份有限公司	55	福建创世化工有限公司
6	中石化森美（福建）石油有限公司	56	厦门海峡供应链发展有限公司
7	福建兴大进出口贸易有限公司	57	福建闽侯永辉商业有限公司
8	福建中烟工业有限责任公司	58	福建省榕江进出口有限公司
9	中化石油成品油销售有限公司	59	厦门合兴包装印刷股份有限公司
10	福建三安集团有限公司	60	福建裕华石油化工有限公司
11	福建炼油化工有限公司	61	中化石油福建有限公司
12	福建闽海石化有限公司	62	厦门启润实业有限公司
13	福建阳光集团有限公司	63	福州民天实业有限公司
14	中国石油天然气股份有限公司福建销售分公司	64	福建山福国际能源有限责任公司
15	成大物产（厦门）有限公司	65	泉州展志钢材有限公司
16	厦门象屿铝晟有限公司	66	福建传祺海油石化有限公司
17	厦门象屿化工有限公司	67	中国工艺福建实业有限公司
18	永辉超市股份有限公司	68	福建力聚物流有限公司
19	厦门京东东和贸易有限公司	69	福建省烟草公司三明市公司
20	均和（厦门）控股有限公司	70	斐乐服饰有限公司
21	福建省福能电力燃料有限公司	71	厦门嘉晟供应链股份有限公司
22	中石化化工销售（福建）有限公司	72	晋江市大长江钢管实业有限公司
23	福化工贸（漳州）有限公司	73	福州喜盈门实业有限公司
24	中国石化销售有限公司福建石油分公司	74	福建省超盛化工工贸有限公司
25	福建省烟草公司泉州市公司	75	厦门安踏有限公司
26	中拓（福建）实业有限公司	76	厦门特步投资有限公司
27	福建百纳实业有限公司	77	厦门象屿同道供应链有限公司
28	福建信通贸易有限公司	78	厦门路桥国际贸易有限公司
29	福建湛华智能科技有限公司	79	厦门乔丹发展有限公司
30	福清中金有色金属材料有限公司	80	晋江市恒丰进出口贸易有限公司
31	福建省烟草公司福州市公司	81	均达升（厦门）控股有限公司
32	漳州路桥物资发展有限公司	82	福建省烟草公司龙岩市公司
33	福建达利发展有限公司	83	斐乐体育有限公司
34	厦门信和达电子有限公司	84	国投京闽（福建）工贸有限公司
35	福安市青拓商贸有限公司	85	福清江阴港银河国际汽车进出口贸易有限公司
36	厦门港务贸易有限公司	86	厦门金圆产业发展有限公司
37	福建省烟草公司漳州市公司	87	国投京闽（莆田）工贸有限公司
38	盛屯金属有限公司	88	福建省烟草公司南平市公司
39	晋江锦兴贸易有限公司	89	福建国海燃料有限公司
40	福建青企实业有限公司	90	厦门安踏电子商务有限公司
41	厦门宝拓资源有限公司	91	福建南方建材发展有限公司
42	盛屯矿业集团股份有限公司	92	福建永荣控股集团有限公司
43	厦门同歆贸易有限公司	93	紫金矿业物流有限公司
44	厦门航空开发股份有限公司	94	福建省烟草公司莆田市公司
45	厦门市明穗粮油贸易有限公司	95	福建闽台农产品市场有限公司
46	均和（厦门）能源有限公司	96	均和（厦门）供应链管理有限公司
47	福建省烟草公司厦门市公司	97	福建省三明钢联有限责任公司
48	晋江辉豪化工有限公司	98	福建华锦贸易有限公司
49	福建石油化工集团华南联合营销有限公司	99	福建匹克能源有限公司
50	中国航油集团福建石油有限公司	100	福清市天业再生物资有限公司

20-3 续表1

Continued

位次 No.	企业名称 Name	位次 No.	企业名称 Name
101	鑫东森集团有限公司	151	福建汇丰物流有限公司
102	漳州市龙文区好又鲜贸易有限公司	152	福州开发区新电燃料有限公司
103	厦门万翔物流投资有限公司	153	达芙妮投资（集团）有限公司
104	泉州经济技术开发区网商虚拟产业园电子商务有限公	154	厦门西海控股有限公司
105	福建盛世欣兴格力贸易有限公司	155	福建三木建设发展有限公司
106	漳州市龙文区鲜鲜旺贸易有限公司	156	厦门海投经济贸易有限公司
107	象屿宏大供应链有限责任公司	157	福建嘉木沥青有限公司
108	福建省烟草公司宁德市公司	158	福建省福农农资集团有限公司
109	福建新华发行（集团）有限责任公司	159	厦门金钼电子科技有限公司
110	晋江市进出口有限公司	160	中国石油天然气股份有限公司福建福州销售分公司
111	福清市众汇汽车进出口贸易有限公司	161	泰地集团（厦门）石油有限公司
112	厦门路桥工程物资有限公司	162	厦门展志钢铁有限公司
113	全骏达实业有限公司	163	福建三棵树建筑材料有限公司
114	福建苏闽石油有限公司	164	荣鑫盛(厦门)商贸有限公司
115	厦门嘉联恒进出口有限公司	165	福建福泰钢铁有限公司
116	福建漳龙三宝进出口有限公司	166	中粮粮油厦门有限公司
117	紫森（厦门）供应链管理有限公司	167	坤健控股（厦门）有限公司
118	福建省平行进口汽车交易中心有限公司	168	福建柯普森物流发展有限公司
119	福建恒安集团厦门商贸有限公司	169	莆田启峰木业有限公司
120	福建省福润水泥销售有限公司	170	福建申远贸易有限公司
121	福建省传祺能源科技有限公司	171	中海石油福建新能源有限公司
122	福州中维实业有限公司	172	厦门宏发电声科技有限公司
123	福建唯酷信息工程有限公司	173	厦门鑫通贸易有限公司
124	宁德海螺水泥有限责任公司	174	厦门象屿兴宝发贸易有限公司
125	福州麦多万嘉超市有限公司	175	厦门海沧保税港区供应链有限公司
126	厦门海翼国际贸易有限公司	176	莆田市众鞋网络科技有限公司
127	晋江裕福集团有限公司	177	厦门象屿农产品有限责任公司
128	福建省晋江市长城石化有限公司	178	厦门育哲集团有限公司
129	紫金矿业集团（厦门）金属材料有限公司	179	福建同春药业股份有限公司
130	神华（福建）能源有限责任公司	180	福建金一文化发展有限公司
131	新中冠智能科技股份有限公司	181	厦门欧美勒贸易有限公司
132	国药控股福州有限公司	182	冠捷(福州保税区)贸易有限公司
133	福建省路路达石油制品有限公司	183	住重中骏（厦门）建机有限公司
134	厦门黄金投资有限公司	184	厦门大亮贸易有限公司
135	福建省南安市华龙石油有限公司	185	厦门芗江进出口有限公司
136	厦门市嘉晟对外贸易有限公司	186	厦门航开保税贸易有限公司
137	福州中宝汽车销售服务有限公司	187	福建昊润石化有限公司
138	福清市驰辰汽车进出口贸易有限公司	188	厦门信息集团商贸有限公司
139	厦门元庆生贸易有限公司	189	国药控股福建有限公司
140	厦门三裕丰能源有限公司	190	福建省三钢钢城工贸有限公司
141	厦门恒兴集团有限公司	191	新储（厦门）农业有限公司
142	福建泉州市嘉晟供应链有限公司	192	鹭燕医药股份有限公司
143	福州高泽贸易有限公司	193	福建天仕石化有限公司
144	福建新孚能源有限公司	194	中国石油天然气股份有限公司华南化工销售厦门分公司
145	隆鑫集团（福建）有限公司	195	福州新港石化有限公司
146	中国石油天然气股份有限公司福建泉州销售分公司	196	福建省粮油食品进出口集团有限公司
147	福建省润通汽车销售服务有限责任公司	197	厦门博钦贸易有限公司
148	华东（福建）石油有限公司	198	福建省恒一发展集团有限公司
149	福建省长乐市中海石化储运有限责任公司	199	厦门宝达纺织有限公司
150	厦门市海澳石油有限公司	200	厦门夏商国际贸易有限公司

20-3 续表2

Continued

位次 No.	企业名称 Name	位次 No.	企业名称 Name
201	厦门新五菱汽车销售有限公司	251	厦门金达威集团股份有限公司
202	福建苏宁易购商贸有限公司	252	福州智硕商贸发展有限公司
203	新恒基（厦门）投资控股有限公司	253	泉州市闽品汇网络技术有限公司
204	厦门国贸纸业有限公司	254	福建阳光集团厦门进出口有限公司
205	厦门大正贸易有限公司	255	厦门禹港有限公司
206	厦门启铭贸易有限公司	256	厦门市东之星汽车销售有限公司
207	启润物流（厦门）有限公司	257	福建星之宝汽车销售服务有限公司
208	泉州港丰能源有限公司	258	厦门国林林产品有限公司
209	晋江宝华钢材有限公司	259	福州鹭燕医药有限公司
210	福建科宝金属制品有限公司	260	厦门象屿供应链有限责任公司
211	福州联合闽津茶业有限公司	261	美宁电商（福建）企业管理有限公司
212	厦门瑞悦隆供应链管理有限公司	262	厦门夏商粮食发展有限公司
213	均和（厦门）股权投资基金有限公司	263	福州福杭电子有限公司
214	厦门匹克体育用品有限公司	264	福建省储备粮管理有限公司
215	福建斯兰供应链服务有限公司	265	厦门新纸源电子商务有限公司
216	福州开发区鸿宇实业有限公司	266	福建漳龙商贸集团有限公司
217	福州威石艺术品贸易有限公司	267	福建省宝旺进出口贸易有限公司
218	福建高速中化石油有限公司	268	泉州亲亲商贸有限公司
219	万烽（厦门）能源有限公司	269	福建七匹狼实业股份有限公司
220	福州开发区恒成实业有限公司	270	福州天赐建材有限公司
221	福建省医药有限责任公司	271	连江县国寅贸易有限公司
222	厦门安踏贸易有限公司	272	厦门海澳石化仓储有限公司
223	泉州新华都购物广场有限公司	273	福建华峰实业有限公司
224	福建联众化工有限公司	274	晋江市和亨进出口贸易有限公司
225	漳州兴路贸易有限公司	275	福建省旅贸实业有限公司
226	福建九州通医药有限公司	276	厦门中艺抽纱进出口有限公司
227	福建亿汇化工有限公司	277	福建新紫金医药有限公司
228	福建省南平市立远贸易有限公司	278	漳州市联益废纸购销有限公司
229	福州轻工进出口有限公司	279	连江县东震贸易有限公司
230	福州朝畅贸易有限公司	280	福州龙泽投资有限公司
231	晋江市新长江精密钢管制造有限公司	281	厦门片仔癀宏仁医药有限公司
232	厦门融银贸易有限公司	282	厦门兴海龙石油有限公司
233	福建省嘉拓建材有限公司	283	福建省漳州市对外贸易有限责任公司
234	中国石油天然气股份有限公司福建厦门销售分公司	284	福州捷旺商贸有限公司
235	厦门誉联集团有限公司	285	漳州伊莱福食品有限公司
236	厦门伟美义贸易有限公司	286	厦门庆通新材料科技有限公司
237	道普（厦门）石化有限公司	287	福建省泉州市幸福网店商城有限责任公司
238	福建省莆田富力进出口有限公司	288	中储北方（厦门）油品国际贸易有限公司
239	厦门恒兴晟贸易有限公司	289	漳州大正企业发展有限公司
240	厦门轨道物资有限公司	290	福清市兴茂再生物资有限公司
241	福州永力通汽车贸易有限公司	291	厦门松泰实业有限公司
242	晋江昌博贸易有限公司	292	厦门空港航星汽车维修服务有限公司
243	厦门市鹭欣嘉贸易有限公司	293	中国厦门国际经济技术合作公司
244	连江县众谐贸易有限公司	294	福州迪光商贸有限公司
245	泉州福宝汽车销售服务有限公司	295	沃尔玛深国投百货有限公司福州山姆会员商店
246	厦门盛屯金属销售有限公司	296	中化（泉州）石油销售有限公司
247	福州展志钢铁有限公司	297	厦门乾照光电科技有限公司
248	中国卷烟销售公司厦门卷烟调拨站	298	福建省南安市进出口有限公司
249	厦门万翔网络商务有限公司	299	泉州市展宏电子商务有限公司
250	福建新华都综合百货有限公司	300	厦门天邻缘电子商务有限公司

第二十一篇　市县国民经济主要指标

Chapter 21　Main Economic Indicators of City Prefecture and County

资料整理：孙晶洁 李丽精 林增武 范李功 杨威 饶晓燕 陈玲 吴渝 廖捷 戴斌 周万春

Database Editor: Sunjingjie Lilijing linzengwu Fanligong Yangwei Raoxiaoyan Chenling Wuyu Liaojie Daibin Zhouwanchun

简 要 说 明

本篇资料的主要内容及来源

本篇资料反映了全省各市（县）经济社会事业发展基本情况，主要包括地区生产总值、人口、从业人员、工业、投资、社会消费品零售总额、财政、职工工资和教育、卫生等方面的内容。

本篇资料由省统计局各相关专业处室整理提供。

Brief Introduction

Main Content and Source of Data

Data in this chapter show the development in society and economy of Urban districts or counties or cities on the county level, mainly including GDP, population, employed persons,, industry, investment, total retail sales of consumer good，finance, income of rural households, wage of staff and works, education and public health.

Data on this chapter are compiled and provided by the related department of Bureau of Fujian Provincial Bureau of Statistics.

21-1 地区生产总值（2018年）

Gross Domestic Products(2018)

单位：亿元 (100 million yuan)

地区	Area	地区生产总值 Gross Domestic Product	第一产业 Primary Industry	第二产业 Secondary Industry	第三产业 Tertiary Industry	工业 Industry	建筑业 Construction	人均GDP（元） Per Capita GDP(yuan)
全　省	**Fujian**	**35804.04**	**2379.82**	**17232.36**	**16191.86**	**14183.20**	**3080.96**	**91197**
福州市	**Fuzhou**	**7856.81**	**494.66**	**3204.90**	**4157.26**	**2416.16**	**797.27**	**102037**
福州市辖区	District under Fuzhou							
鼓楼区	Gulou	1613.30		257.70	1355.60	68.80	194.44	218753
台江区	Taijiang	475.63		94.30	381.33	26.65	68.23	98170
仓山区	Cangshan	623.06	1.33	308.84	312.89	282.24	28.08	75022
马尾区	Mawei	536.96	4.35	311.99	220.63	278.31	34.30	206128
晋安区	Jin'an	717.72	5.75	233.32	478.65	145.28	88.58	82355
长乐区	Changle	811.79	53.81	501.53	256.45	465.88	35.77	110599
福清市	Fuqing	1102.14	95.15	543.70	463.29	435.60	108.10	84101
闽侯县	Minhou	603.55	39.17	341.34	223.04	308.46	34.40	83827
连江县	Lianjiang	469.48	135.87	203.92	129.69	177.08	27.44	79505
罗源县	Luoyuan	242.82	43.99	143.34	55.49	134.23	9.48	114811
闽清县	Minqing	226.33	32.40	115.17	78.77	63.53	51.95	94305
永泰县	Yongtai	184.61	46.46	73.70	64.45	22.17	51.53	72680
平潭县	Pingtan	254.28	34.55	71.85	147.88	6.90	64.95	55885
厦门市	**Xiamen**	**4791.41**	**24.40**	**1980.16**	**2786.85**	**1672.23**	**322.33**	**118015**
厦门市辖区	District under Xiamen							
思明区	Siming	1449.93	2.35	159.21	1288.36	75.37	83.84	143415
海沧区	Haicang	676.11	1.60	412.35	262.16	361.69	50.66	184982
湖里区	Huli	1035.84		452.90	582.94	407.91	59.40	100372
集美区	Jimei	686.22	2.77	324.25	359.19	268.64	55.62	99886
同安区	Tong'an	422.65	9.61	250.67	162.37	226.27	24.40	70914
翔安区	Xiang'an	520.66	8.07	380.77	131.83	332.36	48.41	141293
莆田市	**Putian**	**2242.41**	**116.27**	**1179.91**	**946.23**	**934.96**	**250.79**	**77325**
莆田市辖区	District under Putian							
城厢区	Chengxiang	397.30	8.25	153.68	235.37	101.60	52.71	91755
涵江区	Hanjiang	524.54	14.22	330.84	179.48	295.92	36.77	107709
荔城区	Licheng	445.08	15.88	244.22	184.98	197.41	48.04	85101
秀屿区	Xiuyu	463.92	59.00	249.55	155.38	173.81	76.82	78101
仙游县	Xianyou	411.58	18.92	201.63	191.02	166.22	36.45	47691
三明市	**Sanming**	**2353.72**	**273.98**	**1237.90**	**841.84**	**1012.09**	**225.81**	**91406**
三明市辖区	District under Sanming							
梅列区	Meilie	338.76	4.58	191.34	142.84	175.37	15.98	183114
三元区	Sanyuan	164.50	10.69	88.75	65.06	72.64	16.11	80440
永安市	Yong'an	427.76	32.60	253.41	141.75	227.00	26.42	120156
明溪县	Mingxi	81.61	18.72	35.09	27.79	26.24	8.85	79229
清流县	Qingliu	117.76	20.91	57.24	39.61	40.11	17.13	85955
宁化县	Ninghua	145.16	25.58	67.82	51.76	46.98	20.84	50666
大田县	Datian	226.70	40.45	113.70	72.55	99.74	13.96	70842
尤溪县	Youxi	246.44	44.45	110.51	91.49	85.51	25.00	68173
沙县	Shaxian	254.21	27.63	141.28	85.30	120.43	20.85	109336
将乐县	Jiangle	137.81	18.21	75.35	44.25	54.33	21.01	90369
泰宁县	Taining	105.15	13.24	48.00	43.91	34.63	13.36	91830
建宁县	Jianning	107.87	16.92	55.42	35.53	29.12	26.30	88420
泉州市	**Quanzhou**	**8467.98**	**201.80**	**4885.01**	**3381.16**	**4346.46**	**540.45**	**97614**
泉州市辖区	District under Quanzhou							
鲤城区	Licheng	526.77	0.13	295.14	231.51	271.48	23.77	119450
丰泽区	Fengze	659.97	1.78	196.73	461.45	123.69	73.04	113592
洛江区	Luojiang	200.56	4.14	145.23	51.19	129.91	15.32	92639
泉港区	Quangang	654.11	11.46	511.19	131.46	461.96	49.23	195257
石狮市	Shishi	836.03	25.50	412.56	397.97	365.52	47.12	120813

21-1 续表

Continued

单位：亿元　　　　(100 million yuan)

地区	Area	地区生产总值 Gross Domestic Product	第一产业 Primary Industry	第二产业 Secondary Industry	第三产业 Tertiary Industry	工业 Industry	建筑业 Construction	人均GDP（元） Per Capita GDP(yuan)
晋江市	Jinjiang	2229.00	20.30	1333.69	875.01	1250.26	85.06	105790
南安市	Nan'an	1067.82	27.50	612.81	427.52	560.30	52.57	71022
惠安县	Hui'an	1094.53	30.38	744.24	319.91	644.93	99.34	107729
安溪县	Anxi	574.38	44.41	286.29	243.68	247.79	38.53	56202
永春县	Yongchun	419.46	23.97	237.43	158.06	213.63	23.80	89916
德化县	Dehua	246.23	12.23	138.11	95.89	105.53	32.58	83610
漳州市	**Zhangzhou**	**3947.63**	**438.58**	**1887.22**	**1621.83**	**1577.89**	**309.37**	**77102**
漳州市辖区	District under Zhangzhou							
芗城区	Xiangcheng	642.63	9.41	282.11	351.11	232.51	49.60	107337
龙文区	Longwen	246.27	6.68	123.54	116.05	93.38	30.16	127010
龙海市	Longhai	908.35	73.26	489.07	346.03	401.36	87.71	95345
云霄县	Yunxiao	230.11	37.32	105.66	87.12	91.88	13.78	54028
漳浦县	Zhangpu	438.13	75.85	174.79	187.49	134.78	40.03	52136
诏安县	Zhao'an	278.58	47.93	120.34	110.31	102.46	17.88	44737
长泰县	Changtai	284.99	14.71	180.76	89.52	170.97	9.78	126016
东山县	Dongshan	230.70	38.04	107.11	85.56	94.60	12.51	103085
南靖县	Nanjing	314.79	59.79	150.29	104.71	134.64	15.65	90094
平和县	Pinghe	226.46	45.43	76.38	104.64	57.62	18.77	43558
华安县	Hua'an	146.64	30.16	77.18	39.30	63.67	13.50	88072
南平市	**Nanping**	**1792.51**	**291.05**	**775.80**	**725.66**	**573.74**	**202.07**	**66760**
南平市辖区	District under Nanping							
延平区	Yanping	359.71	29.63	178.31	151.77	110.84	67.46	75649
建阳区	Jianyang	207.91	36.84	102.93	68.15	83.64	19.28	64871
邵武市	Shaowu	257.72	27.50	124.65	105.57	102.95	21.70	92872
武夷山市	Wuyishan	186.68	25.60	72.82	88.26	44.68	28.14	78602
建瓯市	Jian'ou	266.70	48.43	108.41	109.86	79.01	29.40	58552
顺昌县	Shunchang	127.88	19.17	47.92	60.79	37.58	10.33	66776
浦城县	Pucheng	157.54	33.87	57.25	66.42	47.09	10.16	52601
光泽县	Guangze	98.77	40.50	32.25	26.02	28.57	3.69	72362
松溪县	Songxi	59.72	13.05	23.74	22.94	16.15	7.59	48755
政和县	Zhenghe	69.87	16.47	27.53	25.87	23.22	4.31	41468
龙岩市	**Longyan**	**2393.30**	**244.08**	**1147.27**	**1001.95**	**891.67**	**255.60**	**90655**
龙岩市辖区	District under Longyan							
新罗区	Xinluo	878.83	39.87	479.20	359.77	388.60	90.60	119650
永定区	Yongding	266.23	30.75	125.40	110.08	99.80	25.60	73443
漳平市	Zhangping	255.74	31.88	105.17	118.68	78.98	26.19	105678
长汀县	Changting	231.74	32.46	103.05	96.24	73.69	29.35	57647
上杭县	Shanghang	354.45	43.85	167.05	143.55	121.55	45.49	94520
武平县	Wuping	202.35	31.97	81.90	88.48	57.30	24.61	73051
连城县	Liancheng	203.96	33.30	85.50	85.15	71.75	13.75	82575
宁德市	**Ningde**	**1942.80**	**295.00**	**968.95**	**678.85**	**790.49**	**179.11**	**66878**
宁德市辖区	District under Ningde							
蕉城区	Jiaocheng	468.14	40.41	257.55	170.17	195.01	62.66	104263
福安市	Fu'an	469.34	48.33	290.91	130.10	266.83	24.30	81412
福鼎市	Fuding	366.44	55.17	204.79	106.47	183.55	21.42	67671
霞浦县	Xiapu	231.59	63.94	66.42	101.23	41.90	24.55	49538
古田县	Gutian	167.50	43.93	52.56	71.02	39.85	12.74	50225
屏南县	Pingnan	65.90	12.95	21.70	31.26	14.75	6.96	46572
寿宁县	Shouning	74.40	15.54	30.19	28.66	17.00	13.21	40992
周宁县	Zhouning	50.90	7.09	22.39	21.42	13.85	8.55	41551
柘荣县	Zherong	48.60	7.65	22.43	18.52	17.75	4.70	53115

21-2 地区生产总值指数（2018年）

Indices of Gross Domestic Products(2018)

单位：以上年为100 (preceding year=100)

地区	Area	地区生产总值 Gross Domestic Product	第一产业 Primary Industry	第二产业 Secondary Industry	第三产业 Tertiary Industry	工业 Industry	建筑业 Construction	人均GDP（元） Per Capita GDP(yuan)
全　省	**Fujian**	**108.3**	**103.5**	**108.5**	**108.8**	**108.9**	**106.6**	**107.4**
福州市	**Fuzhou**	**108.6**	**104.3**	**108.4**	**109.2**	**108.8**	**107.0**	**107.4**
福州市辖区	District under Fuzhou							
鼓楼区	Gulou	108.0		107.7	108.0	108.3	107.3	107.1
台江区	Taijiang	106.9		107.5	106.8	108.3	107.0	106.0
仓山区	Cangshan	109.0	100.4	108.5	109.6	108.5	107.3	107.6
马尾区	Mawei	108.0	103.8	108.8	106.5	108.9	107.5	106.5
晋安区	Jin'an	109.4	104.0	108.3	110.1	108.6	107.5	108.1
长乐区	Changle	109.4	104.1	108.6	112.0	108.7	107.3	108.1
福清市	Fuqing	109.6	105.0	108.5	112.1	108.7	107.4	108.7
闽侯县	Minhou	108.6	105.0	109.6	107.3	109.7	107.2	107.0
连江县	Lianjiang	107.3	105.4	108.9	106.9	109.0	107.4	106.3
罗源县	Luoyuan	108.3	105.2	108.7	109.4	108.8	107.4	107.5
闽清县	Minqing	109.0	105.3	107.8	113.9	108.3	107.4	108.6
永泰县	Yongtai	108.1	105.2	107.5	111.0	108.1	107.3	107.7
平潭县	Pingtan	108.7	101.0	103.8	113.1	104.2	103.7	106.3
厦门市	**Xiamen**	**107.7**	**102.6**	**108.1**	**107.5**	**108.5**	**105.9**	**105.2**
厦门市辖区	District under Xiamen							
思明区	Siming	107.2	121.6	105.7	107.4	107.8	103.3	106.3
海沧区	Haicang	107.7	95.9	108.7	106.1	108.6	109.1	102.7
湖里区	Huli	108.0		109.7	106.6	109.7	110.0	107.6
集美区	Jimei	107.8	103.5	107.5	108.1	107.9	105.6	104.3
同安区	Tong'an	108.3	102.1	107.1	110.7	107.9	100.3	103.2
翔安区	Xiang'an	108.5	100.3	107.9	111.1	108.2	106.0	103.5
莆田市	**Putian**	**108.3**	**102.4**	**108.5**	**108.6**	**108.9**	**106.8**	**108.1**
莆田市辖区	District under Putian							
城厢区	Chengxiang	108.9	96.5	108.7	109.7	108.9	108.2	108.8
涵江区	Hanjiang	108.0	102.3	108.8	106.5	108.6	111.0	107.9
荔城区	Licheng	108.9	102.9	107.0	112.6	108.6	99.6	108.7
秀屿区	Xiuyu	107.2	102.6	109.3	105.0	110.6	105.9	107.1
仙游县	Xianyou	108.4	104.4	108.9	108.3	108.1	113.0	108.2
三明市	**Sanming**	**107.5**	**104.0**	**108.4**	**107.6**	**108.9**	**106.1**	**106.9**
三明市辖区	District under Sanming							
梅列区	Meilie	107.0	104.0	108.8	105.1	109.2	105.5	105.7
三元区	Sanyuan	108.4	104.1	108.3	109.2	108.4	107.6	107.3
永安市	Yong'an	107.7	104.8	108.4	107.2	108.8	105.3	107.1
明溪县	Mingxi	107.3	103.8	108.3	108.3	108.8	106.9	106.9
清流县	Qingliu	108.7	104.2	109.0	111.0	109.4	108.2	108.5
宁化县	Ninghua	107.2	104.3	108.2	107.3	109.3	105.9	106.7
大田县	Datian	107.4	104.0	108.0	108.6	108.6	103.5	106.6
尤溪县	Youxi	107.6	103.1	107.3	110.3	108.3	104.0	107.0
沙县	Shaxian	107.2	103.5	108.6	106.1	109.1	106.1	106.6
将乐县	Jiangle	108.1	104.5	108.9	108.1	109.4	107.6	107.4
泰宁县	Taining	107.2	104.3	108.3	107.1	108.7	107.1	106.3
建宁县	Jianning	107.5	104.5	107.7	108.7	109.0	106.3	108.1
泉州市	**Quanzhou**	**108.9**	**102.3**	**108.7**	**109.5**	**108.9**	**106.8**	**108.1**
泉州市辖区	District under Quanzhou							
鲤城区	Licheng	109.5	88.5	108.7	110.6	109.1	104.0	108.8
丰泽区	Fengze	108.9	106.9	103.8	111.5	103.8	104.0	107.8
洛江区	Luojiang	109.6	101.6	110.7	106.7	110.9	109.3	108.0
泉港区	Quangang	108.6	102.0	108.2	110.3	107.9	109.8	107.5
石狮市	Shishi	109.1	100.3	109.2	109.6	109.5	106.2	108.7

21-2 续表

Continued

单位：以上年为100　　(preceding year=100)

地区	Area	地区生产总值 Gross Domestic Product	第一产业 Primary Industry	第二产业 Secondary Industry	第三产业 Tertiary Industry	工业 Industry	建筑业 Construction	人均GDP（元） Per Capita GDP(yuan)
晋江市	Jinjiang	109.0	100.9	108.0	111.0	108.0	107.6	108.6
南安市	Nan'an	108.4	102.4	109.2	107.3	109.5	105.0	107.7
惠安县	Hui'an	109.7	104.4	110.2	109.2	110.4	109.1	108.9
安溪县	Anxi	108.9	102.2	109.1	110.1	109.5	106.6	108.2
永春县	Yongchun	108.7	103.2	109.4	108.8	110.2	102.2	107.8
德化县	Dehua	109.0	102.8	109.9	108.1	110.4	108.3	107.3
漳州市	**Zhangzhou**	**108.7**	**104.4**	**108.7**	**109.7**	**109.0**	**107.1**	**107.7**
漳州市辖区	District under Zhangzhou							
芗城区	Xiangcheng	109.4	105.7	109.1	109.8	109.2	108.4	108.5
龙文区	Longwen	109.3	102.9	109.9	109.1	109.1	112.2	108.2
龙海市	Longhai	108.4	102.9	107.9	110.4	108.8	103.4	107.4
云霄县	Yunxiao	108.0	105.6	108.2	108.8	109.2	100.9	107.0
漳浦县	Zhangpu	108.6	104.4	109.5	108.6	109.7	106.0	107.5
诏安县	Zhao'an	108.7	105.3	108.8	110.2	109.3	105.8	107.7
长泰县	Changtai	108.9	104.1	108.9	110.0	108.7	113.6	107.9
东山县	Dongshan	108.4	104.5	109.6	108.7	109.4	111.2	107.5
南靖县	Nanjing	109.0	104.8	109.7	110.4	109.0	116.9	108.0
平和县	Pinghe	108.2	106.0	108.2	109.3	109.1	105.3	107.3
华安县	Hua'an	109.1	104.8	109.8	111.3	109.3	112.2	108.1
南平市	**Nanping**	**106.6**	**100.8**	**108.3**	**107.5**	**108.7**	**107.1**	**106.0**
南平市辖区	District under Nanping							
延平区	Yanping	102.0	84.1	105.9	102.5	108.6	101.5	102.2
建阳区	Jianyang	107.2	101.3	110.5	105.4	109.4	115.8	105.2
邵武市	Shaowu	108.0	101.8	109.5	107.9	107.2	123.7	107.4
武夷山市	Wuyishan	107.0	104.5	105.9	108.9	110.4	98.9	106.1
建瓯市	Jian'ou	108.2	103.7	108.9	109.6	108.8	109.2	107.8
顺昌县	Shunchang	110.7	105.3	111.4	112.2	109.6	118.9	110.1
浦城县	Pucheng	105.7	104.1	103.0	109.5	105.5	91.8	105.4
光泽县	Guangze	107.4	105.5	110.2	106.9	110.1	110.7	106.6
松溪县	Songxi	109.8	101.0	114.0	110.7	109.9	124.8	108.9
政和县	Zhenghe	109.7	102.0	112.8	112.1	111.6	120.6	109.0
龙岩市	**Longyan**	**107.6**	**103.6**	**108.4**	**107.7**	**108.8**	**106.9**	**107.4**
龙岩市辖区	District under Longyan							
新罗区	Xinluo	108.0	103.4	108.3	108.1	108.8	105.9	107.3
永定区	Yongding	105.6	103.6	105.7	106.1	105.3	107.5	105.7
漳平市	Zhangping	107.5	103.5	108.8	107.3	109.2	107.2	107.5
长汀县	Changting	107.2	103.5	108.4	106.9	109.2	106.0	107.2
上杭县	Shanghang	108.5	104.0	109.6	108.2	110.0	108.1	108.3
武平县	Wuping	107.4	103.9	108.9	107.3	109.3	107.7	107.4
连城县	Liancheng	108.3	103.3	109.6	108.9	109.9	107.9	108.3
宁德市	**Ningde**	**108.1**	**104.3**	**108.3**	**109.7**	**108.8**	**105.7**	**107.8**
宁德市辖区	District under Ningde							
蕉城区	Jiaocheng	113.6	101.9	117.0	112.5	123.1	105.2	113.1
福安市	Fu'an	109.9	103.9	110.5	111.3	111.1	103.2	109.7
福鼎市	Fuding	105.7	105.4	105.1	107.1	105.3	103.4	105.5
霞浦县	Xiapu	107.5	105.6	106.6	109.3	106.3	107.2	107.3
古田县	Gutian	105.1	104.2	105.5	105.3	104.8	108.7	104.6
屏南县	Pingnan	100.5	104.6	93.2	106.6	90.7	103.5	99.8
寿宁县	Shouning	107.0	104.3	104.2	113.2	103.6	105.6	106.4
周宁县	Zhouning	105.2	104.0	101.1	111.3	94.9	119.1	104.5
柘荣县	Zherong	103.2	103.2	101.6	106.1	101.5	101.9	102.3

21-3 年末户籍统计人口数（2018年）

Total Population at the Year-end(2018)

单位：万人 (10000 persons)

地区	Area	年末户籍统计总人口 Total Population at the Year-end	按城乡分 By Residence 城镇 Annual	乡村 Annual	按性别分 By sex 男 Male	女 Female
全　省	**Fujian**	**3861.31**	**1899.94**	**1961.37**	**1986.52**	**1874.79**
福州市	**Fuzhou**	**702.66**	**400.38**	**302.28**	**358.32**	**344.34**
福州市辖区	District under Fuzhou	209.58	201.21	8.37	103.08	106.50
鼓楼区	Gulou	58.24	58.24		28.71	29.53
台江区	Taijiang	31.92	31.92		15.74	16.18
仓山区	Cangshan	59.92	59.92		29.33	30.59
马尾区	Mawei	17.90	12.95	4.95	8.90	9.00
晋安区	Jin'an	41.60	38.17	3.42	20.39	21.20
长乐区	Changle	75.02	36.93	38.09	39.26	35.76
福清市	Fuqing	138.15	58.55	79.60	71.18	66.96
闽侯县	Minhou	69.42	31.05	38.37	35.43	33.99
连江县	Lianjiang	67.67	29.60	38.07	35.08	32.59
罗源县	Luoyuan	26.92	9.97	16.95	14.04	12.88
闽清县	Minqing	32.52	10.50	22.03	17.11	15.41
永泰县	Yongtai	38.51	9.89	28.62	20.43	18.08
平潭县	Pingtan	44.87	12.68	32.19	22.71	22.17
厦门市	**Xiamen**	**241.15**	**206.57**	**34.59**	**119.11**	**122.04**
厦门市辖区	District under Xiamen	241.15	206.57	34.59	119.11	122.04
思明区	Siming	80.88	80.88		39.41	41.47
海沧区	Haicang	20.54	20.54		10.05	10.49
湖里区	Huli	33.67	33.67		16.81	16.86
集美区	Jimei	31.17	23.72	7.44	15.35	15.82
同安区	Tong'an	38.96	19.86	19.11	19.50	19.46
翔安区	Xiang'an	35.94	27.90	8.04	18.00	17.94
莆田市	**Putian**	**360.26**	**163.53**	**196.73**	**184.04**	**176.22**
莆田市辖区	District under Putian	243.08	115.52	127.56	123.54	119.55
城厢区	Chengxiang	42.98	21.13	21.86	21.58	21.40
涵江区	Hanjiang	44.86	28.94	15.92	22.29	22.57
荔城区	Licheng	59.53	36.38	23.15	29.79	29.73
秀屿区	Xiuyu	95.71	29.07	66.63	49.87	45.84
仙游县	Xianyou	117.17	48.00	69.17	60.50	56.67
三明市	**Sanming**	**289.04**	**106.00**	**183.04**	**151.11**	**137.93**
三明市辖区	District under Sanming	28.37	22.73	5.65	14.20	14.17
梅列区	Meilie	14.78	13.45	1.32	7.33	7.45
三元区	Sanyuan	13.59	9.27	4.32	6.88	6.72
永安市	Yong'an	33.14	18.20	14.95	17.03	16.11
明溪县	Mingxi	11.90	3.77	8.13	6.17	5.73
清流县	Qingliu	15.60	4.66	10.95	8.16	7.44
宁化县	Ninghua	37.76	9.16	28.61	19.80	17.96
大田县	Datian	41.54	13.72	27.82	22.56	18.98
尤溪县	Youxi	45.30	11.82	33.48	24.31	20.99
沙县	Shaxian	27.21	9.47	17.74	13.98	13.24
将乐县	Jiangle	18.73	5.38	13.34	9.72	9.00
泰宁县	Taining	13.86	3.57	10.30	7.17	6.70
建宁县	Jianning	15.62	3.54	12.08	8.01	7.61
泉州市	**Quanzhou**	**755.12**	**379.03**	**376.09**	**391.12**	**364.00**
泉州市辖区	District under Quanzhou	138.43	89.15	49.28	69.54	68.89
鲤城区	Licheng	26.56	26.56		13.00	13.56
丰泽区	Fengze	27.22	27.22		13.17	14.05
洛江区	Luojiang	20.21	5.91	14.29	10.51	9.69
泉港区	Quangang	42.07	20.03	22.04	21.60	20.47
石狮市	Shishi	34.55	25.66	8.89	17.57	16.98
晋江市	Jinjiang	117.63	66.82	50.81	60.15	57.48

21-3 续表

Continued

单位：万人 (10000 persons)

地区	Area	年末户籍统计总人口 Total Population at the Year-end	按城乡分 By Residence 城镇 Annual	乡村 Annual	按性别分 By sex 男 Male	女 Female
南安市	Nan'an	165.52	89.33	76.19	87.08	78.44
惠安县	Hui'an	103.99	47.97	56.02	52.49	51.50
安溪县	Anxi	121.95	29.01	92.94	65.04	56.91
永春县	Yongchun	60.55	28.92	31.63	32.01	28.54
德化县	Dehua	34.86	11.59	23.27	18.49	16.38
漳州市	**Zhangzhou**	**520.80**	**256.03**	**264.77**	**267.12**	**253.67**
漳州市辖区	District under Zhangzhou	80.46	62.28	18.18	39.54	40.93
芗城区	Xiangcheng	46.89	39.41	7.49	23.04	23.85
龙文区	Longwen	16.21	12.99	3.22	8.03	8.17
龙海市	Longhai	89.79	39.75	50.04	45.11	44.68
云霄县	Yunxiao	46.71	18.84	27.87	24.60	22.11
漳浦县	Zhangpu	94.03	49.44	44.59	48.34	45.69
诏安县	Zhao'an	68.25	25.52	42.73	35.61	32.64
长泰县	Changtai	21.27	11.26	10.01	10.79	10.48
东山县	Dongshan	22.08	13.00	9.08	11.11	10.97
南靖县	Nanjing	36.24	15.08	21.16	18.54	17.71
平和县	Pinghe	62.39	22.77	39.62	33.18	29.21
华安县	Hua'an	16.95	7.99	8.96	8.78	8.17
南平市	**Nanping**	**319.83**	**113.89**	**205.94**	**164.98**	**154.85**
南平市辖区	District under Nanping	85.91	37.78	48.14	44.04	41.88
延平区	Yanping	50.03	24.66	25.38	25.67	24.36
建阳区	Jianyang	35.88	13.12	22.76	18.37	17.51
邵武市	Shaowu	30.60	12.94	17.65	15.64	14.95
武夷山市	Wuyishan	24.59	10.49	14.11	12.48	12.11
建瓯市	Jian’ou	55.28	17.60	37.68	28.52	26.76
顺昌县	Shunchang	23.50	8.46	15.04	12.10	11.40
浦城县	Pucheng	43.00	9.84	33.16	22.16	20.84
光泽县	Guangze	16.32	4.51	11.81	8.50	7.82
松溪县	Songxi	16.85	4.87	11.98	8.78	8.06
政和县	Zhenghe	23.78	7.41	16.38	12.75	11.03
龙岩市	**Longyan**	**318.67**	**144.31**	**174.36**	**165.32**	**153.35**
龙岩市辖区	District under Longyan	105.57	58.01	47.57	53.90	51.67
新罗区	Xinluo	55.13	40.21	14.92	27.54	27.59
永定区	Yongding	50.44	17.80	32.65	26.36	24.08
漳平市	Zhangping	29.73	11.75	17.98	15.62	14.11
长汀县	Changting	55.14	22.96	32.18	29.15	25.98
上杭县	Shanghang	53.10	22.61	30.50	27.31	25.79
武平县	Wuping	40.29	16.43	23.86	20.89	19.39
连城县	Liancheng	34.84	12.56	22.29	18.44	16.40
宁德市	**Ningde**	**353.78**	**130.21**	**223.57**	**185.39**	**168.39**
宁德市辖区	District under Ningde	50.71	23.65	27.06	25.74	24.97
蕉城区	Jiaocheng	50.71	23.65	27.06	25.74	24.97
福安市	Fu'an	67.25	26.02	41.22	35.39	31.86
福鼎市	Fuding	60.12	20.42	39.70	31.17	28.95
霞浦县	Xiapu	54.86	19.52	35.33	28.86	26.00
古田县	Gutian	42.99	13.74	29.25	22.70	20.29
屏南县	Pingnan	19.12	6.34	12.78	10.22	8.91
寿宁县	Shouning	26.56	8.99	17.57	14.21	12.36
周宁县	Zhouning	21.19	7.36	13.83	11.40	9.80
柘荣县	Zherong	10.98	4.17	6.81	5.72	5.25

21-4 年末常住人口数（2018年）

Total Population at the Year-end(2018)

单位：万人 (10000 persons)

地区	Area	常住人口数 Total Population on Census	城镇人口 Urban	乡村人口 Rural	城镇化水平(%) Lever of Township (%)
全 省	**Fujian**	**3941.00**	**2593.55**	**1347.45**	**65.8**
福州市	**Fuzhou**	**774.00**	**544.35**	**229.65**	**70.3**
福州市辖区	District under Fuzhou	394.00	353.45	40.55	89.7
鼓楼区	Gulou	74.00	74.00		100.0
台江区	Taijiang	48.60	48.60		100.0
仓山区	Cangshan	83.60	83.60		100.0
马尾区	Mawei	26.20	20.38	5.82	77.8
晋安区	Jin'an	87.70	87.26	0.44	99.5
长乐区	Changle	73.90	39.61	34.29	53.6
福清市	Fuqing	131.60	68.16	63.44	51.8
闽侯县	Minhou	72.50	41.32	31.18	57.0
连江县	Lianjiang	59.30	27.93	31.37	47.1
罗源县	Luoyuan	21.20	10.07	11.13	47.5
闽清县	Minqing	24.00	9.72	14.28	40.5
永泰县	Yongtai	25.40	10.61	14.79	41.8
平潭县	Pingtan	46.00	23.09	22.91	50.2
厦门市	**Xiamen**	**411.00**	**366.20**	**44.80**	**89.1**
厦门市辖区	District under Xiamen	411.00	366.20	44.80	89.1
思明区	Siming	101.50	101.50		100.0
海沧区	Haicang	37.50	34.16	3.34	91.1
湖里区	Huli	103.10	103.10		100.0
集美区	Jimei	70.00	61.25	8.75	87.5
同安区	Tong'an	61.10	43.62	17.48	71.4
翔安区	Xiang'an	37.80	22.57	15.23	59.7
莆田市	**Putian**	**290.00**	**176.92**	**113.08**	**61.0**
莆田市辖区	District under Putian	203.70	134.72	68.98	66.1
城厢区	Chengxiang	43.30	30.66	12.64	70.8
涵江区	Hanjiang	48.70	38.28	10.42	78.6
荔城区	Licheng	52.30	38.28	14.02	73.2
秀屿区	Xiuyu	59.40	27.50	31.90	46.3
仙游县	Xianyou	86.30	42.20	44.10	48.9
三明市	**Sanming**	**258.00**	**155.40**	**102.60**	**60.2**
三明市辖区	District under Sanming	39.10	36.20	2.90	92.6
梅列区	Meilie	18.60	18.30	0.30	98.4
三元区	Sanyuan	20.50	17.90	2.60	87.3
永安市	Yong'an	35.70	25.00	10.70	70.0
明溪县	Mingxi	10.30	5.50	4.80	53.4
清流县	Qingliu	13.70	6.80	6.90	49.6
宁化县	Ninghua	28.70	13.10	15.60	45.6
大田县	Datian	32.10	16.70	15.40	52.0
尤溪县	Youxi	36.20	16.80	19.40	46.4
沙县	Shaxian	23.30	15.30	8.00	65.7
将乐县	Jiangle	15.30	8.50	6.80	55.6
泰宁县	Taining	11.50	5.90	5.60	51.3
建宁县	Jianning	12.10	5.60	6.50	46.3
泉州市	**Quanzhou**	**870.00**	**579.42**	**290.58**	**66.6**
泉州市辖区	District under Quanzhou	158.00	133.01	24.99	84.2
鲤城区	Licheng	44.30	44.30		100.0
丰泽区	Fengze	58.30	58.30		100.0
洛江区	Luojiang	21.80	12.77	9.03	58.6

21-4 续表

Continued

单位：万人 (10000 persons)

地区	Area	常住人口数 Total Population on Census	城镇人口 Urban	乡村人口 Rural	城镇化水平(%) Lever of Township (%)
泉港区	Quangang	33.60	17.64	15.96	52.5
石狮市	Shishi	69.30	55.30	14.00	79.8
晋江市	Jinjiang	211.10	141.44	69.66	67.0
南安市	Nan'an	150.80	90.18	60.62	59.8
惠安县	Hui'an	101.90	60.14	41.76	59.0
安溪县	Anxi	102.50	49.09	53.41	47.9
永春县	Yongchun	46.80	27.94	18.86	59.7
德化县	Dehua	29.60	22.32	7.28	75.4
漳州市	**Zhangzhou**	**514.00**	**303.26**	**210.74**	**59.0**
漳州市辖区	District under Zhangzhou	79.52	72.17	7.35	90.8
芗城区	Xiangcheng	60.04	54.64	5.40	91.0
龙文区	Longwen	19.48	17.53	1.95	90.0
龙海市	Longhai	95.64	57.19	38.45	59.8
云霄县	Yunxiao	42.78	22.29	20.49	52.1
漳浦县	Zhangpu	84.37	45.14	39.23	53.5
诏安县	Zhao'an	62.54	28.96	33.58	46.3
长泰县	Changtai	22.73	12.68	10.05	55.8
东山县	Dongshan	22.46	13.27	9.19	59.1
南靖县	Nanjing	35.08	18.24	16.84	52.0
平和县	Pinghe	52.18	24.52	27.66	47.0
华安县	Hua'an	16.70	8.80	7.90	52.7
南平市	**Nanping**	**269.00**	**152.52**	**116.48**	**56.7**
南平市辖区	District under Nanping	79.70	51.56	28.14	64.7
延平区	Yanping	47.30	32.35	14.95	68.4
建阳区	Jianyang	32.40	19.21	13.19	59.3
邵武市	Shaowu	27.80	19.15	8.65	68.9
武夷山市	Wuyishan	23.80	13.85	9.95	58.2
建瓯市	Jian'ou	45.60	23.53	22.07	51.6
顺昌县	Shunchang	19.20	9.70	9.50	50.5
浦城县	Pucheng	30.00	14.43	15.57	48.1
光泽县	Guangze	13.70	6.48	7.22	47.3
松溪县	Songxi	12.30	5.87	6.43	47.7
政和县	Zhenghe	16.90	7.95	8.95	47.0
龙岩市	**Longyan**	**264.00**	**150.48**	**113.52**	**57.0**
龙岩市辖区	District under Longyan	109.70	71.91	37.79	65.6
新罗区	Xinluo	73.50	54.24	19.26	73.8
永定区	Yongding	36.20	17.67	18.53	48.8
漳平市	Zhangping	24.20	13.58	10.62	56.1
长汀县	Changting	40.20	21.06	19.14	52.4
上杭县	Shanghang	37.50	18.38	19.12	49.0
武平县	Wuping	27.70	13.60	14.10	49.1
连城县	Liancheng	24.70	11.95	12.75	48.4
宁德市	**Ningde**	**291.00**	**165.00**	**126.00**	**56.7**
宁德市辖区	District under Ningde	45.00	29.52	15.48	65.6
蕉城区	Jiaocheng	45.00	29.52	15.48	65.6
福安市	Fu'an	57.70	37.04	20.66	64.2
福鼎市	Fuding	54.20	32.63	21.57	60.2
霞浦县	Xiapu	46.80	22.61	24.19	48.3
古田县	Gutian	33.40	16.00	17.40	47.9
屏南县	Pingnan	14.20	6.42	7.78	45.2
寿宁县	Shouning	18.20	8.87	9.33	48.7
周宁县	Zhouning	12.30	6.27	6.03	51.0
柘荣县	Zherong	9.20	5.64	3.56	61.3

21-5 城镇单位年末从业人员数（2018年）

Persons Employed in Urban Units at the Year-end (2018)

单位：人 (person)

地区	Area	单位从业人员数 Number of persons Employed in Units	在岗职工 Number of Staff and Workers on the Job	国有 State-Owned Units	城镇集体 Urban Collective - Owned Units	其他 Units of Other Types of Ownerships	其他从业人员 Other Employed Persons
全　省	**Fujian**	**7053568**	**5887961**	**1284542**	**75539**	**4527880**	**1165607**
福州市	**Fuzhou**	**1742288**	**1330433**	**291830**	**24485**	**1014118**	**411855**
福州市辖区	District under Fuzhou	1093124	764382	167003	9826	587553	328742
鼓楼区	Gulou	544447	376511	85200	2663	288648	167936
台江区	Taijiang	138053	66474	18588	555	47331	71579
仓山区	Cangshan	143541	129927	30329	3143	96455	13614
马尾区	Mawei	131384	98042	8547	500	88995	33342
晋安区	Jin'an	135699	93428	24339	2965	66124	42271
长乐区	Changle	100929	94883	17886	2613	74384	6046
福清市	Fuqing	197385	182484	31877	1452	149155	14901
闽侯县	Minhou	93858	82240	25881	6400	49959	11618
连江县	Lianjiang	45680	39997	14164	1426	24407	5683
罗源县	Luoyuan	33584	30509	7589	629	22291	3075
闽清县	Minqing	67590	63316	8488	1475	53353	4274
永泰县	Yongtai	73485	46273	8157	649	37467	27212
平潭县	Pingtan	36653	26349	10785	15	15549	10304
厦门市	**Xiamen**	**1555914**	**1294733**	**150218**	**3216**	**1141299**	**261181**
厦门市辖区	District under Xiamen	1555914	1294733	150218	3216	1141299	261181
思明区	Siming	575338	443965	84882	1622	357461	131373
海沧区	Haicang	212598	162071	10074	214	151783	50527
湖里区	Huli	323466	279501	16468	276	262757	43965
集美区	Jimei	195212	184479	18907	649	164923	10733
同安区	Tong'an	112232	103985	13202	425	90358	8247
翔安区	Xiang'an	137068	120732	6685	30	114017	16336
莆田市	**Putian**	**564082**	**490284**	**82956**	**4956**	**402372**	**73798**
莆田市辖区	District under Putian	461490	394182	62588	3776	327818	67308
城厢区	Chengxiang	95214	81693	28355	1212	52126	13521
涵江区	Hanjiang	129699	113412	11053	1494	100865	16287
荔城区	Licheng	161654	129507	10836	416	118255	32147
秀屿区	Xiuyu	74923	69570	12344	654	56572	5353
仙游县	Xianyou	102592	96102	20368	1180	74554	6490
三明市	**Sanming**	**250495**	**212380**	**103872**	**6971**	**101537**	**38115**
三明市辖区	District under Sanming	97685	85745	25501	1238	59006	11940
梅列区	Meilie	50721	41207	17695	996	22516	9514
三元区	Sanyuan	46964	44538	7806	242	36490	2426
永安市	Yong'an	30847	25930	13490	261	12179	4917
明溪县	Mingxi	8799	6499	4696	224	1579	2300
清流县	Qingliu	14116	11994	6019	201	5774	2122
宁化县	Ninghua	13126	10970	8389	551	2030	2156
大田县	Datian	19163	16783	11036	2565	3182	2380
尤溪县	Youxi	18953	15506	10557	509	4440	3447
沙县	Shaxian	19558	16491	8245	894	7352	3067
将乐县	Jiangle	11122	8900	6846	112	1942	2222
泰宁县	Taining	7888	6020	4700	172	1148	1868
建宁县	Jianning	9239	7543	4393	244	2906	1696
泉州市	**Quanzhou**	**1446869**	**1337610**	**210966**	**13139**	**1113505**	**109259**
泉州市辖区	District under Quanzhou	375363	327353	90404	2672	234277	48010
鲤城区	Licheng	113417	84411	31147	316	52948	29006
丰泽区	Fengze	90585	86581	7741	1107	77733	4004
洛江区	Luojiang	40373	36149	3473	238	32438	4224
泉港区	Quangang	34691	31282	6623	774	23885	3409

21-5 续表

Continued

单位：人 (person)

地区	Area	单位从业人员数 Number of persons Employed in Units	在岗职工 Number of Staff and Workers on the Job	国有 State-Owned Units	城镇集体 Urban Collective - Owned Units	其他 Units of Other Types of Ownerships	其他从业人员 Other Employed Persons
石狮市	Shishi	116513	104549	6785	865	96899	11964
晋江市	Jinjiang	293794	284259	24239	2046	257974	9535
南安市	Nan'an	149569	138897	25880	2067	110950	10672
惠安县	Hui'an	257560	248439	23431	1753	223255	9121
安溪县	Anxi	155773	144428	22123	1701	120604	11345
永春县	Yongchun	66092	59493	10171	1328	47994	6599
德化县	Dehua	32205	30192	7933	707	21552	2013
漳州市	**Zhangzhou**	**606373**	**488674**	**120948**	**9184**	**358542**	**117699**
漳州市辖区	District under Zhangzhou	202898	157805	35462	1354	120989	45093
芗城区	Xiangcheng	166380	128242	29585	1306	97351	38138
龙文区	Longwen	36518	29563	5877	48	23638	6955
龙海市	Longhai	137815	106156	15724	1367	89065	31659
云霄县	Yunxiao	34618	26177	9334	554	16289	8441
漳浦县	Zhangpu	56302	44635	14723	1942	27970	11667
诏安县	Zhao'an	37266	28418	10189	1025	17204	8848
长泰县	Changtai	48639	47716	6727	732	40257	923
东山县	Dongshan	16745	13839	6931	150	6758	2906
南靖县	Nanjing	26516	22606	7673	581	14352	3910
平和县	Pinghe	25650	23397	9620	947	12830	2253
华安县	Hua'an	19924	17925	4565	532	12828	1999
南平市	**Nanping**	**244961**	**200762**	**95403**	**5300**	**100059**	**44199**
南平市辖区	District under Nanping	102424	80328	34743	980	44605	22096
延平区	Yanping	74047	60676	24664	376	35636	13371
建阳区	Jianyang	28377	19652	10079	604	8969	8725
邵武市	Shaowu	32720	28656	9386	1102	18168	4064
武夷山市	Wuyishan	22301	18353	9764	553	8036	3948
建瓯市	Jian'ou	21320	18273	10630	1112	6531	3047
顺昌县	Shunchang	13883	10743	6911	617	3215	3140
浦城县	Pucheng	22168	18678	8764	502	9412	3490
光泽县	Guangze	7587	6600	5171	88	1341	987
松溪县	Songxi	8471	7438	5040	206	2192	1033
政和县	Zhenghe	14087	11693	4994	140	6559	2394
龙岩市	**Longyan**	**334982**	**283702**	**95743**	**4585**	**183374**	**51280**
龙岩市辖区	District under Longyan	149270	117462	47444	2726	67292	31808
新罗区	Xinluo	122661	92899	33792	1360	57747	29762
永定区	Yongding	26609	24563	13652	1366	9545	2046
漳平市	Zhangping	44800	42400	8815	657	32928	2400
长汀县	Changting	49790	44295	10652	507	33136	5495
上杭县	Shanghang	47687	42752	12241	153	30358	4935
武平县	Wuping	24395	20685	8313	336	12036	3710
连城县	Liancheng	19040	16108	8278	206	7624	2932
宁德市	**Ningde**	**270380**	**218006**	**101229**	**3703**	**113074**	**52374**
宁德市辖区	District under Ningde	92780	58486	29497	54	28935	34294
蕉城区	Jiaocheng	92780	58486	29497	54	28935	34294
福安市	Fu'an	48499	45217	17352	449	27416	3282
福鼎市	Fuding	52773	50499	13088	1140	36271	2274
霞浦县	Xiapu	17844	15323	11197	638	3488	2521
古田县	Gutian	20393	17821	9035	863	7923	2572
屏南县	Pingnan	9170	6855	5209	207	1439	2315
寿宁县	Shouning	11635	9843	6458	38	3347	1792
周宁县	Zhouning	8272	6638	5190	301	1147	1634
柘荣县	Zherong	9014	7324	4203	13	3108	1690

21-6 城镇单位在岗职工平均工资（2018年）

Average Annual Wages of Staff and Worker on the Job in Urban Areas(2018)

单位：元 (yuan)

地区	Area	在岗职工平均工资 Total Wages of Staff and Workers on the Job	国有 State-Owned Units	城镇集体 Urban Collective-Owned Unit	其他 Units of Other Types of Ownerships	在岗职工平均工资比上年增长(%) Ratio(%)
全　省	**Fujian**	**78215**	**110055**	**76058**	**69139**	**10.8**
福州市	**Fuzhou**	**87384**	**114457**	**70284**	**79836**	**11.0**
福州市辖区	District under Fuzhou	94000	120330	73837	86745	13.4
鼓楼区	Gulou	100083	123653	61718	93292	14.7
台江区	Taijiang	97991	128704	52334	86570	8.4
仓山区	Cangshan	80181	107322	46431	72669	4.1
马尾区	Mawei	91778	114568	69155	89731	17.5
晋安区	Jin'an	88759	120597	118723	75729	17.6
长乐区	Changle	72062	95808	55312	66739	2.8
福清市	Fuqing	77656	94076	71238	74078	6.8
闽侯县	Minhou	90317	138336	68122	68618	12.3
连江县	Lianjiang	75430	96293	74391	63085	5.6
罗源县	Luoyuan	71192	96313	76928	62144	3.5
闽清县	Minqing	80365	97083	67844	77910	12.5
永泰县	Yongtai	72206	94168	91989	67071	3.8
平潭县	Pingtan	84649	122466	66467	56449	-2.3
厦门市	**Xiamen**	**87768**	**169442**	**86954**	**77169**	**13.1**
厦门市辖区	District under Xiamen	87768	169442	86954	77169	13.1
思明区	Siming	102817	180546	87538	84834	23.6
海沧区	Haicang	78836	141406	84642	76668	4.5
湖里区	Huli	84279	148088	80113	80395	14.6
集美区	Jimei	80648	162030	83008	69808	15.8
同安区	Tong'an	76795	150220	105680	66302	15.5
翔安区	Xiang'an	72399	191223	72452	65498	11.3
莆田市	**Putian**	**65519**	**99728**	**72984**	**58453**	**9.9**
莆田市辖区	District under Putian	66709	104524	68295	59531	11.4
城厢区	Chengxiang	80407	119732	77457	61963	14.4
涵江区	Hanjiang	59923	95328	61094	55952	10.5
荔城区	Licheng	64529	102081	84188	60897	12.8
秀屿区	Xiuyu	63695	79821	57458	60313	5.6
仙游县	Xianyou	60009	83314	87813	53072	2.8
三明市	**Sanming**	**81998**	**94175**	**68919**	**68817**	**11.3**
三明市辖区	District under Sanming	89197	107256	81832	79298	7.6
梅列区	Meilie	102759	109874	84980	94379	20.4
三元区	Sanyuan	72836	100971	68266	66478	5.0
永安市	Yong'an	80683	97203	41556	63739	6.3
明溪县	Mingxi	74214	82425	65768	48601	9.4
清流县	Qingliu	74121	90719	67340	56557	36.9
宁化县	Ninghua	79919	90003	63358	43826	15.8
大田县	Datian	72516	82842	63220	44609	13.5
尤溪县	Youxi	78875	89130	74006	55242	5.0
沙县	Shaxian	78449	94442	66973	61963	5.7
将乐县	Jiangle	81444	89649	102857	50819	12.8
泰宁县	Taining	88101	92078	94988	70415	19.2
建宁县	Jianning	70064	82841	69988	50426	8.6
泉州市	**Quanzhou**	**66257**	**102137**	**81573**	**59277**	**7.6**
泉州市辖区	District under Quanzhou	75551	110131	93732	62122	11.7
鲤城区	Licheng	64103	83244	87971	52511	21.5
丰泽区	Fengze	69196	113889	106724	64410	7.7
洛江区	Luojiang	58788	115891	103895	52472	10.0
泉港区	Quangang	73707	92248	77306	68322	6.8

21-6 续表

Continued

单位：元 (yuan)

地区	Area	在岗职工平均工资 Total Wages of Staff and Workers on the Job	国有 State-Owned Units	城镇集体 Urban Collective-Owned Unit	其他 Units of Other Types of Ownerships	在岗职工平均工资比上年增长(%) Ratio(%)
石狮市	Shishi	62401	73757	48620	61725	9.6
晋江市	Jinjiang	65168	118323	94137	59969	5.7
南安市	Nan'an	62826	83779	71933	57741	2.7
惠安县	Hui'an	62037	102248	71446	57580	9.8
安溪县	Anxi	66134	90936	88273	61427	8.4
永春县	Yongchun	57922	96945	90892	48697	2.2
德化县	Dehua	55360	83751	56501	44746	-13.0
漳州市	**Zhangzhou**	**76377**	**107181**	**93783**	**65757**	**12.3**
漳州市辖区	District under Zhangzhou	80030	127568	74547	66159	9.5
芗城区	Xiangcheng	81934	131485	74475	66885	8.7
龙文区	Longwen	71837	107470	76521	63212	10.0
龙海市	Longhai	79712	110519	124544	74080	11.4
云霄县	Yunxiao	68703	84239	113307	57588	6.2
漳浦县	Zhangpu	75320	102106	85140	60585	22.9
诏安县	Zhao'an	63703	85322	65004	51007	7.4
长泰县	Changtai	67834	94785	108155	62664	11.8
东山县	Dongshan	85173	111872	150632	57422	16.3
南靖县	Nanjing	79547	105112	74620	66010	22.6
平和县	Pinghe	68699	86778	110603	51929	4.9
华安县	Hua'an	78612	108016	87549	68241	11.5
南平市	**Nanping**	**72847**	**89597**	**66271**	**57207**	**9.7**
南平市辖区	District under Nanping	77020	95914	70947	62625	9.2
延平区	Yanping	77411	96936	61346	64145	9.7
建阳区	Jianyang	75831	93409	77053	56786	7.4
邵武市	Shaowu	67161	95398	68238	52461	9.4
武夷山市	Wuyishan	70430	77534	61852	62396	2.0
建瓯市	Jian'ou	73317	81586	54550	62000	11.1
顺昌县	Shunchang	73191	87053	62893	45473	14.6
浦城县	Pucheng	69918	93453	87321	47350	12.8
光泽县	Guangze	78865	90308	38261	38708	21.8
松溪县	Songxi	70764	84959	74121	38357	0.4
政和县	Zhenghe	63249	76782	72771	52588	15.9
龙岩市	**Longyan**	**72254**	**97802**	**76506**	**57793**	**9.2**
龙岩市辖区	District under Longyan	80512	102275	93520	64474	8.5
新罗区	Xinluo	84514	113007	115277	66976	8.4
永定区	Yongding	65502	75977	71812	49374	3.5
漳平市	Zhangping	56666	82721	56547	48206	0.5
长汀县	Changting	60805	92666	48657	49064	9.9
上杭县	Shanghang	75304	103343	35791	64281	8.1
武平县	Wuping	69992	100565	40955	47186	18.2
连城县	Liancheng	70578	83980	68317	54947	16.9
宁德市	**Ningde**	**75324**	**84385**	**72642**	**67235**	**7.2**
宁德市辖区	District under Ningde	85357	96811	209111	73377	7.7
蕉城区	Jiaocheng	85357	96811	209111	73377	7.7
福安市	Fu'an	80879	84192	28616	79661	5.3
福鼎市	Fuding	68053	86939	85205	60556	11.3
霞浦县	Xiapu	63300	65625	50949	58072	-3.5
古田县	Gutian	65911	82559	71035	45947	12.4
屏南县	Pingnan	81005	86906	134348	49880	24.7
寿宁县	Shouning	69872	78166	21921	53230	14.5
周宁县	Zhouning	66861	66927	83355	59328	8.1
柘荣县	Zherong	67867	72924	6385	61319	15.9

21-7 城乡居民人均可支配收入（2018年）

Annual Per Capita Disposable Income of Urban and Rural Households(2018)

单位：元 (yuan)

项目	Item	城镇居民人均可支配收入 Annual Per Capita Disposable Income of Urban Households		农村居民人均可支配收入 Per Capita Net Income of Rural Residence	
		数值 Value	比上年增长（%） Ratio(%)	数值 Value	比上年增长（%） Ratio(%)
全　省	**Fujian**	**42121**	**8.0**	**17821**	**9.1**
福州市	**Fuzhou**	**44457**	**8.5**	**19419**	**8.7**
福州市辖区	District under Fuzhou				
鼓楼区	Gulou	52410	9.0	-	-
台江区	Taijiang	48518	9.3	-	-
仓山区	Cangshan	41237	9.1	-	-
马尾区	Mawei	49048	8.6	25169	8.7
晋安区	Jin'an	44914	8.6	19781	9.6
长乐区	Changle	45749	8.1	22198	9.3
福清市	Fuqing	44920	8.0	22920	8.7
闽侯县	Minhou	41523	8.0	18492	8.9
连江县	Lianjiang	36442	8.5	17826	8.9
罗源县	Luoyuan	32925	8.7	14872	8.3
闽清县	Minqing	31491	8.8	14714	9.1
永泰县	Yongtai	30938	8.3	14320	8.4
平潭县	Pingtan	38632	8.1	16009	9.3
厦门市	**Xiamen**	**54401**	**8.8**	**22410**	**9.5**
厦门市辖区	District under Xiamen				
思明区	Siming	65420	8.6	-	-
海沧区	Haicang	49718	8.7	27742	9.2
湖里区	Huli	53661	9.0	-	-
集美区	Jimei	48746	8.9	27077	9.7
同安区	Tong'an	45911	8.5	20715	9.4
翔安区	Xiang'an	38758	8.7	20269	9.6
莆田市	**Putian**	**37169**	**7.8**	**17991**	**9.1**
莆田市辖区	District under Putian				
城厢区	Chengxiang	42551	8.2	19919	8.4
涵江区	Hanjiang	35091	7.3	17428	8.9
荔城区	Licheng	41734	7.2	20243	9.6
秀屿区	Xiuyu	31141	7.9	18693	9.5
仙游县	Xianyou	32065	8.4	16298	9.1
三明市	**Sanming**	**34862**	**8.1**	**16601**	**9.1**
三明市辖区	District under Sanming				
梅列区	Meilie	40259	8.3	18340	8.9
三元区	Sanyuan	37892	8.0	19219	8.5
永安市	Yong'an	36014	7.9	17867	9.1
明溪县	Mingxi	30078	8.8	15248	10.2
清流县	Qingliu	30585	8.2	15837	10.0
宁化县	Ninghua	27929	8.9	15194	9.2
大田县	Datian	34508	6.1	16704	8.4
尤溪县	Youxi	33105	7.3	16988	7.2
沙县	Shaxian	35749	8.1	18706	8.8
将乐县	Jiangle	33369	8.4	16385	9.7
泰宁县	Taining	32062	8.7	15693	9.4
建宁县	Jianning	28920	8.5	15470	9.8
泉州市	**Quanzhou**	**46111**	**8.0**	**20277**	**9.0**
泉州市辖区	District under Quanzhou				
鲤城区	Licheng	44382	8.0	-	-
丰泽区	Fengze	54471	8.2	-	-
洛江区	Luojiang	40373	8.0	17196	9.5
泉港区	Quangang	35259	8.3	19681	8.9
石狮市	Shishi	58930	8.2	24970	9.5

21-7 续表

Continued

单位：元 (yuan)

项目	Item	城镇居民人均可支配收入 Annual Per Capita Disposable Income of Urban Households		农村居民人均可支配收入 Per Capita Net Income of Rural Residence	
		数值 Value	比上年增长（%） Ratio(%)	数值 Value	比上年增长（%） Ratio(%)
晋江市	Jinjiang	49719	8.4	23781	8.7
南安市	Nan'an	46048	8.2	21631	8.9
惠安县	Hui'an	43373	7.8	20668	8.7
安溪县	Anxi	31957	7.4	16521	9.1
永春县	Yongchun	32031	7.5	15815	9.3
德化县	Dehua	33863	8.1	15465	8.5
漳州市	**Zhangzhou**	**35997**	**7.9**	**18186**	**9.1**
漳州市辖区	District under Zhangzhou				
芗城区	Xiangcheng	40184	8.7	18143	9.1
龙文区	Longwen	40978	8.1	19590	8.8
龙海市	Longhai	37052	7.6	19006	8.8
云霄县	Yunxiao	32447	8.5	16812	9.5
漳浦县	Zhangpu	36058	7.4	19771	9.2
诏安县	Zhao'an	29580	7.1	16239	10.1
长泰县	Changtai	37513	8.3	19152	8.2
东山县	Dongshan	35977	7.9	20787	7.5
南靖县	Nanjing	32620	7.2	17287	9.8
平和县	Pinghe	31785	7.3	17649	9.3
华安县	Hua'an	33526	7.0	17757	8.5
南平市	**Nanping**	**32484**	**8.0**	**15868**	**9.0**
南平市辖区	District under Nanping				
延平区	Yanping	33446	7.6	17473	8.5
建阳区	Jianyang	33058	8.1	15899	8.6
邵武市	Shaowu	34398	8.5	18254	8.7
武夷山市	Wuyishan	33582	8.2	17293	9.1
建瓯市	Jian’ou	32179	7.3	17252	8.2
顺昌县	Shunchang	29705	8.5	15192	9.4
浦城县	Pucheng	30472	7.5	14488	9.3
光泽县	Guangze	29357	8.0	13691	8.9
松溪县	Songxi	28560	8.0	12260	9.4
政和县	Zhenghe	28860	7.2	12535	9.5
龙岩市	**Longyan**	**35759**	**8.3**	**17154**	**9.3**
龙岩市辖区	District under Longyan				
新罗区	Xinluo	40079	9.1	20584	8.8
永定区	Yongding	37313	7.7	18072	8.7
漳平市	Zhangping	34082	8.2	17349	9.1
长汀县	Changting	25500	9.3	15348	9.7
上杭县	Shanghang	38975	8.3	16783	9.3
武平县	Wuping	33664	8.5	16337	10.0
连城县	Liancheng	30976	7.9	15532	10.2
宁德市	**Ningde**	**32921**	**7.9**	**16147**	**9.7**
宁德市辖区	District under Ningde				
蕉城区	Jiaocheng	34398	8.2	16293	9.8
福安市	Fu'an	35090	7.8	16883	9.7
福鼎市	Fuding	35253	8.0	16405	8.9
霞浦县	Xiapu	32663	7.2	16380	8.1
古田县	Gutian	30857	7.9	17108	10.1
屏南县	Pingnan	27500	8.7	14619	9.9
寿宁县	Shouning	25695	8.2	13938	9.8
周宁县	Zhouning	28437	7.9	14983	9.5
柘荣县	Zherong	26874	8.1	14317	8.5

21-8 地方一般公共预算收入（2018年）

Budgetary Revenue of Local Government(2018)

单位：万元 (10000 yuan)

地区	Area	地方一般公共预算收入 Budgetary Revenue of Local Government	#增值税 Value-added Tax	#营业税 Business Tax	#企业所得税 Enterprises' Income Tax	#个人所得税 Individual Income Tax
全 省	**Fujian**	**30074087**	**8387410**	**13349**	**4117518**	**1780418**
福州市	Fuzhou	6803797	1809165	2451	976535	465384
福州市辖区	District under Fuzhou	1800020	511586	766	282025	40461
鼓楼区	Gulou	345736	94286	138	89903	
台江区	Taijiang	152600	48259	98	23342	
仓山区	Cangshan	283230	83623	29	41313	
马尾区	Mawei	240286	63738	-5	34297	1852
晋安区	Jin'an	304565	71744	62	39146	
长乐区	Changle	473603	149936	444	54024	38609
福清市	Fuqing	780093	224099	284	106336	82173
闽侯县	Minhou	800712	194964	486	100238	17738
连江县	Lianjiang	319304	90087	5	29290	19153
罗源县	Luoyuan	149474	65330	-65	23613	4384
闽清县	Minqing	186888	117943	-2	14852	7021
永泰县	Yongtai	110338	35667	259	20501	5885
平潭县	Pingtan	384430	75725	-2	57491	32354
厦门市	**Xiamen**	**7545412**	**2001310**	**2577**	**1113415**	**726017**
厦门市辖区	District under Xiamen	2196782	585343	684	366890	228478
思明区	Siming	557177	162445	282	97335	116295
海沧区	Haicang	391030	92996	144	63884	12935
湖里区	Huli	474773	126475	95	80779	61280
集美区	Jimei	345825	70597	-20	61306	21622
同安区	Tong'an	230038	78040	141	41789	7888
翔安区	Xiang'an	197939	54790	42	21797	8458
莆田市	**Putian**	**1409651**	**375330**	**1346**	**174257**	**52545**
莆田市辖区	District under Putian	950638	287904	1148	134849	28874
城厢区	Chengxiang	231741	59796	174	27636	7858
涵江区	Hanjiang	238079	74526	111	36409	6562
荔城区	Licheng	274676	87064	814	36984	9111
秀屿区	Xiuyu	206142	66518	49	33820	5343
仙游县	Xianyou	244605	62725	180	21466	15656
三明市	**Sanming**	**1076421**	**341123**	**1312**	**76531**	**41679**
三明市辖区	District under Sanming	121554	28690	-39	8429	5339
梅列区	Meilie	77737	16111	-52	4808	3867
三元区	Sanyuan	43817	12579	13	3621	1472
永安市	Yong'an	180391	52156	189	12297	4296
明溪县	Mingxi	32162	9954	1	2296	1738
清流县	Qingliu	39199	15188	25	7226	1580
宁化县	Ninghua	66258	16809	7	5517	1586
大田县	Datian	75053	25061	10	5266	1858
尤溪县	Youxi	80590	24088	41	6872	3039
沙县	Shaxian	102182	24641	828	6269	6710
将乐县	Jiangle	64616	14376	280	3351	2954
泰宁县	Taining	28046	6116	-5	1515	739
建宁县	Jianning	32770	7153	4	2107	923
泉州市	**Quanzhou**	**4741639**	**1561604**	**3075**	**729286**	**270294**
泉州市辖区	District under Quanzhou	798787	291030	1396	166954	29368
鲤城区	Licheng	106129	43818	78	18354	5906
丰泽区	Fengze	224014	62254	169	44050	13773
洛江区	Luojiang	117009	43895	1072	18875	3679
泉港区	Quangang	351635	141063	77	85675	6010
石狮市	Shishi	418213	114596	-61	45220	19941

21-8 续表

Continued

单位：万元 (10000 yuan)

地区	Area	地方一般公共预算收入 Budgetary Revenue of Local Government	#增值税 Value-added Tax	#营业税 Business Tax	#企业所得税 Enterprises' Income Tax	#个人所得税 Individual Income Tax
晋江市	Jinjiang	1351988	451316	108	204946	98328
南安市	Nan'an	459874	173841	1164	48146	43595
惠安县	Hui'an	394389	145947	89	84770	25735
安溪县	Anxi	304397	90180	-34	54596	6241
永春县	Yongchun	122670	43931	40	16748	2780
德化县	Dehua	118260	31687	152	13535	4748
漳州市	**Zhangzhou**	**2187488**	**637507**	**127**	**268588**	**82992**
漳州市辖区	District under Zhangzhou	271103	95082	40	38594	13093
芗城区	Xiangcheng	168249	64298	4	20573	8966
龙文区	Longwen	102854	30784	36	18021	4127
龙海市	Longhai	213970	74375	-9	37741	6552
云霄县	Yunxiao	66418	17473	10	6167	2921
漳浦县	Zhangpu	212871	51097	58	31724	6913
诏安县	Zhao'an	71244	21901		8449	2099
长泰县	Changtai	137024	48840	-16	14613	15492
东山县	Dongshan	110807	41191	14	10259	2555
南靖县	Nanjing	83657	32318	-7	5906	3451
平和县	Pinghe	61551	18501	-1	5954	2529
华安县	Hua'an	49036	23005	-1	2824	1061
南平市	**Nanping**	**945155**	**279711**	**756**	**86704**	**35368**
南平市辖区	District under Nanping	204586	53814	108	19791	6929
延平区	Yanping	76118	27775	84	7526	3054
建阳区	Jianyang	128468	26039	24	12265	3875
邵武市	Shaowu	124972	40332	79	10445	3964
武夷山市	Wuyishan	86816	18616	191	6187	3874
建瓯市	Jian’ou	95498	28806	23	8578	2401
顺昌县	Shunchang	52699	20336	49	1843	1473
浦城县	Pucheng	66122	17608	250	5412	1784
光泽县	Guangze	44901	9178	-10	3700	2148
松溪县	Songxi	27174	7791	21	1622	622
政和县	Zhenghe	36990	8991		2994	1184
龙岩市	**Longyan**	**1512732**	**464610**	**59**	**149109**	**52656**
龙岩市辖区	District under Longyan	343882	103906	-208	36820	13488
新罗区	Xinluo	239636	69893	24	25545	9982
永定区	Yongding	104246	34013	-232	11275	3506
漳平市	Zhangping	82537	27966	-9	7443	4896
长汀县	Changting	89821	26639	64	9345	3243
上杭县	Shanghang	262577	52779	7	26407	8668
武平县	Wuping	89764	24588	382	10841	2904
连城县	Liancheng	59012	18531	55	8857	2247
宁德市	**Ningde**	**1204181**	**413383**	**567**	**159987**	**53476**
宁德市辖区	District under Ningde	179715	67166	892	33960	11411
蕉城区	Jiaocheng	179715	67166	892	33960	11411
福安市	Fu'an	254727	123411	-781	39837	10146
福鼎市	Fuding	185715	54924	114	18415	6871
霞浦县	Xiapu	89698	23530	233	7332	2972
古田县	Gutian	77734	22050	-2	8704	2609
屏南县	Pingnan	44405	10906	-1	3312	1089
寿宁县	Shouning	32809	9620	58	3798	1252
周宁县	Zhouning	40382	9597	-25	3502	982
柘荣县	Zherong	27845	12952	3	1711	1155

21-9 一般公共预算支出（2018年）

Budgetary Expenditures of Local Government(2018)

单位：万元　　(10000 yuan)

地区	Area	一般公共预算支出 Budgetary Expenditure	#一般公共服务支出 Expenditure for General Public Service	#教育支出 Expenditure for Education	#科学技术支出 Expenditure for Science	#农林水事务支出 Expenditure for Agriculture Forestry and Water Conservancey
全　省	**Fujian**	**48326930**	**4294732**	**9250606**	**1152537**	**4315149**
福州市	Fuzhou	9247552	780911	1659184	290765	749954
福州市辖区	District under Fuzhou	2389552	229232	513560	67786	96352
鼓楼区	Gulou	387929	39124	101163	16928	4478
台江区	Taijiang	180487	25796	50620	4131	120
仓山区	Cangshan	376957	44030	99986	16615	7806
马尾区	Mawei	458225	43240	63668	16917	15947
晋安区	Jin'an	368916	32551	61431	7092	14991
长乐区	Changle	617038	44491	136692	6103	53010
福清市	Fuqing	1003476	88379	213970	19086	81725
闽侯县	Minhou	996962	71143	144857	28913	63199
连江县	Lianjiang	706392	62613	155150	5428	94329
罗源县	Luoyuan	303730	32664	45011	2153	63736
闽清县	Minqing	264849	23358	55975	2597	41668
永泰县	Yongtai	305629	31282	63756	883	51293
平潭县	Pingtan	898550	67475	95836	88632	51128
厦门市	**Xiamen**	**8924985**	**866159**	**1363853**	**285559**	**218440**
厦门市辖区	District under Xiamen	3868738	338207	962056	108299	126476
思明区	Siming	886380	62096	205621	19279	918
海沧区	Haicang	780596	66612	186908	20529	19842
湖里区	Huli	632292	68534	129171	8484	3883
集美区	Jimei	582867	47873	171223	24244	40746
同安区	Tong'an	569154	41948	150746	31499	37726
翔安区	Xiang'an	417449	51144	118387	4264	23361
莆田市	**Putian**	**2279854**	**213886**	**582966**	**32205**	**183620**
莆田市辖区	District under Putian	1190123	116359	355024	20802	99609
城厢区	Chengxiang	256526	21669	76888	3401	20212
涵江区	Hanjiang	290386	34666	79409	3515	21153
荔城区	Licheng	306269	25100	91411	12709	23570
秀屿区	Xiuyu	336942	34924	107316	1177	34674
仙游县	Xianyou	497477	34356	145941	1263	66772
三明市	**Sanming**	**2970992**	**275685**	**605776**	**34507**	**463036**
三明市辖区	District under Sanming	192963	17942	46224	1621	26594
梅列区	Meilie	94718	8489	20437	360	13804
三元区	Sanyuan	98245	9453	25787	1261	12790
永安市	Yong'an	309236	46101	71409	2967	40385
明溪县	Mingxi	153719	15736	28947	1107	32021
清流县	Qingliu	184330	16363	35710	2812	37252
宁化县	Ninghua	293841	23632	59173	3852	54459
大田县	Datian	257766	20165	73580	1496	32414
尤溪县	Youxi	294682	22332	74127	680	60891
沙县	Shaxian	261818	22695	54881	4633	44987
将乐县	Jiangle	223014	24288	40173	5606	34285
泰宁县	Taining	160400	13390	24544	826	32635
建宁县	Jianning	173620	11466	27006	2684	43356
泉州市	**Quanzhou**	**6323844**	**508905**	**1480850**	**146891**	**630790**
泉州市辖区	District under Quanzhou	875448	79103	227147	22447	57016
鲤城区	Licheng	136873	12302	45400	3474	2380
丰泽区	Fengze	223159	21141	59403	5068	11547
洛江区	Luojiang	158082	18030	40169	4243	14453

21-9 续表

Continued

单位：万元　　(10000 yuan)

地区	Area	一般公共预算支出 Budgetary Expenditure	#一般公共服务支出 Expenditure for General Public Service	#教育支出 Expenditure for Education	#科学技术支出 Expenditure for Science	#农林水事务支出 Expenditure for Agriculture Forestry and Water Conservancey
泉港区	Quangang	357334	27630	82175	9662	28636
石狮市	Shishi	542909	44133	84493	13565	54575
晋江市	Jinjiang	1355106	77545	313002	39049	141804
南安市	Nan'an	681769	48615	189293	16041	78435
惠安县	Hui'an	551949	46910	135350	10901	59999
安溪县	Anxi	611468	55304	185354	11417	74621
永春县	Yongchun	329954	28985	85838	3225	52197
德化县	Dehua	271066	23106	66574	4719	46628
漳州市	**Zhangzhou**	**4298509**	**398643**	**835485**	**49913**	**405238**
漳州市辖区	District under Zhangzhou	402284	42206	79716	11387	21171
芗城区	Xiangcheng	238147	25658	45878	4145	8747
龙文区	Longwen	164137	16548	33838	7242	12424
龙海市	Longhai	387684	43272	91195	2458	35978
云霄县	Yunxiao	260909	20412	69721	1065	31377
漳浦县	Zhangpu	494110	39839	103042	7611	52049
诏安县	Zhao'an	370069	29531	75103	3150	58390
长泰县	Changtai	206077	19800	46678	3890	21205
东山县	Dongshan	213402	29805	40914	554	33745
南靖县	Nanjing	273161	24486	53762	1405	35977
平和县	Pinghe	341767	25533	60883	1405	56547
华安县	Hua'an	185315	17549	27942	897	21131
南平市	**Nanping**	**2964198**	**231215**	**555951**	**36957**	**477669**
南平市辖区	District under Nanping	500149	41055	111728	6835	91874
延平区	Yanping	225113	17402	53110	3778	46098
建阳区	Jianyang	275036	23653	58618	3057	45776
邵武市	Shaowu	282422	22416	59984	1629	47757
武夷山市	Wuyishan	275124	21343	39819	3604	56053
建瓯市	Jian'ou	343950	18301	85200	7669	58751
顺昌县	Shunchang	206250	20336	38771	1559	41683
浦城县	Pucheng	310569	19836	52986	2519	63468
光泽县	Guangze	162415	18004	42452	2642	30320
松溪县	Songxi	179055	15983	29069	2957	33258
政和县	Zhenghe	167040	12723	30100	1815	41959
龙岩市	**Longyan**	**3015305**	**282582**	**634350**	**89809**	**451262**
龙岩市辖区	District under Longyan	700653	66386	172632	15592	121132
新罗区	Xinluo	406172	41863	94027	13268	66760
永定区	Yongding	294481	24523	78605	2324	54372
漳平市	Zhangping	224536	24207	55918	3707	46496
长汀县	Changting	346826	24042	84126	15151	66856
上杭县	Shanghang	457973	37232	96988	23975	67870
武平县	Wuping	351499	34700	70727	20763	76127
连城县	Liancheng	259632	23767	64960	4282	49959
宁德市	**Ningde**	**2990193**	**274551**	**603494**	**68029**	**467527**
宁德市辖区	District under Ningde	314800	40344	73754	2472	40972
蕉城区	Jiaocheng	314800	40344	73754	2472	40972
福安市	Fu'an	423081	36568	99951	29203	62841
福鼎市	Fuding	388618	27758	86920	1083	71384
霞浦县	Xiapu	359466	27825	77037	732	96444
古田县	Gutian	271116	21839	57757	711	44233
屏南县	Pingnan	200206	16146	40614	847	34453
寿宁县	Shouning	193102	15458	38186	784	36523
周宁县	Zhouning	168225	18996	30852	1000	27612
柘荣县	Zherong	131464	13747	19186	1185	27943

21-10 金融机构货币存贷款余额（2018年）

Deposits and Loans of Financial institutions by Country and City(2018)

单位：亿元 (100 million yuan)

地区	Area	金融机构人民币各项存款余额 RMB Deposits of National Banking System	#非金融企业存款 Non-Financial Enterprises	#储蓄存款 Savings Deposits	金融机构人民币各项贷款余额 RMB Loans of National Banking System	#短期贷款 Short-term Loans	#中长期贷款 Medium-term & Long-term Loans
全　省	**Fujian**	**44677.70**	**13508.76**	**16129.33**	**45173.87**	**14726.54**	**28439.09**
福州市	Fuzhou	13827.40	4593.02	4385.51	14917.40	3145.05	11247.16
福州市辖区	District under Fuzhou	10741.93	3975.85	2736.07	12437.73	2558.41	9364.09
鼓楼区	Gulou						
台江区	Taijiang						
仓山区	Cangshan						
马尾区	Mawei	704.89	193.98	322.55	607.22	133.03	463.88
晋安区	Jin'an						
长乐区	Changle	828.25	195.75	397.57	890.89	443.90	441.19
福清市	Fuqing	1201.52	230.76	695.04	887.21	253.08	627.94
闽侯县	Minhou	583.40	101.85	291.89	379.89	91.35	286.83
连江县	Lianjiang	415.51	45.79	247.85	405.49	80.54	324.54
罗源县	Luoyuan	133.05	21.21	72.54	191.62	40.03	151.57
闽清县	Minqing	154.05	14.7	108.55	85.15	34.46	50.69
永泰县	Yongtai	154.27	19.17	92.46	122.04	29.37	92.67
平潭县	Pingtan	443.66	183.69	141.11	408.25	57.82	348.82
厦门市	**Xiamen**	**10446.80**	**3945.88**	**2155.88**	**9759.61**	**3099.10**	**6179.95**
厦门市辖区	District under Xiamen	10446.80	3945.88	2155.88	9759.61	3099.10	6179.95
思明区	Siming						
海沧区	Haicang						
湖里区	Huli						
集美区	Jimei						
同安区	Tong'an						
翔安区	Xiang'an						
莆田市	**Putian**	**1785.87**	**272.2**	**1112.26**	**1847.53**	**602.56**	**1234.04**
莆田市辖区	District under Putian	1418.24	247.16	835.65	1579.16	504.11	1064.28
城厢区	Chengxiang						
涵江区	Hanjiang						
荔城区	Licheng	302.41	32.74	215.73	279.69	90.16	189.37
秀屿区	Xiuyu						
仙游县	Xianyou	367.63	25.04	276.60	268.37	98.45	169.76
三明市	**Sanming**	**1737.66**	**354.67**	**883.55**	**1367.48**	**385.29**	**937.11**
三明市辖区	District under Sanming	523.07	181.96	176.53	511.47	123.77	353.17
梅列区	Meilie						
三元区	Sanyuan						
永安市	Yong'an	214.92	43.09	119.34	202.45	68.01	132.81
明溪县	Mingxi	83.67	11.72	43.16	28.71	12.05	16.45
清流县	Qingliu	71.20	9.73	37.47	34.73	11.88	21.55
宁化县	Ninghua	152.79	20.76	83.60	78.60	16.08	62.22
大田县	Datian	118.67	13.17	74.74	86.53	31.09	53.92
尤溪县	Youxi	149.73	13.37	106.61	111.28	37.08	72.12
沙县	Shaxian	174.08	37.4	104.51	169.51	46.53	121.01
将乐县	Jiangle	91.97	9.52	54.77	59.73	13.79	45.27
泰宁县	Taining	72.40	5.92	39.83	43.65	11.68	31.31
建宁县	Jianning	85.16	8.03	42.98	40.81	13.34	27.29
泉州市	**Quanzhou**	**6867.04**	**1833.8**	**3351.20**	**6375.46**	**2522.93**	**3604.30**
泉州市辖区	District under Quanzhou	2203.23	722.91	760.17	2286.64	722.02	1393.47
鲤城区	Licheng						
丰泽区	Fengze						
洛江区	Luojiang						
泉港区	Quangang	69.20	23.43	21.14	87.69	18.21	69.47

21-10 续表

Continued

单位：亿元 (100 million yuan)

地区	Area	金融机构人民币各项存款余额 RMB Deposits of National Banking System	#非金融企业存款 Non-Financial Enterprises	#储蓄存款 Savings Deposits	金融机构人民币各项贷款余额 RMB Loans of National Banking System	#短期贷款 Short-term Loans	#中长期贷款 Medium-term & Long-term Loans
石狮市	Shishi	625.39	96.91	363.65	664.41	281.61	367.59
晋江市	Jinjiang	1601.88	522.37	792.89	1425.31	702.80	697.77
南安市	Nan'an	952.19	159.31	606.44	786.15	390.54	380.64
惠安县	Hui'an	599.24	180	299.13	455.92	173.12	268.01
安溪县	Anxi	457.02	95.7	285.34	415.53	119.04	295.90
永春县	Yongchun	218.65	26.07	146.50	141.82	49.13	88.13
德化县	Dehua	209.44	30.52	97.06	199.69	84.67	112.78
漳州市	**Zhangzhou**	**2945.48**	**732.06**	**1486.21**	**2610.97**	**845.52**	**1711.39**
漳州市辖区	District under Zhangzhou	1141.28	418.47	407.99	1132.02	405.27	680.97
芗城区	Xiangcheng						
龙文区	Longwen						
龙海市	Longhai	545.70	122.36	298.97	643.16	125.16	513.42
云霄县	Yunxiao	154.19	25.99	99.59	101.11	32.48	68.61
漳浦县	Zhangpu	334.60	64.72	183.77	256.14	68.46	187.39
诏安县	Zhao'an	140.51	13.26	94.95	81.57	39.25	42.18
长泰县	Changtai	155.08	28.93	85.13	87.67	38.03	49.40
东山县	Dongshan	109.62	19.29	69.50	107.02	33.89	72.55
南靖县	Nanjing	128.72	15.39	85.07	86.92	47.13	38.90
平和县	Pinghe	173.65	16.12	121.04	84.29	39.01	44.86
华安县	Hua'an	62.12	7.53	40.22	31.05	16.85	13.09
南平市	**Nanping**	**1846.68**	**390.69**	**1023.38**	**1381.74**	**401.42**	**931.32**
南平市辖区	District under Nanping	491.47	133.2	215.23	495.97	120.84	340.60
延平区	Yanping						
建阳区	Jianyang	237.35	78.25	117.26	207.28	40.39	166.82
邵武市	Shaowu	188.27	29.28	114.02	133.11	40.95	91.23
武夷山市	Wuyishan	167.05	24.68	102.05	124.75	33.12	89.39
建瓯市	Jian'ou	225.09	32.37	152.09	123.91	43.08	79.92
顺昌县	Shunchang	109.24	13.16	71.80	69.91	21.23	41.22
浦城县	Pucheng	167.34	22.38	113.18	75.22	27.90	45.58
光泽县	Guangze	95.52	28.81	44.58	73.80	40.67	33.13
松溪县	Songxi	72.43	13.56	42.45	38.62	16.24	21.26
政和县	Zhenghe	92.90	15.01	50.71	39.17	17.00	22.17
龙岩市	**Longyan**	**1895.06**	**469.15**	**883.24**	**1831.77**	**537.03**	**1268.83**
龙岩市辖区	District under Longyan	927.54	274.98	345.96	1096.23	255.30	822.01
新罗区	Xinluo						
永定区	Yongding	157.48	20.77	97.96	109.89	34.48	75.39
漳平市	Zhangping	124.62	14.89	76.05	100.75	38.84	61.83
长汀县	Changting	188.85	26.76	107.80	138.78	54.57	84.21
上杭县	Shanghang	272.15	101.68	120.38	200.92	76.01	118.06
武平县	Wuping	125.43	16.54	75.07	104.82	38.67	66.14
连城县	Liancheng	98.98	13.53	60.04	80.37	39.16	41.19
宁德市	**Ningde**	**1808.01**	**472.38**	**827.40**	**1738.35**	**411.66**	**1255.63**
宁德市辖区	District under Ningde	725.32	313.43	173.30	568.51	114.43	413.24
蕉城区	Jiaocheng	725.32	313.43	173.30	568.51	114.43	413.24
福安市	Fu'an	252.42	53.63	145.86	242.01	57.42	157.31
福鼎市	Fuding	258.83	41.62	162.10	438.03	71.82	365.79
霞浦县	Xiapu	147.69	16.44	86.03	164.51	50.33	114.17
古田县	Gutian	167.85	17.06	111.48	136.81	45.20	91.60
屏南县	Pingnan	68.62	6.6	43.88	73.99	25.01	48.97
寿宁县	Shouning	75.25	7.96	46.07	43.03	22.78	20.26
周宁县	Zhouning	65.94	8.64	35.92	37.47	10.68	24.29
柘荣县	Zherong	46.10	6.99	22.76	34.00	14.00	20.00

21-11 主要农产品产量（2018年）

Output of Major Agricultural Products(2018)

单位：吨 (ton)

地区	Area	粮食 Grain Crops	油料 Oil-bearing	蔬菜 Vegetables	食用菌 Edible Fungus	茶叶 Tea	园林水果 Fruit	肉类 Meat	水产品 Aquatic Products
全 省	**Fujian**	**4985792**	**212428**	**13666962**	**1262792**	**418337**	**6398230**	**2560551**	**7821205**
福州市	**Fuzhou**	**459428**	**49936**	**3903627**	**223740**	**40257**	**775297**	**181839**	**2583963**
福州市辖区	District under Fuzhou	71655	1778	810619	7862	2345	53456	27515	311480
鼓楼区	Gulou								102321
台江区	Taijiang								
仓山区	Cangshan			39770			1385		4651
马尾区	Mawei	2082	59	50340			10183	2306	25248
晋安区	Jin'an	3462		141014	654	2212	5364	4010	990
长乐区	Changle	66111	1719	579495	7208	133	36524	21199	178270
福清市	Fuqing	100446	29673	726029	2831	356	110739	56826	512118
闽侯县	Minhou	55942	2174	1069598	19589	1525	144757	43275	20421
连江县	Lianjiang	40630	708	115422	5026	12160	25734	10035	1102931
罗源县	Luoyuan	31033	295	122644	139858	7270	51859	9614	196781
闽清县	Minqing	53577	2655	451080	28429	2932	159886	13432	6707
永泰县	Yongtai	89390	5718	543876	20145	13669	226844	10860	10250
平潭县	Pingtan	16755	6935	64359			2022	10282	423275
厦门市	**Xiamen**	**22929**	**3799**	**514513**	**28756**	**1452**	**73194**	**42591**	**70538**
厦门市辖区	District under Xiamen	22929	3799	514513	28756	1452	73194	42591	70538
思明区	Siming								49542
海沧区	Haicang	349	45	36852			3310	2555	599
湖里区	Huli								
集美区	Jimei	1101	156	41231	12	3	31078	1877	2748
同安区	Tong'an	11748	1278	230218	1514	1437	29046	19321	6295
翔安区	Xiang'an	9731	2320	206212	27230	12	9760	18838	11354
莆田市	**Putian**	**182605**	**38681**	**595476**	**39240**	**4235**	**172995**	**105000**	**938683**
莆田市辖区	District under Putian	98795	31042	490278	11966	1556	78624	76474	923970
城厢区	Chengxiang	11847	2070	312132		43	22764	12589	54412
涵江区	Hanjiang	22584	2194	17094	11966	689	35073	29331	55290
荔城区	Licheng	26230	3678	92431		824	19667	8750	85226
秀屿区	Xiuyu	38134	23100	68621			1120	25804	729042
仙游县	Xianyou	83810	7639	105198	27274	2679	94371	28526	14713
三明市	**Sanming**	**933650**	**12261**	**1790638**	**128123**	**43064**	**780604**	**181010**	**106840**
三明市辖区	District under Sanming	19985	353	404852	1840	508	125757	23638	2434
梅列区	Meilie	3969	161	117938	496	20	37828	4916	1254
三元区	Sanyuan	16016	192	286914	1344	488	87929	18722	1180
永安市	Yong'an	65657	987	89461	6228	2027	92771	25704	12596
明溪县	Mingxi	78031	1553	96221	7323	3108	54203	6531	7309
清流县	Qingliu	77310	1889	160805	2890	2199	69026	10216	25095
宁化县	Ninghua	174695	2776	461030	7400	4894	16613	17721	9834
大田县	Datian	87155	987	208363	18982	12132	91540	21430	7758
尤溪县	Youxi	133358	787	159863	40310	11502	91631	26123	9670
沙县	Shaxian	74995	1142	65906	7615	3699	93250	27565	8007
将乐县	Jiangle	75576	828	24331	15788	647	26914	8520	4628
泰宁县	Taining	57717	682	75986	12702	766	928	7640	12679
建宁县	Jianning	89171	277	898598	7031	1582	117971	5922	6830
泉州市	**Quanzhou**	**485046**	**44710**	**8213**	**87089**	**83585**	**131667**	**182236**	**1078301**
泉州市辖区	District under Quanzhou	25708	5121	89947	263	512	7665	18705	104909
鲤城区	Licheng	175	28	7382	45		374	164	86
丰泽区	Fengze	399	136	25123	174	2	775	87	14632
洛江区	Luojiang	11323	1926	28247		93	3514	9307	1529
泉港区	Quangang	13811	3031	29195	44	417	3002	9147	88662

注：本表粮食产量中的稻谷产量为原报面积推算的抽样调查数，非稻谷部分产量为全面统计数，肉类产量中猪、禽产量全省为抽样调查数，省以下为全面统计数。

Note:The grain output in this table is calculated on spot check basis,including medium-pig production and poultry production.Part of rice production is comprehensive,Below the provincial level is comprehensive.

21-11 续表

Continued

单位：吨 (ton)

地区	Area	粮食 Grain Crops	油料 Oil-bearing	蔬菜 Vegetables	食用菌 Edible Fungus	茶叶 Tea	园林水果 Fruit	肉类 Meat	水产品 Aquatic Products
石狮市	Shishi	4981	822	168488	65		2421	25	250877
晋江市	Jinjiang	23329	5860	109056	8325		4221	5992	421710
南安市	Nan'an	149691	8177	66497	15139	1064	20456	69323	57398
惠安县	Hui'an	52728	20623	223815	950	38	2851	28481	239538
安溪县	Anxi	85224	3254	127478	1033	71236	10706	25545	1584
永春县	Yongchun	87431	566	105104	59697	9314	61404	17189	863
德化县	Dehua	55954	287	2224221	1617	1421	21943	16976	1422
漳州市	**Zhangzhou**	**412882**	**31167**	**39381**	**382767**	**51433**	**3275601**	**327319**	**1933052**
漳州市辖区	District under Zhangzhou	3285	716	292359	34641	135	54533	20800	18932
芗城区	Xiangcheng	2902	468	53272	32230	127	53461	16446	11192
龙文区	Longwen	383	248	239087	2411	8	1072	4354	7740
龙海市	Longhai	53577	1805	165683	162030	152	189748	41359	396226
云霄县	Yunxiao	48796	2446	662806	15719	1323	268381	13567	249693
漳浦县	Zhangpu	112705	13099	262457	32655	310	222296	40120	381011
诏安县	Zhao'an	70885	4874	131937	7856	11277	229703	22705	417376
长泰县	Changtai	37124	2752	70483	7313	2972	53167	19478	23274
东山县	Dongshan	8569	2512	314248			8656	5000	419836
南靖县	Nanjing	34985	1642	182347	80432	7082	292906	124509	17000
平和县	Pinghe	24770	290	102520	9263	9969	1816582	21751	6334
华安县	Hua'an	18186	1031	1383882	32858	18213	139629	18030	3370
南平市	**Nanping**	**1199346**	**10272**	**168481**	**136514**	**72449**	**355945**	**850121**	**85418**
南平市辖区	District under Nanping	271916	1639	292577	33432	5958	52480	72563	17758
延平区	Yanping	59857	682	198042	14726	158	11617	56426	8983
建阳区	Jianyang	212059	957	94535	18706	5800	40863	16137	8775
邵武市	Shaowu	182560	3909	137059	11894	9151	10674	19778	16390
武夷山市	Wuyishan	106805	1598	318147	10640	19481	18561	11544	6356
建瓯市	Jian'ou	212652	1151	47922	9081	15319	191485	25380	12514
顺昌县	Shunchang	48290	320	105344	55334	230	69351	11641	4609
浦城县	Pucheng	213872	978	69974	3691	1851	1821	219721	10253
光泽县	Guangze	61726	366	102297	4510	1348	1425	421831	10967
松溪县	Songxi	50559	161	142081	7050	6954	4324	5595	4815
政和县	Zhenghe	50966	150	1413697	882	12157	5824	62068	1756
龙岩市	**Longyan**	**820044**	**15788**	**116899**	**46701**	**22028**	**348055**	**608486**	**57307**
龙岩市辖区	District under Longyan	152817	3077	360399	3952	2532	142939	241620	9810
新罗区	Xinluo	50349	1805	235968	1735	975	14231	162740	5760
永定区	Yongding	102468	1272	124431	2217	1557	128708	78880	4050
漳平市	Zhangping	57972	986		23311	11943	50833	31414	5771
长汀县	Changting	166747	4300	233101	5137	1858	16915	71866	11199
上杭县	Shanghang	159922	2732	334118	4556	1536	86144	133622	7536
武平县	Wuping	155068	1019	153405	6908	2883	35645	80073	11828
连城县	Liancheng	127518	3674	215775	2837	1276	15579	49891	11163
宁德市	**Ningde**	**469862**	**5814**	**942310**	**189862**	**99834**	**484872**	**81949**	**967103**
宁德市辖区	District under Ningde	31416	1317	106805	574	10866	41399	16703	202902
蕉城区	Jiaocheng	31416	1317	106805	574	10866	41399	16703	202902
福安市	Fu'an	77231	1639	266502	6932	24006	202535	10677	96578
福鼎市	Fuding	60984	339	164634	15920	26998	38000	5441	208203
霞浦县	Xiapu	43929	1590	113469	6049	6761	63442	8012	434133
古田县	Gutian	112082	410	73281	118818	910	93269	16436	17406
屏南县	Pingnan	45281		63035	21395	510	11093	10200	2723
寿宁县	Shouning	51654	106	93941	12289	18389	21638	4935	2132
周宁县	Zhouning	25743	320	40178	2207	6393	9430	5604	1894
柘荣县	Zherong	21542	93	20465	5678	5001	4066	3941	1132

21-12 农作物播种面积（2018年）

Sown Areas of Farm Crops(2018)

单位：千公顷 (1000 hectares)

项目	Item	农作物播种面积 Sown Areas of Farm Crops	粮食作物 Grain Crops	稻谷 Rice	薯类 Sweet Potato	豆类 Bean	非粮作物 Non-grain Crops
全　省	**Fujian**	**1621.42**	**833.51**	**619.61**	**142.37**	**37.92**	**787.91**
福州市	**Fuzhou**	**248.06**	**83.33**	**39.97**	**35.82**	**5.74**	**164.73**
福州市辖区	District under Fuzhou	42.06	12.31	5.85	6.40	0.06	29.75
鼓楼区	Gulou						
台江区	Taijiang						
仓山区	Cangshan	1.91					1.91
马尾区	Mawei	2.39	0.37	0.26	0.12		2.01
晋安区	Jin'an	5.97	0.55	0.20	0.34	0.01	5.42
长乐区	Changle	31.79	11.39	5.40	5.94	0.05	20.40
福清市	Fuqing	53.77	17.78	6.73	9.58	1.34	35.99
闽侯县	Minhou	47.83	10.75	5.12	4.07	1.10	37.08
连江县	Lianjiang	13.33	7.23	4.36	2.15	0.66	6.11
罗源县	Luoyuan	13.63	6.06	3.24	2.23	0.56	7.57
闽清县	Minqing	27.51	9.38	6.58	1.91	0.82	18.13
永泰县	Yongtai	40.46	16.30	8.07	6.16	1.02	24.16
平潭县	Pingtan	9.46	3.52	0.01	3.31	0.19	5.95
厦门市	**Xiamen**	**21.60**	**4.02**	**1.97**	**1.70**	**0.09**	**17.59**
厦门市辖区	District under Xiamen	21.60	4.01	1.97	1.70	0.09	17.59
思明区	Siming						
海沧区	Haicang	1.35	0.07	0.05	0.06	…	1.28
湖里区	Huli				0.02	0.01	
集美区	Jimei	2.63	0.20	0.14			2.43
同安区	Tong'an	9.06	2.18	1.36	0.50	0.07	6.88
翔安区	Xiang'an	8.56	1.56	0.42	1.12	0.01	7.00
莆田市	**Putian**	**65.93**	**30.21**	**18.78**	**7.76**	**2.50**	**35.72**
莆田市辖区	District under Putian	44.48	16.79	7.93	6.45	1.72	27.70
城厢区	Chengxiang	3.61	1.91	1.05	0.45	0.20	1.69
涵江区	Hanjiang	8.75	3.72	2.88	0.58	0.22	5.03
荔城区	Licheng	15.04	4.53	3.00	0.97	0.45	10.51
秀屿区	Xiuyu	17.10	6.63	1.00	4.44	0.85	10.47
仙游县	Xianyou	21.44	13.42	10.85	1.32	0.78	8.02
三明市	**Sanming**	**293.12**	**159.51**	**121.26**	**17.61**	**10.16**	**133.61**
三明市辖区	District under Sanming	9.23	3.19	2.37	0.37	0.26	6.04
梅列区	Meilie	3.14	0.70	0.41	0.13	0.07	2.43
三元区	Sanyuan	6.09	2.49	1.95	0.24	0.19	3.60
永安市	Yong'an	22.77	10.83	8.72	0.77	0.63	11.93
明溪县	Mingxi	24.09	13.92	9.14	1.52	2.33	10.17
清流县	Qingliu	37.04	14.24	9.36	1.90	1.42	22.81
宁化县	Ninghua	52.91	31.27	21.42	2.90	3.46	21.63
大田县	Datian	37.84	16.23	10.26	4.15	0.97	21.61
尤溪县	Youxi	33.66	22.28	17.63	3.63	0.42	11.39
沙县	Shaxian	20.83	11.88	10.10	0.98	0.18	8.95
将乐县	Jiangle	18.54	12.03	10.68	0.64	0.20	6.51
泰宁县	Taining	14.31	9.68	8.34	0.51	0.07	4.62
建宁县	Jianning	21.90	13.95	13.25	0.24	0.21	7.95
泉州市	**Quanzhou**	**153.81**	**85.41**	**56.35**	**26.43**	**1.26**	**68.40**
泉州市辖区	District under Quanzhou	8.85	4.14	2.20	1.70	0.07	4.72
鲤城区	Licheng	0.37	0.03	0.01	0.02	…	0.33
丰泽区	Fengze	0.46	0.07	0.01	0.06		0.39
洛江区	Luojiang	3.62	1.83	1.23	0.52	0.02	1.78

21-12 续表

Continued

单位：千公顷 (1000 hectares)

项目	Item	农作物播种面积 Sown Areas of Farm Crops	粮食作物 Grain Crops	稻谷 Rice	薯类 Sweet Potato	豆类 Bean	非粮作物 Non-grain Crops
泉港区	Quangang	4.41	2.20	0.94	1.11	0.05	2.21
石狮市	Shishi	3.05	1.08	0.10	0.76	0.05	1.97
晋江市	Jinjiang	13.60	3.67	0.69	2.57	0.15	9.94
南安市	Nan'an	35.86	25.31	22.10	2.99	0.13	10.55
惠安县	Hui'an	20.27	10.29	3.22	6.23	0.50	9.97
安溪县	Anxi	32.62	17.92	9.86	7.56	0.27	14.70
永春县	Yongchun	24.29	14.34	11.81	2.47	0.06	9.95
德化县	Dehua	15.27	8.68	6.37	2.15	0.03	6.59
漳州市	**Zhangzhou**	**170.60**	**62.08**	**48.74**	**7.93**	**2.90**	**108.52**
漳州市辖区	District under Zhangzhou	4.86	0.63	0.27	0.15	0.21	4.23
芗城区	Xiangcheng	2.72	0.56	0.27	0.09	0.20	2.16
龙文区	Longwen	2.14	0.07		0.06	...	2.07
龙海市	Longhai	21.38	7.95	6.53	1.04	0.27	13.42
云霄县	Yunxiao	16.91	7.11	6.31	0.60	0.18	9.80
漳浦县	Zhangpu	49.05	16.18	12.15	2.84	0.83	32.87
诏安县	Zhao'an	22.35	10.62	9.23	0.97	0.37	11.73
长泰县	Changtai	12.30	5.76	3.02	0.34	0.64	6.53
东山县	Dongshan	4.99	1.35	0.06	1.24	0.04	3.64
南靖县	Nanjing	20.05	5.66	5.22	0.18	0.21	14.38
平和县	Pinghe	9.96	4.09	3.71	0.20	0.09	5.87
华安县	Hua'an	8.77	2.72	2.25	0.37	0.06	6.06
南平市	**Nanping**	**296.19**	**192.23**	**157.76**	**12.52**	**8.67**	**103.95**
南平市辖区	District under Nanping	67.50	43.66	38.42	4.06	2.55	23.83
延平区	Yanping	20.70	10.70	8.97	0.64	0.54	9.99
建阳区	Jianyang	46.80	32.96	29.45	3.41	2.01	13.84
邵武市	Shaowu	45.28	31.84	23.25	0.74	0.67	13.44
武夷山市	Wuyishan	26.94	15.90	13.74	3.42	3.80	11.04
建瓯市	Jian'ou	50.12	34.26	23.50	1.58	0.41	15.85
顺昌县	Shunchang	12.92	8.28	7.26	0.27	0.36	4.64
浦城县	Pucheng	42.69	32.23	28.88	0.88	0.54	10.46
光泽县	Guangze	17.99	9.91	9.36	0.16	0.24	8.08
松溪县	Songxi	14.01	7.76	6.80	0.24	0.02	6.25
政和县	Zhenghe	18.74	8.39	6.56	1.18	0.08	10.35
龙岩市	**Longyan**	**208.17**	**127.64**	**114.80**	**9.20**	**2.07**	**80.53**
龙岩市辖区	District under Longyan	38.79	24.31	22.53	0.83	0.13	14.48
新罗区	Xinluo	13.83	7.97	6.83	0.56	0.08	5.86
永定区	Yongding	24.96	16.34	15.70	0.27	0.05	8.62
漳平市	Zhangping	20.32	8.96	8.29	2.31	0.66	11.37
长汀县	Changting	39.65	25.19	21.88	0.50	0.06	14.47
上杭县	Shanghang	43.34	24.52	22.31	1.38	0.62	18.82
武平县	Wuping	34.05	24.42	23.77	0.36	0.23	9.64
连城县	Liancheng	32.00	20.25	16.02	3.82	0.37	11.75
宁德市	**Ningde**	**163.94**	**89.09**	**59.97**	**23.40**	**4.52**	**74.85**
宁德市辖区	District under Ningde	12.81	6.30	4.08	1.92	0.21	6.51
蕉城区	Jiaocheng	12.81	6.30	4.08	1.92	0.21	6.51
福安市	Fu'an	35.12	16.09	8.25	6.31	1.47	19.03
福鼎市	Fuding	28.97	12.52	5.88	5.07	1.33	16.45
霞浦县	Xiapu	17.90	8.61	4.55	3.50	0.47	9.29
古田县	Gutian	25.23	19.66	17.71	1.71	0.16	5.57
屏南县	Pingnan	12.14	7.67	6.80	0.64	0.09	4.47
寿宁县	Shouning	16.31	9.99	5.93	3.11	0.60	6.32
周宁县	Zhouning	7.45	4.53	3.47	0.80	0.16	2.92
柘荣县	Zherong	8.01	3.72	3.31	0.35	0.03	4.29

21-13 规模以上工业增加值增速（2018年）
Growth Rate of Value-added of Industrial Enterprises above Designated Size(2018)

单位：% (%)

地区	Area	工业增加值比上年增长 Ratio	轻工业 Light Industy	重工业 Heavy Industry
全　省	**Fujian**	**9.1**	**8.9**	**9.2**
福州市	**Fuzhou**	**9.0**	**7.3**	**10.9**
福州市辖区	District under Fuzhou	8.7	7.6	10.6
鼓楼区	Gulou	8.3	11.0	7.9
台江区	Taijiang	8.5	-26.9	10.9
仓山区	Cangshan	8.5	5.4	12.8
马尾区	Mawei	8.9	10.8	7.1
晋安区	Jin'an	8.6	9.7	6.9
长乐区	Changle	8.9	7.3	16.1
福清市	Fuqing	9.0	5.3	11.5
闽侯县	Minhou	8.9	14.6	5.2
连江县	Lianjiang	9.1	5.1	19.6
罗源县	Luoyuan	9.1	14.4	8.4
闽清县	Minqing	8.4	6.2	8.7
永泰县	Yongtai	8.4	6.3	11.3
平潭县	Pingtan	3.9	2.9	4.1
厦门市	**Xiamen**	**8.8**	**7.5**	**9.4**
厦门市辖区	District under Xiamen	8.8	7.5	9.4
思明区	Siming	8.0	1.9	9.6
海沧区	Haicang	8.9	9.0	8.7
湖里区	Huli	10.0	-3.4	11.8
集美区	Jimei	8.1	11.6	5.9
同安区	Tong'an	8.1	7.6	8.7
翔安区	Xiang'an	8.4	7.5	8.6
莆田市	**Putian**	**9.1**	**7.5**	**13.2**
莆田市辖区	District under Putian	9.3	8.5	11.0
城厢区	Chengxiang	9.1	8.3	11.5
涵江区	Hanjiang	8.8	6.5	14.3
荔城区	Licheng	8.8	12.6	-13.0
秀屿区	Xiuyu	11.3	8.0	14.2
仙游县	Xianyou	8.3	3.1	28.0
三明市	**Sanming**	**8.9**	**9.1**	**8.8**
三明市辖区	District under Sanming	8.9	11.8	8.4
梅列区	Meilie	9.2	4.3	9.5
三元区	Sanyuan	8.5	12.5	7.0
永安市	Yong'an	8.8	6.2	10.0
明溪县	Mingxi	8.9	8.0	9.4
清流县	Qingliu	9.4	15.2	6.6
宁化县	Ninghua	9.3	15.6	1.9
大田县	Datian	8.6	7.8	8.9
尤溪县	Youxi	8.3	8.7	7.2
沙县	Shaxian	9.1	2.6	14.3
将乐县	Jiangle	9.5	18.4	3.3
泰宁县	Taining	8.7	16.7	-0.2
建宁县	Jianning	9.0	6.9	11.1
泉州市	**Quanzhou**	**9.1**	**8.7**	**9.7**
泉州市辖区	District under Quanzhou	8.2	10.3	6.0
鲤城区	Licheng	9.2	9.3	8.8
丰泽区	Fengze	3.2	-0.4	6.5
洛江区	Luojiang	11.0	8.0	23.8

21-13 续表

Continued

单位：%　　　　(%)

地区	Area	工业增加值比上年增长 Ratio	轻工业 Light Industy	重工业 Heavy Industry
泉港区	Quangang	7.9	20.6	4.6
石狮市	Shishi	9.7	8.1	14.8
晋江市	Jinjiang	8.1	7.4	10.7
南安市	Nan'an	10.0	8.2	11.0
惠安县	Hui'an	10.7	10.1	11.4
安溪县	Anxi	9.6	9.2	10.4
永春县	Yongchun	10.3	10.7	8.5
德化县	Dehua	10.9	11.6	7.4
漳州市	**Zhangzhou**	**9.2**	**8.3**	**10.3**
漳州市辖区	District under Zhangzhou	9.4	7.1	13.2
芗城区	Xiangcheng	9.3	8.3	10.6
龙文区	Longwen	9.5	16.9	-3.2
龙海市	Longhai	8.9	7.8	10.4
云霄县	Yunxiao	9.5	14.3	3.2
漳浦县	Zhangpu	9.7	2.6	24.7
诏安县	Zhao'an	9.5	10.0	8.1
长泰县	Changtai	8.8	7.4	10.2
东山县	Dongshan	9.6	9.2	11.8
南靖县	Nanjing	9.3	9.5	9.1
平和县	Pinghe	9.4	9.2	9.6
华安县	Hua'an	9.5	10.7	8.4
南平市	**Nanping**	**8.8**	**11.1**	**5.7**
南平市辖区	District under Nanping	7.6	10.8	4.9
延平区	Yanping	6.2	8.7	4.8
建阳区	Jianyang	9.2	13.2	5.0
邵武市	Shaowu	7.1	11.1	1.9
武夷山市	Wuyishan	10.0	10.1	9.0
建瓯市	Jian'ou	8.5	11.1	4.7
顺昌县	Shunchang	10.4	11.0	10.1
浦城县	Pucheng	3.4	6.8	2.5
光泽县	Guangze	9.7	11.5	0.7
松溪县	Songxi	9.7	8.9	11.3
政和县	Zhenghe	9.5	9.2	10.1
龙岩市	**Longyan**	**9.0**	**5.1**	**11.7**
龙岩市辖区	District under Longyan	8.3	4.6	10.8
新罗区	Xinluo	8.7	6.2	11.0
永定区	Yongding	5.0	-7.9	8.6
漳平市	Zhangping	9.4	7.1	10.7
长汀县	Changting	9.5	4.8	13.4
上杭县	Shanghang	10.3	-21.8	11.2
武平县	Wuping	9.4	8.5	9.9
连城县	Liancheng	10.2	4.9	18.3
宁德市	**Ningde**	**9.2**	**11.8**	**7.2**
宁德市辖区	District under Ningde	23.4	22.5	33.6
蕉城区	Jiaocheng	24.4	20.5	43.7
福安市	Fu'an	8.1	-19.5	9.1
福鼎市	Fuding	2.0	0.2	3.2
霞浦县	Xiapu	2.7	3.9	0.2
古田县	Gutian	0.4	4.0	-5.6
屏南县	Pingnan	-52.0	-57.8	-42.1
寿宁县	Shouning	0.5	-6.2	5.1
周宁县	Zhouning	-7.2	0.6	-11.7
柘荣县	Zherong	-3.8	-7.0	0.6

21-14 规模以上工业企业主要财务指标（2018年）

Finacial Indicators of Industrial Enterprises above Designated Size(2018)

单位：亿元 (100 million)

地区	Area	固定资产合计 Total Value of Fixed Assets	流动资产合计 Circulating Funds	主营业务收入 Sale of Products	利润总额 Total Profits	利税总额 Total Pre-tax Profits
全　省	**Fujian**	**20143.13**	**18968.09**	**50640.07**	**4180.27**	**5793.33**
福州市	**Fuzhou**	**4406.41**	**3516.50**	**8980.03**	**592.16**	**807.02**
福州市辖区	District under Fuzhou	2040.48	1733.20	4912.28	243.11	341.68
鼓楼区	Gulou	66.31	115.15	125.33	11.14	14.97
台江区	Taijiang	522.74	31.05	281.47	1.63	10.64
仓山区	Cangshan	145.66	310.90	836.26	39.34	71.83
马尾区	Mawei	193.31	405.54	789.67	26.11	41.60
晋安区	Jin'an	76.30	108.53	515.21	16.86	27.70
长乐区	Changle	1036.16	762.03	2364.34	148.02	174.94
福清市	Fuqing	1318.81	987.59	1766.39	137.39	180.09
闽侯县	Minhou	263.95	358.11	963.85	58.33	99.78
连江县	Lianjiang	304.77	203.89	634.08	103.22	114.97
罗源县	Luoyuan	217.03	143.73	436.95	26.17	34.40
闽清县	Minqing	169.52	54.22	179.22	21.89	31.07
永泰县	Yongtai	35.04	21.21	59.29	2.81	5.02
平潭县	Pingtan	56.82	14.55	27.97	-0.76	…
厦门市	**Xiamen**	**2805.58**	**3857.61**	**6126.24**	**369.67**	**588.18**
厦门市辖区	District under Xiamen	2805.58	3857.61	6126.24	369.67	588.18
思明区	Siming	394.97	248.26	369.24	24.19	37.08
海沧区	Haicang	595.17	866.32	1171.05	103.37	215.70
湖里区	Huli	306.10	919.66	1608.29	78.52	105.04
集美区	Jimei	373.26	637.55	862.79	66.65	94.03
同安区	Tong'an	301.26	491.37	801.58	41.30	63.38
翔安区	Xiang'an	834.84	694.44	1313.27	55.65	72.95
莆田市	**Putian**	**1116.61**	**903.34**	**3141.68**	**292.07**	**371.96**
莆田市辖区	District under Putian	958.98	728.29	2543.88	222.93	287.97
城厢区	Chengxiang	165.42	93.49	374.16	29.20	37.53
涵江区	Hanjiang	245.72	213.52	889.13	99.03	125.85
荔城区	Licheng	64.87	173.67	628.79	34.93	46.35
秀屿区	Xiuyu	482.97	247.60	651.80	59.77	78.23
仙游县	Xianyou	157.64	175.05	597.81	69.14	83.99
三明市	**Sanming**	**1889.75**	**734.40**	**4189.97**	**207.67**	**280.49**
三明市辖区	District under Sanming	594.37	227.38	982.16	88.49	118.59
梅列区	Meilie	282.43	162.02	556.11	65.51	85.71
三元区	Sanyuan	311.94	65.37	426.05	22.98	32.88
永安市	Yong'an	463.76	157.54	958.75	9.91	21.35
明溪县	Mingxi	112.63	19.35	120.55	4.76	6.75
清流县	Qingliu	36.50	20.73	123.01	19.65	23.65
宁化县	Ninghua	103.46	16.89	144.08	6.65	9.08
大田县	Datian	83.80	51.16	368.98	9.07	17.05
尤溪县	Youxi	49.31	53.17	294.02	11.13	14.94
沙县	Shaxian	120.01	126.80	754.85	41.93	47.93
将乐县	Jiangle	173.11	32.91	187.73	4.91	7.72
泰宁县	Taining	109.34	13.32	99.28	2.41	3.37
建宁县	Jianning	43.46	15.16	156.57	8.76	10.07
泉州市	**Quanzhou**	**4874.01**	**4829.90**	**15200.39**	**1358.20**	**1929.43**
泉州市辖区	District under Quanzhou	1591.80	1067.27	3477.16	331.31	520.11
鲤城区	Licheng	201.08	409.22	835.81	88.65	106.70
丰泽区	Fengze	458.33	111.07	422.44	16.17	28.85
洛江区	Luojiang	135.94	120.26	516.77	61.78	69.86
泉港区	Quangang	796.44	426.71	1702.14	164.71	314.70
石狮市	Shishi	675.06	390.23	1026.87	87.97	111.04

21-14 续表

Continued

单位：亿元 (100 million)

地区	Area	固定资产合计 Total Value of Fixed Assets	流动资产合计 Circulating Funds	主营业务收入 Sale of Products	利润总额 Total Profits	利税总额 Total Pre-tax Profits
晋江市	Jinjiang	899.59	1824.86	4576.24	315.32	446.32
南安市	Nan'an	343.11	706.54	2199.61	194.27	240.48
惠安县	Hui'an	875.63	513.09	2162.46	212.57	350.47
安溪县	Anxi	348.74	172.00	804.13	122.91	144.49
永春县	Yongchun	79.44	98.81	668.12	79.80	93.25
德化县	Dehua	60.64	57.11	285.80	14.05	23.26
漳州市	**Zhangzhou**	**1824.10**	**1954.31**	**5526.78**	**646.70**	**794.91**
漳州市辖区	District under Zhangzhou	402.75	377.31	1211.86	121.81	155.86
芗城区	Xiangcheng	331.53	267.01	916.83	91.79	118.66
龙文区	Longwen	71.22	110.31	295.03	30.02	37.20
龙海市	Longhai	674.22	591.42	1433.89	157.02	207.32
云霄县	Yunxiao	54.79	74.15	305.88	37.36	44.81
漳浦县	Zhangpu	161.07	240.98	453.19	55.54	64.59
诏安县	Zhao'an	77.64	95.85	331.77	47.16	55.44
长泰县	Changtai	138.62	185.57	593.35	79.61	91.71
东山县	Dongshan	75.09	108.25	323.17	29.19	39.61
南靖县	Nanjing	124.39	166.22	462.07	69.51	77.68
平和县	Pinghe	37.14	38.65	199.72	22.54	27.16
华安县	Hua'an	78.40	75.91	211.89	26.97	30.74
南平市	**Nanping**	**754.71**	**507.84**	**1892.57**	**137.80**	**187.61**
南平市辖区	District under Nanping	304.49	184.84	561.84	35.19	50.07
延平区	Yanping	247.42	105.63	303.29	14.90	23.98
建阳区	Jianyang	57.07	79.21	258.54	20.29	26.09
邵武市	Shaowu	67.94	80.88	354.81	32.60	47.98
武夷山市	Wuyishan	75.82	18.30	127.46	4.92	6.51
建瓯市	Jian’ou	51.12	56.61	266.27	17.24	24.37
顺昌县	Shunchang	49.14	29.45	155.09	10.08	12.22
浦城县	Pucheng	66.37	38.96	151.52	11.80	14.79
光泽县	Guangze	80.78	60.38	113.46	10.68	11.50
松溪县	Songxi	14.01	15.68	74.91	7.46	9.34
政和县	Zhenghe	45.04	22.73	87.20	7.84	10.83
龙岩市	**Longyan**	**931.86**	**1010.55**	**2595.11**	**228.92**	**409.91**
龙岩市辖区	District under Longyan	523.63	535.40	1112.08	106.48	243.67
新罗区	Xinluo	392.98	484.13	977.84	96.78	227.77
永定区	Yongding	130.65	51.27	134.24	9.69	15.90
漳平市	Zhangping	104.56	73.45	199.31	21.48	29.43
长汀县	Changting	48.33	61.09	230.81	26.68	44.41
上杭县	Shanghang	162.21	260.35	666.38	32.14	41.77
武平县	Wuping	60.29	44.56	176.74	22.53	27.88
连城县	Liancheng	32.84	35.70	209.80	19.61	22.76
宁德市	**Ningde**	**1540.10**	**1653.65**	**2987.30**	**347.08**	**423.82**
宁德市辖区	District under Ningde	501.59	847.75	749.14	109.78	135.18
蕉城区	Jiaocheng	501.59	847.75	749.14	109.78	135.18
福安市	Fu'an	293.53	501.14	1246.97	142.09	164.46
福鼎市	Fuding	611.73	188.63	702.31	66.93	86.09
霞浦县	Xiapu	41.00	51.48	128.11	11.13	14.38
古田县	Gutian	26.49	21.10	50.26	5.55	7.70
屏南县	Pingnan	29.32	13.44	11.64	0.22	0.91
寿宁县	Shouning	18.82	12.84	37.79	4.87	6.69
周宁县	Zhouning	6.43	4.66	12.93	0.66	0.91
柘荣县	Zherong	11.19	12.61	48.15	5.85	7.50

21-15 运输邮电基本情况（2018年）

Basic Indicators of Transportation and Post(2018)

单位：公里 (KM)

地区	Area	农村投递路线总长度 Rural Delivery Routes	公路通车里程 Length of Highways in Operation
全　省	**Fujian**	**102319**	**108901**
福州市	**Fuzhou**	**11754**	**12118**
福州市辖区	District under Fuzhou		
鼓楼区	Gulou		
台江区	Taijiang		
仓山区	Cangshan		114
马尾区	Mawei		241
晋安区	Jin'an	793	498
长乐区	Changle	1523	1078
福清市	Fuqing	2037	2128
闽侯县	Minhou	2688	1735
连江县	Lianjiang	1072	1230
罗源县	Luoyuan	861	975
闽清县	Minqing	931	1513
永泰县	Yongtai	1014	1966
平潭县	Pingtan	835	641
厦门市	**Xiamen**	**8317**	**2172**
厦门市辖区	District under Xiamen		
思明区	Siming	8317	68
海沧区	Haicang		210
湖里区	Huli		66
集美区	Jimei		302
同安区	Tong'an		1053
翔安区	Xiang'an		472
莆田市	**Putian**	**4805**	**6536**
莆田市辖区	District under Putian		
城厢区	Chengxiang		706
涵江区	Hanjiang		1199
荔城区	Licheng	3504	637
秀屿区	Xiuyu		1298
仙游县	Xianyou	1301	2695
三明市	**Sanming**	**11814**	**15273**
三明市辖区	District under Sanming		
梅列区	Meilie	878	387
三元区	Sanyuan		596
永安市	Yong'an	1459	1763
明溪县	Mingxi	550	1144
清流县	Qingliu	863	919
宁化县	Ninghua	989	1519
大田县	Datian	1493	1792
尤溪县	Youxi	1389	2642
沙县	Shaxian	1536	1254
将乐县	Jiangle	1280	1206
泰宁县	Taining	531	952
建宁县	Jianning	847	1100
泉州市	**Quanzhou**	**25394**	**17697**
泉州市辖区	District under Quanzhou		
鲤城区	Licheng	3378	181
丰泽区	Fengze		316
洛江区	Luojiang		512
泉港区	Quangang		496
石狮市	Shishi	591	553
晋江市	Jinjiang	7167	2014
南安市	Nan'an	6861	3361
惠安县	Hui'an	2607	1145
安溪县	Anxi	1996	4108
永春县	Yongchun	1670	2703
德化县	Dehua	1124	2308
漳州市	**Zhangzhou**	**11203**	**12555**
漳州市辖区	District under Zhangzhou		
芗城区	Xiangcheng	1749	374
龙文区	Longwen		301
龙海市	Longhai	1931	1562
云霄县	Yunxiao	550	807
漳浦县	Zhangpu	2274	1671
诏安县	Zhao'an	984	1270
长泰县	Changtai	521	1077
东山县	Dongshan	672	434
南靖县	Nanjing	1115	2032
平和县	Pinghe	934	1656
华安县	Hua'an	473	1372
南平市	**Nanping**	**9848**	**15890**
南平市辖区	District under Nanping		
延平区	Yanping	1370	2251
建阳区	Jianyang	1324	1505
邵武市	Shaowu	817	1692
武夷山市	Wuyishan	843	1349
建瓯市	Jian’ou	1204	2610
顺昌县	Shunchang	846	1195
浦城县	Pucheng	1181	1983
光泽县	Guangze	523	1075
松溪县	Songxi	451	818
政和县	Zhenghe	1291	1411
龙岩市	**Longyan**	**8502**	**14561**
龙岩市辖区	District under Longyan		
新罗区	Xinluo	1382	2199
永定区	Yongding	871	1848
漳平市	Zhangping	1376	2111
长汀县	Changting	1271	2509
上杭县	Shanghang	1185	2117
武平县	Wuping	1400	1736
连城县	Liancheng	1017	2041
宁德市	**Ningde**	**10683**	**12097**
宁德市辖区	District under Ningde		
蕉城区	Jiaocheng	997	1249
福安市	Fu'an	2467	2139
福鼎市	Fuding	1191	1679
霞浦县	Xiapu	2211	1446
古田县	Gutian	988	1647
屏南县	Pingnan	758	930
寿宁县	Shouning	924	1396
周宁县	Zhouning	591	925
柘荣县	Zherong	557	686

21-16 普通教育专任教师及在校学生数（2018年）

Number of Full-time Teachers and Students Enrollment in Regular Schools(2018)

单位：人　(person)

地区	Aera	专任教师数 Full-time Teachers			在校生数 Students Enrollment		
		普通高中 Regular Senior Secondary Schools	普通初中 Regular Junior Secondary Schools	小学 Primary Schools	普通高中 Regular Senior Secondary School	普通初中 Regular Junior Secondary Schools	小学 Primary Schools
全　省	**Fujian**	**51144**	**101846**	**172012**	**633906**	**1287133**	**3213945**
福州市	**Fuzhou**	**8667**	**17780**	**31056**	**110339**	**245154**	**599554**
福州市辖区	District under Fuzhou	3978	7257	13929	54335	112491	287345
鼓楼区	Gulou	1362	1750	2975	18402	27710	56429
台江区	Taijiang	464	692	1245	6722	10831	26320
仓山区	Cangshan	771	1758	4084	11538	27125	80491
马尾区	Mawei	312	577	885	3903	6765	16654
晋安区	Jin'an	396	988	2040	5314	18015	52310
长乐区	Changle	673	1492	2700	8456	22045	55141
福清市	Fuqing	1702	3691	6024	20891	51688	119876
闽侯县	Minhou	648	1577	2652	8465	23315	57350
连江县	Lianjiang	739	1735	2846	8566	19070	49185
罗源县	Luoyuan	272	648	1194	2822	6309	17782
闽清县	Minqing	353	920	1415	3829	9685	19072
永泰县	Yongtai	356	861	1277	4258	9189	19356
平潭县	Pingtan	619	1091	1719	7173	13407	29588
厦门市	**Xiamen**	**3893**	**8285**	**17211**	**49921**	**115718**	**328848**
厦门市辖区	District under Xiamen	3893	8285	17211	49921	115718	328848
思明区	Siming	1604	2402	4161	20796	34970	76419
海沧区	Haicang	243	847	1901	3269	10874	35013
湖里区	Huli	204	1164	3068	2498	18305	59305
集美区	Jimei	774	1479	3206	8966	20817	62180
同安区	Tong'an	710	1599	3464	9300	21005	62646
翔安区	Xiang'an	358	794	1411	5092	9747	33285
莆田市	**Putian**	**4985**	**8587**	**15357**	**63784**	**116021**	**268422**
莆田市辖区	District under Putian	3464	5787	10873	44992	80889	193524
城厢区	Chengxiang	899	1419	2281	10623	19705	40195
涵江区	Hanjiang	636	1130	2017	8677	12789	33645
荔城区	Licheng	1094	1492	2922	14825	24916	61028
秀屿区	Xiuyu	835	1746	3653	10867	23479	58656
仙游县	Xianyou	1521	2800	4484	18792	35132	74898
三明市	**Sanming**	**3851**	**7656**	**12166**	**47216**	**81852**	**203590**
三明市辖区	District under Sanming	625	982	1457	9209	12249	27592
梅列区	Meilie	246	556	765	3957	7108	15481
三元区	Sanyuan	379	426	692	5252	5141	12111
永安市	Yong'an	497	1032	1569	5854	11323	25631
明溪县	Mingxi	154	275	461	1581	2260	5770
清流县	Qingliu	185	380	683	2185	4077	10329
宁化县	Ninghua	480	765	1312	5771	8962	22842
大田县	Datian	385	961	1805	4553	9957	32165
尤溪县	Youxi	549	1203	1565	6419	9513	24642
沙县	Shaxian	422	936	1294	5130	10803	24218
将乐县	Jiangle	244	492	793	2890	5198	12747
泰宁县	Taining	159	291	586	1799	3765	8455
建宁县	Jianning	151	339	641	1825	3745	9199
泉州市	**Quanzhou**	**10644**	**20921**	**34713**	**137287**	**287417**	**772583**
泉州市辖区	District under Quanzhou	2683	4199	6669	33586	59123	139284
鲤城区	Licheng	1278	1412	1942	16554	25964	49253
丰泽区	Fengze	554	1060	2048	7183	15571	40553
洛江区	Luojiang	296	565	960	3973	7178	18002

21-16 续表

Continued

单位：人 (person)

地区	Aera	专任教师数 Full-time Teachers 普通高中 Regular Senior Secondary Schools	普通初中 Regular Junior Secondary Schools	小学 Primary Schools	在校生数 Students Enrollment 普通高中 Regular Senior Secondary School	普通初中 Regular Junior Secondary Schools	小学 Primary Schools
泉港区	Quangang	555	1162	1719	5876	10410	31476
石狮市	Shishi	716	1245	2276	11737	23973	64629
晋江市	Jinjiang	1841	3848	6811	26747	65359	183711
南安市	Nan'an	1889	3796	5599	21342	44159	126988
惠安县	Hui'an	1254	2747	3900	16079	28069	81534
安溪县	Anxi	1194	2881	5993	14412	41747	114167
永春县	Yongchun	663	1402	2122	7920	14882	37776
德化县	Dehua	404	803	1343	5464	10105	24494
漳州市	**Zhangzhou**	**6948**	**13865**	**21149**	**83735**	**166686**	**371302**
漳州市辖区	District under Zhangzhou	1526	2364	3381	19602	36406	69643
芗城区	Xiangcheng	1250	1816	2277	16616	28492	48380
龙文区	Longwen	276	548	1104	2986	7914	21263
龙海市	Longhai	1342	2385	3794	14926	26268	68515
云霄县	Yunxiao	637	1320	2125	7551	15626	30920
漳浦县	Zhangpu	994	2399	3112	13044	27055	63982
诏安县	Zhao'an	637	1421	2440	7842	17505	44232
长泰县	Changtai	264	577	908	2520	5443	16573
东山县	Dongshan	316	505	807	3049	5392	14469
南靖县	Nanjing	382	837	1347	4596	8652	19343
平和县	Pinghe	630	1621	2479	8667	19126	34015
华安县	Hua'an	220	436	756	1938	5213	9610
南平市	**Nanping**	**3687**	**7970**	**12938**	**46932**	**94305**	**206938**
南平市辖区	District under Nanping	1041	2205	3762	13039	27307	58369
延平区	Yanping	632	1344	2208	7576	15429	33139
建阳区	Jianyang	409	861	1554	5463	11878	25230
邵武市	Shaowu	349	850	1195	4343	8473	18895
武夷山市	Wuyishan	233	664	1112	3430	8078	18965
建瓯市	Jian'ou	558	1273	2107	6834	15611	37432
顺昌县	Shunchang	448	708	841	6001	5616	11335
浦城县	Pucheng	407	1042	1588	5724	14032	23625
光泽县	Guangze	220	403	804	2734	5307	10128
松溪县	Songxi	185	347	624	2114	4172	11421
政和县	Zhenghe	246	478	905	2713	5709	16768
龙岩市	**Longyan**	**4315**	**8365**	**13041**	**45721**	**83662**	**207710**
龙岩市辖区	District under Longyan	1596	3116	5429	17767	34864	86751
新罗区	Xinluo	948	1753	3409	11631	22925	58995
永定区	Yongding	648	1363	2020	6136	11939	27756
漳平市	Zhangping	315	848	1299	4091	7602	19763
长汀县	Changting	724	1260	2034	8378	14381	35325
上杭县	Shanghang	726	1197	1625	6461	11304	27963
武平县	Wuping	457	982	1391	4843	8269	19920
连城县	Liancheng	497	962	1263	4181	7242	17988
宁德市	**Ningde**	**4154**	**8417**	**14381**	**48971**	**96318**	**254998**
宁德市辖区	District under Ningde	711	1310	2615	8242	15991	49193
蕉城区	Jiaocheng	711	1310	2615	8242	15991	49193
福安市	Fu'an	935	1632	2835	11205	23267	54748
福鼎市	Fuding	666	1351	2199	8317	15918	43826
霞浦县	Xiapu	527	1173	2085	7059	13590	41495
古田县	Gutian	428	1101	1492	4626	8820	21517
屏南县	Pingnan	213	465	804	2161	3985	10632
寿宁县	Shouning	295	670	972	3289	6841	13261
周宁县	Zhouning	237	497	848	2490	4890	11921
柘荣县	Zherong	142	218	531	1582	3016	8405

21-17 卫生主要指标（2018年）

Main Indicators of Sanitation(2018)

地区	Area	卫生机构数（个）Number of Health Institutions (unit)	卫生机构床位数（张）Number of Beds in Health Institutions (set)	卫生技术人员数（人）Medical Technical Personnel (person)	#执业医师 Medical practitioner	#注册护士 Registered Nurse
全　省	**Fujian**	**27588**	**192513**	**247346**	**78738**	**109327**
福州市	**Fuzhou**	**4468**	**38829**	**59301**	**20418**	**26141**
福州市辖区	District under Fuzhou	2566	30548	48462	17272	21505
鼓楼区	Gulou	340	10122	17561	6566	7815
台江区	Taijiang	236	5233	9154	3372	4150
仓山区	Cangshan	453	4497	6954	2545	3112
马尾区	Mawei	115	768	1065	370	457
晋安区	Jin'an	359	3456	5013	1715	2259
长乐区	Changle	387	2393	3089	979	1196
福清市	Fuqing	676	4079	5626	1725	2516
闽侯县	Minhou	399	1593	2536	773	985
连江县	Lianjiang	393	1499	2364	759	923
罗源县	Luoyuan	243	1164	1237	326	571
闽清县	Minqing	300	1463	1426	381	697
永泰县	Yongtai	271	1203	1225	379	527
平潭县	Pingtan	296	1359	2051	528	933
厦门市	**Xiamen**	**1804**	**16604**	**34174**	**12755**	**15077**
厦门市辖区	District under Xiamen	1804	16604	34174	12755	15077
思明区	Siming	509	8386	15707	5759	7309
海沧区	Haicang	168	1381	3095	1221	1228
湖里区	Huli	169	1532	3083	1072	1386
集美区	Jimei	351	2876	7181	2747	3115
同安区	Tong'an	396	1572	3301	1235	1353
翔安区	Xiang'an	211	857	1807	721	686
莆田市	**Putian**	**1364**	**13855**	**15555**	**4846**	**6964**
莆田市辖区	District under Putian	1007	10500	11989	3981	5302
城厢区	Chengxiang	199	2922	3590	1292	1708
涵江区	Hanjiang	262	4486	4650	1550	2160
荔城区	Licheng	271	1230	2072	626	839
秀屿区	Xiuyu	275	1862	1677	513	595
仙游县	Xianyou	357	3355	3566	865	1662
三明市	**Sanming**	**2607**	**14675**	**16978**	**5103**	**7524**
三明市辖区	District under Sanming	254	3318	4389	1489	2039
梅列区	Meilie	140	1771	2906	1029	1341
三元区	Sanyuan	114	1547	1483	460	698
永安市	Yong'an	367	2589	2911	960	1368
明溪县	Mingxi	107	509	560	156	215
清流县	Qingliu	133	561	721	180	310
宁化县	Ninghua	276	1283	1449	409	627
大田县	Datian	477	1471	1439	399	664
尤溪县	Youxi	374	1641	1800	483	748
沙县	Shaxian	244	1224	1413	404	606
将乐县	Jiangle	139	865	875	237	370
泰宁县	Taining	119	759	827	244	315
建宁县	Jianning	117	455	594	142	262
泉州市	**Quanzhou**	**4867**	**35470**	**41621**	**13350**	**17929**
泉州市辖区	District under Quanzhou	727	11732	16628	5258	7815
鲤城区	Licheng	175	6477	8594	2612	4379
丰泽区	Fengze	225	3270	5756	1930	2557
洛江区	Luojiang	139	683	830	260	306
泉港区	Quangang	188	1302	1448	456	573
石狮市	Shishi	365	1639	3101	1100	1318

21-17 续表

Continued

地区	Area	卫生机构数（个） Number of Health Institutions (unit)	卫生机构床位数（张） Number of Beds in Health Institutions (set)	卫生技术人员数（人） Medical Technical Personnel (person)	#执业医师 Medical practitioner	#注册护士 Registered Nurse
晋江市	Jinjiang	945	5319	6867	2264	2583
南安市	Nan'an	915	5720	4540	1456	1806
惠安县	Hui'an	462	3572	3684	1174	1472
安溪县	Anxi	757	3940	3420	998	1544
永春县	Yongchun	384	2279	1898	588	758
德化县	Dehua	312	1269	1483	512	633
漳州市	**Zhangzhou**	**4367**	**24842**	**26102**	**7069**	**11344**
漳州市辖区	District under Zhangzhou	573	8699	10004	3058	4595
芗城区	Xiangcheng	366	7684	8557	2670	3996
龙文区	Longwen	207	1015	1447	388	599
龙海市	Longhai	845	3314	3675	980	1602
云霄县	Yunxiao	290	1803	1676	379	807
漳浦县	Zhangpu	705	3174	3483	838	1454
诏安县	Zhao'an	434	2210	2004	461	770
长泰县	Changtai	170	954	995	278	428
东山县	Dongshan	161	980	951	262	420
南靖县	Nanjing	365	1062	1280	337	478
平和县	Pinghe	647	2046	1525	373	607
华安县	Hua'an	177	600	509	103	183
南平市	**Nanping**	**2192**	**16054**	**17027**	**4733**	**7626**
南平市辖区	District under Nanping	522	5594	6257	1767	2953
延平区	Yanping	281	3480	3849	1186	1755
建阳区	Jianyang	241	2114	2408	581	1198
邵武市	Shaowu	162	2203	1946	550	911
武夷山市	Wuyishan	247	1173	1281	415	474
建瓯市	Jian’ou	335	2490	2484	688	1123
顺昌县	Shunchang	193	799	987	263	421
浦城县	Pucheng	290	1630	1498	413	625
光泽县	Guangze	159	700	757	209	328
松溪县	Songxi	152	647	823	182	353
政和县	Zhenghe	132	818	994	246	438
龙岩市	**Longyan**	**3000**	**18324**	**19324**	**5605**	**8950**
龙岩市辖区	District under Longyan	948	8708	9995	3301	4820
新罗区	Xinluo	589	6691	8214	2779	4089
永定区	Yongding	359	2017	1781	522	731
漳平市	Zhangping	329	1412	1344	363	561
长汀县	Changting	439	2758	2530	501	1170
上杭县	Shanghang	564	2036	2030	596	816
武平县	Wuping	459	1848	1767	429	802
连城县	Liancheng	261	1562	1658	415	781
宁德市	**Ningde**	**2919**	**13860**	**17264**	**4859**	**7772**
宁德市辖区	District under Ningde	442	3247	4339	1343	2112
蕉城区	Jiaocheng	442	3247	4339	1343	2112
福安市	Fu'an	551	2363	3052	981	1425
福鼎市	Fuding	427	2163	3292	918	1429
霞浦县	Xiapu	336	1886	2304	552	1003
古田县	Gutian	482	1397	1556	411	683
屏南县	Pingnan	180	752	666	181	294
寿宁县	Shouning	220	907	879	191	373
周宁县	Zhouning	161	645	697	131	281
柘荣县	Zherong	120	500	479	151	172

21-18 社会消费品零售总额（2018年）

Total Retail Sales of Consumer Goods(2018)

单位：万元 (10000 yuan)

地区	Area	社会消费品零售总额 Total Retail Sales of Consumer Goods 数量 Value	比上年增长(%) Ratio(%)
全　省	**Fujian**	**143174270**	**10.8**
福州市	**Fuzhou**	**46664607**	**11.3**
福州市辖区	District under Fuzhou	34447229	11.1
鼓楼区	Gulou	11358983	11.8
台江区	Taijiang	4131748	4.1
仓山区	Cangshan	5746899	12.5
马尾区	Mawei	8893508	12.8
晋安区	Jin'an	1992880	11.4
长乐区	Changle	2323210	10.0
福清市	Fuqing	4695317	11.5
闽侯县	Minhou	3173058	12.0
连江县	Lianjiang	1784850	13.5
罗源县	Luoyuan	560479	12.6
闽清县	Minqing	651724	12.4
永泰县	Yongtai	666504	12.1
平潭县	Pingtan	685447	9.7
厦门市	**Xiamen**	**15424223**	**6.6**
厦门市辖区	District under Xiamen	15424223	6.6
思明区	Siming	5794274	10.8
海沧区	Haicang	1498523	0.6
湖里区	Huli	3332780	-4.8
集美区	Jimei	1573433	13.5
同安区	Tong'an	2455397	12.0
翔安区	Xiang'an	769816	15.1
莆田市	**Putian**	**7634220**	**9.8**
莆田市辖区	District under Putian	6570882	9.4
城厢区	Chengxiang	2378479	10.9
涵江区	Hanjiang	1322737	8.8
荔城区	Licheng	2042511	8.2
秀屿区	Xiuyu	827155	9.6
仙游县	Xianyou	1063337	11.9
三明市	**Sanming**	**5884962**	**10.3**
三明市辖区	District under Sanming	1420492	12.7
梅列区	Meilie	928933	11.4
三元区	Sanyuan	491559	15.3
永安市	Yong'an	1075069	12.1
明溪县	Mingxi	189321	10.1
清流县	Qingliu	267463	11.6
宁化县	Ninghua	441723	12.4
大田县	Datian	542420	1.0
尤溪县	Youxi	524682	6.2
沙县	Shaxian	598091	9.5
将乐县	Jiangle	288470	14.2
泰宁县	Taining	264518	10.2
建宁县	Jianning	272714	13.1
泉州市	**Quanzhou**	**34078885**	**12.3**
泉州市辖区	District under Quanzhou	8921305	13.2
鲤城区	Licheng	4560089	13.3
丰泽区	Fengze	2773364	12.6
洛江区	Luojiang	517048	13.3
泉港区	Quangang	1070804	14.0
石狮市	Shishi	4947963	11.6
晋江市	Jinjiang	7105294	9.7
南安市	Nan'an	5142052	12.4
惠安县	Hui'an	3051069	12.9
安溪县	Anxi	3108110	16.3
永春县	Yongchun	1020655	13.2
德化县	Dehua	782437	13.3
漳州市	**Zhangzhou**	**11116033**	**13.1**
漳州市辖区	District under Zhangzhou	3778614	12.9
芗城区	Xiangcheng	2236622	11.4
龙文区	Longwen	1541992	15.1
龙海市	Longhai	1571750	11.3
云霄县	Yunxiao	812572	14.6
漳浦县	Zhangpu	1303431	14.3
诏安县	Zhao'an	1227486	12.3
长泰县	Changtai	404561	15.5
东山县	Dongshan	499247	12.7
南靖县	Nanjing	531701	15.7
平和县	Pinghe	644291	11.9
华安县	Hua'an	342380	15.9
南平市	**Nanping**	**6750876**	**9.7**
南平市辖区	District under Nanping	2147429	5.9
延平区	Yanping	1480508	3.9
建阳区	Jianyang	666921	10.9
邵武市	Shaowu	1360188	13.2
武夷山市	Wuyishan	577034	11.3
建瓯市	Jian'ou	975462	13.3
顺昌县	Shunchang	366222	10.9
浦城县	Pucheng	524964	8.0
光泽县	Guangze	237686	9.1
松溪县	Songxi	292040	9.3
政和县	Zhenghe	269851	11.7
龙岩市	**Longyan**	**9074193**	**11.6**
龙岩市辖区	District under Longyan	4886390	10.5
新罗区	Xinluo	3900983	9.8
永定区	Yongding	985407	13.3
漳平市	Zhangping	789102	11.7
长汀县	Changting	902494	14.6
上杭县	Shanghang	936593	9.5
武平县	Wuping	865272	14.2
连城县	Liancheng	694341	15.1
宁德市	**Ningde**	**6111109**	**8.1**
宁德市辖区	District under Ningde	1493782	9.3
蕉城区	Jiaocheng	1493782	9.3
福安市	Fu'an	920112	9.1
福鼎市	Fuding	1252747	9.1
霞浦县	Xiapu	849780	7.9
古田县	Gutian	762724	5.3
屏南县	Pingnan	225844	6.7
寿宁县	Shouning	264672	7.8
周宁县	Zhouning	195874	5.3
柘荣县	Zherong	145574	6.4

21-19 社会保险和低保情况（2018年）

Statistics of People in Social Insurance and Subsistence(2018)

单位：万人 (10000 persons)

地区	Area	期末参加基本养老保险职工人数 People Participated in Basic Pension Insurance at the Year-end	期末参加城乡居民社会养老保险人数 People Participated in Residents of Social Endowment Insurance in Urban and Rural Areas	期末参加基本医疗保险人数 People Participated in Basic Medical Insurance at the Year-end	城镇居民最低生活保障人数 People Receiving Minimum Living Allowance in Urban Areas	农村居民最低生活保障人数 People Receiving Minimum Living Allowance in Rural Areas
全　省	**Fujian**	**883.66**	**1525.64**	**3804.74**	**6.09**	**37.81**
福州市	**Fuzhou**	**171.05**	**236.61**	**669.41**	**0.77**	**4.89**
福州市辖区	District under Fuzhou	118.91	17.08	231.47	0.44	0.90
鼓楼区	Gulou	0.40	1.05		0.02	
台江区	Taijiang	0.37	1.03		0.14	
仓山区	Cangshan	0.54	5.82		0.12	0.17
马尾区	Mawei	10.75	4.79	21.39	0.06	0.10
晋安区	Jin'an	0.50	4.39		0.07	0.07
长乐区	Changle	6.89	34.79	61.15	0.03	0.57
福清市	Fuqing	15.93	67.21	131.50	0.09	0.76
闽侯县	Minhou	9.53	29.09	61.45	0.03	0.74
连江县	Lianjiang	5.62	29.31	58.52	0.03	0.65
罗源县	Luoyuan	2.85	10.17	24.24	0.04	0.46
闽清县	Minqing	3.92	14.17	29.14	0.03	0.33
永泰县	Yongtai	3.24	16.06	32.87	0.05	0.48
平潭县	Pingtan	4.15	18.73	39.08	0.05	0.56
厦门市	**Xiamen**	**236.44**	**27.82**	**397.62**	**0.62**	**0.32**
厦门市辖区	District under Xiamen	236.44	27.82	397.62	0.62	0.32
思明区	Siming	46.78	1.33		0.17	
海沧区	Haicang	40.02	0.86		0.04	0.03
湖里区	Huli	21.58	2.63		0.07	
集美区	Jimei	12.92	12.53		0.04	0.02
同安区	Tong'an	28.54	1.70		0.10	0.22
翔安区	Xiang'an	21.26	8.77		0.21	0.06
莆田市	**Putian**	**35.33**	**158.91**	**327.42**	**0.11**	**2.94**
莆田市辖区	District under Putian	28.31	105.77	224.46	0.09	1.52
城厢区	Chengxiang	4.72	16.48	38.17	0.02	0.23
涵江区	Hanjiang	7.74	21.89	42.94	0.04	0.25
荔城区	Licheng	8.83	21.31	52.45	0.04	0.31
秀屿区	Xiuyu	3.36	46.10	83.51		0.73
仙游县	Xianyou	7.02	53.14	102.96	0.02	1.42
三明市	**Sanming**	**43.29**	**123.09**	**262.31**	**0.46**	**3.06**
三明市辖区	District under Sanming	12.68	4.97	30.09	0.09	0.06
梅列区	Meilie	3.10	1.38	5.04	0.04	0.02
三元区	Sanyuan	2.50	3.59	9.17	0.05	0.04
永安市	Yong'an	7.46	12.05	30.59	0.05	0.15
明溪县	Mingxi	1.53	5.88	10.69	0.03	0.16
清流县	Qingliu	1.78	6.89	13.54	0.02	0.22
宁化县	Ninghua	2.69	16.61	31.71	0.05	0.50
大田县	Datian	3.72	18.18	35.46	0.02	0.49
尤溪县	Youxi	3.24	22.87	40.56	0.04	0.61
沙县	Shaxian	4.72	11.94	25.60	0.05	0.23
将乐县	Jiangle	2.28	9.45	17.05	0.03	0.17
泰宁县	Taining	1.63	6.66	13.05	0.03	0.17
建宁县	Jianning	1.58	7.58	13.97	0.04	0.29
泉州市	**Quanzhou**	**147.59**	**366.76**	**723.03**	**0.92**	**5.89**
泉州市辖区	District under Quanzhou	53.19	40.38	126.83	0.32	0.85
鲤城区	Licheng	10.11	4.25	18.72	0.08	
丰泽区	Fengze	15.79	5.72	27.59	0.09	
洛江区	Luojiang	4.49	8.95	20.28	0.02	0.16
泉港区	Quangang	3.99	21.47	38.30	0.12	0.69

注：1.期末参加基本养老保险职工人数及期末参加基本医疗保险人数中，全省总数含省本级，市辖区总数含市本级；2.期末参加基本养老保险职工人数不含离退休。

Note:a)In number of People Participated in Basic Pension Insurance at the year-end,the entire province total including provincial level, the entire city total including city level.b)Number of People Participated in Basic Pension Insurance at the year-end exclude Retirees.

21-19 续表

Continued

单位：万人 (10000 persons)

地区	Area	期末参加基本养老保险职工人数 People Participated in Basic Pension Insurance at the Year-end	期末参加城乡居民社会养老保险人数 People Participated in Residents of Social Endowment Insurance in Urban and Rural Areas	期末参加基本医疗保险人数 People Participated in Basic Medical Insurance at the Year-end	城镇居民最低生活保障人数 People Receiving Minimum Living Allowance in Urban Areas	农村居民最低生活保障人数 People Receiving Minimum Living Allowance in Rural Areas
石狮市	Shishi	10.63	18.98	35.84	0.19	
晋江市	Jinjiang	37.63	59.47	118.89	0.21	0.63
南安市	Nan'an	15.70	84.96	150.42	0.06	1.63
惠安县	Hui'an	12.30	56.17	97.66	0.05	0.76
安溪县	Anxi	7.61	60.66	105.11	0.04	1.13
永春县	Yongchun	5.77	30.46	54.59	0.03	0.52
德化县	Dehua	4.77	15.67	33.69	0.02	0.37
漳州市	**Zhangzhou**	**78.48**	**213.85**	**492.30**	**1.28**	**6.97**
漳州市辖区	District under Zhangzhou	30.15	17.94	68.20	0.29	0.34
芗城区	Xiangcheng	9.66	10.37	24.19	0.24	0.21
龙文区	Longwen	0.27	7.56	12.57	0.05	0.13
龙海市	Longhai	10.82	41.83	82.47	0.32	1.18
云霄县	Yunxiao	4.90	18.65	42.24	0.14	0.85
漳浦县	Zhangpu	8.51	40.24	87.32	0.12	1.09
诏安县	Zhao'an	3.85	24.10	61.49	0.13	1.34
长泰县	Changtai	5.29	8.43	22.33	0.03	0.35
东山县	Dongshan	3.85	8.95	21.35	0.10	0.18
南靖县	Nanjing	4.56	17.63	34.40	0.05	0.41
平和县	Pinghe	4.51	27.70	55.99	0.09	1.02
华安县	Hua'an	2.04	8.38	16.50	0.02	0.20
南平市	**Nanping**	**47.33**	**132.25**	**293.68**	**0.86**	**4.25**
南平市辖区	District under Nanping	20.05	32.48	80.35	0.25	0.90
延平区	Yanping	6.70	16.94	37.56	0.18	0.52
建阳区	Jianyang	4.73	15.54	33.45	0.07	0.37
邵武市	Shaowu	5.47	12.49	28.51	0.06	0.25
武夷山市	Wuyishan	3.62	10.15	22.71	0.11	0.76
建瓯市	Jian’ou	4.40	23.44	51.10	0.08	0.28
顺昌县	Shunchang	3.63	10.05	20.90	0.05	0.48
浦城县	Pucheng	4.29	19.30	39.70	0.07	0.26
光泽县	Guangze	2.61	7.33	15.02	0.03	0.26
松溪县	Songxi	1.59	7.60	14.73	0.06	0.51
政和县	Zhenghe	1.68	9.42	20.66	0.14	0.54
龙岩市	**Longyan**	**45.82**	**136.18**	**282.24**	**0.28**	**4.14**
龙岩市辖区	District under Longyan	12.37	23.29	57.11	0.08	1.05
新罗区	Xinluo	4.86	23.29	44.64	0.06	0.27
永定区	Yongding	12.20	17.52	41.43	0.01	0.79
漳平市	Zhangping	3.47	14.21	26.52	0.03	0.52
长汀县	Changting	4.48	22.87	46.53	0.10	0.68
上杭县	Shanghang	6.35	24.00	46.53	0.02	0.67
武平县	Wuping	3.71	19.57	34.82	0.02	0.66
连城县	Liancheng	3.23	14.72	29.30	0.03	0.56
宁德市	**Ningde**	**43.37**	**130.18**	**319.10**	**0.78**	**5.34**
宁德市辖区	District under Ningde	13.61	15.44	50.70	0.09	0.47
蕉城区	Jiaocheng	8.10	15.44	44.34	0.09	0.47
福安市	Fu'an	8.76	26.22	58.01	0.17	1.17
福鼎市	Fuding	7.22	24.66	56.51	0.09	0.74
霞浦县	Xiapu	3.80	20.76	47.72	0.13	0.72
古田县	Gutian	3.47	14.64	37.39	0.07	0.50
屏南县	Pingnan	1.43	7.86	17.16	0.02	0.41
寿宁县	Shouning	2.33	8.70	23.20	0.08	0.58
周宁县	Zhouning	1.31	7.97	18.15	0.03	0.48
柘荣县	Zherong	1.44	3.94	10.27	0.10	0.27

第二十二篇　设区市国民经济主要指标

Chapter 22　Main Economic Indicators of City Prefecture

资料整理：设区市统计局综合科（处）

Database Editor:Comprehensive Department of District Statistical Bureau

简 要 说 明

本篇资料的主要内容及来源

本篇资料反映了全省各设区市新中国 70 年发展成就经济社会基本情况，主要包括地区生产总值、人口、从业人员、工业、投资、社会消费品零售总额、财政收入等方面的内容。

本篇资料由各设区统计局综合科（处）整理提供。

Brief Introduction

Main Content and Source of Data

Data in this chapter show the development in society and economy of Urban districts or counties or cities on the county level, mainly including GDP, population, employed persons,, industry, investment, total retail sales of consumer good，finance, income of rural households, wage of staff and works, education and public health.

Data on this chapter are compiled and provided by the related department of Bureau of Fujian Provincial Bureau of Statistics.

22-1 福州市主要经济社会统计指标

Main Economic and Social Statistical Indicators of Fuzhou

年份 Year	地区生产总值（亿元） 100 million yuan	地区生产总值比上年增长（%） (%)	三次产业结构	人均地区生产总值（元） yuan	人均地区生产总值比上年增长（%） (%)	年末人口总数（万人） 10000 persons	全社会从业人员（万人） 10000 persons	农林牧渔业总产值（亿元） 100 million	农林牧渔业总产值比上年增长（%） (%)
1949	1.26		55.1:13.7:31.2	58		217		0.79	
1950	1.46	34.0	54.3:14.1:31.6	66	32.1	227		0.87	10.6
1951	1.85	9.4	48.8:15.2:36.0	81	5.5	234		1.00	13.3
1952	2.34	17.0	47.9:18.5:33.6	100	14.0	237		1.23	17.9
1953	2.78	16.3	44.3:17.2:38.5	116	13.8	242		1.37	9.6
1954	2.90	5.2	41.9:17.1:41.0	118	2.4	251		1.36	1.5
1955	3.16	7.0	42.2:18.3:39.5	125	4.1	257		1.48	7.2
1956	3.81	15.9	38.4:21.5:40.0	146	12.4	263		1.67	7.8
1957	4.08	12.1	35.7:23.2:41.1	153	9.6	271		1.85	7.3
1958	5.02	9.3	32.4:34.7:33.0	184	7.1	275		2.10	1.9
1959	5.58	6.3	27.0:38.4:34.6	199	3.0	286		2.07	-4.5
1960	6.45	10.9	20.1:45.8:34.1	223	7.7	294		1.81	-10.1
1961	4.90	-27.3	29.8:28.8:41.5	166	-28.5	295		2.08	-13.3
1962	4.74	-4.4	33.1:23.9:43.0	158	-6.2	306	107	2.45	12.0
1963	4.96	10.7	36.0:22.4:41.5	161	8.0	312		2.61	19.6
1964	5.43	9.1	36.2:23.7:40.2	172	6.2	319		2.78	7.2
1965	6.21	17.4	35.4:27.8:36.9	192	14.8	328	119	3.21	17.7
1966	6.56	3.0	34.6:30.0:3.5	197	0.3	335		3.44	1.6
1967	6.03	-6.5	34.4:28.5:37.1	179	-7.8	340		3.16	-12.3
1968	5.15	-11.0	39.0:21.4:40.0	150	-13.1	349		2.98	-5.7
1969	6.06	15.1	32.3:32.6:35.2	173	13.2	350		3.00	-0.6
1970	6.97	7.2	36.1:34.5:29.4	199	7.5	358	131	3.98	22.7
1971	7.56	5.9	32.2:36.7:27.1	194	-1.0	368		3.58	-3.1
1972	8.34	15.1	34.2:39.8:26.0	224	15.4	379		4.24	21.1
1973	8.76	5.6	29.5:44.2:26.3	227	2.3	390		3.95	-9.1
1974	8.97	-0.1	31.5:44.0:27.8	227	-2.4	399		3.85	-4.0
1975	9.24	1.2	26.1:47.7:26.2	229	-1.1	409	145	3.69	-4.2
1976	9.22	-1.3	26.0:45.2:28.8	223	-3.7	419		3.57	0.1
1977	10.22	8.3	26.3:45.0:28.7	241	5.7	428		4.11	10.3
1978	12.68	22.0	26.8:47.2:26.0	293	19.6	437	174	4.78	14.9
1979	14.97	14.5	28.4:45.9:25.8	340	12.2	444	175	6.28	11.8
1980	18.17	19.9	28.5:45.2:26.3	406	18.3	450	176	7.43	3.7
1981	20.48	6.2	30.1:43.5:26.4	451	4.7	459	183	9.50	9.0
1982	23.63	11.1	31.5:43.1:25.3	510	8.9	468	193	11.39	6.5
1983	26.65	7.7	32.2:43.0:24.9	565	5.7	475	199	11.90	5.7

22-1 续表1

Continued

年份 Year	地区生产总值（亿元） 100 million yuan	地区生产总值比上年增长（%） (%)	三次产业结构	人均地区生产总值（元） yuan	人均地区生产总值比上年增长（%） (%)	年末人口总数（万人） 10000 persons	全社会从业人员（万人） 10000 persons	农林牧渔业总产值（亿元） 100 million	农林牧渔业总产值比上年增长（%） (%)
1984	32.50	18.1	32.6:45.7:21.7	679	16.4	483	208	14.08	16.9
1985	39.76	28.5	30.6:44.7:24.7	817	26.4	489	222	17.08	9.2
1986	44.76	-1.2	30.2:42.7:27.1	910	-2.3	495	226	19.38	6.8
1987	53.66	11.2	29.7:41.4:28.9	1069	9.0	509	239	23.54	11.4
1988	75.93	26.0	30.4:43.3:26.3	1453	21.1	514	235	33.72	15.6
1989	95.28	12.8	28.1:43.4:28.6	1838	13.6	519	239	38.48	8.6
1990	102.40	8.2	28.7:40.2:31.0	1936	6.1	535	246	42.48	4.9
1991	118.83	12.2	26.7:43.0:30.3	2190	9.3	541	264	45.59	6.6
1992	150.00	19.5	26.4:41.9:31.6	2763	19.5	545	275	57.48	11.5
1993	245.72	40.0	21.6:36.3:42.1	4441	38.6	551	278	79.82	15.7
1994	349.08	26.1	20.9:37.7:41.5	6244	24.8	555	274	118.02	18.0
1995	464.14	21.9	21.2:36.0:42.8	8219	20.7	562	280	159.46	11.8
1996	575.58	22.5	19.3:38.3:42.4	10126	21.7	570	298	177.52	11.3
1997	687.33	17.8	17.6:38.9:43.5	11891	15.9	575	299	194.31	11.9
1998	776.66	15.7	16.6:40.9:42.7	13330	14.8	580	297	204.87	7.1
1999	827.39	9.4	16.3:42.1:41.6	14308	10.2	583	292	215.23	6.9
2000	876.39	10.0	15.4:43.2:41.3	14841	7.7	589	294	217.42	3.3
2001	943.24	8.9	14.1:43.4:42.5	15835	7.9	594	291	215.39	0.8
2002	1011.69	10.2	13.4:44.4:42.1	16901	9.7	598	294	221.08	3.9
2003	1162.13	13.6	12.4:47.2:40.4	17695	12.9	605	313	234.84	4.0
2004	1335.21	12.7	12.2:47.8:40.0	20292	12.3	609	321	268.52	5.1
2005	1491.40	10.5	11.7:45.0:43.3	22529	8.9	615	330	290.79	2.7
2006	1686.93	12.5	10.4:42.7:46.8	25216	11.8	671	340	313.26	4.1
2007	2029.28	15.8	10.1:41.8:48.2	30130	15.0	676	358	346.12	5.2
2008	2355.67	13.7	10.0:41.5:48.5	33884	12.7	683	364	402.31	5.6
2009	2604.04	13.0	9.3:42.6:48.2	37041	11.8	687	366	410.88	5.4
2010	3123.41	14.2	9.1:44.9:46.1	44000	13.1	712	389	480.01	4.1
2011	3736.38	13.0	8.7:45.8:45.5	52152	11.9	720	426	552.60	4.0
2012	4210.93	12.1	8.7:45.3:46.0	58202	10.9	727	452	625.12	4.8
2013	4685.02	11.5	8.3:45.5:46.2	64134	10.4	734	463	682.75	4.7
2014	5169.16	10.1	8.0:45.5:46.5	69995	8.9	743	484	730.77	4.7
2015	5618.08	9.6	7.7:43.6:48.7	75259	8.4	750	512	764.88	4.0
2016	6197.64	8.5	7.9:41.8:50.3	82251	7.4	757	536	749.76	2.6
2017	7085.52	8.7	6.5:41.1:52.4	93047	7.6	766	562	818.79	3.7
2018	7856.81	8.6	6.3:40.8:52.9	102037	7.4	774	625	876.78	4.3

22-1 续表2

Continued

年份 Year	工业增加值（万元） 10000 yuan	工业增加值比上年增长（%） (%)	社会消费品零售总额（万元） 10000 yuan	固定资产投资总额（万元） 10000 yuan	固定资产投资总额比上年增长（%） (%)	一般公共预算总收入（万元） 10000 yuan	一般公共预算总收入比上年增长（%） (%)	城镇居民人均可支配收入（元） yuan	农村居民人均可支配收入（元） yuan
1949			7670					76	47
1950			9954			188		89	49
1951			12142			2177	1058.0	96	54
1952	2339	60.0	14728			2911	33.7	104	55
1953			18869			3276	12.5	112	58
1954			22706			4131	26.1	121	56
1955			23653			4169	0.9	131	59
1956			28381			5088	22.0	141	64
1957	5041	0.6	28730			5654	11.1	152	62
1958			31126			10785	90.7	164	72
1959			35570			9902	-8.2	177	66
1960			40029			12261	23.8	174	64
1961			36983			5436	-55.7	171	69
1962	7484	-14.0	41885			9553	75.7	168	77
1963			40455			10016	4.8	165	98
1964			39610			9425	-5.9	177	103
1965	12846	31.1	40392			10039	6.5	197	97
1966			43044			10193	1.5	203	112
1967			43224			7542	-26.0	209	104
1968			37863			3729	-50.6	216	99
1969			41572			7446	99.7	223	96
1970	18789	18.5	41312			13052	75.3	230	123
1971			42611			12661	-3.0	237	101
1972			46053			16227	28.2	244	109
1973			49886			16611	2.4	252	105
1974			52753			14750	-11.2	260	103
1975	34001	9.9	55755			16454	11.6	268	98
1976			58495			14442	-12.2	277	95
1977			63111			17788	23.2	286	106
1978	45308	23.4	69385			24042	35.2	295	129
1979	50574	11.4	81434			22754	-5.4	304	131
1980	55826	11.3	105652			26401	16.0	314	135
1981	61000		107486			27007	2.3	346	187
1982	66600		119816			27902	3.3	415	221
1983	86700		132492			30441	9.1	450	287

22-1 续表3

Continued

年份 Year	工业增加值（万元） 10000 yuan	工业增加值比上年增长（%） (%)	社会消费品零售总额（万元） 10000 yuan	固定资产投资总额（万元） 10000 yuan	固定资产投资总额比上年增长（%） (%)	一般公共预算总收入（万元） 10000 yuan	一般公共预算总收入比上年增长（%） (%)	城镇居民人均可支配收入（元） yuan	农村居民人均可支配收入（元） yuan
1984	113300		159722			33027	8.5	506	349
1985	143136	36.8	203152			51403	55.6	678	423
1986	159900		246647			59296	15.4	829	463
1987	182000		284971			68027	14.7	888	535
1988	272300		377931			83294	22.4	1079	689
1989	348900		440614			100509	20.7	1332	795
1990	345036	-21.0	452764	219800		109448	8.9	1537	864
1991	407668	15.8	506952	296000	34.7	119982	9.6	1639	969
1992	498552	24.8	606802	525100	77.4	140189	16.8	2273	1109
1993	691612	33.1	777163	849900	61.9	213876	52.6	2769	1387
1994	1033673	44.3	1048674	1377148		209931	-1.8	4108	1801
1995	1300113	18.3	1332693	1747461	26.9	378359	80.2	4896	2303
1996	1704501	29.6	1873235	1891344	8.2	434714	14.9	5545	2847
1997	2147299	24.2	2344414	2198600	16.2	510096	17.3	6417	3223
1998	2536111	21.2	2770234	2556799	16.3	615804	20.7	6857	3490
1999	2855006	14.8	3152256	2609877	2.1	671997	9.1	7098	3677
2000	3211520	14.8	3517653	2375269	-9.0	748891	11.4	7944	3860
2001	3469752	11.8	3862850	2608253	9.8	911093	21.7	8675	4020
2002	3853609	15.7	4306946	3028329	16.1	1159269	27.2	9147	4192
2003	4638391	18.8	4909778	4257211	40.6	1381167	19.1	10123	4402
2004	5395622	15.0	5803820	5266318	23.7	1675988	21.3	11436	4815
2005	5641988	5.0	6645454	6032595	14.6	1954524	16.6	12661	5197
2006	6018520	8.3	7790321	7323412	21.4	2357041	20.6	14206	5592
2007	6995548	13.8	9473711	10014521	36.7	2475631	5.0	16642	6286
2008	7912404	13.2	11446381	12527105	25.1	2882081	16.4	19009	7142
2009	8916393	13.7	13386447	16467177	31.5	3254446	12.9	20289	7669
2010	11275850	18.8	16242808	23174379	40.7	4025142	23.7	22723	8543
2011	13551859	15.2	19478102	27272463	17.7	5060088	25.7	26050	10107
2012	14819871	14.1	23198231	32664861	19.8	5973777	18.1	29399	11492
2013	16545111	13.2	26817155	38698351	18.5	6891212	15.4	32265	12910
2014	18168681	11.7	30629431	44275880	14.4	7804778	13.3	32451	14012
2015	18752552	6.8	34887426	48939072	10.5	8480399	8.7	34982	15203
2016	19788331	6.7	37631418	52180695	6.6	9340591	10.1	37833	16346
2017	22271516	7.7	41938675	58233857	11.6	10057262	7.7	40973	17865
2018	24161565	8.8	46664607		11.7	11181104	11.2	44457	19419

22-2 厦门市主要经济社会统计指标

Main Economic and Social Statistical Indicators of Xiamen

年份 Year	地区生产总值（亿元） 100 million yuan	地区生产总值比上年增长（%） (%)	三次产业结构	人均地区生产总值（元） yuan	人均地区生产总值比上年增长（%） (%)	年末人口总数（万人） 10000 persons	全社会从业人员（万人） 10000 persons	农林牧渔业总产值（亿元） 100 million	农林牧渔业总产值比上年增长（%） (%)
1949									
1950	0.36		29.0:29.0:42.0	80		45	13	0.23	
1951	0.40	12.0	29.2:32.0:38.8	87	11.6	46	14	0.26	15.1
1952	0.46	22.2	34.0:35.0:31.0	98	18.3	47	14	0.31	20.3
1953	0.56	18.3	28.0:39.0:33.0	113	11.9	50	14	0.33	1.7
1954	0.57	0.5	27.0:41.0:32.0	110	-3.5	52	13	0.30	-6.4
1955	0.58	3.4	31.0:40.0:29.0	110	1.8	53	13	0.34	11.8
1956	0.76	34.0	28.0:41.0:31.0	138	28.0	55	13	0.40	14.9
1957	0.94	12.6	28.0:49.0:23.0	167	9.8	57	15	0.46	21.3
1958	1.30	41.9	28.0:52.0:20.0	224	38.6	58	15	0.46	4.8
1959	1.70	30.2	28.0:53.0:19.0	283	25.2	60	14	0.53	11.8
1960	2.34	34.9	25.0:58.0:17.0	377	30.8	62	13	0.53	-2.2
1961	1.66	-35.5	28.0:54.0:18.0	261	-37.1	64	15	0.52	-23.8
1962	1.39	-17.7	27.0:48.0:25.0	216	-18.5	64	16	0.52	-0.2
1963	1.34	0.1	27.0:48.0:25.0	203	-2.7	66	16	0.51	6.9
1964	1.66	25.0	25.3:51.2:23.5	245	22.1	68	16	0.60	21.6
1965	1.88	17.5	26.6:52.1:21.3	271	14.5	69	16	0.66	15.6
1966	2.20	15.1	29.0:53.0:18.0	308	12.0	71	16	0.78	9.1
1967	2.09	-3.9	32.0:50.0:18.0	280	-8.1	75	17	0.94	21.5
1968	1.54	-25.3	37.0:42.0:21.0	203	-26.9	76	18	0.92	-1.8
1969	2.29	45.3	31.4:51.7:16.9	305	47.1	75	19	0.97	4.7
1970	2.61	10.9	31.4:51.7:16.9	344	9.9	76	20	1.20	9.0
1971	2.73	8.1	31.4:51.7:16.9	351	5.4	78	22	1.12	3.2
1972	3.04	11.3	31.5:51.6:16.9	376	7.2	81	23	1.22	2.3
1973	3.23	1.4	23.7:59.1:17.2	391	-0.8	83	24	1.10	-10.4
1974	3.17	1.3	22.7:57.3:20.0	377	-0.3	84	24	1.15	8.4
1975	3.46	9.5	23.1:56.4:20.5	402	7.0	86	26	1.20	3.9
1976	3.66	6.1	23.5:56.5:20.0	418	4.0	88	27	1.23	-0.6
1977	4.01	9.6	22.5:56.5:21.0	449	7.6	89	27	1.31	7.4
1978	4.80	16.7	22.3:56.7:21.0	528	14.8	91	46	1.55	9.3
1979	5.32	8.0	22.0:57.0:21.0	570	5.0	92	48	1.86	-0.4
1980	6.40	18.6	21.6:57.8:20.6	685	18.6	93	48	1.82	1.3
1981	7.41	9.2	26.5:51.6:21.9	764	5.2	95	49	2.45	12.3
1982	8.67	16.3	22.2:50.5:27.3	878	14.2	97	52	2.65	10.7
1983	9.44	4.6	21.3:49.7:29.0	939	2.7	99	52	2.70	9.4

22-2 续表1

Continued

年份 Year	地区生产总值（亿元） 100 million yuan	地区生产总值比上年增长（%） (%)	三次产业结构	人均地区生产总值（元） yuan	人均地区生产总值比上年增长（%） (%)	年末人口总数（万人） 10000 persons	全社会从业人员（万人） 10000 persons	农林牧渔业总产值（亿元） 100 million	农林牧渔业总产值比上年增长（%） (%)
1984	12.29	23.4	16.9:51.4:31.6	1222	23.4	101	55	2.88	5.1
1985	18.36	29.5	14.7:50.2:35.0	1788	26.8	103	58	3.75	3.0
1986	21.19	7.2	13.6:48.3:38.1	2026	5.3	105	59	3.93	5.5
1987	25.49	17.8	13.4:47.8:38.8	2403	16.1	106	62	5.32	19.9
1988	35.98	23.7	14.6:45.9:39.4	3341	21.9	108	63	8.24	4.3
1989	47.92	18.0	11.8:45.8:42.4	4383	16.2	109	65	8.98	5.3
1990	57.09	17.7	10.6:45.3:44.0	5103	15.0	112	68	9.74	2.5
1991	72.00	22.8	9.0:46.4:44.6	6346	21.1	113	71	10.57	9.5
1992	97.67	26.0	8.3:42.4:49.4	8467	23.9	115	75	12.09	2.3
1993	132.32	25.2	7.1:44.3:48.6	11262	22.9	117	83	15.49	3.3
1994	187.04	27.3	6.9:48.0:45.1	15662	25.2	119	87	19.99	3.2
1995	250.55	23.0	6.3:51.1:42.6	20645	21.0	121	90	25.24	5.5
1996	299.94	15.1	6.8:50.0:43.3	24385	13.6	123	94	31.72	9.2
1997	358.71	18.2	5.9:48.9:45.2	28772	16.6	125	96	34.04	14.8
1998	403.17	15.2	5.4:48.4:46.2	31848	13.5	127	98	34.00	1.2
1999	440.54	15.0	4.8:49.7:45.5	34153	12.9	129	100	33.34	1.9
2000	501.87	15.2	4.2:50.6:45.2	38233	13.2	205	104	33.83	-5.8
2001	558.33	12.2	3.9:50.7:45.3	41555	9.6	219	106	35.57	10.4
2002	648.36	15.6	3.4:53.1:43.4	47271	13.2	232	107	36.07	4.1
2003	759.69	17.0	2.4:55.5:42.1	53591	13.2	245	112	30.48	-13.5
2004	897.27	16.0	2.2:56.1:41.7	61133	12.0	258	120	33.21	0.5
2005	1018.01	16.0	2.1:55.2:42.7	66443	11.1	273	140	34.11	-0.5
2006	1188.84	17.2	1.5:52.7:45.7	74125	12.0	288	151	29.80	-14.0
2007	1418.10	17.0	1.3:50.6:48.1	84797	12.2	304	151	29.79	-13.2
2008	1628.36	13.5	1.3:48.2:50.4	93761	9.3	326	161	34.86	4.7
2009	1760.41	8.0	1.2:47.8:51.0	99459	6.0	330	183	33.26	1.4
2010	2093.06	15.1	1.1:50.3:48.6	116148	13.1	356	214	37.53	3.6
2011	2584.70	15.3	1.0:51.7:47.3	139514	18.6	361	251	40.14	-4.3
2012	2869.04	12.2	0.9:49.2:49.9	150275	8.9	367	276	41.29	0.7
2013	3065.49	9.4	0.8:47.5:51.7	158136	7.7	373	278	42.38	0.3
2014	3337.36	9.2	0.7:45.4:53.9	166775	5.8	381	286	44.31	2.4
2015	3534.19	7.1	0.7:44.4:54.9	170492	3.4	386	134	44.94	0.1
2016	3861.74	7.9	0.6:41.6:57.8	178910	5.8	392	137	43.70	-4.9
2017	4351.72	7.6	0.5:41.7:57.8	194997	4.1	401	139	43.85	2.1
2018	4791.41	7.7	0.5:41.3:58.2	204624	2.7	411	156	47.24	2.3

22-2 续表2

Continued

年份 Year	工业增加值（万元） 10000 yuan	工业增加值比上年增长（%） (%)	社会消费品零售总额（万元） 10000 yuan	固定资产投资总额（万元） 10000 yuan	固定资产投资总额比上年增长（%） (%)	一般公共预算总收入（万元） 10000 yuan	一般公共预算总收入比上年增长（%） (%)	城镇居民人均可支配收入（元） yuan	农村居民人均可支配收入（元） yuan
1949									
1950			4155	8		727			61
1951			3830	69	755.1	987	35.8		66
1952	1453	12.0	3581	265	282.3	1239	25.6		79
1953	1954	40.6	5108	474	78.6	1484	19.8		75
1954	1785	-4.9	5687	1124	137.2	1344	-9.4		71
1955	1927	9.6	5198	777	-30.8	1326	-1.3		76
1956	2762	47.1	7687	986	26.8	1610	21.4		82
1957	4221	23.1	7794	1001	1.5	2226	38.3		92
1958	6074	81.8	9040	3626	262.2	4038	81.4		97
1959	8108	43.9	10471	5687	56.8	5240	29.8		107
1960	9097	57.0	10795	7626	34.1	7975	52.2		105
1961	8333	-37.1	10406	2539	-66.7	4448	-44.2		91
1962	6292	-16.2	10074	1010	-60.2	4882	9.8		92
1963	6076	-20.2	11820	931	-7.9	5022	2.9		77
1964	8046	38.1	11086	1339	43.8	5252	4.6		83
1965	9335	19.4	11181	1830	36.7	4669	-11.1		92
1966	11250	24.3	11228	1342	-26.7	5211	11.6		96
1967	10341	-17.7	11566	378	-71.9	4305	-17.4		112
1968	6428	-48.7	11670	150	-60.3	1298	-69.9		105
1969	11760	146.3	12417	394	162.7	5107	293.6		117
1970	13338	13.8	11538	737	87.0	9646	88.9		117
1971	13817	7.1	12813	1411	91.6	10883	12.8		116
1972	15268	13.2	13768	1901	34.7	12406	14.0		120
1973	18582	9.5	15067	1994	4.9	12540	1.1		105
1974	17529	-3.7	15553	2249	12.8	11197	-10.7		118
1975	18741	8.2	16005	2783	23.8	11638	3.9		120
1976	19605	7.6	17547	4098	47.3	11662	0.2		130
1977	21545	9.6	19129	3449	-15.9	12230	4.9		131
1978	25630	20.6	21569	5649	63.8	15454	26.4		168
1979	28189	8.5	24406	10707	89.5	14635	-5.3		208
1980	32437	20.1	28552	12176	13.7	18331	25.3	451	210
1981	33594	8.6	28777	17794	46.1	19514	6.5	482	264
1982	36548	11.2	34625	24280	36.5	20775	6.5	534	310
1983	39108	6.2	39431	28316	16.6	23185	11.6	605	338

22-2 续表3

Continued

年份 Year	工业增加值（万元） 10000 yuan	工业增加值比上年增长（%） (%)	社会消费品零售总额（万元） 10000 yuan	固定资产投资总额（万元） 10000 yuan	固定资产投资总额比上年增长（%） (%)	一般公共预算总收入（万元） 10000 yuan	一般公共预算总收入比上年增长（%） (%)	城镇居民人均可支配收入（元） yuan	农村居民人均可支配收入（元） yuan
1984	46300	23.80	56966	56059	97.9764091	28670	23.7	704	396
1985	74170	39.4	90826	117226	109.1	39115	36.4	963	540
1986	85167	13.0	103505	98912	-15.6	46669	19.3	1273	558
1987	105058	33.1	117261	105465	6.6	50413	8.0	1365	661
1988	145589	46.6	186070	123315	16.9	62655	24.3	1771	820
1989	192051	17.4	209868	127264	3.2	81086	29.4	2260	904
1990	222766	26.3	246595	175567	38.0	102982	27.0	2608	1035
1991	285248	22.1	294730	212800	21.2	118363	14.9	3006	1188
1992	341927	21.2	382825	331557	55.8	140256	13.3	3530	1400
1993	476605	27.5	464328	644586	94.4	193552	38.0	4428	1690
1994	739651	39.8	589279	952486	47.8	274353	41.8	5602	2058
1995	1065054	37.5	751154	1353428	42.1	345118	25.8	7135	2665
1996	1298694	19.4	942548	1500636	10.9	424026	22.9	8455	3324
1997	1545107	20.9	1156884	1533954	2.2	480902	17.8	8980	3629
1998	1670995	16.4	1365007	1818170	18.5	566637	17.8	9179	3827
1999	1902062	23.5	1402408	1924601	5.9	662365	16.9	9626	3690
2000	2274547	20.9	1476596	1750172	-9.1	914984	38.1	10813	4030
2001	2563237	14.3	1599301	1918866	9.6	1105019	20.8	11365	4425
2002	3158943	22.9	1790097	2117318	10.3	1263092	14.3	11768	4722
2003	3897854	24.9	2074723	2451180	15.8	1492249	18.2	12915	5152
2004	4672724	20.5	2344644	3046531	24.3	1603600	20.8	14443	5647
2005	5116434	15.6	2835656	4016175	31.8	2097252	18.9	16403	6230
2006	5530503	12.4	3426459	6620984	64.9	2752266	31.2	18513	6860
2007	6122179	12.7	4108501	9277014	40.1	3484363	30.3	21503	7637
2008	6462727	8.1	4958571	9313836	0.4	4101378	17.7	23948	8475
2009	6980331	6.1	5661225	8821159	-5.3	4514073	10.1	26131	9153
2010	8942040	18.8	6850248	10099850	14.5	5260215	16.5	29253	10033
2011	11487127	18.9	8002779	11280872	30.4	6518284	26.2	33565	11928
2012	12000743	13.8	8819062	13326385	18.1	7394619	13.4	37576	13455
2013	12629774	11.9	9745064	13475386	1.1	8250968	11.6	41360	15008
2014	13054886	7.8	10722833	15729520	16.7	9091323	10.2	39625	16220
2015	13446372	7.6	11684228	18965209	20.6	10017556	10.2	42607	17558
2016	13697077	5.4	12834596	21598097	14.4	10833443	8.2	46254	18885
2017	15473372	7.8	14467448	23814619	10.3	11874973	9.6	50019	20460
2018	16722323	8.5	15424224		10.1	12831856	8.1	54401	22410

22-3 莆田市主要经济社会统计指标

Main Economic and Social Statistical Indicators of Putian

年份 Year	地区生产总值（亿元） 100 million yuan	地区生产总值比上年增长（%） (%)	三次产业结构	人均地区生产总值（元） yuan	人均地区生产总值比上年增长（%） (%)	年末人口总数（万人） 10000 persons	全社会从业人员（万人） 10000 persons	农林牧渔业总产值（亿元） 100 million	农林牧渔业总产值比上年增长（%） (%)
1949	0.64		48.9:25.1:26.0	63		103	56	0.41	
1950	0.78	19.4	49.0:24.5:26.5	75	17.6	106	58	0.51	18.8
1951	0.88	9.4	48.4:23.8:27.8	83	6.4	108	59	0.56	7.0
1952	1.02	10.2	47.3:25.8:26.9	93	7.4	112	60	0.64	7.1
1953	1.17	12.2	45.6:25.9:28.5	104	9.4	113	61	0.71	10.7
1954	1.22	1.0	45.9:23.2:30.9	104	-2.9	121	62	0.76	0.0
1955	1.33	5.5	47.1:23.4:29.5	108	0.0	126	62	0.85	6.0
1956	1.74	27.1	41.8:32.8:25.4	137	23.5	128	63	1.02	17.6
1957	1.80	-0.4	42.3:34.7:23.0	137	-3.3	134	63	1.05	-1.5
1958	1.72	-6.3	44.2:33.4:22.4	129	-8.4	134	49	1.12	2.7
1959	1.86	-3.9	29.0:49.3:21.7	135	-4.8	137	56	0.82	-28.8
1960	1.77	-4.1	31.4:40.7:27.9	129	-5.6	139	45	0.84	-0.9
1961	1.32	-25.8	33.8:26.9:39.3	94	-27.5	142	50	0.67	-21.6
1962	1.27	-4.3	35.6:27.6:36.8	88	-6.6	147	51	0.70	1.6
1963	1.57	22.4	41.3:20.4:38.3	105	18.6	152	56	0.95	30.6
1964	1.78	15.8	44.5:27.1:28.4	118	14.2	151	58	1.17	19.0
1965	1.92	6.2	46.1:22.6:31.4	126	5.2	154	58	1.32	8.8
1966	2.12	7.6	43.5:21.9:34.6	137	5.6	156	58	1.38	1.0
1967	2.17	0.9	45.5:22.6:31.9	137	-1.2	161	59	1.42	0.1
1968	1.94	-9.8	45.5:22.2:32.3	118	-12.5	166	61	1.29	-12.6
1969	2.01	-1.2	45.6:18.6:35.9	119	-4.1	172	63	1.38	4.3
1970	2.17	5.2	45.4:21.8:32.8	125	2.1	176	67	1.51	5.8
1971	2.48	12.4	45.1:26.1:28.8	139	9.0	181	68	1.74	12.8
1972	2.60	3.9	41.4:28.3:30.3	142	1.3	186	69	1.69	-4.3
1973	2.43	-7.5	41.1:30.5:28.4	129	-10.1	192	73	1.62	-6.4
1974	2.59	6.0	40.9:33.6:25.5	134	2.8	196	75	1.72	4.5
1975	2.55	-2.8	42.9:30.9:26.2	128	-4.8	201	77	1.81	2.2
1976	2.47	-4.6	45.2:28.5:26.3	121	-7.1	207	79	1.85	-2.1
1977	3.23	27.6	40.9:30.9:28.2	154	24.6	212	81	2.18	13.4
1978	4.33	29.5	42.9:33.1:24.0	197	26.5	216	83	2.76	24.8
1979	4.94	11.9	45.4:31.8:22.8	221	9.8	219	84	3.28	16.1
1980	5.83	16.0	45.4:32.1:22.5	259	15.1	221	86	3.51	4.4
1981	5.81	-1.2	44.5:30.8:24.7	254	-2.7	225	88	3.56	1.2
1982	6.21	1.9	46.5:27.2:26.3	267	0.0	229	91	3.99	1.8
1983	6.21	-0.8	49.2:26.4:24.4	269	0.7	232	93	4.81	3.2

22-3 续表1

Continued

年份 Year	地区生产总值（亿元） 100 million yuan	地区生产总值比上年增长（%） (%)	三次产业结构	人均地区生产总值（元） yuan	人均地区生产总值比上年增长（%） (%)	年末人口总数（万人） 10000 persons	全社会从业人员（万人） 10000 persons	农林牧渔业总产值（亿元） 100 million	农林牧渔业总产值比上年增长（%） (%)
1984	9.87	51.0	49.9:30.1:20.0	423	57.2	235	96	6.78	28.8
1985	13.36	22.8	47.0:29.0:24.0	565	33.6	238	101	9.36	12.2
1986	14.67	7.6	40.3:32.0:27.7	613	8.5	241	104	9.08	-0.8
1987	18.46	12.6	44.3:32.7:23.0	758	23.7	246	109	12.29	12.0
1988	21.81	8.8	37.1:37.0:25.9	915	20.7	252	114	14.35	5.1
1989	26.21	5.1	42.2:33.5:24.3	1032	12.8	256	115	17.27	3.5
1990	28.06	3.1	39.2:33.6:27.2	1064	3.1	263	120	17.62	3.8
1991	35.00	18.9	36.9:36.5:26.6	1282	20.5	274	125	20.43	9.1
1992	42.61	18.6	35.1:38.3:26.6	1545	20.5	276	126	23.25	5.5
1993	61.29	25.2	28.9:46.5:24.6	2234	44.6	281	131	27.98	4.9
1994	91.70	32.8	24.5:52.4:23.1	3326	48.9	284	131	36.61	11.3
1995	124.68	19.6	25.6:50.5:23.9	4444	33.6	287	138	50.60	17.2
1996	122.47	-3.4	30.1:40.5:29.4	4361	-1.9	289	144	59.92	9.7
1997	133.52	7.9	25.2:42.8:32.0	4734	8.6	292	146	52.39	3.3
1998	150.30	13.3	23.6:43.9:32.5	5277	11.5	295	148	55.04	5.6
1999	164.51	10.7	22.2:44.7:33.1	5739	8.8	297	150	56.82	3.7
2000	183.86	10.2	20.0:45.3:34.7	6740	10.7	273	155	59.01	-2.6
2001	203.48	11.7	18.4:46.0:35.6	7441	11.5	274	154	60.43	3.6
2002	226.57	11.5	17.0:47.0:36.0	8265	11.2	275	153	62.47	3.6
2003	255.96	12.1	15.7:49.1:35.2	9267	11.3	276	157	65.31	0.3
2004	300.22	13.1	15.3:49.9:34.8	10815	13.0	279	155	75.00	6.0
2005	360.04	15.3	14.3:50.6:35.1	13050	15.2	281	160	84.14	6.2
2006	422.01	15.5	13.0:52.7:34.3	15261	15.3	282	163	91.01	5.9
2007	511.77	16.5	12.7:51.9:35.4	18483	16.3	283	166	105.07	6.1
2008	610.01	14.7	12.4:53.3:34.3	22004	14.6	284	171	118.93	5.2
2009	691.42	14.5	11.1:54.2:34.7	24886	14.3	286	176	118.44	5.5
2010	850.33	15.3	10.3:56.1:33.6	30584	15.2	278	183	133.16	4.2
2011	1050.62	14.3	9.4:58.4:32.2	37724	14.0	279	195	147.23	1.3
2012	1200.38	12.8	8.9:57.5:33.6	42871	12.2	281	204	157.35	3.9
2013	1345.32	12.5	7.8:57.7:34.5	47706	11.7	283	221	164.83	3.2
2014	1502.07	11.1	7.3:57.7:35.0	52890	10.3	285	228	169.28	3.5
2015	1655.60	10.5	7.0:57.3:35.7	57888	9.7	287	239	175.52	2.2
2016	1823.43	8.9	6.9:56.1:37.0	63313	8.2	289	249	192.64	1.1
2017	2024.66	8.4	5.4:53.1:41.4	69936	7.8	290	235	205.89	3.1
2018	2242.41	8.3	5.2:52.6:42.2	77325	8.1	290	281	217.10	2.5

22-3 续表2

Continued

年份 Year	工业增加值（万元） 10000 yuan	工业增加值比上年增长（%） (%)	社会消费品零售总额（万元） 10000 yuan	固定资产投资总额（万元） 10000 yuan	固定资产投资总额比上年增长（%） (%)	一般公共预算总收入（万元） 10000 yuan	一般公共预算总收入比上年增长（%） (%)	城镇居民人均可支配收入（元） yuan	农村居民人均可支配收入（元） yuan
1949						468		58	48
1950						714	52.6	60	50
1951						1322	85.2	62	56
1952	2526	14.6	3549	100		1735	31.2	63	62
1953	2936	13.2	4528			1531	-11.8	66	68
1954	2716	-5.9	6209	100		1885	23.1	68	75
1955	2983	8.8	6332	100	0.0	1965	4.2	70	77
1956	3079	10.4	7846	1100	1000.0	2112	7.5	72	89
1957	3145	7.3	8071	1400	27.3	2468	16.9	74	94
1958	3745	8.3	7951	1100	-21.4	3357	36.0	98	95
1959	3716	-2.5	8614	3600	227.3	3175	-5.4	148	88
1960	3630	-8.4	8075	2400	-33.3	3642	14.7	187	96
1961	2525	-29.6	6066	500	-79.2	3085	-15.3	213	105
1962	2088	-18.6	8571	800	60.0	2987	-3.2	212	114
1963	2293	15.7	9200	400	-50.0	2654	-11.1	221	115
1964	3178	38.4	9213	900	125.0	3269	23.2	228	112
1965	3396	6.7	9567	500	-44.4	3812	16.6	227	107
1966	3845	13.3	9464	400	-20.0	3964	4.0	229	117
1967	4229	4.5	10814	400	0.0	4100	3.4	230	116
1968	3609	-13.8	10671	300	-25.0	3582	-12.6	227	100
1969	3292	-13.5	10501	200	-33.3	2916	-18.6	229	101
1970	3765	6.2	9863	600	200.0	3144	7.8	227	106
1971	5613	45.9	10511	600	0.0	3988	26.8	257	108
1972	5289	4.1	10983	1200	100.0	4968	24.6	307	118
1973	5968	8.3	11267	1000	-16.7	5159	3.8	283	103
1974	6971	17.6	12709	1200	20.0	4625	-10.4	317	100
1975	6306	-7.6	14437	1000	-16.7	4210	-9.0	290	98
1976	6210	-3.9	13421	500	-50.0	4372	3.8	288	103
1977	7986	28.7	15972	1000	100.0	5531	26.5	295	110
1978	8778	5.8	19289	3200	220.0	7673	38.7	342	115
1979	11059	19.9	23278	2200	-31.3	8445	10.1	369	119
1980	12035	23.4	27411	2200	0.0	9109	7.9	358	144
1981	11948	-6.9	28965	3000	36.4	8977	-1.4	355	194
1982	12662	0.2	32744	2700	-10.0	7925	-11.7	379	224
1983	12650	8.1	35547	8960	231.9	7292	-8.0	386	252

22-3 续表3

Continued

年份 Year	工业增加值（万元） 10000 yuan	工业增加值比上年增长（%） (%)	社会消费品零售总额（万元） 10000 yuan	固定资产投资总额（万元） 10000 yuan	固定资产投资总额比上年增长（%） (%)	一般公共预算总收入（万元） 10000 yuan	一般公共预算总收入比上年增长（%） (%)	城镇居民人均可支配收入（元） yuan	农村居民人均可支配收入（元） yuan
1984	23541	86.30	40052	11753	31.2	8132	11.5	423	320
1985	32153	28.9	50155	19003	61.7	8313	2.2	476	410
1986	41227	27.6	55893	21007	10.5	8371	0.7	611	424
1987	55712	24.8	62838	25653	22.1	8964	7.1	808	486
1988	71060	20.1	80000	37065	44.5	12334	37.6	933	650
1989	77338	4.1	90464	42480	14.6	17842	44.7	1214	723
1990	84355	4.4	89654	44449	4.6	18611	4.3	1330	766
1991	108659	31.9	100454	53087	19.4	20942	12.5	1295	846
1992	138634	35.2	132957	74606	40.5	24266	15.9	1634	959
1993	232005	61.6	187000	179517	140.6	36644	51.0	2281	1263
1994	416068	69.1	306597	244063	36.0	54669	49.2	2898	1687
1995	552384	21.8	391903	283062	16.0	72856	33.3	3788	2077
1996	417251	-21.5	464537	262700	-7.2	85776	17.7	4326	2454
1997	473224	6.6	498047	365144	39.0	99278	15.7	4873	2780
1998	537999	12.5	558131	447985	22.7	113880	14.7	5317	3012
1999	606698	14.0	619949	550474	22.9	126486	11.1	5697	3122
2000	693734	13.6	685009	672369	22.1	142525	12.7	6265	3250
2001	803223	17.0	753894	482749	-28.2	159453	11.9	6752	3404
2002	937381	17.1	827641	487066	0.9	183390	15.0	8007	3558
2003	1110084	17.5	871680	593016	21.8	204832	11.7	8561	3758
2004	1319699	16.4	971564	795681	34.2	236281	15.4	9693	4090
2005	1589900	13.5	1295300	1154134	47.3	294639	24.7	10391	4482
2006	1929900	20.0	1490000	1541682	-	373152	26.6	11478	4918
2007	2324500	18.7	1784400	2271820	47.4	456668	22.4	13265	5623
2008	2795700	17.5	2150600	2860406	25.9	527809	15.6	15092	6431
2009	3189510	14.3	2458707	3445539	20.5	631540	19.7	15782	6915
2010	4050077	20.1	2902503	4743656	37.7	782948	24.0	17266	7657
2011	5170426	18.3	3379965	6993255	47.4	1032777	31.9	19787	9058
2012	5688784	13.9	3946109	9007135	30.1	1290273	24.9	22359	10299
2013	6302247	12.3	4441346	11645376	29.3	1531608	18.7	24662	11587
2014	7130500	11.8	4980264	14236819	22.3	1750802	14.3	26871	12829
2015	7827767	10.3	5588501	17335974	21.8	1851958	5.8	29272	13882
2016	8432110	7.8	6231302	19380779	11.8	1800915	-2.8	31818	15131
2017	8636251	7.7	6954108	22746497	17.4	2052035	13.9	34490	16492
2018	9349575	8.9	7634220		12.6	2259068	7.0	37169	17991

22-4 三明市主要经济社会统计指标

Main Economic and Social Statistical Indicators of Sanming

年份 Year	地区生产总值（亿元） 100 million yuan	地区生产总值比上年增长（%） (%)	三次产业结构	人均地区生产总值（元） yuan	人均地区生产总值比上年增长（%） (%)	年末人口总数（万人） 10000 persons	全社会从业人员（万人） 10000 persons	农林牧渔业总产值（亿元） 100 million	农林牧渔业总产值比上年增长（%） (%)
1949									
1950									
1951									
1952	1.03		72.5:5.6:21.9	112		94	29	1.01	8.5
1953	1.16	11.6	70.6:7.3:22.1	123	9.1	95	30	1.13	5.3
1954	1.25	6.9	68.0:7.0:25.0	130	5.1	97	30	1.18	5.3
1955	1.32	4.8	67.5:8.0:24.5	139	5.9	99	30	1.22	5.3
1956	1.52	13.0	64.3:12.4:23.3	148	8.5	101	30	1.33	5.3
1957	1.52	7.2	59.2:15.4:25.4	148	3.3	105	34	1.26	5.3
1958	1.88	15.2	47.4:28.9:23.7	171	8.0	116	42	1.25	-6.3
1959	2.32	17.9	33.9:44.1:22.0	196	10.4	122	44	1.17	-6.3
1960	2.48	-1.3	25.9:51.8:22.3	198	-6.7	130	44	0.99	-6.3
1961	1.88	-34.1	41.6:33.7:24.7	147	-35.5	126	40	1.21	-6.3
1962	1.68	-12.0	48.4:24.2:27.4	136	-9.3	121	37	1.28	-6.3
1963	1.88	23.0	49.8:24.0:26.2	153	23.2	126	37	1.41	17.7
1964	2.25	20.8	47.8:27.1:25.1	176	16.9	130	38	1.62	17.7
1965	2.64	20.7	43.9:32.6:23.5	196	15.2	139	39	1.78	17.7
1966	3.11	11.1	39.0:39.1:21.9	220	5.8	146	44	1.86	4.0
1967	2.84	-9.2	43.5:33.5:23.0	193	-12.8	150	44	1.90	4.0
1968	2.35	-7.3	50.4:21.0:28.6	155	-10.0	155	45	1.76	4.0
1969	3.16	20.4	41.3:36.2:22.5	200	15.6	163	49	2.00	4.0
1970	4.20	20.2	39.5:40.8:19.7	256	15.8	169	55	2.58	4.0
1971	4.70	14.9	35.7:45.7:18.6	273	9.3	178	62	2.65	6.3
1972	5.37	14.6	33.1:48.5:18.4	298	9.7	184	62	2.85	6.3
1973	5.46	1.3	32.8:49.8:17.4	295	-1.3	188	66	2.97	6.3
1974	5.68	4.3	34.1:48.8:17.1	300	2.3	192	67	3.21	6.3
1975	5.94	4.2	31.9:50.6:17.5	307	2.2	196	69	3.20	6.3
1976	6.13	2.5	30.5:52.2:17.3	312	1.2	199	70	3.15	4.7
1977	6.93	12.1	28.8:54.9:16.3	347	10.5	203	72	3.37	4.7
1978	8.23	14.7	31.3:52.7:16.0	405	12.9	205	77	3.98	3.7
1979	9.47	10.2	32.0:52.2:15.8	460	8.9	208	78	4.87	9.4
1980	11.24	14.2	30.8:50.9:18.3	539	13.0	210	80	5.50	4.9
1981	12.07	5.7	32.3:48.9:18.8	573	4.3	212	82	6.57	6.3
1982	13.63	7.1	32.9:47.9:19.2	645	6.7	215	84	7.35	4.4
1983	14.84	10.2	33.8:46.4:19.8	688	8.2	217	84	8.07	7.7

22-4 续表1

Continued

年份 Year	地区生产总值（亿元） 100 million yuan	地区生产总值比上年增长（%） (%)	三次产业结构	人均地区生产总值（元） yuan	人均地区生产总值比上年增长（%） (%)	年末人口总数（万人） 10000 persons	全社会从业人员（万人） 10000 persons	农林牧渔业总产值（亿元） 100 million	农林牧渔业总产值比上年增长（%） (%)
1984	17.30	11.0	34.8:46.1:19.1	795	1.9	219	88	8.62	5.5
1985	22.18	14.6	35.5:46.6:17.9	1006	13.1	222	92	11.33	12.9
1986	25.70	7.1	35.6:44.7:19.7	1152	6.5	224	96	13.19	7.8
1987	32.46	13.5	35.9:45.3:18.8	1438	11.4	227	100	16.92	8.7
1988	44.07	17.7	35.1:47.3:17.6	1925	17.9	231	102	23.06	13.1
1989	53.66	9.4	35.5:46.3:18.2	2309	6.1	234	104	28.66	13.3
1990	56.97	15.9	36.3:45.5:18.2	2379	12.5	245	109	30.11	-0.7
1991	63.86	2.6	38.1:43.8:18.1	2591	-0.3	248	116	34.39	4.6
1992	75.75	8.5	35.5:46.1:18.4	3039	7.3	251	118	41.34	4.7
1993	99.99	16.6	34.0:45.9:20.1	3968	15.4	253	116	47.49	12.5
1994	144.08	11.7	31.5:42.7:25.8	5661	10.6	256	117	61.99	5.0
1995	159.59	11.6	36.1:33.7:30.2	6210	10.5	258	114	77.72	8.6
1996	172.62	11.5	34.7:33.0:32.3	6640	10.2	262	115	88.78	7.7
1997	190.39	13.3	32.8:32.8:34.4	7249	12.2	264	115	93.12	10.7
1998	204.20	9.3	32.1:32.0:35.9	7726	8.6	265	113	96.55	6.3
1999	217.16	9.2	31.1:32.3:36.6	8179	8.7	266	112	99.93	6.9
2000	230.91	7.3	30.1:32.4:37.5	8668	7.0	257	111	103.78	4.4
2001	245.87	7.9	28.9:33.1:38.0	9567	7.7	257	111	107.20	1.8
2002	265.54	8.2	27.3:34.1:38.6	10333	8.2	257	112	113.23	1.7
2003	295.22	9.4	26.1:35.6:38.3	11510	9.6	256	111	120.41	4.5
2004	344.47	9.9	25.2:37.7:37.1	13482	10.3	255	115	138.86	5.5
2005	406.23	15.2	22.9:40.0:37.1	15931	15.4	255	117	152.77	5.8
2006	470.58	15.8	21.7:40.9:37.4	18490	16.1	254		160.81	6.2
2007	571.76	15.9	20.8:42.1:37.1	22554	16.4	253	133	189.07	7.7
2008	723.01	14.7	19.2:45.2:35.6	28633	15.1	252	137	221.21	6.2
2009	800.24	13.2	18.3:45.7:36.0	31755	13.5	252	140	233.22	5.4
2010	975.10	13.9	17.3:49.2:33.5	38840	14.3	250	147	269.17	1.0
2011	1211.81	14.1	16.1:50.4:33.5	48365	14.4	251	153	313.16	4.3
2012	1334.82	12.2	15.8:50.8:33.4	53286	12.2	250	161	337.92	3.6
2013	1486.46	11.2	15.2:52.5:32.3	59340	11.2	251	162	368.31	4.3
2014	1621.21	9.6	15.1:52.5:32.4	64590	9.3	251	167	399.75	4.5
2015	1713.05	8.5	14.7:51.1:34.2	67978	8.0	253	172	414.90	4.4
2016	1860.82	7.8	14.8:50.1:35.1	73261	6.9	255	179	405.10	3.8
2017	2102.64	8.0	11.9:52.1:36.0	82135	7.2	257	187	421.60	4.3
2018	2353.72	7.5	11.6:52.6:35.8	91406	6.9	258	194	460.45	4.1

22-4 续表2

Continued

年份 Year	工业增加值（万元） 10000 yuan	工业增加值比上年增长（%） (%)	社会消费品零售总额（万元） 10000 yuan	固定资产投资总额（万元） 10000 yuan	固定资产投资总额比上年增长（%） (%)	一般公共预算总收入（万元） 10000 yuan	一般公共预算总收入比上年增长（%） (%)	城镇居民人均可支配收入（元） yuan	农村居民人均可支配收入（元） yuan
1949									
1950									
1951									
1952	487	31.3	2303	84		1066		105	56
1953	703	45.6	3004	110	31.0	157	-85.3	114	59
1954	730	3.0	4305	134	21.8	367	133.8	122	60
1955	937	19.9	4906	123	-8.2	411	12.0	133	60
1956	1531	59.1	6909	316	156.9	448	9.0	143	63
1957	1962	34.7	5807	343	8.5	609	35.9	160	65
1958	3251	52.2	7910	4179	1118.4	1401	130.0	182	63
1959	5833	94.1	10113	10115	142.0	2503	78.7	209	58
1960	7453	7.5	11414	10321	2.0	3002	19.9	195	49
1961	4170	-47.8	8511	3634	-64.8	2111	-29.7	209	46
1962	3107	-24.8	9812	1345	-63.0	2721	28.9	243	46
1963	3337	11.5	9812	1605	19.3	2239	-17.7	240	52
1964	4395	27.1	11214	2556	59.3	2605	16.3	234	59
1965	5959	26.0	12216	5170	102.3	2941	12.9	240	77
1966	8951	45.5	12916	7283	40.9	2767	-5.9	247	73
1967	7986	-13.4	12916	2434	-66.6	2125	-23.2	272	72
1968	4191	-18.0	11314	1771	-27.2	2084	-1.9	289	63
1969	9721	54.8	13117	3610	103.8	2687	28.9	285	72
1970	12674	9.9	14118	11163	209.2	4257	58.5	315	82
1971	16652	33.8	15420	9827	-12.0	5420	27.3	363	103
1972	20047	22.6	17522	14083	43.3	10508	93.9	329	102
1973	21855	9.2	19024	15424	9.5	10646	1.3	331	102
1974	21579	-1.7	20025	14781	-4.2	10205	-4.1	329	112
1975	25064	19.6	21127	12146	-17.8	11837	16.0	344	132
1976	27268	8.6	22929	9885	-18.6	11945	0.9	360	100
1977	33115	22.5	25132	10889	10.2	13055	9.3	374	108
1978	37042	10.7	27243	15328	40.8	17349	32.9	410	115
1979	41177	8.6	31299	23381	52.5	17249	-0.6	456	139
1980	49263	11.8	41584	26031	11.3	16382	-5.0	493	162
1981	50891	4.3	47647	24811	-4.7	17758	8.4	491	188
1982	55884	3.3	54121	24973	9.9	18131	2.1	554	241
1983	59167	11.0	59636	31977	24.1	17831	-1.7	648	308

22-4 续表3

Continued

年份 Year	工业增加值（万元） 10000 yuan	工业增加值比上年增长（%） (%)	社会消费品零售总额（万元） 10000 yuan	固定资产投资总额（万元） 10000 yuan	固定资产投资总额比上年增长（%） (%)	一般公共预算总收入（万元） 10000 yuan	一般公共预算总收入比上年增长（%） (%)	城镇居民人均可支配收入（元） yuan	农村居民人均可支配收入（元） yuan
1984	67424	9.02	72244	40818	26.8	19354	8.5	774	348
1985	88493	17.2	95362	52274	28.7	25949	34.1	855	442
1986	101277	11.0	101259	54691	8.9	32983	27.1	1063	490
1987	132723	18.2	115805	51101	-5.1	39147	18.7	1234	567
1988	191824	27.6	152559	71426	39.3	48170	23.0	1726	702
1989	231524	2.3	173160	71019	7.1	56072	16.4	2109	811
1990	241936	7.2	183240	81287	7.4	56783	1.3	1793	889
1991	256582	-4.2	200456	99595	25.3	48653	-14.3	1991	991
1992	314095	11.0	238535	183540	60.3	54528	12.1	2343	1134
1993	419460	21.4	240813	332245	81.0	73159	34.2	2916	1378
1994	556567	12.8	311370	376769	30.1	93905	28.4	4374	1646
1995	465479	9.4	371154	370793	6.8	116710	24.3	5499	1991
1996	499347	13.9	428681	358670	2.3	137908	18.2	6041	2424
1997	543289	14.9	506701	352432	2.8	152508	10.6	6108	2747
1998	562846	8.0	572552	369787	3.7	163161	7.0	6604	2849
1999	599626	10.9	633266	463616	6.5	168300	3.1	7065	3034
2000	639771	9.1	694058	95464	9.6	177247	5.3	7487	3182
2001	685541	9.4	755117	76465	10.9	196332	10.8	8134	3310
2002	749431	9.8	826117	722934	19.4	255795	30.3	9037	3406
2003	846339	9.4	899642	951067	29.4	294850	15.3	9267	3556
2004	1039500	12.7	983107	1247147	28.8	332963	12.9	9968	3886
2005	1389530	29.0	1084176	1601400	29.6	375454	12.8	11397	4209
2006	1643380	21.2	1221998	2321151	46.6	430265	14.6	12627	4568
2007	2059568	20.8	1426030	3514163	50.5	532877	23.8	14246	5141
2008	2846742	19.1	1720929	4985812	41.2	631510	18.5	16013	5853
2009	3128738	16.7	2016513	6609257	32.3	671791	6.4	16500	6327
2010	4125083	20.7	2395618	8273469	25.0	821625	22.3	18194	6949
2011	5210762	20.4	2844796	9001956	23.0	1054580	28.4	20778	8205
2012	5653283	15.8	3190736	10928616	21.0	1216843	15.4	23429	9375
2013	6394502	14.3	3603936	13341251	21.8	1369011	12.5	22890	10530
2014	6930797	11.6	4048452	16030831	19.9	1349599	-1.4	25197	11665
2015	7052236	8.4	4444655	19120197	19.0	1306681	-3.2	27393	12806
2016	7518199	7.6	4806339	21417227	12.0	1343736	2.8	29677	13918
2017	8956174	7.7	5334337	24984975	16.7	1505833	12.1	32261	15212
2018	10120923	8.9	5884962		11.7	1657094	10.0	34862	16601

22-5 泉州市主要经济社会统计指标

Main Economic and Social Statistical Indicators of Quanzhou

年份 Year	地区生产总值（亿元） 100 million yuan	地区生产总值比上年增长（%） (%)	三次产业结构	人均地区生产总值（元） yuan	人均地区生产总值比上年增长（%） (%)	年末人口总数（万人） 10000 persons	全社会从业人员（万人） 10000 persons	农林牧渔业总产值（亿元） 100 million	农林牧渔业总产值比上年增长（%） (%)
1949	1.33		62.4:9.0:28.6	61		219		1.92	
1950	1.44	-1.4	61.8:9.7:28.5	63	-1.4	234		2.15	10.9
1951	1.59	10.4	61.7:9.4:28.9	67	5.9	238		2.31	10.7
1952	1.95	16.5	62.1:12.1:25.8	82	6.1	243		2.52	15.2
1953	2.12	5.8	60.6:12.5:26.9	87	4.6	243		2.74	4.6
1954	2.14	0.6	58.7:13.2:28.1	86	-1.8	255		1.98	-2.2
1955	2.41	24.5	59.0:13.6:27.4	94	20.6	260		2.14	9.9
1956	2.92	5.5	56.1:18.4:25.5	111	3.2	266		2.50	13.1
1957	2.96	4.6	54.8:17.2:28.0	109	1.9	274		2.64	7.8
1958	3.12	0.9	45.3:27.8:26.9	113	-0.8	275		2.32	-8.3
1959	3.46	6.3	37.5:35.7:26.8	123	4.1	286		2.18	-3.8
1960	3.55	-1.7	31.3:40.1:28.6	123	-4.3	291		1.89	-18.9
1961	2.94	-25.0	43.0:27.8:29.2	100	-26.2	295		1.79	-12.7
1962	2.93	-1.6	44.9:24.6:30.5	97	-4.2	306		1.91	3.3
1963	3.18	14.1	45.2:22.8:32.0	102	10.2	316		2.23	17.4
1964	3.92	15.4	43.0:20.1:36.9	114	13.2	314		2.64	19.8
1965	3.97	12.0	44.4:23.8:31.8	123	10.1	327		2.70	12.1
1966	4.65	13.2	47.0:23.1:29.9	140	10.3	336		3.32	9.5
1967	4.76	2.9	48.9:22.7:28.4	140	0.3	345		3.54	7.0
1968	4.29	-3.7	52.2:16.0:31.8	122	-6.5	357		3.33	-6.6
1969	4.66	3.2	48.7:21.6:29.7	129	0.2	368		3.45	4.1
1970	5.09	3.8	49.7:23.1:27.2	138	1.0	375		3.86	12.4
1971	5.26	7.1	44.5:27.6:27.9	138	4.2	386		3.66	3.9
1972	5.56	4.4	43.1:27.3:29.6	142	1.6	397		3.79	1.6
1973	5.49	-2.3	40.9:29.4:29.7	137	-4.9	408		3.63	-5.3
1974	5.69	3.5	39.4:32.2:28.4	138	0.9	417		3.80	4.1
1975	5.80	3.4	39.7:32.7:27.6	140	0.9	428		3.94	4.2
1976	5.60	-5.2	39.5:28.6:31.9	129	-7.6	440		3.80	-4.9
1977	6.61	18.7	37.8:33.0:29.2	148	15.9	450		4.24	10.7
1978	7.79	11.9	38.6:32.8:28.6	171	9.4	458		4.98	6.8
1979	9.26	11.6	39.8:32.4:27.8	200	9.4	465	184	6.28	7.3
1980	12.40	32.0	38.8:33.8:27.4	264	30.5	471	188	6.44	6.9
1981	13.21	5.5	39.5:33.4:27.1	279	4.3	478	191	7.79	2.7
1982	14.52	4.6	39.5:32.3:28.2	300	2.7	482	176	8.40	5.7
1983	16.69	11.4	38.7:33.4:27.9	339	9.3	497	204	9.77	5.5

22-5 续表1

Continued

年份 Year	地区生产总值（亿元） 100 million yuan	地区生产总值比上年增长（%） (%)	三次产业结构	人均地区生产总值（元） yuan	人均地区生产总值比上年增长（%） (%)	年末人口总数（万人） 10000 persons	全社会从业人员（万人） 10000 persons	农林牧渔业总产值（亿元） 100 million	农林牧渔业总产值比上年增长（%） (%)
1984	20.82	19.8	38.5:36.9:24.6	416	17.8	505	213	11.46	14.5
1985	25.16	14.5	36.5:39.1:24.4	493	12.6	514	221	14.19	5.7
1986	28.61	8.5	31.1:42.0:26.9	552	6.7	522	229	14.82	-2.8
1987	34.59	12.7	33.4:40.3:26.3	667	10.7	533	252	18.92	11.0
1988	47.11	11.5	34.3:37.8:27.9	875	9.3	543	251	27.48	3.8
1989	53.48	8.3	32.7:39.1:28.2	974	6.3	555	256	29.22	2.5
1990	61.88	14.4	30.3:41.3:28.4	1088	10.4	573	267	31.01	2.9
1991	79.32	24.3	27.8:45.1:27.1	1347	20.1	592	285	34.91	11.6
1992	127.12	54.3	19.4:49.6:31.0	2131	52.3	599	301	39.61	4.6
1993	233.92	66.2	13.6:53.3:33.1	3876	64.3	606	315	52.73	5.9
1994	375.97	45.0	12.1:53.2:34.7	6158	43.4	613	326	76.31	15.7
1995	496.39	21.6	12.0:52.7:35.3	7995	19.6	626	329	98.84	14.6
1996	588.28	19.9	11.6:53.7:34.7	9240	16.9	645	340	112.18	8.4
1997	682.26	15.7	10.9:54.3:34.8	10526	13.7	650	347	123.18	8.0
1998	773.59	15.1	10.2:56.1:33.7	11843	14.2	654	353	131.35	7.3
1999	849.82	11.9	9.5:56.5:34.0	12933	11.2	658	364	133.54	5.1
2000	931.08	11.6	8.7:57.0:34.3	12790	11.6	728	367	135.43	1.7
2001	997.73	10.7	8.2:56.3:35.5	13602	9.9	739	385	138.50	3.7
2002	1080.75	10.3	7.7:56.4:35.9	14526	8.7	749	394	141.40	2.7
2003	1214.11	13.8	6.9:56.9:36.2	16124	12.4	757	389	144.87	2.5
2004	1407.89	13.9	6.8:57.2:36.0	18488	12.6	766	414	164.13	3.1
2005	1644.76	14.0	6.0:57.4:36.6	21360	12.8	774	417	169.02	2.2
2006	1937.38	15.9	4.9:57.9:37.2	24886	14.7	783	464	165.37	0.9
2007	2349.12	16.9	4.5:57.9:37.6	29849	15.7	791	462	187.02	0.5
2008	2803.51	15.1	4.2:57.9:37.9	35309	14.1	797	489	208.96	1.0
2009	3080.04	12.5	3.7:58.2:38.1	38381	11.4	808	506	201.76	2.5
2010	3577.29	12.8	3.6:60.4:36.0	44110	11.7	814	522	227.00	3.2
2011	4220.62	13.6	3.5:61.7:34.8	51628	12.7	821	571	260.56	2.6
2012	4726.56	12.4	3.3:61.7:35.0	57292	11.4	829	581	273.50	1.7
2013	5247.56	11.6	3.0:62.2:34.8	63034	10.6	836	579	287.09	2.1
2014	5770.61	10.2	2.8:62.4:34.8	68698	9.2	844	588	295.59	2.7
2015	6174.76	8.8	2.7:60.3:37.0	72859	7.8	851	598	305.67	2.0
2016	6684.79	8.0	2.8:58.8:38.4	78230	7.1	858	612	340.80	2.4
2017	7547.83	8.4	2.6:57.9:39.5	87613	7.5	865	617	348.44	1.6
2018	8467.98	8.9	2.4:57.7:39.9	97614	8.1	870	639	364.23	2.3

22-5 续表2

Continued

年份 Year	工业增加值（万元） 10000 yuan	工业增加值比上年增长（%） (%)	社会消费品零售总额（万元） 10000 yuan	固定资产投资总额（万元） 10000 yuan	固定资产投资总额比上年增长（%） (%)	一般公共预算总收入（万元） 10000 yuan	一般公共预算总收入比上年增长（%） (%)	城镇居民人均可支配收入（元） yuan	农村居民人均可支配收入（元） yuan
1949			11579			707			
1950			12514	6		1233	74.4		
1951			14019	131	2246.8	2165	75.6		
1952	835		15056	512	290.7	3008	38.9		
1953	961		16851	555	8.6	2710	-9.9		
1954	1209		18809	623	12.2	3011	11.1		
1955	1361		19680	453	-27.3	3298	9.5		
1956	1620		22304	1835	305.3	3366	2.1		
1957	1948		22947	2296	25.2	3563	5.9		
1958	2793		24967	3703	61.3	4856	36.3		
1959	3712		27275	7575	104.5	5157	6.2		
1960	4147		28442	9352	23.5	5783	12.1		
1961	2647		21122	2477	-73.5	3562	-38.4		
1962	2204		26246	2356	-4.9	4960	39.2		
1963	2393		28779	2052	-12.9	5437	9.6		
1964	2533		24766	2726	32.9	5018	-7.7		
1965	3302		29901	2664	-2.3	5107	1.8		
1966	4035		30823	2481	-6.9	4694	-8.1		
1967	4243		30088	572	-76.9	4488	-4.4		
1968	2553		26866	572	0.0	3697	-17.6		
1969	3945		30765	3060	435.0	4181	13.1		
1970	4279		28210	3292	7.6	4996	19.5		
1971	5334		29522	4905	49.0	5616	12.4		
1972	5611		31193	5148	4.9	6282	11.9		
1973	6459		30895	4426	-14.0	5191	-17.4		
1974	6969		31832			5165	-0.5		
1975	7487		36213	3958		5560	7.6		
1976	6748		26603	2701	-31.8	4122	-25.9		
1977	8806		40801			5380	30.5		
1978	10997		45659	5144		8030	49.3	324	75
1979	19215		44926	9200	78.8	7249	-9.7		
1980	23243		68789	11100	20.7	9504	31.1	374	120
1981	25505		79796	21600	94.6	10671	12.3	441	
1982	27168		80962	35000	62.0	12223	14.5	528	
1983	30582		98358	39700	13.4	13462	10.1	584	265

22-5 续表3

Continued

年份 Year	工业增加值（万元） 10000 yuan	工业增加值比上年增长（%） (%)	社会消费品零售总额（万元） 10000 yuan	固定资产投资总额（万元） 10000 yuan	固定资产投资总额比上年增长（%） (%)	一般公共预算总收入（万元） 10000 yuan	一般公共预算总收入比上年增长（%） (%)	城镇居民人均可支配收入（元） yuan	农村居民人均可支配收入（元） yuan
1984	50432		117778	44900	13.1	14098	4.7	676	333
1985	71783		153828	60000	33.6	19876	41.0	914	408
1986	81983		180381	59200	-1.3	23724	19.4	1165	439
1987	102404		214916	89900	51.9	27310	15.1	1220	493
1988	146118		327364	110500	22.9	36356	33.1	1502	677
1989	176838		367979	132000	19.5	50701	39.5	1915	721
1990	213029		378556	178200	35.0	62440	23.2	1538	783
1991	304727		433200	249000	39.7	74652	19.6	1876	902
1992	536909		624800	424800	70.6	100188	34.2	2216	1195
1993	1103234	85.0	901800	601500	41.6	165858	65.5	2867	1548
1994	1801024	54.7	1253500	890000	48.0	212708	28.2	3749	2148
1995	2374233	25.5	1593200	1055600	18.6	264468	24.3	4537	2768
1996	2868691	20.3	1996300	1300000	23.2	312198	18.0	5616	3325
1997	3360698	18.0	2323700	1600000	23.1	361623	15.8	6132	3700
1998	3947656	18.4	2660700	1880000	17.5	422630	16.9	6873	4003
1999	4384130	13.1	2929400	1990000	5.9	476096	12.7	7500	4227
2000	4864705	13.0	3222400	2113639	6.2	574744	20.7	7817	4440
2001	5161137	12.6	3515600	2207377	4.4	696903	21.3	8700	4643
2002	5607415	11.9	3870700	2321604	5.2	854985	22.7	10100	4878
2003	6347626	17.2	4339000	2784777	20.0	1050051	22.8	11155	5182
2004	7348512	15.4	4985552	3587936	28.8	1311698	24.9	12699	5680
2005	8736018	15.0	5620013	4291122	19.6	1533618	16.9	14209	6123
2006	10385230	17.0	6459832	4944874	35.2	1850170	20.6	15972	6606
2007	12557614	18.2	7540541	6951101	40.6	2250599	21.6	18097	7244
2008	14934199	14.4	9035434	8606599	23.8	2635998	17.1	20420	7973
2009	16445831	13.6	10547749	9764677	13.5	3161513	19.9	22913	8563
2010	19766051	16.5	12346140	12508091	30.0	4002789	26.6	25155	9296
2011	23660636	16.9	14624003	15761431	27.6	5003558	25.0	28703	10578
2012	26241888	13.6	17058900	20167241	28.0	5724320	14.4	32283	11915
2013	29298395	12.7	19455675	25024446	24.1	6495691	13.5	35430	13316
2014	32283979	11.5	21894296	29402532	17.5	7231237	11.3	34820	14586
2015	33271288	8.0	24595881	34781797	18.3	8047410	11.3	37275	15861
2016	35100357	6.9	27246536	37480062	10.0	7698618	-4.3	39656	17179
2017	39013369	7.7	30339515	41238048	10.0	7887628	2.5	42696	18606
2018	43464600	8.9	34078885		14.2	8610458	6.5	46111	20277

22-6 漳州市主要经济社会统计指标

Main Economic and Social Statistical Indicators of Zhangzhou

年份 Year	地区生产总值（亿元） 100 million yuan	地区生产总值比上年增长（%） (%)	三次产业结构	人均地区生产总值（元） yuan	人均地区生产总值比上年增长（%） (%)	年末人口总数（万人） 10000 persons	全社会从业人员（万人） 10000 persons	农林牧渔业总产值（亿元） 100 million	农林牧渔业总产值比上年增长（%） (%)
1949	1.12	——	76.3:7.3:16.5	73	——	155	62	1.28	——
1950	1.30	13.8	74.3:6.6:19.1	82	12.1	160	68	1.38	12.3
1951	1.41	8.1	73.8:6.4:19.9	87	6.1	164	69	1.49	8.1
1952	1.61	8.0	71.9:8.1:20	97	4.9	169	74	1.65	6.1
1953	1.79	8.2	69.2:8.7:22.1	104	5.1	174	76	1.78	6.5
1954	1.90	3.6	65.2:10.2:24.7	107	0.5	180	78	1.78	0.6
1955	1.97	1.8	62.3:11.5:26.2	108	-1.4	185	80	1.76	-1.0
1956	2.48	21.6	60.1:14.5:25.5	132	18.3	190	80	2.13	20.3
1957	2.62	10.0	57.5:16.3:26.2	135	6.6	197	82	2.18	10.3
1958	3.14	11.1	50.2:24.6:25.2	157	7.6	203	90	2.27	2.4
1959	3.47	4.9	43.5:30.0:26.6	167	1.0	213	89	2.21	-3.0
1960	3.75	3.1	43.0:30.1:26.9	175	0.0	216	91	2.45	-3.0
1961	3.32	-14.3	52.1:20.9:27.0	153	-15.3	217	86	2.61	-5.9
1962	3.23	-5.7	51.9:19.3:28.8	146	-7.5	224	85	2.50	-5.5
1963	3.31	2.8	56.0:18.8:25.3	145	-0.5	232	86	2.71	8.1
1964	3.78	18.0	53.5:20.5:26.0	161	14.6	237	90	2.99	16.7
1965	4.23	10.2	51.4:22.0:26.5	175	7.0	245	93	3.24	8.8
1966	4.67	6.2	50.7:23.4:25.8	187	2.8	253	94	3.52	4.1
1967	4.44	-8.1	50.0:23.9:26.1	173	-10.7	260	100	3.27	-8.0
1968	4.03	-5.4	52.9:18.5:28.5	152	-8.2	269	102	3.12	-3.5
1969	4.29	7.0	53.8:19.7:26.5	157	3.4	278	106	3.40	9.2
1970	4.44	0.3	51.3:23.6:25.1	157	-2.7	286	110	3.30	-1.7
1971	5.09	7.6	51.8:24.5:23.7	175	4.4	295	114	3.96	7.8
1972	5.87	7.0	51.5:25.5:23.0	196	3.8	304	119	4.58	5.5
1973	5.68	-4.7	49.3:26.5:24.3	184	-7.5	313	122	4.22	-9.0
1974	5.83	2.6	49.0:26.6:24.4	184	0.1	320	124	4.29	1.8
1975	6.29	7.4	49.7:25.8:24.5	195	5.1	327	129	4.69	8.3
1976	6.66	4.5	48.6:24.0:27.4	202	2.4	333	131	4.82	1.2
1977	7.74	13.0	48.4:26.6:25.0	230	10.9	339	131	5.49	12.6
1978	8.91	13.9	47.6:27.1:25.3	261	12.0	344	135	6.24	10.0
1979	10.26	7.4	48.3:26.0:25.7	296	5.8	349	140	7.36	6.0
1980	11.67	8.6	45.5:27.2:27.2	332	7.1	354	144	7.91	6.8
1981	13.95	10.0	49.7:24.5:25.8	391	8.4	360	149	10.51	8.3
1982	15.77	8.6	50.0:24.3:25.7	435	6.9	366	153	11.79	8.2
1983	16.77	4.6	47.4:24.6:28.0	455	3.0	371	156	11.73	2.9

22-6 续表1

Continued

年份 Year	地区生产总值（亿元） 100 million yuan	地区生产总值比上年增长（%） (%)	三次产业结构	人均地区生产总值（元） yuan	人均地区生产总值比上年增长（%） (%)	年末人口总数（万人） 10000 persons	全社会从业人员（万人） 10000 persons	农林牧渔业总产值（亿元） 100 million	农林牧渔业总产值比上年增长（%） (%)
1984	19.72	14.7	49.2:23.4:27.4	528	13.1	376	158	13.83	13.8
1985	22.79	6.7	46.8:25.3:27.9	602	5.2	381	169	16.53	5.2
1986	25.74	7.6	44.0:27.2:28.7	671	6.1	386	173	17.38	1.9
1987	30.75	11.1	43.5:28.1:28.5	790	9.5	392	181	20.81	8.0
1988	41.84	10.4	44.0:28.0:28.0	1059	8.7	398	189	29.36	8.3
1989	49.86	9.1	41.3:27.7:31.1	1244	7.5	404	194	33.70	7.7
1990	53.06	6.5	39.2:27.0:33.8	1292	4.0	417	195	34.46	2.4
1991	63.57	15.4	38.6:27.4:34.0	1510	12.5	421	199	40.31	12.3
1992	80.66	21.9	35.6:32.4:32.0	1902	20.8	423	203	48.55	14.8
1993	106.48	19.2	33.5:35.1:31.4	2493	18.4	427	214	60.72	11.2
1994	147.43	21.9	36.4:34.4:29.2	3432	21.2	429	218	94.64	17.7
1995	191.71	14.9	35.6:34.5:29.9	4427	14.0	437	218	123.71	16.1
1996	227.00	14.2	36.5:32.9:30.7	5202	13.3	440	217	147.56	14.3
1997	255.12	13.6	34.2:32.6:33.2	5810	12.9	444	218	157.18	13.4
1998	291.21	13.5	34.3:32.0:33.8	6584	12.6	447	215	175.03	12.8
1999	319.54	10.4	33.1:31.6:35.4	7169	9.6	450	223	185.20	9.6
2000	356.00	10.5	31.8:31.2:37.1	7732	7.7	458	221	196.17	6.9
2001	388.49	8.6	30.6:32.1:37.3	8462	10.2	460	220	206.04	6.9
2002	418.23	10.7	28.3:33.5:38.2	9074	8.2	462	222	205.02	1.9
2003	472.14	11.4	26.8:35.5:37.7	10199	10.3	464	227	219.70	4.0
2004	553.55	11.0	25.6:38.4:36.0	11879	10.7	468	232	246.31	5.0
2005	661.04	11.1	22.8:40.4:36.8	14095	10.4	470	240	267.19	4.7
2006	755.20	12.5	21.6:41.8:36.6	16031	12.0	472	250	285.17	4.0
2007	877.63	15.1	21.2:41.5:37.2	18554	14.7	474	260	326.67	4.4
2008	1002.39	13.6	21.1:41.6:37.3	21081	13.0	477	259	371.14	4.3
2009	1178.01	13.3	18.6:44.1:37.3	24619	12.6	480	263	376.30	4.5
2010	1430.71	14.9	17.8:45.6:36.6	29771	14.5	481	275	432.32	3.5
2011	1768.20	14.7	16.6:47.3:36.1	36793	14.3	484	289	498.54	3.5
2012	2012.92	12.6	15.9:47.7:36.3	41333	11.6	490	295	532.73	4.0
2013	2246.23	11.5	14.6:49.0:36.4	45702	10.5	493	300	568.17	4.1
2014	2506.36	11.3	14.0:49.8:36.2	50685	10.6	496	304	602.71	4.1
2015	2767.35	11.0	13.4:48.5:38.1	55569	10.2	500	310	631.64	4.3
2016	3125.35	9.3	13.3:46.8:40.0	62196	8.4	505	316	708.38	3.7
2017	3528.53	9.2	11.3:48.1:40.7	69528	8.1	510	322	729.95	4.1
2018	3947.63	8.7	11.1:47.8:41.1	77102	7.7	514	333	801.87	4.5

22-6 续表2

Continued

年份 Year	工业增加值（万元） 10000 yuan	工业增加值比上年增长（%） (%)	社会消费品零售总额（万元） 10000 yuan	固定资产投资总额（万元） 10000 yuan	固定资产投资总额比上年增长（%） (%)	一般公共预算总收入（万元） 10000 yuan	一般公共预算总收入比上年增长（%） (%)	城镇居民人均可支配收入（元） yuan	农村居民人均可支配收入（元） yuan
1949	801	——	215	30		166		94	65
1950	833	10.8	323	32		397	139.2	114	71
1951	800	4.7	486	12		554	39.5	120	77
1952	1178	41.6	5592	116		1383	149.6	126	87
1953	1400	28.9	6315	139	19.8	3173	129.4	132	100
1954	1700	26.2	9409	198	42.4	3643	14.8	141	100
1955	2000	17.5	9622	335	69.2	3541	-2.8	144	93
1956	3100	43.1	12150	923	175.5	3812	7.7	146	98
1957	3756	21.4	17689	802	-13.1	4080	7.0	166	104
1958	6500	80.1	19500	3756	368.3	7200	76.5	126	113
1959	8400	26.9	19710	6415	70.8	5706	-20.8	131	108
1960	9000	10.1	18340	7116	10.9	5727	0.4	133	103
1961	5800	-38.0	15420	2912	-59.1	3399	-40.6	130	99
1962	5312	-18.6	19023	2238	-23.1	5169	52.1	137	95
1963	5400	1.8	20582	1946	-13.0	6228	20.5	152	106
1964	6600	21.0	20764	3110	59.8	6348	1.9	158	118
1965	8361	19.6	21866	2066	-33.6	7583	19.5	149	113
1966	10000	18.8	23303	2428	17.5	7865	3.7	155	117
1967	9600	-8.9	22962	836	-65.6	6545	-16.8	150	109
1968	6900	-26.4	22175	742	-11.2	5659	-13.5	150	107
1969	7700	10.0	24232	1867	151.6	5590	-1.2	146	105
1970	9408	17.6	21619	2707	45.0	6518	16.6	192	94
1971	11100	13.5	24318	3348	23.7	7851	20.5	236	97
1972	12900	17.3	27616	3986	19.1	10339	31.7	267	100
1973	12900	2.6	27357	4608	15.6	8381	-18.9	258	104
1974	13400	2.4	28565	4017	-12.8	7518	-10.3	273	107
1975	14031	6.4	30929	4456	10.9	7779	3.5	257	119
1976	13500	0.5	32546	5153	15.6	6857	-11.9	262	128
1977	17800	26.7	37078	5815	12.8	9377	36.8	266	138
1978	20175	16.8	41784	10422	78.8	13007	38.7	323	158
1979	22000	12.4	51760	12980	25.0	12256	-5.8	341	179
1980	26965	17.2	59838	13760	6.2	14092	15.0	399	208
1981	29710	11.8	66225	12316	-10.9	15141	7.4	413	264
1982	31969	9.4	73542	28497	131.7	15996	5.6	447	306
1983	34306	2.4	81423	30966	8.8	15089	-5.7	462	304

22-6 续表3

Continued

年份 Year	工业增加值（万元） 10000 yuan	工业增加值比上年增长（%） (%)	社会消费品零售总额（万元） 10000 yuan	固定资产投资总额（万元） 10000 yuan	固定资产投资总额比上年增长（%） (%)	一般公共预算总收入（万元） 10000 yuan	一般公共预算总收入比上年增长（%） (%)	城镇居民人均可支配收入（元） yuan	农村居民人均可支配收入（元） yuan
1984	38983	8.90	90628	27812	-10.3	15210	0.8	487	348
1985	49250	24.7	112416	36726	32.0	17918	17.8	558	403
1986	59800	13.9	126610	50796	38.4	21187	18.2	739	613
1987	73928	18.7	149826	67690	33.3	25900	22.2	771	517
1988	102869	19.5	201797	73176	8.1	34328	32.5	963	690
1989	120564	12.8	255908	77156	5.5	46126	34.4	1241	799
1990	125681	7.2	259156	79467	3.0	51492	11.6	1378	822
1991	152636	19.6	270820	114092	43.5	57185	11.1	1498	958
1992	231550	51.7	311147	135308	18.6	64138	12.1	1988	1089
1993	333614	26.4	395505	281723	108.2	95593	49.1	2524	1315
1994	454004	28.0	512369	409640	45.4	122047	27.6	3270	1672
1995	597434	13.8	676349	463050	13.1	153552	25.9	4305	2164
1996	663745	12.5	828321	643950	39.1	186595	21.5	4960	2664
1997	727341	11.0	980220	773213	20.1	219787	17.8	5214	2980
1998	805395	6.4	1152382	1053229	36.2	252759	15.0	5753	3218
1999	853447	6.3	1289390	1198550	13.8	289716	14.6	6508	3378
2000	915647	9.4	1434175	1365137	13.9	316045	9.1	7059	3530
2001	1028384	13.1	1564148	1415934	3.7	301149	-4.7	7417	3695
2002	1178541	14.3	1704714	1356944	-4.2	278244	-7.6	8364	3761
2003	1416670	18.1	1856434	1419036	4.6	309591	11.3	9053	3982
2004	1842496	22.3	2057408	1638773	15.5	380998	23.1	10117	4320
2005	2321510	20.5	2265400	1952181	19.1	506111	32.8	11241	4690
2006	2751267	17.7	2507700	2394352	22.6	637469	26.0	12511	5075
2007	3162929	20.7	2890800	3270423	36.6	838398	31.5	14153	5696
2008	3591228	17.6	3427500	4413992	35.0	1015750	21.2	16023	6506
2009	4535378	14.4	3882237	5792055	31.2	1137870	12.0	16616	7054
2010	5705586	21.7	4311474	8371065	44.5	1393953	22.5	18482	7861
2011	7233844	20.3	4935443	10754951	39.9	1745278	25.2	21137	9128
2012	8184525	15.5	5463508	14440850	34.3	2054776	17.7	23951	10389
2013	9174098	14.0	6178457	17132640	18.6	2377933	15.7	26471	11639
2014	10399477	14.6	6921977	20818569	21.5	2638403	11.0	25741	12690
2015	11179980	10.0	7769894	25160808	20.9	2747531	4.1	28092	13866
2016	12201726	8.0	8755936	28279268	12.4	2876754	4.7	30726	15320
2017	14251851	8.1	9824346	33280999	17.7	3180788	10.6	33359	16676
2018	15778862	9.0	11116033	——	11.4	3520601	8.1	35997	18186

22-7 南平市主要经济社会统计指标
Main Economic and Social Statistical Indicators of Nanping

年份 Year	地区生产总值（亿元） 100 million yuan	地区生产总值比上年增长（%） (%)	三次产业结构	人均地区生产总值（元） yuan	人均地区生产总值比上年增长（%） (%)	年末人口总数（万人） 10000 persons	全社会从业人员（万人） 10000 persons	农林牧渔业总产值（亿元） 100 million	农林牧渔业总产值比上年增长（%） (%)
1949	0.80		65.8：5.4：28.8	76		105	44	0.70	
1950	0.90	9.0	66.5：5.5：28.0	81	3.6	108		0.79	12.5
1951	1.02	14.8	66.8：6.0：27.2	90	12.9	110		0.91	13.1
1952	1.21	15.8	64.1：10.4：25.5	106	14.1	113	48	1.03	8.4
1953	1.33	8.4	62.3：12.0：25.7	114	5.8	115		1.10	4.7
1954	1.43	7.5	61.1：12.0：26.9	119	4.4	119		1.18	5.6
1955	1.60	12.0	57.8：14.3：27.9	130	9.8	121		1.24	3.0
1956	1.96	22.2	55.7：16.3：28.0	154	18.5	126		1.48	17.0
1957	2.33	22.7	47.4：27.1：25.5	176	17.7	133	53	1.50	6.5
1958	2.71	13.7	40.2：35.1：24.7	192	6.6	142		1.48	-2.6
1959	3.54	29.9	28.7：46.5：24.8	235	21.8	153		1.41	-4.1
1960	3.80	7.1	23.9：52.5：23.6	237	0.5	164		1.28	-12.4
1961	2.88	-31.3	37.7：35.3：27.0	176	-32.7	157		1.55	5.0
1962	2.68	-11.5	43.3：27.7：29.0	164	-11.2	160	56	1.69	4.5
1963	2.84	9.0	44.5：27.7：27.8	174	9.1	159		1.80	18.9
1964	3.27	15.2	45.3：28.8：25.9	199	14.5	165		2.10	15.1
1965	3.65	15.7	44.4：30.0：25.6	216	12.2	173	57	2.30	12.4
1966	3.92	4.3	43.5：29.8：26.7	221	-0.4	181		2.44	-2.5
1967	3.61	10.5	47.8：25.9：26.3	197	-13.6	186		2.48	1.8
1968	3.24	4.4	50.3：20.4：29.3	172	-6.8	191		2.33	-6.3
1969	3.89	16.7	44.4：28.2：27.4	201	13.5	200		2.50	6.2
1970	4.76	14.1	45.1：30.6：24.3	235	8.9	206	68	3.08	17.8
1971	5.17	16.2	42.0：33.6：24.4	247	12.6	213		3.10	7.7
1972	5.78	10.7	40.5：34.1：25.4	268	7.3	218		3.39	8.4
1973	6.22	6.8	39.0：35.8：25.2	281	4.2	224		3.53	3.2
1974	6.47	3.7	41.0：34.3：24.7	286	1.5	228		3.87	8.2
1975	6.86	3.9	40.4：35.0：24.6	298	2.0	233	79	4.03	3.3
1976	6.75	2.7	39.3：34.9：25.8	286	5.0	238	80	3.79	-7.2
1977	7.58	15.3	38.1：36.6：25.3	316	13.3	242	81	4.24	11.6
1978	8.77	12.0	38.5：37.3：24.2	359	10.1	246	86	4.80	7.5
1979	10.11	9.5	38.9：37.4：23.7	408	7.9	249	85	5.82	2.2
1980	11.50	14.9	37.9：37.2：24.9	459	13.8	252	86	6.15	9.7
1981	12.58	10.3	39.8：35.4：24.8	498	9.6	253	87	6.89	13.3
1982	14.20	6.4	43.0：32.6：24.4	557	5.3	256	91	8.01	7.6
1983	15.98	9.3	42.9：33.1：24.0	620	8.1	259	94	8.95	7.2

22-7 续表1

Continued

年份 Year	地区生产总值（亿元） 100 million yuan	地区生产总值比上年增长（%） (%)	三次产业结构	人均地区生产总值（元） yuan	人均地区生产总值比上年增长（%） (%)	年末人口总数（万人） 10000 persons	全社会从业人员（万人） 10000 persons	农林牧渔业总产值（亿元） 100 million	农林牧渔业总产值比上年增长（%） (%)
1984	17.91	9.6	41.6：34.4：24.0	686	8.3	260	97	9.84	10.0
1985	21.56	11.0	41.8：36.7：21.5	818	10.0	265	103	11.93	6.0
1986	23.94	6.3	40.3：36.4：23.3	900	5.3	267	106	13.01	2.7
1987	28.51	9.3	40.6：36.4：23.0	1062	8.2	270	111	15.48	5.6
1988	35.99	9.1	38.3：37.8：23.9	1324	7.8	274	114	19.27	6.1
1989	43.17	7.3	37.0：39.0：24.0	1566	5.7	277	116	22.36	5.2
1990	48.72	10.5	37.4：34.8：27.8	1732	8.5	283	121	25.33	5.5
1991	54.69	7.2	36.2：34.1：29.7	1913	5.5	287	127	27.48	5.8
1992	65.55	13.9	32.6：38.3：29.1	2274	12.9	289	131	30.11	4.9
1993	86.77	21.8	31.9：40.0：28.1	2971	20.2	290	138	38.19	13.9
1994	118.40	17.2	32.0：40.5：27.5	4059	17.3	292	136	54.22	13.1
1995	145.94	9.8	34.4：35.8：29.7	4975	9.2	294	136	72.74	13.1
1996	165.22	10.9	35.7：32.6：31.7	5591	10.1	296	137	85.43	13.4
1997	183.67	10.9	34.4：31.5：34.1	6175	10.2	298	137	93.59	13.2
1998	177.86	-4.6	34.2：27.9：37.9	5939	-5.2	300	135	90.20	-3.5
1999	186.33	6.3	32.7：28.4：38.9	6181	5.6	302	134	91.89	3.5
2000	199.19	6.7	30.8：29.3：39.9	6566	6.0	282	131	92.69	1.1
2001	215.17	8.6	29.2：29.5：41.3	7064	8.4	282	135	96.43	3.7
2002	236.87	10.7	27.9：31.4：40.7	8373	10.3	284	136	106.03	6.9
2003	270.50	10.4	26.0：34.8：39.2	9491	9.6	286	139	113.29	4.8
2004	306.82	10.4	27.1：34.4：38.5	10690	9.6	287	143	133.70	7.2
2005	347.48	10.2	26.8：34.6：38.6	12636	10.8	288	145	148.22	6.6
2006	386.62	11.8	24.7：35.7：39.6	14162	12.6	288	160	152.77	6.0
2007	466.07	15.0	24.0：37.5：38.5	17198	15.8	288	156	179.12	5.7
2008	559.20	14.1	23.9：38.8：37.3	20788	15.0	289	161	213.40	5.5
2009	621.65	13.9	22.5：39.7：37.8	23239	14.5	290	167	220.51	5.3
2010	728.65	11.7	21.9：41.8：36.3	27445	12.6	264	171	248.80	2.5
2011	894.31	12.2	23.8：42.1：34.1	33775	12.5	265	175	330.36	4.9
2012	995.07	11.0	23.6：42.6：33.8	37692	11.3	263	178	358.59	4.8
2013	1115.43	11.2	22.3：44.0：33.7	42493	11.8	262	181	389.47	4.4
2014	1232.56	9.6	22.0：44.1：33.9	47044	9.8	262	187	420.48	4.0
2015	1339.43	9.1	21.6：43.2：35.2	50929	8.7	264	190	450.39	4.1
2016	1457.74	6.8	20.1：43.2：36.7	55009	5.9	266	196	503.74	3.9
2017	1620.54	7.6	17.2：43.1：39.7	60694	6.8	268	204	494.44	5.1
2018	1792.51	6.6	16.2：43.3：40.5	66760	6.0	269	210	514.02	0.8

22-7 续表2

Continued

年份 Year	工业增加值（万元） 10000 yuan	工业增加值比上年增长（%） (%)	社会消费品零售总额（万元） 10000 yuan	固定资产投资总额（万元） 10000 yuan	固定资产投资总额比上年增长（%） (%)	一般公共预算总收入（万元） 10000 yuan	一般公共预算总收入比上年增长（%） (%)	城镇居民人均可支配收入（元） yuan	农村居民人均可支配收入（元） yuan
1949			3666			964			
1950				410		1028	6.6		
1951				762	85.9	1171	13.9		
1952			6003	187	-75.5	1454	24.2		
1953			6298	237	26.7	1642	12.9		
1954			7696	392	65.4	2032	23.8		
1955			9283	723	84.4	2135	5.1		
1956			12132	788	9.0	2586	21.1		
1957			10403	2837	260.0	3309	28.0		
1958			12553	4082	43.9	4478	35.3		
1959			15847	9198	125.3	5067	13.2		
1960			16430	15254	65.8	5665	11.8		
1961			12203	5134	-66.3	2825	-50.1		
1962			14247	2603	-49.3	3553	25.8		
1963			16285	2707	4.0	4173	17.5		
1964			17551	4103	51.6	4662	11.7		
1965			18370	5556	35.4	4819	3.4		
1966			20466	4868	-12.4	4469	-7.3		
1967			19354	2409	-50.5	3242	-27.5		
1968			17483	2084	-13.5	3385	4.4		
1969			19010	3338	60.2	4287	26.6		
1970			20470	5023	50.5	6157	43.6		
1971			21006	6865	36.7	6461	4.9		
1972			22549	5397	-21.4	9536	47.6		
1973			24790	5419	0.4	8559	-10.2		
1974			26039	4504	-16.9	7869	-8.1		
1975			27986	5206	15.6	9646	22.6		
1976			29075	4682	-10.1	9233	-4.3		
1977			31417	4272	-8.8	9830	6.5		
1978			33254	6833	59.9	13080	33.1		
1979			44419	13071	91.3	12492	-4.5		
1980			55834	16629	27.2	14676	17.5		
1981			61585	13821	-16.9	15192	3.5		
1982			70022	16047	16.1	15471	1.8		
1983			75721	20368	26.9	17624	13.9		

22-7 续表3

Continued

年份 Year	工业增加值（万元） 10000 yuan	工业增加值比上年增长（%） (%)	社会消费品零售总额（万元） 10000 yuan	固定资产投资总额（万元） 10000 yuan	固定资产投资总额比上年增长（%） (%)	一般公共预算总收入（万元） 10000 yuan	一般公共预算总收入比上年增长（%） (%)	城镇居民人均可支配收入（元） yuan	农村居民人均可支配收入（元） yuan
1984			88710	27154	33.3	19953	13.2	507	355
1985			107760	41649	53.4	25313	26.9	683	423
1986			117702	50144	20.4	30512	20.5	788	455
1987			129930	59422	18.5	35427	16.1	947	501
1988			174258	54473	-8.3	41267	16.5	1113	601
1989			193189	43155	-20.8	46640	13.0	1379	704
1990			201019	53620	24.2	47155	1.1	1486	752
1991			213076	58273	8.7	43381	-8.0	1716	805
1992			235342	82536	41.6	49603	14.3	1996	896
1993	300797	35.3	293022	171777	108.1	70328	41.8	2439	1070
1994	423628	25.7	379171	249717	45.4	91014	29.4	3311	1420
1995	442018	-5.4	470551	338452	35.5	112019	23.1	4018	1828
1996	455983	7.5	543486	353281	4.4	130569	16.6	4648	2311
1997	481073	5.9	623922	397677	12.6	150393	15.2	5472	2567
1998	395497	-18.2	673212	412302	3.7	152522	1.4	5646	2572
1999	429235	11.1	723030	442301	7.3	155079	1.7	5898	2662
2000	484839	11.5	784487	410987	-7.1	160691	3.6	6293	2735
2001	531293	9.7	842539	468976	14.1	162300	1.0	6647	2896
2002	610395	17.9	937746	572512	22.1	191851	18.2	7892	3135
2003	768219	16.4	1048400	793175	38.5	208732	8.8	8376	3354
2004	873934	13.6	1184692	1001345	26.2	228289	9.4	9324	3756
2005	1008006	18.8	1314821	1139316	13.8	255863	12.1	9859	4070
2006	1154265	15.5	1459423	1636406	43.6	312995	22.3	11242	4410
2007	1468255	21.5	1658501	2312736	41.3	406310	29.8	13161	5059
2008	1810631	17.8	1953431	3103694	34.2	476176	17.2	15098	5712
2009	2021296	15.8	2252168	4087528	31.7	522604	9.8	15867	6116
2010	2475560	16.6	2620382	4919197	20.3	617542	18.2	15762	6799
2011	3025381	18.4	3062653	5776732	19.8	773981	25.3	17953	7907
2012	3344129	17.4	3573000	8750287	30.7	920488	18.9	20227	8945
2013	3723168	13.4	4002302	11865857	35.6	1066657	15.9	22121	10090
2014	4117342	11.8	4519974	14510679	22.3	1182974	10.9	24074	11252
2015	4379029	8.3	5038466	17749466	22.3	1242739	5.1	26120	12264
2016	4622245	6.8	5566788	16943968	-4.5	1192609	-4.0	27818	13331
2017	5222409	7.5	6152590	19901500	17.5	1298422	8.9	30070	14558
2018	5737359	8.7	6750876		10.1	1476690	10.8	32484	15868

22-8 龙岩市主要经济社会统计指标

Main Economic and Social Statistical Indicators of Longyan

年份 Year	地区生产总值（亿元） 100 million yuan	地区生产总值比上年增长（%） (%)	三次产业结构	人均地区生产总值（元） yuan	人均地区生产总值比上年增长（%） (%)	年末人口总数（万人） 10000 persons	全社会从业人员（万人） 10000 persons	农林牧渔业总产值（亿元） 100 million	农林牧渔业总产值比上年增长（%） (%)
1949	0.74		73.7：8.6：17.7	69		109	54	0.95	0
1950	0.79	7.8	74.5：8.7：16.8	71	5.6	111	56	1.04	9.0
1951	0.86	13.7	73.5：9.5：17.0	77	11.5	114	58	1.06	9.5
1952	1.03	15.5	74.4：9.9：15.7	90	12.6	117	61	1.11	13.1
1953	1.13	7.1	72.6：11.3：16.1	96	4.9	119	61	1.26	11.2
1954	1.14	0.7	71.5：11.1：17.4	95	-1.3	122	62	1.26	0.7
1955	1.23	7.2	69.8：11.5：18.8	101	5.4	123	63	1.33	3.1
1956	1.36	10.6	67.4：15.1：17.5	110	9.0	125	65	1.52	11.4
1957	1.46	3.4	62.6：17.3：20.1	115	1.2	129	63	1.65	8.4
1958	1.81	33.9	53.1：26.7：20.2	139	30.4	132	65	1.45	-15.7
1959	2.21	19.5	44.1：33.3：22.6	161	13.0	143	66	1.37	-7.3
1960	2.06	-9.0	36.1：37.6：26.3	147	-10.7	137	58	1.12	-16.1
1961	1.65	-32.2	51.5：22.2：26.3	123	-29.3	133	63	1.12	-17.2
1962	1.58	-9.6	57.1：18.2：24.7	118	-9.4	136	59	1.22	9.7
1963	1.69	15.2	53.8：20.9：25.3	123	12.5	139	61	1.31	10.5
1964	1.80	15.3	58.5：16.3：25.2	129	13.2	141	60	1.48	18.9
1965	1.93	0.6	54.8：22.1：23.0	134	-2.2	147	61	1.59	11.4
1966	2.19	10.1	53.6：24.0：22.4	147	6.1	152	61	1.72	2.1
1967	2.07	-7.4	55.6：21.8：22.7	135	-10.5	156	62	1.70	-3.2
1968	1.92	-4.0	60.3：14.6：25.1	121	-6.9	161	63	1.63	-4.4
1969	2.38	18.3	54.1：21.8：24.1	143	13.1	170	67	1.85	13.7
1970	2.68	5.7	50.8：26.7：22.5	154	1.1	177	70	2.06	11.5
1971	3.13	19.1	45.4：31.4：23.2	175	15.1	182	71	2.47	8.2
1972	3.21	3.1	44.6：33.8：21.6	174	0.5	187	72	2.56	3.9
1973	3.44	6.9	44.5：34.2：21.4	181	3.8	192	72	2.66	3.3
1974	3.81	12.5	44.8：33.9：21.2	196	10.1	196	72	2.81	5.9
1975	3.81	-0.8	42.2：36.8：21.0	192	-2.9	201	75	2.74	-2.6
1976	4.11	4.5	41.6：34.9：23.5	202	2.1	206	76	2.79	1.5
1977	4.39	7.3	39.1：37.2：23.7	211	5.0	210	77	3.42	4.5
1978	5.18	9.6	45.3：34.3：20.3	245	7.8	212	79	4.14	15.9
1979	5.79	4.3	45.6：33.0：21.4	271	2.9	215	81	4.32	4.5
1980	6.99	14.9	42.7：34.6：22.6	323	13.5	218	84	4.43	2.4
1981	7.94	8.6	44.8：30.6：24.6	361	6.9	222	87	5.48	6.0
1982	8.65	8.3	46.6：30.1：23.3	385	6.1	227	90	6.40	7.8
1983	9.09	1.6	45.2：32.6：22.2	397	-0.3	231	94	6.55	4.5

22-8 续表1

Continued

年份 Year	地区生产总值（亿元） 100 million yuan	地区生产总值比上年增长（%） (%)	三次产业结构	人均地区生产总值（元） yuan	人均地区生产总值比上年增长（%） (%)	年末人口总数（万人） 10000 persons	全社会从业人员（万人） 10000 persons	农林牧渔业总产值（亿元） 100 million	农林牧渔业总产值比上年增长（%） (%)
1984	11.70	14.4	42.2：37.7：20.2	503	12.7	234	98	7.44	8.9
1985	14.81	22.3	38.7：39.5：21.8	627	20.3	238	102	8.00	-6.6
1986	17.32	8.6	32.1：40.9：27.0	722	7.0	242	104	8.04	0.7
1987	21.75	19.4	29.6：38.8：31.6	892	17.6	246	109	9.59	8.1
1988	28.98	14.2	28.6：39.7：31.7	1166	12.0	251	115	12.63	8.1
1989	35.38	8.9	28.4：35.9：35.7	1395	6.7	256	119	15.21	3.6
1990	37.85	5.9	29.9：34.0：36.1	1451	2.9	265	123	17.27	8.6
1991	43.28	7.8	29.7：34.0：36.3	1618	5.1	269	130	19.28	6.4
1992	53.44	16.8	28.2：37.9：33.8	1974	15.4	272	131	22.71	8.1
1993	76.50	18.4	27.9：41.8：30.2	2813	17.8	274	135	31.96	10.8
1994	102.75	16.0	29.6：40.4：30.0	3736	14.7	275	136	44.23	11.1
1995	124.73	12.3	30.9：38.2：30.9	4519	11.9	278	136	59.14	15.1
1996	145.75	12.7	32.0：36.7：31.3	5276	12.6	280	137	70.49	11.3
1997	163.93	13.3	30.6：37.7：31.7	5972	14.0	281	139	78.57	17.8
1998	181.04	11.7	28.7：38.0：33.2	6638	12.5	282	139	81.06	3.9
1999	197.02	9.5	27.4：39.0：33.6	7270	10.2	284	141	85.15	7.8
2000	209.51	9.0	26.6：37.7：35.7	7782	9.8	268	143	88.26	4.8
2001	223.91	7.1	25.3：37.0：37.7	8360	7.3	269	143	90.38	3.5
2002	247.80	9.4	23.6：38.5：37.9	9291	9.9	270	143	96.33	6.1
2003	284.77	10.6	22.0：40.2：37.8	10721	11.1	272	150	101.58	3.9
2004	337.74	10.4	22.0：41.6：36.5	12771	10.9	273	152	119.44	5.0
2005	399.59	12.3	19.5：43.8：36.6	15179	12.8	274	155	126.30	3.3
2006	470.19	13.5	17.3：46.0：36.7	17946	14.0	275	158	131.58	1.6
2007	595.16	16.6	16.3：47.5：36.1	22831	17.2	276	160	159.70	2.7
2008	734.06	15.1	15.9：48.3：35.8	28307	15.7	277	166	193.96	4.5
2009	824.88	14.0	13.9：50.2：35.9	31981	14.6	278	171	189.67	4.6
2010	990.90	13.9	13.0：53.3：33.7	38795	14.7	256	178	212.31	4.0
2011	1242.15	13.0	12.3：56.5：31.2	48554	12.9	256	186	252.86	3.9
2012	1356.78	12.0	11.9：55.4：32.6	52896	11.7	257	189	265.79	3.7
2013	1480.71	11.2	11.7：53.8：34.5	57503	10.7	258	193	290.63	4.6
2014	1621.58	9.7	11.6：53.9：34.6	62730	9.4	259	194	313.84	4.0
2015	1738.49	8.9	11.5：52.6：35.8	66865	8.2	261	201	337.53	4.0
2016	1895.67	8.1	11.8：51.0：37.2	72354	7.3	263	202	373.88	3.8
2017	2153.13	8.2	10.6：47.7：41.7	81713	7.6	264	203	395.46	2.9
2018	2393.30	7.6	10.2：47.9：41.9	90655	7.4	264	203	421.35	3.6

22-8 续表2

Continued

年份 Year	工业增加值(万元) 10000 yuan	工业增加值比上年增长(%) (%)	社会消费品零售总额(万元) 10000 yuan	固定资产投资总额(万元) 10000 yuan	固定资产投资总额比上年增长(%) (%)	一般公共预算总收入(万元) 10000 yuan	一般公共预算总收入比上年增长(%) (%)	城镇居民人均可支配收入(元) yuan	农村居民人均可支配收入(元) yuan
1949			2445					89	
1950			2672	1				92	66
1951			2923	68	6700.0			93	74
1952			3450	75	10.3	870		95	80
1953			3998	147	96.0	1020	17.2	96	83
1954			5239	105	-28.6	1402	37.5	98	91
1955			5471	141	34.3	1484	5.8	101	97
1956			6418	761	439.7	1609	8.4	122	111
1957			7139	332	-56.4	1780	10.6	130	120
1958			7771	2034	512.7	2731	53.4	125	121
1959			9928	3741	83.9	2882	5.5	165	116
1960			10387	5554	48.5	3033	5.2	175	128
1961			7581	2053	-63.0	1720	-43.3	172	136
1962			8408	1074	-47.7	2155	25.3	179	163
1963			9120	1531	42.6	2630	22.0	180	144
1964			9568	1032	-32.6	3135	19.2	185	139
1965			10142	1364	32.2	2457	-21.6	182	130
1966			10769	2198	61.1	2330	-5.2	181	137
1967			11006	1508	-31.4	1974	-15.3	183	123
1968			9772	1430	-5.2	1906	-3.4	186	114
1969			11364	2519	76.2	2573	35.0	191	120
1970			12306	3064	21.6	4275	66.1	211	123
1971			14560	4285	39.8	5431	27.0	232	116
1972			14790	4061	-5.2	6459	18.9	245	117
1973			15570	3275	-19.4	6344	-1.8	256	115
1974			16089	3338	1.9	6597	4.0	265	118
1975			16994	4728	41.6	6476	-1.8	283	101
1976			18984	5327	12.7	6389	-1.3	295	107
1977			19480	4082	-23.4	7358	15.2	312	120
1978	16618		21995	5029	23.2	8714	18.4	334	134
1979	17485		27023	6948	38.2	8428	-3.3	375	167
1980	22070		31140	7567	8.9	10421	23.6	415	203
1981	21514		36058	13170	74.0	11723	12.5	418	247
1982	23473		41313	14480	9.9	12584	7.3	475	277
1983	25934		49285	16064	10.9	12137	-3.6	496	294

22-8 续表3

Continued

年份 Year	工业增加值（万元） 10000 yuan	工业增加值比上年增长（%） (%)	社会消费品零售总额（万元） 10000 yuan	固定资产投资总额（万元） 10000 yuan	固定资产投资总额比上年增长（%） (%)	一般公共预算总收入（万元） 10000 yuan	一般公共预算总收入比上年增长（%） (%)	城镇居民人均可支配收入（元） yuan	农村居民人均可支配收入（元） yuan
1984	38816		51073	20485	27.52116534	16026	32.0	528	314
1985	49839		65555	30874	50.7	21340	33.2	662	360
1986	61336		82135	37830	22.5	27469	28.7	746	367
1987	74542		96701	42090	11.3	32953	20.0	810	423
1988	102656		126924	43331	2.9	38968	18.3	992	548
1989	115862		146853	40880	-5.7	45403	16.5	1115	624
1990	117824		149927	42102	3.0	47291	4.2	1291	661
1991	135317		165769	52719	25.2	54877	16.0	1525	716
1992	182054		196474	84743	60.7	60799	10.8	1780	814
1993	278768	32.3	270158	197266	132.8	92857	52.7	2189	982
1994	359112	21.1	360931	284860	44.4	122082	31.5	3111	1250
1995	400212	1.8	446833	415261	45.8	135523	11.0	3655	1671
1996	452371	14.0	504921	441690	6.4	159633	17.8	4224	2306
1997	527812	11.7	553393	354916	-19.6	178816	12.0	4679	2632
1998	570812	12.2	610393	465194	31.1	202510	13.3	5050	2701
1999	641349	11.0	667159	532093	14.4	233629	15.4	5416	2832
2000	651410	10.3	732541	585943	10.1	286148	22.5	6048	2959
2001	699528	9.2	801400	543190	-7.3	334744	17.0	6579	3078
2002	805130	12.2	886348	594999	9.5	371594	11.0	8543	3206
2003	968850	13.3	986505	750373	26.1	399464	7.5	8920	3374
2004	1196301	13.2	1134481	917770	22.3	471617	18.1	10230	3769
2005	1496222	12.6	1304126	1236511	34.7	579501	22.9	10596	4125
2006	1874185	17.8	1499261	1648509	33.3	765026	32.0	11718	4491
2007	2462540	23.1	1747040	2486320	50.8	964682	26.1	14128	5086
2008	3060042	16.6	2200030	3226136	29.8	1184921	22.8	15689	5775
2009	3522562	13.8	2619733	4339687	34.5	1343811	13.4	16572	6252
2010	4479874	18.4	3121663	5829542	34.3	1633201	21.5	18406	6931
2011	5966019	17.8	3743250	7786531	33.6	2064457	26.4	21085	8234
2012	6229485	13.3	4322830	10004530	28.5	2373222	15.0	23765	9396
2013	6419976	13.2	4906412	12988738	29.8	2491400	5.0	23788	10842
2014	6990503	12.0	5599920	15899953	22.4	2616946	5.0	26153	12054
2015	7265673	8.6	6395822	19342076	21.6	2698106	3.1	28218	13274
2016	7659500	7.5	7290015	21880416	13.1	2660721	-1.4	30348	14429
2017	8025905	7.6	8131876	25191349	15.1	2742354	3.1	33022	15698
2018	8916675	8.8	9074193	-	12.7	2968014	6.4	35759	17154

22-9 宁德市主要经济社会统计指标
Main Economic and Social Statistical Indicators of Ningde

年份 Year	地区生产总值（亿元） 100 million yuan	地区生产总值比上年增长（%） (%)	三次产业结构	人均地区生产总值（元） yuan	人均地区生产总值比上年增长（%） (%)	年末人口总数（万人） 10000 persons	全社会从业人员（万人） 10000 persons	农林牧渔业总产值（亿元） 100 million	农林牧渔业总产值比上年增长（%） (%)
1949						126		0.75	
1950	0.61		75.5:12.7:11.8	48		130		0.84	11.5
1951	0.68	10.3	74.2:12.8:13.0	52	7.9	132		0.86	9.1
1952	0.82	15.7	70.7:14.8:14.5	62	14.6	134		0.93	13.9
1953	0.87	4.1	69.6:13.6:16.8	64	1.1	139		1.00	4.2
1954	1.05	19.1	63.6:17.8:18.6	75	15.8	142		1.09	10.5
1955	1.16	8.7	61.6:17.8:20.6	81	7.3	143		1.18	5.4
1956	1.36	14.4	59.3:18.4:22.3	94	12.7	148		1.34	10.5
1957	1.56	12.7	58.6:19.5:21.9	104	8.3	154		1.53	14.1
1958	1.82	13.8	54.7:22.7:22.6	117	10.4	157		1.58	0.7
1959	1.96	9.2	49.3:27.3:23.4	123	6.9	161		1.64	2.2
1960	1.94	-4.7	43.0:32.0:25.0	119	-7.1	164		1.43	-14.3
1961	1.58	-25.5	47.3:24.8:27.9	95	-26.6	167		1.43	-22.7
1962	1.58	-0.9	50.3:18.8:30.9	93	-3.4	171		1.46	3.5
1963	1.73	12.8	53.7:16.1:30.2	100	10.7	174		1.60	17.8
1964	1.81	5.4	53.6:17.8:28.6	105	4.8	173		1.53	5.8
1965	2.03	11.9	52.7:19.3:28.0	115	10.8	179		1.72	10.9
1966	2.04	-2.5	52.2:18.9:28.9	113	-5.6	184		1.66	-5.7
1967	1.95	-4.9	51.2:16.5:32.3	105	-7.4	189		1.59	-4.0
1968	1.96	1.2	54.4:14.9:30.7	103	-1.6	194		1.64	3.0
1969	2.29	16.5	50.6:20.2:29.2	116	12.9	200		1.81	10.6
1970	2.89	23.4	52.6:21.4:26.0	142	20.0	205		2.44	35.2
1971	2.95	6.3	50.2:22.2:27.6	142	4.2	209		2.39	-2.7
1972	3.39	11.1	53.6:21.3:25.1	160	8.6	215		2.69	12.9
1973	3.63	6.2	50.9:24.0:25.1	167	3.2	220		2.81	3.6
1974	3.81	5.1	49.0:25.9:25.1	171	3.1	225		3.03	8.3
1975	3.94	1.6	46.5:28.1:25.4	174	-0.5	230		2.81	-7.4
1976	4.04	1.9	46.3:26.4:27.3	174	-0.5	234		2.85	0.5
1977	4.49	9.7	45.9:27.6:26.5	190	8.0	239		3.15	10.5
1978	5.25	12.9	45.1:28.4:26.5	219	10.6	242	74	3.53	0.9
1979	5.88	6.9	49.1:25.5:25.4	241	5.4	246	75	4.40	0.6
1980	6.61	9.5	50.0:25.5:24.5	267	7.9	249	74	4.52	6.3
1981	7.28	0.5	51.3:24.6:24.1	290	-1.1	253	76	5.55	2.0
1982	8.23	8.5	55.1:22.3:22.6	322	7.1	257	80	6.13	7.4
1983	9.36	7.7	54.0:22.1:23.9	362	6.3	259	84	6.74	14.0

22-9 续表1

Continued

年份 Year	地区生产总值（亿元） 100 million yuan	地区生产总值比上年增长（%） (%)	三次产业结构	人均地区生产总值（元） yuan	人均地区生产总值比上年增长（%） (%)	年末人口总数（万人） 10000 persons	全社会从业人员（万人） 10000 persons	农林牧渔业总产值（亿元） 100 million	农林牧渔业总产值比上年增长（%） (%)
1984	10.61	7.8	52.7:22.2:25.1	407	6.9	262	89	7.28	13.6
1985	12.15	10.0	50.1:24.5:25.4	462	8.9	265	95	8.54	6.7
1986	12.76	5.7	48.0:25.2:26.8	480	4.8	267	99	9.03	0.7
1987	15.46	14.2	47.6:23.8:28.6	575	12.9	271	101	11.11	9.0
1988	20.11	16.0	49.8:22.9:27.3	738	14.5	274	105	15.24	7.2
1989	23.64	7.4	49.4:22.6:28.0	856	5.8	278	106	17.60	8.3
1990	28.23	15.9	45.7:19.1:35.2	993	12.7	290	110	19.59	4.6
1991	32.82	11.4	43.8:18.6:37.6	1119	8.0	294	117	21.95	8.1
1992	40.54	16.9	42.3:22.8:34.9	1365	15.3	298	121	26.01	11.2
1993	57.99	22.8	39.5:26.8:33.7	1928	21.2	302	129	35.04	12.8
1994	86.76	23.8	39.9:29.1:31.0	2847	22.2	306	131	56.30	22.2
1995	119.85	22.2	41.5:27.3:31.2	3884	20.7	309	133	78.60	17.3
1996	138.92	9.9	41.1:25.3:33.6	4450	8.6	313	135	89.28	10.2
1997	162.15	15.7	38.5:26.3:35.2	5136	14.4	316	136	100.59	14.2
1998	179.50	10.7	36.9:26.5:36.6	5631	9.7	319	136	105.64	4.6
1999	188.48	7.4	35.3:26.9:37.8	5864	6.5	322	138	108.56	4.8
2000	202.67	7.7	32.5:28.8:38.7	6756	15.3	300	140	109.55	2.7
2001	218.53	8.3	30.5:30.0:39.5	7309	8.7	298	142	110.55	2.2
2002	238.00	9.5	28.0:30.7:41.3	8013	10.6	296	145	111.31	2.9
2003	264.42	9.6	25.9:32.0:42.1	8948	10.1	295	148	114.67	1.0
2004	299.21	10.0	24.7:32.9:42.4	10177	10.5	293	149	125.07	1.6
2005	335.09	10.0	23.2:34.7:42.1	11476	10.8	291	151	132.32	1.1
2006	374.89	10.4	21.1:37.0:41.9	12905	16.3	290	153	137.05	-1.7
2007	458.56	15.9	20.5:37.7:41.8	15867	16.5	288	157	157.89	4.3
2008	543.90	14.4	20.0:40.0:40.0	18951	15.2	286	160	183.78	6.0
2009	612.93	13.3	18.6:40.1:41.3	21469	13.9	285	162	200.12	5.3
2010	737.98	14.9	18.4:43.0:38.6	26041	15.8	282	166	227.19	3.3
2011	927.30	15.0	17.9:47.0:35.1	32837	15.4	283	174	277.24	4.3
2012	1069.89	12.5	18.3:47.9:33.8	37739	12.1	284	190	329.22	4.7
2013	1230.95	12.5	17.2:50.8:32.0	43343	12.3	284	196	362.64	5.0
2014	1366.34	10.6	16.8:51.6:31.6	48026	10.4	285	209	390.03	4.8
2015	1475.71	8.6	16.4:51.5:32.1	51598	8.0	287	215	412.57	3.9
2016	1600.29	7.3	16.5:50.4:33.1	55566	6.6	289	218	463.78	3.3
2017	1756.26	5.3	15.5:49.4:35.1	60665	4.8	290	218	487.06	4.2
2018	1942.80	8.1	15.2:49.9:34.9	66878	7.8	291	219	526.48	4.3

22-9 续表2

Continued

年份 Year	工业增加值（万元） 10000 yuan	工业增加值比上年增长（%） (%)	社会消费品零售总额（万元） 10000 yuan	固定资产投资总额（万元） 10000 yuan	固定资产投资总额比上年增长（%） (%)	一般公共预算总收入（万元） 10000 yuan	一般公共预算总收入比上年增长（%） (%)	城镇居民人均可支配收入（元） yuan	农村居民人均可支配收入（元） yuan
1949									
1950			2144			372			
1951			2566			700	88.2		
1952			3522			860	22.9		
1953			4546			1212	40.9		
1954			6361			1401	15.6		
1955			7229			1521	8.6		
1956			9858			1805	18.7		
1957			9694			1921	6.4		
1958			10196			2547	32.6		
1959			11330			2478	-2.7		
1960			10950			2455	-0.9		
1961			8973			1574	-35.9		
1962			11698			2312	46.9		
1963			12630			2527	9.3		
1964			12325			2331	-7.8		
1965			12696			2228	-4.4		
1966			13317			2014	-9.6		
1967			13880			1768	-12.2		
1968			12023			2070	17.1		
1969			13591			2184	5.5		
1970			14055			2396	9.7		
1971			14611			2682	11.9		
1972			15685			3554	32.5		
1973			17108			3197	-10.0		
1974			18687			3429	7.3		
1975			19687			3801	10.8		
1976			22194			3473	-8.6		
1977			22805			3971	14.3		
1978	12456	14.7	25536	5166		4756	19.8		
1979	11958	-3.8	28817	6704	29.8	4402	-7.4		
1980	13671	9.3	35224	9697	44.6	5258	19.4		
1981	14581	3.5	39829	10887	12.3	5352	1.8		
1982	15173	1.7	44258	11565	6.2	5928	10.8		
1983	16762	2.4	51639	12187	5.4	6261	5.6		

22-9 续表3

Continued

年份 Year	工业增加值（万元） 10000 yuan	工业增加值比上年增长（%） (%)	社会消费品零售总额（万元） 10000 yuan	固定资产投资总额（万元） 10000 yuan	固定资产投资总额比上年增长（%） (%)	一般公共预算总收入（万元） 10000 yuan	一般公共预算总收入比上年增长（%） (%)	城镇居民人均可支配收入（元） yuan	农村居民人均可支配收入（元） yuan
1984	19198	17.7	64876	15779	29.5	6458	3.1		302
1985	24287	20.1	76007	22516	42.7	6933	7.4		330
1986	26057	11.3	84794	27001	19.9	9402	35.6		338
1987	30056	11.6	95698	25374	-6.0	11383	21.1		382
1988	38972	21.1	123387	34241	34.9	14599	28.3		492
1989	46534	2.3	134210	32920	-3.9	19616	34.4		554
1990	45322	-0.8	137152	40000	21.5	23146	18.0	1331	604
1991	51878	13.5	145634	37532	-6.2	27875	20.4	1494	670
1992	79264	50.3	172791	56153	49.6	31286	12.2	1761	755
1993	134948	54.4	246918	84026	49.6	47586	52.1	2194	936
1994	222262	40.5	330870	156578	86.3	62534	31.4	3027	1317
1995	281887	27.2	424506	195515	24.9	81846	30.9	3833	1784
1996	305327	2.3	501766	190790	-2.4	89045	8.8	4325	2156
1997	367588	16.1	587067	228278	19.6	101230	13.7	4812	2502
1998	407968	13.6	659276	290333	27.2	108087	6.8	5198	2630
1999	434040	10.3	708721	354692	22.2	95071	-12.0	5606	2750
2000	486733	8.4	758332	496773	40.1	109792	15.5	5745	2850
2001	530834	9.5	812932	627975	26.4	119856	9.2	6352	2965
2002	599018	12.5	883657	666457	6.1	132883	10.9	7408	3087
2003	697373	15.7	978208	689770	3.5	141651	6.6	8014	3246
2004	795226	12.8	1107331	961166	39.3	158277	11.7	8985	3517
2005	940302	17.8	1203615	1314322	36.7	203291	28.4	9785	3808
2006	1123536	15.9	1321182	1507490	26.9	255353	25.6	10741	4107
2007	1409386	24.3	1493886	1716693	13.9	334134	30.9	12504	4687
2008	1765330	20.6	1772844	2262021	31.8	400092	19.7	13936	5404
2009	2005396	13.9	2008521	2731625	20.8	446723	11.7	15147	5838
2010	2617390	27.1	2331893	3560476	30.3	628299	40.6	16815	6542
2011	3622148	24.6	2736477	4462969	37.4	834220	32.8	19314	7756
2012	4189078	19.7	3203046	6137228	37.5	1044466	25.2	21825	8829
2013	5129004	17.4	3701120	9100220	48.3	1257883	20.4	21965	10121
2014	5789138	14.5	4150218	11311830	24.3	1403681	11.6	23956	11302
2015	6241672	9.4	4654471	12584760	11.3	1474014	5.0	26029	12391
2016	6631650	7.6	5123472	12251483	-2.6	1550937	5.2	28164	13516
2017	7094307	2.1	5650870	12874200	5.1	1768532	14.0	30502	14722
2018	7904878	8.8	6111109		9.6	2007669	11.7	32921	16147